国家出版基金项目
NATIONAL PUBLICATION FOUNDATION

中國古代物質文化史

铁器

李映福　马春燕　著

开明出版社

编委会

项目编辑组

出版说明

在人类历史长河中，我们的民族创造出光辉灿烂的中华文明，虽历经坎坷而连绵不绝，成为我们这个星球上唯一从远古走来，中途不曾断裂的最完整的一脉文化体系，留下了博大丰厚的文化遗产，对人类文明进步作出了独特而巨大的贡献。完整而丰富的地上、地下物质文化遗存就是中华文明传承与发展的最好佐证。然而遗憾的是，到目前为止，尽管我们的物质遗存如此丰赡，却没有一部全面系统基于实体的物质资料而构建和叙写的中国古代文化史。我们这个出版项目的主旨，就是尝试弥补这个巨大缺憾和学术空白。

以往我们看到的中国历史著作，大都是基于传统文献资料，来进行政治、经济、军事、文化等各个领域的书写和诠释。当我们开始有意识地利用考古资料、地上文物遗存资料，并借助人类学、民族学、社会学等研究方法和手段来观察历史时，我们的研究空间和视域顿时更加广阔，某些隐藏至深的信息得以深入发掘，原有的历史认识进一步丰富而立体。这是因为历史本身的复杂性，决定了我们发掘历史信息的方法和途径也应该是多方面的。而随着近几十年考古发掘工作的不断推进，地下考古发现越来越丰富，地上文物遗存越来越受关注，同时学界的相关研究也越来越多，这些地下、地上文物遗存所展示给我们的信息就越来越系统，这些信息所构成的历史文化空间就越来越恢宏。最终使得我们不仅有必要而且也有可能不再拘泥于传统的历史记述与研究的路数，另辟蹊径，书写一部基于物质的中国古代文化史，即首先立足于地下、地上文物遗存，同时充分参考文献资料来诠释这些文物遗存的文化内涵与外延而构建的中国古代物质文化史。

这样的一部中国古代物质文化史，必然是一部能够让我们从物质实体出发来认识博大精深的中国古代文化的历史，一部广阔而深邃、客观而生动、系统而完整的历史，既能反映政治、经济、军事、文化、法制、科技、社会各方面情况，又能反映人们的生产、生活、信仰以及思想观念、审美理念、价值取向、生活情趣等。从中我们可以感受到历史发展的脉搏，探索历史最生动的层面，还原历史本来面貌。

从某种意义上来说，编纂这样一部系统科学的物质文化史不但势在必行，而且极具创新价值、学术价值和开拓意义。这样的工作，对于彰显中华民族的伟大创造力、诠释中华民族优秀的历史文化、使我们更好地认识源远流长的中华文明有着极为重要的意义。同时这种注重物质的客观性和系统关联性的学术视角，也必然会在学术领域产生积极的影响，对于推动历史学、人类学、考古学等学科的深入研究具有积极意义。此外，我们也希望这部书能够进一步唤起我们珍视历史、热爱文物、保护文物的意识。一个爱护文物、爱护历史文化遗产、尊重历史的民族，才是一个有未来的民族。

我们的中国古代物质文化史项目从策划到最终立项经过了数年时间的酝酿，从立项到陆续开始出版又经历了数年。我们计划全套书共出70卷，除索引卷外，分为通史和专题两个系列，以纵、横的脉络建立历史时空坐标。纵的是通史系列，分为史前、商周、秦汉、魏晋南北朝、隋唐五代、宋元明清六个阶段，按中国历史的时间顺序，遵循物质文化变化节奏和规律，在历史大背景下宏观阐述中国古代物质文化史的发展进程，使读者对文化遗存在中国历史洪流中有个整体、全局性的把握。横的是专题系列，按照材质、用途和功能、艺术表现形式等的不同分为石器、陶器、瓷器、玉器、青铜、金银器、漆器、兵器、乐器、家具、纺织、货币、天文历法、水利、建筑、墓葬、雕塑、绘画、书法篆刻等类。内容丰富的类别再做进一步的细致分类，并分册出版，如绘画类包括壁画（寺观壁画、墓室壁画、石窟寺壁画）、卷轴画等；雕塑类包括石窟寺雕塑、墓葬雕塑和其他雕塑等。各专题或以时间为轴或以类别为序，展现各个物质形态继承与发展、沿袭与嬗变的过程，通过点线面结合，揭示物质遗存所特有的发展曲线和深层次的历史内涵。每卷随文附图200幅左右，以体现内容和版面的活泼生动，强调实证效果，增强视觉感知及可读性。对于某些卷册，如龟兹、敦煌等，由于涉及大量译名，还会附加名词索引。

经过编委、各位作者和编辑人员的共同努力，如今这套书终于要依次与读者见面。个中滋味，甘苦各半。回顾起来，我们不得不说，这样大规模高难度的项目，在当今要集合如此众多的专家学者，进行如此大量的资料、图片的收集与整理工作，其难度远超我们的预期；尤其是若没有足够的资金支持，仅凭一家出版社的力量，几乎是不可能开展也不可能完成的。对此，国家出版基金会给我们提供了最大限度的支持，不仅是资金方面，还有精神方面，使得我们有决心、有信心也有力量把这个项目逐步完成。也正因为这样，这套书才能有幸与读者见面。在此，我们对国家出版基金会表示由衷的感谢。此外，参与主编策划和书稿撰写的各位专家、学者也付出了异常艰辛的努力，他们每个人本身的工作都很忙，可为了这套书的构思策划，为了每一卷书稿的高质量完成，还是付出了大量的时间和精力，做了最严谨而细致的工作，在此也对他们表示诚挚的谢意。

项目编辑组

总序：中国历史和文化的物质表征

《中国古代物质文化史》经过参与该书策划、撰写和编辑的诸多学者的共同努力，现在终于问世了。这个总序本来应该由项目的主编、前国家文物局局长、北京大学兼职教授张文彬先生来写，以阐述项目成果即本套书的编写宗旨、设计体例、内容特点，并介绍每分卷的写作情况等。由于张文彬先生在主持项目过程中遇身体不适，我这个后来被指定的执行主编只有勉为其难，代张文彬先生撰写这个《中国古代物质文化史》的总序了。鉴于这套书的编写宗旨、内容特点及框架体例等在出版说明中已有介绍，每分卷的写作情况在每本书的后记中也多有述及，无须我在这里重复。下面，我拟从中国物质文化史的概念定义、发展历程、专项分类三个方面，谈谈自己对中国古代物质文化史以及编写这套书的粗浅认识。

一、中国物质文化史的含义

人们通常这样认为，“物质文化，是指为了满足人类生存和发展需要所创造的物质产品及其所表现的文化”。物质文化既然是文化的一种呈现形态，那么，与“物质文化”相对应的另一种文化呈现形态就应是“非物质文化”，它们之间的关系是怎样的呢？要弄清这个问题，还需要从“文化”这个最基本的概念说起。

关于文化的定义很多，20世纪50年代有人作过统计，据说那时就有164种之多。文化人类学的鼻祖英国学者爱德华·伯内特·泰勒（Edward Burnett Tylor，1832—1917）是第一个从学术的角度对文化进行定义的学者。他认为，文化是复杂的整体，它包括知识、信仰、艺术、道德、法律、风俗，以及其他作为社会成员所习得的任何才能与习惯的综合体，是人类为使自己适应其环境和改善其生活方式的努力的总成绩[1]。泰勒关于“文化”的定义，尽管还存在不全面等问题（如泰勒没有提及需要后天习得的文化要素“语言”），却已给后人奠定了很好的解释基础，以后的学者又不断有补充和发展。英国功能主义人类学家A. R. 拉德克利夫-布朗（Alfred Radcliffe-Brown，1881—1955）认为，文化是一定的社会群体或社会阶级与他人的接触交往中习得的思想、感觉和活动的方式，是人们在相互交往中获得知识、技能、体验、观念、信仰和情

1 [英]爱德华·泰勒著，连树声译：《原始文化》，上海文艺出版社，1992年。

操的过程，文化只有在社会结构发挥功能时才能显现出来，如果离开社会结构体系就观察不到文化。美国学者阿尔弗雷德·克鲁伯（A.L Kroeber）和克莱德·克拉克洪（Clyde Kluckhohn）在1951年出版的著述中，对西方164种文化的定义进行了评析后，提出了他们新的定义，即“文化存在于各种内隐的和外显的模式之中，借助符号的运用得以学习与传播，并构成人类群体的特殊成就，这些成就包括他们制造物品的各种具体式样，文化的基本要素是传统（通过历史衍生和由选择得到的）思想观念和价值，其中尤以价值观最为重要”[1]。以后，还有一些学者对文化下过定义，如美国学者罗伯特·F.墨菲(Robert F.Murphy)这样定义文化：“文化是意义、价值和行为标准的整合系统，社会的人们据此生活并通过社会化将其在代际传递。”文化具有这样一些特点：“文化定义关键部分就是，它意指行为的规则和确定方式，而不是指行为的本身”“文化是我们在这个世界上的行为导引和对这个世界经验的符号表达”“文化也是所有知识、信念和生存技能的百科全书”“行为的不同习惯方式，以及某些特定的物质制品或艺术风格，可以使文化具有典型特征”[2]。根据以上学者对文化这一概念的解释，我们可以将文化理解为：

文化是人类社会在长期发展过程中凝固下来并在代际传承的价值观念、社会机制和行为规则，社会的人们据此思维、交流和行为，并且产生和创造具有特征的物质制品或艺术风格。

上述对文化的解释，包括了三个层面：其核心层面是人们的社会性，其中间层面是人们基于这种社会性的思维和行为，其外表层面则是人们思维和行为的产物。文化从表至里的三个不同的层面，其他两个层面都蕴含在表层的物质层面之下，故文化的三个层面又可以归结为两个不同的范畴（或两种不同的存在状态）——无固定形态的非物质的范畴就是所谓“非物质文化”（无形文化），有固定形态的物质范畴就是通常所说的“物质文化”（有形文化），这两种文化范畴构成了完整的文化形态。作为前人的完成了代际传承，经历了时间的筛选的两种文化的存在形态，已经成为我们需要加以关注、保护和传承的遗产。按照通行的解释，“非物质文化遗产”是人类创造这些物质文化的过程以及人类各社群为了满足自己精神生活需要的具有社会性、凝固性和典型性的行为，它是被各地区和社群视为其文化传统的表现形式、知识和技能，包括了口头传说、表演艺术、社会风俗、礼仪节庆、传统工艺等；而“物质文化遗产”，则是人类这些思维和行为的创造物，是有固定形态的可以被视觉感知的人类创造、制作和使用的人工遗留物。

说到文化的物质层面，就不得不提到考古学的一个核心概念“考古学文化”。我的专业是考古学，我们考古学家天天都在与考古学的文化打交道，不少考古学家还强调我们的考古学文化与别的学科的文化如何的不一样。翻开《中国大百科全书·考古卷》，该书对考古学文化的解释代表了目前中国考古界的主流认识：“文化一词有着不同的含义，一般是指人类社会在科学、技术、艺术、教育、精神生活以及其他方面所达到的总成就，如中国文化、文化遗产等。考古学中所讲的文化，有其特定的含义，专门指考古发现中可供人们观察到的属于同一时代、分布于共同地区、并且具有

1 A.L.Kroeber & Clyde Kluckhohn, Culture: A Critical Review of Concepts and Definition, Random House, New York, 1952.

2 [美]罗伯特·F.墨菲著，王卓君译：《文化与社会人类学引论》，北京：商务印书馆，2009年。

共同的特征的一群遗存。"[1]从这个定义中也可以看出，所谓具有独特性的考古学文化，与其他学科的文化概念并没有什么不同。文化的物质表层要素——即可以观察到的一定时期、一定区域的一群经常共存的具有共同特征的遗迹和遗物——就是考古学的文化；获取并研究这些文化的物质表征，透过现象去发现本质，揭示隐藏在物质表层之下的创造和使用这些遗存的人们的行为及其社会关系，即这些物质遗存所蕴含的非物质的东西，就构成了考古学这一学科的基本内涵。

考古学在包括中国在内的不少国家和地区的学科分类中，是历史学的分支，是以物质材料为主要研究对象去探究人类历史的一门学问。这里，我们有必要再谈谈物质文化史与考古学的联系与区别。考古学是通过调查和发掘地下古代物质遗存、并通过这些遗存提供的信息来理解和复原古代社会历史的学科，物质文化研究也是通过古人的物质文化遗存来重构古代社会历史，从研究目的上来看，二者并没有什么不同。正是由于这样的原因，苏联的全国性考古研究机构曾经被命名为"物质文化史科学院"或"物质文化研究所"[2]，以后才改为"考古学研究所"。仅从研究机构名称上来说，物质文化研究与考古学之间无疑具有密切的关系。不过，物质文化研究与考古学尽管内涵大致相同，其外延（主要是研究对象、研究内容等）也还存在差异。考古学研究的主要是埋藏在地下的古代物质遗存，物质文化研究的对象则包括了地下、地上和传世的古代文化遗存，后者比前者的研究范围要宽；考古学不仅研究古人遗留下来的物质遗存所包含的历史文化信息，还要研究获取这些物质遗存并提取其包含信息的技术和方法，后一方面的研究已经不是物质文化史研究所关注的问题。就中国的考古学科而言，其构成包括了考古学理论与方法、中国考古学、外国考古学、专门考古学等，如何开展田野考古和如何更多地提取遗存的历史信息，已经包含在考古学方法和专门考古学的分支中。可以这样说，中国考古学是基于考古获取的物质资料和考古学的研究方法所构建的中国物质文化史；而中国物质文化史，则是通过考古发现和现存于世的实物资料所构架的能够反映历史发展主线的中国古代史。

英国学者鲁惟一（Michael Loewe）和美国学者夏含夷（Edward Louis Shaughnessy）在《剑桥中国古代史》的序言中，将研究中国古代史的材料分为"文献资料"和"物质资料"两类，前者包括了出土文献和传世文献，后者也就是通过考古调查和发掘获取的实物资料。他们指出："一个不注意考古证据的历史学家会感到他无法去顺应当代的学术潮流；同样，一位不熟悉传统文献的考古学家会难以把握相当一部分的中国文化之精髓。"正是基于这种考虑，这两位学者在主编《剑桥中国古代史》时，组织了历史学家和考古学家两个领域学者，各自基于不同类型资料来分别撰写同一个时期同一个区域的历史[3]。《剑桥中国古代史》的先秦卷面对的是文献资料并不丰富的"原史时代"，所以他们采取了历史学家和考古学家各自表述而不加整合的编写方式。即使在文献资料逐渐丰富的汉唐时代，甚至文献资料已经非常丰富

1 中国大百科全书总编辑委员会《考古学》编辑委员会：《中国大百科全书·考古学》，北京/上海：中国大百科全书出版社，1986年。

2 王伯洪、王仲殊：《苏联考古工作访问记（一）》，《考古》1959年第2期，101—104页。

3 The Cambridge History of Ancient China: From the Origins of Civilization to 221B.C., Edited by Michael Loewe and Edward L. Shaughnessy. Cambridge University Press, 1999.

的宋元明清时代，主要基于通过物质的资料来编写一套中国古代的历史，与主要采用文献资料编写的中国古代历史并行于世，这对于全面认识和理解中国的古代文化和古代社会，仍然会有很大的帮助。

二、中国古代物质文化发展的历程

我们这套"中国古代物质文化史"是由纵、横两部分组成。最前面的是"中国物质文化史综述"，这是按中国历史的纵向时间顺序来概述中国古代物质文化史的发展进程。中国古代漫长的物质文化发展进程从来不是匀速前进，波澜不惊的，发展中会有大小不同的转折，高低不同的峰谷。根据物质文化面貌变化节奏的不同和撰写史书详略的不同，一套多卷本的中国古代物质文化史也有不同的分卷方式。如果编写比较简明的中国古代物质文化史，我个人倾向于以魏晋之际将其划分为两个阶段，也就是一套两卷本的书系。如果编写稍微详细的中国古代物质文化史，我希望划分为四卷，四卷本除了以魏晋之际作为一个分界外，另两个分界可定在龙山时代与二里头文化时代之间、五代十国与北宋之间。如果要编写更为详细的中国古代物质文化史，也就是类似本书系的规模，我们可将其细分为史前中国、商周、秦汉、魏晋南北朝、隋唐五代、宋元明清六个阶段即六卷，这样分卷主要基于这样一些理由。

我们知道，最能导致物质文化发生大变化的因素，是重大技术发明带来的产业革命。这些发明或本土自身产生，或域外传播而来。正是基于这些重大发明，才导致了中国古代社会的巨大变化，才引起中国物质文化的多次明显转折。在这些创造性的发明中，首先应该提到的是谷物栽培和动物驯化。谷物中的人工粟等人工栽培作物大约在距今一万年前后出现在中国北方的黄河流域，以后向周边传布，甚至远布至青藏高原地区，形成了范围广大的北方旱地粟作农业区。而稻等人工栽培作物，更远在一万多年前就出现在中国南方长江中游地区，以后更传播至东北至朝鲜半岛，东南至东南亚等广阔的温暖湿润的区域，形成了广大的南方水田稻作农业区。农业的发生和推广，使得人类的生活资源趋于稳定，从而脱离了栖居山洞和追猎迁徙的不稳定生活，开始走出山洞步入旷野，在平川形成了定居的聚落，产生了钻孔、磨制和制陶等新的工艺，促使社会逐渐复杂化和多样化，奠定了中国万年农业文明的基础。大约在距今4000年前后，大麦、小麦和青稞等作物传入中国，这种适应性强的谷物丰富了旱地农业的种类，除了在低海拔地区普遍种植外，青稞这类作物还经过了高原严酷的自然选择，成为青藏高原的单一谷物。至于工业的技术革命，从先前的手工业发展成为近代化的大工业，在中国开始较晚，直到清代晚期的鸦片战争后才逐渐引入西方工业革命的成果，从而从某种程度上推动了社会的变革。因此，以农业革命的发生和工业革命的引入为标志，将中国的物质文化史划分为三个大的时代，也就是猎取时代、农业时代和工业时代（相当于以生产工具为标准划分社会发展史的旧石器时代，新石器、青铜、铁器的时代，以及机器的时代），应该是比较恰当的。只是中国的工业时代已经属于近代，古代的物质文化史不宜包括工业革命时代；而旧石器时代的人类物质文化遗存较少，如果把它作为书系中的一本就显得单薄，故将其与新石器时代合并称为"中国史前物质文化史"，只是在这个"史前时代"

中，也明确划分出这两个时代而已。换句话说，这套中国古代物质文化史去掉了工业时代，弱化了猎取的时代，强调的是建立在农业革命基础上的石器、铜器、铁器三个时代。物质文化材料的年代越早，保存至今的也就越少，因而石器时代和青铜时代只能各自作为一卷，而物质文化材料丰富的铁器时代却被划分为四卷，可能会给人以前轻后重之感，尽管历史时代考古学的重要性已不如更早的时代。

说到史前时代，这就不可避免地会涉及介于史前与历史时代之间的“原史时代”。学术界一般认为，原史时代是一个过渡性质的时期，这一时期无论是属于本社群文字还是他社群文字的文献记录都相当有限，仅据这些零星和片段的文字和文献资料无法复原该社群历史的主要梗概，要认识一时期该社群的历史需要综合考古学、人类学、文字学、历史学及自然科学的知识体系和研究手段[1]。原史时代可有广狭二义：严格的原史时代不包括传说时代，而是以成熟文字体系的出现为开始，以这种文字体系撰写的史书出现为结束。具体到中国古代史来说，也就是商代晚期至西周时期，其开端以殷墟甲骨文的出现为标志，结束以中国最早的编年体史书《春秋》开始的年代为标志，二者间的年代跨度很小[2]。宽泛的原史时代以中国古史传说时代为开始，以文字产生后出现史书为结束，具体到中国古代史来说，其开端可以上推到传说中的夏代甚至龙山时代，而其下限则与狭义的原史时代相同。不过，就物质文化这个层面来看，无论是技术上还是艺术上，大约相当于夏代后期的二里头文化与先前的龙山时代诸文化都发生了许多变化，而这种变化在战国中期又一次出现。这之间的时间幅度约略相当于中国考古学界的夏商周时代或史学界的先秦时代，也约略相当于西方汉学界所说的“从文明起源到秦统一”的阶段[3]。在这个时代里，青铜既是一种制作工具、武器和礼仪用器的最重要材料，制造青铜器又是当时技术含量最高的工艺，青铜器具这类作品还是当时艺术的集中体现，如果史前时代是以石器制作为标志的石器时代，这个时代就是以青铜为标志的青铜时代。尽管关于中国青铜时代开始和结束的时间，学术界还有一些不同的说法。

按照我个人的见解，中国的原史时代应当定位在二里头文化中期至战国前期，这是基于这样几个考虑。首先，从二里头文化兴盛开始，具有中国金属铸造的特色的泥范铸造技术开始出现，并完成了从红铜时代（或称铜石并用时代）向青铜时代的转变；而人工铁器尽管早在两周之际就已引入中国，却也是在战国前期偏晚才与青铜冶铸技术相结合，使得大量冶炼铁和普遍使用铁器成为可能，才真正进入了铁器时代。其次，也是从二里头文化兴盛期起，青铜鼎等礼器、青铜戈等兵器，以及兽面纹等动物纹样才出现并流行，独特的中国艺术传统才开始形成；而到了战国前期以后，先前流行的礼器种类和装饰纹样已经趋于消失，来自北方草原地区的艺术风格已经占据主导地位。其三，从中国的史学传统来看，中国古人向来有将秦以前的历史划分为五帝时代和三王时代的传统，现代的史学家也还将先秦史单独出来，并将夏以前的传说时代与夏商周三代区分开来。因此，我们将夏、商、周三代作为中国物质文化

1 Glyn Daniel, A Short History of Archaeology. London: Thames and Hudson, 1981.

2 李学勤先生就这样说，这样一个原史时代与中国古代历史时代的对应关系，学者们认识也不尽相同，李学勤先生认为，商与西周时期属于原史时代，而不同于商和西周的东周已脱离了原史时代而跨入真正意义的历史时代了。参看李学勤《东周与秦代文明》，北京：文物出版社，1984年。

3 鲁惟一、夏含夷主编的《剑桥中国古代史》，其副标题就是“从文明起源到秦统一”，由此可见一斑。

发展历程中的第二个时期，也就是这套书通史系列的第二卷。

中国中心地区在战国后期就已出现了统一的趋势，东齐西秦是当时最有可能推进统一事业进行的大国，在齐国当时就有一批学者聚集在一起，开始构拟大一统后的政治构架，勾画新王朝的理想图景。秦国结束了战国时期诸侯割据的局面，建立了中央集权的大一统王朝，开创了中国历史的一个全新的时代。从此广泛推行的郡县制代替了传统的封建制，由中央政府控制的官营手工业作坊遍及全国各地，各地间的商业往来也较过去更为频繁。在这种背景下，秦汉王朝直接统治范围内物质文化产品，无论是工艺、种类，还是形制、纹饰，都逐渐呈现高度一致的状况，中国大部分地区的延续了千百年的区域文化差异从此逐渐减弱甚至消失。尽管从战国后期到西汉前期，这一时期物质文化的总体面貌还处在从商周旧制向秦汉新制的转变过程中；尽管在三国至两晋时期，中国的物质文化的发展进程发生了从“早期中国”到“晚期中国”的大转变；但如果模糊这个具体的分界，将秦汉时期这个中国古代文化发展的高峰期作为中国物质文化史的一个时期，单独设置秦汉卷作为这套书通史系列的第三卷，这应该是恰当的。

从三国鼎立局面形成一直到隋代，除了西晋短暂的统一外，中国出现了长达三百余年的分裂局面。北方古族在这期间纷纷进入中原，出现了空前的民族大融合。在这种历史背景下，各地区在文化面貌上的差异也进一步缩小，但由于从西晋以后长期的南北对峙，以及僻处一隅的某些由少数民族建立的国家保留了比较多的自身文化传统，这一时期文化除了存在着比较明显的南北差别外，在北方还存在一些更小的地区之间的差异。隋王朝结束了自西晋以后长期的分裂混乱局面和南北对峙的政治文化格局，中国遭受长期战乱破坏的社会经济得以恢复和发展。唐王朝继承了隋王朝的统一基业，实行了一系列重要的政治、经济和军事的改革措施，将中国古代社会推向了秦汉王朝以来又一个空前鼎盛的发展阶段。盛唐气象强大而持久，流风余韵，一直延续至五代十国间。基于这种考虑，虽然两晋南北朝和隋唐都是宗教热情极度高涨的时期，但两晋南北朝与隋唐五代的物质文化仍然存在比较大的差异。因此，我们将两晋南北朝与隋唐五代各自作为中国物质文化史的一个时期，各自单独作为一卷。

至于宋元明清时期，这个时期文献资料已经非常丰富，考古学家讲历史时期考古一般都只讲到元，北京大学过去的中国考古学教材最后一卷就是《宋元考古》，就反映了这个问题。我们认为，尽管在中国历史的重要性中，明清时期的物质遗存的确不如早先时期，但作为中国物质文化史应该是一个完整的过程。因此，我们这套中国古代物质文化史通史系列的最后一卷，从宋代一直写到清代，希望这些年代较晚的物质文化资料有助于丰富对这段时期历史的认识。

三、中国古代物质文化的种类

如同历史著述有通史和专门史一样，按照中国物质文化发展阶段编写的历史，只是基于物质文化遗存透露的历史文化信息，按照时间发展顺序和物质文化表征的变化程度连缀而成的中国物质文化的“通史”，“通史”中不同时段的物质文化史则相当于“断代史”。就整个中国物质文化史来说，有了这个“通史”系列，虽然可以从纵向认识整个中国古代物质文化发展的概貌，却难以从横向全面展示中国古代物质文化的方方面面。因此，还需要根据中国古代物质文化遗存的分类，按“类”来叙述某类物质文化遗存的分述系列，这个系列就是中国物质文化的“专门史”。

物质文化具有可视性，不同的物质文化具有不同的面貌特征，因而可以根据这些特征展开分类。物质文化是一个笼统的概念，我们所面对的古代物质文化是过去人们行为创造的物质遗留，也就是人们通常所称的“物质文化遗产”或“文物”。物质文化遗产的体量有大有小，大的文化遗产如建筑、壁画、纪念碑等，当初选址、设计、创造时就考虑了永固性等因素，没有考虑其位置变换，今天我们采取保护措施时也不便于将其移至他处，只能在原地保存（从保留关联信息的角度，也只能在原地保存）；小的文化遗产如家具、陈设、用具等，当初设计制作时就考虑了方便移动的使用功能，今天我们对其进行保护时，可以将其搬移到博物馆等具有更好保存环境的空间去保存。因此，物质文化遗产即文物首先可以划分为不可移动文物和可移动文物两大类，这两大类文物各自可以作为中国古代物质文化史“专门史”中的一个系列。

不可移动文物包括了大到历史城镇、传统村落、古代遗址等综合性的文物，也包括了宫殿衙署、寺观祠庙、陵园坟墓、石刻造像等专门性的文物，这些文物有三类不同的保存状态：第一类文物在历史上就已经废弃，成为历史的陈迹，呈现在人们面前的只是残缺不全的局部，有的还全部或大多掩埋在地下。历史上城镇村落的废墟、曾经一度兴旺的工矿作坊场所、废弃并垮塌殆尽的寺观祠庙、地面建筑甚至封树都已经不存的帝陵坟墓，乃至于一座房屋或一座塔幢的废址等，都属于这类文物。第二类文物虽然失去了它在历史上的作用，却仍然屹立在地表，被作为其他用途或作为历史名胜而存在。已经没有皇室官员使用的宫殿衙署、中断了宗教活动的寺观祠庙、原有功能已经退化或消失的石窟碑刻、已经弃置或被改做他用的城堡等，都属于这类文物。 第三类恐怕已不能简单地称之为文物，而是具有“物”和“非物”的综合体。至今还基本保持着原来的功能和文化传统，并随着时代的推移，继续在发生着变化，古今重叠且文化延续的城镇和村落，至今还有人居住的古村落民居，仍在使用传统工艺进行生产的作坊、农庄、牧场等，都可归属此类。

可移动文物，包括历史上各时代的重要工具、武器、礼仪用器、生活用器、艺术品、文书、档案、图书等，这些文物的材料和材质大致有两大类：第一类采用曾经具有生命的物质制作而成，也就是被称为“有机质文物”的一类，如竹木漆器、骨牙角器、纤维制品等。这类文物的存在周期相对较短，对保存条件要求也较高。第二类采用没有生命的物质制作而成，也就是被称为“无机质文物”一类，包括地球自然演化形成的天然材料和人工合成的金属材料，如玉石制品、金属制品等。这类文物的存在周期相对较长，对保存条件的要求也相对较低。

上述对于物质文化遗产即文物的分类方式，是以文物的保存状态和保存条件作为分类标准，这对于文物的保护研究来说，无疑是最恰当的分类方式。不过，这种分类没有考虑这些文物的用途和功能，而文物这方面的属性恰好是从文物这一文化的表层物质现象通向创造和使用这些文物的人、人的行为及其社会关系的桥梁，是将物质资料变为物质文化史的重要途径。因此，我们这部中国古代物质文化史的“专门史”不采取上述分类方式来分卷，而是按照材质和功能对不可移动文物进行分类。

中国文物管理部门对于不可移动文物的分类，以全国重点文物保护单位的分类最具代表性。该文物分类体系将不可移动文物分划为古遗址、古墓葬、古建筑、石窟寺及石刻、近现代重要史迹及代表性建筑等类。这些类型的不可移动文物，除了古遗址是以文物的保存状态为分类标准，近现代重要史迹及代表性建筑是以时代为分类标准，其类型与以功能作为分类标准的类型有所不同外，其他诸类都可以作为中国物质文化专门史的不可移动分系列。由于遗址大多都在中国物质文化通史系列中曾经引述，且通史系列的物质材料主要就是遗址加上遗址和墓葬等出土的各类可移动文物，专门史系列可以不必再列出遗址作为一卷；由于中国物质文化史只是有关古代中国，不涉及近代中国，故本丛书也没有近现代重要史迹及代表性建筑的内容。

中国文物管理部门对于可移动文物的分类，以全国首次可移动文物普查的分类标准最为详细。该分类标准“根据文物的异同，即构成每件文物基本物质的自然属性和社会属性之差异性、同一性”，将可移动文物划分为金/银器、铜器、铁器、陶/泥器、瓷器、砖瓦、宝/玉石器、石器石刻、漆/竹器、绘画、书法、拓片、珐琅器、玻璃器、骨/牙/角器、纺织/绣品、皮革、玺印、文具/乐器/法器、货币、雕塑/造像、古人类遗体遗骸、文献图书、徽章/证件、邮品、票据、音响制品、交通/运输工具、度量衡器、武器装备/航天装备、古脊椎动物化石和古人类化石、其他共32类[1]。正如该分类系统的分类标准有文物的自然属性和社会属性两个一样，可移动文物实际上可以划分为两个小系列：一个系列是按照文物的自然属性即材料和材质划分的系列，如玉石器、金银器、铜器、铁器、陶器、瓷器、玻璃器、骨牙角器等；一个系列是按照文物的社会属性即功能用途等划分的系列，如纺织品、货币、雕塑、武器、度量衡器等。我们编写的这套中国物质文化史的可移动文物部分基本就按照这个体系进行划分，只是一些偏小的文物类型和产生年代较晚的文物类型难以单独成册，我们这套古代物质文化史只能暂且舍弃了。

在艺术史学界，尤其是西方关于中国艺术史的研究，往往综合考虑其时代、功能和形式等方面的因素，将能够基于视觉观察的物质文化领域的中国艺术品划分为四大类。第一大类是主要兴盛于商周时期的青铜艺术；第二大类是主要存在于两汉时期的汉画艺术；第三大类是风行于晋唐时期的佛教艺术；第四大类则是从宋代以后大盛的以卷轴画为主体的绘画艺术。青铜艺术比较单纯，其物质材料就是青铜器。绘画艺术也不复杂，主要是卷轴画，此外就是壁画。汉画艺术的涉及面较广，包括了汉代画像砖、画像石、独立雕塑和建筑雕刻等诸多类型的文物。佛教艺术就更为广泛，与佛教相关的石窟、雕像、壁画、供器等，乃至于佛教寺庙建筑等都可归属于佛教艺术。以上四大类，只是中国艺术门类的主流，其他如产生于中国本土且长期与佛教艺术并存的道教艺术，在东亚地区具有广泛影响的建筑艺术（尤其是园林建筑），具有中国特色的玉器、漆器、瓷器等艺术类型，也从不同的方面丰富和补充着中国艺术史和中国物质文化史。

正是基于以上诸方面的考虑，我们主编的这套中国物质文化史的专门史划分为了不可移动文物和可移动文物两大系列，前者又包括了古建筑、石窟寺、古陵墓、古水利、古天文等不同的功能类型，后者更包括了玉器、铜器、铁器、瓷器、金银、玻璃

1 国家文物局编：《第一次全国可移动文物普查工作手册》，北京：文物出版社，2013年。

等不同的材料材质类型，雕塑、绘画等不同艺术表现形式的类型，以及兵器、货币、纺织品等不同社会功能的类型。每个类型作为一卷，有的类型因文物丰富再细分为若干册。这种最终分卷的分类标准的不一致，我想读者应该是能够理解的。

四、另类的中国物质文化史

编写一套系统的中国古代物质文化史，是主编张文彬教授提出的构想。张文彬教授早年就读于北京大学历史系考古专业，以后曾在郑州大学历史系任教，对中国古代物质文化史自然非常熟悉；他又曾担任国家文物局局长和中国博物馆学会会长，熟悉全国的文物状况和博物馆藏品情况，是主编中国古代物质文化史的最好人选。在已经拟定了基于文物分类的物质文化史编写纲要，这套书各卷刚启动编写不久，张文彬教授就因病卧床，不能继续主持编写工作。还在张文彬教授患病之前，我就受他之命协助联络作者；张文彬教授患病后，我受参与编写工作的朋友的推举，担任这套书的“执行主编”。我基于自己对中国古代物质文化史的理解，增强了这套书的纵向通史系列，其他基本上按照张文彬教授原先拟定的编写体例来组织。现在大部分分卷已经定稿，回过头来看当时全书的设计框架，总觉得还有一些不尽如人意之处。这些主要表现在以下两个方面：

首先，一套完整的古代物质文化史通史不仅要有以时间为纲的通史主干，还应该有相应的纵向旁支。就如同北宋司马光主持编写《资治通鉴》（下简称《通鉴》），他首先按照年代编出汇集史料的“长编”，以此为基础才编写《通鉴》这部翔实的编年体通史。与此同时，为了说明自己对史料异同的取舍，还编写了《资治通鉴考异》作为附属，以驳斥相反意见并客观保存异说。由于皇帝日理万机，没有那么多时间来翻阅294卷的《通鉴》，他们还编写了简写本30卷的《通鉴目录》，以满足特定读者的需要。除此之外，为了弥补《通鉴》覆盖时间跨度上的不足，司马光等还编写了20卷的《稽古录》这样的简录，时间上溯至传说中的伏羲，下延至宋英宗末年。可见司马光等人编写《通鉴》，原本有一整套完整周密的构想，即便都是编年体的史书，也有主有从，有繁有简，有纲有目，所以《通鉴》才显得与众不同，为史家所重。作为一套体例完整的中国物质文化史，在通史部分也需要像《通鉴》那样，除了需补充强化史前的旧石器时代卷和新增近现代卷，编写与中国古代物质文化史相关的资料和研究汇集外，还需要考虑简化本的中国古代物质文化史。

简化本的中国古代物质文化史以上下两卷最为恰当，这是因为基于可视的物质文化形态和面貌，在公元3—4世纪间，也就是三国至两晋间，以佛教传入并流行中国为标志，中国的主流物质文化发生了重大变化——在佛教传布开来之前，中国的城市和乡村的标志性建筑和景观是统治者的宫殿、衙署、宗庙、神祠，人们崇奉的是祖先以及社稷、山川、天地诸神祇，并且这些神祇都不采用造像的形式来表现；而在佛教流行中国后，中国城市的标志性建筑和人文景观除了宫殿和衙署外，佛教寺庙（包括仿效佛寺而建的道教宫观）成为城乡最引人瞩目的标志性建筑和人文景观，大量佛教造像和少许道教造像占据了人们精神世界，成为最广泛的崇奉对象。因此，西方汉学界往往都是以佛教传入并流行中国作为中国历史和艺术的最重要的转折标志，这以前的中国为“早期中国”，这以后的中国是“中晚期的中国”。早期中国的文化主流是传统的自然发展过程，尽管不断会有来自周边，尤其是来自北方草原地区文化的影响，但这种影响的程度是有限的，没有造成传统的变异、转移或中断。晚期的中国，由于外来佛教的强力介入，使原先中国的主流文化发生了变异，佛教深深地浸入到社会生活的各个方面。原先不事偶像崇拜的中国社会，开始将大量财富用于制作顶礼膜拜的佛教像设和象征物，用于营建覆盖这些像设和象征物的殿堂楼塔，从而导致国家财政来源的分流，带来相应的经济和社会问题。宗教的驱动力量往往巨大且持久，以佛教传入中国且在中国流传为标志，将中国物质文化史划分为早晚两个大的时期，我想应该比较恰当。佛教传入中国的年代，尽管可以追溯到两汉之际前后[1]，但在整个东汉时期，佛教都是混杂在中国传统的神仙方士中流传，还没有得到人们的广泛认知。佛教成为一种专门的宗教为人们所接受，不会早于三国两晋时期。三国两晋时期正是中国制度、思想和文化的大变革时期，文学上有所谓“魏晋风骨”，反映在物质文化上，这时期的城市、陵墓、器用、书画等也都出现了一系列新的气象。据此，以三国两晋之际作为首要转折点，将中国古代物质文化史的通史部分划分为两个大的时期，编写一套两卷本的中国古代物质文化史简本，这一定是很有意义的。

其次，我们这套中国古代物质文化史虽配有大量的图片，但基本体例还是以文字为主，图片配合文字出现。而物质文化的视觉感知非常重要，故以文物的图像为基础而加以文字解说和诠释，对于形象地认知和理解中国古代物质文化非常必要。中国国家博物馆（原中国历史博物馆）研究员孙机先生，曾编写了一本《汉代物质文化资料图说》。这是孙机先生基于多年对汉代文物研究的心得，在数十篇论文的基础上完成的图文并茂的著作[2]。这种以图说的方式叙述一个朝代的物质文化史，既是中国“左图右史”史学传统的延续，又是博物馆陈列必要的基础研究和公众获取知识的良好途径，应当大力推广。只是这种以图说史的著述，另有一套独特的编写体系，需做大量资料整理的工作，还需有系统的研究积累，编写难度很大，故迄今未见以图说的形式撰写的其他时代的中国物质文化史的著作。续写一套中国古代物质文化史图说，应当很有必要。

作为一套全方位的“中国古代物质文化史”，理所当然应有一个“中国古代物质文化史图说”系列。这套图说不宜按照中国的历史时代来述说，而应该以物质文化本身发展演变的阶段性来编写。如果按照我们前面所说的中国物质文化发展的进程，需要有史前、三代、秦汉三国、两晋南北朝、隋唐五代、两宋·辽金西夏·南诏大理、蒙元、明清诸时代。每个发展阶段则应该有都城市镇、宫殿衙署、坛壝社稷、神祠寺观、祭祀礼器、街坊住宅、园囿苑林、陵园坟墓、矿场作坊、生产工具、钱币量具、路河邮驿、衣冠服饰、家具陈设、生活用器等名目，每个名目下再细分为若干种类来展开图文的叙述。这样一部图说的中国古代物质文化史，可以弥补目前这套书的不足，

1 关于佛教传入中国的时间，有两种说法：一种是西汉末期汉哀帝元寿年间，大月氏使者伊存向博士弟子景庐口授《浮屠经》之说，见《三国志》卷三〇裴松之注引曹魏鱼豢《魏略·西戎传》；一种是东汉明帝永明年间，蔡愔出使大月氏，与僧人摄摩腾和竺法兰一起用白马驮回佛经和佛像至洛阳之说。二说的年代相差不多，且都与大月氏有关。

2 孙机：《汉代物质文化资料图说（增订本）》，北京：文物出版社，2008年。

能够从更具体和更微观的层面展现中国古代物质文化的面貌。

我希望，今后如果能够有比较充裕的时间，组织相关专家编写一套这样的中国古代物质文化图说，对于更加深入地理解古代中国，普及传统文化知识，推进博物馆教育，将是一件很有意义的事情。

编写中国古代物质文化史是一项长期的工作，要有相当长时间的资料积累和研究积累。北京大学的考古学科，自1952年以来先后编写过多个版本的《中国考古学》征求意见稿，如1960年、1972年版的《中国考古学》铅印本等，并有"多卷本中国考古学"这样的重大科研项目来推动，但迄今为止，这套多卷本《中国考古学》仍然没有问世。这其中既有新的考古资料不断涌现所带来的认识的更新，也有老一辈学者与新一辈学者认识上的差异，当然也还有这样和那样的原因。不过，仅从这一事例就可以看出，要编写一套优秀的学术著作是多么的不容易。《中国考古学》从某种意义上来说，与《中国古代物质文化史》有许多共通之处，要编写这样一套书需要投入较长的时间和相当的人力和精力。这部《中国古代物质文化史》作为一项国家出版项目，有出版的时间限定，我这个慌忙上阵的执行主编，只能尽可能召集一些长期从事中国考古学教学和科研，手头有比较现成的研究成果或讲稿，经过补充、整理、强化就可以成书的研究者，来承担中国古代物质文化史的通史系列各卷的撰写任务[1]。由于撰写时间的限制使得一些作者在完成初稿后，可能没有更多的时间来广泛征求意见和做细致的加工完善。可安慰的是，这套《中国古代物质文化史》本来就有为今后编写《中国考古学》和修订补充各专门物质文化史征求意见的意图。如果读者发现这套《中国古代物质文化史》存在着这样或那样的不足，就尽管提出批评和建议，我们一定虚心听取，以便在今后编写《中国考古学》系列时能够做得更好些。

孙 华

1 考虑到我所在的北京大学考古文博学院，也在考虑重启多卷本《中国考古学》的编写，为了使二者不发生重合，保持《中国古代物质文化史》通史系列自身的特色，我主要邀请了北京大学以外的高校考古专业的专家和教师来承担各卷的编写任务。

目录

绪论
早期铁器与中国冶铁的起源

迄今为止的考古发现表明，至迟在公元前 14 世纪，我国就开始使用人工铁[1]，但冶铁技术的出现要滞后一些，一般认为中国冶铁技术出现于西周中晚期，至战国中晚期形成了成熟的冶铁技术和生产与管理体系。春秋中晚期，铁器工具开始在农业、手工业领域得到应用，到战国中晚期，随着冶铁技术的提高和生产规模的扩大，铁器逐渐取代了青铜器、木器、石器等其他质地的工具。

西周到春秋时期，铁器的制作方式以锻制居多，战国之后则以铸制为主。至迟在春秋中晚期，我国在块炼铁（固态）冶炼技术的基础上发明了生铁（液态）冶炼技术。生铁技术的发明和推广，极大地提高了铁器生产效率，降低了铁器生产成本，铁器得以在生产、生活领域推广应用，从而极大地提高了社会生产力，铁器成为促进中国古代物质文明与精神文明发展进步的先进生产力要素。

人类对铁资源的开发与利用经历了漫长的历程。综观世界古代文明，大多经历了从天然铁的使用到人工铁冶炼的发展历程。自然铁的使用是人类认识铁金属的第一步，为人工铁的冶炼与制作积累了宝贵的经验。自然铁主要指陨铁，不但数量少，而且加工难度较大，对人类社会的贡献不能与人工铁相提并论。冶炼铁一方面具有较高的强度、硬度，并且易于冶炼和加工，另一方面铁矿是地球上最多的金属资源。冶铁技术的发明是人类在掌握制陶、冶铜能力之后获得的又一项具有划时代意义的重大成就，对人类社会发展进程的影响大大超过了制陶和冶铜。时至今日，钢铁技术的持续开发与利用仍然深深地影响着现代文明的发展进程。

一、世界范围内的早期铁器

铁是自然界中分布极为广泛的一种金属物质，但人类发现铁、利用铁的历史却要大大晚于铜以及黄金、锡、铅、汞等有色金属。究其原因，主要是由于地球表面几乎不见天然的纯铁，加之铁容易氧化生锈，难以持久存留。虽然与镍混合的合金铁具有长久不锈的特点，但含镍的自然铁又极其稀少。

人类最早的铁制品是利用星空坠落的陨铁制成的。陨铁含铁百分比很高，且很纯净，夹杂物很少。每年坠落在地球上的陨铁数量约 3000 块，估算地球上至少有 250 吨陨铁，其中 99.4%

1 陈建立等：《甘肃临潭磨沟寺洼文化墓葬出土铁器与中国冶铁技术起源》，《文物》2012 年第 8 期。

是可锻的[1]。

世界范围内的古代文明国家大都有使用陨铁的历史。埃及和美索不达米亚地区发现的年代最早的铁器都是陨铁加工制成的。考古学家曾在美索不达米亚苏美尔人建造的古乌尔城的墓葬中发现过一把陨铁制成的小斧。古苏美尔语中有“安巴尔”一词，字面意思为“天降之火”，其实就是指陨铁。苏美尔人最早使用的铁器就是源于自然界的陨铁。由于陨铁数量极其有限，因此，陨铁制作的铁器还被视作贵金属，往往与黄金、美玉等制作成复合器。

埃及前王朝时期（公元前 3500 年）曾用含镍 7.5％的陨铁制成铁珠（出土于距今开罗南 80 公里格尔则）。埃及十一王朝（公元前 2000 年）的墓葬中出土有含镍 10.5％的陨铁制成的镶银辟邪护符。埃及第五至第六王朝（公元前 2400 年前）的太阳神像宝座也是陨铁制成。

两河流域、西亚地区的土耳其以及南美、亚洲等许多地区也都出土有早期陨铁或有使用陨铁的文献记载。1914 年，在两河流域北部阿什马尔阿卡德王国的宫殿遗址中发现 1 件公元前 2500 年左右的铜铁合制刀，其中刀把上就含有陨铁。

土耳其安纳托利亚地区乔鲁姆省（Corum）的阿拉卡（Alaca）遗址以新石器文化和赫悌文化遗存为主的大型遗址，出土有公元前 2400—2100 年的陨铁制品和人工冶铁制品。阿拉卡遗址发现 13 座公元前 2500—2300 年的王室陵墓，其中 K 墓出土黄金王冠、权杖头、金杯、银杯、金银针、银匕首、黄铜剑、铜牛以及铁匕首。铁匕首用陨铁锻制而成，全长 30 厘米，外包金箔，金鞘。土耳其阿拉恰赫宇（ALACA HOYUK）遗址出土的金柄铁剑为世界最早的铁制品，距今 5000 多年，剑身用陨铁制成（图 0-1-1）。

除早期陨铁制品以外，世界上的许多部落或后进民族中也发现有利用陨铁制作刀具的例子。北格陵兰曾发现一把爱斯基摩人用海象牙嵌镶陨铁片的小刀。陨铁片的晶体组织已变形，具有原始的诺曼带状组织，但非金属夹杂如陨铁（FeS）则极少，硬度为 227HV，显示其仍然保持着它的初始状态，未经过任何退火处理[2]。美洲墨西哥的阿兹特克部落、尤卡坦的玛亚人和秘鲁的印加人、密西西比河流域的印第安人都曾利用陨铁制成箭头和其他工具。东南亚的马来族人也曾制作以陨铁为原料的“拍莫刀”。“拍莫”在马来语里就是陨铁的意思。

虽然人类利用陨铁制造铁质工具有悠久的历史，但陨铁数量稀少，陨铁的获取也具有相当的偶然性，因而对人类生产、生活的影响十分有限，但陨铁的利用使人们初次认识了铁金属的特质，对冶铁技术的发明是有帮助的。

一般认为世界冶铁技术最早出现在安纳托利亚—伊朗的某一区域内，并在随后的五个世纪内向世界各地传播。目前，年代最早的块炼铁制品和冶炼遗址也是发现于这一地区。

公元前 3000 年左右，美索不达米亚地区的阿斯马尔丘、恰加尔巴扎尔和马里地区、小亚细亚的阿拉贾一带就已经出现人造痕迹的铁片。小亚细亚也发现有公

1 Zimmer, G.F.1916.The use of meteoric iron by primitive man, Journal of Iron and Steel Institute, No.II, 306—56.

2 Coghlan H.H.1956.Notes on prehistoric and early iron in the Old World.Oxford: Pitt Rivers Museum, University of Oxford.

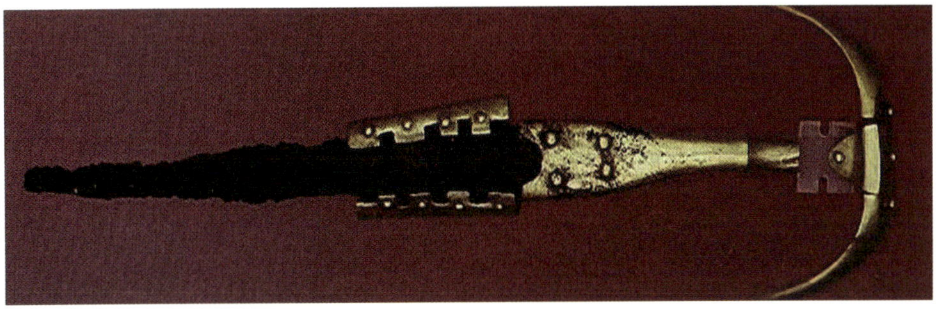

图 0-1-1 阿拉恰赫宇（ALACA HOYUK）遗址出土的金柄铁剑

图 0-1-2 图坦哈蒙（Tutankha-men）墓出土铁匕首

元前 2000 年的铁制品。

20 世纪 30 年代，两河流域北部叙利亚查加·巴扎尔发现 1 件约公元前 2700 年的人工铁匕首。叙利亚的拉斯沙姆拉地区发现有制造于公元前 1300 年的铁斧，斧身为高含镍量的铁。

日本学者曾在土耳其安纳托利亚中部地区的卡曼一克尔霍羽克（Kaman-Kalehoyuk）遗址发现有公元前 2200 年左右的残铁块、铁渣等冶炼遗物[1]。西亚地区目前发现年代最早的块炼铁炼炉遗迹在以色列那盖夫（Negev）地区，年代约为公元前 13 世纪[2]。

埃及使用铁的历史非常悠久，吉萨大金字塔中出土有铁器残片，其年代约公元前 2500 年；塞加拉铁器残片的年代约公元前 2400 年；阿布西尔出土铁镐残片的年代约公元前 2200 年，而公元前 1350 年的图坦哈蒙（Tutankha-men）墓中出土一柄保存完好的来自赫悌王国的铁匕首（图 0-1-2）。埃及虽然使用铁器的历史悠久，但冶铁的历史却并不长，大约在公元前 700 年，埃及努比亚地区的麦罗埃省开始出现人工冶炼铁，之后冶铁技术逐渐向南传播至苏丹以及非洲地区。

1 Waldbaum, J.1980.The first archaeological appearance of iron and the transition to the Iron Age.In:Muhly, J.& Wertime, T（eds.）.The coming of the age of iron.New Haven: Yale University press, 69—98.

2 卢嘉锡总主编，韩汝玢、柯俊主编:《中国科学技术史·矿冶卷》，科学出版社，2007 年 5 月第 557 页。

二、中国早期铁器与中国冶铁技术的起源

1. 中国早期铁器的出现与使用

图 0-2-1 新疆银牛沟陨铁

中国古代铁器发展史与世界许多地区的古代文明体基本一致，也同样经过由陨铁到人工铁的发展历程。考古发现表明中国早在商周时期就对陨铁的金属特性有了一定的认识，并将陨铁锻制成具有特殊意义的礼器。陨铁也屡见于中国的古代文献，但见诸文献记载的年代比陨铁的使用年代则要晚得多。西汉司马迁所著《史记》就记有“秦献公十七年（公元前 368 年），栎阳雨金四月至八月”。“雨金”即是指星空坠落的陨铁。

汉以后的文献也常有关于陨铁的记载，且更加详尽。唐段成式《酉阳杂俎》前集卷十《物异·毒槊条》说：“南番有毒槊，无刃，状为朽铁，中人无血而死，言从天而下，入地丈余，祭地方撅得之”。段成式详细记录了毒槊（铎鞘）的来历、色泽、质感、挖掘现场以及取出前的祭祀仪式等。

唐代樊绰的《蛮书》则记载了少数民族首领用陨铁锻制兵器。《蛮书·云南管内物产》记：“昔时越析诏于赠有天降铎鞘，后部落破败，盛罗皮得之，今南诏蛮王出军、手中双执者是也。贞元十年使清平官尹辅酋入朝，献其一”。“天降铎鞘”就是指用陨铁锻制的兵器。

陨铁自星空坠落，虽然每年多达 3000 次左右，但大多坠落于海洋或沙漠，所以现存的被人类所了解的陨铁数量并不多。我国境内现存的最大陨铁是坠落于新疆阿勒泰地区青河县的“银牛沟陨铁”，为世界第三大陨铁，长 2.42 米、宽 1.85 米、高 1.37 米，重约 30 吨（图 0-2-1），仅次于陨落在非洲纳米比亚的重约 60 吨的果巴大陨铁和陨落在北美洲格陵兰岛上重约 33 吨的约角大陨铁，是极为珍贵的“宇宙标本”。银牛沟陨铁的含铁量达 88.67%、含镍 9.27%，此外还有其他微量元素。

陨铁是自然铁，人类对陨铁的利用多是锻打成需要的器形，故陨铁的使用与冶铁术的发明，未必存在必然的联系。但加工陨铁的锻打技术和陨铁与金属铜的铸接技术，无疑为后世金属锻打和铸接技术提供了重要积累。

陨铁熔点较高，加工方式主要为热锻，一般用来制作较贵重的小型器物或锻接于铜铁合制器的重要部位。我国商、周时期的陨铁主要用于锋刃器的刃部。中国境内迄今共发现 7 件陨铁制品，包括铁刃铜钺、铁援铜戈、铜銎铁锛、铜柄铁削等，皆为青铜与陨铁的合制器。

从藁城台西村、平谷刘家河商代中期铁刃铜钺的接合技术，可以看出当时人

们对陨铁已经有了一定的认识，对陨铁的成分、性能、自然属性、加工方式等有了相当的了解，并且能够将其制作为兵器上最为重要的刃部。由此可见，当时的人们对金属的认知已经达到了一定的高度。自商代中期开始，人们对陨铁的认识、加工和利用逐步完善。商代晚期到西周时期的陨铁制作兵器刃部技术与后期人工制造铁兵器及工具刃部的技术原理基本相似。陨铁的发现和利用可说是人类认识金属历程上的一个重要里程碑，正是因为有了对这种金属的认识、利用，才为后期认识更多的金属矿产资源奠定了基础，也为中国冶金技术的形成与发展提供了宝贵的经验与技术积累。

2. 中国冶铁的起源

关于冶铁技术的起源，世界范围内仍然存在“一元论”和“多中心”两种认识。由于迄今尚未有形成定论的新发现，所以两说各执一词，莫衷一是。“一元论”认为人类冶铁术皆起源于一个古老的冶铁中心，之后再传播到世界各地；“多中心论”认为古代世界存在多个冶铁中心，但凡具备原料、技术条件和社会需要的地方，都可能催生冶铁技术的发明。

中国冶铁术的起源是古代中国以及东亚地区社会进程的重要转折，长期以来受到学术界的广泛重视。早在 20 世纪 20—60 年代，章炳麟[1]、章鸿钊[2]、黄展岳[3]、周则岳[4]、杨宽[5]等学者根据文献记载和考古发现，就这一问题开展了广泛且深入的讨论。大体上，对中国冶铁起源的时代，主要有商代、西周、春秋战国等不同的意见。

20 世纪 90 年代以来，随着冶金考古在中国的兴起与发展，讨论中国冶铁起源的视角也更加宏观。韩汝玢[6]、王巍[7]、白云翔[8]、华道安（D.B.Wagner）[9]等人，在讨论冶铁技术以及铁器、技术在不同国家、民族之间的交流与传播、铁器与社会等问题的基础上，对我国早期冶铁起源的时间、区域以及技术特点等提出了新的认识。

我国考古发现的早期陨铁是认识和了解我国铁器使用年代的实证材料，但陨铁的使用与人工冶铁的出现，两者之间似乎并没有直接的因果关系。我国早期人工铁制品集中出土于中原地区和新疆地区。器类主要是生产工具、兵器、日用器物三大类。从出土铁器的分布区域和器类来看，两地之间存在着一定的联系。器类上，中原地区以兵器类为多，工具类中的木作加工工具、土作农耕器具等普及性较高，形制多样且较为定型。总体而言，中原地区基本没有发现铁质装饰品，铁的复合器在中原地区发现较多，其中以铜铁复合器的数量最多，此外还有少量

1 章炳麟：《铜器铁器变迁考》，《华国月刊》第 2 期（1925 年）第 5 册。
2 章鸿钊：《石雅》，农商部地质调查所印行，1927 年；章鸿钊：《古矿录》，地质出版社，1954 年。
3 黄展岳：《先秦两汉的考古与文化》，允晨文化实业公司，1999 年。
4 周则岳：《试论中国古代冶金史的几个问题》，《中南矿冶学院学报》1956 年第 7 期。
5 杨宽：《中国古代冶铁技术发展史》，上海人民出版社，2004 年 9 月。
6 卢嘉锡总主编，韩汝玢、柯俊主编：《中国科学技术史 · 矿冶卷》，科学出版社，2007 年 5 月。
7 王巍：《东亚地区古代铁器及冶铁术的传播与交流》，中国社会科学出版社，1999 年 2 月。
8 白云翔：《先秦两汉铁器的考古学研究》，科学出版社，2005 年 4 月。
9 Wagner, D.B.2008.Science and civilisation in China.Vol.5: Chemistry and chemical technology.Part 11: Ferrous metallurgy.Cambridge: Cambridge University Press.

金、玉铁复合器。与中原地区有所不同的是，新疆地区出土的铁器器类比较复杂，除兵器类的铁剑以外，工具类以铁镰刀、锥为主，而中原地区少见的镯、指环、耳环、管状器等装饰品在新疆地区则较为多见。正是基于两地器类上，特别是装饰类与工具类的差异，有学者认为中原地区是我国早期铁器的发生地，并认为最早的人工冶铁地域在今豫西、晋南关中一带[1]。

甘肃临潭县磨沟齐家文化墓地公元前14世纪人工铁器的发现[2]，对讨论我国铁器的起源年代及地域提供了新的线索。近年来，日本学者村上恭通在哈萨克斯坦境内发现了公元前14世纪的炼铁炉和陶质鼓风管、铁渣、铁矿石、木炭等遗物，其年代与临潭磨沟齐家文化墓地出土铁器的年代大体相当[3]。齐家文化出土有大量的铜器，其器类、形制与北方草原地区的青铜文化有密切联系，两地之间存在一条称为“金属之路”的冶金文化交流与传播通道[4]。到公元前14世纪左右，“金属之路”不仅仍然存在，有可能变得更加通畅。临潭磨沟齐家文化墓地出土的人工铁有可能源于中亚的阿尔泰地区。自然地理来看，新疆与中亚地区的地理地貌区别不大，新疆地区从公元前2千纪初期进入青铜时代，公元前第2千纪末期进入早期铁器时代偏早阶段，公元前1千纪中期进入早期铁器时代偏晚阶段[5]。中原地区虢国墓出土的玉柄铁剑经鉴定为块炼铁制成，新疆尼勒克穷科克台地早期铁器经北京科技大学冶金史研究所鉴定，为块炼铁或渗碳钢[6]，与中亚、西亚地区发现的块炼铁制作的早期铁器基本一致。

人工铁制品的使用到冶铁技术的出现，两者之间可能有时代差，但年代跨度应该不会很大。因此，有人推测最迟在商周之际，我国西北地区可能已经掌握了块炼铁冶炼技术[7]。

3. 中国冶铁技术的形成与发展

甘肃临潭县磨沟齐家文化墓地出土的公元前14世纪的人工冶铁制品，表明我国历史上也存在块炼铁的时代。欧洲在14世纪之前一直以块炼铁为原料锻制铁器。块炼铁的基本特点是：产品含碳量较低，通常是熟铁或低碳钢，因其性较柔，极大地限制了它的使用范围；由于冶炼生成物为海绵状的固体块，须用锻打方式成型；块炼铁含有许多大块的氧化亚铁—硅酸盐共晶，虽经多次反复锻打，终难去除以尽。

中国至迟在春秋中晚期就已经摒弃块炼铁冶炼技术而跨入生铁冶铸的时代，这是中国冶铁史上的重要分水岭。李京华先生说“以中国为代表的古代东方的钢铁技术路线和西方早期的钢铁技术路线，是明显地分属于两种不同的技术体系和

1 白云翔：《先秦两汉铁器的考古学研究》，科学出版社，2005年4月。

2 陈建立等：《甘肃临潭磨沟寺洼文化墓葬出土铁器与中国冶铁技术起源》，《文物》2012年第8期。

3 愛媛大学東アジア古代鉄研究センター第八回国際シンポジウムの村上恭通氏より。

4 杨建华等：《欧亚草原东部的金属之路》，上海古籍出版社，2016年3月第38页；林梅村：《欧亚草原文化与史前丝绸之路》，新疆昌吉回族自治州文物局编《丝绸之路天山廊道》，文物出版社，2014年。

5 韩建业：《新疆的青铜时代和早期铁器时代文化》，文物出版社，2007年4月第122页。

6 刘学堂、阮秋荣：《尼勒克穷科克台地考古发掘发现早期铁器》，《中国文物报》2001年12月14日。

7 李映福：《广西平南“碗式”炼炉与我国“碗式”炼炉的起源》，《考古》2014年第6期。

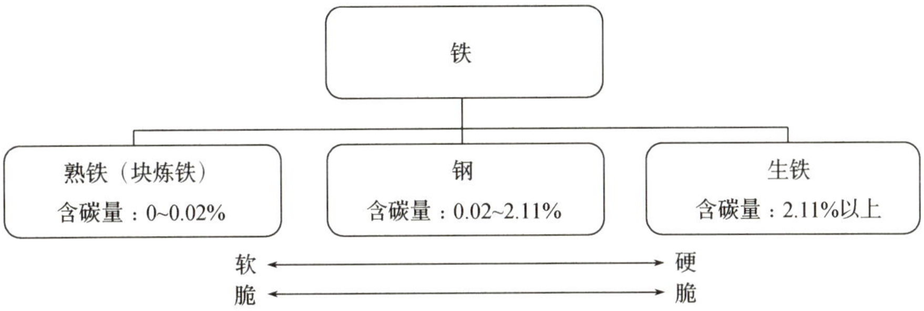

图 0-2-2 铁碳合金含碳量分类示意

工艺传统，并最终反映了技术观念和工艺思想的差异”[1]。

生铁根据硅含量的多少又分白口铁、麻口铁和灰口铁三类。生铁冶炼技术冶炼速度快、铁的质量高，更易于产品的批量铸造，是推动生产力发展与社会变革的最重要的技术与产品。尽管欧洲古罗马时期的出土材料中也发现有生铁制品，但其使用和延续时间并不长，对社会的影响也不大，而中国古代的生铁冶炼技术比欧洲早 1800 多年，在世界冶金史上独树一帜，具有重要的地位。目前中国发现最早的生铁制品为山西天马曲村墓地公元前 8 世纪的残铁块。

生铁冶炼技术与块炼铁冶炼技术相比具有无与伦比的优势，但生铁较为脆硬，容易断裂，约在春秋战国之际，人们又进一步掌握了铸铁柔化处理技术。生铁的冶炼和铸铁柔化技术为铁器的广泛普及奠定了坚实的技术保障和基础，是促进战国晚期社会经济迅速发展的重要原因。大体从春秋晚期开始，中国发明了改变铁材性能的炼钢技术。

块炼铁、生铁、钢都属于铁碳合金，三者之间主要的差别在于含碳量的多少。含碳量最低的为块炼铁，含碳量最高的为生铁，介于两者之间的则是钢（图 0-2-2）。

我国在公元前 6 世纪左右的春秋后期，开始出现使用固体渗碳制钢技术来制造钢材。这一技术制成的产品称为块炼铁渗碳钢。西汉时期是中国历史上冶铁技术的大发展时代，汉代工匠又在铸铁柔化处理技术上创造出铸铁脱碳钢制钢技术。西汉后期又发明了生铁炒炼成钢或熟铁技术，炒钢的基本原理就是将生铁加热到熔化或基本熔化的状态下再进行炒炼，以达到脱碳成钢的目的。东汉时期兴起的百炼钢锻炼技术，其实质是将薄钢片经过多次加热和反复折叠锻打，利用生铁含碳量高、熔点低的特点，将铜铁两种原料混合起来，让较先溶解的液态生铁作为渗碳剂，通过自然流动灌注到熟铁表面的空隙之中，使得熟铁的含碳量能够得以升高。宋代将生铁片镶嵌在熟铁条中，用泥将炼炉密封起来进行燃烧活动，炼成灌钢。

综观中国古代冶金发展史，可以明确地看出中国古代冶金技术经历了两个高峰期。商周时期，随着冶铜技术的发展，青铜冶炼、铸造规模大幅提高，这一时期政治经济相对稳定，中原地区社会等级分化明显，礼制的推广使得青铜器在上层阶级生活中占据重要地位，青铜器在政治生活中作为重要的物质载体，不断被赋予重要的精神价值；第二阶段为秦汉时期，这一时期政治、经济、文化都得到

1 李京华：《从铁器鉴定论河南古代钢铁技术的发展》，《中原文物》1993 年第 4 期。

了极大的繁荣，冶铁技术作为手工业生产的重要部门，得到了前所未有的快速发展，铁官及其生产管理的体系化是汉代铁工业发展的重要保障。生铁冶铸和炒钢技术的出现，使得官营铁器生产数量剧增，民间私营的小规模作坊由于技术不成熟，只能进行小规模生产制作，但满足了部分区域对于铁器的需求，是推动区域铁器化进程的重要补充。

铁器工业对社会经济、文化发展乃至社会变革都产生了重大影响。中国古代社会进程中的重大变革基本上都是伴随铁器化的进程而发生的，铁器极大地提高了生产效率，不可避免地促进了社会变革的发生。战国、秦汉时期的铁器生产和冶炼技术发展到了一个崭新的高度，奠定了中国封建社会持久繁荣的基础。自秦汉至唐宋，虽然历经数百年，但冶铁技术并没有出现重大的改变和突破，基本沿袭已有的技术工艺和内涵，虽然生产过程中为改进产品质量涌现出一些技术革新，但总体来说并未发生大的变化。唐宋时期社会稳定，政治、经济、文化繁荣，虽然铁兵器的数量相对减少，但铁质生活用具、农业生产用具的数量大幅增加，铁器开始在日常生活中扮演重要角色。宋代以后，随着地主经济和官僚统治阶级的衰败，冶铁技术和铁器生产规模基本与唐宋时期一样，没有发生质的飞跃。在专制统治进一步加强的政治背景下，铁工业所需要的矿产资源的开发利用受到限制，垄断阶层开始出现，从而影响了社会对矿业的大规模开发与投入。这一时期铁器生产与加工主要是满足农业生产、日常生活所需，呈现出器物、器型种类多样的特点。至明代中叶以后，民办经营的矿业开采开始出现，手工业生产逐步向工业化靠拢，传统铁工业逐渐湮没在近代工业浪潮中。

第一章 商至西周时期的铁器

就世界范围的社会发展进程而言，大部分地区在铜器时代结束后即跨入铁器时代。冶铁技术通常是在青铜冶炼技术的基础上发展起来的[1]。商至西周时期既是我国青铜冶铸技术的颠峰时期，也是从认识铁金属、使用铁制品到跨入铁器萌生阶段的重要时代。

商朝已经建立了相当发达的青铜冶炼与铜器生产体系，如商代就出现了承担矿采工种的“采冶奴”。商代的青铜手工业由“百工”总管，《礼记·曲礼下》云：“天子之六工，曰：土工、金工、石工、木工、兽工、草工，典制六材”。

西周时期的手工业及其管理制度基本承袭商代晚期，重要的手工业部门均由“百工”直接管理。虽然商周时期的铁器生产依附于青铜手工业，但这一时期建立起来的“百工”管理体系，充分行使了对技术与资源的掌控职能，是对后世包括铁工业在内的手工业管理的重要积累。

第一节 商至西周时期铁器的发现

迄今为止，考古发现的商至西周时期的铁器极少，大多为随葬品，且多出土于高等级墓葬。

1931 年，浚县辛村发现商末周初的铁刃铜钺和铁援铜戈各 1 件，后流入美国，被华盛顿弗利尔美术馆收藏。两件兵器铁质部分一度被认为是人工冶炼铁，后来美国学者 R.J. 盖廷斯等对钺中残留的铁金属及其附着的氧化铁进行电子探针检测，检测结果表明含镍量较高，同时观察到魏氏组织，由此肯定其铁质部分是用陨铁经锻造加工而成[2]。

1972 年，藁城台西村商代中期墓葬出土 1 件刃部镶嵌有铁金属的铜钺。铁刃部分是人工冶铁还是陨铁曾引起较大争议。最初的化学定性、定量分析以及金相、电子探针微区分析、X 射线透视结果认为：钺的刃口部分系古代熟铁，外层用铜合金包套，铜合金系铸上去的[3]。北

1 中国社科院考古研究所：《中国考古学·两周卷》，中国社会科学出版社，2004 年 12 月。

2 Gettens, R., Clarke, R.& Chase, W.1971.Two early Chinese bronze weapons with meteoritic iron blades. Occasional Papers Vol.4 No.1, Washington: Freer Gallery of Art.

3 河北省博物馆、文物管理处：《河北省藁城台西村的商代遗址》，《考古》1973 年第 5 期。

京钢铁学院鉴定结果显示铜钺的铁刃中没有人工冶铁所含的大量杂物，镍含量在6%以上，钴含量在0.4%以上，并且保留有高低镍、钴层状分布，因此确定铜钺的铁刃非人工冶炼铁，而是陨铁经加热锻打后嵌到钺体[1]。

1977年，北京市平谷县刘家河商代中期墓葬出土铁刃铜钺1件。经光谱定性分析，其铁质部分含有镍，为陨铁锻制[2]。

1990年，河南三门峡虢国墓地2001号墓（虢季墓）出土西周晚期铁器2件。玉柄铁剑（M2001：393）的剑身以块炼渗碳钢制成；铜内铁援戈（M2001：526）的铁援为块炼铁。1991年，三门峡虢国墓地2009号墓（虢仲墓）出土西周晚期铁刃铜器4件，即铜内铁援戈、铜骹铁叶矛、铜銎铁锛、铜柄铁削刀各1件。经鉴定，其中铁叶矛为块炼渗碳钢制品，其余3件为陨铁制品。

2008年在甘肃临潭县陈旗磨沟的齐家文化墓地M444、M633分别出土铁条和铁锈块各一件。M444出土铁条为块炼渗碳钢锻打而成，年代为公元前14世纪左右。

第二节　商至西周时期的铁器生产

冶铁技术发明以前，人类曾短暂经历了利用陨铁锻造铁器制品的时代。中国至迟在公元前14世纪开始利用陨铁锻制铁器，公元前9世纪至公元前8世纪的虢国仍在使用，其延续使用500年以上。

虽然陨铁的使用与冶铁术的发明不一定有必然联系，但陨铁的锻打技术、陨铁与金属铜的接合技术，对后世金属的制作技术与加工工艺则大有裨益。陨铁熔点较高，加工方式主要是热锻，以制作小型的贵重器物为主。见于考古发掘的商、周陨铁主要用作锋刃器的刃部。我国出土的7件商周时期的陨铁制品均为铜与陨铁的合制器，其接合技术令世人惊叹。河北藁城台西村和北京平谷的铁刃铜钺都以铸合技术成器，虢国墓地的3件器物则是锻合成器，而浚县辛村两件器物的接合方式尚不清楚。一般而言，铸合的方式较容易实现，锻合则相对难度较大。

中原地区自公元前13世纪的商代中晚期开始出现陨铁制品，到公元前11世纪的商末周初，陨铁加工技术已基本成熟。这一时期的器物类型主要为兵器，有铁刃钺、铁援戈等。西周时期的陨铁加工技术沿袭商代，但是铜铁制品的类型、形制发生了明显变化，主要器型有戈、锛、削刀等，其中生产工具的数量居多。

从陨铁的发现到陨铁的使用，应经历了较长的时期。陨铁因具有优于铜质材料的金属特性，故多用于器物的刃部，在使用中凸显了较好的韧性和强度。对陨铁的独特使用说明当时的人们对铁金属的性能已经有一定程度的了解，至少已经初步认识到铁刃比青铜刃更为锋利，这或许就是促进人类寻找更多铁金属并尝试人工冶炼铁金属的动力，从而推动早期人工冶铁技术的诞生。

西周晚期虢国墓地出土的玉柄铁剑、铜内铁援戈和铜骹铁叶矛3件兵器在相

1 李众：《关于藁城商代铜钺铁刃的分析》，《考古学报》1976年第2期。
2 张先得、张先禄：《北京平谷刘家河商代铜钺铁刃的分析鉴定》，《文物》1990年第7期。

当长的一段时间内被视为中国最早的人工冶铁制品。这一时期的人工铁因数量极其稀少而显得十分珍贵，所以人工铁制品多与美玉、绿松石、黄金等合制成器。这一时期也是我国历史上陨铁制品和人工铁制品并行使用的时代。

近年来，西北地区出土了相当数量的早期铁器，是研究中国冶铁技术起源的重要地区之一。甘肃临潭县陈旗磨沟乔家文化墓葬区 M444、M633 分别出土有铁条和铁锈块，为研究中国冶铁技术的起源提供了新的线索。M444：A7 铁条的年代为公元前 14 世纪左右[1]。磨沟遗址出土的 2 件铁器是目前中国境内出土的年代最早的人工铁制品，对于研究中国冶铁技术起源的时代与地域具有重要意义。

第三节　商至西周时期的铁器类型

商周时期铁器发现的数量较少，目前仅发现 7 件陨铁制品和极少量的人工冶铁制品，陨铁制品皆为铜铁合制品。

一、陨铁制品

我国是记载陨星最早的国家之一，早在春秋时期就已知陨石是自天空陨落的物质。陨铁是陨石的一种，由铁镍（钴）合金组成，其含镍量在 4%~20%（大部分为 5%~10%），钴含量在 0.3%~1%。陨铁在太空中的冷却速度极为缓慢，大约每五百年才下降 0.5 度，故可形成特殊的魏氏组织，其中的镍、钴成层状分布与人工铁的金相组织有着十分显著的区别[2]。我国公元前 14 世纪的商代中期开始使用陨铁制作兵器刃部，至今发现的可以确认为陨铁的铜铁合制器共 7 件。这一时期出现的铜铁合制器，不仅表明商周时期的工匠已经充分认识到铁与青铜在金属特性上的差别，而且也表明商周时期的工匠熟知铁的热加工性能，并利用铸、锻合技术，巧妙地将青铜和陨铁复合成器。

1. 铁刃铜钺

目前为止，共出土 3 件。

河北藁城台西村出土商中期（公元前 14 世纪）铁刃铜钺（M112：1），铁刃断失，器身后半部的上下两面均饰乳钉纹两排，其中一面两排各为六枚，另一面分别为七和八枚，铁刃残存部分的后段夹于青铜器身内，据 X 射线透视，夹入部分约 1 厘米。内方形，中部有一圆穿，内身之间以阑相隔。残长 11.1 厘米，阑宽 8.5 厘米。铁刃是用陨铁经加热锻打后嵌到钺体上的。钺的形制比较特殊，颇具北方少数民族地区的特色[3]（图 1-3-1）。

1977 年，北京平谷刘家河出土商代中期（公元前 14 世纪）铁刃铜钺 1 件，通

---

1 陈建立等：《甘肃临潭磨沟寺洼文化墓葬出土铁器与中国冶铁技术起源》，《文物》2012 年第 8 期。
2 李众：《关于藁城商代铜钺铁刃的分析》，《考古学报》1976 年第 2 期。
3 河北省文物研究所：《藁城台西商代遗址》，文物出版社，1985 年 6 月第 132 页。

体略呈梯形，刃部已锈蚀残损，残长8.4厘米、阑宽5厘米。直内，内中部有一个大圆穿，孔径1厘米。该铁刃铜钺的形制与藁城台西村出土铁刃铜钺大体相同，但尺寸比后者约小三分之一。北京钢铁学院的X光透视显示，铁刃包入铜钺下端根部，残存1厘米，尚有少量铁质未氧化。铁刃以铁为基体，残部锈块有明显分层现象，经光谱定性分析含大量镍及罕见的钴、锗和镓等22种元素，证明铁刃是陨铁加工而成的。铜钺柄含有夹渣、气泡，经放射性X光、荧光鉴定为铜锡合金[1]。钺身一面平，一面微凸，当为单范铸。将铁镍合金的陨铁，锻造出2毫米左右的薄刃，再将薄刃与青铜浇铸成一体。在当时的技术与工具条件下，将铁、铜两种金属加工制作成一体器物，充分显示出商代工匠的聪明才智[2]（图1–3–2）。

图1-3-1　河北藁城台西出土铁刃铜钺

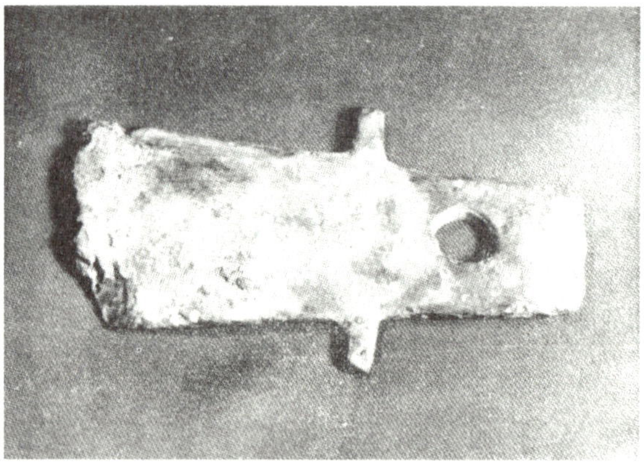
图1-3-2　北京平谷出土铁刃铜钺

据传1931年河南浚县辛村一带出土了一组青铜兵器，其中有一件商末周初（公元前10世纪）的铁刃铜钺（34·10），扁斧形，铜铁结合部在钺身中腰，铁质部分基本完整。铜质部分饰变体虎面纹，虎口中有一圆孔，栏侧二穿；内部另有一小圆孔，内端饰兽面纹[3]。通长17.1厘米，宽10.8厘米，重437.5克。现藏华盛顿弗利尔（FREER）美术馆[4]（图1–3–3）。

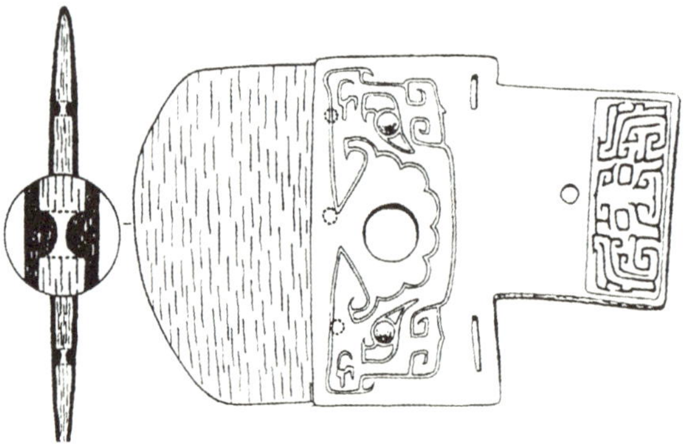
图1-3-3　河南浚县出土铁刃铜钺

2. 铁援铜戈

河南三门峡虢国墓地（虢仲墓）的年代为西周末（公元前9世纪至公元前8世纪），该墓出土两件铜铁合制兵器，

1 张先得、张先禄：《北京平谷刘家河商代铜钺铁刃的分析鉴定》，《文物》1990年第7期。
2 北京市文物管理处：《北京市平谷县发现商代墓葬》，《文物》1977年第11期。
3 沈融：《一组外流中国青铜兵器评述》，《中原文物》1984年第2期。
4 Waldbaum, J.1980.The first archaeological appearance of iron and the transition to the Iron Age.In:Muhly, J.& Wertime, T（eds.）.The coming of the age of iron.New Haven: Yale University press, 69—98.

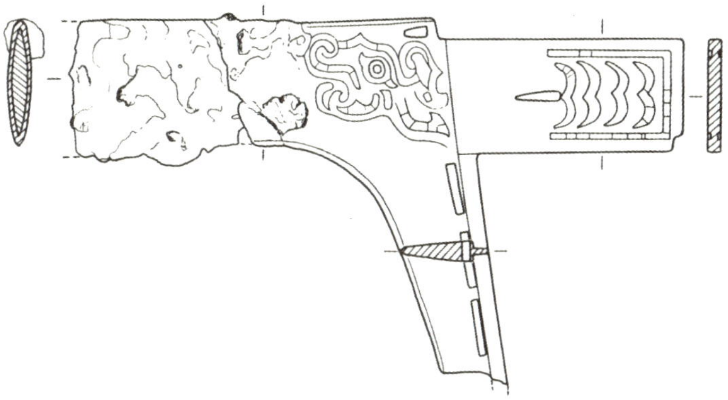

图 1-3-4　河南三门峡虢国墓地 M2009 出土铁援铜戈（M2009：703）

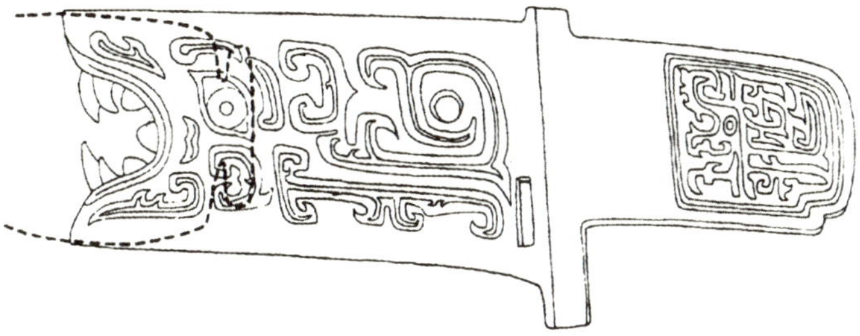

图 1-3-5　河南浚县辛村出土铁援铜戈

分别是铜内铁援戈、铜骹铁叶矛[1]。铜内铁援戈（M2009：703）由铜内、铁援锻接组合而成。出土时铁援锈蚀残断，铜质内、胡及援本部均保存完好。铜质援本一侧有一横条状穿，栏侧一穿，内中部偏上一穿，内下角残缺。铜质援本部正背两面以绿松石片镶嵌成长鼻龙首纹饰，内部正背两面用绿松石镶嵌条框及山字纹。器身残长 19 厘米、内长 7.2 厘米、内厚 0.4 厘米。检测发现，铁援是用陨铁制成的。该件器物金属颗粒及锈蚀中含有较多的镍，与其他两件陨铁制品的铁刃中含镍量并不相同，应属于镍纹石（FeNi）类[2]（图 1-3-4）。据传 1931 年河南浚县辛村出土的一组青铜兵器中，其中一件为商末周初（公元前 10 世纪）的铁援铜戈（34・11），形制为无胡一穿，有上下栏，援部饰张口露齿的虎纹，援中、后部为铜质。铜铁结合部的铁质部分严重残损[3]，残长 18.3 厘米（图 1-3-5）。

3. 铜銎铁锛

虢仲墓出土两件铜铁合制工具，即铜銎铁锛、铜柄铁削。从铜铁合制器与其他青铜工具同出于椁室西南隅底部来看，可能是实用工具。

虢仲墓的年代在西周末（公元前 9 世纪至公元前 8 世纪），铜銎铁锛（M2009：720）由铜质銎部、铁质刃身锻接而成。出土时刃身锈蚀残损，銎口内尚残留有

1 1990 年至 1999 年河南省文物考古研究所与三门峡市文物工作队联合在三门峡市上村岭虢国墓地进行抢救性发掘，其中 M2001、M2009 是两座国君级大墓，根据出土青铜器的铭文，M2001 为虢季墓，M2009 为虢仲墓，时代相当于公元前 9 世纪至前 8 世纪。虢季墓（M2001）出土玉柄铁剑和铜内铁援戈两件兵器，虢仲墓（M2009）出土铜内铁援戈、铜骹铁叶矛、铜銎铁锛及铜柄铁削各一件。

2 韩汝玢、姜涛、王保林：《虢国墓出土铁刃铜器的鉴定与研究》，河南省文物考古研究所、三门峡市文物工作队：《三门峡虢国墓》，文物出版社，1999 年 12 月第 560 页。

3 沈融：《一组外流中国青铜兵器评述》，《中原文物》1984 年第 2 期。

木柄，木柄上有长方形榫口存在。銎长方形，近銎口处有数周凸弦纹，銎身正背两面铸有曲体龙首纹，两侧面为变体龙纹。銎正面中部有牛首状錾，銎前部为铁质刃身。器身残长11.3厘米、銎径3.1厘米×1.6厘米。木柄残长8.8厘米、榫口残长3.6厘米、宽0.9厘米。铁质刃身残宽2.6厘米[1]。检测发现，该件器物金属颗粒及锈蚀中含有较多的镍，与其他两件陨铁制品的铁刃中含镍量并不相同，应属于镍纹石（FeNi）类。同时对铜銎铁锛样品进行了X射线衍射相分析测定，尽管残留金属颗粒较少，但均显示有较强磁性，亦可作为是陨铁制品的另一佐证（图1-3-6）。

图1-3-6　河南三门峡虢国墓地M2009出土铜銎铁锛（M2009：720）

4. 铜柄铁削

虢仲墓出土西周末（公元前9世纪至公元前8世纪）铜柄铁削1件（M2009：732），由铜质柄、铁质削身锻接组成。出土时铁质部分已大部锈蚀残损，木鞘部分尚存。检测发现，该件器物金属颗粒及锈蚀中含有较多的镍，与其他两件陨铁制品的铁刃中的含镍量并不相同，应属于镍纹石（FeNi）类（图1-3-7）。

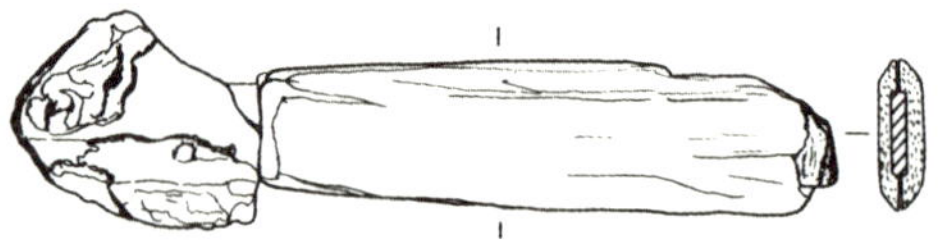

图1-3-7　河南三门峡虢国墓地M2009出土铜柄铁削（M2009：732）

二、人工冶铁制品

商周时期人工冶铁制品主要包括铜铁合制器和全铁制品。三门峡虢国墓出土的3件铁刃铜制品经鉴定为人工冶铁制品，均为兵器类，年代为公元前9世纪至公元前8世纪。

（一）铜铁合制品

1. 玉柄铁剑

河南三门峡虢季墓（M2001）年代为西周末（公元前9世纪至公元前8世纪），

1 韩汝玢、姜涛、王保林：《虢国墓出土铁刃铜器的鉴定与研究》，河南省文物考古研究所、三门峡市文物工作队：《三门峡虢国墓》，文物出版社，1999年12月第560页。

出土玉柄铁剑1件。

玉柄铁剑（M2001：393）出土时剑身处裹有剑鞘，鞘为皮革制，表面留有纵向缝合痕迹。出土时鞘身已被铁锈渗透，并与剑身粘连，剑鞘尚残存丝织品痕，表明剑身入鞘前，曾先以丝织品包裹再放入鞘中。玉柄铁剑由铁质剑身、玉制剑柄和铜质柄芯组合而成。剑身中部有脊，锋作柳叶形，与铜质柄芯两面锻合。铜柄芯下端圆形，可套入中空的玉柄内。玉柄由茎、首两部分套接而成，两者均用和阗青玉制成，玉质细腻光洁透润。柄茎青而略泛白色，上有黄白与褐色斑纹，柄首略泛青褐色。柄茎圆柱中空，以纳铜芯。柄茎表面四周饰成组竖向平行线纹与C形云纹。柄首底端作正方形，上端呈圆弧状内收，中空，下端的管口处嵌入形状不同的绿松石片，两侧有透穿小圆孔，其中贯以铜质销钉，以固定铜芯与柄首。钉孔两端各嵌入圆形绿松石片。玉柄首表面四面刻有四瓣花萼形纹。此件玉柄铁剑通长34.2厘米、柄长12.2厘米、剑身长22厘米、叶宽3.8厘米。玉柄茎最大径1.8厘米、柄首底端为2.7厘米×2.3厘米（图1-3-8）。通过扫描电子显微镜观察，确认玉柄铁剑的铁质剑身部分是由块炼渗碳钢制作而成。

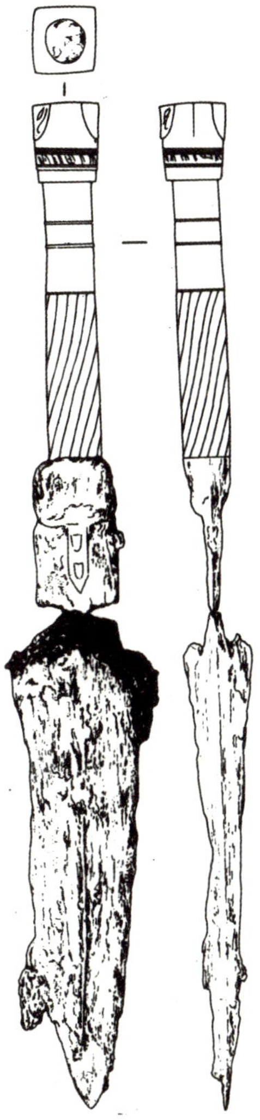

图1-3-8　河南三门峡虢国墓地M2001出土玉柄铁剑（M2001：393）

2. 铜内铁援戈

虢季墓出土铜内铁援戈1件（M2001：526），出土时与其他铜戈一起置放于椁室西北隅底部。戈表面附有木柲残痕。戈由铜内铁援锻接组合而成。铁援已严重锈蚀，与铜内接合部分已明显涨开，铜质胡部也已残断。铁援有脊，锋部残损，原刃部状况不详。铜质援本一侧有横条状穿，栏侧存有一纵长条状穿，内下角残断。铜质援本部正背两面以绿松石片镶嵌成长鼻龙首纹，内部正背两面以绿松石镶嵌条框及C形卷云纹饰。器身残长17.4厘米、内长7.5厘米、内厚0.5厘米（图1-3-9）。电子显微镜观察结果显示出残留金属中除铁以外未发现镍，由此可以断定铁援戈系由块炼铁制成。

3. 铜骹铁叶矛

虢仲墓出土铜骹铁叶矛1件（M2009：730），由铁叶和铜骹组合而成。铁质锋部、叶部和铜质骹部多已残损。铜骹部两面均有上窄下宽的条状铜片前伸作脊状隆起，铁质叶片嵌入其中。铁质部分的下端呈圆形，与铜骹上部锻接一起。矛

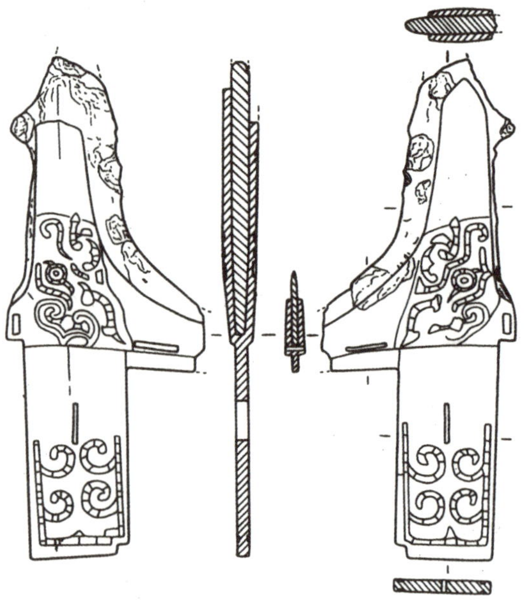

图 1-3-9 河南三门峡虢国墓地 M2001 出土铜内铁援戈（M2001：526）

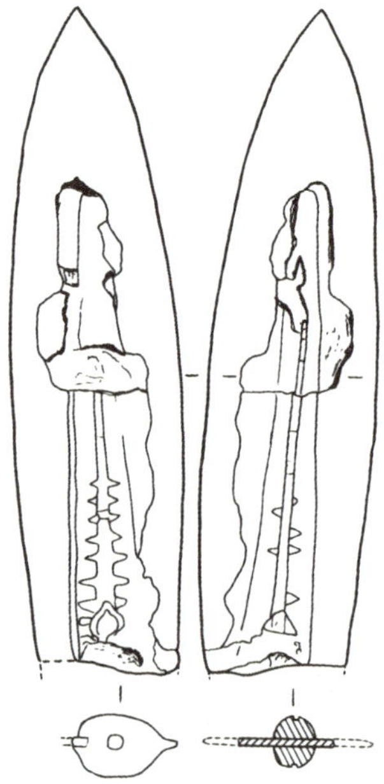

图 1-3-10 河南三门峡虢国墓地 M2009 出土铜骹铁叶矛（M2009：730）

图 1-3-11 甘肃临潭县磨沟齐家文化墓地 M444 头龛及铁条出土位置

图 1-3-12 铁条（M444：A7）金相组织图

体中部铜质隆脊，表面有条形枝状浅槽，内嵌镶绿松石片。近骹根部作桃形心状，稍上枝状两侧有三角形纹样。器身残长 12.7 厘米、骹上端厚 1.6 厘米、铁叶残宽 2.9 厘米（图 1-3-10）。扫描电子显微镜观察确认铜骹铁叶矛由块炼渗碳钢制作而成。

（二）全铁制品

甘肃临潭县磨沟齐家文化墓地 M444 头龛发现铁条 1 件[1]（M444：A7）（图 1-3-11）。铁条出土时已断为两截。M633 发现铁锈块 1 件。经 X 光照相，铁锈块锈蚀严重，已没有金属。铁条的金相组织观察，可以看出样品大部分为铁素体 + 珠光体组织，含碳量不均匀。铁条夹杂物的元素组成分析显示夹杂物由浮氏体和铁硅酸盐组成。由于铁条是迄今中国出土年代最早的铁制品，因此采取了多种

1 甘肃省文物考古研究所、西北大学丝绸之路文化遗产保护与考古学研究中心：《甘肃临潭磨沟墓地齐家文化墓葬 2009 年发掘简报》，《文物》2014 年第 6 期。

分析检测手段，以获取尽可能丰富的信息。诸多检测分析表明铁条由块炼渗碳钢锻打而成，系人工冶铁制品（图 1-3-12）。年代为公元前 14 世纪左右[1]。

河北藁城台西村、北京平谷刘家河等地出土的铁刃铜钺、铁援铜戈，说明至迟至商代中期，我国开始出现陨铁制品，并且一直延续到西周末期。这一阶段，陨铁主要作为钺、锛等兵器的锋刃端，说明当时人们将铁金属看作一种贵重的稀有金属，其使用是与权力和地位相联系的。

西周末期，我国开始出现人工冶铁的铜铁合制器及全铁制品，全铁制品少见，合制器多为铜（玉）等复合制成；此时尚处于天然陨铁和人工铁器并用的阶段，冶铁技术仅限于块炼铁和块炼渗碳钢技术。

总体而言，商至西周时期，铁器时代尚未开始，铁器的使用也仅限于国君等高级贵族，铁作为贵重稀有金属，与使用者的权力和地位密切相关。

1 陈建立等：《甘肃临潭磨沟寺洼文化墓葬出土铁器与中国冶铁技术起源》，《文物》2012 年第 8 期。

第二章
春秋时期的铁器

春秋时期（公元前770年至公元前403年）的300余年是周王势力衰微，分封制崩溃，诸侯群雄纷争的动荡时代。原有的政治、经济以及手工业的布局和生产、管理体系也随着分封制的瓦解而逐渐崩溃。原周王室控制下的金属手工业体系以及手工业技术人才逐渐挣脱原有束缚，形成了技术与人才由王室向地方转移的新格局。正是在这一背景下，从黄河流域到长江流域，铜冶炼规模、生产技术以及青铜产品的普及都得到了极大的提高。

青铜冶铸技术发展的同时，商到西周时积累起来的对铁金属的认识也逐渐深化。这一时期，除原有的铜铁合制器以外，人工冶炼铁制品的数量和种类更加丰富，特别是春秋早期偏晚阶段出现的过共晶白口生铁，标志着我国冶炼块炼铁的同时，在融合青铜冶炼积累的技术基础上，逐渐摸索发明了世界上独有的生铁冶炼技术。春秋中晚期，早期铁制品的出土地域已经不只局限于中原和三晋地区，进一步扩大到湖南、江西、江苏等长江流域的省区，而铁锸、铁锛、铁铲、铁镢等新型铁农具的出现，为战国时期铁器时代的到来奠定了坚实的基础。

第一节　春秋时期铁器的发现

目前为止，我国春秋时期的铁器冶炼与锻铸作坊遗址发现较少，如宜昌上磨垴遗址第5层堆积中有较多与冶铸遗迹相关的草木灰和含铁渣的红烧土块等，但与商至西周时期相比，春秋时期出土铁制品的数量与种类日趋丰富，出土地点增多、地域范围扩大。这一时期的铁器绝大多数出土于墓葬，但也有少量出土于聚落遗址。

出土春秋早期铁器的地点不少于7处：1978年甘肃灵台春秋早期秦墓出土铜柄铁剑1件[1]，其质定为块炼铁渗碳钢；甘肃礼县秦公墓地大堡子山2号中字形大墓南侧的1号车马坑中发现锈蚀严重的铁制品，年代为春秋初年[2]；甘肃礼县秦公墓地赵坪墓区2号贵族墓出土鎏金镂空铜柄铁剑1件[3]；陕西梁带村M27出土铁刃铜削和铁刃铜戈各1件，铁质部分为块炼渗

1 刘得祯、朱建唐：《甘肃灵台县景家庄春秋墓》，《考古》1981年第4期。

2 戴春阳：《礼县大堡子山秦公墓地及有关问题》，《文物》2000年第5期。

3 戴春阳：《礼县大堡子山秦公墓地及有关问题》，《文物》2000年第5期。

碳钢[1]；山西天马—曲村出土铁条1件（84 QJ7 T12④：9），属春秋早期偏晚，检测分析为典型的过共晶白口铁[2]；陕西澄城县刘家洼春秋墓地出土铁器，年代为春秋早期[3]；山东长清仙人台6号墓椁室内出土铁援铜内戈1件（M6：GS12）[4]。

出土春秋中期铁器的地点不少于5处：河南新郑郑韩故城东南部的郑国公墓区1号墓出土有铁铲等铁器[5]；山西天马—曲村出土铁条（86QJ7T44③：3），质地为块炼铁，年代为春秋中期偏早，残铁片（84QJT4③：3）为过共晶白口生铁，年代为春秋中期偏晚[6]；北京延庆军都山玉皇庙墓YYM2出土铜柄铁刀1件[7]；延庆山戎文化墓出土铜柄铁刀1件，经扫描电镜能谱分析，刀身由块炼铁锻制而成，年代为春秋中期早段[8]；湖北郧县乔家院春秋殉人墓出土玉柄铁剑1件（M4：29）[9]。

出土春秋晚期铁器的地点不少于14处：陕西凤翔雍城秦公1号春秋墓，出有铁铲、铁锸等，均系铸件[10]；宝鸡益门二号春秋晚期墓，1992年出土各种铁器计20件，其中包括金柄铁剑3件、金环首铁刀13件、金方首铁刀2件、金环首料背铁刃刀2件[11]，该墓出土铁剑残片的鉴定结果为人工冶炼的块炼铁反复捶打制成的[12]；陕西凤翔雍城马家庄遗址出土铁锸1件[13]；河南登封王城岗春秋晚期遗址出土铲形残铁器1件、铁铤铜镞1件[14]；河南新郑唐户南岗7号墓出土脱碳退火处理的残板状铁器1件[15]；河南淅川下寺春秋晚期10号楚墓出土玉茎铁匕首1件（M10：33）[16]；河南南阳春秋晚期彭射墓出土铁援铜戈1件[17]；江苏六合程桥春秋晚期墓出土有铁丸[18]和弯曲铁条[19]各1件，前者属生铁，后者为块炼铁制成；山东沂水石景村

1 陈建立、杨军昌等：《梁带村遗址M27出土铜铁复合器的制作技术》，《中国科学E辑》，2009年，39（9）第1574—1581页。

2 韩汝玢：《天马—曲村遗址出土铁器的鉴定》，《天马—曲村（1980—1989）》，科学出版社，2000年9月。

3 赵建兰：《陕西刘家洼春秋墓地考古发掘收获》，中国考古网2018年5月4日报道。

4 山东大学考古系：《山东长清县仙人台周代墓地》，《考古》1998年第9期。

5 国家文物局：《2001中国考古重要发现·新郑郑韩故城春秋贵族墓葬与大型车马坑》，文物出版社，2002年9月第56—59页。

6 北京大学考古学系商周组等：《天马—曲村（1980—1989）》，科学出版社，2000年9月第59、1178—1180页。

7 北京市文物研究所：《军都山墓地—玉皇庙》，文物出版社，2007年10月。

8 何堂坤、王继红、靳枫毅：《延庆山戎文化铜柄铁刀及其科学分析》，《中原文物》2004年第2期。

9 湖北省文物考古研究所、湖北省文物局南水北调办公室：《湖北郧县乔家院春秋殉人墓》，《考古》2008年第4期。

10 韩伟、焦南峰：《秦都雍城考古发掘研究综述》，《考古与文物》1988年第5/6期合刊。

11 宝鸡市考古工作队：《宝鸡市益门村二号春秋墓发掘简报》，《文物》1993年第10期。

12 白崇斌：《宝鸡市益门村M2出土春秋铁剑残块分析鉴定报告》，《文物》1994年第9期。

13 陕西省雍城考古队：《凤翔马家庄一号建筑群遗址发掘简报》，《文物》1985年第2期。

14 河南省文物考古研究所等：《登封王城岗与阳城》，文物出版社，1992年1月第195、199页。

15 柯俊等：《河南古代一批铁器的初步研究》，《中原文物》1993年第1期。

16 河南省文物研究所等：《淅川下寺春秋楚墓》，文物出版社，1991年10月第292页。

17 南阳市文物考古研究所：《河南南阳春秋楚彭射墓发掘简报》，《文物》2011年第3期。

18 江苏省文物管理委员会、南京博物院：《江苏六合程桥东周墓》，《考古》1965年第3期。

19 南京博物院：《江苏六合程桥二号东周墓》，《考古》1974年第2期。

一座东周墓中出土铁削刀1件[1]；山东泰安出土祭祀用大铁盘1件[2]；湖北楚都纪南城南垣水门遗址第4层出土铁凹口锸[3]；湖北秭归县柳林溪遗址出土铁镢3件、斧1件、凹口锸19件、刀4件及残铁器4件，共31件，年代为春秋晚期[4]；湖北荆门响岭岗东周遗址第3层出土铁削刀、凹口锸和锛等铁器[5]；山西省长子县牛家坡7号墓出土铁铤铜镞7件、铜环首铁削刀4件[6]。

第二节　春秋时期的铁器生产

春秋时期是中国铁器的萌生阶段。在春秋早中期，中原地区铁制品的应用仍然以铜铁合制器为主，器类多剑、戈、矛等，冶铁技术大多为块炼铁以及块炼渗碳钢，承续了中原地区西周时期铁器的特征。但与商周时期相比，春秋时期的铁器出现了许多新的特点，生铁制品的发现标志着冶炼技术在这一时期实现了重大突破。到春秋晚期，全铁制品增多，应用领域得到扩展，并开始应用于农业生产领域，如竖銎铁锸、锛等。铁制品的应用与白口铁的出现为战国时期铁器时代的到来奠定了坚实基础。

春秋时期跨入了块炼铁冶炼技术、生铁（液态）冶炼技术并存的时代。人工冶铁技术和青铜冶炼技术的传承与融合，成为这一时期冶铁技术形成与发展的显著特点，并逐渐形成了我国独特的铁器生产传统。三门峡虢国墓地人工块炼铁制品表明中原地区人工冶铁技术始于块炼铁与块炼渗碳钢冶炼。这一技术体系在此后相当长的时期内一直被有效地使用，如春秋时期梁带村M27、灵台景家庄M1、天马曲村、六合程桥M2等出土的铁器。

我国早期铜铁金属冶炼技术经欧亚草原首先传入我国西北地区，然后传入中原的可能性正被越来越多的考古发现所证实。块炼铁冶炼在我国流行的时间并不长，至迟在春秋时期，北方地区就已经逐渐摒弃块炼铁冶炼技术，创造发明了世界独有的液态生铁冶炼技术。经金相学分析，迄今为止中国境内出土的春秋时期铁器中可明确为白口铁生铁器有4件，即天马曲村2件、河南新郑唐户墓地1件、江苏六合程桥1件等（表2-2-1）。

约当中原地区的春秋时期，铁器在新疆地区的使用已经较为普遍。潜伟先生对焉不拉克墓地及克里雅河流域出土部分铁器的金相学检测显示出块炼铁和块炼渗碳钢是新疆地区早期铁器制作的主要工艺，陈建立先生对伊犁地区部分铁器的金相学分析也证明了这一点。新疆地区与中原地区冶炼技术发展的分野是不同文化及传统影响冶铁技术与工艺的典型例子。换言之，春秋时期是中原地区与新疆

1 沂水县博物馆：《山东沂水发现一座东周墓》，《考古》1988年第3期。

2 王恩田：《楚高缶与楚公子高伐东夷—春秋晚期大铁盘的发现及其重要意义》，《江汉考古》2018年第1期。

3 湖北省博物馆：《楚都纪南城的勘察与发掘（上）》，《考古学报》1982年第3期。

4 湖北省博物馆江陵考古工作站：《一九八一年湖北省秭归县柳林溪遗址的发掘》，《考古与文物》1986年第6期；湖北省文物考古研究所：《秭归柳林溪》，科学出版社，2003年7月第191—193页。

5 荆门市博物馆：《荆门市响岭岗东周遗址与墓地发掘简报》，《江汉考古》1990年第4期。

6 山西省考古研究所：《山西长子县东周墓》，《考古学报》1984年第4期。

地区冶铁技术走向不同发展道路的分水岭。

从冶炼工艺看，块炼铁与生铁冶炼所用的原料、燃料都是相同的，主要差别是冶炼温度不同。块炼铁炉温在 1000℃，而铁的熔点为 1537℃。在冶铁竖炉内，炉温可达 1200℃以上，在此温度下被木炭还原生成的固态铁迅速吸收碳，使铁开始熔化的温度逐渐下降。在生铁冶炼初期，受冶炼鼓风设备的限制，冶炼温度在 1200℃时，液态生铁冷凝时碳以渗碳体存在，与奥氏体状态的铁共同结晶（共晶），这种共晶产物称为莱氏体，为性脆而硬的白口铁。液态的铁碳合金具有良好的铸造性能。

山西天马—曲村发现春秋早期（约公元前 8 世纪至公元前 7 世纪）的白口铁铸铁残片 2 件，这是迄今为止中国发现的年代最早的生铁。这一发现把中国古代冶炼液态生铁的时代提前了 200 余年。

表 2-2-1　春秋时期铁器的材质

类型/地点	锻造铁器			铸铁器		
	出土地点	名称	材质	出土地点	名称	材质
春秋早期	景家庄 1 号墓	铜柄铁剑	块炼渗碳钢	天马曲村	残铁器 1	白口铁
	梁带村 M27	铜柄铁削刀 1	块炼渗碳钢			
	梁带村 M27	铁刃铜戈 1	块炼渗碳钢			
春秋中期	天马曲村	铁条 1	块炼铁	天马曲村	残铁器 1	白口铁
	延庆山戎文化	铜柄铁刀 1	块炼铁			
春秋晚期	益门村 2 号墓	（？首）铁剑 1	块炼铁	河南新郑	铁片 1	白口铁
	江苏六合程桥 2 号墓	铁条	块炼铁	江苏六合程桥 1 号墓	铁丸 1	白口铁

第三节　春秋时期的铁器类型

公元前 8 世纪至公元前 5 世纪的春秋时期，冶铁技术获得了初步的发展，具体表现是冶铁技术不断革新和进步，铁器的结构和种类逐步改进，应用领域有所增加，出土地域范围不断扩大，跨入了铁器的初步发展阶段。

中原地区出土春秋时期人工冶铁制品至少有半数为铜铁复合制品，种类有斧、锛、镢、锸、铲、砍刀、刮刀、削刀等生产工具，戈、矛、剑及铁铤铜镞等兵器，鼎形器、环、铁丸和铁条等生活用具。春秋时期的兵器和工具中不仅铜制品的种类远远多于铁制品，且铜制品的数量更是同类铁制品的百倍以上。

春秋时期的青铜冶铸遗址众多，但春秋时期的冶铁遗址迄今尚未有发现。春秋时期作为我国古代冶铁的初期发展阶段，虽然冶铁技术出现了重大的革新和进步，但铁器的使用仍然非常有限，尚未真正应用于农业生产领域，并非“已是普遍存在之物”，更谈不上普及；铁器的冶铸和生产尚附属于青铜冶铸业，作为产业的铁器工业尚未形成；铁器在社会生产、生活中发挥的实际作用仍然有限，对社会变革的推动作用尚未真正显现出来。总体而言，我国春秋时期虽已跨入铁器时代的初级阶段，但以“铜铁并用时期”来表述可能更为恰当。

一、复合制品

春秋时期延续了西周时期早期铁器的类型特征，复合铁器制品常见，以铜铁合制为主，另有少量玉、金与铁合制器。

(一)生产工具

春秋时期的铁质生产工具主要是铜铁合制的削刀。刀身为铁制，环首或为铜制或为金制。

削刀形制多大同小异，刀首差别最大，有方首、环首之分。

金方首铁削刀在宝鸡益门村2号墓出土2件。铁制刀身、刀柄，形制大体与金环首铁削刀相同。圆角长方形金制柄首，上饰蟠螭纹。有长方形榫孔，与柄末端卯合。其中M2：103，柄首长1.65厘米、宽0.9厘米、厚0.3厘米。陕西韩城梁带村出土1件（M27：391），刃部铁制，并为铜制刀背夹裹，背略弧，刃较直，扁圆柄，柄端有长方形环首。长18.5厘米、宽2.8厘米、厚0.5厘米[1]（图2-3-1，1）。

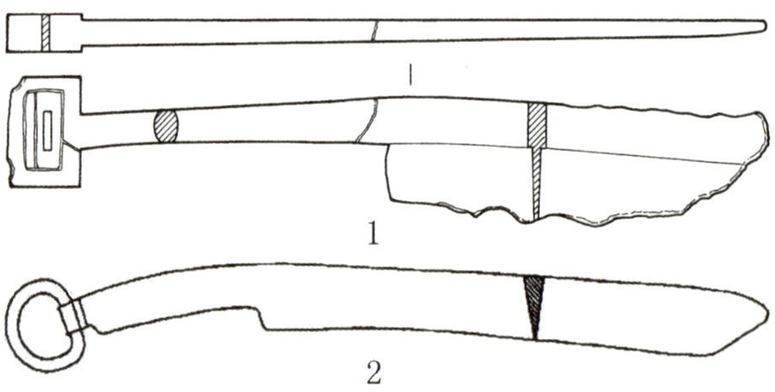

图2-3-1 春秋时期复合制削刀
1.铁刃铜削（陕西梁带村M27：391）2.金柄铁削（益门村M2：4）

宝鸡益门村2号墓出土13件金制环首铁削刀，铁制身、柄，形制基本相同，大小有别[2]。刃部略内凹，前部收成尖锋，厚方背，刀身断面作等腰三角形。长柄较直，断面呈长方形。椭圆形金制环首，与柄衔接处作方形，有方形榫孔，与柄之末端铸合。有的在出土时近柄部有革质编结痕迹，或为刀鞘类遗物。其中M2：4，环首径2.8厘米×2.2厘米、通长23.4厘米（图2-3-1，2）。

(二)兵器

铜（金、玉）铁复合器多应用于兵器。器类有戈、剑、箭镞等。

戈 铁援铜戈目前出土有2件。河南南阳春秋彭射墓出土1件（M38：20），由戈、镦和柲组合而成。戈残。援大部分为铁质，锋呈三角形，较薄，援中部脊厚0.3厘米。援根部有一个半圆形穿，阑、胡、内为铜质，阑侧有3个长方形穿。内和胡部两面纹饰相同，均饰蟠螭纹，其中内部的蟠螭纹龙睛下凹，胡部的蟠螭纹龙睛凸起。通长约22.4厘米、援长约15.5厘米、援残宽2.8厘米、内长6.9厘米、内宽3.2厘米[3]（图2-3-2，7；图2-3-4）。在近栏处的铜质戈体中上部有两道凹槽，从凹槽处看，铁援镶嵌于戈体中。当时可能是先做好铁援，再铸戈体，因而把铁援后端包于铜戈体中。由于两种金属熔点不同，不易结合，故采用包合方式结合成一体。年代为春秋晚期早段。长清仙人台M6椁室内出土1件，援较宽大，短胡，上有3个长方形穿；内也较宽大，有一长方形穿，近穿部饰卷云纹。通长

1 陕西省考古研究院等：《陕西韩城梁带村遗址M27发掘简报》，《考古与文物》2007年第6期。
2 宝鸡市考古工作队：《宝鸡益门村二号春秋墓发掘简报》，《文物》1993年第10期。
3 南阳市文物考古研究所：《河南南阳春秋楚彭射墓发掘简报》，《文物》2011年第3期。

27.5 厘米。

陕西韩城梁带村出土铁刃铜戈 1 件（M27：970），斜边三角形锋，直援无脊，长胡，近阑侧有两个长条形穿，内后端平齐，中有一圆形小穿。援部为铁制，内部为青铜。通长 19.5 厘米、宽 3.3 厘米（图 2-3-2，8；图 2-3-3）。经检测，铁质部分为块炼渗碳钢制品[1]。

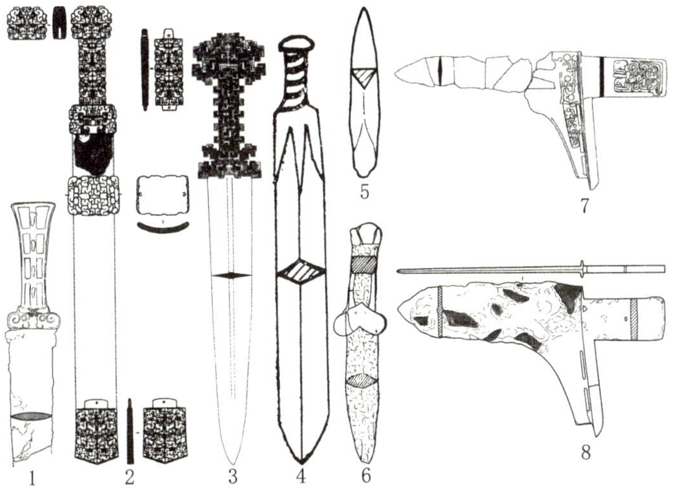

图 2-3-2　春秋时期复合制兵器

1、4、6. 铜柄铁剑（甘肃灵台 M1：14、宁夏中卫双瘩 M3：12、新疆轮台群巴克 I M17：28）2. 玉柄铁剑（湖北郧县乔家院 M4：29）3. 金柄铁剑（宝鸡益门村 M2：1）5. 铁铤铜镞（登封王城岗 WT8③：1）7. 铁援铜戈（河南南阳彭射墓 M38：20）8. 铁刃铜戈（陕西梁带村 M27：970）

剑　复合制品中铁剑数量最多。有铜柄、金柄、玉柄等。

铜柄铁剑 7 件。铜质剑柄，铁质剑身。灵台景家庄出土 1 件（M1：14），为柄、格相连，两面有对称的纹饰，柄中部有长方形镂孔 4 个。柄长 8.5 厘米、格长 4 厘米、厚 0.8 厘米。剑身铁质，残长 9 厘米、宽 3 厘米、厚 0.6 厘米。通长 37 厘米。铜柄为青铜铸成，剑身部分的材质虽经金相鉴定，但因锈蚀而未获得结果，剑柄与剑身系焊接而成[2]（图 2-3-2，1）。中卫双瘩村出土 1 件（M3：12），为椭圆形剑首，顶端有一孔直通茎、首交界处，无剑格。扁茎，茎部绕饰粗绳纹。有剑茎向剑身伸出四条铜制双槽剑齿，其中沿剑中脊上下各一条，沿剑刃两侧各一条，剑身被包裹在四条铜制棱尖齿之中，平面看犹如向剑身伸出三叉。通长 48.7 厘米、茎长 9.5 厘米、剑身宽 6.5 厘米。剑身残留有木鞘痕[3]（图 2-3-2，4）。新疆群巴克 I 号墓地出土 1 件（I M17：28），直柄，铜翼形格，铜柄外包铁皮，双面直刃，出土时附有木鞘。全长 26.5 厘米、刃长 14.5 厘米、宽 3.8 厘米[4]（图 2-3-2，6）。礼县秦公墓地赵坪墓区 2 号墓出土鎏金镂空铜柄铁剑 1 件[5]。中卫双瘩村 1 号墓、陇县边家庄及陕西澄城刘家洼春秋墓地也有铜柄铁剑出土。

金柄铁剑 3 件。金剑柄，铁质剑身，均出土于宝鸡益门村二号墓[6]。M2：1，剑柄与剑身分制卯合，铁茎插入金柄内。剑身呈柳叶形，柱状脊。柄整体镂空，两面纹饰相同，均由阳线纹与细珠纹组成变体蟠螭纹，并镶嵌勾云形和圆珠形的绿松石及料器饰件。剑首为相连的三组蟠螭纹，柄茎两侧各形成 5 个方形齿状凸

1 陈建立、杨军昌、孙秉君等：《梁带村遗址 M27 出土铜铁复合器的制作技术》，《中国科学 E 辑》2009，39（9）第 1574—1581 页。

2 刘得祯、朱建唐：《甘肃灵台县景家庄春秋墓》，《考古》1981 年第 4 期。

3 周兴华：《宁夏中卫县狼窝子坑的青铜短剑墓群》，《考古》1989 年第 11 期。

4 中国社会科学院考古研究所新疆工作队、新疆巴音郭楞蒙古自治州文管所：《新疆轮台县群巴克墓葬第二、三次发掘简报》，《考古》1991 年第 8 期。

5 戴春阳：《礼县大堡子山秦公墓地及有关问题》，《文物》2000 年第 5 期。

6 宝鸡市考古工作队：《宝鸡市益门村二号春秋墓发掘简报》，《文物》1993 年第 10 期。

图 2-3-3 陕西梁带村 M27 出土铁刃铜戈（M27：970）

图 2-3-4 河南南阳春秋彭射墓铁援铜戈（M38：20）

图 2-3-5 益门村二号墓出土金柄铁剑（M2：1）

图 2-3-6 益门村二号墓出土金柄铁剑（M2：2）

图 2-3-8 淅川下寺 M10 出土玉柄铁剑（M10：33）

图 2-3-7 益门村二号墓出土金柄铁剑（M2：3）

起。剑格为双螭相背组成的兽面纹，兽目镶嵌以绿松石。出土时有缀饰小金泡的织物剑鞘。通长35.2厘米、身长25厘米、身肩部宽4厘米、柄长12.8厘米（图2–3–2，3；图2–3–5）。M2：2，形制与M2：1基本相同，但剑柄为实心，剑格与剑首为变形蟠螭纹，并镶嵌宝石珠。剑柄长条形，无纹饰。残长30.7厘米、剑身残长18.4厘米、剑身肩部宽3.8厘米、柄长11.3厘米（图2–3–6）。M2：3，剑柄饰镂空的变形蟠螭纹，剑格为一变形兽面，茎两侧是大致相对称的7对凸齿，兽目镶嵌绿松石。通长35厘米、剑身长24.6厘米、剑身宽3.7厘米、柄长10.4厘米（图2–3–7）。对该墓出土的1件铁剑残片的鉴定，初步判断剑为人工冶炼的块炼铁并经反复捶打制成。

玉柄铁剑2件。湖北郧县乔家院春秋殉人墓M4出土1件（M4：29），出土于墓主人腰腹间左侧。尖锋，有从，中起脊，截面呈菱形，嵌入玉质剑格中。茎为玉质，乳白色，受沁有黑斑，质地细腻，半透明。宽格，中部微鼓弧。茎为扁平长方形，宽扁首。茎的两端有凹榫分别与剑格和剑首的母榫套合相连，其套合连接处的中间用玉销钉加以固定。木质剑鞘，鞘尾有一梯形乳白色玉珌，凸榫中部有一圆形小穿孔，鞘中部镶嵌一内凹弧的长方形玉片。剑茎、鞘珌通体饰云纹，长方形玉片凹面素面，弧面饰阴刻云纹。剑长约31厘米、宽3.1厘米[1]（图2–3–2，2）。淅川下寺出土1件（M10：33），剑身锈蚀，柳叶状，锋圆钝。以青白色玉作柄，与无格剑相似，有龚与首，表面饰窃曲纹和云纹。通长22厘米、剑身长12厘米、宽2.2厘米，柄两头宽3.8厘米、中间宽2.1厘米、厚0.5厘米[2]（图2–3–8）。

箭镞　铁铤铜镞8件。铜镞身，铁铤。登封王城岗出土1件（WT8③：1），镞身断面呈等腰三角形，锋尖锐，后部内收成圆铤，铁铤已残。残长3.8厘米、宽0.7厘米[3]（图2–3–2，5）。长子县牛家坡春秋晚期的7号墓出土7件，镞身呈三棱形，一件无尾翼，长3厘米；两件瘦长有尾翼，长2.7厘米；四件短粗，有尾翼，长2.1厘米。箭杆为圆木条，长20.2厘米、宽25厘米，已朽[4]。

二、全铁制品

春秋时期全铁制品的材质分块炼铁、生铁两类，器类有生产工具、兵器、日用器具等。

(一)生产工具

生产工具主要有竖銎镢、空首斧、锛、锥、铲、锸、砍刀、镰刀、小刀及削刀等。

竖銎镢　数量稀少，仅见楚地。秭归柳林溪出土1件（H18：2），体呈长条形，刃部略窄，竖銎的一面作凹字形。残长11.3厘米，宽5.5~6.5厘米（图2–3–9，1）。

1 湖北省文物考古研究所、湖北省文物局南水北调办公室：《湖北郧县乔家院春秋殉人墓》，《考古》2008年第4期。

2 河南省文物研究所等：《淅川下寺春秋楚墓》，文物出版社，1991年10月第292页。

3 河南省文物考古研究所等：《登封王城岗与阳城》，文物出版社，1992年1月第195页。

4 山西省考古研究所：《山西长子县东周墓》，《考古学报》1984年第4期。

淅川马川墓地出土1件（M148：1），长条形，宽扁状，竖截面为楔形，刃部较宽。长18厘米，宽6~8厘米，厚0.2~0.8厘米[1]（图2-3-9，4）。

空首斧 数量稀少，仅见楚地。秭归柳林溪出土1件（H18：1），平面呈梯形，刃部稍宽，銎口略呈椭圆形。长9.5厘米，宽4.5~6.1厘米[2]（图2-3-9，2）。

锛 目前发现两件。荆门响岭岗出土1件（T15③：51），长方形竖銎，一面垂直，一面斜直，刃略外弧，銎部宽于刃部。长8.4厘米，刃部宽2.8厘米[3]（图2-3-9，3）。另一件出土于凤翔秦公1号大墓。

锥 新疆群巴克墓地出土多件，如Ⅱ M12：3，顶端粗大，有一穿孔，下端尖细，长13.8厘米、直径0.5~1.5厘米（图2-3-9，5）；I M27：39，顶端粗大，锥体断面呈四棱形，长12.4厘米、锥体直径1.3厘米（图2-3-9，6）。和静察吾乎沟口一号墓地出土1件（M8：8），长条形，断面呈椭圆形。长3.1厘米（图2-3-9，7）。据新疆鄯善县苏贝希Ⅰ号墓地出土的约公元前5至公元前3世纪的铁锥可知，察吾乎沟口M8：8之类的锥是插上木柄使用的[4]。

铲 数量稀少，仅发现3件。宜昌上磨垴遗址出土1件（T11⑤：6），方形竖銎，弧形刃。高8.8厘米、刃宽7.1厘米[5]（图2-3-9，10）。另两件分别出土于新郑郑国公墓区1号墓和凤翔秦公1号大墓。

锸 有直口锸和凹口锸两种。

直口锸 2件。横长方形，剖面呈V字形。凤翔马家庄一号建筑群遗址132号祭祀坑出土1件（K132：1），宽13.2厘米、高6.6厘米，銎口长12.6厘米、宽1.3厘米、深5厘米[6]（图2-3-9，11）。另1件出土于凤翔秦公1号大墓。

凹口锸 23件。凹字形，竖銎，弧形刃，刃角略外侈。秭归柳林溪出土19件，其中F1①：6，长9.4厘米、宽7.7~9.9厘米（图2-3-9，8）。宜昌上磨垴遗址出土1件（T12⑤：1），刃角呈弧形外侈，长9.4厘米、宽10.7厘米（图2-3-9，9）。此型凹口锸于荆门响岭岗、湖北楚都纪南城南垣水门遗址、九江大王岭各出土1件。

砍刀 秭归柳林溪遗址出土1件（BT1817③：1），刀身较宽，柄部残。残长11.8厘米、刀身宽4.65厘米、刀背厚0.7厘米（图2-3-9，12）。

镰刀 在新疆群巴克墓地出土多件[7]，弧背，凹刃。其中Ⅱ M10：25，尖端稍残。残长27.8厘米、宽2.6~3.6厘米、厚1.4厘米（图2-3-9，13）；Ⅰ M27A：8，直柄，长21厘米、宽2.5~2.7厘米、厚1.1厘米（图2-3-9，14）。

小刀 数量较多，多发现于新疆及其附近地区。新疆群巴克墓地出土多件，有弧背凹刃、平背凸刃、平背直刃、弧背直刃、弧背凸刃等多种形制。其中

---

1 河南省文物管理局南水北调文物保护办公室、河南省文物考古研究所、驻马店市文物考古管理所：《河南淅川县马川墓地东周墓葬的发掘》，《考古》2010年第6期。

2 国务院三峡工程建设委员会办公室、国家文物局：《秭归柳林溪》，科学出版社，2003年7月第191页。

3 荆门市博物馆：《荆门市响岭岗东周遗址与墓地发掘简报》，《江汉考古》1990年第4期。

4 白云翔：《先秦两汉铁器的考古学研究》，科学出版社，2005年4月第36页。

5 湖北省文物考古研究所：《湖北宜昌县上磨垴周代遗址的发掘》，《考古》2000年第8期。

6 陕西省雍城考古队：《凤翔马家庄一号建筑群遗址发掘简报》，《文物》1985年第2期。

7 中国社会科学院考古研究所新疆工作队、新疆巴音郭楞蒙古自治州文管所：《新疆轮台县群巴克墓葬第二、三次发掘简报》，《考古》1991年第8期。

Ⅱ M7：28，长 18.9 厘米、宽 2.2 厘米、厚 1.5 厘米（图 2-3-9，15）。新疆香宝宝墓地[1]、焉不拉克[2]、穷科克墓地、拜勒其尔石围墓、永昌蛤蟆墩沙井文化墓葬中都有出土。小刀多与羊骨放置在一起，或是随身携带。

削刀 6件。荆门响岭岗出土 1 件（T9③A：49），拱背，内弧刃，椭圆形环首，刀尖残。残长21厘米、刀身宽2.6厘米（图 2-3-9，16）。年代为春秋晚期。还见于山东沂水石景村春秋晚期墓、秭归柳林溪遗址、凤翔秦公 1 号大墓和宜昌上磨垴遗址。

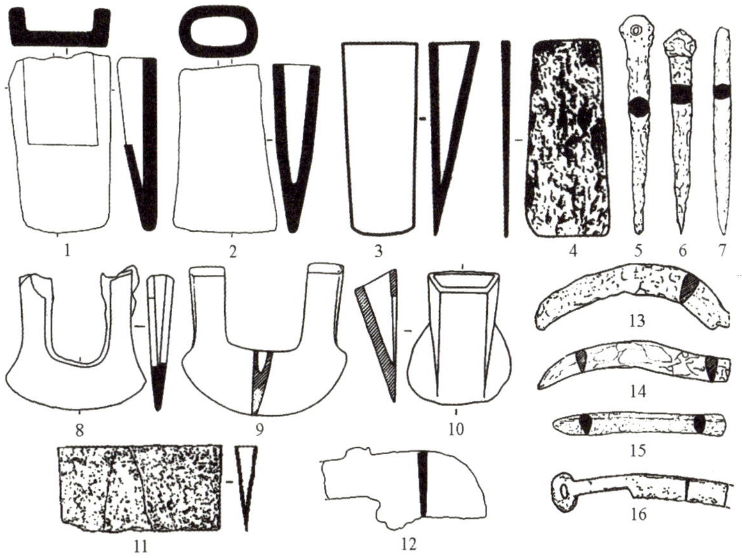

图 2-3-9 春秋时期全铁生产工具

1、4. 竖銎镢（秭归柳林溪 H18：2、河南淅川 M148：1）2. 空首斧（秭归柳林溪 H18：1）3. 锛（荆门响岭岗 T15③：51）5~7. 锥（新疆群巴克Ⅱ M12：3、Ⅰ M27：39、新疆和静察吾乎沟口 M8：8）8、9. 凹口锸（秭归柳林溪 F1①：6、宜昌上磨垴 T12⑤：1）10. 铲（宜昌上磨垴 T11⑤：6）11. 直口锸（凤翔马家庄 K132：1）12. 砍刀（秭归柳林溪 BT1817③：1）13、14. 镰（新疆群巴克Ⅱ M10：25、Ⅰ M27A：8）15. 小刀（新疆群巴克Ⅱ M7：28）16. 削刀（荆门响岭岗 T9③A：49）

（二）兵器

兵器类的全铁器发现数量非常少。目前初步确认的只有陕西长武春秋早期墓出土的 1 件铁短剑。新疆焉不拉克墓地出土残剑尖 1 件（M75：28），断面呈菱形，残长 6.7 厘米、宽 3.3 厘米。新疆穷科克墓地"发现一件十分残朽的铁器，长 20 厘米，从痕迹看可能是铁剑"[3]。

（三）日用器具

日用器具主要有环、管状饰、镯、指环和耳环等装身具等。新疆察吾乎沟口一号墓地出土环 1 件（M12：3），残存半个，断面呈圆形，直径 4 厘米。其用途不明，暂归人饰品。凤翔秦公 1 号大墓也出土 1 件。新疆香宝宝和焉不拉克各出土指环 1 件，察吾乎墓地也出土有指环。新疆哈布其罕Ⅰ号墓地出土耳环 1 件。香宝宝墓地还出土管状饰 1 件及镯 2 件。

1 新疆社会科学院考古研究所：《帕米尔高原古墓》，《考古学报》1981 年第 2 期；陈戈：《新疆出土的早期铁器——兼谈我国开始使用铁器的时间问题》，《庆祝苏秉琦考古五十五年论文集》，文物出版社，1989 年 8 月。

2 新疆维吾尔自治区文化厅文物处、新疆大学历史系文博干部专修班：《新疆哈密焉不拉克墓地》，《考古学报》1989 年第 3 期。

3 刘学堂、阮秋荣：《尼勒克穷科克台地考古发掘发现早期铁器》，《中国文物报》2001 年 12 月 14 日第 001 版。

新疆察吾乎沟口一号墓地曾发现疑是铁釜的残片。其他还有天马—曲村出土的铁条、六合程桥出土的铁条和铁丸等。

咸阳任家咀墓地 M56 中出土残铁带饰 1 件，年代为春秋中期[1]。

礼仪性铁制品也有出土，如山东泰安东更道村出土祭祀用铁盘 1 件，年代为春秋晚期[2]。

春秋时期作为我国古代冶铁的初期发展阶段，铁器在社会生产及生活中所起的作用有限，可称为我国历史上的“铜铁并用时代”。

考古所见的春秋时期铁器，多出土于中原地区，与同期的同类青铜器及非金属制品比较来看，数量和种类较少，器形较为简单，且体量短小。春秋早中期的铁器多出土于高等级墓葬中，以复合制品为主，多用金、玉、青铜做柄，其中铜铁合制器占多，少量玉、金铁合制器，春秋晚期全铁器逐渐增多。器类以镢、锸、铲、斧、锛、锥、砍刀、镰刀、小刀、削刀等小型生产工具，戈、剑、箭镞等兵器为主，少见环、镯、指环、耳环等日用器具，缺少容器。具体各时段而言，春秋早中期器类多为兵器、小型生产工具等，春秋晚期开始出现竖銎器类，如锸、铲、锛等。从墓葬、居住址和作坊遗址中出土的铁器都很稀少，侧面反映出铁器在春秋时期真实的社会生产、生活中所起作用不如同类其他材质的器物，虽在兵器及农具方面占比稍大，但作用有限，对社会变革的推动作用尚未显现。铁器生产尚依附于青铜器产业中，完善的铁器工业还未形成。

从冶铁技术而言，这一时期铁器主要由块炼铁和块炼渗碳钢制成，也有生铁，工艺上既有锻件也有铸件，其中以锻件为多。

出土铁器的空间分布也具有明显的地域性特点，迄至春秋中期，出土铁器主要分布于黄河流域的陕西、甘肃、河南西部和北京地区，春秋晚期才扩展到了南方的湖北、湖南、江西和江苏等地。

目前，并没有发现可以确认的春秋时期冶铁遗址，这一时期的冶铜遗址发现众多。通过与同出的铜制品相比较，可以发现铜制品在数量和种类上都远超铁制品，说明春秋时期，社会生产、生活主要还是以铜制品为主。这一时期人工冶铁制品的增多，特别是铁制生产工具的增加，为铁器在社会生产、生活中的普及使用及战国时期铁工业形成奠定了基础。

1 咸阳市文物考古研究所：《任家咀秦墓》，科学出版社，2005 年。

2 王恩田：《楚高缶与楚公子高伐东夷——春秋晚期大铁盘的发现及其重要意义》，《江汉考古》2018 年第 1 期。

第三章
战国时期的铁器

战国时期（公元前 475 年至公元前 221 年）的 250 余年，中原地区的冶铁技术及冶炼规模得到了极大的发展，生产管理体系更加完善。铁矿开采、冶炼和铁器生产逐步从铜器冶铸业中独立了出来，形成了从采矿、冶炼、铸造、加工制造的一套较为完整的生产体系。

铁矿资源的探寻与开采是铁器冶炼的前提。战国时期已经在广域范围内建立起了相当完备的矿冶知识体系，《山海经·中山经》《管子·地数》记战国时期有“出铁之山三千六百九”。虽然铁山的数字存有争议，但文献记载和考古发现的铁矿分布范围大为扩大却是不争的事实。在今河南、河北、山东、山西、陕西、甘肃以及长江流域的湖南、湖北等地均发现数量众多的铁矿，并围绕铁矿资源的分布形成若干颇具规模的铁工业中心。

战国时期的钢铁技术取得长足进步，块炼铁和块炼渗碳钢技术继续发展，铸铁脱碳技术迅速提高并广泛应用，韧性铸铁、铸铁脱碳钢制钢工艺产生并逐步得到推广，铁范铸造工艺出现，铸铁脱碳技术用于型材的生产，锻造技术和工艺不断进步并不断扩大其应用领域，淬火工艺发明。铁器生产遍及中原列国，官营和私营铁器工业并存发展。以此为标志，战国晚期我国古代铁器工业体系初步形成，从而为秦汉时期钢铁技术的深入发展和我国古代铁器工业的成熟奠定了基础。

钢铁技术的长足进步和铁器工业的迅速发展，极大地加快了铁器化的发展进程，铁器应用领域不断扩展，应用程度不断提高，应用地域不断扩大。战国晚期，中原地区土木建筑、农业和各种手工业生产领域中铁制生产工具已经基本取代了青铜和各种非金属工具，军事活动中铁制兵器和武备已经发挥重要的作用，铁制日用器具和车马机具也有所发展。

随着中原地区铁器的初步普及，铁器的使用地域逐步扩展到了中原以外的周边地区。西北地区原有铁器传统延续发展的同时，中原系统铁器的影响逐步增强。地域上，中原系统铁器向北扩展到长城地带，东北方向远及松花江上游的辉发河流域，向南开始跨越岭南山地。千里之外的西南地区也开始了铁器的使用，甚至于冶炼与加工制作。

第一节　战国时期铁器的发现

战国时期铁器与春秋时期相比，种类扩大，数量增加，分布地域拓宽。从铁器的埋藏环境来看，主要出土于铁工场址、聚落及城址、墓葬等。铁器冶炼与加工的遗存主要有冶炼、冶铸一体和单一铸造遗址三种类型。

一、铁工场址出土铁器

战国时期的铁工场址多发现于城址内或城址附近，也有部分铁工场址分布于远离城邑的铁矿遗址周围。铁工场址主要承担铁器冶炼和铸造加工作业，主要分布在今河北、河南、山东等地。

登封阳城遗址是一处典型的战国时期铸铁作坊遗址，位于河南登封东周阳城南城墙外侧约 150 米处，面积约 2.3 万平方米。时代包括战国早期、战国晚期、汉代三个时期。战国早期遗存有灰坑、水井等遗迹，出土有大量熔炉残块、鼓风管残块、竖銎镢陶铸模，竖銎镢、梯形锄、半圆形锄、镰刀、凿、削刀、戈、短剑、环、带钩及条材、板材等陶质铸范，支垫、浇口杯、浇口杯盖等冶铸遗物，铁竖銎镢、梯形锄、削刀等铁工具，铜削刀、针等铜工具，以及各种陶质、石质生活器具。战国晚期遗存有烘范窑、退火脱碳炉、盆池、水井、灰坑和路沟等，出土有大量熔铁炉残块、鼓风管残块、陶管道等，竖銎镢、空首斧、梯形锄、带钩等陶铸模，竖銎镢、空首斧、锛、直口锸、梯形锄、半圆锄、镰刀、凿、削刀、剑、刀、带钩以及条材、板材等陶质铸范，浇口杯、浇口杯盖、石范等冶铸遗物，铁竖銎镢、梯形锄、横銎镢、铲、锛、凿、削刀、刀等铁工具，条形铁材和板形铁材，以及各种陶质、石质生活器具[1]。阳城铸铁遗址作为首次大规模发掘的为数不多的战国铁工场址，发现的熔铁炉、烘范窑和铸铁脱碳炉，出土的各种陶铸模、铸范以及脱碳铸铁、韧性铸铁、铸铁脱碳钢等铁器产品，为深入探究战国时期的铁器生产工艺和技术提供了珍贵的实物资料。

河北兴隆出土有铸铁范[2]，易县燕下都 21 号作坊址出土铁器多达 1678 件[3]，河南新郑仓城村[4]、西平酒店[5]、辉县古共城[6]、鹤壁鹿楼[7]等也都是重要的作坊遗址。

二、聚落及城址出土铁器

战国铁器多集中出土于城址或聚落遗址，尤其是城址中的手工业作坊往往出土铁器的数量最多，可以较全面地反映当时铁器的类型和实际使用状况。如易县燕下都郎井村第 10 号遗址，该遗址年代为战国早期至晚期，是一处以铸铜为主兼及铁器铸造的作坊遗址。20 世纪 70 年代清理出房址、灶、道路、水井、水管道、灰坑、灰沟、土坑墓及瓮棺葬等，出土有大量建筑材料、陶器、石器、骨器、铜

1 河南省文物研究所等：《登封王城岗与阳城》，文物出版社，1992 年 1 月第 256—336 页。
2 郑绍宗：《热河兴隆发现的战国生产工具铸范》，《考古》1956 年第 1 期。
3 河北省文物研究所：《燕下都》，文物出版社，1996 年 8 月第 129 页。
4 刘东亚：《河南新郑仓城发现战国铸铁器泥范》，《考古》1962 年第 3 期；河南省博物馆新郑工作站：《河南新郑郑韩故城的钻探和试掘》，《文物资料丛刊》第 3 集，文物出版社，1980 年。
5 河南省文物考古研究所等：《河南省西平县酒店冶铁遗址试掘简报》，《华夏考古》1998 年第 4 期。
6 新乡市文管会等：《河南辉县市古共城战国铸铁遗址发掘简报》，《华夏考古》1996 年第 1 期。
7 鹤壁市文物工作队：《鹤壁鹿楼冶铁遗址》，中州古籍出版社，1994 年 9 月。

器、铁器以及大量陶质和少量铁质铸范等。出土铁器计282件，其中战国早期3件，包括铁带钩和钩；战国中期58件，包括铁竖銎镢、锄板、镰刀、叉、锤、凿、锛、削刀等生产工具，车辖、马衔等车马机具，以及铁剑、带钩和刑具等；战国晚期216件以上，其中除与战国中期相同的铁制品外，新出现了铁釜、三齿镢、六角锄、人字锄、截具、冲牙、钻头、镦、镈、盔甲等[1]。郎井村第10号遗址出土铁器反映了同一遗址不同阶段铁器数量与器类、器型的变化趋势，对于认识战国时期铁器的发展进程和作坊工场中铁工具的应用状况具有重要意义。

此外，洛阳战国粮仓遗址出土战国晚期铁器126件[2]，抚顺莲花堡遗址也出土铁器75件、铁铤铜镞3件，遗址年代约当战国晚期，下限或可延续至汉初[3]。

三、墓葬出土铁器

墓葬和车马坑是埋藏铁器的另一类重要遗迹。易县燕下都44号墓为战国后期的从葬墓，位于河北易县燕下都东城内的北区西部、燕下都第5号地下夯土遗迹范围内，今武阳台村西约200米处。该墓为长方形竖穴土坑，未发现葬具，共清理出22具人骨。从骨架相互叠压和断首离肢分析，可能与战争或屠杀有关。从葬墓坑中出土铁胄、剑、矛、戟、短剑等铁兵器51件。根据兵器散乱放置于墓坑的现象，推测随葬兵器大多应是死者生前所用的实用武器；有4具人骨的盆骨，或肢骨，或肋骨上附着有铁铤铜镞，表明这些死者可能是中箭后死亡的；从葬墓出土铁六角锄和竖銎镢等铁工具5件、铁环7件、铁钩1件、带钩3件；出土成捆或成堆的刀币和布币计1360余枚，应是死者随身携带的财物。另外，墓中还出土铜戈、剑、铁郭弩机、距末各1件，以及铁铤铜镞19件、圆形铜片1件、环形器1件、带钩4件等遗物。经过鉴定的铁剑、矛、戟、镈、镞铤、锄、镢等7种9件铁器中有6件为块炼铁或钢制品，3件为经过柔化处理或未经处理的生铁制品[4]。从一座简陋的战国从葬墓出土种类、数量都令人吃惊的实用铁器，可以看出铁器在战国晚期社会中已经相当普及。

河南辉县固围村战国墓地出土战国晚期铁器175件[5]，这一批铁器为“原始炼冶法”（即固体还原法）冶炼而成[6]；此外，出土铁器数量较多的墓葬还有郑州二里冈战国墓地，共出土战国早期至战国晚期铁器69件[7]，侯马乔村墓地出土战国至秦代铁器的数量更是多达401件[8]。

1 河北省文物研究所：《燕下都》，文物出版社，1996年8月第204—435页。
2 洛阳博物馆：《洛阳战国粮仓试掘纪略》，《文物》1981年第11期。
3 王增新：《辽宁抚顺市莲花堡遗址发掘简报》，《考古》1964年第6期。
4 北京钢铁学院压力加工专业：《易县燕下都44号墓葬铁器金相考察初步报告》，《考古》1975年第4期；李仲达等：《燕下都铁器金相考察初步报告》，《燕下都》，文物出版社，1996年8月第892页。
5 中国科学院考古研究所：《辉县发掘报告》，科学出版社，1956年3月第69—109页。
6 孙廷烈：《辉县出土的几件铁器底金相学考察》，《考古学报》1956年第2期。
7 河南省文化局文物工作队：《郑州二里冈》，科学出版社，1959年8月第44—94页。
8 山西省考古研究所：《侯马乔村墓地（1959—1996）》，科学出版社，2004年7月。

第二节　战国时期的铁器生产

从公元前453年的韩、赵、魏三家分晋到七国争雄，再到秦始皇统一中国的二百多年间，是中国历史上最为动荡的时代。分裂与统一的长期斗争不仅推动战国社会跨入思想、学术、科技、军事、政治大发展的“百家争鸣”时代，也极大地推动了以铁器为代表的先进生产力的创新。到战国晚期，逐渐形成了一套矿采、冶炼、锻铸以及生产管理与流通应用的铁工业体系。

一、铁矿开采

文献记载和考古发现的矿场、铁工场址、锻铸作坊及其相关物质文化遗存，是认识战国时期铁矿开采、冶炼、锻铸与加工制作等铁工业体系的重要途径。

关于战国时期的铁矿开采，《管子·地数》记天下“出铁之山三千六百九”。《山海经·五藏山经》记载出铁之山34处，其中位置可考者17处；另据《史记》等文献记载，今山东、河北邯郸等地也分布有铁矿山。目前已知的战国时期铁矿山至少有22处，河南8处，陕西7处，山西2处，山东、河北、湖南、湖北和四川各1处。

文献记载的铁矿数量显然有缺漏，因为战国时期各列国都开采铁矿冶铸铁器，实际矿冶数量应远多于文献记载。虽然目前没有系统地开展过战国铁矿场遗址的调查与发掘工作，但考古学家仍然掌握了部分铁工场址附近往往就有铁矿资源分布的线索。如河北兴隆铁范出土地周围的丘陵山地就分布有铜、铁等金属矿。1954年进行调查和探掘时，战国文化层中就发现有铁矿石碎块，并且在铁范出土地点以东1.5公里处的古洞沟和山顶发现有古矿坑；鹿楼冶铁遗址西北的大峪、沙锅窑、姬家山、石碑头等地都发现有丰富的铁矿，矿石以赤铁矿为主，含铁量最高可达50%以上，且地表露头矿的品位高于深层矿。

二、铁器冶炼

世界范围内的早期人工铁都是以“地穴式”的“碗式”炼炉冶炼以获取块炼铁，但中国早在春秋时期就逐渐摒弃了块炼铁技术，发明了世界上独特的生铁（液态）冶炼技术。到战国时期，铁器的冶炼、生产规模、技术水平急剧扩大。目前发现的战国时期冶铁遗址有河北境内的邯郸[1]、兴隆寿王坟遗址[2]、易县燕下

1 邯郸市文物管理所：《河北邯郸市区古遗址调查简报》，《考古》1980年第2期；河北省文物管理处、邯郸市文物保管所：《赵都邯郸故城调查报告》，《考古学集刊》第4集182页。

2 郑绍宗：《热河兴隆发现的战国生产工具铸范》，《考古》1956年第1期。

都[1]、中山灵寿[2]，山东滕县古薛城[3]和临淄齐故城[4]、曲阜鲁国故城址[5]内的冶铁遗址，山西夏县[6]，河南境内有西平县酒店村[7]、鹤壁市鹿楼[8]、泌阳下河湾[9]、商水扶苏故城址[10]、桐柏毛集[11]、洛阳东周王城冶铁遗址[12]，安徽境内有淮北相城战国城冶铁遗址[13]，福建福州新店古城冶铁遗址[14]，宜昌前坪（王家沟）[15]等。

关于早期生铁炼炉的结构、形制等，因既无文献记载，又无可参考的例子，故了解甚少。考古发现的早期冶炼遗址大多仅发现炼渣、矿石、炉壁等冶炼遗物，难以复原炼炉的形制与结构。1987 年，河南西平县酒店村遗址发现一座迄今年代最早的生铁冶炼炉，是了解炼炉的砌筑技术、冶铁技术与工艺的重要依据。炼铁炉为竖式炉，利用土丘的南坡挖出炉体，再用耐火材料的泥砖垒砌，主体结构由炉基、风沟、炉腹和炉缸等四部分组成。风沟顶部和炉缸底部已坍塌，以风沟底部计，东北部高 2.17 米，西南部高 1.14 米。炉腹为圜底锅形，炉壁用耐火材料垒筑，垒筑时使用特制的内模，炉口内径南北 1.12 米、东西 1.36 米，距炉缸口残深 0.84~1.48 米，腹底（即炉缸口）内径南北 0.76 米、东西 0.96 米。炉腹的西南侧建有长条沟槽状的“勺形风沟”，与炉基底相通，内壁用耐火材料垒筑，风沟残长 1.26 米、残高 1.28 米[16]（图 3-2-1）。

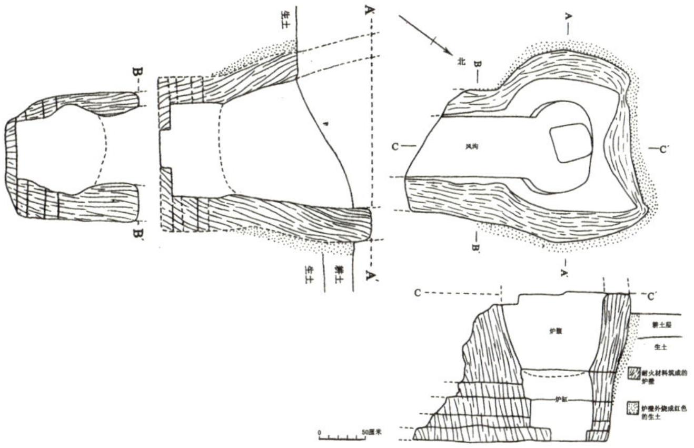

图 3-2-1　西平酒店冶铁遗址炼铁炉平、剖面图

1 中国历史博物馆考古组：《燕下都城址调查报告》，《考古》1962 年第 1 期；河北省文物研究所：《燕下都》，文物出版社，1996 年 8 月。

2 河北省文物研究所：《战国中山国灵寿城——1975—1993 年考古发掘报告》，文物出版社，2005 年 11 月第 35—40 页。

3 庄冬明：《滕县古薛城发现战国时代冶铁遗址》，《文物参考资料》1957 年第 5 期。

4 群力：《临淄齐国故城勘探纪要》，《文物》1972 年第 5 期；杜宁等：《山东临淄齐国故城东北部冶铁遗址的调查与研究》，《江西理工大学学报》2011 年第 6 期。

5 山东省文物考古研究所等：《曲阜鲁国故城》，齐鲁书社，1982 年 9 月第 17、45 页。

6 张童心等：《夏县禹王城庙后辛庄战国手工业作坊遗址调查简报》，《文物季刊》1993 年第 2 期。

7 河南省文物考古研究所等：《河南省西平县酒店冶铁遗址试掘简报》，《华夏考古》1998 年第 4 期。

8 鹤壁市文物工作队：《鹤壁鹿楼冶铁遗址》，中州古籍出版社，1994 年 9 月。

9 河南省文物考古研究所：《河南泌阳县下河湾冶铁遗址调查报告》，《华夏考古》2009 年第 4 期。

10 商水县文物管理委员会：《河南商水县战国城址调查》，《考古》1983 年第 9 期。

11 河南省文物研究所、中国冶金史研究室：《河南省五县古代铁矿冶遗址调查》，《华夏考古》1992 年第 1 期。

12 洛阳市文物工作队：《洛阳东周王城遗址发现烧造坩埚古窑址》，《文物》1995 年第 8 期。

13 杨忠文等：《安徽淮北相城战国城址发掘获重要成果》，《中国文物报》2009 年 9 月 25 日第 4 版。

14 福建省博物馆等：《福建福州市新店古城发掘简报》，《考古》2001 年第 3 期。

15 杨华：《三峡地区春秋战国时期冶铁业的考古发现与研究——兼论楚国对巴蜀地区冶铁业的影响》，《重庆师范大学学报（哲社版）》2005 年第 4 期。

16 河南省文物考古研究所等：《河南省西平县酒店冶铁遗址试掘简报》，《华夏考古》1998 年第 4 期。

炼炉利用土丘斜坡挖建，炉径较小，建造方法较原始，但炉口大，内壁较直，下部弧形内收，利用风沟将炉缸与地面隔开，以防止潮气上升影响炉缸温度的设计，又是属于较进步的炉型，直到秦汉唐宋时代也常见构筑有风沟的炼炉；有了一定的炉腹角；炉缸和炉腹的横断面皆呈椭圆形，在鼓风能力较弱的情况下，风力也能到达炉缸中心。这种技术一直沿用到了汉代；利用山坡筑炉，既可减少筑炉工作量，也便于投料和出铁操作；使用了模制的“耐火材料块”筑炉，这不但有利于提高筑炉速度，而且有利于保证筑炉质量[1]。风沟上部已坍塌，金门、鼓风口的位置无法得知。酒店村炼铁炉的形制、结构与湖北铜绿山春秋时期青铜冶炼竖炉[2]相近。

滕县古薛城、舞钢市沟头赵遗址发现的积铁块是了解炉缸底径、冶炼炉形状、冶炼规模、冶炼技术的重要线索。古薛城遗址 2 块炉底积铁暴露于地面部分的尺寸为 30 厘米 ×40 厘米、80 厘米 ×40 厘米。沟头赵遗址发现 3 块炉底积铁，其中 1 件积铁直径约 45 厘米，最厚处达 24 厘米，重 65 公斤。两处遗址的积铁块未完全揭露出来，准确尺寸不清楚，但大体可以推测炼炉内径在 1 米左右。

三、铁器铸造与加工制作

战国时期冶铸一体的遗址有兴隆寿王坟、舞钢市许沟、泌阳下河湾、淮北相城、福州新店古城等遗址，单一的铸铁遗址有新郑仓城村[3]、新郑郑韩故城[4]、登封阳城[5]、登封告城、辉县共城[6]、易县燕下都、上蔡故城、西平阳庄、固始、宜阳韩城、鹤壁故城等。

铸铁遗址的大量出现是战国时期冶铁规模、冶铁技术取得巨大飞跃的重要标志。其中属于战国早期的只有河南登封告城铸铁遗址 1 处，其始于战国早期，一直延续到了战国晚期和汉代。战国中晚期的冶铸遗址至少增加到 10 处。

熔铁炉 阳城铸铁遗址出土大量熔炉的残块，如草拌泥薄壁炉残块、砂质绳股形熔炉残块，砂质炉衬、炉圈、草泥层、薄长方形炉砖等，还有多种材料砌筑熔炉炉壁、炉缸残块以及泥质、陶质的直角、拐角形鼓风管残块等。

阳城熔铁炉为建于地面的竖炉，其形制与商周时期的熔铜炉相近。炉缸的厚度约有 30 厘米，炉口和炉腹的结构大体一致，炉体结构由里及外依次为炉衬层、砂质圈层、铁板层、砂质耐火砖层和草泥炉壁表层，总厚度 30 厘米以上，炉内径 63~86.1 厘米，外径 123~146.1 厘米。由于熔铁所需温度较高，熔铁炉壁的厚度、使用材料和结构等不断得到改进，到战国中期创造出使用复合材料、结构比较完善的熔铁竖炉，并且为汉代所沿用。

铸范 铸造各类铁器的铸模、铸范在登封阳城、鹤壁鹿楼、辉县古共城、夏

---

1 何堂坤：《中国古代金属冶炼和加工工程技术史》，山西教育出版社，2009 年 5 月。

2 黄石市博物馆：《湖北铜绿山春秋时期炼铜遗址发掘简报》，《文物》1981 年第 8 期。

3 刘东亚：《河南新郑仓城发现战国铸铁器泥范》，《考古》1962 年第 3 期。

4 河南省文物考古研究所：《新郑郑国祭祀遗址》，大象出版社，2006 年 1 月第 726—852 页。

5 中国历史博物馆考古调查组等：《河南登封阳城遗址的调查与铸铁遗址的试掘》，《文物》1977 年第 12 期；河南省文物研究所：《登封王城岗与阳城》，文物出版社，1992 年 1 月第 256—336 页。

6 新乡市文管会等：《河南辉县市古共城战国铸铁遗址发掘简报》，《华夏考古》1996 年第 1 期。

县禹王城庙后辛庄等遗址均有出土。陶铸模分铸制金属模具的陶模、翻制泥芯的陶模两大类。铸制金属模具的陶模均为竖銎镢芯模。翻制泥质芯范的陶模种类多样。出土陶铸范最丰富的遗址是登封阳城铸铁遗址。阳城遗址陶铸范质料有泥质和夹细砂质两种，铸范种类有单腔和两腔竖銎镢范及范芯、半圆锄范、梯形锄范、直口锸范、单腔和两腔镰刀范、空首斧范、锛范、直口锸范、两腔和三腔凿范、两腔和多腔削刀范、剑范、刀范、管状器范、容器范、环范、多腔带钩范、权形器范、多腔条材和板材范，以及浇铸使用的陶浇口杯和浇口杯盖等。

战国晚期不仅铸范品种增加，而且条材范、板材范的型腔数量也增多。从鹤壁鹿楼遗址出土的陶铸范可以看出战国中、晚期陶铸范的变化与进步：战国中期陶范多为细泥质，型腔表面涂红色涂料；战国晚期泥质范明显减少，砂质范骤然增多。陶范中羼入一定比例的砂粒和植物粉末，既增强陶范的耐热性，又可增加陶范的透气性和退让性。夹砂质陶范、多腔范是战国时期陶范铸造工艺不断改进的结果，尤其是多腔铸范的应用，极大地提高了铁器铸造的生产效率。

泥制陶范含有水分，如不经烘烤，浇铸时高温铁液会导致范体爆裂。经烘烤后的陶范因水分挥发，透气性得到提高，趁热浇铸，铁液容易流畅地注满型腔，不至于发生冷隔。我国陶范烘烤工艺出现于商代，春秋时期已广泛用于青铜器铸造，如侯马铸铜遗址出土春秋中期至战国初期的 5 万余块陶范均经烘范窑烘烤。战国晚期，烘范工艺开始用于铁器铸造。辉县古共城遗址发现的烘范窑为迄今年代最早的窑址，半地穴式结构，窑底距地表深约 3 米，由火膛、窑室及进火通道等组成（图 3–2–2）。

铁范铸造技术是战国时期铁器铸造技术的一大进步。河北兴隆寿王坟、易县燕下都武阳台村 21 号作坊、磁县下潘汪和梧阳城、江西新建大塘赤岸山等遗址都出土有战国晚期的铁范。武阳台村 21 号作坊遗址出土 1 件（W21T14：5）镦内范；下潘汪遗址竖銎镢范 1 件；梧阳城址铁范多件；赤岸山遗址 1 件背面带环纽的空首斧范。寿王坟遗址出土铁范最多、种类最丰富，共发现 40 副 87 件，有空首斧范、两腔凿范、竖銎镢范、六角锄范、两腔镰刀范以及车具铸范。其中既有单腔铸范，也有两腔铸范；既有单扇范，又有双扇合范甚至三合范。通过对其中 1 件镢芯范的金相学考察，可以确定系白口铁铸件，含碳量达 4.45%。

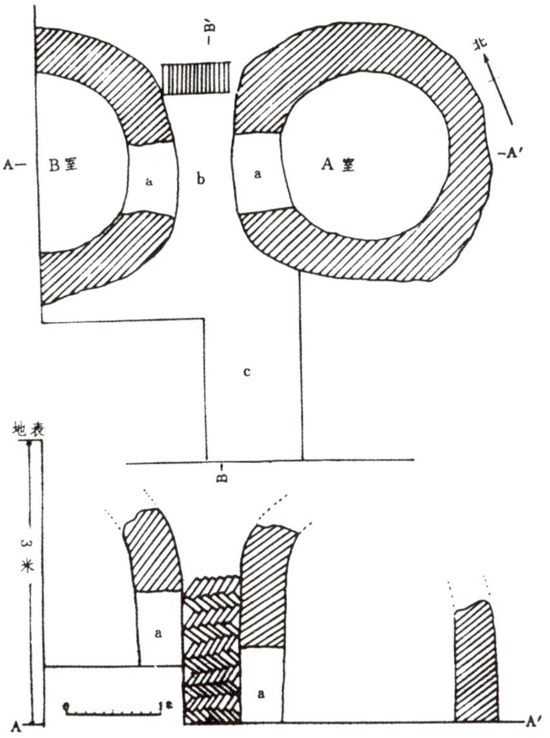

图 3–2–2　辉县古共城遗址烘范窑平、剖面图

铁范的结构及铸件的

器物类型与同时期的同类陶范基本相同，作为生铁铸件，背面多有把手便于反复操作使用。铁范铸造的铁器，成品质量好，表面光洁，一般不用再加工。铁范作为硬质铸件，还可以反复多次乃至上千次地重复使用，生产效率大大提高，被誉为“铸造工艺的一次革命”。

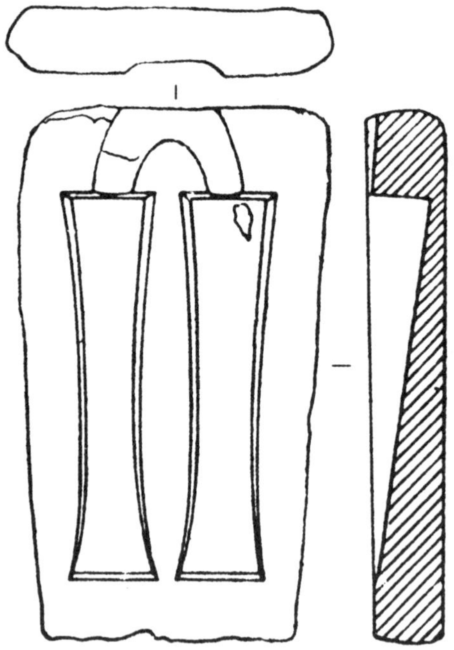

图 3-2-3　鹿楼遗址出土的两腔竖镢石范（T3H2：14）

除陶、铁范铸造以外，战国时期还有石范铸造。我国早在公元前 17 世纪的东下冯类型就出现了成熟的青铜器石范铸造技术。石范铸造铜器的技术在边远地区延续了相当长的时间，但中原地区并未得到发展。目前仅在阳城、武阳村、下河湾、仓城、鹿楼等几处战国遗址中出土了数量有限的镞、镞铤、斧、銎等石范残块。其中鹿楼遗址 1 件两腔竖銎镢石范（T3H2：14）保存完整，石质较软，范体略呈长方形，背面近平，分型面并列 2 个凹下的竖銎镢型腔，型腔顶端各有一浇道，两浇道于范体顶端合为一较大的浇口，结构与同遗址出土的两腔竖銎镢陶范相同，长 23.2 厘米、宽 11.2~13.8 厘米、厚 2.9~3.2 厘米，铸件长 16.4 厘米、銎部宽 4.1 厘米、刃部宽 3.5 厘米（图 3-2-3）。

石范铸造的铁器产品数量有限，但却是战国时期陶范和铁范铸造工艺的一种补充。

退火脱碳炉　液态生铁冶铸技术所浇铸的生铁铸件，刚性大而易脆。为了减少铸铁件脆性，增强韧性，战国时期的工匠发明了将白口铁铸件放到炉内用氧化焰退火的脱碳炉。

阳城遗址发现三座战国晚期退火脱碳炉。炉底部残存直径约 2 米的圆形红色烧痕、炉基下有长方形的风道。炉基地表残存弧形砖、长方形砖砌筑的圆形炉基，炉基中央有长方形小砖、陶范残块垒砌的东南—西北向长方形风道口，风道下的抽风井已被毁坏。

新郑仓城村铸铁遗址也发现有脱碳炉遗迹，仅残存炉底，直径约 1.7 米，炉基东北约 2 米处和西北约 1 米处，各发现一个口小底大的带状竖穴，穴壁用小砖砌筑，上部由砖砌小方洞向上斜伸，直达炉底东侧边缘，应为脱碳炉的抽风井和风道口[1]。

1 河南省博物馆新郑工作站:《河南新郑郑韩故城的钻探和试掘》,《文物资料丛刊》第 3 集，文物出版社，1980 年第 62 页。

四、铁器冶铸技术

战国时期的铁工业除生产规模扩大、产品种类更加丰富以外，在韧性铸铁、脱碳、淬火等技术与工艺方面的创新和发明，奠定了我国数千年以来的铁工业发展基础。

韧性铸铁技术 春秋时期已经出现了块炼铁、块炼渗碳钢、共晶白口铸铁、脱碳铸铁等。到战国时期，冶铸技术继续提高，工艺不断改进，生产出了新的品种，尤其是根据不同制品的功能使用不同的钢铁原料进行不同的加工处理。经过分析鉴定的韧性铸铁制品，有固围村战国墓 6 件、兴隆寿王坟铁范 1 件、燕下都 44 号墓 9 件、燕下都遗址出土和采集品 33 件、铜绿山矿冶遗址 5 件、阳城铸铁遗址 30 件、侯马乔村墓地 17 件等。洛阳水泥厂出土 1 件战国初期铁铲是目前所知的年代最早的韧性铸铁制品，也是世界上最古老的韧性铸铁。

铸铁脱碳技术 铜绿山矿冶遗址经鉴定的 5 件铁工具中，耙、钻头为块炼铁渗碳锻打制品，锤、斧、六角锄为脱碳铸铁[1]。阳城铸铁遗址经金相鉴定的 30 件战国早期和晚期铁器均为铸铁件，且均在铸成后经过不同程度的退火脱碳处理，其中9件取样鉴定结果为铸铁脱碳钢或熟铁7件（竖銎镢5件、锄1件、板材1件）、脱碳铸铁 1 件（锄）、具有球状石墨的韧性铸铁 1 件（锄），属于战国早期的铸铁脱碳钢制品就有 3 例[2]。

易县燕下都经鉴定的 14 件土作农耕具均为铸造品，其中 6 件加工工具中有 5 件为铸铁件。铁农具的铸造一方面与当时锻铁技术的发展和应用程度有关，另一方面铸造成型大批量生产，降低成本，以满足社会对农具的广泛需求。

战国时期铸铁脱碳技术迅速提高，战国早期出现了韧性铸铁（如洛阳铁铲），战国晚期得到推广应用；生铁制钢技术发明，战国早期出现了简易、经济的铸铁脱碳钢制钢工艺（如阳城铸铁脱碳钢竖銎镢），并进行条材和板材的生产，铸铁脱碳钢与脱碳铸铁一起被广泛应用于各种生产工具的制造；块炼铁和块炼渗碳钢技术继续发展，通过将渗碳钢叠层锻打的方法以制造剑、戟等高质量的兵器。

淬火工艺 淬火工艺是战国时期钢铁技术发展的一项重要成就。易县燕下都 44 号墓出土钢剑（M44：12、M44：100）和钢戟（M44：9）都有马氏体组织，剑刃高碳部分的马氏体局部有少量细珠光体，中低碳部分为带有铁素体的细珠光体，说明钢剑曾经加热至 900 度以上淬火。侯马乔村钢削刀（M7193：1）的年代为战国中期，金相观察可见淬火马氏体及屈氏体组织，证明系铸铁脱碳钢并经淬火处理。燕下都和侯马乔村淬火钢制品的发现表明，汉代广为应用的淬火技术可以上溯到战国中期，此后迅速地应用于铁兵器及刀具的制造。淬火技术成功地弥补了低碳钢强度和硬度较低的缺陷，使钢铁的机械性能得以大大提高。

锻制工艺 铁器锻制技术的发展和广泛应用是战国时期铁工业发展的又一个突出特点。铁器锻制技术是随着块炼铁的出现而产生的，在我国可以上溯到公元前 800 年前后的西周晚期。战国时期，随着块炼铁和块炼渗碳钢技术的进一步成

1 冶军：《铜绿山古矿井遗址出土铁制及铜制工具的初步鉴定》，《文物》1975 年第 2 期。

2 北京科技大学冶金史研究室：《阳城铸铁遗址铁器的金相鉴定》，《登封王城岗与阳城》，文物出版社，1992 年 1 月第 329 页。

熟，铁器锻制技术不断提高并继续应用。以铸铁脱碳工艺为代表的铸铁可锻化热处理技术的发展，为铁器锻制工艺的提高和应用开辟了广阔的前景。尤其是各种条形铁材和板形铁材通过脱碳柔化处理成熟铁和钢，从而成为锻造加工各种铁器的原材料，使锻制技术得到进一步的提高和推广。燕下都经过鉴定的 13 件钢质器物中有 9 件是锻造成型，9 件熟铁制品中有 4 件为锻铁件，经鉴定的 7 件钢剑和铁剑均为锻铁件。

锻銎技法 随着铁器锻制技术的应用和发展，战国时期出现了“锻銎技法”。锻銎技法就是用锻造方法制作器具纳柄銎部的工艺，首先将器具的銎部先锻打成薄板状，然后弯折合拢成銎。用这种方法加工制作的铁器就称为“锻銎铁器”。锻銎技法在战国晚期已经比较成熟，并在带銎铁器的制作上得到了应用。锻銎技法在秦汉时期迅速向周边地区乃至朝鲜半岛和日本列岛传播并得到较广泛的应用。锻銎技法的出现不仅是铁器锻制技术本身的一种进步，也为不能进行铁器冶铸的地区制造带銎铁器奠定了技术基础。

第三节 战国时期的铁器类型

白云翔先生所著的《先秦两汉铁器的考古学研究》对战国时期铁器主要类型有细致的分类[1]。战国时期的铁器种类多样，根据其用途大致可以分为生产工具、兵器武备、车马机具、日用器具等四大类。

一、生产工具

生产工具是战国铁器的大宗产品，类型多样。根据用途大致可分为加工工具、土作农耕器具两类。

(一) 加工工具

加工工具，是指用于林木砍伐、木工作业、金属加工、石材开采及加工的各种加工工具。主要有斧、锛、凿、锯、锥、鹤嘴斧、锤、砧、钻头、冲牙、截具、錾、刀具等。

1. 斧

依据有无銎部，分为空首斧、板状斧。

空首斧 最早出现在春秋晚期，但数量极少。战国时期分布范围很广，数量较多。竖銎，銎口一般呈长方形，少数呈梯形，或近似方形和椭圆形，双面刃。从包山 2、4 号楚墓[2]等出土装有木柄的空首斧来看，斧柄与斧刃方向大致平行（图 3-3-1）。空首斧根据平面形状分为四型。

A 型：条形空首斧。銎部略宽于刃部或大致等宽，有的銎口下方有凸带。湖

---

1 白云翔：《先秦两汉铁器的考古学研究》，科学出版社，2005 年 4 月第 55 页。

2 湖北省荆沙铁路考古队：《包山楚墓》，文物出版社，1991 年 10 月第 224、305 页。

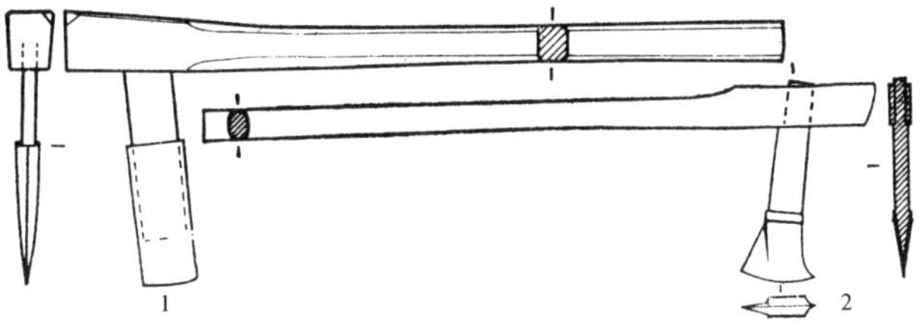

图 3-3-1　木柄铁空首斧
1. 包山楚墓 M2：135　2. 包山楚墓 M4：39

北郧西庹家湾遗址内东周遗存出土 1 件（T3425 ⑤：1），长方形体，微弧刃。长 9.6 厘米、刃长 5.8 厘米、銎口长 5.4 厘米、宽 3.3 厘米[1]（图 3-3-2，2）。年代为春秋战国之交或战国早期。四川宜宾沙坝墓地出土 1 件（M15：20），弧形刃，长方形銎口。长 12.6 厘米、刃宽 6.1 厘米，銎口长径 7.1 厘米、短径 3.7 厘米、深 7.6 厘米[2]（图 3-3-2，4）。年代为战国末期至秦。古丈白鹤湾楚墓出土 1 件（M32：1），刃部略窄于銎部，銎口外侧有凸棱两周，长 14.5 厘米[3]（图 3-3-2，6）。年代为战国中期。河北临城中羊泉战国中晚期墓出土 1 件（M：396）。长 15 厘米、宽 6 厘米[4]（图 3-3-2，12）。此型铁斧还出土于湖南长沙[5]、益阳、河北燕下都、兴隆[6]、山东淄博[7]、广东乐昌[8]、始兴[9]等地。

B 型：梯形空首斧。平面略呈梯形，銎部窄于刃部，侧腰平直或束腰。四川宜宾沙坝墓地出土 1 件（M10：19），长方形銎口，弧形刃。长 14 厘米、刃宽 6.6 厘米，銎口长径 3.7 厘米、短径 2 厘米、深 7.1 厘米[10]（图 3-3-2，1）。年代为战国末期至秦。抚顺莲花堡遗址出土 1 件（T3：91），合范铸制。长 12.2 厘米、刃部宽 8.5 厘米、厚 3.3 厘米[11]（图 3-3-2，3）。年代为战国晚期。此型铁斧还出土于河北燕下都。

C 型：双肩空首斧。平顶，弧刃，双肩。临潼油王村秦芷阳制陶作坊址出土 2 件，其中 T5：13，体竖长，方形双肩。长 11 厘米，刃部宽 7 厘米，銎口长 3.4 厘米、宽 1.2 厘米（图 3-3-2，9）。QZYC：01，竖銎较厚，双斜肩。刃部宽 7 厘米，銎口长 3.3 厘米、宽 1.6 厘米[12]（图 3-3-2，10）。年代均为战国晚期。此型斧还出土于长沙楚墓。

D 型：靴形空首斧。长方形或椭圆形銎口，刃角外展不对称。湘乡椅子山战

1 湖北省文物考古研究所等：《湖北郧西庹家湾遗址发掘报告》，《考古学报》2013 年第 1 期。
2 四川省文物考古研究院、宜宾市博物院等：《四川宜宾沙坝墓地 2009 年发掘简报》，《文物》2013 年第 9 期。
3 湖南省博物馆、湘西土家族苗族自治州文物工作队：《古丈白鹤湾楚墓》，《考古学报》1986 年第 3 期。
4 临城县文化局：《河北临城县中羊泉东周墓》，《考古》1990 年第 8 期。
5 湖南省博物馆等：《长沙楚墓》，文物出版社，2000 年 1 月。
6 王峰：《河北兴隆县发现战国金矿遗址》，《考古》1995 年第 7 期。
7 淄博市博物馆：《山东淄博市临淄区南马坊一号战国墓》，《考古》1999 年第 2 期。
8 广东省文物考古研究所、乐昌市博物馆等：《广东乐昌市对面山东周秦汉墓》，《考古》2000 年第 6 期。
9 廖晋雄：《广东始兴县白石坪山战国晚期遗址》，《考古》1996 年第 9 期。
10 四川省文物考古研究院、宜宾市博物院等：《四川宜宾沙坝墓地 2009 年发掘简报》，《文物》2013 年第 9 期。
11 王增新：《辽宁抚顺市莲花堡遗址发掘简报》，《考古》1964 年第 6 期。
12 陕西省考古研究所秦陵考古队等：《秦芷阳制陶作坊遗址清理简报》，《考古与文物》1995 年第 5 期。

国前期墓出土1件（M52：11），銎口平面略呈梯形，单面刃，刃口略外弧。长6.8厘米、刃部宽7.7厘米（图3–3–2，8）。益阳赫山庙战国中期墓出土1件（M4：13），銎口平面略呈梯形，銎口外侧有凸棱两周，外弧刃。长8.6厘米、刃部宽8.4厘米[1]（图3–3–2，11）。

板状斧 发现极少，扁平状，无銎。成都北郊战国晚期墓出土1件（M3：1），平面呈梯形，平顶，弧刃。长9.7厘米、宽4.4~6.8厘米、顶厚1.8厘米[2]（图3–3–2，5）。

图3–3–2 战国时期铁空首斧、锛

1、3.B型空首斧（四川宜宾沙坝M10：19、抚顺莲花堡T3：91）2、4、6、12.A型空首斧（湖北勋西庹家湾T3425⑤：1、四川宜宾沙坝M15：20、古丈白鹤湾M32：1、河北临城M：396）5.板状斧（四川成都北郊M3：1）7.铁锛（宜昌上磨垴T11⑤：6））8、11.D型空首斧（湘乡椅子山M52：11、益阳赫山庙M4：13）9、10.C型空首斧（临潼油王村T5：13、QZYC：01）

2. 锛

形态与空首斧接近，长条形体，单面刃。发现数量较少。多见于楚地。湖北宜昌上磨垴遗址出土1件（T11⑤：6），銎呈方形，弧形刃。刃宽7.1厘米、高8.8厘米[3]（图3–3–2，7）。还见于湖南长沙楚墓、益阳桃花崙、资兴旧市[4]等地。

3. 凿

发现较多，战国晚期出现。条形器，竖銎，侧面呈楔形，一般为单面刃。銎口多数呈方形或梯形，少数为圆形銎口。抚顺莲花堡遗址出土1件（T4：42），铸铁件，正面宽背面窄，銎口作梯形。长13.2厘米、宽2.1~1.6厘米、厚2.07厘米（图3–3–3，1）。年代为战国晚期。洛阳62号粮仓出土1件（LC62：B5），形体较小，束腰。通长8厘米、銎口直径1.4厘米、刃部宽1厘米（图3–3–3，2）。年代为战国晚期。四川郫县风情园[5]也有铁凿出土。

4. 锯

目前仅发现手锯一种。整体呈刀形，刀体刃部开锯齿，一般形态较小。依据柄部方式不同可分为带柄手锯、装柄手锯。易县燕下都出土带柄手锯1件（YXD66BF：0216），锯体较薄，断面为楔形，前端残。残长14.4厘米（图3–3–

1 湖南省博物馆等：《湖南益阳战国两汉墓》，《考古学报》1981年第4期。

2 成都市文物考古工作队：《四川成都市北郊战国东汉及宋代墓葬发掘简报》，《考古》2001年第5期。

3 湖北省文物考古研究所：《湖北宜昌县上磨垴周代遗址的发掘》，《考古》2000年第8期。

4 湖南省博物馆：《湖南资兴旧市战国墓》，《考古学报》1983年第1期。

5 成都市文物考古研究所、郫县博物馆：《成都市郫县风情园及花园别墅战国至西汉墓群发掘报告》，《成都考古发现·2002》，科学出版社，2004年6月第311页。

3，5）。咸阳林院战国晚期秦墓出土装柄手锯1件（M22：9），长条形锯体，残断，一侧有齿。长13厘米、宽4.5厘米。锯体一端有角状把手。长11厘米、宽2.5厘米，用布条缠绕[1]（图3-3-3，6）。

5. 锥

锥主要有装柄锥和环首锥两种。装柄锥使用时装木、骨柄，发现较多。如抚顺莲花堡遗址出土锻制装柄锥3件。其中T1：114，断面呈圆形，残长20.4厘米（图3-3-3，3）。环首锥顶端有一环首，环首形态各异。江陵楚都纪南城余家湾古井出土环首锥1件（J2：3），残长约10.8厘米[2]（图3-3-3，4）。易县燕下都、准格尔旗西沟畔、永登榆树沟[3]等地也发现有环首锥。

6. 鹤嘴斧

鹤嘴斧又称“鹤嘴镐”或“鹤嘴锄”，主要发现于中国北方地区，应是安装长、短两种柄部使用，作为工具使用，主要作为修筑墓室和其他设施、获取完整石材的辅助工具，也可以用以寻矿，制造，加工，修理木、骨质器具[4]。中部有圆形或椭圆形横銎，一端略短，为扁平竖刃；一端略长，为鹤嘴尖状。两端向一侧弯曲。准格尔旗玉隆太战国晚期墓出土1件（2264），銎孔近椭圆形，竖刃锋利有使用痕，鹤嘴状一端断面为圆形。长23.5厘米、竖刃宽3厘米、銎径2.4厘米[5]（图3-3-3，7）。在内蒙古凉城饮牛沟[6]、毛庆沟[7]、西丰西岔沟[8]等地也有出土。

另外还出土了大量的刮刀、削刀、砍刀及各式工具刀，形制各异。

削刀 甘肃马家塬墓地出土1件（M59MS：7），条形，环首柄，单侧刃。一侧附着木痕。环宽3.2厘米、刃宽1.2~1.7厘米、通长16厘

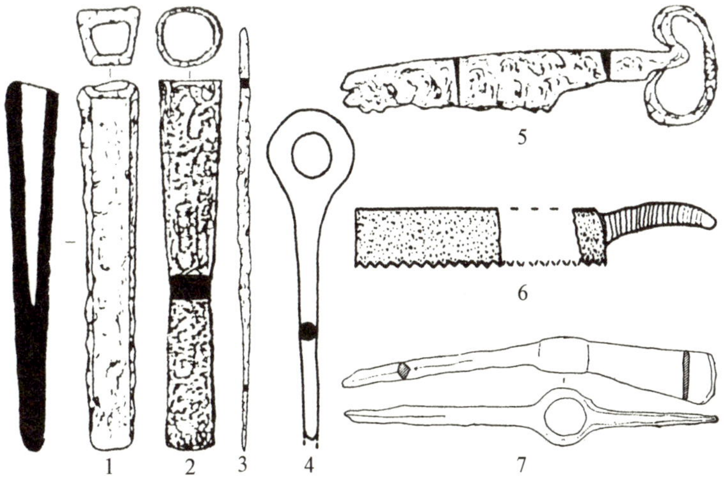

图3-3-3　战国时期加工工具（凿、锯、锥、鹤嘴斧）
1、2. 凿（抚顺莲花堡T4：42、洛阳战国粮仓LC62：B5）3. 装柄锥（抚顺莲花堡T1：114）4. 环首锥（楚都纪南城J2：3）5. 带柄手锯（易县燕下都YXD66BF：0216）6. 装柄手锯（咸阳林院M22：9）7. 鹤嘴斧（准格尔旗玉隆太2264）

1 咸阳市文管会：《西北林学院古墓清理简报》，《考古与文物》1992年第3期。
2 湖北省博物馆：《楚都纪南城的勘探与发掘（下）》，《考古学报》1982年第4期。
3 甘肃省博物馆文物工作队：《甘肃永登榆树沟的沙井墓葬》，《考古与文物》1981年第4期。
4 孟琦、彭博：《鹤嘴斧的功能及相关问题探讨》，《北方文物》2015年第2期。
5 内蒙古博物馆等：《内蒙古准格尔旗玉隆太的匈奴墓》，《考古》1977年第2期。
6 内蒙古自治区文物工作队：《凉城饮牛沟墓葬清理简报》，《内蒙古文物考古》1984年第3期。
7 内蒙古文物工作队：《毛庆沟墓地》，《鄂尔多斯式青铜器》，文物出版社，1986年5月第263页。
8 孙守道：《“匈奴西岔沟文化”古墓群的发现》，《文物》1960年第Z1期。

图 3-3-4 甘肃马家塬墓地出土铁削（M59MS：7）

米[1]（图 3-3-4）。

春秋时期的铁生产工具以铜铁合制为主，器类主要有削刀、刮刀等，形制单一；战国时期的铁生产工具以全铁器为主，器类扩展到斧、锛、凿、锯、锥、鹤嘴斧等。空首斧自春秋晚期出现后一直流行，数量增多，分布地域更广，最常见的为条形空首斧，双肩、靴形空首斧多出土于南方楚地，富有地方特点，战国晚期还出现了 B 型梯形空首斧和 C 型双肩空首斧及板状斧；战国晚期，鹤嘴斧作为一种新的多功能铁器器类出现并广泛使用。

（二）土作农耕器具

土作农耕器具，是指用于各种土作工程、农耕作业以及渔猎等生产活动的铁工具[2]。因种类较多，按照用途又可分为垦耕、整地工具，中耕工具以及收割工具。

1. 垦耕、整地工具

战国时期的垦耕工具主要有犁、镢、锸等。

战国时期目前仅见犁铧前端的铁刃—铧冠，整器呈 V 字形，两外侧边为刃部，内侧为 V 形銎以套装木铧，铸制。辉县固围村出土 2 件[3]（图 3-3-5，6）。年代为战国晚期。易县燕下都也有采集。

镢 分为竖銎镢、横銎镢两种。

竖銎镢 其结构与空首斧大致相同，长方形或梯形竖銎，体呈长方形，刃部大致等于或窄于銎部，部分镢体呈束腰状，但装柄方式与锛相近，尤以体窄长、厚重为特征。燕下都遗址出土 2 件，其中 Y95H1：2-1，略呈长方形，銎部稍宽，

---

1 早期秦文化联合考古队、张家川回族自治县博物馆：《张家川马家塬战国墓地 2010—2011 年发掘简报》，《文物》2012 年第 8 期。

2 中国社会科学院考古研究所：《中国考古学·秦汉卷》，中国社会科学出版社，2010 年 7 月。详见该书第九章《秦汉时期的农业》。

3 中国科学院考古研究所：《辉县发掘报告》，科学出版社，1956 年 3 月第 91 页。

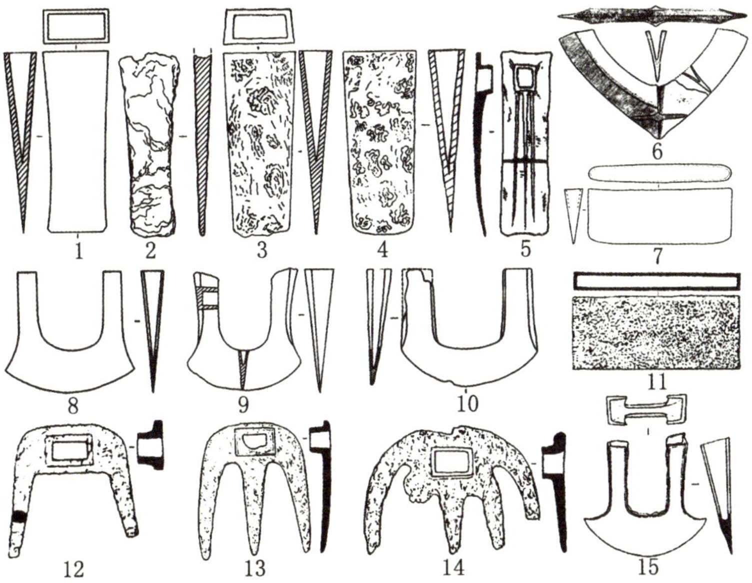

图 3-3-5 战国时期垦耕、整地工具

1~4. 竖銎镢（燕下都 Y95H1：2-1、山东济南 M 采：015、易县燕下都 T5②：32、河北临城 M：397）5. 横銎镢（唐山东欢坨 F4：1）6. 铧冠（辉县固围村 M2：51a）7、11. 直口锸（甘肃马家塬 M6：13、咸阳林院 M15：10）8、9、15.B 型凹口锸（湖北沙洋 M2：12、江苏淮安 M1：43、长沙战国楚墓 M1605：01）10.A 型凹口锸（宜昌上磨垴 T13①B：2）12~14. 多齿镢（燕下都 YXD66YDD：0212、燕下都郎井村 LJ10T129③：2、燕下都 G2T8②H66：2）

刃部稍窄。长 18.2 厘米、宽 6.6 厘米、刃宽 5.5 厘米、銎长 5.8 厘米、宽 2.6 厘米[1]（图 3-3-5，1）。年代为战国晚期。山东济南天桥战国墓出土 4 件，均铸制，长方銎，其中 M 采：015，长 19 厘米[2]（图 3-3-5，2）。河北易县燕下都第 13 号遗址出土 1 件（T5②：32），銎扁方，略呈梯形，一面宽 5.6 厘米、一面宽 5 厘米，肩比刃稍宽，刃稍残，侧面呈楔形。刃宽 4.4 厘米、长 14.1 厘米[3]（图 3-3-5，3）。年代为战国晚期。河北临城中羊泉战国中晚期墓出土 1 件（M：397），长 16 厘米、宽 4.4 厘米[4]（图 3-3-5，4）。当阳赵家湖[5]、山西长治分水岭[6]等地也有出土。

横銎镢 体呈长方形或梯形，近背部中央有一方形或长方形横銎。发现较少。唐山东欢坨遗址出土 1 件（F4：1），镢体略弯，正面中部有竖向凸脊。长 25.2 厘米、宽 6.5 厘米[7]（图 3-3-5，5）。年代为战国中晚期。此型镢在抚顺莲花堡、易县燕下都、登封阳城铸铁遗址也有出土。

多齿镢 在一根横梁上并列多个（目前考古所见有二、三、五齿）铁齿，主要用于刨土、翻土、碎土等。燕下都采集二齿镢 1 件（YXD66YDD：0212），直背圆肩，长方形銎，正面銎口周沿凸起，二齿断面呈椭圆形。高 11.7 厘米、肩宽 9.6 厘米、齿距约 12 厘米（图 3-3-5，12）。燕下都郎井村出土三齿镢 1 件

1 河北易县燕下都遗址文物保管所：《燕下都遗址出土铁胄》，《文物》2011 年第 4 期。

2 于中航：《山东济南市天桥战国墓的清理》，《考古》1997 年第 8 期。

3 河北省文物研究所：《河北易县燕下都第 13 号遗址第一次发掘》，《考古》1987 年第 5 期。

4 临城县文化局：《河北临城县中羊泉东周墓》，《考古》1990 年第 8 期。

5 湖北宜昌地区博物馆：《当阳赵家湖楚墓》，文物出版社，1992 年 3 月。

6 山西省文物管理委员会等：《山西长治分水岭战国墓第二次发掘》，《考古》1964 年第 3 期。

7 湖北省文物研究所等：《唐山东欢坨战国遗址发掘报告》，《湖北省考古文集》，东方出版社，1998 年第 196 页。

（LJ10T129③：2），体较短宽，弧背圆肩。通高15.2厘米、宽约13厘米（图3–3–5，13）。年代为战国晚期。燕下都还出土五齿镢1件（G2T8②H66：2），通高11.4厘米、宽约12厘米（图3–3–5，14）。年代为战国晚期。

锸 有凹口锸和直口锸两种。

凹口锸 平面作凹字形，体扁平，长条形竖銎，两侧平直或略内弧。可分为两型。

A型：刃口与銎部大致等宽。湖北宜昌上磨垴周代遗址出土1件（T13①B：2），两侧刃面较窄。刃宽9.6厘米、高7.9厘米[1]（图3–3–5，10）。此型锸还出土于宜昌前坪[2]、乐昌对面山[3]、江陵楚都纪南城等地。

B型：刃口明显宽于銎部。湖北沙洋程新村花果山战国楚墓出土1件（M2：12），刃的两端外侈呈弧形。宽10厘米、高9厘米[4]（图3–3–5，8）。年代为战国中期晚段。江苏淮安运河村战国中晚期墓出土1件（M1：43），弧刃，刃宽于銎首，刃缘一面平直，一面斜直。长10厘米、刃宽9.4厘米[5]（图3–3–5，9；图3–3–6）。长沙战国楚墓出土16件，其中M1605：01，两侧平直。高8.1厘米、刃部宽8厘米（图3–3–5，15）。广东乐昌对面山[6]、常德德山[7]等地都有出土。

直口锸 整器大致呈扁平横长方形，横长条形竖銎。一种刃口与侧边夹角规整，如咸阳林院秦墓出土1件（M15：10），刃部有使用磨损痕迹。高5.4厘米、宽13厘米（图3–3–5，11）。年代为战国晚期。咸阳塔儿坡[8]、凌源安杖子[9]也有出土。一种略呈弧形夹角，如甘肃马家塬墓地出土1件（M6：13），长方形，截面呈“V”形，刃口平直。长13.6厘米、宽5厘米、壁厚0.2厘米[10]（图3–3–5，7）。

图3–3–6 江苏淮安运河村出土B型凹口锸（M1：43）

2. 中耕工具

铲和锄常用于中耕松土、除草、间苗等。

1 湖北省文物考古研究所：《湖北宜昌县上磨垴周代遗址的发掘》，《考古》2000年第8期。
2 湖北省博物馆：《宜昌前坪战国两汉墓》，《考古学报》1976年第2期。
3 广东省文物考古研究所等：《广东乐昌市对面山东周秦汉墓》，《考古》2000年第6期。
4 武汉大学历史学院考古系、荆门市博物馆：《湖北沙洋县程新村花果山战国楚墓的发掘》，《考古》2013年第2期。
5 淮安市博物馆：《江苏淮安市运河村一号战国墓》，《考古》2009年第10期。
6 广东省文物考古研究所等：《广东乐昌市对面山东周秦汉墓》，《考古》2000年第6期。
7 湖南省博物馆：《湖南常德德山楚墓发掘报告》，《考古》1963年第9期。
8 咸阳市文物考古研究所：《塔儿坡秦墓》，三秦出版社，1998年8月第166页。
9 河南省文物研究所：《郑韩故城内战国时期地下冷藏室遗迹发掘简报》，《华夏考古》1991年第2期。
10 早期秦文化联合考古队、张家川回族自治县博物馆：《张家川马家塬战国墓地2007—2008年发掘简报》，《文物》2009年第10期。

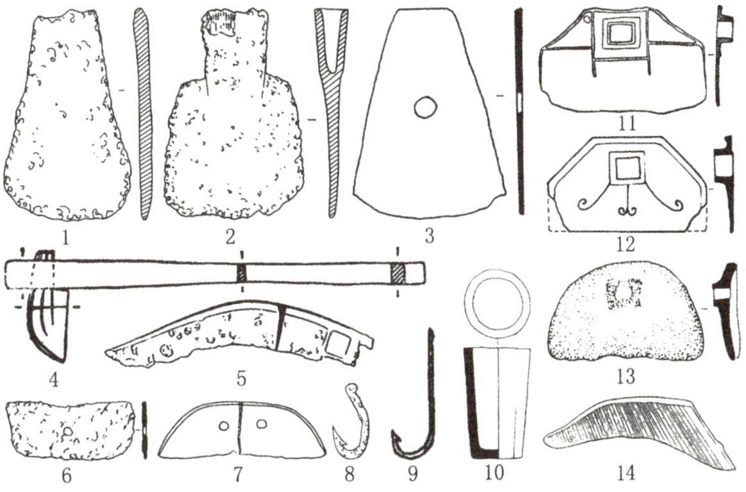

图 3-3-7　战国时期中耕及收割工具等

1.A 型锄板（河南新郑 H12：1）2. 铲（河南新郑 H1：6）3.B 型锄板（辉县古共城 Y1A：2）4.A 型锋刃镰（荆门包山 M4：37）5.B 型锋刃镰（燕下都 W22T4：3：5）6. 单孔铚刀（侯马乔村 M422：9）7. 双孔铚刀（宽甸黎明村 LMD：01）8、9. 鱼钩（抚顺莲花堡 LHB：B3、楚都纪南城 T10③：18）10. 夯锤（长沙楚墓 M1409：1）11、12. 六角锄（河北兴隆金矿遗址、黄石铜绿山 1：30）13. 半圆锄（唐山东欢坨 H231：1）14. 齿刃镰（绍兴西施山 XSH：01）

铲　竖銎，銎口呈六角形、方形或长方形。体扁薄，铲体呈方形或梯形。河南新郑华阳城遗址出土 1 件（H1：6），方孔直銎，斜肩，铲面略弧曲，刃部较宽。宽 10.3 厘米、通高 15 厘米[1]（图 3-3-7，2；图 3-3-8）。年代为战国晚期。天津巨葛庄[2]、易县燕下都等都出土有铁铲。

锄　锄作为重要的中耕工具，有六角锄、半圆锄、锄板三种。

六角锄　方形或长方形横銎口，背部作梯形或拱形，下部作横长方形，铸制。河北兴隆战国金矿遗址出土 1 件，扁身六边形，方柱形銎。长 18.7 厘米、宽 11.2 厘米、厚 0.4 厘米，銎高 1.8 厘米，口长 3.6 厘米、宽 3 厘米，銎口铁厚 0.3 厘米。銎内壁保留有包木柄的薄铁皮和少量木柄的木质残留[3]（图 3-3-7，11）。黄石铜绿山遗址出土 1 件（1：30），锄身正面的横銎下方饰有卷云纹，两刃角略残。高 10.5 厘米、刃部宽 17.5 厘米（图 3-3-7，12）。年代为战国晚期。

图 3-3-8　河南新郑华阳城遗址出土战国晚期铁铲（H1：6）

半圆锄　其结构与六角锄相同，只是平面形状略有别。唐山东欢坨遗址出土 1 件（H231：1），锄体略弯。高 15.5 厘米、宽 17.7 厘米（图 3-3-7，13）。年代为战国中晚期。

锄板　平面呈梯形，体扁薄如板状。可分为两型。

A 型：锄体无穿孔。河南新郑华阳城遗址东周遗存出土 1 件（H12：1），板

1 郑州市文物考古研究院、新郑市旅游文物局：《河南新郑市华阳城遗址东周遗存的调查与发掘》，《考古》2013 年第 9 期。

2 天津市文化局考古发掘队：《天津南郊巨葛庄战国遗址和墓葬》，《考古》1965 年第 1 期。

3 王峰：《河北兴隆县发现战国金矿遗址》，《考古》1995 年第 7 期。

状圆角等腰梯形，銎部残。残长 18 厘米、宽 11 厘米、厚 1 厘米[1]（图 3-3-7，1）。

B 型：锄体中部偏上有圆穿。辉县古共城铸铁遗址出土 1 件（Y1A：2），外弧刃。长 15.6 厘米、宽 4~12 厘米、厚 0.2 厘米、穿径 1.6 厘米（图 3-3-7，3）。年代为战国晚期。

3. 收割工具

用于收割的工具主要有镰刀、铚刀。镰刀通常安装木柄，铚刀直接手持使用。

镰　分为锋刃镰、齿刃镰。锋刃镰刃口为线形，齿刃镰刃口作锯齿形。

锋刃镰　分为两型。

A 型：拱背平刃。荆门包山楚墓出土木柄铁镰 1 件（M4：37），扁薄长方形柄，柄及背部有三道凸棱。镰柄插入木柄固定，木柄中部较细，截面为圆角方形。刃长 8 厘米、柄长 45.8 厘米[2]（图 3-3-7，4）。

B 型：拱背弧刃。燕下都出土 1 件（W22T4：3：5），柄端有方形凸框。长 26 厘米、宽 4 厘米（图 3-3-7，5）。年代为战国晚期。

齿刃镰　绍兴西施山出土 1 件（XSH：01），尖头，柄端宽，拱背，斜弧刃。正面有平行斜线篦齿纹，刃部为细密的齿牙。通长 14.7 厘米（图 3-3-7，14）。

铚刀　平面近半月形或长方形。有单孔、双孔之分。侯马乔村战国中期墓出土单孔铚刀 1 件（M422：9），平面近似长方形，中部一穿孔。宽 10.7 厘米、高 4.8 厘米（图 3-3-7，6）。宽甸黎明村战国晚期窖藏出土 1 件（LMD：01），双孔较小。宽 13 厘米、高 4 厘米、厚 0.2 厘米、孔径 0.5 厘米[3]（图 3-3-7，7）。

另发现少量鱼钩及夯锤。抚顺莲花堡遗址出土鱼钩 1 件（LHB：B3），锻制。钩身弯曲，钩尖有倒刺。长约 2.6 厘米（图 3-3-7，8）。年代为战国晚期。楚都纪南城南垣水门遗址出土鱼钩 1 件（T10 ③：18）（图 3-3-7，9）。年代为战国时期。夯锤属于建筑工具的一种，套接在木制夯头上使用，如长沙战国楚墓出土 1 件（M1409：1），长 12.9 厘米、直径 6.15~7.3 厘米（图 3-3-7，10）。

各地还出土有专门用于矿山开采、冶铜和冶铁、铸铁及铁器制造的铁制器具，包括铁铸范[4]、坩埚[5]、夹具[6]等。

目前，已发现的春秋时期铁制土作农耕器具皆为全铁制品，尚未发现复合质地的铁制土作农耕器具。春秋时期已出现的竖銎镢、铲、直口锸、凹口锸、镰等继续流行，形制更加多样化。垦耕、整地工具中，战国中晚期出现了横銎镢和多齿镢，多齿镢有二齿、三齿、五齿等，主要用于平整土地；凹口锸或直口锸，只

1 郑州市文物考古研究院、新郑市旅游文物局：《河南新郑市华阳城遗址东周遗存的调查与发掘》，《考古》2013 年第 9 期。

2 湖北省荆沙铁路考古队：《包山楚墓》，文物出版社，1991 年 10 月第 305 页。

3 许玉林：《辽宁宽甸发现战国时期燕国的明刀钱和铁农具》，《文物资料丛刊》第 3 集，文物出版社，1980 年第 126 页。

4 河北省文物管理处：《磁县下潘汪遗址发掘报告》，《考古学报》1975 年第 1 期。

5 湖北省博物馆江陵纪南城工作站：《一九七九年纪南城古井发掘简报》，《文物》1980 年第 10 期。

6 新乡市文管会等：《河南辉县市古共城战国铸铁遗址发掘简报》，《华夏考古》1996 年第 1 期。

是农作工具的铁刃部分，农作工具有可能是木柄锸、锄、耒或耜等，安装铁刃，无疑延长了战国时期农具的使用期限，对提高农作效率作用显著。战国时期新出现的中耕工具有锄，包括六角锄、半圆锄和锄板等，形制的不同可能与农作物的高矮及种植间距有关，六角锄及半圆锄形制相似，矮且宽，主要用于作物叶部矮、种植间距宽的田间管理中，锄板形制高且窄，主要用于作物叶部高、种植间距窄的田间管理中。镰和铚刀是主要的收割工具，镰也可做中耕除草工具，铚刀分为单孔铚刀和双孔铚刀两类，主要用做掐穗，单手即可完成收割。

二、兵器武备

兵器是铁器应用最早的类型之一。春秋时期已经发展出戈、剑以及铁铤铜镞等器类，但多数为铜（金、玉等）铁合制品。战国时期兵器多为全铁制品，同时也还存在一定数量的钢铁复合制品。

(一)格斗兵器

战国时期格斗兵器主要有剑、矛、戟、戈、匕首[1]、杖[2]等。

剑 发现较多，形制多样，长短差别较大，反映出其使用方法的不同。根据其长短分为长剑、短剑两种。

长剑 通长一般40厘米以上，扁茎或四棱茎。剑身略有差别，部分剑身较窄，如咸阳林院秦墓出土1件（M11：9），扁茎，青铜剑格。通长98厘米、宽1.9~3.2厘米、茎长11厘米（图3-3-9，7）。年代为战国晚期。部分剑身较宽，如长沙楚墓出土1件（M1592：2），铜剑格，铜圆形剑首，剑身中部略宽。残长60厘米、剑身宽5.1厘米（图3-3-9，8）。年代为战国中期。甘肃马家塬墓地出土1件（M61MS：4），剑首球形，扁平茎，中间微内凹。条形直阑，剑身中间起脊，锋刃，断面呈菱形。通长54.6厘米，阑宽0.4厘米，球形剑首径3.4厘米，茎长8厘米、宽3.4厘米、

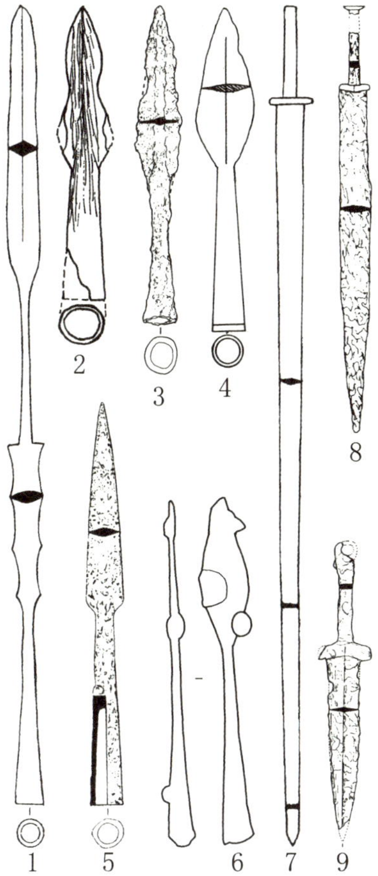

图3-3-9 战国时期铁剑、铁矛

1、2.异形矛（燕下都M44：47、甘肃陇城山）3、4、6.A型矛（甘肃马家塬 M13：1、甘肃庆阳、甘肃秦安M3：59）5.B型矛（燕下都W21T9②：10）7、8.长剑（咸阳林院M11：9、长沙楚墓M1592：2）9.短剑（凉城毛庆沟M29：1）

1 湖南省博物馆：《湖南韶山灌区湘乡东周墓清理简报》，《文物》1977年第3期。

2 河北省文物研究所：《厝墓——战国中山国国王之墓》，文物出版社，1996年2月第296页。

图 3-3-10　甘肃马家塬墓地出土铁剑（M61MS：4）

图 3-3-11　甘肃马家塬墓地出土铁剑（M23MD 采：9）

厚 0.7 厘米，剑身长 42.6 厘米[1]（图 3-3-10）。

短剑　通长一般 30 厘米左右，剑身长一般 20 厘米左右。发现较少，柄首略有差异，分为角形、环首、T 形首、球形首[2]。凉城毛庆沟出土 1 件（M29：1），柄首较小呈圆环形，剑柄扁平较窄，剑格略呈人字形，剑身断面呈菱形。通长 28.2 厘米，剑身长 17.2 厘米（图 3-3-9，9）。年代为战国中期。甘肃马家塬墓地出土 1 件（M23MD 采：9），剑柄呈条状，剑身中间起脊，断面呈菱形。柄上前后各有一圆穿。剑身上残存木质剑鞘痕迹。通长 26.2 厘米，阑宽 3.4 厘米，柄长 8.2 厘米，柄宽 2.2 厘米[3]（图 3-3-11）。

铜柄铁剑　剑柄为铜制，剑身为铁制。发现较少，但形制多样，大多属于短剑。甘肃马家塬战国墓 M14 出土 1 件[4]（图 3-3-12），云南江川李家山[5]、赫章可乐[6]、宁夏固原[7]等地均有出土。

矛　根据矛身可分为两型。

A 型：矛身呈桂叶形，断面呈菱形，有中脊，圆骹。甘肃马家塬战国墓 M5

1 早期秦文化联合考古队、张家川回族自治县博物馆：《甘肃张家川马家塬战国墓地 2012—2014 年发掘简报》，《文物》2018 年第 3 期。

2 白云翔：《先秦两汉铁器的考古学研究》，科学出版社，2005 年 4 月第 85 页。

3 早期秦文化联合考古队、张家川回族自治县博物馆：《甘肃张家川马家塬战国墓地 2012—2014 年发掘简报》，《文物》2018 年第 3 期。

4 黄维、陈建立、王辉等：《马家塬墓地金属制品技术研究》，北京大学出版社，2013 年 4 月第 21 页。

5 云南省博物馆：《云南江川李家山古墓群发掘报告》，《考古学报》1975 年第 2 期。

6 贵州省博物馆考古组等：《赫章可乐发掘报告》，《考古学报》1986 年第 2 期。

7 宁夏文物考古研究所：《宁夏固原杨郎青铜文化墓地》，《考古学报》1993 年第 1 期；延世忠：《宁夏固原出土战国青铜器》，《文物》1994 年第 9 期。

出土1件（M5：6），柳叶形，管形銎。矛头长26.8厘米，刃宽3.2厘米，通长4.42米（图3-3-13）。M13出土1件（M13：1），通长25.5厘米、宽4.4厘米，銎径2.2厘米[1]（图3-3-9，3）。甘肃庆阳战国前期墓出土1件，宽叶有脊，銎上细下粗，銎口外有箍。长28厘米，叶长14厘米，叶最宽处4.8厘米，銎长14厘米[2]（图3-3-9，4）。甘肃秦安王洼战国墓出土1件（M3：59），残长43.5厘米、宽6.5厘米[3]（图3-3-9，6）。

图3-3-12　甘肃马家塬战国墓M14出土铜柄铁剑

图3-3-13　甘肃马家塬战国墓出土A型矛（M5：6）

图3-3-14　甘肃马家塬战国墓地出土B型矛（M16：32）

B型：矛身呈柳叶形。断面呈菱形，有中脊，圆骹。燕下都出土1件（W21T9②：10），通长36.9厘米，矛叶长19.3厘米（图3-3-9，5）。甘肃马家塬战国墓出土1件（M16：32），髹黑色与朱红色漆的木柲通长3.65米。矛头长26.5厘米，刃宽4.5厘米，銎径3.1厘米[4]（图3-3-14）。

燕下都还出土异形矛1件（M44：47），矛身细长，断面呈菱形，有中脊。叶、骹间有一长茎，茎上有三节孑，孑两侧为刃。通长66厘米，叶长24厘米（图3-3-9，1）。年代为战国后期。甘肃陇城山王家出土1件，矛身呈双菱形，曲刃较锋利，中有凸脊，刃两侧有残缺。圆锥形长骹，圆銎底部一侧残缺。长17.5厘米，残宽2.7厘米，銎径2.6厘米[5]（图3-3-9，2）。年代为春秋战国之际。

戟　发现较少，刺、胡、援均细长。可分为两型。

A型：呈三叉形，刺向一侧弯曲，援横出与胡垂直，长胡无穿。长沙楚墓出土1件（M356：1），通长52.5厘米，援长20.5厘米（图3-3-15，4）。年代为战国中期。

1 早期秦文化联合考古队、张家川回族自治县博物馆：《张家川马家塬战国墓地2008—2009年发掘简报》，《文物》2010年第10期。
2 刘得祯、许俊臣：《甘肃庆阳春秋战国墓葬的清理》，《考古》1988年第5期。
3 甘肃省文物考古研究所：《甘肃秦安王洼战国墓地2009年发掘简报》，《文物》2012年第8期。
4 早期秦文化联合考古队、张家川回族自治县博物馆：《张家川马家塬战国墓地2008—2009年发掘简报》，《文物》2010年第10期；王笑：《张家川马家塬战国鎏金银铁矛分析》，《天水师范学院学报》，2016年第3期。
5 甘肃省文物考古研究所、秦安县博物馆：《甘肃秦安考古调查记略》，《文物》2014年第6期。

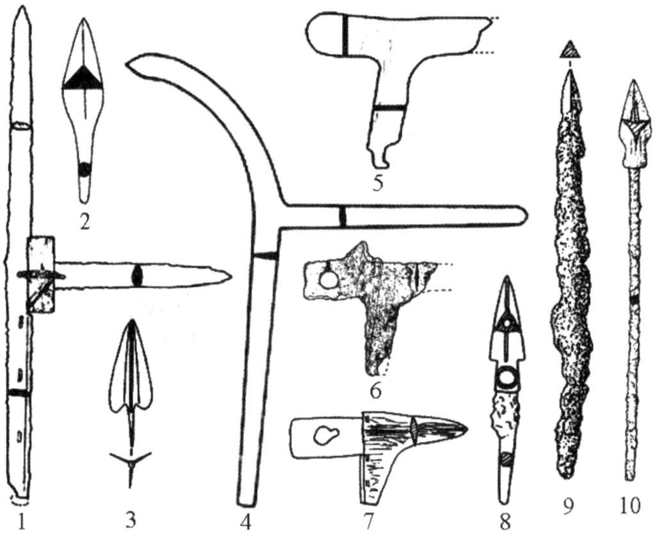

图 3-3-15 战国时期铁戟、铁镞、铁戈

1.B 形戟（燕下都 M44：54）2.A 型铁镞（库尔勒上户乡 M3：22）3.B 型铁镞（新疆鄯善苏贝希 M10：9-4）4.A 型戟（长沙楚墓 M356：1）5~7.戈（甘肃马家塬 M12：10、M8：6、甘肃陇城山王家）8、9.A 型铁铤铜镞（河北唐县 G8：1、赤峰蜘蛛山 T2②：9）10.B 型铁铤铜镞（郑州南关外 T84：50）

B 型：呈“卜”字形，刺、胡大致处于同一直线上，援横出与刺、胡垂直，三者相交处有一圆穿。燕下都出土 1 件（M44：54），援末有一青铜柲帽，较长，断面呈卵圆形，两侧有穿，用绳索或皮革将戟、柲帽和柲缠绕固定。通长 54.2 厘米，援长 22.2 厘米（图 3-3-15，1）。

戈 发现较少。甘肃马家塬墓地 M12 出土 1 件（M12：10），厚 0.3 厘米[1]（图 3-3-15，5；图 3-3-16）；M8 出土 1 件（M8：6），锋刃残断，内上有一圆形穿，胡部残留有木柄痕迹。残长 15.5 厘米[2]（图 3-3-15，6）；M23 出土 1 件（M23MD 采：3），短援，中部起脊，上下有刃。阑侧两长穿，内长方形。通长 22.7 厘米，援长 13.7 厘米，胡长 7.7 厘米，阑长 14.1 厘米，内长 8.6 厘米，内宽 4.8 厘米，厚 0.5 厘米[3]（图 3-3-17）。年代均为战国晚期。甘肃陇城山王家出土 1 件，直锋，刃部较锋利。三角形援，长胡，阑侧有三穿。长方形内，内中部有一近圆形孔。长 20 厘米、宽 10 厘米，援长 8.8 厘米、宽 2.2 厘米[4]（图 3-3-15，7）。年代为春秋战国之际。

（二）远射兵器

战国时期的远射兵器主要有镞，分铁镞和铁铤铜镞两类。常见形制有三棱镞、三翼镞，还有双刃镞和圆锥状镞等，燕下都 44 号墓还发现有弩机构件。

铁镞 根据镞身差异主要分为两型。

A 型：三棱镞，棱面平直或内凹，或有后关。库尔勒上户乡出土 1 件（M3：22），镞身断面呈等边三角形，脊末内收，锻制。通长 4.6 厘米（图 3-3-15，2）。易县燕下都、凌源安杖子古城、平山中山国王墓等都有出土。

B 型：三翼镞。新疆鄯善县苏贝希 I 号墓地出土 1 件（M10：9-4），三翼，

1 早期秦文化联合考古队、张家川回族自治县博物馆：《张家川马家塬战国墓地 2007—2008 年发掘简报》，《文物》2009 年第 10 期。

2 早期秦文化联合考古队、张家川回族自治县博物馆：《张家川马家塬战国墓地 2008—2009 年发掘简报》，《文物》2010 年第 10 期。

3 早期秦文化联合考古队、张家川回族自治县博物馆：《甘肃张家川马家塬战国墓地 2012—2014 年发掘简报》，《文物》2018 年第 3 期。

4 甘肃省文物考古研究所、秦安县博物馆：《甘肃秦安考古调查记略》，《文物》2014 年第 6 期。

带铤，无锋，叶圆阔[1]（图3-3-15，3）。年代为公元前5世纪至公元前3世纪。库尔勒上户乡也有出土。

铁铤铜镞 镞身为铜制，铤为铁制。根据镞身差异主要分为两型。

A型：三棱镞。河北唐县南放水遗址出土1件（G8：1），镞锋为三棱形，下附铁铤。长5.8厘米[2]（图3-3-15，8）。年代为春秋晚期至战国时期。赤峰蜘蛛山遗址出土1件（T2②：9），镞长2厘米，残通长18厘米[3]（图3-3-15，9）。年代为战国晚期。此型镞发现较多，在燕下都、平山中山国王1号墓、江陵沙家等地均有发现。

图3-3-16 甘肃马家塬墓地M12出土铁戈（M12：10）

图3-3-17 甘肃马家塬墓地M23出土铁戈（M23MD采：3）

B型：三翼镞。郑州南关外出土1件（T84：50），镞身较粗大，脊末斜收与后关相接。镞长3.5厘米，铤残长12.7厘米（图3-3-15，10）。

铁镞及铁铤铜镞多数为三棱镞及三翼镞，有少量镞身呈圆锥状及双刃镞出现，并非主流。

（三）防护装备

战国时期防护装备主要有铠甲、胄[4]等。

铠甲 未发现可复原者。燕下都武阳台村21号作坊址出土铠甲片270余片，其中完整者63片，形制有梯形、长方形、方形和T形。年代为战国晚期。

胄 战国时已大量使用。燕下都出土1件（Y95H1：1），由69片札叶缀连

1 新疆文物考古研究所、吐鲁番地区博物馆：《新疆鄯善县苏贝希遗址及墓地》，《考古》2002年第6期。

2 吉林大学边疆考古研究中心、河北省文物局、唐县文物保护管理所：《河北唐县南放水遗址2006年发掘简报》，《考古》2011年第4期。

3 中国社会科学院考古研究所内蒙古工作队：《赤峰蜘蛛山遗址的发掘》，《考古学报》1979年第2期。

4 杨泓：《古兵札记三题》，《文物》2012年第6期。兜鍪，是古人使用铁来制作护头的防护装具的称谓，以示与“胄”——以青铜或皮革为材质制作的头部防护装具——的区分。原因是以铁制作后，改用“金”为偏旁的字来称谓。古人在述及保护头部的防护装具时，其名称随时代变迁而不同，先秦时称“胄”；自铁兵器出现开始秦汉至宋称“兜鍪”；元明至近代称“盔”。

而成，复原后高 31.4 厘米、口径 25.5 厘米。胄顶部为直径 10.5 厘米的圆弧顶，正中有一圆穿，近边缘处有穿两周，外周有圆穿 14 个，两穿相距 1 厘米。内周有圆穿 7 个，两穿相距 2.5 厘米[1]（图 3-3-18；图 3-3-19）。年代为战国晚期。燕下都老爷庙台Ⅴ号地下基址出土 8 片，年代为战国中期；44 号从葬墓出土 1 件[2]，武阳台村 21 号作坊遗址也出土有铁甲片。

春秋时期的铁制兵器中全铁器稀少，多为铜（金、玉）铁复合器，器类有戈、剑、箭镞等。到了战国时期，兵器以全铁制品为主，同时存在复合制品。

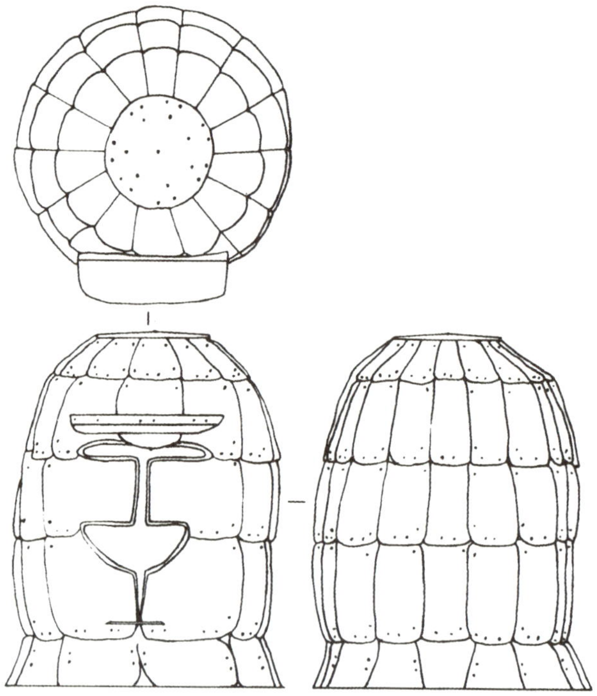

图 3-3-18　燕下都出土的铁胄（Y95H1：1）

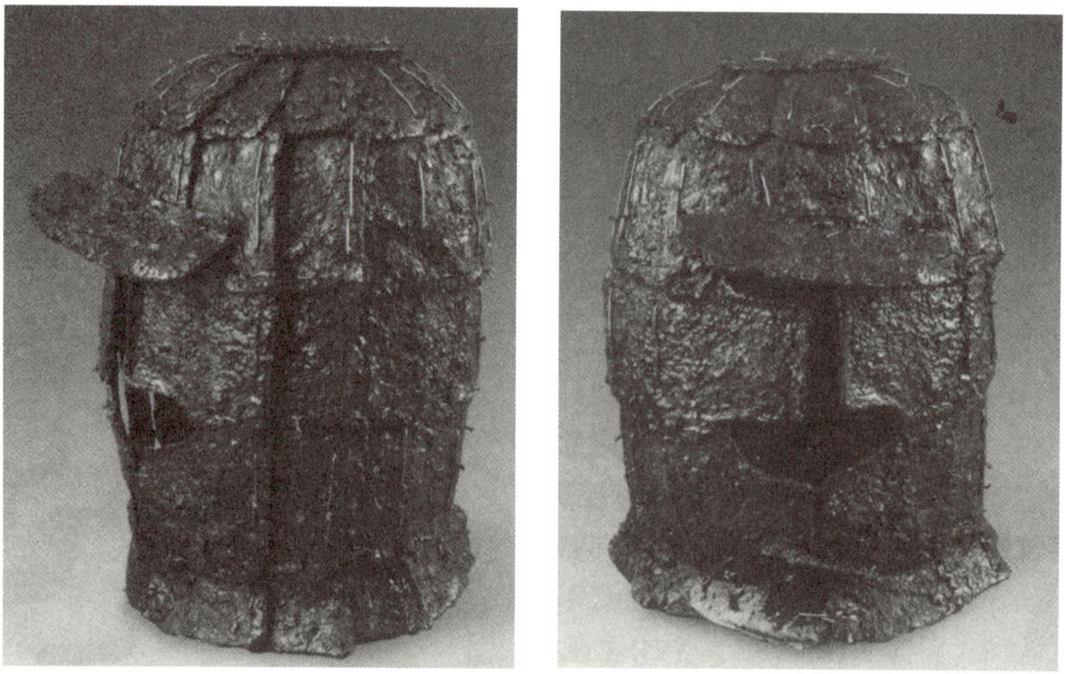

图 3-3-19　燕下都出土的铁胄（Y95H1：1）正面及侧面

格斗兵器中，中原地区常见全铁剑，边远地区如云南、贵州等地多见铜柄铁剑。春秋战国之际，全铁制矛既已出现，矛身呈双菱形（甘肃陇城山王家出土），战国中期至晚期时，矛身发展出桂叶形和柳叶形。戈发现较少，战国早期已有铁戈，目前所见铁戈主要处于战国晚期。战国中期新出现了 A 型三叉形铁戟，晚期出现“卜”字形戟。

1 河北易县燕下都遗址文物保管所：《燕下都遗址出土铁胄》，《文物》2011 年第 4 期。

2 河北省文物管理所：《河北易县燕下都 44 号墓发掘报告》，《考古》1975 年第 4 期。

春秋时期远射兵器主要是铁铤铜箭镞，到了战国，继续流行铁铤铜镞，战国后期逐渐出现三棱铁镞及三翼铁镞。

目前未见春秋时期铁制防护装备，战国中期开始出现铁胄，晚期出现铁铠甲。

三、车马机具

车马机具是指马车上的铁制部件，用于马的装饰和用品，以及船用铁制品和古典机械的零部件等，种类和数量都较少，有车軎、车釭、车锏[1]、车轙[2]、旌首[3]、马镳、马衔，以及齿轮和船用铁箍[4]等，还有各式车饰件。

车軎　套在车轴两端，用于固定车轮。甘肃马家塬墓地出土错金银铁车軎1件（M1：69），筒形，中部较粗处为包金凸棱，凸棱两端饰错金倒顺三角纹，三角边框错银。内含车辖。内径9.2厘米，外径4.7厘米，长9.1厘米。辖长9.8厘米、宽0.6厘米、厚1.5厘米[5]（图3-3-20，5；图3-3-21）。年代为战国晚期。

车釭　木制车毂中的铁件，用以加固车毂。主要有两种形制，一种为圆筒形，一端的两侧有凸出的方形榫。如易县燕下都出土1件（D6T88③：3），体较短，两侧凸榫较小。长5.3厘米，直径9.2厘米，壁厚1厘米（图3-3-20，6）。年代为战国早期。另一种内为圆形，外为六角形，如洛阳战国粮仓出土2件，长5.4厘米，孔径7厘米，外径边长5.2厘米。年代为战国晚期。

马镳　分两型。

A型：弯体镳。甘肃马家塬墓地出土马衔、镳1副（M1：94），衔、镳以桃形环链接，镳为弯体镳，呈“S”形，可见错金银痕，纹饰不

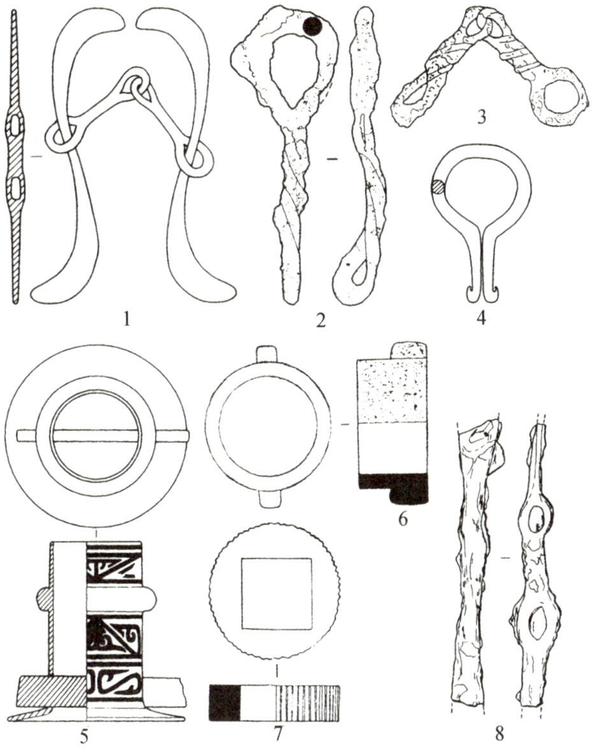

图3-3-20　战国时期车马机具

1.弯体镳（甘肃马家塬M1：94）2、3.A型马衔（甘肃马家塬M8、平凉庙庄M6：199）4.B型马衔（甘肃马家塬M1：19）5.错金银车軎（甘肃马家塬M1：69）6.车釭（易县燕下都D6T88③：3）7.齿轮（易县燕下都G2T6④：4）8.直体镳（准格尔旗西沟畔M2：25）

1 河北省文物研究所：《䂮墓——战国中山国国王之墓》，文物出版社，1996年2月第313页。

2 河北省文物研究所：《䂮墓——战国中山国国王之墓》，文物出版社，1996年2月第317页；早期秦文化联合考古队、张家川回族自治县博物馆：《张家川马家塬战国墓地2010—2011年发掘简报》，《文物》2012年第8期。

3 甘肃省博物馆：《甘肃平凉庙庄的两座战国墓》，《考古与文物》1982年第5期。

4 河北省文物研究所：《䂮墓——战国中山国国王之墓》，文物出版社，1996年2月第330页。

5 甘肃省文物考古研究所、张家川回族自治县博物馆：《2006年度甘肃张家川回族自治县马家塬战国墓地发掘简报》，《文物》2008年第9期。

清。高 25 厘米[1]（图 3-3-20，1）。战国晚期易县燕下都老爷庙台也出有此型弯体镳。

B 型：直体镳。准格尔旗西沟畔出土 2 件，长条状，两端加宽成铲状，中部有两孔。其中 M2：25，残长 11.2 厘米（图 3-3-20，8）。年代为战国晚期。

马衔 两节相互套连而成，根据其结构分为两型。

A 型：两端有圆环，环面呈一定夹角。甘肃马家塬墓地 M20 出土 1 件（M20MD：1），一长一短，小环相套。长 12~13.1 厘米，环径 2.5~4 厘米，截面直径 0.6~0.7 厘米[2]（图 3-3-22）。年代为战国晚期至秦初。M8 也有出土[3]（图 3-3-20，2）。M23 出土 1 件（M23MD 采：8），由两节组成，每节两端各有一椭圆形环，小环相套。每节长 12.1 厘米，大环径 4.2~5.1 厘米，小环径 2.2~2.5 厘米[4]（图 3-3-23）。燕下都、固原杨郎马庄、内蒙古准格尔旗玉隆阂奴墓、平凉庙庄（图 3-3-20，3）等地都出土有此型马衔。

B 型：一端环形，开口端有倒钩。甘肃马家塬墓地出土 2 件，其中 M1：19，长 8.1 厘米、宽 5.2 厘米；M1：20，长 7.3 厘米、宽 4.7 厘米[5]（图 3-3-20，4）。年代为战国晚期。

齿轮 易县燕下都高陌村 2 号遗址出土 1 件（G2T6 ④：4），圆形方穿，周缘有齿牙 60 个。直径 5.2 厘米，穿径 2.8 厘米，厚 1.4 厘米（图 3-3-20，7）。年代为战国晚期。

甘肃马家塬墓地还出土有贴金银梯形铁板饰（图 3-3-24）、圆顶梯形底贴银铁牌饰（图 3-3-25）、贴金银铁当卢（图 3-3-26）及铁条等车构件。

目前尚未发现春秋时期铁制车马机具，战国早期才开始出现车釭，马镳、马衔等在战国晚期才开始大量出现。

四、日用器具

战国时期日用器具大致可分为家用器具、装身具和缝织器具等三类[6]。

(一) 家用器具

家用器具主要有鼎、釜、鏊、灯、勺等。

鼎 发现较少。全铁制鼎目前多见于湖南楚地，形制为附耳蹄足鼎；燕下都

1 甘肃省文物考古研究所、张家川回族自治县博物馆：《2006 年度甘肃张家川回族自治县马家塬战国墓地发掘简报》，《文物》2008 年第 9 期。

2 早期秦文化联合考古队、张家川回族自治县博物馆：《张家川马家塬战国墓地 2010—2011 年发掘简报》，《文物》2012 年第 8 期。

3 早期秦文化联合考古队、张家川回族自治县博物馆：《张家川马家塬战国墓地 2008—2009 年发掘简报》，《文物》2010 年第 10 期。

4 早期秦文化联合考古队、张家川回族自治县博物馆：《甘肃张家川马家塬战国墓地 2012—2014 年发掘简报》，《文物》2018 年第 3 期。

5 甘肃省文物考古研究所、张家川回族自治县博物馆：《2006 年度甘肃张家川回族自治县马家塬战国墓地发掘简报》，《文物》2008 年第 9 期。

6 白云翔：《先秦两汉铁器的考古学研究》，科学出版社，2005 年 4 月第 97 页。

图 3-3-21　甘肃马家塬墓地出土错金银车軎（M1：69）

图 3-3-22　甘肃马家塬墓地出土 A 型马衔（M20MD：1）

图 3-3-23　甘肃马家塬墓地出土 A 型马衔（M23MD 采：8）

图 3-3-24　甘肃马家塬墓地 M16 出土贴金银梯形铁板饰

图 3-3-25　甘肃马家塬墓地 M3 出土圆顶梯形底贴银铁牌饰

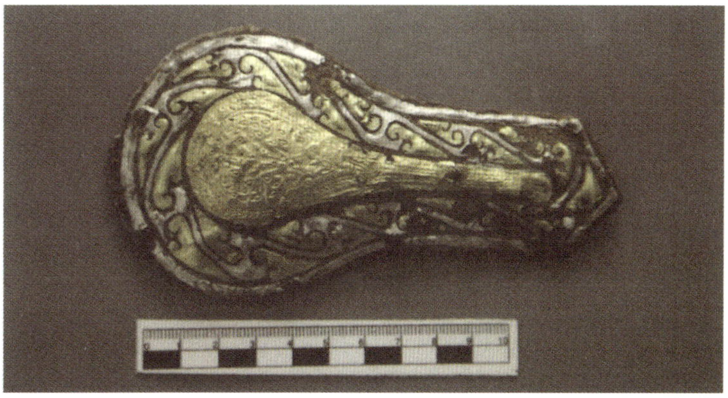

图 3-3-26　甘肃马家塬墓地 M14 出土贴金银铁当卢

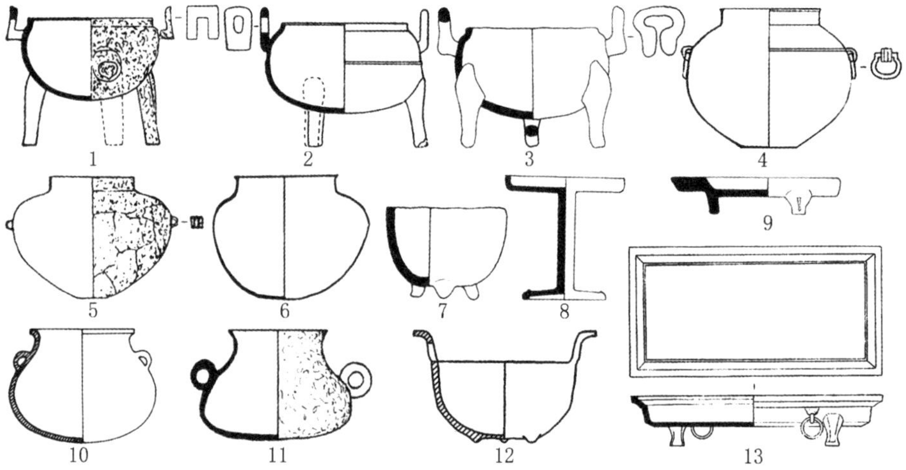

图 3-3-27　战国时期家用器具（鼎、釜、鍪、灯等）
1~3.B 型鼎（易县燕下都 YXD66D：0243、大荔朝邑 M204：1、长沙楚墓 M102：2）4、5.A 型釜（荆门响岭岗 J2：56、江陵纪南城 J84：30）6.B 型釜（咸阳林院 M11：1）7.C 型鼎（长沙楚墓 M643：7）8.豆形灯（咸阳林院 M19：1）9.行灯（咸阳林院 M4：6）10.A 型鍪（甘肃宁县 NXC：01）11.B 型鍪（咸阳林院 M4：7）12.A 型鼎（巩义仓西 M52：3）13.方形火盆（河北平山 M1DK：64）

等有少量发现，为附耳柱足鼎。还发现战国时期出现了铁足铜鼎，即鼎盖和鼎身为铜制，三足为铁制，这类鼎绝大多数为楚地所出。依据耳部有无及形态差别分为三型。

A 型：立耳鼎。数量甚少。巩义仓西战国晚期墓出土 1 件（M52：3），直口，方唇，弧腹，平底，矮扁足。立耳外侈，腹部有凸弦纹一周。残高 13 厘米，口径 17.4 厘米[1]（图 3-3-27，12）。

B 型：附耳鼎。方形附耳，或为柱足，或为蹄足。易县燕下都采集 1 件（YXD66D：0243），直口，深腹，圜底，足较高，方形环耳。口径 19.2 厘米，通高 22.8 厘米（图 3-3-27，1）。年代为战国晚期。大荔朝邑战国中期秦墓出土 1 件（M204：1），敛口，直唇，圆腹，圜底。足根与足尖不发达，近似柱状足。上腹部有一周弦纹。附耳平面近长方形，穿孔较小，一耳与一足相对，另一耳对于两足之间。口径 21.4 厘米，腹径 26.8 厘米，通高 23.6 厘米[2]（图 3-3-27，2）。长沙楚墓出土 1 件（M102：2），敛口，圆腹，圜底，环形耳，足跟粗壮。通高约 22 厘米，口径约 22 厘米。年代为战国早期。经金相鉴定，系含少量石墨的亚共晶铸铁，含碳量接近 4.3%（图 3-3-27，3）。

C 型：无耳鼎。长沙楚墓出土 1 件（M643：7），敞口，斜腹，小平底，乳钉状小足。口径 9.3 厘米，通高 6.2 厘米（图 3-3-27，7）。年代为战国晚期。

釜　依据耳部有无分为两型。

A 型：双耳釜。荆门响岭岗东周古井出土 2 件，形制相同。直口，平沿，口沿内折起棱，溜肩，鼓腹，最大腹径居中部偏上，肩部有对称的衔环双耳，平底。肩部饰弦纹一周。其中 J2：56，口径 27.6 厘米，腹径 46 厘米，底径 16 厘米，通高 37.6 厘米[3]（图 3-3-27，4）。年代为战国早期。江陵纪南城出土 1 件（J84：30），直口，突肩，斜腹内收，薄壁，肩、腹交界处有两对称的小耳，小平底。

1 河南省文物考古研究所：《河南巩义市仓西战国汉晋墓》，《考古学报》1995 年第 3 期。
2 陕西省文管会：《朝邑战国墓葬发掘简报》，《文物资料丛刊》第 2 集，1978 年第 77 页。
3 荆门市博物馆：《荆门市响岭岗东周遗址与墓地发掘简报》，《江汉考古》1990 年第 4 期。

口径25.2厘米，腹径47.2厘米，通高34.8厘米（图3-3-27，5）。年代为战国中期或偏晚。

B型：无耳釜。咸阳林院秦墓出土1件（M11：1），直口，平沿，圆肩，半球形腹，圜底。口径23.5厘米，高26.5厘米，壁厚0.7厘米[1]（图3-3-27，6）。年代为战国晚期。易县燕下都也采集1件。

鍪 均为双耳鍪。依据耳部形态分为两型。

A型：肩部有一对形制一致的半环耳。甘肃宁县西沟战国古城出土1件（NXC：01），侈口，束颈，口沿外折，圆腹，圜底。口径18厘米，腹径26厘米，高19厘米[2]（图3-3-27，10）。

B型：肩部有一大一小两环耳。咸阳林院秦墓出土1件（M4：7），侈口，束颈，斜肩，鼓腹下垂，圜底近平。口径13.5厘米，高14.5厘米（图3-3-27，11）。年代为战国晚期。

灯 主要有豆形灯和行灯两种。

豆形灯 器形如豆，由灯盘、灯座和竖柄构成。咸阳林院秦墓出土1件（M19：1），浅灯盘，细高柄，覆盘形灯座。灯盘径11厘米、盘深1厘米，灯座径7.5厘米，通高11厘米（图3-3-27，8）。年代为战国晚期。

行灯 灯盘为三足盘形，一侧伸出一把柄。咸阳林院秦墓出土1件（M4：6），灯盘浅，平底，三蹄足。盘径12.5厘米、通高3厘米、足高1.5厘米（图3-3-27，9）。年代为战国晚期。

方形火盆 河北平山中山国王1号墓出土2件，分别出土于东库和西库中，形制相同。平面呈长方形，敞口，折沿，直壁，平底，底部两侧各有2个蹄形足。外壁两侧各有2个兽面铺首衔环，衔环铜制。器身周正，边角规整，表面平滑。其中M1DK：64，长88.4厘米、宽44厘米、高18.2厘米，重74.1公斤（图3-3-27，13）。M1XK：68，长89厘米、宽45厘米、高18厘米，重66.5公斤。年代为战国中晚期之际。此两炉是迄今所知年代最早、形体最大的铸铁制品，反映出当时高超的铁容器铸造水平。

图3-3-28　甘肃马家塬墓地出土铁勺（M21MS：3）

勺 甘肃马家塬墓地出土1件（M21MS：3），圆首，条状弧形勺面，后端弧收与柄相连，柄为宽扁长条形。残长18.5厘米，勺面长5.4厘米，宽

1 咸阳市文管会：《西北林学院古墓清理简报》，《考古与文物》1992年第3期。
2 李仲立、刘得祯、路笛：《甘肃宁县西沟发现战国古城遗址》，《考古与文物》1998年第4期。

2.5厘米，厚0.2厘米[1]（图3-3-28）。准格尔旗西沟畔战国晚期出土1件[2]。

（二）装身具

装身具主要有带钩、镜、带饰[3]、扣饰[4]、璜[5]、牌饰、簪子[6]、镊子等。

带钩 形制多样。带钩，实际上不仅包括束系革带的带钩，还包括佩挂装身具的佩器带钩和佩物带钩，如佩剑钩、佩削刀钩、佩镜钩等。白云翔先生根据其平面形制特点分为七型[7]。

A型：曲棒形。钩身作曲体条棒形，钩腹略粗，钩首短小。信阳长台关战国早期墓出土1件（M2：268），错金银铁带钩，断面呈半圆形，钩身正面用错金三角颗粒纹和错银卷云纹组成夔龙图案。长19.6厘米（图3-3-29，4）。黄冈芦冲战国中期后段墓出土1件（M1：11），断面扁圆形，钩面用金丝和金片镶嵌出花瓣卷云纹，钩首和背纽稍残。残长18厘米（图3-3-29，5）。湖北沙洋县严仓古墓群2号墓东室出土错金银铁带钩1件，正面细长，侧面呈头大尾小的“S”形。前端和中部较宽大，由一只乌龟和两只首尾相连的大鸟组成。龟身扁平，龟首前探，四肢撑开，与两只大鸟构成一幅连环夹击的画面。宽3.1厘米，纽高0.8厘米，纽径0.6厘米，通长16.5厘米[8]（图3-3-30）。此型带钩在燕下都及侯马乔村战国墓都有出土。

B型：桨叶形。钩身作扁体长条桨叶形，细长颈，钩腹略宽。黄冈芦冲战国中期后段墓出土1件（M1：12），鸟首形钩首，钩颈较短，钩尾呈圆弧形，钩纽偏于钩尾一端。钩面用金丝和金片镶嵌出三角、花瓣卷云纹。长21.8厘米，宽1~2.5厘米，厚0.3厘米（图3-3-29，2）。辉县褚邱村战国晚期墓出土1件（M9：1），钩首短小，长钩颈，钩尾呈方形，钩纽近钩体中部。钩面通饰错银的几何形花纹，纹样精

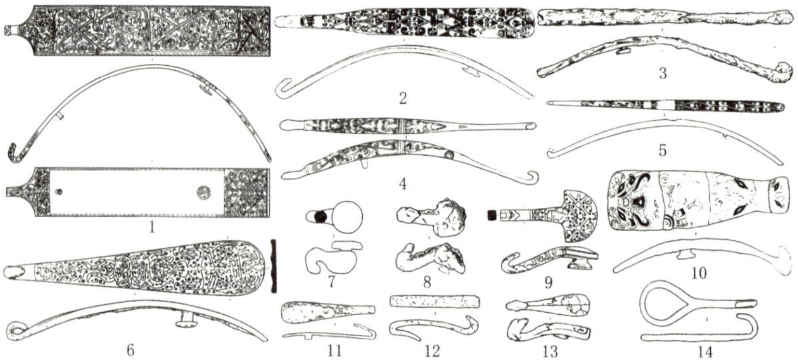

图3-3-29 战国时期装身具（带钩）
1、10.C型（江陵望山M1：G2、曲阜鲁国故城M58：117）2、3.B型（黄冈芦冲M1：12、辉县褚邱村M9：1）4、5.A型（信阳长台关M2：268、黄冈芦冲M1：11）6、11、13.D型（侯马乔村M728：1、凌源安杖子T1③：12、燕下都W22T4：2：2）7.F型（燕下都M44：81）8、9.E型（汲县山彪镇M7：1、侯马乔村M438：3）12、14.G型（燕下都老爷庙台LY27T24③：1、新疆鄯善县苏贝希M13：11）

1 早期秦文化联合考古队、张家川回族自治县博物馆：《张家川马家塬战国墓地2010—2011年发掘简报》，《文物》2012年第8期。

2 伊克昭盟文物工作站等：《西沟畔匈奴墓》，《文物》1980年第7期。

3 宁夏文物考古研究所：《宁夏固原杨郎青铜文化墓地》，《考古学报》1993年第1期。

4 新疆文物考古研究所等：《鄯善县苏贝希墓群三号墓地》，《新疆文物》1994年第2期。

5 西安市文物保护考古所：《西安南郊秦墓》，陕西人民出版社，2004年11月第339页。

6 新疆文物考古研究所等：《石河子市南山古墓葬》，《新疆文物》1999年第1期。

7 白云翔：《先秦两汉铁器的考古学研究》，科学出版社，2005年4月第101页。

8 王佩珍：《战国错金银铁带钩》，《荆楚学刊》2017年第2期。

图 3-3-30 湖北沙洋县严仓古墓群出土的错金银铁带钩

细，钩纽周围有鎏金痕迹。通长 20.6 厘米（图 3-3-29，3）。此型带钩在郑州二里冈战国墓及侯马乔村墓地都有出土。

C 型：长牌形。钩身作扁平长方牌形。江陵望山出土 1 件（M1：G2），钩首作龙首形，钩颈较短，钩腹两侧平直，钩尾呈方形，背面有 2 个钩纽，一大一小。钩首用金片和金丝嵌出龙首的眼、耳、鼻、嘴，钩面通体饰错金银花纹，钩背两端也饰错金银花纹，纹样精细华美。通长 46.2 厘米、宽 6.5 厘米、厚 0.5 厘米[1]（图 3-3-29，1）。年代为战国中期的楚威王时期，墓主身份为下大夫。曲阜鲁国故城战国中期墓出土 1 件（M58：117），钩首短宽呈兽首形，钩尾呈圆角方形，钩纽在背面近中部。钩首和钩面以金银片和金银丝镶嵌出流云纹和兽面纹。长 13.5 厘米、钩身宽 4.4 厘米[2]（图 3-3-29，10）。信阳长台关等地也出土有此型带钩。

D 型：琵琶形。钩身作琵琶形，体量大小有别。侯马乔村战国中期墓出土 1 件（M728：1），钩体较长，钩腹较宽，钩首似兽首，钩颈较粗，背纽较大，钩腹正面竖向双脊明显。钩身正面饰错金纹样，近颈部为凤鸟纹，钩腹为各自相互缠绕的双龙纹和双凤纹，其间填以卷云纹，钩身侧面有错银装饰。钩腹宽 4.2 厘米、通长 21.8 厘米（图 3-3-29，6）。凌源安杖子出土 1 件（T1③：12），钩体平直，背纽较小，钩首较大，略残。长 7.2 厘米、宽 1.2 厘米[3]（图 3-3-29，11）。年代为战国晚期。燕下都出土 1 件（W22T4：2：2），钩首作鸟首形，钩纽较小，长 6.3 厘米（图 3-3-29，13）。年代为战国晚期。易县燕下都郎井村 10 号作坊址、益阳赫山庙战国中期墓、长沙楚墓、荆门包山 4 号战国晚期墓、二里冈战国墓等也都出土有此型带钩。

E 型：铲头形。钩身作圆头铲形，连接钩颈的一边平直。汲县山彪镇战国中晚期墓出土 1 件（M7：1），钩首作蛇首形，背纽较小。长 4.2 厘米[4]（图 3-3-29，8）。侯马乔村战国墓出土 32 件，形体多较大，其中不少饰有精美的错金银纹样。如乔村 M438：3，钩颈细长，钩首似兽首，背纽较大，钩腹和钩颈饰错金纹样。钩腹宽 4.3 厘米、通长 8.1 厘米（图 3-3-29，9）。

1 湖北省文物考古研究所：《江陵望山沙冢楚墓》，文物出版社，1996 年 4 月第 79 页。
2 山东省文物考古研究所等：《曲阜鲁国故城》，齐鲁书社，1982 年 9 月第 161 页。
3 辽宁省文物考古研究所：《辽宁凌源安杖子古城址发掘报告》，《考古学报》1996 年第 2 期。
4 中国科学院考古研究所：《山彪镇与琉璃阁》，科学出版社，1959 年 9 月第 50 页。

图 3-3-31 甘肃马家塬墓地出土铁镜

F 型：水禽形。钩身肥大近鸭腹状，钩颈粗短。燕下都出土 1 件（M44：81），钩腹厚重，钩首作蛇首形，背纽较大。通长 3.3 厘米、纽径 2 厘米（图 3-3-29，7）。年代为战国后期。二里冈战国墓出土 3 件此型带钩。

G 型：异形。燕下都老爷庙台 27 号遗址出土 1 件（LY27T24 ③：1），锻铁件，体扁平，两端向相反方向弯曲出钩首和钩纽，整器呈 S 形。长 6 厘米，宽 0.8 厘米，厚 0.4 厘米（图 3-3-29，12）。年代为战国晚期。新疆鄯善县苏贝希Ⅲ号墓地出土 1 件（M13：11），钩尾为一圆环，钩身作条形，钩首较大。通长 9 厘米（图 3-3-29，14）。年代为公元前 5 世纪至公元前 3 世纪。

镜 甘肃马家塬墓地出土 1 件，正面微弧，背面中央突出，有一小孔，疑为纽锈蚀脱落。背面为错银风火轮图案。直径7.5厘米、厚0.2厘米，重46.11克[1]（图 3-3-31）。

缝织器具中，铁质纺轮[2]和铁针[3]非常少见。

春秋时期已出现铁制日用器具，以环、镯等装身具为主，主要出自西北地区。战国时期出现了新的器类，家用器具如铁足铜鼎及全铁制鼎、釜、鍪、灯、勺等；装身具以带钩为主，高等级墓葬中发现的带钩常饰错金银的精美纹饰，带钩作为服饰配具，样式随装饰使用功能而有简有繁。除上述类别外，还有种类繁多、用途繁杂的小件铁制品，如钩、环、箍、铺首、刑具等，从不同角度反映了战国时期的物质文化生活。

目前，我国人工冶铁制品出现的时间约在西周晚期，经春秋时期的发展扩大，到战国时期呈现出迅速发展的趋势，以青铜为主的生产工具和兵器等逐渐被铁器取代，铁器工业的扩展壮大和冶铁技术的发展进步也具有鲜明的特点。

战国时期铁器器类的不断增多，已有器类发展出更多的型式，都体现了铁制品作为生产要素，表现出一定的优异性，更多地参与到了社会生产和生活中。

1 王冲、任俊锋：《一件战国错银铁镜的保护研究》，《文物与鉴赏》2013 年第 2 期。
2 陕西省考古研究所：《陇县店子秦墓》，三秦出版社，1998 年 8 月。
3 新疆文物考古研究所等：《鄯善县苏贝希墓群三号墓地》，《新疆文物》1994 年第 2 期。

第四章
秦汉时期的铁器

秦汉时期步入了中国古代铁工业的全面发展时代，大量铁器的出土和铁工场遗址及相关遗存的发现，较完整地揭示出这一时期铁器的种类和形制、钢铁技术的兴起和发展、铁器的生产和流通、铁器的应用和推广等[1]。

西汉初年，国家实行盐铁业任由郡国和个人经营，国家设官进行管理和征税的政策。在社会经济发展的大背景下，铁器生产延续战国以来官营、私营并存的方式，但铁器的生产和销售大多掌握在少数的地方富商豪强手中，“往者豪强大家，得管山海之利，采铁石鼓铸，煮海为盐。一家聚众或至千余人，大抵尽收放流人民也，远去乡里，弃坟墓，依倚大家。聚深山穷泽之中，成奸伪之业，遂朋党之权，其轻为非亦大矣”[2]。蜀地卓氏“即铁山鼓铸，运筹策，倾滇蜀之民，富至僮千人，田池射猎之乐，拟于人君”[3]。临邛郑程“亦冶铸，贾椎髻之民”[4]。私营铁工业的迅速发展一定程度上促进了铁器工业的日趋成熟，但同时也直接影响了官营铁工业的发展。

汉武帝时期，为削弱割据势力的经济基础，实行盐铁官营，并在全国重要的产铁区设置铁官，“郡不出铁者置小铁官，使属在所县”[5]。西汉后期在全国四十个郡县共设立铁官 49 处，专司铁器的生产与销售等，极大地促进了铁矿开采技术的完善。这一时期，由于铁器生产的发展，采矿凿岩工具性能的提高，采矿效率大大增加。

根据《汉书·地理志》《续汉书·郡国志》的记载和考古发现，汉代矿采地点有 60 余处，主要分布于今河北、北京、天津、山西、陕西、河南、山东、辽宁、甘肃、新疆、江苏、安徽、湖南、湖北、四川、云南一带。

汉代冶铁作坊的布局充分体现出汉代铁工业的专业化程度，矿采、冶炼、锻铸一体的铁工业体系极大地提高了铁器的生产效率，冶铁技术与工艺进一步提高。铁工业的管理体系更加完善，不论冶炼还是铸造，几乎都纳入“铁官”统一管理。西汉时期，在全国许多地方设置铁官，并根据规模大小将铁官分为若干等级，即特大铁官郡、大铁官郡、准铁官郡。西汉铁

1 中国社会科学院考古研究所：《中国考古学·秦汉卷》，中国社会科学出版社，2010 年 7 月第 608 页。

2 ［汉］桓宽：《盐铁论·复古篇》。

3 ［汉］司马迁：《史记·货殖列传》，中华书局，1959 年第 3277 页。

4 ［汉］司马迁：《史记·货殖列传》，中华书局，1959 年第 3278 页。

5 《汉书》卷二十四《食货志》。

官中已有20余个郡国的铁官被考古发现所证实。各地铁官一般都有各自的产品标识，而辖多处铁工场的铁官往往会有不同的铭记，如蜀郡铁官以“蜀郡”“蜀郡成都”“蜀郡千万”等作为标识。

铁官的设置是我国古代铁工业发展史上的里程碑。铁器生产不仅是当时最尖端的技术，也是一项相当复杂、涉及面广泛的产业。自上而下的管理制度，极大地提高了铁器生产规模、产品标准化、技术发明创新以及冶铁技术与产品的传播，加速了铁器化的发展进程，是我国历史上铁工业促进社会发展最为明显的时代。铁官的设立也强化了中央对地方的控制，削弱了地方豪强的势力，政治上为汉王朝的巩固与大一统的形成奠定了重要的经济基础。

第一节　秦汉时期铁器的发现

汉代铁工业的作坊数量、规模和官府的系统化管理，是此后许多朝代都无法相比的。《汉书·地理志》中记汉设大铁官作坊40余处，但迄今考古发现的大铁官作坊遗址已多达80处以上[1]。

秦汉铁器主要出土于铁工场、聚落、城址、墓葬等四类遗迹[2]，其中铁工场址出土铁器不仅种类多、数量大，而且大多是铁工场铸造加工的成品或铁工场的使用器具。

一、聚落、城址出土铁器

秦汉时期聚落、城址出土铁器不仅集中，且种类丰富。如汉长安城武库第1号和第7号遗址出土铁剑、短剑、短刀、长刀、矛、戟等兵器72件以及铁镞1131件，另有大量铁铠甲片及工具和生活器具[3]；未央宫遗址出土铁兵器、工具和生活器具计868件[4]；桂宫遗址发现各种铁器40件以上[5]；长安城西北隅西市的铁工场址也发现有铁器[6]。武夷山（原崇安县）城村汉城遗址，1958年以来的多次发掘中，先后在城内和城外近郊的多处遗址中出土铁工具、兵器、生活用具等多达300余件，有些特器具有鲜明的地方特色[7]。

1 李京华：《冶金考古》，文物出版社，2007年1月第51页。

2 中国社会科学院考古研究所：《中国考古学·秦汉卷》，中国社会科学出版社，2010年7月第609页。

3 中国社会科学院考古研究所：《汉长安城武库》，文物出版社，2005年11月第80—109页。

4 中国社会科学院考古研究所：《汉长安城未央宫——1980—1989年考古发掘报告》，中国大百科全书出版社，1996年11月。

5 中国社会科学院考古研究所、日本奈良国立文化财研究所：《汉长安城桂宫——1996—2001年考古发掘报告》，中国大百科全书出版社，2007年1月。

6 中国社会科学院考古研究所汉城工作队：《1992年汉长安城冶铸遗址发掘简报》，《考古》1995年第9期。

7 福建省文物管理委员会：《福建崇安城村汉城遗址试掘》，《考古》1960年第10期；福建博物院、福建闽越王城博物馆：《武夷山城村汉城遗址发掘报告（1980—1996）》，福建人民出版社，2004年1月第300—340页；杨琮：《闽越国文化》，福建人民出版社，1998年7月第287—303页。

集中出土铁器的聚落及城址还有广西兴安县秦城遗址七里圩王城城址[1]、辽阳市三道壕西汉村落遗址、敦煌汉代悬泉置遗址[2]等。城址和聚落遗址内出土的铁器不仅种类多，且都为实用的生产、生活用具。

考古发现的铁器窖藏虽然发现不多，但即使是单一的窖藏往往也埋藏有数量惊人的铁器。河南镇平县尧庄村东汉中后期窖藏，在一件用铁鏊封盖的大陶瓮内发现锤范以及其他铁工具计83件[3]。河南渑池窖藏[4]出土铁器多达4195件，其中包括各种铁范、生产工具、兵器和日用器具及铁料等。窖藏的年代可能晚到魏晋时期，但铁器多为东汉时期的产品。山东莱芜丌省庄西汉前期窖藏[5]，出土铧冠范、铲范、耙范、镰刀范和空首斧范等铁铸范22件，铁器有铧冠等，其中包括白口铸铁、灰口铸铁和麻口铸铁制品。

河南南阳市汉冶游园建设工程中发现一处汉代窖藏，出土西汉时期生产的成形铁板材约2000公斤。板材形状有方形、长方形等，其中梯形板材占比最多。板材厚度约0.5厘米，长度在5至20厘米之间[6]。板材形制多样，大小厚薄适中，便于流通或调配到各地的公私冶铸作坊。规模化、规格化的板材是汉代铁工业体系完善和铁工业扩张的重要标志。

其他重要的铁器窖藏还有江西修水县横山新莽时期窖藏[7]、河南禹县朱坡村东汉晚期窖藏[8]、郑州刘胡垌窖藏[9]等。既有原料窖藏，也有铁器生产、生活用具窖藏，出土铁器的种类和数量丰富。

二、秦汉墓葬出土铁器

墓葬亦是出土铁器的主要遗迹类型，无论是帝王陵墓，还是官吏、平民墓葬，或是墓葬的地面建筑基址，都普遍发现有铁器，且铁兵器的出土数量、种类也比其他遗迹更多。帝王陵园及其陪葬坑，如秦始皇陵园及其陪葬坑、汉景帝阳陵陵园及其附属设施[10]、汉杜陵陵园及其附属设施[11]、永城芒砀山西汉梁王陵园及

1 广西壮族自治区文物工作队、兴安县博物馆：《广西兴安县秦城遗址七里圩王城城址的勘探与发掘》，《考古》1998年第11期。

2 甘肃省文物考古研究所：《甘肃敦煌汉代悬泉置遗址发掘简报》，《文物》2000年第5期。

3 河南省文物研究所、镇平县文化馆：《河南镇平出土的汉代窖藏铁范和铁器》，《考古》1982年第3期。

4 渑池县文化馆、河南省博物馆：《渑池县发现的古代窖藏铁器》，《文物》1976年第8期。

5 山东省博物馆：《山东省莱芜县西汉农具铁范》，《文物》1977年第7期。

6 《河南南阳市首次发现西汉铁板材》，《新华每日电讯》2000年12月12日第005版。

7 江西省文物管理委员会：《江西修水出土战国青铜乐器和汉代铁器》，《考古》1965年第6期。

8 河南省文化局文物工作队：《河南禹县出土一批汉代文物》，《考古》1965年第12期。

9 郑州市文物工作队：《郑州市郊区刘胡垌发现窖藏铜铁器》，《中原文物》1986年第4期。

10 秦中行：《汉阳陵附近钳徒墓的发现》，《文物》1972年第7期；陕西省考古研究所汉陵考古队：《汉景帝阳陵南区从葬坑发掘第一号简报》，《文物》1992年第4期；《汉景帝阳陵南区从葬坑发掘第二号简报》，《文物》1994年第6期。

11 中国社会科学院考古研究所：《汉杜陵陵园遗址》，科学出版社，1993年7月。

其附属设施[1]、满城汉墓[2]、临淄西汉齐王墓随葬器物坑[3]、广州西汉南越王墓[4]等都出土有大量铁器；官吏与平民墓葬，如陇县店子秦墓[5]、咸阳市塔儿坡秦墓[6]、西安市北郊龙首原汉墓[7]、洛阳烧沟汉墓、湖南省资兴汉墓[8]、广州汉墓[9]、广西平乐县银山岭汉墓[10]、贵州赫章可乐墓地[11]、吉林省榆树县老河深墓地[12]等，其中平乐银山岭、广州、孟津朱仓、盱眙县江都王陵等是出土铁器最具代表性的墓地或墓葬单位。

1. 广西平乐银山岭墓地

墓地位于广西平乐县张家公社燕水大队银山岭西北麓。共清理墓葬 165 座，其中 122 座墓葬出土铁器 260 件，有锄 103 件、斧 13 件、锛 6 件、凿 6 件、刮刀 64 件、削 12 件、刀 21 件、镰 1 件，此外有鼎 2 件、釜 3 件、器架 5 件、矛 3 件、剑 1 件、游环 1 对、钩 4 件、练 1 件、残铁器 3 件。铜铁合制器有鼎 2 件、削 1 件、铁铤铜镞 10 件。银山岭墓葬的年代在秦至西汉文帝时期[13]。

2. 广州汉墓

1953 年至 1960 年，广州近郊发现四百多座两汉时期的墓葬，时代从秦始皇二十八年至东汉建初年。西汉前期的 182 座墓葬中，有 51 座墓葬出土铁器，共计 110 件，包括釜 2 件、剑 7 件、矛 13 件、戟 3 件、铤镞 8 件、斧 2 件、锄刃 5 件、镰 1 件、凿 3 件、刮刀 5 件、镊 5 件、带钩 1 件、削 29 件、钩形器 7 件、残器 19 件；铜铁合制器 3 件，包括铁铤铜镞 2 件、盉 1 件，分别出自 3 座墓葬；西汉中期的 64 座中有 6 座墓出土铁器，共计 7 件，包括刀 1 把、削 2 件、镊 1 件，残铁器 3 件；西汉后期 32 座墓葬中有 5 座墓出土铁器 6 件，包括削 4 件、钩形器 1 件、残

---

1 河南省文物考古研究所：《永城西汉梁国王陵与寝园》，中州古籍出版社，1996 年 5 月；河南省商丘市文物管理委员会、河南省文物考古研究所、河南永城市文物管理委员会：《芒砀山西汉梁王墓地》，文物出版社，2001 年 8 月第 58—205 页。

2 中国社会科学院考古研究所、河北省文物管理处：《满城汉墓发掘报告》，文物出版社，1980 年 10 月。

3 山东省淄博市博物馆：《西汉齐王墓随葬器物坑》，《考古学报》1985 年第 2 期。

4 广州市文物管理委员会、中国社会科学院考古研究所、广东省博物馆：《西汉南越王墓》，文物出版社，1991 年 10 月。

5 陕西省考古研究所：《陇县店子秦墓》，三秦出版社，1998 年 8 月第 109 页。

6 咸阳市文物考古研究所：《塔儿坡秦墓》，三秦出版社，1998 年 8 月第 164—167 页。

7 西安市文物保护考古所：《西安龙首原汉墓》，西北大学出版社，1999 年 12 月。

8 湖南省博物馆、湖南省文物考古研究所：《湖南资兴西汉墓》，《考古学报》1995 年第 4 期；湖南省博物馆：《湖南资兴东汉墓》，《考古学报》1984 年第 1 期。

9 广州市文物管理委员会、广州市博物馆：《广州汉墓》，文物出版社，1981 年 12 月。

10 广西壮族自治区文物工作队：《平乐银山岭战国墓》，《考古学报》1978 年第 2 期；广西壮族自治区文物工作队：《平乐银山岭汉墓》，《考古学报》1978 年第 4 期。

11 贵州省博物馆考古组、贵州省赫章县文化馆：《赫章可乐发掘报告》，《考古学报》1986 年第 2 期；贵州省文物考古研究所：《赫章可乐二〇〇〇年发掘报告》，文物出版社，2008 年 6 月。

12 吉林省文物考古研究所：《榆树老河深》，文物出版社，1987 年 4 月。

13 广西壮族自治区文物工作队：《平乐银山岭战国墓》，《考古学报》1978 年第 2 期；广西壮族自治区文物工作队：《平乐银山岭汉墓》，《考古学报》1978 年第 4 期；黄展岳：《论两广出土的先秦青铜器》，《考古学报》1978 年第 4 期；李龙章：《岭南地区出土青铜器研究》，文物出版社，2006 年 12 月第 270 页。

铁器1件；东汉前期的41座墓葬中有8座墓出土铁器8件，包括锄刃1件、削2件、镊3件、剑2件；东汉后期的90座墓葬中，有22座出土铁器，共计出土铁器47件，包括削15件、镊1件、剑2件、刀11件、弓形器1件、钩形器8件、条形器4件、残铁器5件[1]。

3. 洛阳孟津朱仓 M722 帝陵陵园

洛阳孟津朱仓东汉帝陵陵园遗址位于洛阳市孟津县平乐镇朱仓村西，其中朱仓遗址区 M722 帝陵陵园出土铁器133件，包括工具、农具、兵器、建筑构件等[2]。分为锤1件、锥2件、镊1件、凿1件、削3件、犁铧2件、锄2件、铲4件、镰1件、釜1件、刀2件、剑1件、镞3件、蒺藜7件、钉90件、钩5件、环5件、箍1件、耙3件、衔1件。

4. 江苏盱眙县江都王陵一号墓

大云山西汉江都王陵位于江苏盱眙县马坝镇云山村大云山山顶，2009年至2012年经过抢救性发掘，揭露出一处较完整的西汉诸侯王陵园，共发现主墓3座（一号墓、二号墓和八号墓）、陪葬墓11座等。其中一号墓出土铁器1476件（组），包括车马器、兵器、日常生活用器等。分为车钉16件、戟553件、剑862件、削45件[3]。

第二节　秦汉时期的铁器生产

铁器作为秦汉时期社会生产、生活中广泛应用的产品，已经形成了一套包括冶炼工场、锻铸加工作坊、范模作坊等相关设施在内的一套完善的产业体系。

一、铁工场址

秦汉时期的铁工场址，迄今已发现近百处。与战国时期的冶炼遗址比较，秦汉时期冶炼遗址的数量更多，分布范围更广。冶铁遗址的分布范围扩展到了陕西、内蒙古、北京、新疆、湖南、四川等六个省区市，但主要集中在河南、山东、河北三省区。

秦汉时期的冶铁遗址比战国时期的规模更大，冶炼设施呈现出分工越来越细，配套越来越齐全的趋势，既有单一的冶炼或熔铸的作坊，也有集采、冶、铸、锻、热等多种工序于一体的综合性大型铁工场，其中郑州古荥镇、巩县铁生沟、望城岗、瓦房庄、湖南桑植等遗址内的冶、铸设施齐备，出土铁器产品种类众多，是反映汉代铁器生产水平和主要成就的代表性遗址。

1 广州市文物管理委员会、广州市博物馆：《广州汉墓》，文物出版社，1981年12月。
2 洛阳市第二文物工作队：《洛阳孟津朱仓东汉帝陵陵园遗址》，《文物》2011年第9期。
3 南京博物院、盱眙县文广新局：《江苏盱眙县大云山西汉江都王陵一号墓》，《考古》2013年第10期。

1. 巩县铁生沟遗址

铁生沟遗址作为汉代河南郡特级大铁官所辖的第3号冶铸一体的铁工场，其规模、采冶铸设施的布局为了解汉代铁器生产提供了系统全面的材料。遗址位于河南省巩县（今巩义市）西南29公里的铁生沟村南侧台地，遗址东西长180米、南北宽约120米，面积约21600平方米[1]。铁生沟遗址是我国首次全面发掘的铁工场遗址，在我国冶铁考古史上具有里程碑式的意义。遗址最早于1958年发现，分别于1958年、1959年、1980年进行过若干次的发掘。

遗址西南3公里的罗汉寺村和东北方向青龙山麓的罗泉村、北庄村发现矿井、巷道等采矿遗迹，并出土有铁、石质的采矿工具。遗址北半部有一处矿石加工场。

遗址清理出炼炉8座、锻炉1座、炒钢炉1座、脱碳退火炉1座、烘范窑11座、长方形排窑5座、废铁坑8座、配料池1座、房基4座。

除采、冶、铸的设施以外，铁生沟遗址还出土大量铁器产品，西汉时期的铁器及铁料200件、铁范1件、浇口铁3件[2]。铁器有铁竖銎镢11件、铲26件以及锤、凿、锛、双齿镢、锄、犁铧、刀等生产工具92件，钩、钉、釜等生活用具32件，剑、镞各1件，有的铁铧和铲上铸有“河三”铭文。

遗址年代自西汉中期延续至东汉早期。通过对73件出土铁器的金相分析发现，铁产品有共晶白口铁、亚共晶白口铁、过共晶白口铁、灰口铁、麻口铁、脱碳铸铁、韧性铸铁、铸铁脱碳钢和炒钢锻打件等[3]。

铁生沟遗址冶炼遗迹、遗物丰富，特别有矿井以及矿石加工场的发现，完善了汉代铁工业的产业链体系，其产业流程可以复原为：采矿→矿石加工→炼铁→铸造→脱碳退火或炼铁→铸锭→炒钢→锻造。铁生沟遗址所揭示出的采、冶、铸的生产体系大致代表了西汉中晚期由铁官管理与经营的铁工场的一般形态[4]。

2. 郑州古荥镇遗址

古荥镇遗址位于郑州市西北20余公里处的古荥镇。遗址南北长400米，东西宽300米，面积12万平方米[5]。发现有炼铁炉2座、炉前坑1处、大型积铁块9块、矿石堆1处、多用途窑13座以及水井、水池、柱坑、船形坑等。

遗址年代为西汉中晚期至东汉时期，为河南郡特级大铁官所辖的第1号铁工场。古荥镇遗址规模宏大，冶铸一体，相关遗迹、遗物丰富，较完整地揭示出汉代大铁官所辖铁工场的布局、规模以及筑炉技术、冶炼及铸造的技术与工艺。古荥镇铁工场的生铁冶炼和加工工艺已经大致达到了西方17世纪的水平[6]。

---

1 河南省文化局文物工作队：《巩县铁生沟》，文物出版社，1962年12月。

2 铁生沟遗址出土遗迹和遗物的种类及数量，1962年出版的《巩县铁生沟》与1985年发表的《巩县铁生沟汉代冶铸遗址再探讨》多有不同，这里以后者的记述为准。

3 《中国冶金史》编写组、河南省博物馆：《关于“河三”遗址的铁器分析》，《河南文博通讯》1980年第4期；赵青云、李京华、韩汝玢、邱亮辉、柯俊：《巩县铁生沟汉代冶铸遗址再探讨》，《考古学报》1985年第2期。

4 赵青云、李京华、韩汝玢、邱亮辉、柯俊：《巩县铁生沟汉代冶铸遗址再探讨》，《考古学报》1985年第2期。

5 郑州市博物馆：《郑州古荥镇汉代冶铁遗址发掘简报》，《文物》1978年第2期。

6 《中国冶金史》编写组：《从古荥遗址看汉代生铁冶炼技术》，《文物》1978年第2期。

其产品主要是生铁铸造的农具和工具、铁范以及梯形铁板材。炼铁炉保存较完整，可以复原为容积多达 50 立方米的高炉，推测可日产 1 吨生铁，为目前我国发现的最大的古代炼铁炉。

出土遗物有铸造铁范用的陶范模以及铁器 318 件，其中有铲 112 件、锸 18 件、竖銎镢 21 件、锛 39 件以及凿、犁铧、铧冠、双齿镢、钉、棘轮、矛和其他铁器等。部分陶范模和铁器上有“河一”铭文。

3. 桑植朱家台遗址

朱家台遗址位于湖南省桑植县县城西侧澧水西岸朱家台。先后在朱家台的朱家大田和菜园田发现 2 处铸铁遗址[1]。菜园田遗址发现炉基墩台 2 处、熔铁炉 1 座以及水井、水池和灰坑等遗迹；出土有铁坩埚 2 件、泥质斧范和镢范以及凹口锸、锻銎镢、竖銎镢、锛、斧、直口锸、刀、锤、矛、剑、镞等铁器 64 件。朱家大田遗址发现炉基墩台 2 处以及水井、水塘、石板路等遗迹；出土铁坩埚 2 件、泥质镢范和石质刀范以及凹口锸、竖銎镢、锻銎镢、斧、锛、刀、铲、矛和削刀等铁器 31 件。

朱家大田遗址、菜园田遗址南北相距约 150 米，两遗址年代相同，约当西汉晚期至东汉早期，均为熔化铁料铸造铁器的铁工场。今朱家台一带为汉代武陵郡充县县治所在，推测朱家台铸铁遗址为充县所属的铁工场。朱家台铸铁遗址是长江以南地区的一处汉代铁工场，其铸造设备、技术以及产品都具有明显的地域风格。

4. 广西平南六陈—桂平罗秀冶铁遗址群

遗址群位于广西平南县六陈乡，遗址以坡嘴村的屋背岭、登塘村的六穴岭为中心，周围分布约有 100 平方公里[2]。1987 年至 2014 年，共发现冶铁遗址点 30 余处，清理炼炉 20 余座。遗址点分布在六陈镇的大妙、周隆、邦机、登塘、合水和罗秀镇的罗秀、木村、露棠等行政村，遗址群的空间跨度南北长约 17 千米、东西宽约 7 千米[3]。

冶铁遗址均位于山丘顶部，发现有铁矿石、炉渣、鼓风管、炼炉等遗迹、遗物。20 世纪 80 年代，曾在坡嘴、顶龙岗、六穴岭等遗址清理 6 座炼炉。炼炉炉室呈圆斗形地穴式，炉口一般与地表平，炉口直径约 85 厘米、底径约 40 厘米，深约 50 厘米。炉室内一般有海绵状生铁和木炭，有些炉室内发现有鼓风管残件，大部分炉室附近还有矿石堆积[4]。遗址群目前已发现炼炉 18 座以上，其中坡嘴遗址 4 座、铁屎尾遗址 6 座、顶龙岗遗址 2 座、顶龙岗东坡遗址 4 座、简水表遗址和铁屎塘遗址各 1 座[5]。通过对坡嘴遗址、六穴岭遗址、铁屎塘遗址内采集到炉渣、矿

1 张家界文物工作队：《湖南桑植朱家台汉代铁器铸造作坊遗址发掘报告》，《考古学报》2003 年第 3 期。
2 黄全胜、李延祥：《广西贵港地区早期冶铁遗址初步考察》，《有色金属》2008 年第 1 期第 6 卷。
3 蒙长旺：《广西早期冶铁遗址的考古发现及研究》，广西壮族自治区文物局编《广西文博》（第一辑），广西人民出版社，2017 年。
4 郑超雄：《平南县六陈汉代冶铁遗址》，《中国考古学年鉴》（1989），文物出版社，1990 年第 236—237 页。
5 李映福：《广西平南“碗式”炼炉与我国“碗式”炼炉的起源》，《考古》2014 年第 6 期。

石等遗物的科技检测，确认了平南冶铁遗址群的冶炼生成物为块炼铁[1]。

除上述冶铸一体铁工场址外，其他重要的铁工场址还有：山东滕县薛城[2]、济南运署街[3]、东平陵故城[4]、临淄齐故城[5]、陕西韩城县芝川镇[6]、河南鲁山县望城岗[7]、鹤壁鹿楼[8]、泌阳县下河湾[9]、山西夏县禹王城[10]、江苏徐州利国驿[11]、四川蒲江铁牛村[12]等。

二、秦汉时期的铁器生产

秦汉时期铁器冶炼的突出成就主要表现在高炉的大型化、多样化，以及通过冶铸工艺的优化和创新以提升产品性能等方面。

据笔者的不完全统计，迄今已陆续发现秦汉时期炼炉40多座。地域分布上，河南省境内数量最多，可以复原出炼炉形制的冶铁炉基就达38座，其中古荥镇遗址2座[13]、铁生沟遗址5座（原报告的3座块炼铁炉经确认为烘范窑）[14]、鹤壁鹿楼遗址13座[15]、临汝夏店遗址1座[16]、鲁山望城岗遗址1座[17]、桐柏张畈遗址1座[18]、桐

1 黄全胜、李延祥：《广南平南县铁屎塘冶炼遗址初步研究》，《四川文物》2012年第1期；黄全胜、李延祥：《广西平南六陈坡嘴遗址冶炼技术研究》，《有色金属》2011年第1期；黄全胜、李延祥、陈建立、龚海：《广西贵港六穴岭汉代冶铁遗址初步研究》，《南方民族考古》（第十辑），2014年12月第231—238页。

2 李步青：《山东滕县发现铁范》，《考古》1960年第7期。

3 韩宜良、罗武干、刘剑等：《济南运署街汉代铁工场遗址的相关问题探讨》，《文物保护与考古科学》2012年第4期。

4 东平陵故城联合考古队：《2009年山东平陵故城考古发掘主要收获》，《中国文物报》2010年第7月16日第4版。

5 杨勇、魏成敏、徐龙国等：《山东临淄齐故城冶铸遗存考古调查发掘取得重要收获》，《中国文物报》2013年7月19日第8版。

6 陕西省考古研究所华仓考古队：《韩城芝川镇汉代冶铁遗址调查简报》，《考古与文物》1983年第4期。

7 河南省文物研究所、中国冶金史研究室：《河南省五县古代铁矿冶遗址调查》，《华夏考古》1992年第1期；河南省文物考古研究所、鲁山县文物管理委员会：《河南鲁山望城岗汉代冶铁遗址一号炉发掘简报》，《华夏考古》2002年第1期；陈建立、洪启燕、秦臻：《鲁山望城岗冶铁遗址的冶炼技术初步研究》，《华夏考古》2011年第3期。

8 河南省文化局文物工作队：《河南鹤壁市汉代冶铁遗址》，《考古》1963年第10期；鹤壁市文物工作队：《鹤壁鹿楼冶铁遗址》，中州古籍出版社，1994年第44—48页。

9 河南省文物考古研究所：《河南泌阳县下河湾冶铁遗址调查报告》，《华夏考古》2009年第4期。

10 山西省考古研究所：《山西夏县禹王城汉代铸铁遗址试掘简报》，《考古》1994年第8期。

11 南京博物馆：《利国驿古代炼铁炉的调查及清理》，《文物》1960年第4期。

12 成都文物考古研究所：《2007年四川蒲江冶铁遗址试掘简报》，《四川文物》2008年第4期。

13 郑州市博物馆：《郑州古荥镇汉代冶铁遗址发掘简报》，《文物》1978年第2期。

14 河南省文化局文物工作队：《巩县铁生沟》，文物出版社，1962年12月。

15 河南省文化局文物工作队：《河南鹤壁市汉代冶铁遗址》，《考古》1963年第10期；鹤壁市文物工作队：《鹤壁鹿楼冶铁遗址》，中州古籍出版社，1994年9月；李京华：《鹤壁市故城古冶铁遗址》，《中国考古学年鉴（1988）》，文物出版社，1989年10月。

16 倪自励：《河南临汝夏店发现汉代炼铁遗址一处》，《文物》1960年第1期。

17 河南省文物考古研究所等：《河南鲁山望城岗汉代冶铁遗址一号炉发掘简报》，《华夏考古》2002年第1期。

18 河南省文物研究所、中国冶金史研究室：《河南省五县古代矿冶遗址调查》，《华夏考古》1992年第1期。

柏毛集乡铁炉村遗址 2 座[1]、毛集乡铁山庙遗址 1 座[2]、南召草店遗址 2 座[3]、南召庙后村遗址 1 座[4]、南召朱砂铺遗址 3 座[5]、方城赵河村遗址 4 座[6]等。除河南以外，在河北、江苏、四川等省区也陆续新发现有保存较为完整的冶铁炉基，其中河北武安阳邑镇阳邑东街遗址 2 座[7]，山西翼城汾南遗址 1 座[8]，江苏徐州利国驿遗址 1 座[9]、泗洪县峰山镇赵庄遗址 1 座[10]、宿迁青墩遗址 1 座[11]，四川蒲江县古石山遗址 1 座[12]，新疆民丰县尼雅遗址 1 座[13]、武安冶陶村固镇遗址也发现有残炉基[14]。广西还发现数量众多、形制特殊的“碗式”块炼铁冶炼炉[15]。

上述遗址发现的炼炉，根据体量和容积，可以分特大型和大、中、小型炼炉四类，有圆形竖炉、方形竖炉、长方形竖炉三种形制，个别地区还存在坩埚炼炉和“碗式”炼炉的类型。

特大型炼炉的建造和使用是秦汉冶铁技术一项突出成就。郑州古荥镇遗址 1、2 号炼炉和鲁山望城岗遗址 1 号炉是迄今发现的可复原的特大型炼炉。古荥镇遗址 1、2 号炼炉东西并列，间隔 14.5 米。炼炉平面呈“凸”字形，炉体位于“凸”字头部，南部为炉前工作面。工作面两侧建有炉前工棚。

1 号炼炉的炉缸呈椭圆形，现存南北长轴 4 米，东西短轴 2.7 米。炉缸下部基础和炉前工作面基础相连，用红黏土掺矿石粉、炭末的黑褐色耐火土夯筑而成。炉壁残高 0.54 米。北壁厚 1 米，东壁残厚 0.45 米。在夯筑的耐火土炉壁之外有加夯实的黄土。北面宽 9.5 米、东面现存 6 米。炉西壁已损坏。炉的后部和炉前两侧，黄土之上又夯红黏土。夯层厚 5~10 厘米，用直径 8 厘米的圆形平底夯夯打的。炉前工作面南北长 6 米、东西宽 4 米，耐火土厚 2.5 米。工作面两侧的柱洞间隔 4.8 米，柱洞直径 0.4 米、深 3 米，底部有石柱础。李京华先生根据炼炉及相关遗迹，将 1 号炉复原为横向椭圆形馒头状外形，出铁口在炉正面向西，南北设置两个风

1 河南省文物研究所、信阳地区文物科：《信阳毛集古矿冶遗址调查简报》，《华夏考古》1988 年第 4 期。
2 河南省文物考古研究所、信阳地区文物科：《信阳钢厂毛集古矿冶遗址调查简报》，《华夏考古》1988 年第 4 期；李京华：《南阳汉代冶铁》，中州古籍出版社，1995 年 12 月。
3 河南省文物工作队：《河南南召发现古代冶铁遗址》，《文物》1959 年第 1 期。
4 河南省文物工作队：《河南南召发现古代冶铁遗址》，《文物》1959 年第 1 期。
5 河南省文物工作队：《河南南召发现古代冶铁遗址》，《文物》1959 年第 1 期。
6 河南省博物馆：《河南汉代冶铁技术》，《考古学报》1978 年第 1 期；赵青云等：《巩县铁生沟汉代冶铸遗址再探讨》，《考古学报》1985 年第 2 期。
7 何抚顺：《河北武安冶铁考古发现及研究》，《文物春秋》2012 年第 5 期。
8 段红梅、韩汝玢：《山西战国中晚期铁器及冶铁遗址再考查》，《中国冶金史论文集（三）》，《北京科技大学学报》增刊，2002 年 4 月。
9 南京博物院：《利国驿古代炼铁炉的调查及清理》，《文物》1960 年第 4 期。
10 尹焕章：《淮阳地区考古调查》，《考古》1963 年第 1 期。
11 南京大学历史系考古学专业吴桂兵副教授相告。
12 成都文物考古研究所、蒲江县文物管理所：《四川省蒲江冶铁遗址试掘简报》，《四川文物》2008 年第 4 期。
13 史玉青：《新疆文物调查随笔》，《文物》1960 年第 6 期。
14 何抚顺：《河北武安冶铁考古发现及研究》，《文物春秋》2012 年第 5 期。
15 郑超雄：《关于岭南铁工业起源的若干问题》，《广西民族研究》1996 年第 3 期；李延祥、黄全胜：《广西贵港地区早期冶铁遗址初步考察》，《有色金属》第 60 卷第 1 期，2008 年 2 月。

橐，炉前有棚顶的冶炼建筑[1]（图4-2-1）。

2 号炼炉的基础和炉前工作面相连形成“凸”字形，南北长 9.2 米，东西宽 2.6~3.75 米。基础坑外夯筑黄土。工作面两侧有深 1.2 米、边长 1.5 米的方坑，内置铁块为基础，搭建炉前作业棚架。坑底铺 0.15 米厚的黄土泥并夯打形成凹凸不平的夯窝，以增加和上部耐火土的结合力。其上夯垫三层红黏土，再逐层夯筑红黏土掺矿石粉、炭末的黑褐色耐火土料。炉缸部位主要夯填黑褐色耐火土。作业面部位仅在两侧夯黑褐色耐火土，中部和南部夯筑比较坚硬的红黏土。两侧使用黑褐色耐火土料可能和出铁排渣有关。夯筑十二层后，炉缸下部用掺有 1~3 厘米直径的小卵石的黑褐色耐火土，夯至近炉缸底部，改用不加小卵石的耐火土。坑内现存二十层，深 1.6 米，夯层厚 4~15 厘米。

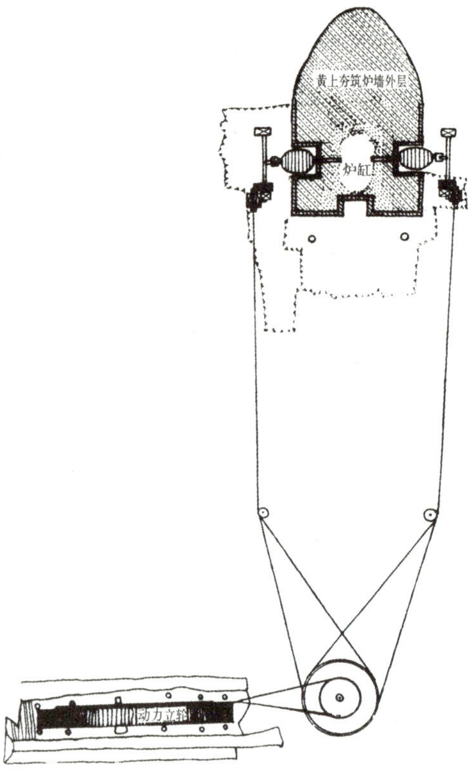

图 4-2-1　郑州古荥镇 1 号炼炉复原示意图

2 号炼炉的炉缸已被损坏。根据 1 号炼炉断面分析，炉缸底部两侧砌有砖墙四层，高 0.25 米。当中用耐火土夯筑，和砖墙平齐以后，向两边加宽，夯成椭圆形炉缸，然后向上筑炉壁，建成炉体。

1、2 号炼炉炉基、炉底的建造充分反映出汉代炼炉的建造水平和长期积累的冶炼科技知识。炼炉底座周围有宽达 6~10 米以上的夯土区，炉底下部夯打形成的坚实基础深达 3 米以上，形成稳定坚固的炉基。炼炉满装炉料再加上炉衬等部分的重量至少在二百吨以上，因此，炉基的坚固稳定是炼炉稳定和冶炼顺利进行的重要保证。

古荥镇 1、2 号炼炉炉基的建造技术与方法，充分考虑了炉基既要承重又要耐热的特殊要求，在一般夯土层上又加夯耐火黏土层，同时为加强耐火黏土的耐压强度，在黏土中掺入 1~3 厘米大小的石子。而炉底上面 50 厘米的表层中不掺石子，是因为炉底表层需要耐热和抗渣铁的侵蚀，而石子耐热和抗渣铁侵蚀的性能不如耐火黏土。炉底从上到下总厚达 3 米左右，不仅完全满足了承重的要求，也充分考虑到长期冶炼对炉底的侵蚀。从积铁块的底面形状和厚度来看，炉底凹入的最深处约达半米以上，如果炉底耐火材料没有足够的厚度，炉底很容易被烧穿从而造成冶炼事故。古荥镇炉底所用耐火材料和夯筑的严密性，对冶炼安全生产和延长炼炉的寿命起到了良好的作用。

望城岗 1 号炉的建筑工序是先建筑好大范围的夯土基础，然后在基础上依次

1 李京华：《冶金考古》，文物出版社，2007 年 1 月。

开挖炉缸基槽、上料系统与鼓风系统的基础坑，最后根据不同的需要修筑特殊的建筑，建成整个炉体和有关设施。1号炉的建造分基坑、炉缸基槽、炉缸、鼓风坑和附属设施等五大部分，其中夯土基础和炉缸基床是整个系统的基础，处理极为严格，夯打特别坚实。

炉基基础坑大致呈长方形，南北长约17.6米，东西宽11.7米，现深约1.8米。基础坑用灰白色黏土分层夯筑填实，形成高炉夯土基础，夯层厚约10厘米，夯土层有直径约10厘米夯窝。基础坑底部经过防潮处理，最底部均匀地铺有一层厚3~5厘米的纯净木炭颗粒，木炭层上铺一层厚约2~5厘米石灰，再间隔铺夯一层厚约10厘米的黄褐色夯土后，又加铺一层厚度大致相同的石灰层。再往上即为灰白色夯土，现存14层。

夯土基础筑成后即在基础中部开挖一条东西长约7米、南北宽约5米的长方形沟形成炉缸基槽。基槽口部以下做成台阶状内收，每级内收约20厘米。基槽用耐火土分层夯筑，形成炉缸耐火材料土基床，耐火土掺和得相当均匀，每层厚5~10厘米。

炉缸建造在耐火土夯实的基床上，平面呈椭圆形，内径为东西长轴约4米，南北短轴约2.8米。炉缸耐火材料土壁厚约1米，最内部分经烧结温度最高，呈砖蓝色，再往外，随温度降低，耐火土逐渐由灰褐色过渡为红褐色。短轴部分耐火土壁较长轴部分稍宽。大炉缸曾进行改建，在原炉缸基床上重新建成了一座较小的椭圆形炉缸。小炉缸内径为东西长轴约2米，南北短轴约1.1米。炉壁厚薄不均，东壁最厚，超过2米，南北两壁超过1米，西壁炉口处变化不大。炉缸底部的原表层已被损毁，但残存有线形铁渣。炉底中心已烧结成铁褐色，硬度极高，吸水率极低。

炉后坑、炉侧坑可能是架设鼓风器具的基架。炉后坑距炉缸东壁约1.4米，坑口长约4.6米、宽约1.1米、深约1.1米，坑底南北向排列4个圆形柱洞。坑内南北两端设有台阶，南北两端东侧分别有一个长方形柱础坑，两坑南北相距约5米。南、北侧柱础坑的底部有柱础石。

炼炉形制和炉缸容积的大小是衡量冶炼技术水平的主要标准。古荥镇1、2号炼炉和望城岗1号炼炉高大的炉体、椭圆形炉缸、配套齐全的冶炼设施等代表了汉代冶炼技术的最高水平。

古荥镇遗址1号高炉南端清理出重20余吨的高炉积铁。根据积铁和炉底形状可知，炼炉为椭圆形炉缸，炉缸南北方长轴约4米，东西短轴约2.7米，残存炉缸面积约8.48平方米。圆形炉缸向椭圆形炉缸的转变是为了满足扩大炉缸面积、强化冶炼鼓风、扩大生铁冶炼能力的需要。椭圆形炉缸可以缩短由两侧鼓入炉缸中心的鼓风距离。望城岗遗址1号冶炼炉亦采用了椭圆炉缸的结构。19世纪中叶，欧美曾出现过椭圆高炉，后来由于鼓风技术的进步，椭圆高炉被逐渐淘汰。椭圆形炉缸的出现，一方面反映出汉代社会对提高铁器产量的迫切需求，另一方面也反映出汉代冶炼工匠已经充分认识到鼓风能力与炉缸直径之间存在的互相制约关系。

望城岗1号炼炉的炉缸东西长轴4米，南北短轴2.8米，规模仅次于古荥镇1号炼炉。炉基、炉缸以及炉前坑积铁块的大小均与古荥镇1号炼炉相同。李京华先生根据考古发现的七个主要遗迹和炼铁炉，对炼铁炉炉形、各设施相互关系及其功能做复原[1]（图4-2-2；图4-2-3）。

冶金科技学者推测古荥镇1号炉炉身为直筒状，铁瘤与积铁成118°夹角，炉高可到5~6米，有效容积约50立方米[2]。李京华先生对炉高与容积的研究结果也大体一致，即炉高6米左右，日产生铁约1吨[3]。这是目前为止我国发现的容积最大的古代炼铁炉。古荥镇、望城岗冶铁遗址均为汉代特级大铁官所辖的铁工场，特大型炼炉均坐落在编号为“第一”的作坊内。汉代设特级大铁官6处[4]，可以推测河东郡、河内郡、汝南郡、汉中郡四个特级大铁官郡的第一号作坊中也应有日产吨级的特大型竖炉。加上古荥镇、望城岗炼炉，那么汉代就有6座日产吨级的炼铁竖炉，每日产铁量可以达到6吨。汉代全国大铁官作坊有80个左右，普通大铁官炼铁炉较小，每炉日产铁0.3~0.7吨，全国日产铁量可以推算出来[5]。

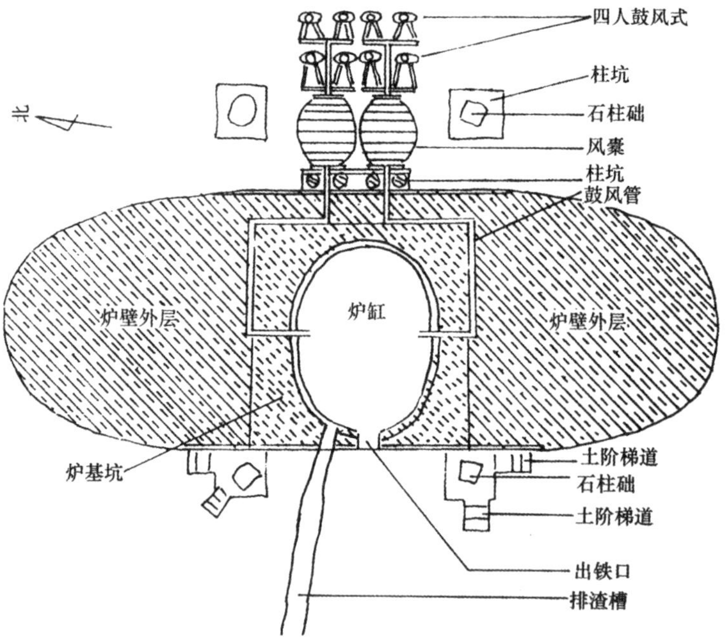

图4-2-2 鲁山特大炼铁炉复原平面图

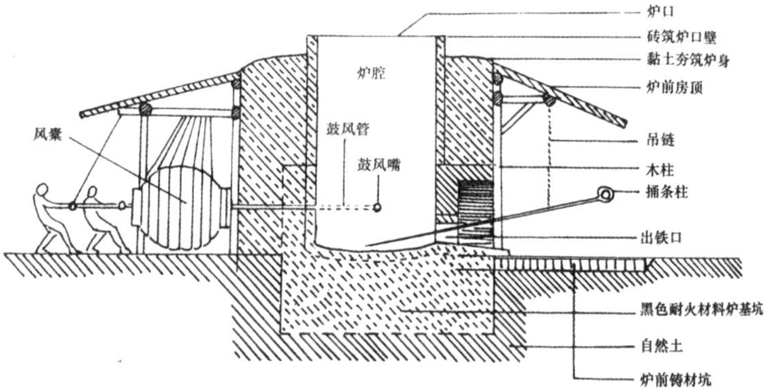

图4-2-3 鲁山特大炼铁炉复原剖面图

三、锻铸技术

秦汉时期多冶铸一体的铁工场，但西汉政府往往在不产铁的地区设小铁官，

1 李京华：《中国第二座汉代特大炼铁竖炉的复原研究》，《李京华文物考古论文集》，中州古籍出版社，2006年4月第135页。

2 河南省博物馆、石景山钢铁公司炼铁厂、《中国冶金史》编写组：《河南汉代冶铁技术初探》，《考古学报》1978年第1期。

3 《中国冶金史》编写组：《从古荥遗址看汉代生铁冶炼技术》，《文物》1978年第2期。

4 李京华：《汉代铁官管理职官的再研究》，《中原文物》2000年第4期。

5 李京华：《中国冶铁技术的特殊性与特殊技术的重要性》，《中原古代冶金技术研究（第二集）》，中州古籍出版社，2003年。

利用铁工场的铁板、铁条以及废旧铁料等生产各种铁器产品。南阳瓦房庄的锻铸作坊、温县的范模作坊遗址作为秦汉时期锻铸、范模制作的典型遗存，丰富了秦汉铁器生产的产业链体系。

1. 锻铸作坊

秦汉时期，集采、冶、铸、锻、热等多种工序于一体的综合性大型铁器生产工场址有较多的发现，瓦房庄遗址是为数不多，遗存保存完整的单一的锻铸作坊。遗址位于河南省南阳市北关瓦房庄西北，面积 28000 平方米。汉代冶炼遗存分西汉、东汉两个时期[1]。西汉时期遗存有炼铁炉 4 座、水井 9 座、水池 3 座和勺形坑 1 座，以及废旧铁料、耐火砖、炉渣、铸范和鼓风管残块等。出土铁器 83 件，有铧冠 2 件、凹口锸 10 件、竖銎镢 7 件、铲 3 件、锛 8 件、空首斧 27 件以及车马机具、兵器和日用器具等。

东汉时期遗存有熔铁炉 5 座、炒钢炉 1 座、锻铁炉 8 座、水井 2 座、烧土槽等；出土大量废铁料和铸造工具、车马机具、日用器具的陶范和陶模 602 件；出土铁器 1106 件，其中铧冠 154 件、犁铧 6 件、凹口锸 109 件、竖銎镢 71 件、锛 21 件以及铁范、浇口铁和其他生产工具、车马机具、兵器和日用器具等。对其中 24 件铁器的取样分析结果表明，这一批铁器有白口铸铁、灰口铸铁、韧性铸铁、铸铁脱碳制品和炒钢以及块炼铁等。

根据铭"阳一"的铧冠范模和文献记载，瓦房庄遗址应是南阳郡铁官的第 1 号铁工场，其年代为西汉初至东汉晚期，主要以废旧铁器为原料铸造和锻造铁器。

2. 大件铸铁

中国古代大型铸件经历了一个波浪形的发展历程，早在商代就铸造了司母戊鼎、四羊方尊等大型的青铜铸件，两汉时期的大型铸件少有发现。在铸铁领域，一直以来，多认为汉代铁器铸件都是小形器，主要是以陶范或铁范浇铸的生产工具、兵器、日用器、车马器等。

文献和近年来的考古发现表明汉代已经具有铸造大件铁器的技术。1999 年，成都蒲江县高河场发现一件铭 "廿五石"的汉代铁盆，铁盆口径 131 厘米、底径 100 厘米、高 57 厘米、厚 3.5 厘米，重 400 余斤[2]（图 4-2-4）。江苏盐城市东台博物馆藏有一件通高 90 厘米、直径 158 厘米的汉代铁盆[3]。除考古发现的实物以外，汉代铁盆也见于宋代的文献记载。黄庭坚在三峡游历时，曾见到汉代的大铁盆，并留下《汉盐铁盆记》，"有大盐盆，积水堂下，以植莲芡。鲁直去其泥而识之，其文铸出铁上"。洪适《隶续》卷三《巴官铁盆铭》记盐盆所铸 16 字铭文为"巴官三百五十斤，永平七年，第廿七酉"[4]。宋人陆游《入蜀记》卷六："县廨有故铁盆，底锐似半瓮状，极坚厚，铭在其中，盖汉永平中物也。缺处铁色，光黑

1 河南省文化局文物工作队：《南阳汉代铁工厂发掘简报》，《文物》1960 年第 1 期；河南省文物研究所：《南阳北关瓦房庄汉代冶铁遗址发掘报告》，《华夏考古》1991 年第 1 期。

2 龙腾、夏晖：《蒲江县出土汉代牢盆考》，《盐业史研究》2002 年第 2 期。

3 曹爱生：《东台古铁镬考》，《盐业史研究》2009 年第 3 期。

4 洪适《隶续》卷三《巴官铁盆铭》，《隶释・隶续》，中华书局，1986 年。

如佳漆，字画淳质可爱玩。有石刻。鲁直作《盆记》，大略言：建中靖国元年，予弟叔向嗣直自涪陵尉摄县事，予起戎州，来寓县廨，此盆旧以种莲，余洗涤乃见字云。”[1]洪适《隶续》卷十四《修官二铁盆款识》记“廿五石廿年修官作”“廿五石”。洪适记述：“乾道中，陆游务观监汉嘉郡得之，……字画无篆体，盖东汉初年所作。其文有廿年字，而无纪年之名。东汉惟建武、建安有二十年，此必建武之器，所谓修官，正与永平巴官同，恐是识铁官之地名，未详其义”[2]。

图 4-2-4　成都蒲江县出土铁盆

2007 年，广汉市小汉镇麻柳林村石亭江的河滩沙砾层中发现一件汉代铁桥墩和若干泥范残块[3]（图 4-2-5）。石亭江铁桥墩是我国迄今为止发现的体量最大的汉代铸铁，不仅保存完整，且年代准确可靠。

图 4-2-5　广汉市汉代铁桥墩

铁桥墩呈柱状，通高 110 厘米，上小下大，顶端直径 51 厘米、中部直径 53.5 厘米、底部直径 55.1 厘米，有四个纵、横贯穿墩体的方孔（图 4-2-6）。铁桥墩表面铸有“广汉郡雒江桥敦重卌五石太始元年造”十六字阳文篆书（图 4-2-7）。按西汉衡制，一石约 30700 克，四十五石约为 1.38 吨。

“雒江桥敦”铸造于西汉武帝太始元年，即公元前 96 年。通过金相学分析，可以确认“雒江桥敦”为珠光体基体的灰口铸铁。显微组织观察出片状石墨，石墨细长且分布均匀，珠光体结构排列均匀，呈层片状分布（图 4-2-8）。灰口铸铁虽然

1 陆游撰，黄立新、刘蕴之编注：《入蜀记约注》，中国文联出版社，2004 年。

2 洪适《隶续》卷十四《修官二铁盆款识》，《隶释·隶续》，中华书局，1986 年。

3 德阳市文物考古研究所、广汉市文物管理所、旌阳区文物管理所：《四川广汉市发现西汉纪年铁“雒江桥敦”》，《四川文物》2015 年第 1 期。

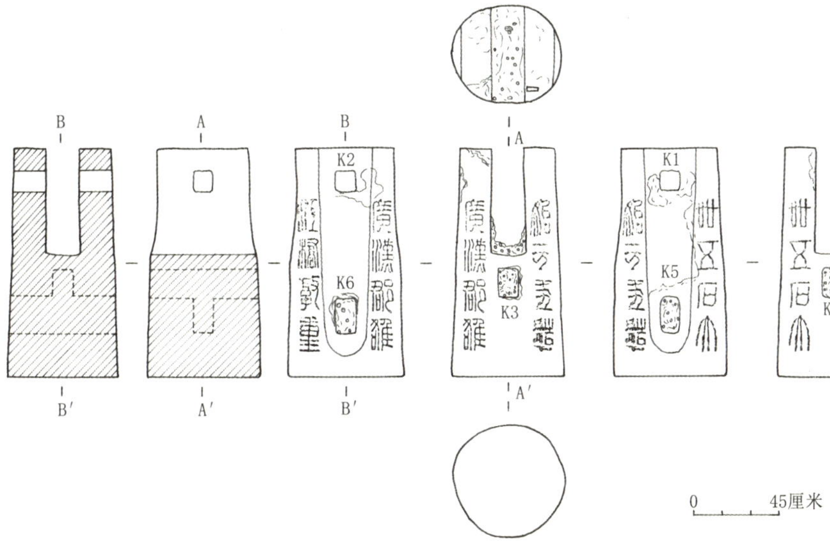

图 4-2-6 雒江铁桥墩平、剖视图

硬度低于白口铁，但脆性较小，具有良好的耐磨性和润滑性能，其耐磨性甚至要强于一般的钢；分布均匀的片状石墨+层片状珠光体的结构，使得铁桥墩的润滑性和消减振动的性能又比之一般的灰口铸铁有进一步的提高。片状石墨结构一般是冷却速度较慢或经热处理而生成的，汉代工匠在浇铸桥墩时，有意识地控制铸铁的冷却速度，从而使铸铁的耐磨性、消振性得到提高。

根据扫描电镜微观形貌观察和成分分析，可以看出铁桥墩材质十分均匀，且纯度高、杂质少，能满足铁桥墩耐磨、消振和长期露天使用的需要。“雒江桥敦”的金相组织结构表明汉代工匠在长期的冶铸实践中已经熟知金属的特性，并能根据功能的不同需要选择不同的铸铁材料浇铸成器；控制冷却速度以提高桥墩性能的浇铸技术表明汉代成都平原的冶炼工匠已经积累了浇铸大件铁器的丰富经验。

“雒江桥敦”的抗压、抗拉强度，根据桥墩标本检测所获取的成分数据，估算铁桥墩的抗压强度在

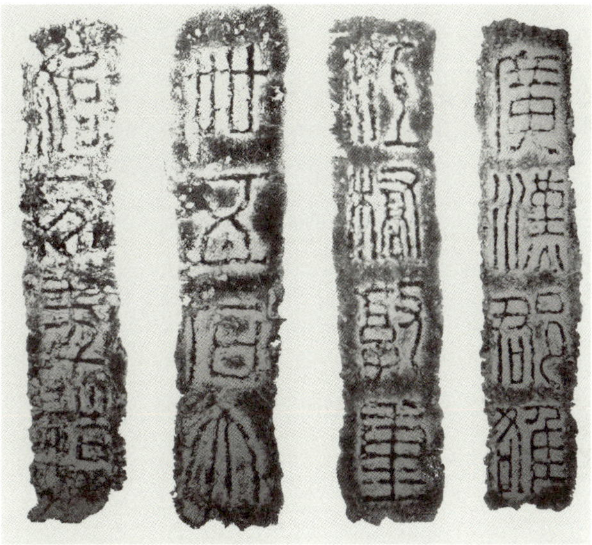

图 4-2-7 铁桥墩铭文拓片

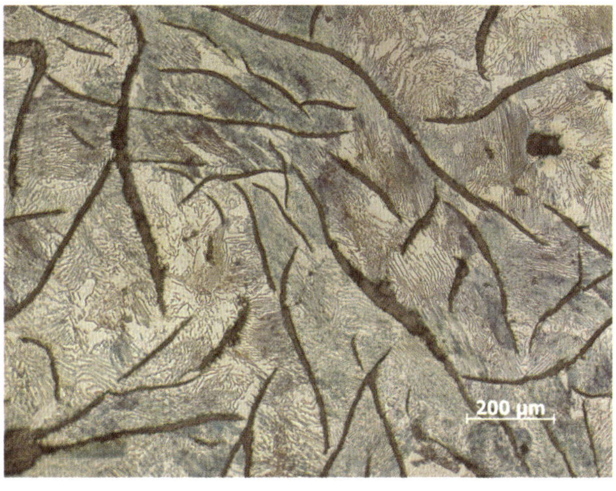

图 4-2-8 片状石墨+珠光体组织，高倍，腐蚀

图 4-2-9 雒江铁桥墩范块

1~8. 范块（GST 采：7、GST 采：3、GST 采：2、GST 采：14、GST 采：5、GST 采：6、GST 采：10、GST 采：1）

598MPa~704MPa 之间，这一数据显示石亭江铁桥墩的抗压性能已经与现代的灰口铁铸件相近[1]。

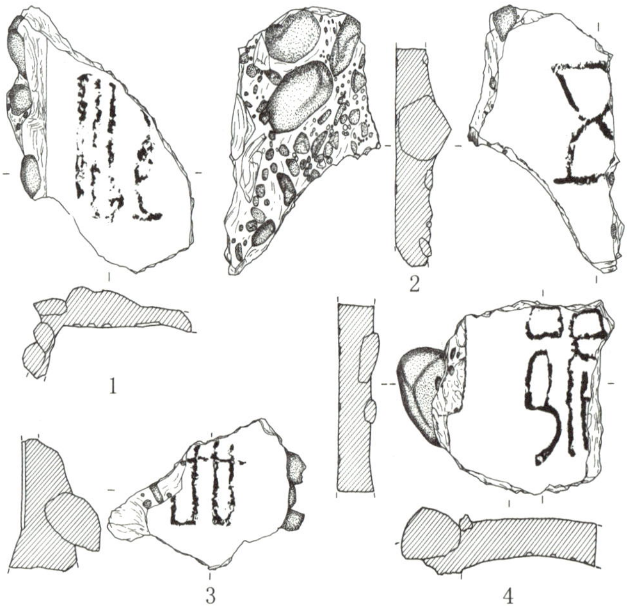

图 4-2-10 雒江铁桥墩刻铭文范块

1~4. 刻铭文范块（GST 采：6、GST 采：2、GST 采：1、GST 采：3）

大件铸铁浇铸工艺：通过广汉铁桥墩铸范（图 4-2-9、图 4-2-10）和南阳瓦房庄遗址发现的大型地范，可以复原汉代大件铁器的浇铸工艺。广汉桥墩泥范块与泥芯连接成一体，泥范块之间未见拼合的痕迹，特别是铁桥墩表面纵横方向均不见铁水浇铸时因泥范拼合而形成的“披缝”和多次浇注留下的“冷隔”痕迹。铁桥墩是采用“地坑立式倒浇法”一次明浇成型。为保证浇注的连续性，可能采用多个熔炉同时熔铁。根据桥墩体和泥范的形制及特征，“雒江桥敦”的具体浇铸工艺为：整理场地挖地坑→刻铭→盘筑泥芯→烘烤→浇注→清理。汉代大型铸铁的成功浇铸为魏晋、唐宋时期不同类型、不同功能的大件铸铁出现积累了宝贵的经验与技术。

南阳瓦房庄遗址为汉代南阳郡所属的“阳一”铁官作坊，是一处以板材、条材和废旧铁料铸造车马机具、兵器和日用器具的专门化铸铁作坊。该遗址清理出

1 李映福、杨盛、马春燕、余捷：《四川广汉石亭江汉代铁桥墩相关问题研究》，《考古》2015年第9期。

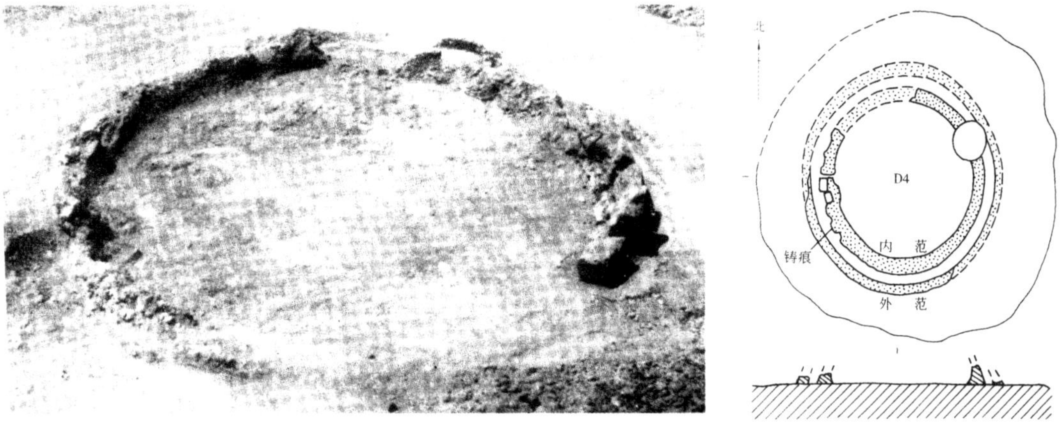

图 4-2-11　南阳瓦房庄地面范 D4 及平、剖面图

的 8 处地面范遗迹，是认识汉代大件铸铁工艺的重要发现。铸范遗迹保存有内、外范痕迹和圆形铸痕。多数铸范的范面直径在 2.5 米以上，其中 D8 的规格最大，铸痕直径达到 1.68~1.78 米（图 4-2-11）。以 D4 保存最好，其他地面范的范面上，有的尚保存着内范和外范的痕迹，有的内范和外范已全部残毁，但圆形的蓝灰色铸痕尚保存较好。地面范的工序是在未制范之前，先平整地面，然后用草拌黄胶泥糊成圆形的平面。南北 2.8 米、东西 2.85 米。草泥面经过烘烤，呈橙红色的硬壳，厚 0.02 米。在制造内、外范时，先在范面上划出直径 1.5 之米的圆圈，在圈内用特制的小而厚的红色砖，砌成上下 67 度的中空内范壁。内范壁残高 0.16 米。砖缝是用灰黄色泥黏合，泥质细腻虚松，泥中掺有细碎的谷壳或草木灰，使其范壁具有良好的透气性。内范壁厚 0.1 米。外范壁在西南部残存一小段，残高仅 0.06 米，为灰黄色黏泥，没有保留砖痕迹。范腔的铸面甚光滑，有蓝灰色铸痕。铸痕宽 0.08 米，内径 1.52 米，外径 1.68 米。根据残存的地面范可以看出汉代铁盆的铸造有四道工序，即平整、烘烤地面，制造内、外范，熔铁浇铸，清理[1]。

3. 炒钢

钢比铁具有更多的优越性，古代工匠总想方设法把铁制造成钢。炒钢技术的源起，可以追溯到早期的块炼铁渗碳钢。工匠们在 800℃ ~1000℃的较低温度下，用木炭还原铁矿石，得到一种含夹物较多，呈海绵状的块炼铁。由于块炼铁含碳量很低，不是理想的造器材料，因此工匠们通过对块炼铁的反复加热，折叠锻打，挤出杂物，并在与炭火接触中使之增碳变硬，由此获得块炼渗碳钢（简称块炼钢）。

西汉中后期以后，铁冶工匠发明了“炒钢”技术。将生铁加热到 1200℃时，撒入矿石粉，并不断搅拌融熔状态的生铁，在这一过程中，生铁的含碳量降低（碳氧化）而成钢。炒钢法是一种简便快捷的制钢工艺，炒钢技术的出现和推广，标志着炼钢技术发展到一个新阶段，大量廉价的熟铁和钢的生产，对于铁工具的性能改进具有重要作用。

炒钢制品和炒钢炉的大量发现表明，至迟在西汉中晚期，利用炒钢法改良生铁金属性能的技术已经比较普遍地应用于某些类别的产品中。巩县铁生沟、南阳

1 河南省文物研究所：《南阳北关瓦房庄汉代冶铁遗址发掘报告》，《华夏考古》1991 年第 2 期。

瓦房庄、方城赵河村、蒲江铁牛村等冶铸遗址均发现有炒钢炉，其中赵河村、铁牛村遗址分别发现 6 座。铁生沟遗址炒钢炉保存较完整，炉长 37 厘米、宽 38 厘米、残高 15 厘米，炉壁因受高温变成黑色，尤其珍贵的是炉内还保存有一铁块[1]（图 4-2-12）。

图 4-2-12 巩县铁生沟炒钢炉

瓦房庄遗址炒钢炉以向下挖成“罐”状的地坑作为炉膛，内壁涂夹细砂的耐火泥，火池周壁和底部涂草泥。炉缺呈椭圆形，27 厘米 ×（22~28）厘米，炉壁厚 4 厘米，膛深 8~16 厘米，火池在炉门外，呈半圆形，25 厘米 ×29 厘米，残深 12 厘米。炉壁受高温呈黄色琉璃体，膛底呈蓝灰色，火池呈灰色，炉底残留一块长 15 厘米、宽 12 厘米的铁块。

图 4-2-13 韩国庆州隍城洞遗址炒钢炉和陶质鼓风管与生铁块

韩国庆州隍城洞遗址发现公元 3 世纪左右的炒钢炉，其大小、形制和结构与铁生沟、瓦房庄等遗址炒钢炉相同，隍城洞遗址炒钢炉长期使用的痕迹明显，且保存相当完整，炉坑内残存一段陶质鼓风管和炒炼原料的生铁块（图 4-2-13）。

炒钢制品在汉代冶铸遗址、墓葬多有出土。迄今为止年代最早的炒钢制品是出土于江苏狮子山楚王陵的矛和凿，为公元前 2 世纪中叶[2]。巩县铁生沟、南阳瓦房庄、汉长安武库等遗址均出土有经鉴定为炒钢制品的铁器。这些用炒钢法制成的产品具有含碳量均匀的特点，长的硅酸盐夹杂物沿加工方向排列成行，与块炼渗碳钢夹杂物有明显差别。炒钢制品的夹杂，为单相硅酸盐夹杂，成分中硅高铁低，铝、镁、钾、锰较高，锰、磷在夹杂中较均匀，夹杂物细薄分散，变形量较大。

4. 百炼钢

百炼钢是我国古代的一种制钢工艺，它的主要特点是制炼过程中要反复加热锻打、千锤百炼。由于制作艰难，生产率比较低，主要用于对产品性能要求较高的名贵器物。用百炼钢法制作的宝剑、宝刀千百年来一直受到人们的赞许。我

1 赵青云等：《巩县铁生沟汉代冶铸遗址再探讨》，《考古学报》1985 年第 2 期。
2 北京科技大学冶金与材料史研究所、徐州汉兵马俑博物馆：《徐州狮子山西汉楚王陵出土铁器的金相实验研究》，《文物》1997 年第 7 期。

国是古代炼钢术比较发达的国家，其中有所谓的“百炼成钢”一语即是指铁经过反复锤炼才成为坚韧的钢。这个比喻早在公元2世纪或3世纪时就开始广泛地使用[1]。“炼”（湅）的意义通常都理解为“精炼”或是“回火”[2]。

百炼法制作的器物既有考古出土品，也见于古代文献著录。罗振玉《贞松堂吉金图》著录4件“书刀”，其中3件为蜀郡工官督造的经卅炼而成的百炼钢宝物。

“永元十六年，广汉郡工官卅湅□□□□□□□□□□史成、长荆、守丞熹主”。

“永元十□年，广汉郡工官，卅湅书刀，工冯武……”。

“……广汉［郡工官］卅［湅］□□□秋造，护工卒史克，长不，丞奉主”。

1978年，江苏徐州铜山县驼龙山汉墓出土1把钢剑，通长109厘米、剑身长88.5厘米、宽1.1~3.1厘米、脊厚0.3~0.8厘米。剑把正面有错金铭文：“建初二年蜀郡西工官王愔造五十湅□□□孙剑□。”内侧阴刻铭文“直千五百”。“西工官”是蜀郡的工官，王愔是工官姓名。

1974年，山东苍山汉墓出土1把环首钢刀，全长111.5厘米、刀身宽3厘米、刀背厚1厘米，环首呈椭圆形，环内径2~3.5厘米。刀身有错金火焰纹和隶书铭文：“永初六年五月丙午造卅湅大刀，吉羊（祥）宜子孙”。

根据上述书刀、环首铁刀、钢剑上所刻的纪年铭文，其锻制年代在公元1至2世纪，是经过“三十湅”或“五十湅”而成的百炼钢产品。

汉代的百炼钢产品以及百炼钢技术在东亚地区广泛地流传。1961年日本奈良县古墓出土1把钢刀，上有错金铭文：“中平□【年】五月丙午，造作【支刀】，百炼清【刚】，上应星宿，【下】辟不【祥】”[3]。这把“百炼”钢刀所铭的中平纪年为东汉灵帝的年号（184—189年）。日本还发现有“百炼七支刀”，其锻造年代为泰和四年（369年），可能是在中国（或韩国）制造，是百济国王赠予日本天皇的礼物[4]。此外。在古坟时代的江田船山古墓、埼玉稻荷山古墓各出土一把

1 何堂坤：《百炼钢及其工艺》，《科技史文集》1985年第13期。

2 关于这个问题可以参阅孙机：《略论百炼钢刀剑及相关问题》，《文物》1990年第1期。

3 参见梅原末治（Umehara Sueji）：《奈郎縣櫟本東大寺山古墳出土の漢中平年記の鐵刀（口繪解說），《考古學雜誌》1962年第48卷；韩汝玢、柯俊：《中国古代的百炼钢》，《自然科学史研究》1984年第三卷第4期；何堂坤：《百炼钢及其工艺》，《科技史文集》1985年第13期。梅原末治转录的铭文为“中平□年，五月丙午，造作支刀，百练清刚，上应星宿，下辟不祥”。该刀出土墓葬的英文简介参阅Okauchi Mitsuzane（冈内三真）1986. ‘Mounded tombs in East Asia from the 3rd to the 7th centuries A.D.’, Pearson et al.1986: 127—148，第142页。

4 《日本纪》（编于公元720年）中提到七支刀是百济国王所赠予的礼物，与铭文中的“七支刀”相符（参见佐佐木稔（Sasaki, Minoru）：《七支刀と百煉鐵》，《鐵と鋼》第68卷第一節，第179页；Aston, W.G.1896（tr.）.Nihongi: Chronicles of Japan from the earliest times to A.D.697.Translated from the original Chinese and Japanese （Transactions and proceedings of the Japan Society, London, Supplement 1）.2 vols., London: Kegan Paul，卷一，第252页）。根据《日本纪》中未经校正的年表记录，该事件发生于公元252年，但人们认为这一部分的年代刚好错位了两个甲子，即赠予时间应为公元372年，也就是铭文中所记录的该刀锻造成的三年后。

“八十练”“百炼”的铁剑，年代为公元5世纪和公元471年或531年[1]。

韩汝玢与柯俊曾对“湅”的含义提出了一种解释[2]。根据从“三十湅”环首铁刀、“五十湅”钢剑上提取的样本检测结果，从两件器物的微观结构中可以看到明显的分层，根据厚度大约分别为30层与60层。环首铁刀的结构几乎是均衡的，只能从夹渣的分布规律才能发现其分层的情况。五十湅钢剑的分层情况就比较好发现，因为在其锻造过程中至少使用了两种不同的钢材，其整个结构由珠光体与铁素体构成，深色条纹包含约0.6%~0.7%的碳，浅色条纹包含约0.4%的碳。样本使用奥勃试剂进行浸蚀，其中深色区域的含磷量高，而浅色区域较低。

钢剑的横截面由三个部分组成：中心区（约2毫米厚），两边区域（每部分约1.5毫米厚）。两边区域基本上呈镜像对称，他们都由高低碳层相间组成，而中心区是由均匀分布的0.7%~0.8%的碳层组成。根据夹渣的化学成分分析，其高碳钢是由生铁精炼而成。

第三节 秦汉时期的铁器类型

秦汉时期的铁器种类繁多，大致可分为生产工具、兵器武备、车马机具、日用器具、钱币及度量衡器、杂用器具六类[3]。

一、生产工具

秦汉时期的铁制生产工具数量居秦汉铁器之首，并且种类多，主要包括加工工具、土作农耕器具、矿冶器具等。

(一)加工工具

铁制加工工具主要有空首斧、板状斧、横銎斧、锛、凿、凿形器、扁铲、刨刀、锯、锤、砧、钳子、钻头、冲牙、錾、锉、刮刀、刻刀、削刀、砍刀、小刀、环首锥等。

1.斧

斧可分为空首斧、横銎斧及板状斧三类。

空首斧 发现较多。竖銎，銎口呈方形、长方形、六角形或圆角方形，双面

1 参阅Anazawa Wakou（穴泽和光）& Manome Jun' ichi（马目顺一） 1986.Two inscribed swords from Japanese tumuli: Discoveries and research on finds from the Sakitama - Inariyama and Eta - Funayama tumuli'; Pearson 1986: 375 - 395; Murata, T.& Sasaki, M.1984. 'Rust analysis of the Inariyama sword', Romig & Goldstein 1984: 257 - 260; Nippon Steel News, Jan.1985, no.175, p.3 'The Inariyama sword: Flakes of rust tell the story'。

2 韩汝玢、柯俊:《中国古代的百炼钢》,《自然科学史研究》1984年第三卷第4期。另可参阅李众:《中国封建社会前期钢铁冶炼技术发展的探讨》,《考古学报》1975年第2期。

3 中国社会科学院考古研究所编著:《中国考古学·秦汉卷》，中国社会科学出版社，2010年7月第612页。

刃。根据平面形制可分为四型。

A型：条形空首斧。銎部略宽于刃部或大致等宽，有的銎口下方有凸带。四川大邑五龙乡出土1件（M18：13），长9.2厘米[1]（图4-3-1，1）。河南鹤壁鹿楼出土1件（T4①：12），两侧平直，外弧刃，两侧有合范铸缝。长11.5厘米、宽7.3厘米[2]（图4-3-1，2）。年代为西汉。广东叠石山遗址出土4件，其中T10②：2，方銎平刃。长7.6厘米、刃宽5.9厘米、銎长6.4厘米、宽2.2厘米[3]（图4-3-1，3）。山东淄博张庄东汉后期画像石墓出土1件（标本1），刃部微弧，顶部有长方形銎。长11.1厘米、宽6.1厘米、厚2.2厘米[4]（图4-3-1，4）。重庆云阳李家坝遗址两汉时期文化遗存出土3件，其中IBT704⑲：15，长10.8厘米、宽6.8厘米（图4-3-1，5）；IBT704㉑：6，长10厘米、宽5.6厘米[5]（图4-3-1，6）。河南巩义站街秦墓出土1件（M3：13），竖长方形，上有长方形銎，刃平齐。长17.6厘米、宽5.5厘米[6]（图4-3-1，7）。此型斧还发现于河南淅川泉眼沟[7]、广东乐昌对面山[8]、广州汉墓、满城2号墓、武夷山城村汉城、桑植朱家台等。

B型：梯形空首斧。平面略呈梯形，銎部窄于刃部，侧腰平直或束腰。重庆忠县将军村出土2件，长方形銎。其中M130：68，刃部平直，长8厘米、宽7厘米（图4-3-1，9）；M130：41，弧刃，长12厘米、宽8厘米[9]（图4-3-1，12）。年代为西汉中期偏早。1978年宜昌前坪西汉后期墓出土1件（M96：6），长12厘米、宽7厘米[10]（图4-3-1，10）。贵州赤水复兴马鞍山东汉晚期崖墓出土1件（M1：1），长方形銎，銎截面呈V形，刃部较平。高12厘米、刃宽9.8厘米，銎长6.5厘米、宽2.1厘米、深6.3厘米[11]（图4-3-1，11）。成都龙泉驿区西汉早期墓出土2件。其中M16：27，束腰，体竖长。长12.6厘米，出土时木柄尚存（图4-3-1，14）。M6：24，銎部竖直，下部呈梯形。长13.2厘米（图4-3-1，15）。广西钟山张屋东汉墓出土1件（M27：12），束腰，弧刃稍宽而较薄，六角形銎内残留有木柄痕，器身从銎部刀刃部斜直内收。长13.2厘米、宽9.6厘米[12]（图4-3-1，16）。湖南保靖粟家坨西汉墓出土1件（M3：15），刃呈弧形，两角上收微翘。长13厘米、刃宽9厘米[13]（图4-3-1，17）。山东青州马家冢子东汉中晚期墓出土1件（QM：164），束腰形，长方形銎，弧形刃。刃宽9.6厘米、高8厘

1 四川省文管会、茂汶县文化馆：《四川大邑五龙战国巴蜀墓葬》，《文物》1985年第5期。
2 鹤壁市文物工作队：《鹤壁鹿楼冶铁遗址》，中州古籍出版社，1994年9月第47页。
3 深圳博物馆：《深圳市叠石山遗址发掘简报》，《文物》1990年第11期。
4 淄博市博物馆：《山东淄博张庄东汉画像石墓》，《考古》1986年第8期。
5 四川大学历史文化学院考古系、重庆市文化局、云阳县文管所：《重庆云阳县李家坝遗址1997年度发掘简报》，《考古》2004年第6期。
6 郑州市文物考古研究所：《河南巩义站街秦墓发掘简报》，《文物》2006年第4期。
7 四川大学历史文化学院考古系、上海大学艺术研究院美术考古研究中心、河南省文物局等：《河南淅川泉眼沟汉代墓葬发掘报告》，《考古学报》2014年第3期。
8 广东省文物考古研究所、乐昌市博物馆、韶关市博物馆：《广东乐昌市对面山东周秦汉墓》，《考古》2000年第6期。
9 重庆市文物考古所：《重庆市忠县将军村墓群汉墓的清理》，《考古》2011年第1期。
10 宜昌地区博物馆：《1978年宜昌前坪汉墓发掘简报》，《考古》1985年第5期。
11 贵州省文物考古研究所、赤水市文物管理所：《贵州赤水市复兴马鞍山崖墓》，《考古》2005年第9期。
12 广西壮族自治区文物工作队、钟山县博物馆：《广西钟山县张屋东汉墓》，《考古》1998年第11期。
13 湘西土家族苗族自治州文物工作队：《湖南保靖粟家坨西汉墓发掘简报》，《考古》1985年第9期。

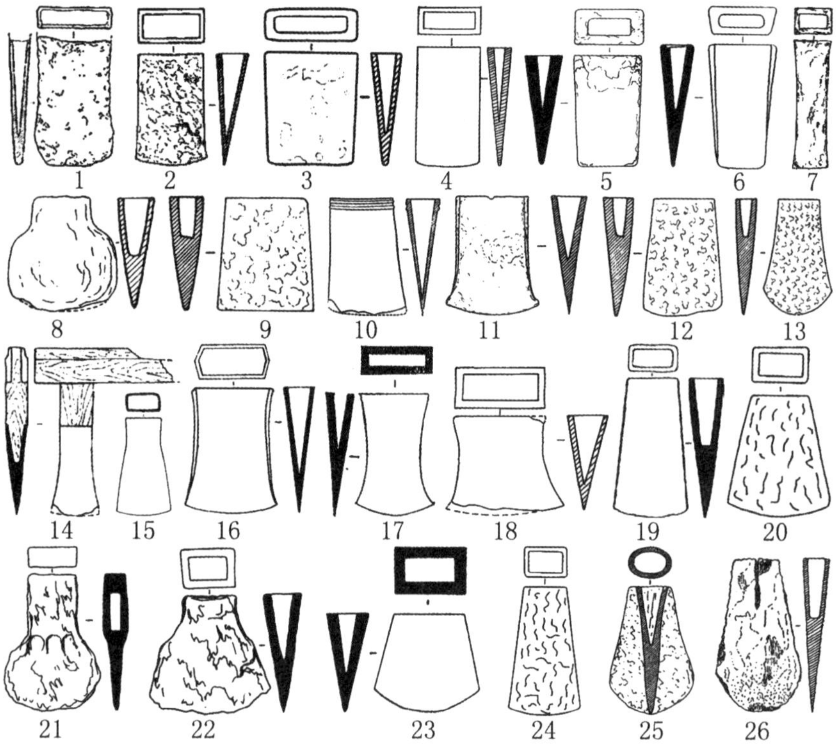

图 4-3-1　秦汉时期铁空首斧

1~7.A 型（四川大邑五 M18：13、河南鹤壁 T4①：12、广东叠石山 T10②：2、山东淄博标本 1、重庆云阳 IBT704⑲：15、IBT704㉑：6、河南巩义 M3：13）8、21、22.C 型（成都东北郊 M24：9、曲靖八塔台 M24：1、M6：7）9~12、14~20、24.B 型（重庆忠县 M130：68、宜昌前坪 M96：6、贵州赤水 M1：1、重庆忠县 M130：41、成都龙泉驿区 M16：27、M6：24、广西钟山 M27：12、湖南保靖 M3：15、山东青州 QM：164、四川宜宾 M6：18、云南澄江 M166：9、M166：10）13、23、25、26.D 型（重庆忠县 M60：11、广西兴安 91T5：15、重庆忠县 M107：57、四川西昌东坪）

米[1]（图 4-3-1，18）。四川宜宾沙坝西汉早期墓出土 1 件（M6：18），长方形銎口，弧形刃。通长 13 厘米、刃宽 7 厘米，銎口长径 4.6 厘米、短径 2.4 厘米、深 6.3 厘米[2]（图 4-3-1，19）。云南澄江金莲山出土 2 件。其中 M166：9，长方形銎口，弧刃，斜直边，长 7.6 厘米、刃宽 6.8 厘米、銎宽 3.6 厘米、厚 2.8 厘米（图 4-3-1，20）；M166：10，长 15.6 厘米、刃宽 8.8 厘米、銎宽 5.2 厘米、厚 3.6 厘米[3]（图 4-3-1，24）。年代为西汉中晚期至东汉初期。该型铁斧还出土于西安汉唐昆明池遗址[4]、准格尔洪水沟[5]、南昌老福山[6]、桑植朱家台铸铁遗址、南京陆营西汉晚期墓[7]、四川郫县花园别墅西汉早期墓[8]、南越宫苑遗址等。

---

1 山东省青州市博物馆：《山东青州市马家冢子东汉墓的清理》，《考古》2007 年第 6 期。

2 四川省文物考古研究院、宜宾市博物院、屏山县文物管理所：《四川宜宾沙坝墓地 2009 年发掘简报》，《文物》2013 年第 9 期。

3 云南省文物考古研究所、玉溪市文物管理所、澄江县文物管理所等：《云南澄江县金莲山墓地 2008—2009 年发掘简报》，《考古》2011 年第 1 期。

4 中国社会科学院考古研究所汉长安城工作队：《西安市汉唐昆明池遗址的钻探与试掘简报》，《考古》2006 年第 10 期。

5 内蒙古自治区文物考古研究所：《万家寨水利枢纽工程考古报告集·准格尔旗洪水沟遗址发掘报告》，远方出版社，2001 年。

6 刘玲：《江西南昌市郊清理一座汉墓》，《考古》1964 年第 2 期。

7 南京市博物馆：《南京大厂陆营汉墓清理简报》，《考古与文物》1987 年第 6 期。

8 成都文物考古研究所、郫县博物馆：《郫县风情园及花园别墅战国至西汉墓群发掘报告》，《成都考古发现·2002》，科学出版社，2004 年 6 月第 277 页。

C型：双肩空首斧。平顶，弧刃，双肩。成都东北郊北干渠西汉晚期墓出土1件（M24：9），銎中残存朽木痕迹。长7.4厘米、刃宽6.8厘米[1]（图4-3-1，8）。曲靖八塔台西汉晚期墓出土2件。其中M24：1，平顶、弧刃，侧面开长方形装柄銎口，通长12.4厘米、宽9厘米（图4-3-1，21）；M6：7，通长8厘米、宽8.6厘米[2]（图4-3-1，22）。此型铁斧还出土于四川绵阳双包山[3]、彭山江口东汉中晚期墓[4]、武夷山城村汉城西汉前期墓[5]等。

D型：扇形空首斧。长方形或椭圆形銎口，体扁薄呈扇形或舌形，弧刃。重庆忠县将军村西汉中晚期墓出土1件（M60：11），长方銎，弧刃，长15厘米、刃宽9厘米（图4-3-1，13）；新莽时期墓出土1件（M107：57），椭圆形銎，弧形刃，长15.5厘米、刃宽10.5厘米[6]（图4-3-1，25）。广西兴安七里圩王城城址出土2件，长方銎，弧刃。其中91T5：15，长10厘米、刃宽11厘米[7]（图4-3-1，23）。年代为汉代。四川西昌东坪村汉代炼铜遗址出土1件，方銎，直柄，弧刃。銎部背面有竖向缝隙，系锻銎技术锻制而成。通长17厘米、刃最宽处11厘米[8]（图4-3-1，26）。年代为新莽时期。此型铁斧还出土于西昌礼州中学[9]、曲靖八塔台[10]、四川新都五龙村[11]、桑植朱家台[12]、满城1号汉墓等。

秦汉时期的铁空首斧主要有以上四种类型，其中铸造品居多，锻造品较少。锻造主要采用锻銎技术，如西昌东坪村、西昌礼州中学[13]、昆明羊甫头[14]（图4-3-2，13）等地出土铁斧。云南陆良薛官堡也出土锻銎铁斧1件（M20：8），方形銎口，一面未封口，束腰。銎口宽4.8厘米、刃部残宽7.5厘米、长12.8厘米[15]（图4-3-2，14）。

铜銎铁斧主要发现于边远地区，可能用作兵器。江川李家山出土较多，其中M57：201，銎两面饰头上尾下的龙纹，龙双角呈粗锥形，吻长唇短，四爪如鸟，三趾长而勾曲，蛇身弯曲，尾卷曲，近口处有三道弦纹。通长11.1厘米、刃宽3.8厘米、銎宽2.6厘米、高2.3厘米（图4-3-2，15）。M51：23，刃残一角，銎断面略作圆角三角形，正面中线有棱，刃部宽，平刃。銎部有三钉孔。通长10厘米、刃宽

1 四川省文物管理委员会：《成都东北郊西汉墓葬发掘简报》，《考古》1958年第2期。
2 云南省文物考古研究所：《曲靖八塔台与横大路》，科学出版社，2003年1月第109页。
3 四川省文物考古研究院、绵阳博物馆：《绵阳双包山汉墓》，文物出版社，2006年3月第94页。
4 南京博物院：《四川彭山汉代崖墓》，文物出版社，1991年7月第92页。
5 福建省博物馆：《崇安城村汉城探掘简报》，《考古与文物》1987年第6期。
6 重庆市文物考古所：《重庆市忠县将军村墓群汉墓的清理》，《考古》2011年第1期。
7 广西壮族自治区文物工作队、兴安县博物馆：《广西兴安县秦城遗址七里圩王城城址的勘探与发掘》，《考古》1998年第11期。
8 刘世旭、张正宁：《四川西昌市东坪村汉代炼铜遗址的调查》，《考古》1990年第12期。
9 礼州遗址联合考古发掘队：《四川西昌礼州发现的汉墓》，《考古》1980年第5期。
10 云南省文物考古研究所：《曲靖八塔台与横大路》，科学出版社，2003年1月第111页。
11 成都市文物考古研究所：《四川新都县三河镇五龙村汉代木椁墓发掘简报》，《成都考古发现·2000》，科学出版社，2002年9月第163页。
12 张家界市文物工作队：《湖南桑植朱家台汉代铁器铸造作坊遗址发掘报告》，《考古学报》2003年第3期。
13 礼州遗址联合考古发掘队：《四川西昌礼州发现的汉墓》，《考古》1980年第5期。
14 云南省文物考古研究所等：《云南昆明羊甫头墓地发掘简报》，《文物》2001年第4期。
15 中国社会科学院考古研究所等：《云南陆良县薛官堡墓地发掘简报》，《考古》2015年第4期。

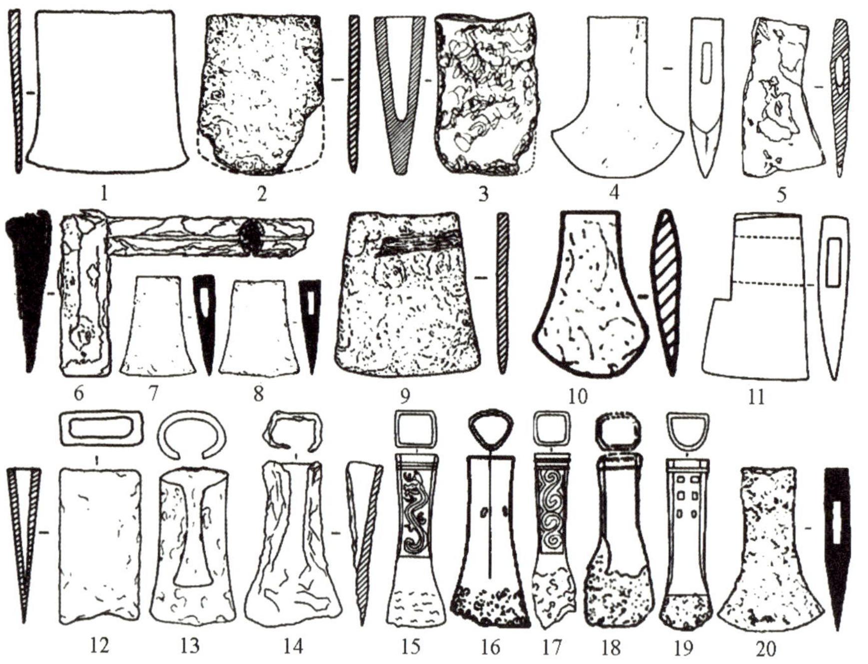

图 4-3-2 秦汉时期铜銎铁斧、板状斧、横銎斧

1、2、9、10. 板状斧（绵阳双包山 M1：71、西安北郊 M37：35-2、M37：35-3、洛阳吉利 C9M2441：5）3、6、12.A 型横銎斧（山东滕州 M1：51、洛阳烧沟 M1035：105A、山东滕州 M1：7）7、8.B 型横銎斧（章丘东平陵故城 0238、0239）4、20.C 型横銎斧（河南淅川 M38：7、洛阳金谷园 M1：12）5、11.D 型横銎斧（济南长清 M2：02、安徽淮北 M1：6）13、14. 锻銎铁斧（昆明羊甫头 M185：1、云南陆良薛官堡 M20：8）15~19. 铜銎铁斧（江川李家山 M57：201、M51：23、M51：19、呈贡石牌村 M1：4、江川李家山 M47：130）

4.5 厘米、銎宽 2.6 厘米、高 2.2 厘米[1]（图 4-3-2，16）。M51：19，刃残，銎部有对称钉孔，近口处有两道弦纹，正面饰回旋纹。残长 1.8 厘米、刃宽 3 厘米、銎宽 2.1 厘米、高 2.1 厘米（图 4-3-2，17）。M47：130，刃稍残，通体细长，窄刃弧出。銎正面有六方孔，作两行对称排列，两侧略折出棱，近口处有一道箍状弦纹，背面有一钉孔。通长 9.9 厘米、刃宽 2.8 厘米、銎宽 2.3 厘米、高 1.9 厘米（图 4-3-2，19）。呈贡石牌村出土 1 件（M1：4），四方形銎，銎口处铸凸弦纹两周，平刃。铁刃约占全长的四分之一。通长 8.3 厘米[2]（图 4-3-2，18）。年代皆为西汉中晚期。

横銎斧 长方形或椭圆形横銎用以装柄，单面刃或双面刃，一般为锻制。按照平面形制主要分为四型。

A 型：条形斧，平面略成长方形。山东滕州染山西汉中期画像石墓出土 1 件（M1：51），器身呈长方形，长方形直銎，两侧为直边。高 11 厘米、刃宽 7 厘米、厚 3.8 厘米，銎长 5 厘米、宽 1.8 厘米[3]（图 4-3-2，3）。洛阳烧沟汉墓出土 1 件（M1035：105A），带柄斧。斧体呈规整的长方形，顶部略拱，直刃。长 16.3 厘米、宽 4.2 厘米、厚 3 厘米。铁制斧柄，以木片包裹，出土时朽木尚存，直径 3.6 厘米[4]（图 4-3-2，6）。年代为东汉晚期。山东滕州羊庄镇对山西汉早期墓出土 1 件

1 云南省文物考古研究所等：《江川李家山（第二次发掘报告）》，文物出版社，2007 年 11 月第 159 页。
2 云南省博物馆文物工作队：《云南呈贡龙街石碑村古墓群发掘简报》，《文物资料丛刊》，1980 年第 3 期。
3 滕州市汉画像石馆：《山东滕州市染山西汉画像石墓》，《考古》2012 年第 1 期。
4 中国科学院考古研究所：《洛阳烧沟汉墓》，科学出版社，1959 年 12 月。

（M1：7），顶部方銎。残长 14.4 厘米、宽 8.1 厘米[1]（图 4-3-2，12）。此型斧还出土于南郑龙岗寺东汉晚期墓[2]、河南禹州新峰[3]等。

B 型：梯形斧，平面略成梯形。章丘东平陵故城出土 2 件，略束腰，横銎靠近顶部。其中 0238，长 12 厘米、刃部宽 9.5 厘米（图 4-3-2，7）；0239，长 12.4 厘米、刃部宽 10.8 厘米（图 4-3-2，8）。年代为汉代。此型斧还出土于洛阳烧沟东汉晚期墓、右玉善家堡、洛阳西郊汉墓及定县北庄汉墓等。

C 型：扇形斧，平面略成扇形，两刃角对称。河南淅川李沟西汉晚期墓出土 1 件（M38：7），上部长方形，下部弧形，双面弧刃，上部侧面对穿小长方孔。长 14 厘米、刃宽 12 厘米、背最厚处 5.2 厘米[4]（图 4-3-2，4）。洛阳金谷园西汉晚期墓出土 1 件（M1：12），上部作长方形，刃部作扇形，刃角外展，平顶。长 14.3 厘米、刃宽 10 厘米、顶宽 5 厘米、厚 2.2 厘米、横銎长 4.1 厘米、宽 1.1 厘米（图 4-3-2，20）。此型铁斧还出土于汉杜陵、陕西凤翔长青西汉汧河码头[5]等。

D 型：靴形斧，两刃角不对称。济南长清大觉寺村东汉时期墓出土 1 件（M2：02），方形銎口。长 13.8 厘米、宽 7.6 厘米、厚 0.8 厘米、刃厚 0.2 厘米[6]（图 4-3-2，5）。安徽淮北李楼一号东汉中期偏晚墓出土 1 件（M1：6），“L”形，上窄下宽，双面刃，背部较平整，斧身中部一侧转折内收，并置长方形銎孔，銎内残留朽木痕迹。高 12 厘米、背宽 5 厘米、刃宽 8 厘米，銎长 3.4 厘米、宽 1 厘米[7]（图 4-3-2，11）。此型斧还出土于安阳梯家口村[8]、章丘东平陵故城、鹤壁鹿楼等。

板状斧　薄片状，较为少见。绵阳双包山西汉晚期墓出土 1 件（M1：71），平面略成方形，平顶，弧刃。长 8.4 厘米、宽 8.7 厘米[9]（图 4-3-2，1）。西安北郊郑王村 37 号墓出土 2 件。其中 M37：35-2，刃端圆弧形，总长 11.25 厘米，宽 8.1~9.0 厘米，厚 0.75 厘米[10]（图 4-3-2，2）；M37：35-3，梯形，上小下大，刃端略呈弧形，长 12.0 厘米，宽 8.4~11.1 厘米，厚 0.9 厘米（图 4-3-2，9）。年代为西汉早期后段。洛阳吉利区西汉晚期墓出土 2 件，其中 C9M2441：5，刃弧外撇。长 6.9 厘米、刃宽 4.7 厘米[11]（图 4-3-2，10）。板状斧还出土于临潼上焦村秦墓[12]、鹤壁鹿楼、洛阳西郊汉墓等。

1 滕州市博物馆陈庆峰、孙柱才：《山东滕州市羊庄镇对山西汉墓的清理》，《考古》2003 年第 2 期。

2 陕西省考古研究所汉水考古队：《陕西南郑龙岗寺汉墓清理简报》，《考古与文物》1987 年第 6 期。

3 许昌市文物工作队：《河南禹州市新峰墓地 M10、M16 发掘简报》，《考古》2010 年第 9 期。

4 湖北文理学院襄阳及三国历史文化研究所、河南省文物局南水北调中线管理办公室、岳阳市文物考古研究所：《河南淅川李沟汉墓发掘报告》，《考古学报》2015 年第 3 期。

5 陕西省考古研究所、宝鸡市考古工作队、凤翔县博物馆：《陕西凤翔县长青西汉汧河码头仓储建筑遗址》，《考古》2005 年第 7 期。

6 济南市考古研究所、长清区文物管理所：《济南市长清区大觉寺村一、二号汉墓清理简报》，《考古》2004 年第 8 期。

7 安徽省文物考古研究所、淮北市博物馆：《安徽淮北市李楼一号、二号东汉墓》，《考古》2007 年第 8 期。

8 安阳市文物工作队：《安阳梯家口村汉墓的发掘》，《华夏考古》1993 年第 1 期。

9 四川省文物考古研究院、绵阳博物馆：《绵阳双包山汉墓》，文物出版社，2006 年 3 月第 31—32 页。

10 陕西省考古研究院编著：《西安北郊郑王村西汉墓》，三秦出版社，2008 年 10 月第 77 页。

11 郑州大学历史学院、洛阳市文物工作队：《洛阳吉利区汉墓（C9M2441）发掘简报》，《文物》2008 年第 4 期。

12 秦俑考古队：《临潼上焦村秦墓清理简报》，《考古与文物》1980 年第 2 期。

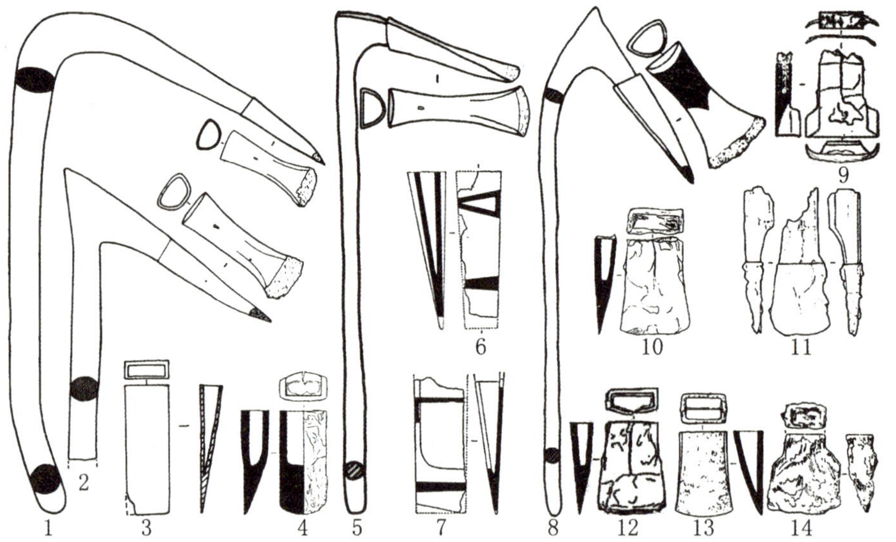

图 4-3-3　秦汉时期铁锛、铜銎铁锛

1、2、5、8. 铜銎铁锛（昆明羊甫头 M113：294-6、M113：294-2、M113：368-1、M113：321-10）3、4、6、7.A 型铁锛（山东青州 QM：158、南越王墓 C145-62、广西银山岭 M92：11、M108：32）9、14.C 型铁锛（南越王墓 C134-3、秦汉造船工厂）10~13.B 型铁锛（南越王墓 C145-5、B：37、C145-4、陕西凤翔 T15④：167）

2. 锛

平面呈长方形，长方形竖銎，单面刃，有铸造和锻造两种。按照平面形制，可分为三型。

A 型：体作长方形，銎部与刃部大致等宽或略宽。山东青州马家冢子东汉中晚期墓出土 2 件，其中 QM：158，宽 2.6 厘米、高 7.6 厘米[1]（图 4-3-3，3）。南越王墓出土 1 件（C145-62），锻制，体窄长，刃口略弧，长方形銎。长 8 厘米、宽 3.6 厘米、宽 2.2 厘米（图 4-3-3，4）。广西平乐银山岭出土 2 件，其中 M92：11，横截面近似等腰三角形，三角銎。长 12 厘米、刃宽 35 厘米[2]（图 4-3-3，6）；M108：32，横截面成曲尺形，三角形銎。长 11 厘米、刃宽 4 厘米（图 4-3-3，7）。此型锛还出土于陇县店子秦代墓、鹿泉高庄、洛阳烧沟等。

B 型：体呈梯形，銎部窄于刃部。南越王墓出土 3 件，其中 C145-5，长 8 厘米、宽 6.1 厘米，銎长 4.8 厘米、宽 2 厘米（图 4-3-3，10）；B：37，銎口内纳装木叶，木叶上厚下薄，高出銎口 10 厘米，髹漆，上端有一横穿以横向装柄。长 8 厘米、刃部宽 7 厘米（图 4-3-3，11）；C145-4，锻制，体较宽，弧刃，长方銎。长 8.2 厘米、宽 6.2 厘米。銎长 4.5 厘米、宽 2 厘米（图 4-3-3，12）。陕西凤翔长青西汉汧河码头仓储建筑遗址出土 1 件（T15④：167），直背，高 11.6 厘米、宽 8.2 厘米[3]（图 4-3-3，13）。

C 型：有段锛，即銎下部制成台阶状形成段。南越王墓出土 1 件（C134-3），锻制，双肩卷刃，刃两端向内弯曲。长方筒形柄，一面有锻打的接合缝，銎内尚有朽木。长 7.2 厘米、宽 7.2 厘米，銎长 4 厘米、宽 1.5 厘米，柄长 4 厘米（图 4-3-3，9）。广州秦汉造船工厂遗址出土 1 件，宽刃，长方銎。通长 8.3 厘米、

1 山东省青州市博物馆：《山东青州市马家冢子东汉墓的清理》，《考古》2007 年第 6 期。

2 广西壮族自治区文物工作队：《平乐银山岭战国墓》，《考古学报》1978 年第 2 期。

3 陕西省考古研究所、宝鸡市考古工作队、凤翔县博物馆：《陕西凤翔县长青西汉汧河码头仓储建筑遗址》，《考古》2005 年第 7 期。

刃宽 7.5 厘米[1]（图 4-3-3，14）。年代为秦统一岭南时期至西汉初。此型锛还出土于郑州古荥镇。

云南地区发现铁刃铜锛。昆明羊甫头 M113 出土 4 件，分别为 M113：294-6（图 4-3-3，1）、M113：294-2（图 4-3-3，2）、M113：368-1（图 4-3-3，5）、M113：321-10（图 4-3-3，8）。半圆形銎，刃口部铁质，均带曲柲。锛长 7.6~15.6 厘米、柲长 30.8~62 厘米。年代为西汉早中期。

3. 凿

分无銎凿与有銎凿两种，有銎凿较为常见。

无銎凿 如洛阳孟津朱仓 M722 帝陵陵园出土 1 件（F5：6），长条形，一端有方形帽，另一端有刃。长 15 厘米、宽 1.9 厘米、厚 0.5 厘米[2]（图 4-3-4，1）。中江塔梁子东汉晚期崖墓出土 1 件（M3：28），两侧近刃部逐渐变宽，刃部略弧。长 17.5 厘米、宽 0.8~3.2 厘米、厚 0.5 厘米[3]（图 4-3-4，2）。陕西凤翔长青西汉汧河码头仓储建筑遗址出土 1 件（T12④：169），圆形帽，有长期打击铁屑痕。圆柱状凿体，单面圆刃。通长 19.6 厘米、直径 0.15 厘米[4]（图 4-3-4，3）。三台郪江崖墓出土 1 件（柏 M5：2），长 10.6 厘米[5]（图 4-3-4，4）。这类实心凿还出土于山东长清双乳山一号汉墓[6]、江苏徐州汉代采石遗址[7]、云南陆良薛官

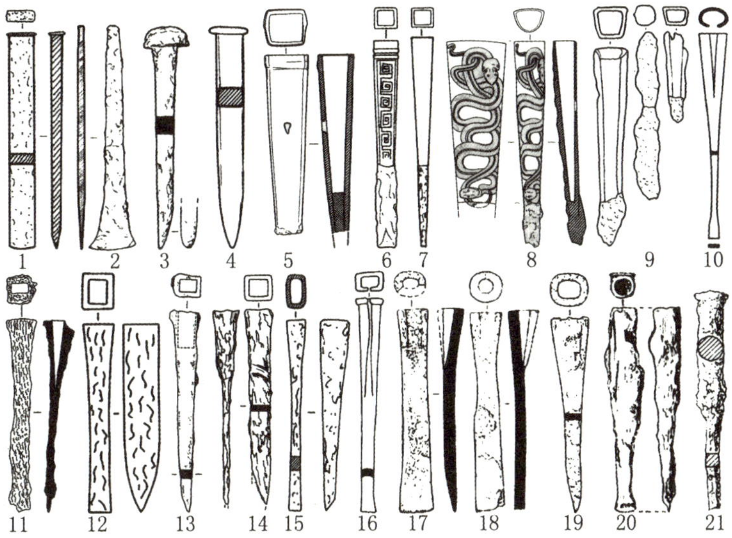

图 4-3-4　秦汉时期铁凿、铜銎铁刃凿

1~4. 无銎铁凿（洛阳孟津 F5：6、中江塔梁子 M3：28、陕西凤翔 T12④：169、三台郪江柏 M5：2）5~9. 铜銎铁刃凿（晋宁石寨山 M71：200①、江川李家山 M51：141、M47：199、晋宁石寨山 M71：200②、昆明羊甫头 M297：12）10、17~21.B 型有銎铁凿（广西银山岭 M53：37、南阳瓦房庄 T4①A：156、T4①A：96、T2①A：32、广州西汉前期墓 M1041：40、恭城牛路头东汉后期墓）11~16.A 型有銎铁凿（河北宣化 M2：15、云南澄江 M166：11、秦始皇陵园 T1G2：6、曲靖八塔台 M23：3、重庆忠县 M60：12、天长三角圩 M1：192-10）

---

1 广州市文物管理处、中山大学考古专业 75 届工农兵学员：《广州秦汉造船工场遗址试掘》，《文物》1977 年第 4 期。

2 洛阳市第二文物工作队：《洛阳孟津朱仓东汉帝陵陵园遗址》，《文物》2011 年第 9 期。

3 四川省文物考古研究院等：《中江塔梁子崖墓》，文物出版社，2008 年 1 月第 91 页。

4 陕西省考古研究所、宝鸡市考古工作队、凤翔县博物馆：《陕西凤翔县长青西汉汧河码头仓储建筑遗址》，《考古》2005 年第 7 期。

5 四川省文物考古研究院等：《三台郪江崖墓》，文物出版社，2007 年 8 月第 245 页。

6 山东大学考古系、山东省文物局、长清县文化局：《山东长清县双乳山一号汉墓发掘简报》，《考古》1997 年第 3 期。

7 徐州博物馆：《江苏徐州市汉代采石遗址发掘简报》，《考古》2010 年第 11 期。

堡[1]、曲靖八塔台[2]、四川理县佳山[3]等。

有銎凿 整器呈长条形，竖銎，侧面呈楔形，一般为单面刃，有锻制与铸制两种。按照銎部形状可分两型。

A型：方形銎或梯形銎口。此型凿最常见。河北宣化东升路东汉中晚期墓出土1件（M2：15），器身较直，有束腰感。长13.3厘米、宽2.2厘米[4]（图4-3-4，11）。云南澄江金莲山出土1件（M166：11），双面刃，刃端较窄，正背面略弧，近下端弧收成刃，刃稍宽。长14.8厘米、刃宽1.8厘米、銎宽2.4厘米、厚2.8厘米[5]（图4-3-4，12）。年代为西汉中晚期至东汉初期。秦始皇陵园K9901出土1件（T1G2：6），器身长直，横断面呈矩形，单面刃。通长17厘米、銎内口长1.5厘米、宽1厘米，銎部壁厚0.4厘米[6]（图4-3-4，13）。曲靖八塔台西汉后期墓出土1件（M27：7），平顶，方形銎口，锋部宽扁形。残长19.6厘米[7]（图4-3-4，14）。重庆忠县将军村西汉中晚期墓出土1件（M60：12），单面斜刃。长19厘米、刃宽1.2厘米[8]（图4-3-4，15）。天长三角圩西汉中晚期墓出土1件（M1：192-10），长方形銎，锻制，銎部一侧接缝明显。长26.5厘米、刃宽1.7厘米（图4-3-4，16）。此型凿还出土于长武丁家、渭南田市镇、西昌东坪村、南越王墓、南越宫苑遗址、湖南桑植朱家台等。

B型：圆銎口，銎口呈圆形或椭圆形。广西平乐银山岭出土1件（M53：37），方锥形扁刃，卷筒椭圆銎。长18厘米[9]（图4-3-4，10）。年代为秦至西汉文帝时期。南阳瓦房庄出土21件，均为锻制。其中T4①A：156，椭圆形銎口，刃部扁宽，长13厘米、刃宽2.2厘米（图4-3-4，17）；T4①A：96，宽刃，刃部残，残长16.8厘米（图4-3-4，18）；T2①A：32，銎口呈椭圆形，窄刃，长14.5厘米（图4-3-4，19）。广州西汉前期墓出土1件（M1041：40），柄呈圆柱形，上大下小，刃两端外撇，长15.5厘米、刃宽1.6厘米[10]（图4-3-4，20）。恭城牛路头东汉后期墓出土1件，柄为圆柱形，上端有卷口痕，凿身横断面近圆形。凿身长5厘米、边宽0.6厘米、通长12.8厘米[11]（图4-3-4，21）。此型凿还出土于古荥镇等。

边远地区还发现有铜銎铁刃凿，銎口呈方形、梯形或椭圆形。如晋宁石寨山出土2件，其中M71：200①，整体作长条形。銎口饰弦纹一道。残长9.1厘米、銎口长2.2厘米（图4-3-4，5）。M71：200②，整体作长条形，銎内存木柲，

---

1 中国社会科学院考古研究所、云南省文物考古研究所、曲靖市文物管理所等：《云南陆良县薛官堡墓地发掘简报》，《考古》2015年第4期。

2 云南省文物考古研究所：《曲靖八塔台与横大路》，科学出版社，2003年1月第110页。

3 阿坝藏族羌族自治州文管所、理县文化馆：《四川理县佳山石棺葬发掘清理报告》，《南方民族考古》（第一辑），四川大学出版社，1987年第228页。

4 张家口市宣化区文物保管所：《河北宣化东升路东汉墓发掘简报》，《文物》2014年第3期。

5 云南省文物考古研究所、玉溪市文物管理所、澄江县文物管理所等：《云南澄江县金莲山墓地2008—2009年发掘简报》，《考古》2011年第1期。

6 始皇陵考古队：《秦始皇陵园K9901试掘简报》，《考古》2001年第1期。

7 云南省文物考古研究所：《曲靖八塔台与横大路》，科学出版社，2003年1月第110页。

8 重庆市文物考古所：《重庆市忠县将军村墓群汉墓的清理》，《考古》2011年第1期。

9 广西壮族自治区文物工作队：《平乐银山岭汉墓》，《考古学报》1978年第4期。

10 广州市文物管理委员会、广州市博物馆：《广州汉墓》，文物出版社，1981年12月第162页。

11 恭城瑶族自治县文物管理所：《广西恭城县牛头路发现一座东汉石室墓》，《考古》1998年第1期。

铜錾体外饰两条相互缠绕的蛇，从蛇的头部和蛇体的粗壮来看，似乎不是同一种蛇。残长 11.4 厘米、刃宽 1.1 厘米[1]（图 4-3-4，8）。江川李家山出土 2 件，其中 M51：141，铜錾两面饰雷纹，近口处有粗弦纹，錾内残留 12 厘米的残木柄，表面涂红色。通长 14 厘米、刃宽 1.2 厘米、錾宽 1.6 厘米、高 1.4 厘米（图 4-3-4，6）。M47：199，通长 15.6 厘米、刃宽 0.4 厘米、錾宽 1.6 厘米、高 1.5 厘米[2]（图 4-3-4，7）。昆明羊甫头也有出土，其中 M297：12，梯形錾，残长 4.8~10.4 厘米[3]（图 4-3-4，9）。年代皆为西汉中晚期。

此外，还有一种锻錾的凿形器，形态如凿，呈 C 形，出土于武夷山城村汉城、满城汉墓、桑植朱家台等地。用途尚不明，可能用于木作或用于山地的挖掘。

4. 锯

锯为单刃，依据外形可分为条形锯和弧形锯。

条形单刃锯 发现较多，当分属于手锯或架锯等，残存局部难以复原。江川李家山东汉早期墓出土 1 件（M86：51），长条形薄片，锯齿细小，前端齐平，后端弯曲，背侧延出条形柄，断面略作方形，柄末端稍下曲，锯身两面留有竹木残痕。现存总长 29.2 厘米、柄长 8.6 厘米、锯宽 4.2 厘米[4]（图 4-3-5，1）。贵州黔西东汉晚期墓出土 1 件（M30：9），直柄，环首扁圆，长 32.7 厘米[5]（图 4-3-5，2）。赫章可乐西汉中期墓出土 1 件（M281：22），靠背一侧两面保留一道整齐的木痕，显示曾嵌于木条内使用，现存两段。一段长 9.1 厘米，一段长 11.1 厘米，宽 2.65 厘米，厚 0.2 厘米，齿均宽 0.31 厘米，高 0.12 厘米[6]（图 4-3-5，3）。四川新津大云山汉墓出土 1 件（M1：48），锯齿端尖薄，出土时上面粘连一铁钩状物，下面粘连一石片。残长约 15 厘米，宽 4.5 厘米，最厚处 0.5 厘米[7]（图 4-3-5，4）。该墓使用的持续时间较长，可从东汉早期持续至东汉晚期。条形锯还出土于湖南长沙金塘坡东汉中期墓[8]、宝鸡斗鸡台东汉墓[9]、巫山麦沱西汉晚期墓[10]等。

弧形锯 长葛石固新莽墓出土 1 件，锯体弯弧成半圆形，锯齿均向中间倾斜，并间隔向两侧弯曲。两端的锯柄处，齿被磨去，但仍保留有齿痕迹。锯中部有明显的两段锻接痕迹，靠近锯齿的一边锻接得很严密，锻接的端头均呈 90° 角，说明分段锻制后锻接为整体。两柄间距 72 厘米，宽 2.0~4.0 厘米，厚 0.2 厘米[11]（图 4-3-5，5）。金相分析显示，系铸铁脱碳钢制品，即由铸铁脱碳退火成钢后锻制

1 云南省文物考古研究所等：《晋宁石寨山第五次发掘报告》，文物出版社，2009 年 10 月第 92 页。
2 云南省文物考古研究所等：《江川李家山（第二次发掘报告）》，文物出版社，2007 年 11 月第 159 页。
3 云南省文物考古研究所等：《昆明羊甫头墓地》，科学出版社，2005 年 7 月第 531 页。
4 云南省文物考古研究所等：《江川李家山第二次发掘报告》，文物出版社，2007 年 11 月第 161 页。
5 贵州省文物考古研究所、黔西县文物管理所：《贵州黔西县汉墓的发掘》，《考古》2006 年第 8 期。
6 贵州省文物考古研究所：《赫章可乐二〇〇〇年发掘报告》，文物出版社，2008 年 6 月第 256 页。
7 成都文物考古研究所、新津县文物管理所：《成都市新津县大云山东汉崖墓的清理》，《考古》2011 年第 5 期。
8 湖南省博物馆：《长沙金塘坡东汉墓发掘简报》，《考古》1979 年第 5 期。
9 苏秉琦：《斗鸡台沟东区墓葬》，国立北平研究院史学研究所，1948 年第 228 页。
10 重庆市文化局等：《重庆市巫山麦沱汉墓群发掘报告》，《考古学报》1999 年第 2 期。
11 河南省文物研究所：《河南长葛汉墓出土的铁器》，《考古》1982 年第 1 期。

而成[1]。章丘东平陵故城、鹤壁鹿楼汉代冶铁遗址中也有出土。

5. 削刀

秦汉时期铁削刀仍然多见，均为环首，通长一般在20厘米左右，最长者可达30余厘米。从形制可分为弯体削刀及直体削刀两型。

A型：弯体削刀。拱背，内弧刃。南越王墓出土2件，整体略弧，前段斜收成锋，刀套入木鞘内，全器用丝绢包裹。其中C123，通长23厘米（图4-3-6，2）；C124，通长33厘米、刀身宽3.3厘米（图4-3-6，3）。年代为西汉前期。荥经同心村出土1件（M6：20），直柄，柄尾环首下曲，弧背微拱，弧刃，尖锋。通长21.5厘米，刀身宽2.6厘米，柄长9.8厘米，柄宽1.6厘米[2]（图4-3-6，5）。年代为秦代。成都金沙村廊桥遗址出土1件（Q⑦：46），长19.5厘米、宽2.2厘米[3]（图4-3-6，6）。年代为西汉时期。此型削刀还出土于南越王墓、洛阳烧沟等。

B型：直体削刀，刀身宽于刀柄或与刀柄大致等宽最为常见，刀身窄于刀柄较为少见。天长三角圩西汉中晚期墓出土1件（M1：31），刀体断面呈楔形，环首较大并用金箔包裹。通长38厘米（图4-3-6，1）。湘乡可心亭西汉中晚期墓出土1件，刀身短于刀柄。通长17.5厘米[4]（图4-3-6，4）。三门峡市三里桥西汉初期墓出土1件（M59：1），环首较大，呈椭圆形。通长17.5厘米（图4-3-6，7）。成都天回山东汉晚期墓M3出土1件，

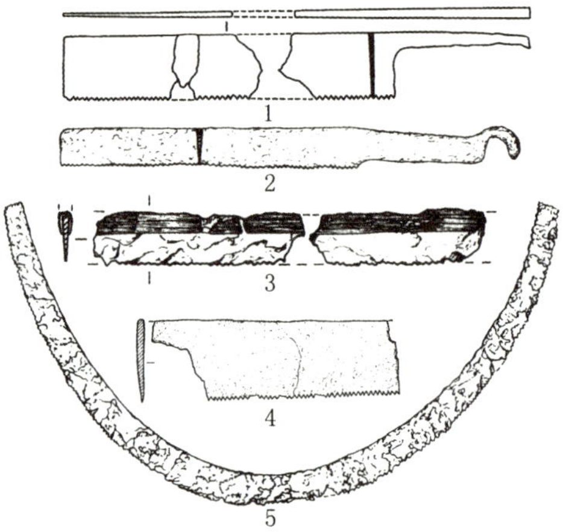

图4-3-5　秦汉时期铁锯

1~4.条形锯（江川李家山M86：51、贵州黔西M30：9、赫章可乐M281：22、四川新津M1：48）5.弧形锯（长葛石固）

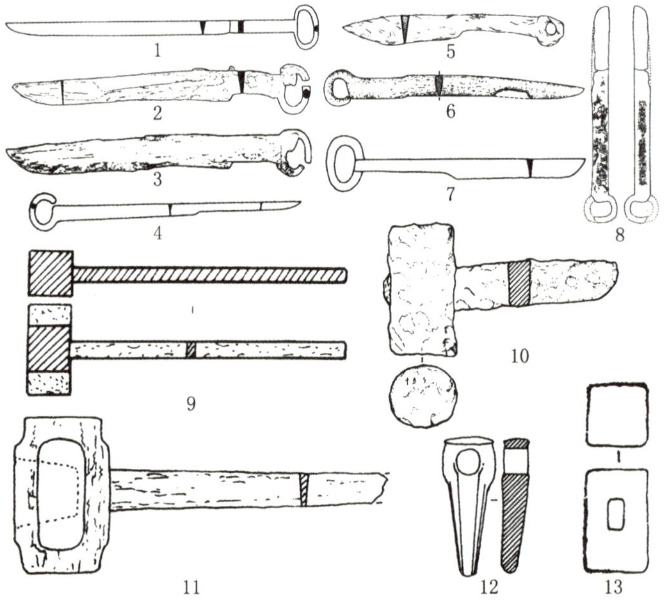

图4-3-6　秦汉时期铁锤、削刀

1、4、7、8.直体削刀（天长三角圩M1：31、湘乡可心亭西汉中期墓、三门峡三里桥M59：1、成都天回山东汉晚期墓）2、3、5、6.弯体削刀（南越王墓C123、C124、荥经同心村M6：20、成都金沙村Q⑦：46）9、13.四棱锤（洛阳孟津T231③：1、浙江龙游87龙东M13：2）10、11.圆柱锤（宁夏固原M3：23、山东微山M28：3）12.锥状锤（河北鹿泉M1：716）

1 李仲达：《长葛汉墓出土东汉铁器金相分析》，《考古》1982年第3期。

2 四川省文物考古研究所：《荥经县同心村巴蜀船棺葬发掘报告》，《四川考古报告集》，文物出版社，1998年第269页。

3 成都文物考古研究所：《成都市青羊区金沙村汉代廊桥遗址发掘简报》，《成都考古发现·2008》，科学出版社，2010年12月第258页。

4 湘乡县博物馆：《湖南湘乡可心亭汉墓》，《考古》1966年第5期。

环部鎏金，刀身一面用金丝嵌着铭文，铭文隶书“光和七年广汉工官□□□服者尊长保子孙宜侯王□宜□”24字，另一面饰图案，图案为三组凤鸟纹。长18.5厘米，宽1.5厘米[1]（图4-3-6，8）。

各地两汉墓葬多常见直体削刀。在江川李家山西汉中晚期墓中还出土有铜柄铁削刀[2]。

6. 锤

锤有四棱锤、圆柱锤、锥状锤等类型。

A型：四棱锤。洛阳孟津出土1件（T231③：1），长4厘米、宽2厘米、厚2厘米。中间一侧安柄，柄长12.4厘米、宽0.8厘米、厚0.6厘米[3]（图4-3-6，9）。年代为东汉时期。浙江龙游东华山汉墓出土1件（87龙东M13：2），方柱体，弧抹角。锤身作一长方形穿用来安把。穿内残留朽烂木质。大小为2.7厘米×2.7厘米×4.2厘米[4]（图4-3-6，13）。此型铁锤还出土于广州南越王墓、江川李家山西汉后期墓等。

B型：圆柱锤，锤体呈圆柱形。宁夏固原城3号墓出土2件。铸造。其中M3：23，长椭圆，柱状形。柱状中间安装铁制柄，柄后端残断。从锤孔中，柄前端安装出头观察，应是锤柄分铸后安装而成。锤长5.4厘米，宽2.5厘米×2.8厘米，柄残长7厘米、宽1.8厘米、厚0.9厘米。重200克[5]（图4-3-6，10）。年代为西汉中期偏早阶段。山东微山岛西汉晚期墓出土1件（M28：3），铁柄残存部分，锤头前面有銎口，口内可能安有木构件，已朽。锤体一侧有长方形凹窝。锤头高6.4厘米、通长15厘米[6]（图4-3-6，11）。此型铁锤还出土于西昌礼州中学西汉晚期墓[7]、成都东北郊西汉晚期墓[8]、大理庆洞东汉时期墓[9]、南越王墓、易县燕下都东沈村等。

C型：锥状锤。河北鹿泉高庄西汉中期墓出土1件（M1：716），一端作圆形平顶，另一端为八棱锥状，钝尖，圆形横銎。长9.4厘米[10]（图4-3-6，12）。

（二）土作农耕器具

土作农耕器具是指用于各种土作工程、农耕作业以及渔猎等生产活动的铁工具[11]。因种类较多，按照用途又可分为垦耕、整地工具，播种和中耕工具以及收割

1 刘志远：《成都天回山崖墓清理记》，《考古学报》1958年第1期。

2 云南省文物考古研究所等：《江川李家山第二次发掘报告》，文物出版社，2007年11月第161页。

3 洛阳市第二文物工作队：《洛阳孟津朱仓东汉帝陵陵园遗址》，《文物》2011年第9期。

4 朱土生：《浙江龙游县东华山汉墓》，《考古》1993年第4期。

5 固原博物馆：《宁夏固原城西汉墓》，《考古学报》2004年第2期。

6 微山县文物管理所：《山东微山县微山岛汉代墓葬》，《考古》2009年第10期。

7 礼州遗址联合考古发掘队：《四川西昌礼州发现的汉墓》，《考古》1980年第5期。

8 四川省文物管理委员会：《成都东北郊西汉墓葬发掘简报》，《考古》1958年第2期。

9 杨伟林：《大理庆洞东汉墓的清理》，《云南文物》2006年第1期。

10 河北省文物考古研究所等：《河北高庄汉墓发掘简报》，《河北省考古文集》（二），燕山出版社，2001年第161页。

11 中国社会科学院考古研究所：《中国考古学·秦汉卷》，中国社会科学出版社，2010年7月。详见该书第9章《秦汉时期的农业》。

工具。

秦汉时期是铁制农具广泛应用与普及的时代。《盐铁论》说“农，天下之大业也；铁器，民之大用也”[1]，说明铁制农具的受重视程度。

1. 垦耕、整地工具

秦汉时期的垦耕工具主要有犁、镢、锸等，多齿镢等主要用于碎土整地。

犁 秦汉时期的犁由铁质犁头及木质犁架组成，铁质犁头由犁铧、铧冠和犁镜三部分组成。

犁铧形制相近，尺寸有大、中、小之分，大型犁铧长、宽均在30厘米以上，最大者近50厘米；中型犁铧长、宽均在20~30厘米；小型犁铧长、宽均在20厘米以下。

大铧 正面起脊，背面平，刃部有较缓的舌形和锋利的三角形两种，根据平面形制分两型。

A型：舌形刃，后端平直或呈人字形。满城汉墓二号墓出土1件，舌形刃，中间起脊，形成分土的两坡式，平底，三角形銎孔。高10.2厘米、脊长32.5厘米、底长21厘米、宽30厘米。重3.25公斤（图4-3-7，1）。经鉴定为灰口铁和麻口铁混合组织，铧尖为麻口铁组织[2]。年代为西汉中期。陇县高楼村出有舌形大铧3件，一件面上有一道高凸脊，前端带有“V”形铧冠。通长39.5厘米、后宽37.7厘米、高14.3厘米[3]。年代为西汉。吉林集安出土1件，通长49.5厘米、尾宽48厘米[4]（图4-3-7，7）。此外，陕西凤翔[5]、蓝田鹿原寨乡、蒲城重泉村、礼泉县王相村、西安市阿房区[6]、渑池窖藏[7]、福建城村[8]等都出土过舌形大铧。

B型：三角形刃，后端平齐。山东乳山市大浩口村出土5件，铸制。铧底板平，后翘起。铧刃后缓，脊凸起，有銎。其中F036，长42厘米、宽25厘米、脊高5厘米[9]（图4-3-7，2）。年代为东汉末年或稍晚。河北兴隆发现1件，通长33.8厘米、尾宽29.7厘米、高11.5厘米、壁厚1厘米，重4.75公斤[10]。年代为汉代。滕县长城村出土1件，长48厘米、銎宽45厘米[11]（图4-3-7，8）。此型铁铧在凤翔也有出土，共7件，三角形銎，全长27~40厘米，重3~8公斤[12]。

中铧 临潼鱼池遗址出土1件，长27厘米、宽24.7厘米[13]（图4-3-7，

1 《盐铁论·水旱》。

2 中国社会科学院考古研究所、河北省文物管理处：《满城汉墓发掘报告》，文物出版社，1980年10月第281页。

3 河北省兴隆县文物保管所：《兴隆县发现汉代铁犁铧》，《农业考古》1987年第1期。

4 吉林省文物工作队庞志国、王国范：《吉林省汉代农业考古概述》，《农业考古》1983年第2期。

5 陕西省考古研究所、宝鸡市考古工作队、凤翔县博物馆：《陕西凤翔县长青西汉汧河码头仓储建筑遗址》，《考古》2005年第7期。

6 陕西省博物馆、陕西省文物管理委员会：《陕西省发现的汉代铁铧和鐴土》，《文物》1966年第1期。

7 河南省博物馆等：《渑池县发现的窖藏铁器》，《文物》1976年第8期。

8 福建省文物管理委员会：《福建崇安城村汉城遗址试掘》，《考古》1960年第10期。

9 乳山市文物管理所姜书振：《山东乳山市大浩口村出土汉代铁器》，《考古》1997年第8期。

10 河北省兴隆县文物保管所：《兴隆县发现汉代铁犁铧》，《农业考古》1987年第1期。

11 庄冬明：《滕县长城村发现汉代铁农具十余件》，《文物参考资料》1958年第3期。

12 雒金文：《凤翔出土一批汉代铁铧》，《文博》1988年第6期。

13 中国社会科学院考古研究所：《中国考古学·秦汉卷》，中国社会科学出版社，2010年7月第573页。

10）。

小铧 正背面鼓起，三角形刃或尖刃，銎口略呈圆角菱形。洛阳孟津朱仓M722帝陵陵园出土1件（T255②：2），平面略呈三角形，正面隆起有脊，脊饰卷云纹并开一孔。銎宽9厘米、刃宽15厘米、高13厘米[1]（图4-3-7，3）。年代为东汉。蓝田鹿原寨乡出土1件，前端稍尖。长15.7厘米、后宽14.2厘米、前宽10厘米、高7.5厘米[2]（图4-3-7，4）。陕西永寿也有出土，正背面均呈弧形，背面中部有一长圆孔。高11.7厘米、銎口长10.1厘米、宽4.8厘米[3]（图4-3-7，9）。小铧在陕西宝鸡[4]等关中地区也有发现。

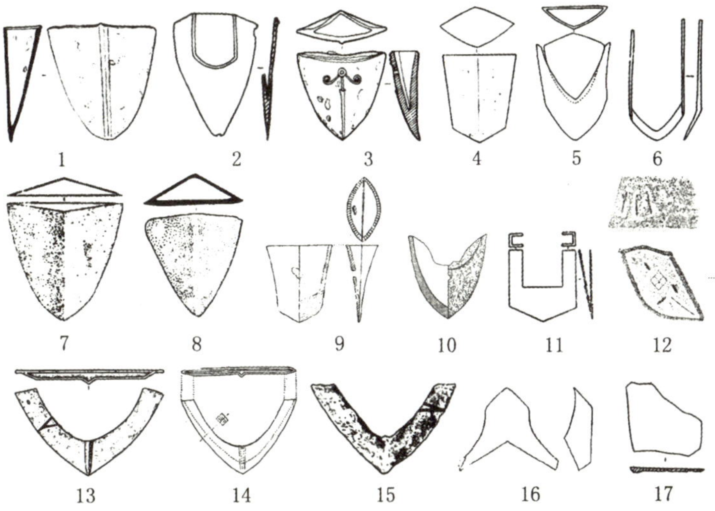

图4-3-7 秦汉铁犁铧、铧冠、鐴土

1、7.A型大铧（满城汉墓二号墓、吉林集安）2、8.B型大铧（山东乳山F036、滕县长城村）3、4、9.小铧（洛阳孟津T255②：2、蓝田鹿原寨乡、陕西永寿）5、11、13~15.铧冠（洛阳轴承厂汉代砖瓦窑、陕西蓝田、汉阳陵K22：4、陕西永寿、洛阳烧沟M1018：03）6.耘犁（渭南田市镇）10.中铧（临潼鱼池）12.鐴土铭文（咸阳赵家村）16.鞍形鐴土（陕西咸阳）17.菱形鐴土（山东乳山038）

铧冠 套合在铁质或木质犁铧刃部的利器，使犁铧更耐用，也可随时更换。断面呈"⎍"形，是为了与犁铧套合得更牢固。器呈V形。内侧V形銎以套合犁铧，外侧为刃。洛阳孟津朱仓M722帝陵陵园出土1件（T267②：3），仅存冠部，中部有脊。冠面残宽15.6厘米、残高4.5厘米[5]。年代为东汉。洛阳轴承厂汉代砖瓦窑遗址出土1件，长19厘米、冠面

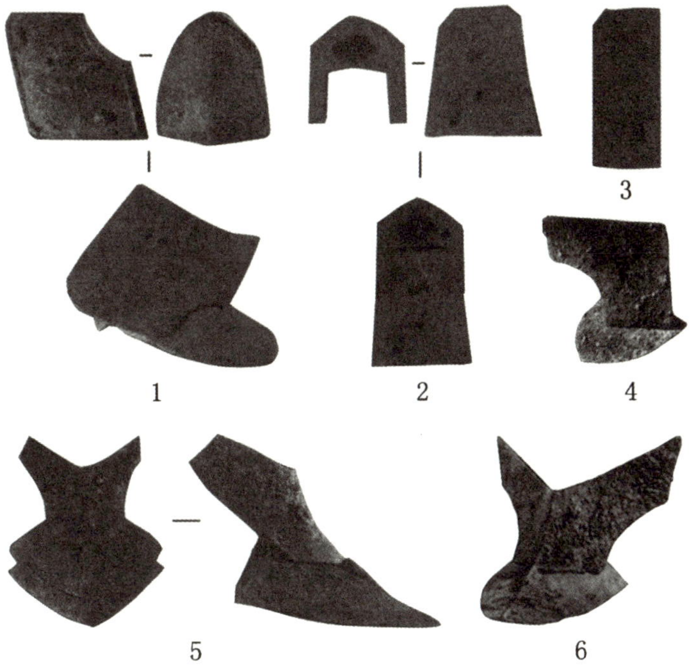

图4-3-8 秦汉铁犁铧、铧冠鐴土套合示意图

1、4.菱形鐴土与犁铧套合（陕西长安韦兆村、河南荥阳刘庄村279）2.铧冠与犁铧套合（陕西蓝田）3.长方形鐴土（陕西陇县）5、6.鞍形鐴土与犁铧套合（陕西礼泉、河南荥阳刘庄村277、274）

1 洛阳市第二文物工作队：《洛阳孟津朱仓东汉帝陵陵园遗址》，《文物》2011年第9期。

2 河北省兴隆县文物保管所：《兴隆县发现汉代铁犁铧》，《农业考古》1987年第1期。

3 中国社会科学院考古研究所刘庆柱：《陕西永寿出土的汉代铁农具》，《农业考古》1982年第1期。

4 中国历史博物馆：《简明中国历史图册》第4册，天津人民美术出版社，1979年第73页。

5 洛阳市第二文物工作队：《洛阳孟津朱仓东汉帝陵陵园遗址》，《文物》2011年第9期。

宽 12.4 厘米、壁厚 0.6 厘米[1]（图 4-3-7，5）。陕西蓝田出土小铧及铧冠，长 15.7 厘米、后宽 14.2 厘米、前宽 10 厘米、高 7.5 厘米[2]（图 4-3-7，11；图 4-3-8，2）。汉阳陵出土 1 件（K22：4），中起脊，两翼较长。长 14 厘米、宽 24.2 厘米、厚 2.3 厘米[3]（图 4-3-7，13）。陕西永寿出土 1 件，两翼前端汇成 120° 尖锋。高 17.6 厘米，每翼刃长 23.5 厘米，两翼尾部间距 28 厘米，翼尾宽 2.3 厘米，銎口宽 1.4 厘米[4]（图 4-3-7，14）。洛阳烧沟东汉前期墓出土 1 件（M1018：03），高 12.6 厘米、翼展宽 22.3 厘米、每翼刃长 16 厘米[5]（图 4-3-7，15）。长武丁家、陇县高楼村、凤翔孔家庄、渭南田市镇[6]、渑池窖藏也有出土。

鐴土 最初是用来破土开沟的，西汉时期发明了犁壁（又名犁镜、鐴土、犁鐴、犁盆等），与犁铧形成的连续弯曲面能将耕起的土垡破碎并翻转过去[7]。主要有两种形式，一种是土向两侧翻转的鞍形壁，陕西礼泉出土 1 件，下面前端有一突尖，使用时插入铧突脊小孔中，背面中部有两个穿绳的鼻纽。高 22 厘米，宽 23 厘米。与之套合的犁铧长 23.3 厘米，后宽 28 厘米，高 8.6 厘米[8]（图 4-3-8，5）。西安阿房区、咸阳（图 4-3-7，16）、渭南田市镇也有出土。另一种是土向一侧翻转的菱形及长方形壁，陕西长安韦兆村出土 1 件，为板瓦状的弧形，一面光素，背面弧起，弧度高 4.5 厘米，上有四个穿绳的鼻纽。长 34 厘米、宽 23 厘米。与之套合的犁铧长 29 厘米、宽 26 厘米、高 9 厘米（图 4-3-8，1）。陕西咸阳赵家村出土 1 组，铧背面铸一“川”字，长 37 厘米、后宽 35 厘米、高 11 厘米；鐴土背面铸一“田”字，长 46 厘米、宽 24 厘米[9]（图 4-3-7，12）。山东乳山市大浩口村出土2件，其中038，正面稍凹，背面有4个桥形系。长32厘米、宽28厘米[10]（图 4-3-7，17）。铸制。年代为东汉末年或稍晚。陕西陇县（图 4-3-8，3）也有出土。这两类鐴土在河南荥阳刘庄村（图 4-3-8，4、6）都有出土[11]。

耘犁[12] 可安装犁头、握柄及绳辕，称为耘犁[13]或铁铲犁[14]。整器呈U形，上部为平行双柄，长短有同有异。渭南田市镇出土 3 件，一大二小，小的一件前尖 V 形为平扁铁，在翼长 13 厘米处锻纽平行后为立扁铁，锻纽处向上折约 30° 。平行边长 28~32 厘米、宽 1 厘米、厚 1.8~2 厘米[15]（图 4-3-7，6）。锻制。山东沂水出

1 洛阳市第二文物工作队：《洛阳轴承厂汉代砖瓦窑场遗址》，《中原文物》1995 年第 4 期。

2 陕西省博物馆、陕西省文物管理委员会：《陕西省发现的汉代铁铧和鐴土》，《文物》1966 年第 1 期。

3 陕西省考古研究所汉陵考古队：《汉景帝阳陵南区从葬坑发掘第二号简报》，《文物》1994 年第 6 期。

4 中国社会科学院考古研究所刘庆柱：《陕西永寿出土的汉代铁农具》，《农业考古》1982 年第 1 期。

5 洛阳区考古发掘队：《洛阳烧沟汉墓》，科学出版社，1959 年 12 月第 188 页。

6 郭德发：《渭南市田市镇出土汉代铁器》，《考古与文物》1986 年第 3 期。

7 方庄猷：《战国以来中国步犁发展问题试探》，《考古》1964 年第 7 期。

8 陕西省博物馆、陕西省文物管理委员会：《陕西省发现的汉代铁铧和鐴土》，《文物》1966 年第 1 期。

9 陕西省博物馆、陕西省文物管理委员会：《陕西省发现的汉代铁铧和鐴土》，《文物》1966 年第 1 期。

10 乳山市文物管理所姜书振：《山东乳山市大浩口村出土汉代铁器》，《考古》1997 年第 8 期。

11 郑州市博物馆：《郑州近年发现的窖藏铜、铁器》，《考古学集刊》第 1 集，图版叁叁，2、3，中国社会科学出版社，1981 年。

12 部分考古简报及报告中称为铧锸、双柄犁、犁铧支架等。

13 李京华：《河南古代铁农具》，《农业考古》1984 年第 2 期；李京华：《河南古代铁农具（续）》，《农业考古》1985 年第 1 期。

14 王静如：《论中国古代耕犁和田亩的发展》，《农业考古》1983 年第 1 期。

15 郭德发：《渭南市田市镇出土汉代铁器》，《考古与文物》1986 年第 3 期。

土 2 件，形制基本同田市镇，锻纽处向上折 40°，锋正好套上铧铆。两翼至锋通长 50 厘米、立宽 1.2 厘米、厚 3.5 厘米[1]。年代为东汉时期。

镢 又作“钁”[2]，是秦汉时代大田作业的主要翻土农具之一，与犁互为补充应用。目前出土的皆为镢头，横向装柄，即柄的方向与镢头大致垂直。根据銎的方向分两类，即竖銎镢与横銎镢。

竖銎镢 又称“条形镢”，体重而身长，装曲柄。有长方形及椭圆形封闭銎口及“C”形半封闭銎口两种。江苏徐州市米山西汉早期墓出土 1 件（M3：27），平面略呈梯形。长 14.7 厘米、宽 8 厘米、銎壁厚 0.8 厘米[3]（图 4–3–9，1）。山东青岛平度界山西汉中期墓出土 1 件（M1：10），长 15.7 厘米[4]（图 4–3–9，2）。山东青州马家冢子东汉中晚期墓出土 1 件（QM：227），銎口下饰两周凸棱纹。宽 6.2~5.6 厘米、高 12 厘米[5]（图 4–3–9，3）。山东淄博张庄东汉后期画像石墓出土 1 件（标本 40），下部较宽，刃部呈弧状，顶有长六边形銎。长 13.7 厘米、宽 6~11.4 厘米、厚 3.6 厘米[6]（图 4–3–9，4）。桑植朱家台出土 1 件（朱菜 95：15），为不封闭的“C”形卷銎。通长 16 厘米、宽 5.6 厘米、厚 4 厘米[7]（图 4–3–9，8）。重庆忠县将军村西汉中晚期墓出土 1 件（M60：20），平面呈长条形，顶端卷成椭圆形封闭銎，溜肩，平刃。长 34 厘米、刃宽 8 厘米[8]（图 4–3–9，9）。江苏徐州后楼山[9]、山东沂水[10]、山西朔县[11]、黑龙江方正于家屯[12]等地也出土有竖銎镢。

横銎镢 又称“孔镢”，形制多样，装直柄，銎口方向与刃口方向一致。山东乳山大浩口村出土 1 件（F027），柄孔为长方形。残长 35 厘米，宽 8.2 厘米[13]（图 4–3–9，5）。年代为东汉末年或稍晚。洛阳烧沟东汉前期墓出土 1 件（M33：5），镢身扁如铲形。通长 15 厘米，刃口宽 9 厘米，长方形銎口长 3.3 厘米、宽 2.8 厘米[14]（图 4–3–9，6）。河南巩义新华东汉中期墓出土 1 件（M1：110），通长 12.6 厘米、刃宽 7.4 厘米[15]（图 4–3–9，7）。渭南田市镇[16]、长武丁家[17]、南阳瓦房

1 沂水县文物管理站：《山东沂水县发现汉代铁器窖藏》，《考古》1988 年第 6 期。
2 ［汉］许慎：《说文解字·金部》：“钁，大鉏（锄）也。”中华书局，1963 年。
3 徐州博物馆：《江苏徐州市米山汉墓》，《考古》1996 年第 4 期。
4 青岛市文物局、平度市博物馆：《山东青岛市平度界山汉墓的发掘》，《考古》2005 年第 6 期。
5 山东省青州市博物馆：《山东青州市马家冢子东汉墓的清理》，《考古》2007 年第 6 期。
6 淄博市博物馆：《山东淄博张庄东汉画像石墓》，《考古》1986 年第 8 期。
7 张家界文物工作队：《湖南桑植朱家台汉代铁器铸造作坊遗址发掘报告》，《考古学报》2003 年第 3 期。
8 重庆市文物考古所：《重庆市忠县将军村墓群汉墓的清理》，《考古》2011 年第 1 期。
9 徐州博物馆：《江苏徐州市后楼山八号西汉墓》，《考古》2006 年第 4 期。
10 沂水县文物管理站：《山东沂水县发现汉代铁器窖藏》，《考古》1988 年第 6 期。
11 山西省平朔考古队：《山西省朔县赵十八庄一号汉墓》，《考古》1988 年第 5 期。
12 黑龙江省文物考古研究所：《黑龙江方正于家屯汉代遗址发掘简报》，《文物》2009 年第 6 期。
13 乳山市文物管理所姜书振：《山东乳山市大浩口村出土汉代铁器》，《考古》1997 年第 8 期。
14 洛阳区考古发掘队：《洛阳烧沟汉墓》，科学出版社，1959 年 12 月。
15 郑州市文物考古研究所、巩义市文物保护管理所：《河南巩义市新华小区汉墓发掘简报》，《华夏考古》2001 年第 4 期。
16 郭德发：《渭南市田市镇出土汉代铁器》，《考古与文物》1986 年第 3 期。
17 刘庆柱：《陕西长武出土汉代铁器》，《考古与文物》1982 年第 1 期。

庄[1]、巩县铁生沟[2]等也出土有横銎镢。

秦汉时期，竖銎镢逐渐减少，横銎镢逐渐增多。横銎镢直接横装木柄，加塞木楔，使之更加坚固牢靠，使用时不易脱落，掘土功效更高，很快成为汉代以后的主要掘地农具之一。至宋元时期镢已定型，与今天农村所用者毫无二致。

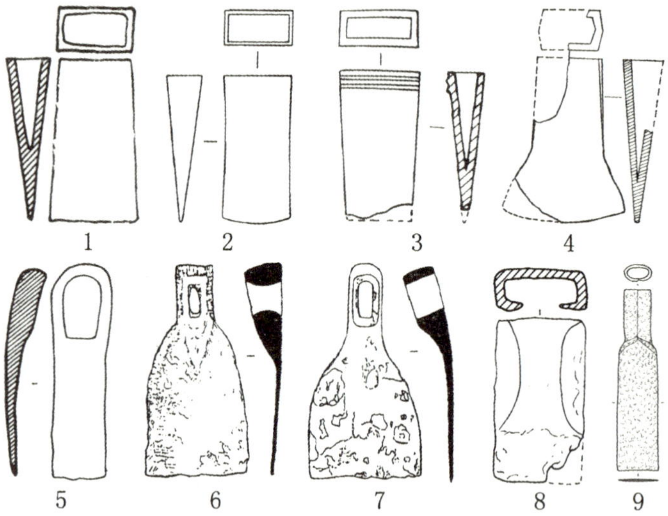

图 4-3-9 秦汉时期铁镢

1~4、8、9. 竖銎镢（江苏徐州 M3：27、山东青岛 M1：10、山东青州 QM：227、山东淄博标本 40、桑植朱家台朱菜 95：15、重庆忠县 M60：20）5~7. 横銎镢（山东乳山 F027、洛阳烧沟 M33：5、巩义新华 M1：110）

多齿镢 在一根横梁上并列多个（目前考古所见有二、三、五齿）铁齿，主要用于刨土、翻土、碎土等。满城汉墓出土二齿镢 1 件（M2：3116），方穿，二齿略作八字形，单范铸成。通长20.5厘米，齿长11.2厘米，穿4.5厘米 ×4.5厘米[3]（图4-3-10，1）。年代为西汉中期。二齿镢在河南古荥镇[4]、巩县铁生沟[5]等也有出土。章丘东平陵故城出土三齿镢 2 件（0244），长方形横銎，溜肩，镢齿断面呈梯形。通长15.6 厘米，宽 16.8 厘米（图 4-3-10，2）。徐州利国驿[6]、满城二号墓、保定东壁阳城也出土有三齿镢。福建崇安城村汉城出土五齿镢 1 件（T312：1），拱背，横长方形銎。高 11.2 厘米，宽 16 厘米[7]（图 4-3-10，3）。年代为西汉前期。易县燕下都 22 号墓也出土有五齿镢。

持镢图像材料见于大量的东汉画像石墓、画像砖墓，如四川渠县蒲家湾石阙[8]、江陵西汉墓[9]、邹城东汉画像石[10]等。

锸 汉代又写作“臿”或“梮”[11]，又称作“锹”[12]“梨”[13]等，是垦耕重要农具之一，主要用于起土、翻耕。考古出土的锸主要为“金属套刃”，作“鐅”，完

1 河南省文物研究所：《南阳北关瓦房庄汉代冶铁遗址发掘报告》，《华夏考古》1991 年第 1 期。

2 河南省文化局文物工作队：《巩县铁生沟》，文物出版社，1962 年 12 月。

3 中国社会科学院考古研究所、河北省文物管理处：《满城汉墓发掘报告》，文物出版社，1980 年第 280 页。

4 郑州市博物馆：《郑州古荥镇汉代冶铁遗址发掘简报》，《文物》1978 年第 2 期。

5 河南省文化局文物工作队：《巩县铁生沟》，文物出版社，1962 年 12 月第 33 页。

6 南京博物院：《利国驿古代炼铁炉的调查及清理》，《文物》1960 年第 4 期。

7 福建省博物馆：《崇安城村汉城探掘简报》，《文物》1985 年第 11 期。

8 中国农业博物馆：《汉代农业画像砖石》，中国农业出版社，1996 年 5 月第 36 页。

9 陈文华：《中国古代农业科技史图谱》，中国农业出版社，1991 年 12 月第 186 页。

10 刘培桂、郑建芳等：《邹城出土东汉画像石》，《文物》1994 年第 6 期。

11 贵县罗泊湾汉墓出土木牍和凤凰山 167 号汉墓遣策简文（见吉林大学历史系考古专业赴纪南城开门办学小分队《凤凰山一六七号汉墓遣策考释》，《文物》1976 年第 10 期）的“锸”字写作“梮”。

12 《史记·秦始皇本纪》：“禹凿龙门……身自持筑臿”。张守节《正义》：“臿，锹也。”

13 《汉书·沟洫志》记述关中居民歌颂白公渠称：“举臿为云，决渠为雨。”颜师古注：“臿，梨也，所以开渠者也。”

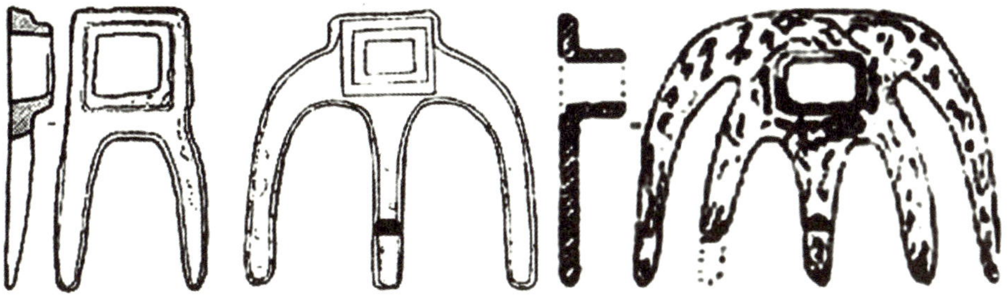

图 4-3-10 秦汉时期多齿镢
1. 二齿镢（满城汉墓 M2：3116）2. 三齿镢（章丘东平陵故城 0244）3. 五齿镢（武夷山城村汉城 T312：1）

整的锸由木柄、作为锸身的木叶和铁口组成，如长沙马王堆 3 号汉墓墓坑填土中出土一件完整的锸，柄呈圆柱形，锸身扁平，上刻“X”字。全长 139.5 厘米，木叶长 46.5 厘米，铁口刃宽 13.1 厘米，高 11 厘米[1]（图 4-3-15）。

锸的铁口部分主要有两种形制，分为直口锸与凹口锸。

凹口锸 平面呈“凹”字形，顶部中空为銎以纳木叶，前端为刃，刃口形状有直刃、三角形刃、弧形刃、舌形刃等，可能与土质及功用不同有关。使用凹口锸最直观的俑形象，有四川峨眉同兴村汉墓出土石持锸俑[2]（图 4-3-16）及四川新津陶执锸俑。根据其平面形制可分三型。

A 型：刃口与銎部大致等宽。湖北荆州谢家桥一号汉墓出土 20 件。出土时以棕绳捆缚成束，銎部多铸连（图 4-3-13）。其中 M1 西室：34-1，侧视一边斜直，另一边弧拱。长 12.85 厘米、宽 13 厘米[3]（图 4-3-11，7）。成都金沙村廊桥遗址出土 1 件（Q⑦：108），残长 10.6 厘米、宽 12.6 厘米[4]（图 4-3-11，5）。年代为东汉。此型凹口锸在重庆云阳李家坝遗址[5]（图 4-3-11，6）、四川双流华阳[6]、宜宾沙坝[7]（图 4-3-12）、贵州赫章可乐[8]、河北正定[9]、宜昌前坪[10]、南越王墓[11]、云南江川[12]等都有出土。

1 湖南省博物馆、中国科学院考古研究所：《长沙马王堆二、三号汉墓发掘简报》，《文物》1974 年第 7 期。

2 四川省博物馆、峨眉县文管所：《四川峨眉县发现东汉石俑》，《文物资料丛刊》第 4 辑，文物出版社，1981 年第 239 页。

3 荆州博物馆：《湖北荆州谢家桥一号汉墓发掘简报》，《文物》2009 年第 4 期。

4 成都文物考古研究所：《成都市青羊区金沙村汉代廊桥遗址发掘简报》，《成都考古发现·2008》，科学出版社，2010 年 12 月第 258 页。

5 四川大学历史文化学院考古系、重庆市文化局、云阳县文管所：《重庆云阳县李家坝遗址 1997 年度发掘简报》，《考古》2004 年第 6 期。

6 成都文物考古研究所、双流县文物管理所：《四川双流华阳镇“家益欣城”地点西汉土坑墓及唐宋砖室墓清理简报》，《成都考古发现·2010》，科学出版社，2012 年 12 月第 510 页。

7 四川省文物考古研究院、宜宾市博物院：《考古宜宾五千年》，文物出版社，2015 年 8 月。

8 贵州省文物考古研究所、赫章县文物局：《贵州赫章县可乐墓地两座汉代墓葬的发掘》，《考古》2015 年第 2 期。

9 辽宁省文物考古研究所：《河北正定野头墓地发掘简报》，《文物》2012 年第 1 期。

10 宜昌地区博物馆：《1978 年宜昌前坪汉墓发掘简报》，《考古》1985 年第 5 期。

11 广州市文物管理委员会：《西汉南越王墓》，文物出版社，1991 年 10 月第 334 页。

12 云南省文物考古研究所等：《江川李家山——第二次发掘报告》，文物出版社，2007 年 11 月第 161 页。

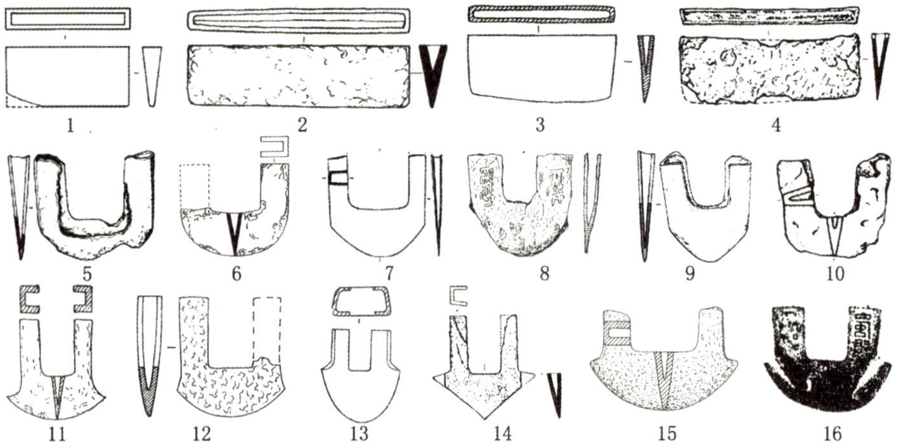

图 4-3-11　秦汉时期铁锸

1~4. 直口锸（河北鹿泉 M58：6、陕西凤翔 T11 ④：170、临淄金岭 M1：4、长葛石固）5~7.A 型凹口锸（成都金沙廊桥 Q⑦：108、重庆云阳 IAT701 ⑳：36、湖北荆州 M1 西室：34-1）8~10.C 型凹口锸（四川西昌东坪遗址、成都金沙廊桥 Q⑦：110、赫章可乐 M284：3）11~16.B 型凹口锸（山东青州 M82：01、重庆忠县 M130：11、江苏铜山 TJM：50、广西银山岭 M27：9、广西贵港 M2b：29、新都马家山 M6：4）

B 型：刃口明显宽于銎部。山东青州市戴家楼出土 3 件，形制相同。其中 M82：01，长 7.1 厘米、刃宽 7 厘米、首宽 5.5 厘米、首厚 1.8 厘米[1]（图 4-3-11，11）。年代为西汉中晚期。重庆忠县将军村出土 1 件（M130：11），长 12 厘米、刃宽 11 厘米[2]（图 4-3-11，12）。年代为西汉中期偏早。江苏铜山荆山出土 2 件，其中 TJM：50，长 9 厘米、首宽 5.6 厘米、厚 2.6 厘米、刃部宽 7.6 厘米[3]（图 4-3-11，13）。年代为宣帝或稍晚。广西平乐银山岭出土 1 件（M27：9），一面平，一面稍隆起，刃向外尖突，两侧微外撇。长 9.5 厘米、宽 9.2 厘米（图 4-3-11，14）。年代为秦至西汉文帝时期。广西贵港孔屋岭出土 1 件（M2b：29），宽 14.6 厘米、高 10 厘米[4]（图 4-3-11，15）。年代为西汉晚期偏早阶段。新都马家山东汉中期墓出土 1 件（M6：4），两翼皆有"蜀郡"铭文。高 10.7 厘米，最宽 13.2 厘米[5]（图 4-3-11，16）。此型铁锸还出土于四川成都蒲江（图 4-3-14）、广西钟山[6]、江苏铜山凤凰山[7]、湖北郧西老观庙[8]、河南杞县许村岗[9]、广东乐昌对面山[10]等。

1 山东省文物考古研究所：《山东青州市戴家楼战国西汉墓》，《考古》1995 年第 12 期。

2 重庆市文物考古研究所：《重庆市忠县将军村墓群汉墓的清理》，《考古》2011 年第 1 期。

3 徐州市博物馆：《江苏铜山县荆山汉墓发掘简报》，《考古》1992 年第 12 期。

4 广西文物考古研究所、贵港市博物馆：《广西贵港市孔屋岭汉墓 2009 年发掘简报》，《考古》2013 年第 9 期。

5 四川省博物馆、新都县文管所：《新都县马家山崖墓发掘简报》，《文物资料丛刊 9》，文物出版社，1985 年第 104 页。

6 广西壮族自治区文物工作队、钟山县博物馆：《广西钟山县张屋东汉墓》，《考古》1998 年第 11 期。

7 徐州博物馆：《江苏铜山县凤凰山汉墓》，《考古》2004 年第 5 期。

8 郧县地区博物馆祝恒富、王毅：《湖北郧西县老观庙汉墓的清理》，《考古》1999 年第 7 期。

9 开封市文物管理处：《河南杞县许村岗一号汉墓发掘简报》，《考古》2000 年第 1 期。

10 广东省文物考古研究所、乐昌市博物馆、韶关市博物馆：《广东乐昌市对面山东周秦汉墓》，《考古》2000 年第 6 期。

C型：刃口窄于銎部。四川西昌东坪村汉代炼铜遗址出土1件，顶下的两侧各铸以篆体铭文，从残存笔画看，似为“蜀郡”二字。长10.5厘米，顶宽12厘米[1]（图4-3-11，8）。成都金沙村廊桥遗址出土1件（Q⑦：110），长15.2厘米、宽12.6厘米[2]（图4-3-11，9）。年代为东汉。赫章可乐西汉中期墓出土1件（M284：3），长11.5厘米、銎端宽12.8厘米、凹口间距5.4厘米[3]（图4-3-11，10）。此型铁锸还出土于成都龙泉[4]、广西兴安[5]等。

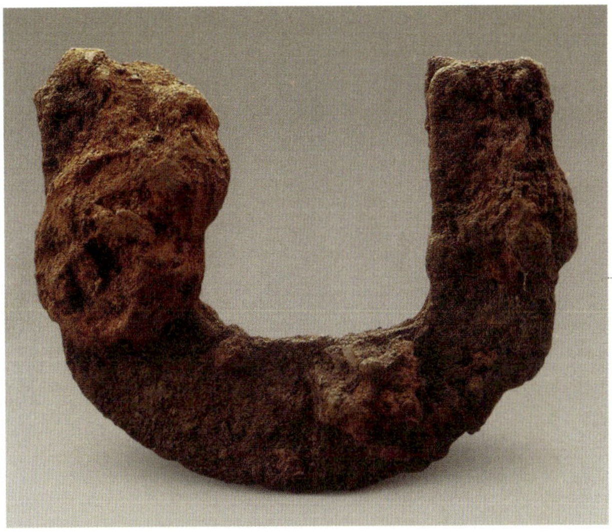

图4-3-12　A型凹口锸（四川宜宾沙坝遗址出土）

图4-3-13　A型凹口锸（湖北荆州谢家桥出土）

直口锸　又称一字形锸，平面呈横长方形，刃口平直，顶部中空为銎，以纳木叶。一种刃口与侧边夹角规整，一种略为弧形夹角。目前所见多为西汉时期出土，东汉时期也有出土。河北鹿泉西龙贵东汉晚期墓出土1件（M58：6），高6厘米、宽13.5厘米、厚0.5~2厘米[6]（图4-3-11，1）。陕西凤翔长青西汉汧河码头仓储建筑遗址出土1件（T11④：170），双面刃。长18厘米、高5厘米[7]（图4-3-11，2）。年代为西汉时期。临淄金岭东汉前期墓出土1件（M1：4），首宽略大于刃宽，刃微弧。首宽14.1厘米、厚1.4厘米、刃宽13.2厘米、高6.3厘米[8]（图4-3-11，3）。长葛石固王莽时期墓出土3件，正面中央处铸有阴文“川”字铭文。横长16.6厘米，高5.7厘米（图4-3-11，4）。

1 刘世旭、张正宁：《四川西昌市东坪村汉代炼铜遗址的调查》，《考古》1990年第12期。
2 成都文物考古研究所：《成都市青羊区金沙村汉代廊桥遗址发掘简报》，《成都考古发现·2008》，科学出版社，2010年12月第258页。
3 贵州省文物考古研究所：《赫章可乐二〇〇〇年发掘报告》，文物出版社，2008年6月第265页。
4 成都市文物考古研究所、龙泉驿区文物管理所：《成都龙泉驿区北干道木椁墓群发掘简报》，《文物》2000年第8期。
5 广西壮族自治区文物工作队、兴安县博物馆：《广西兴安县秦城遗址七里圩王城城址的勘探与发掘》，《考古》1998年第11期。
6 四川大学历史文化学院考古系、上海大学艺术研究院美术考古研究中心、河北省文物研究所等：《河北鹿泉西龙贵汉代墓葬》，《考古学报》2013年第1期。
7 陕西省考古研究所、宝鸡市考古工作队、凤翔县博物馆：《陕西凤翔县长青西汉汧河码头仓储建筑遗址》，《考古》2005年第7期。
8 山东省文物考古研究所：《山东临淄金岭镇一号东汉墓》，《考古学报》1999年第1期。

图 4-3-14　B 型凹口锸（成都蒲江出土“蜀郡”铭文锸）

图 4-3-15　长沙马王堆 3 号墓出土木锸

图 4-3-16　四川峨眉同兴村汉墓出土石持锸俑

经检测，材质为过共晶白口铁，局部为麻口铁[1]。

锸主要是由双齿耒演化而来的，双齿耒和双齿锸在一定阶段是难以区别的，特别是全木制阶段的时候更是如此。铜器时代后，木锸增加了青铜套刃，锸、耒有了明显区别。

耒耜是由耒和耜两种独立的原始农具结合演化而成的另一种复式新农具[2]。作为柄的木棒有直有曲，直柄耒耜演化出了铲、锨、锹等，曲柄耒耜演化出了踏犁、镵、耧犁、耕犁乃至耧车[3]。总体上讲，秦汉时期已不单独存在作为农具的耒耜。这一时期常有人将锸称为耒或耜，如武梁祠“神农执耒图”（图 4-3-17），实际上神农所执之“耒”就是“锸”[4]。长沙 203 号西汉后期墓出土木俑手持的木锸[5]（图

1 河南省文物研究所：《河南长葛汉墓出土的铁器》，《考古》1982 年第 3 期。
2 李根蟠：《先秦农器名实考》，《农业考古》1986 年第 2 期。
3 周昕：《中国农具通史》，山东科学技术出版社，2010 年 12 月第 36 页。
4 周昕：《中国农具通史》，山东科学技术出版社，2010 年 12 月第 275 页。
5 中国科学院考古研究所：《长沙发掘报告》，科学出版社，1957 年 8 月第 125 页。

4-3-18），形制似耒，耒又称“双头锸”或“双齿锸”。江苏铜山苗山小李庄汉墓出土画像石上的神农执耒图像[1]（图 4-3-19）、陕西勉县老道寺汉墓出土持耒俑等表现了木耒铁口的形制和结构。四川郫县红星乡出土一件石俑，通高 100 厘米，双手紧握一件木柄铁口锸，置于身体前方，锸端装有“镦”[2]。河南南阳东汉墓发现一组男性农夫俑，共 10 件，俑通高 29.5 厘米，双手握双齿耒，柄稍曲，当为整体式木锸[3]。耒的铁口形制与凹口锸近似，尺寸较小。山东微山岛西汉早期墓出土耒铁口 1 件（M11：28），刃部呈半圆形，銎口呈长方形。銎口残存木屑。宽 6.3 厘米，高 8 厘米[4]。江苏铜山出土的凹口锸（TJM：50）可能也是耒的铁口[5]。长沙沙湖桥 A40 号西汉墓填土出土 1 件，呈凹字形。上宽 6.4 厘米，下宽 8.8 厘米，侧宽 1.6 厘米，高 7.2 厘米[6]。一般，耒的铁口宽 5 厘米左右，大者宽不过 8 厘米。

秦汉及以后，锸的形制发生了诸多演变，锸头部逐渐变宽变短，不再使用“凹”字形套刃，“一”字形套刃成为唯一形式，并逐渐发展演变成铁刃木锨。另一演变是锸的头部木叶部分改用铁制，逐渐淘汰了套刃锸的形式[7]。

2. 播种、中耕工具

播种工具主要为耧车，系复合材质工具，除耧足是铁质外，其余通常为木质。

图 4-3-17　神农执耒图

图 4-3-18　长沙 203 号西汉后期墓出土木俑手持的耒明器

1 江苏省文物管理委员会办公室：《江苏徐州汉画像石》，科学出版社，1959 年；中国农业博物馆：《汉代农业画像砖石》，中国农业出版社，1996 年第 20 页。
2 于豪亮：《汉代的生产工具——臿》，《考古》1959 年第 8 期。
3 李伟男：《河南南阳首次发现持“双齿耒”农夫俑群》，《农业考古》1997 年第 3 期。
4 微山县文物管理所：《山东微山县微山岛汉代墓葬》，《考古》2009 年第 10 期。
5 徐州市博物馆：《江苏铜山县荆山汉墓发掘简报》，《考古》1992 年第 12 期。
6 李正光、彭青野：《长沙沙湖桥一带古墓发掘报告》，《考古学报》1957 年第 4 期。原报告称为“铲”。
7 周昕：《中国农具通史》，山东科学技术出版社，2010 年 12 月第 362 页。

铲和锄常用于中耕松土、除草、间苗等。

图 4-3-19 江苏铜山小李庄汉画像石墓持农具图像

耧铧 秦汉时期的播种方式主要有撒播、点播和条播[1]，其中条播分为手播及耧播，耧播工具即是耧车。耧车可将开沟与播种结合在一起，极大地提高了播种效力。山西平陆枣园新莽时期墓葬北壁壁画中，绘有一农夫驾牛，用耧车播种，耧斗下三足尚可看见[2]（图 4-3-20，下）。渑池窖藏[3]、渭南田市镇、蒲城重泉村[4]等地出土一种铸造的束腰铧，其中田市镇出土 8 件，形制为头尖、背均有脊，面项上有一小圆孔。长 16.7~17 厘米，翼展 15.7~16 厘米（图 4-3-20，上 1）[5]。陕西永寿出土一种小铧[6]，可能也作耧铧之用[7]（图 4-3-20，上 2）。居延屯田区边沿地带的瓦因、托尼发现木制耧车脚一件，后端有一柄，柄下有一扁平的托，耧车脚通长 31.5 厘米、宽 4.7 厘米、厚 2.4 厘米，脚尖处原装有铁铧[8]。

铲 又称“钱”“划”“镈”[9]，长方形或梯形铲身，竖銎，使用时竖向装柄。目前发现有全铁铲和铁刃铜铲，铁刃铜铲仅一件，陕西右玉县善家堡东汉晚期墓出土 1 件（M18：14），铜制銎部及铲身，梯形銎，斜圆肩，铲体下部背面用 4 个铁铆钉铆接一长方形铁刃，铁刃高 3.9 厘米、宽 9 厘米，铲通长 10.1 厘米[10]。

全铁铲发现较多，有铸铁件和锻铁件两类。

铸铁件依据肩部分为三型。

A 型：圆肩或方肩铲，有长銎和短銎之分。汉长安城桂宫二号建筑出土 1 件（T4③：17），长方形銎，圆肩。通高 13.5 厘米、宽 10.5 厘米，銎长 6 厘米、宽 2.7 厘米，銎口长 4 厘米、宽 2 厘米、深 6.5 厘米[11]（图 4-3-21，1）。陕西凤翔长青西汉汧河码头西汉时期仓储建筑遗址出土 1 件（T17④：166），长方形銎孔、銎

1 中国社会科学院考古研究所：《中国考古学·秦汉卷》，中国社会科学出版社，2010 年 7 月第 577 页。
2 山西省文物管理委员会：《山西平陆枣园村壁画汉墓》，《考古》1959 年第 9 期。
3 渑池县文化馆、河南省博物馆：《渑池县发现的古代窖藏铁器》，《文物》1976 年第 8 期。
4 陕西省博物馆、陕西省文物管理委员会：《陕西省发现的汉代铁铧和鐴土》，《文物》1966 年第 1 期。
5 郭德发：《渭南市田市镇出土汉代铁器》，《考古与文物》1986 年第 3 期。
6 中国社会科学院考古研究所刘庆柱：《陕西永寿出土的汉代铁农具》，《农业考古》1982 年第 1 期。
7 中国社会科学院考古研究所：《中国考古学·秦汉卷》，中国社会科学出版社，2010 年 7 月第 577 页。
8 陈公柔等：《瓦因、托尼出土廪食简的整理与研究》，《文史》第十三辑，中华书局，1988 年。
9 ［汉］许慎：《说文解字》。
10 王克林等：《山西省右玉县善家堡墓地》，《文物季刊》1992 年第 4 期。
11 中国社会科学院考古研究所、日本奈良国立文化财研究所中日联合考古队：《汉长安城桂宫二号建筑遗址发掘简报》，《考古》1999 年第 1 期。

脊，半圆形铲体。通高11.4厘米，宽9厘米[1]（图4-3-21，2）。贵州黔西东汉晚期墓出土1件（M34：10），椭圆形銎口，圆肩，铲体平面呈梯形，最长14厘米[2]（图4-3-21，4）。陇县店子秦代墓出土1件（M279：10），圆肩。通长14.1厘米，宽13厘米（图4-3-21，5）。赫章可乐西汉晚期墓出土1件（M178：6），椭圆形銎口，方肩。长7.3厘米，銎茎长6.5厘米，身宽10厘米[3]（图4-3-21，6）。巩县铁生沟出土14件。其中T8：2，銎口略呈六角形，銎部有“河三”铭文，通长13.5厘米（图4-3-21，3）；T8：22，长约13厘米[4]（图4-3-21，7）。年代为东汉初期。此型铲还出土于河北磁县[5]、郑州岔河[6]、秦始皇西侧建筑遗址[7]、南阳瓦房庄、郑州古荥镇、满城2号墓等。

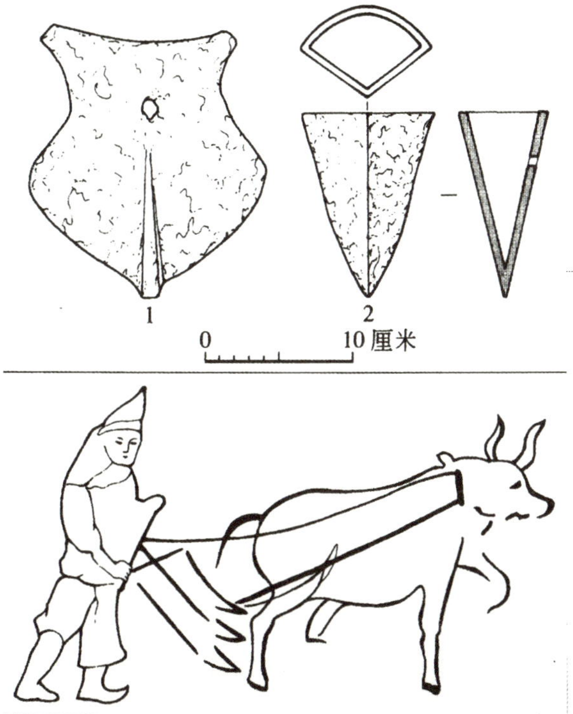

图4-3-20　汉代楼铧与楼播图像
上：1、2.铁楼铧（渭南田市镇、陕西永寿西村）
下：平陆枣园村壁画墓楼播图像（摹本）

B型：斜肩铲。修水横山出土一件，双肩斜展成侧边，弧形刃，銎部一面铸阳文“淮一”铭文。刃部宽13.5厘米，通长13厘米[8]（图4-3-21，8）。江苏徐州凤凰山西汉墓出土1件（M2：38），銎口呈梯形。残高12.5厘米[9]（图4-3-21，9）。长葛石固也出此型铲。

C型：垂肩铲。章丘东平陵故城出土长体铲，整器窄长，两侧均有合范铸痕，其中0162，通长20.8厘米、宽10厘米（图4-3-21，12）。

锻铁件：广州南越王墓出土2件，双肩有柄，方銎，弧形刃。其中C145-15，略短，通长115.6厘米、柄长5.5厘米、上宽7.4厘米、刃宽8.8厘米[10]（图4-3-21，10）；C145-14，略大，通长162厘米、柄长4.6厘米、上宽7.5厘米、刃宽9.4厘米（图4-3-21，11）。年代为西汉中晚期。此型铲还出土于秦咸阳宫二号建筑

1 陕西省考古研究所、宝鸡市考古工作队、凤翔县博物馆：《陕西凤翔县长青西汉汧河码头仓储建筑遗址》，《考古》2005年第7期。
2 贵州省文物考古研究所、黔西县文物管理所：《贵州黔西县汉墓的发掘》，《考古》2006年第8期。
3 宋世坤：《贵州早期铁器研究》，《考古》1992年第3期。
4 河南省文物工作队：《巩县铁生沟》，文物出版社，1962年12月第32页。
5 河北省文物管理处：《磁县下潘汪遗址发掘报告》，《考古学报》1975年第1期。
6 郑州市文物工作队：《郑州岔河商代遗址调查简报》，《考古》1988年第5期。
7 秦始皇考古队：《秦始皇陵西侧“丽山飤官”建筑遗址清理简报》，《文博》1987年第6期。
8 江西省文物管理委员会：《江西修水出土战国青铜乐器和汉代铁器》，《考古》1965年第6期。
9 徐州博物馆：《江苏徐州市凤凰山西汉墓的发掘》，《考古》2007年第4期。
10 广州市文物管理委员会：《西汉南越王墓》，文物出版社，1991年10月第104页。

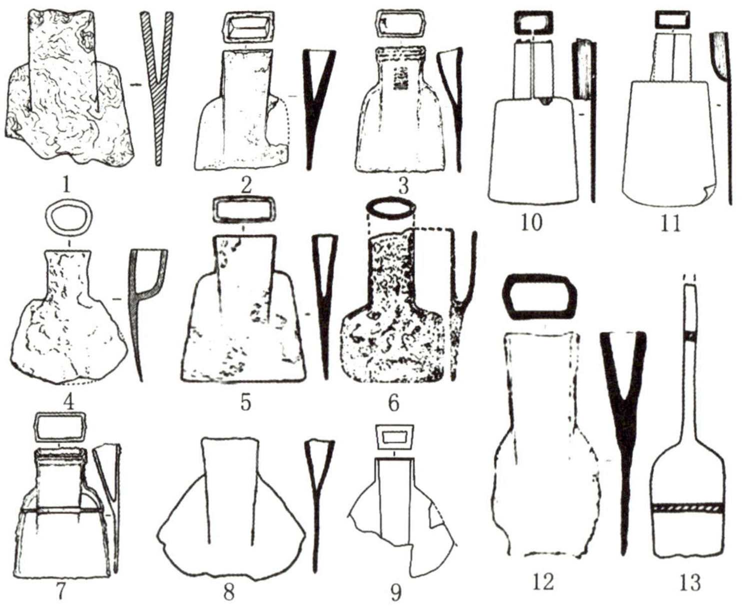

图 4-3-21　秦汉时期铁铲

1~7.A 型铸铁铲（汉长安城桂宫 T4③：17、陕西凤翔 T17④：166、铁生沟 T8：2、贵州黔西 M34：10、陇县店子 M279：10、赫章可乐 M178：6、铁生沟 T8：22）8、9.B 型铸铁铲（修水横山、徐州凤凰山 M2：38）10、11、13.锻铁铲（南越王墓 C145-15、C145-14、山东乳山大浩口 F045）12.C 型铸铁铲（章丘东平陵故城 0162）

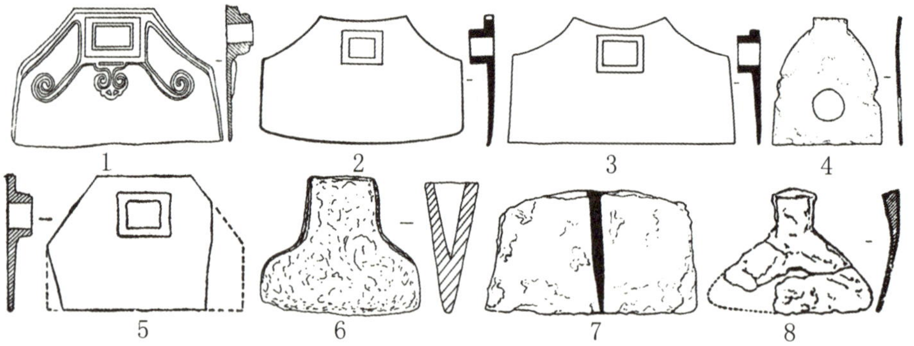

图 4-3-22　秦汉时期铁锄

1~3、5.六角锄（陕西长武、西汉齐王墓 5：20、山东临淄 M4T：2、安徽铜陵 C2：1）4、7.锄板（章丘东平陵故城 0215、汉杜陵Ⅱ T3：5）6、8.耨锄（巫山张家湾 T511④：9、徐州利国驿 HXM：2）

遗址[1]、天长三角圩[2]、鹤壁鹿楼[3]等。山东乳山大浩口村出土铁柄铲 1 件（F045），残长 27 厘米、柄长 14.5 厘米、铲头长 12.5 厘米、宽 8 厘米[4]（图 4-3-21，13）。年代为东汉末年或稍晚。

锄　秦汉时期重要的中耕除草农具。形制为横向装柄，刃部较宽，主要有六角锄、锄板和耨锄等。汉代还出现一种“鹤头锄”（又名鹅脖锄、鹤颈锄）。

六角锄　锄面呈六角形，平刃，两肩斜削，一种斜肩稍直，一种斜肩略凹。六角锄的斜肩结构设计合理实用，能有效地避免除草作业时伤及农作物。通常凹拱形比斜削平直的梯形更具实用性。锄上部有方形或矩形横銎，正面銎口周边凸

1 秦都咸阳考古工作站：《秦咸阳宫第二号建筑遗址发掘简报》，《考古与文物》1986 年第 4 期。

2 安徽省文物考古研究所、天长县文物管理所：《安徽天长县三角圩战国西汉墓出土文物》，《文物》1993 年第 9 期。

3 河南省文化局文物工作队：《河南巩县石家庄古墓葬发掘简报》，《考古》1963 年第 2 期。

4 乳山市文物管理所姜书振：《山东乳山市大浩口村出土汉代铁器》，《考古》1997 年第 8 期。

图 4-3-23　南阳汉画像石墓 M1 出土的“中耕图”（编号 33）

起，铸铁件。斜肩稍直的如陕西长武出土 1 件，双合范铸制，锄身薄，銎部较厚。长方形銎，锄脑和两肩有一道平行边沿的凸线，使边沿形成一道沟。銎两侧也有这样一道沟。锄面上周有单线卷云纹和桃叶纹凸线[1]（图 4-3-22，1）。安徽铜陵金牛洞铜矿古采矿遗址出土 1 件（C2：1），薄片状，一面平整，背面上部正中有一长方形銎孔，凸出 1.5 厘米，孔长 3 厘米、宽 2.2 厘米，孔中有残木柄一截。合范浇铸。锄上端宽 8 厘米、刃宽 16.6 厘米、高 11 厘米、厚 0.5 厘米[2]（图 4-3-22，5）。年代为西汉时期。修水横山、巩县铁生沟[3]、宜昌前坪西汉墓[4]也有出土。斜肩内凹的如临淄齐王墓五号坑出土 1 件（5：20），长方形横銎。高 11.4 厘米、刃宽 18.6 厘米[5]（图 4-3-22，2）。年代为西汉早期。山东临淄范家村出土 1 件（M4T：2），锄顶及两肩弧形内凹，一面平整，一面弧刃。锄首中部横置长方形銎。宽 21 厘米、高 11.7 厘米，銎长 3.1 厘米、宽 2.2 厘米[6]（图 4-3-22，3）。年代为战国晚期至西汉早期。新安上孤灯遗址也出土有此型凹拱肩锄范[7]。

除六角锄外，还有锄板及耨锄。锄板体扁薄如板状，厚薄略同，刃部较薄，锄上部无穿或有圆、方穿。如章丘东平陵故城出土 2 件，其中 0215，锄体下部有圆穿。高 12 厘米、宽 10.6 厘米（图 4-3-22，4）。年代为汉代。汉杜陵出土 1 件（Ⅱ T3：5），高 10.5 厘米、宽 19 厘米、背厚 2.2 厘米（图 4-3-22，7）。年代为西汉晚期。耨锄如巫山张家湾出土 1 件（T511 ④：9），平面呈凸字形，剖面呈楔形。弧形刃，刃厚钝。圆肩，长方銎，銎部微残。长 8.2 厘米、刃宽 9.6 厘米[8]（图 4-3-22，6）。年代为西汉时期。徐州利国驿东汉早期墓出土 1 件（HXM：2），整器略弯，锄身呈三角形，顶部伸出短茎。通高 18.5 厘米、刃部宽 22.5 厘米[9]（图

---

1 刘庆柱：《陕西长武出土汉代铁器》，《考古与文物》1982 年第 1 期。

2 安徽省文物考古研究所、铜陵市文物管理所：《安徽铜陵金牛洞铜矿古采矿遗址清理简报》，《考古》1989 年第 10 期。

3 河南省文物工作队：《巩县铁生沟》，文物出版社，1962 年 12 月第 32 页。

4 宜昌地区博物馆：《1978 年宜昌前坪汉墓发掘简报》，《考古》1985 年第 5 期。

5 山东省淄博市博物馆：《西汉齐王墓随葬器物坑》，《考古学报》1985 年第 2 期。

6 淄博市淄博区文物局：《山东临淄范家村墓地 2012 年发掘简报》，《文物》2015 年第 4 期。

7 河南省文物研究所：《河南新安县上孤灯汉代铸铁遗址调查简报》，《华夏考古》1988 年第 2 期。

8 南京大学历史系、重庆市文化局、巫山县文管所：《巫山张家湾遗址发掘报告》，重庆市文物局、重庆市移民局编：《重庆库区考古报告集·1998 卷》，科学出版社，2003 年。

9 江苏省文物管理委员会等：《江苏利国铜山五座汉墓清理简报》，《考古》1964 年第 10 期。

4-3-22，8）。汉长安城南郊[1]、江陵马眼桥[2]也出土有耨锄。

秦汉时期，锄经历了重要的变革，锄套刃的形式越来越少，六角板锄的形式越来越多。“鹤头锄”（又名鹅脖锄、鹤颈锄）的发明，是汉代农具发展的又一重大事件，它标志着汉代农业进入真正意义上的中耕除草阶段，使精耕细作农艺又大大前进了一步。对于鹤头锄，东汉刘熙的《释名·释用器》有这样的说法：“锄，助也，去秽助苗长也。齐人谓其柄为橿，橿然正直也。头曰鹤，似鹤头。”

南阳画像石墓 M1 石棺正面刻绘有一幅“中耕图”（编号 33），图中一农妇左肩扛锄，一农夫双手握锄，非常直观生动地反映了汉代用锄具中耕锄草、碎土的农业耕作场景[3]（图 4-3-23）。四川新都出土画像砖的中耕图像也可看出锄的用途（图 4-3-24）。山东泰安大汶口出土东汉画像右上的锄草图清晰地表现了锄的形态及中耕场景[4]（图 4-3-25）。

3. 收割工具

秦汉时期的收割工具主要有镰刀及铚刀。镰刀通常安装木柄，铚刀直接手持使用。

镰刀　汉代最重要的收割工具。根据刃部的不同分锋刃镰和齿刃镰[5]两类。

锋刃镰　发现较多，按照装柄方式分为三型。

A 型：无銎镰。刃口扁平呈线形，因功用及施用对象不同，刃部弯曲弧度略有差异，柄端稍卷折成栏。枣庄方庄东汉中晚期画像石墓出土 1 件，拱背，内弧刃，末端无銎而有卷沿。长 22 厘米、末端宽 4 厘米[6]（图 4-3-26，1）。河南长葛汉墓出土大铁镰，柄端卷叠成斜而平的端头，锻制。残长 23.6 厘米、宽 1.1~3.0 厘米[7]（图 4-3-26，2）。年代为东汉中期以前。南阳瓦房庄出土 1 件（T18①A：65），尖部内弯到 90°，柄端有卷的现象。残长 29.2 厘米、宽 1~2.7 厘米、背厚 0.2~0.4 厘米（图 4-3-26，3）。四川牧马山东汉早期崖墓出土 2 件（9：35、13：14），残长 28 厘米、中宽 4 厘米[8]（图 4-3-26，4）。洛阳孟津朱仓 M707 帝陵陵园也出土有无銎镰[9]。

安装时，将无銎镰斜插入木缝中，再以绳索固定，与新疆洛普县山普拉Ⅱ号墓地及民丰尼雅遗址出土的木柄镰刀类似[10]。民丰尼雅 95M4 出土 1 件（NY95M4：

1 中国社会科学院考古研究所：《西汉礼制建筑遗址》，文物出版社，2003 年 12 月第 150 页。

2 江陵文物局：《江陵太湖港古遗址与墓葬调查清理简报》，《江汉考古》1988 年第 2 期。

3 刘新等：《从“中耕图”看南阳汉代铁农具》，《江汉考古》1999 年第 1 期。

4 山东省文物考古研究所蒋英炬：《略论山东汉画像石的农耕图像》，《农业考古》1981 年第 2 期；山东省博物馆、山东省文物考古研究所：《山东汉画像石选集》，齐鲁书社，1982 年 3 月。

5 中国社会科学院考古研究所：《中国考古学·秦汉卷》，中国社会科学出版社，2010 年 7 月第 581 页。

6 石敬东：《山东枣庄方庄汉画像石墓》，《考古与文物》1994 年第 3 期。

7 河南省文物研究所：《河南长葛汉墓出土的铁器》，《考古》1982 年第 3 期。

8 四川省博物馆：《四川牧马山灌溉渠古墓清理简报》，《考古》1959 年第 8 期。根据 M9 出土陶俑、陶釜、陶罐形制判断为东汉早期。其中陶俑高度较矮，侈口折沿圜底陶釜在荥经牛头山、绵阳“天浩公寓”等东汉早期墓中多有发现。

9 洛阳市第二文物工作队：《洛阳孟津朱仓东汉帝陵陵园遗址》，《文物》2011 年第 9 期。

10 新疆文物考古研究所：《洛普县山普拉Ⅱ号墓地发掘简报》，《新疆文物》2000 年第 2 期；新疆文物考古研究所：《尼雅 95 墓地 4 号墓发掘简报》，《新疆文物》1999 年第 2 期。

17），刀体与圆木柄呈钝角，柄端插入木柄中并铆合。长 7.2 厘米、宽 1.5 厘米、木柄长 22.3 厘米、直径 1.1~1.8 厘米（图 4-3-26，5）。年代为东汉。洛普县山普拉Ⅱ号墓地出土 1 件（SPL Ⅱ M3：202），镰刀整体较小，镰面较窄，包裹有羊皮，镰柄端插入木杖后以细线缠绕并用羊皮捆扎。刀长 8.5 厘米、宽 1 厘米、木柄长 27 厘米、直径 1.6 厘米（图 4-3-26，6）。年代为东汉。白云翔先生认为尼雅一带发现的汉代木柄镰刀，应当是用于收割粟、麦及芦苇等[1]。

图 4-3-24　四川新都出土中耕图

图 4-3-25　泰安大汶口汉画像石墓农夫持锄中耕图像（摹本）

B 型：长柄铁镰。陕西西安红庆村出土 1 件，背起脊，直刃，锻制，刀身长 32 厘米、宽 3.5 厘米[2]（图 4-3-26，9）。年代为汉代。云南江川李家山出土铜骹铁刃镰（M3：57），銎部铸回纹，断面方形。全长 26.2 厘米、刃长 8.5 厘米[3]（图 4-3-26，10）。安徽淮南出土铁镰有长铁柄连接，刃的尖端残失，有使用残痕。刃残长 8.4 厘米、宽 2.1 厘米、柄长 15.2 厘米[4]（图 4-3-26，11）。渭南田市镇出土铁镰为宽 1.3 厘米的窄扁铁，刀身与柄的夹角为 110° 。柄长 18.5 厘米、头身长 10.5 厘米[5]。

C 型：带骹镰。分两亚型。

Ca 型：横骹镰，骹口方向与镰体一致，使用时应安装曲柄。成都龙泉驿区北干道西汉早期墓出土 7 件，其中 M30：14，直背，长方形銎。銎宽 4.6 厘米、通长 25.5 厘米[6]（图 4-3-26，7）。M5：5，弧背，长方形銎。銎宽 4.6 厘米、通长 30.5 厘米（图 4-3-26，8）。

Cb 型：竖骹镰，銎部锻打而成，使用时应安装直柄，亦称拨镰、钩镰、刈

1 白云翔：《先秦两汉铁器的考古学研究》，科学出版社，2005 年 4 月第 204 页。
2 李文信：《古代的铁农具》，《文物参考资料》1954 年第 9 期。
3 云南省博物馆：《云南江川李家山古墓群发掘报告》，《考古学报》1975 年第 2 期。
4 安徽淮南市博物馆：《安徽省淮南市出土汉代铁农具》，《农业考古》1990 年第 2 期。
5 郭德发：《渭南市田市镇出土汉代铁器》，《考古与文物》1986 年第 3 期。
6 成都市文物考古研究所、龙泉驿区文物管理所：《成都龙泉驿区北干道木椁墓群发掘简报》，《文物》2000 年第 8 期。

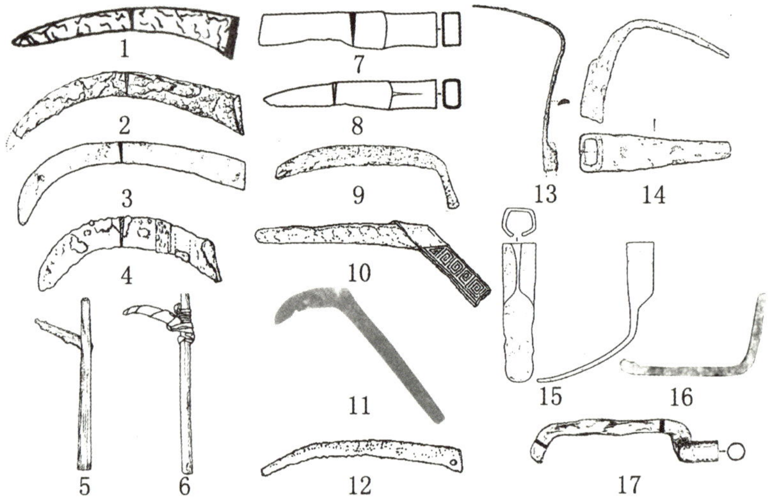

图 4-3-26　秦汉时期铁镰

1~4.A 型锋刃镰（枣庄方庄画像石墓、河南长葛汉墓、南阳瓦房庄 T18①A：65、四川牧马山东汉崖墓）5、6. 木柄铁镰（民丰尼雅 NY95M4：17、洛普县山普拉Ⅱ号墓地 SPLⅡM3：202）7、8.Ca 型锋刃镰（成都龙泉驿 M30：14、M5：5）9~11.B 型锋刃镰（陕西西安红庆村、云南江川李家山 M3：57、安徽淮南）12、17. 齿刃镰（安徽寿县 AFT：05、广州汉墓 M1117：5）13~16.Cb 型锋刃镰（四川牧马山 M13：32、四川大邑五龙 M18：16、成都郫县风情园 FM18：2、渭南田市镇）

镰，主要用于刈草。牧马山东汉早期崖墓出土 1 件（M13：32），双面刃[1]（图 4-3-25，13）。大邑五龙秦代墓出土 1 件（M18：16），长方形銎。长 20.4 厘米、高 12.8 厘米[2]（图 4-3-26，14）。四川郫县风情园西汉早期墓出土 1 件（FM18：2），长 29 厘米（图 4-3-26，15）。渭南田市镇也有出土（图 4-3-26，16）。四川大邑出土东汉画像砖中有拨镰图像，六个农夫在田中集体收割水稻，左侧三人用铚刀割穗，身后一人挑走稻穗，右侧农夫使用拨镰芟刈没有穗头的稻秆（图 4-3-27）。

齿刃镰　刃口呈锯齿状，一种为扁平长条形，如安徽寿县安丰塘闸坝遗址出土 1 件（AFT：05），柄端有一穿孔[3]（图 4-3-26，12）。一种为带骹弓形镰，如广州西汉前期墓出土 1 件（M1117：5），齿刃锈蚀圆钝，柄圆筒形，圆銎透底。通长 17 厘米、柄銎直径 1.5 厘米[4]（图 4-3-26，17）。

铚刀　又称“爪镰”“掐刀”，目前发现主要有铜质和铁质两种，多发现于南方地区。用于掐穗，与今贵州地区收割糯稻的摘禾刀、剪禾刀类似。通常带孔，有单孔及双孔，用以系绳固定在手中。平面有半月形及长方形。

A 型：直背直刃，整体呈长方形。昆明羊甫头墓地出土 1 件（M398：2），长方形片状，有两穿孔，刃残宽 5.2 厘米[5]（图 4-3-28，1）。年代为西汉末至东汉初。广州南越王墓出土 2 件，长方形，形制相同，大小不同。体较薄，断面呈弧形似板瓦状，背部嵌装到竹管内。熟铁锻制。其中 C：125-1，高 3.9 厘米、宽 7.1 厘米、

1 四川省博物馆：《四川牧马山灌溉渠古墓清理简报》，《考古》1959 年第 8 期。

2 四川省文管会、大邑县文化馆：《四川大邑县五龙乡土坑墓清理简报》，《考古》1987 年第 7 期。

3 殷涤非：《安徽省寿县安丰塘发现汉代闸坝工程遗址》，《文物》1960 年第 1 期。原报告称铁锯，白云翔先生《先秦两汉铁器的考古学研究》一书中认为是锯齿镰。

4 广州市文物管理委员会、广州市博物馆：《广州汉墓》，文物出版社，1981 年 12 月第 163 页。

5 云南省文物考古研究所等：《昆明羊甫头墓地》，科学出版社，2005 年 7 月第 799 页。

图 4-3-27 弋射收获画像砖局部（四川大邑）

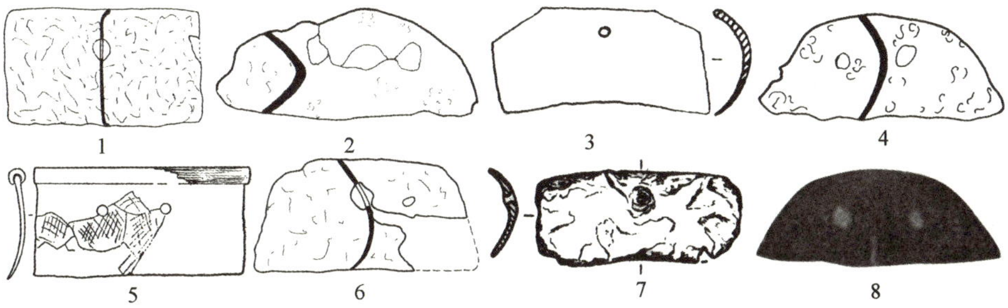

图 4-3-28 秦汉时期土作农耕器具—铚刀
1、5.A 型（昆明羊甫头 M398：2、广州南越王墓 C：125-1）2~4、6、7.Bb 型（昆明羊甫头 M297：8、理县佳山Ⅰ M4：23、昆明羊甫头 M342：8、M368：9、赫章可乐 M2841）8.Ba 型（云南呈贡石碑村）

厚 0.3 厘米[1]（图 4-3-28，5）。年代为西汉中期。

B 型：弧背直刃，整体呈半月形。分两亚型。

Ba 型：刀体平直。云南呈贡石碑村出土 13 件，刃宽 9~11 厘米，二系孔，铸制[2]（图 4-3-28，8）。年代为西汉晚期。辽宁铁岭市邱台遗址出土 2 件，半月形板状，器身有两孔。其中 T5 ③：8，刃残宽 10 厘米、厚 0.4 厘米[3]。

Bb 型：刀体横向卷曲。理县佳山出土 1 件（Ⅰ M4：23），平背斜肩呈长方梯形，长 9.5 厘米、高 4.8 厘米、厚 0.3 厘米[4]（图 4-3-28，3）。年代为秦至西汉初期。昆明羊甫头墓地出土较多，其中 M297：8，月牙形，弧背，有两穿孔，刃残宽 10.6 厘米（图 4-3-28，2）；M342：8，与 M297：8 形制相同，刃宽 11.2 厘米（图 4-3-28，4）。年代为西汉中晚期。M368：9，有两穿孔，刃宽 4.4 厘米[5]（图 4-3-28，6）。年代为西汉末至东汉初。此型铚刀在贵州赫章县可乐镇也有出土（图 4-3-28，7）。

铚刀的用法在今贵州地区还可窥见（图 4-3-29）。

还有专门用于土作工程的铁制工具，主要有夯锤、瓦刀和抹泥板等。河南鹤壁出土的瓦刀和抹泥板形制与今类似。渔猎用具主要有鱼钩、鱼镖、鱼叉等。

夯锤 圆筒形，平底。江苏盱眙大云山江都王陵二号墓出土 1 件（M2：6），

1 广州市文物管理委员会：《西汉南越王墓》，文物出版社，1991 年 10 月第 334 页。
2 昆明市文物管理委员会：《昆明呈贡石碑村古墓群第二次清理简报》，《考古》1984 年第 3 期。
3 铁岭市文物管理办公室：《辽宁铁岭市邱台遗址试掘简报》，《考古》1996 年第 2 期。
4 阿坝藏族羌族自治州文管所、理县文化馆：《四川理县佳山石棺葬发掘清理报告》，《南方民族考古》（第一辑），四川大学出版社，1987 年 9 月第 228 页。
5 云南省文物考古研究所等：《昆明羊甫头墓地》，科学出版社，2005 年 7 月。

敛口，直壁。口径 4.4 厘米、底径 4 厘米、高 4.6 厘米[1]（图 4-3-30，8）。安徽舒城秦家桥西汉初年墓出土 1 件（M3：20），上大下小，夯面略凸棱。高 12 厘米、直径 7.4~5.5 厘米、壁厚 0.5 厘米[2]（图 4-3-30，9）。汉长安城沉水古桥遗址一号古桥出土 54 件，上端开口以纳木制夯具。其中 T5：12，高 7 厘米、直径 7.8 厘米、壁厚 1 厘米[3]（图 4-3-30，10）。一号古桥的建造应在西汉武帝时期，新莽以后废弃。

图 4-3-29　今贵州地区手持摘禾刀收割

鱼钩　广东徐闻红坎村东汉墓出土 1 件，钩尖有倒刺[4]（图 4-3-30，6）。还见于河南陕县刘家渠 M3：25，残长 3.7 厘米[5]。年代为东汉。南越王墓出土 2 件（F95），以铁条锻打成弯钩形，钩尖无倒刺。一件较长，钩宽 2 厘米、体长 3.8 厘米，外有多层丝绢的残片。一件稍短，钩宽 1.9 厘米、体长 3.2 厘米，一侧有密排的丝线残段，可能是钓线的朽余[6]（图 4-3-30，7）。

鱼镖　南越宫苑遗址王莽时期至东汉早期遗存发现 1 件（95T1 ⑤ b：14），柄呈圆柱形，后端有圆銎，一侧有锻造接合缝。刃部呈扁锥形，中脊微显，刃后一侧有倒钩。长 16 厘米、銎径 1.6 厘米[7]（图 4-3-30，2）。鱼镖还见于武夷山城村汉城，四棱锥状，两端尖，尖锋一侧有倒刺。长 30.6 厘米。年代为西汉前期。

二齿叉　江苏徐州翠屏山西汉刘治墓出土 1 件（M1：7），叉呈细长锥状，柄宽扁，尾端卷起，后附一圆环，叉头与柄之间呈“8”字形套合在一起。通长 63.2 厘米、叉头长 22.8 厘米、柄长 40.4 厘米[8]（图 4-3-30，1）。洛阳主干线东汉晚期墓出土 1 件（M4904：B4），细长骹可以装柄，叉枝呈直角弯折。残长 24.5 厘米、宽 17 厘米[9]（图 4-3-30，5）。

三齿叉　贵州赫章县可乐镇出土 1 件（M373：59），环首已断落，长柄，叉分三股，刃尖略细。柄中段呈辫索状。柄长 40 厘米、叉刃长 21 厘米、通长约 61 厘米[10]（图 4-3-30，3）。年代为西汉前期至西汉中期。湖南茶陵濂溪出土 1 件（M1：7），用三根圆形铁条锻制而成，尖端圆锐，末端闭合，估计当以麻绳之类绑于木

1 南京博物院、盱眙县文广新局：《江苏盱眙大云山江都王陵二号墓发掘简报》，《文物》2013 年第 1 期。
2 安徽省文物考古研究所、舒城县文物管理所：《安徽舒城县秦家桥西汉墓》，《考古》1996 年第 10 期。
3 西安市文物保护考古研究院：《汉长安城沉水古桥遗址发掘报告》，《考古学报》2012 年第 3 期。
4 杨式梃：《关于广东早期铁器的若干问题》，《考古》1977 年第 2 期。
5 黄河水库考古工作队：《河南陕县刘家渠汉墓》，《考古学报》1965 年第 1 期。
6 广州市文物管理委员会、中国社会科学院考古研究所、广东省博物馆：《西汉南越王墓》，文物出版社，1991 年 10 月第 265 页。
7 南越王宫博物馆筹建处、广州市文物考古研究所：《南越宫苑遗址——1995、1997 年考古发掘报告》（下），文物出版社，2008 年 8 月第 67 页。
8 徐州博物馆：《江苏徐州市翠屏山西汉刘治墓发掘简报》，《考古》2008 年第 9 期。
9 洛阳市文物工作队：《洛阳发掘的四座东汉玉衣墓》，《考古与文物》1999 年第 1 期。
10 贵州省文物考古研究所、赫章县文物局：《贵州赫章县可乐墓地两座汉代墓葬的发掘》，《考古》2015 年第 2 期。

柄上。残长10.6厘米[1]。年代为西汉中晚期至东汉初年。三齿叉中有部分可能为鱼叉，如巫山麦沱出土1件（M38：7），三头叉状，两边叉有尖，并有回刺，中叉为突柱形，叉柄断面为长椭圆形。残长13厘米[2]（图4-3-30，4）。寿县安丰塘汉代闸坝遗址出土1件（AFTA：04），叉头为三股，叉尖有倒刺[3]。鱼叉还见于武夷山崇安汉城[4]。

南越王墓也发现二齿叉和三齿叉各一件。

至汉代，铁制矿冶工具的使用范围与地域进一步扩大，河北、河南、山东、湖南等地的墓葬、冶铸遗址或窖藏中均发现有铁范及模具，种类较战国时期明显增多，主要有锤范、犁铧范、铧冠范、铲范、直口锸范等。

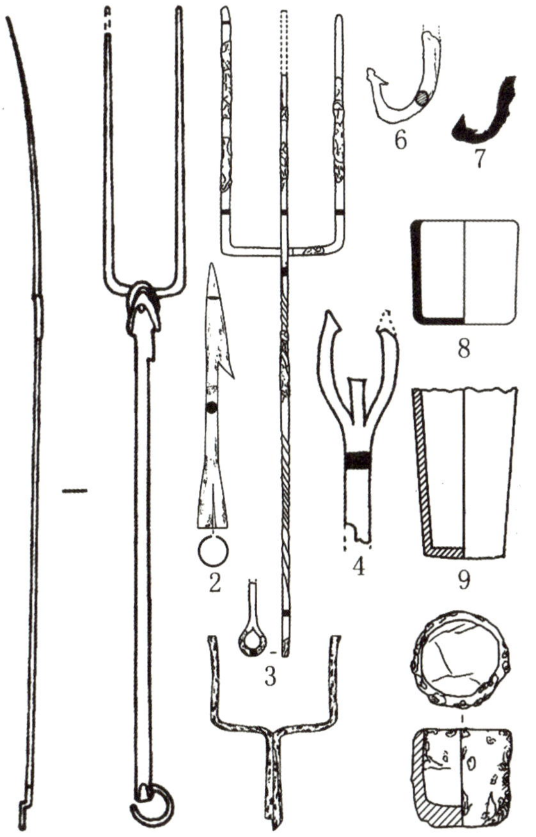

图4-3-30 秦汉时期夯锤、鱼钩、鱼镖、鱼叉

1、5.二齿叉（江苏徐州刘治墓M1：7、洛阳主干线M4904：B4）2.鱼镖（南越宫苑95T1⑤b：14）3、4.三齿叉（贵州赫章M373：59、巫山麦沱M38：7）6、7.鱼钩（广东徐闻红坎村、南越王墓F95）8~10.夯锤（江苏盱眙大云山M2：6、安徽舒城M3：20、汉长安城沉水T5：12）

二、兵器武备

兵器武备是秦汉铁器的主要器类之一，常见的有剑、长刀、短刀、矛、戟等格斗兵器，镞等远射兵器，铠甲、兜鍪等防护装备[5]。

(一)格斗兵器

1.剑

格斗兵器中，剑的数量较多，剑体结构大致相同，但形制多样，根据其长短可分为通长70厘米以上的长剑、通长40~70厘米的中长剑、通长30厘米左右的短剑。长剑以窄体剑最为流行，另外还发现有少量杖式剑、环首剑[6]。中长剑大多

1 湖南省文物考古研究所、茶陵县文化局：《湖南茶陵县濂溪汉墓的发掘》，《考古》1996年第6期。

2 重庆市文化局等：《重庆巫山麦沱汉墓群发掘报告》，《考古学报》1999年第2期。

3 殷涤非：《安徽省寿县安丰塘发现汉代闸坝工程遗址》，《文物》1960年第1期。

4 杨琮：《闽越国文化》，福建人民出版社，1998年7月。

5 中国社会科学院考古研究所：《中国考古学·秦汉卷》，中国社会科学出版社，2010年7月第612页。

6 中国社会科学院考古研究所、河北省文物管理处：《满城汉墓发掘报告》，文物出版社，1980年10月第105页。

仍是窄体剑，但发现有少量的环首剑[1]。另外在西南地区还发现较多铜柄铁剑[2]。

长剑依据剑身及剑首差别可分为三型。

A型：窄体剑，茎有长短之分。此型剑发现最多，其大量使用是秦汉时期铁剑的一个重要发展特征。云南大关东汉崖墓出土1件（M3：8），长126厘米、宽2~5厘米、茎长23厘米，出土时有木鞘朽痕[3]（图4-3-31，1）。广东对面山东汉前期墓出土1件（M174：11），器很长，茎亦扁长，剑格宽大，出土时残存剑鞘朽木痕迹。通长102.5厘米、剑格宽5.5厘米（图4-3-31，2）。宜昌前坪西汉前期墓出土1件（M9：19），四棱锥状茎，铜剑格。通长85.5厘米（图4-3-31，3）。江苏仪征博物馆藏西汉永光元年河内工官所做铁剑1件，由炒钢制成。剑身中部起脊，剑茎扁而长，末端有一圆形穿孔。茎上隶书“河内羊头剑，光头下长四尺一寸，永光元年造”。通长114.5厘米、宽3.2厘米[4]。

B型：环首剑。南阳杨官寺东汉中期画像石墓出土1件（YGSM：41），剑身作扁平长方形，断面呈菱形，方肩。剑柄为青铜铸制，柄首为环首，作卷曲兽状。通长110厘米、剑身宽3.4厘米[5]（图4-3-31，16）。

C型：杖式剑。满城1号汉墓出土1件（M1：5110），剑身甚细长，断面略呈橄榄形，剑茎和剑身无明显分界，茎上端渐趋扁平，断面呈长方形。全剑纳于一木杖之中，木杖雕作六节竹节状，自第二、三节之间断开，上两节为剑的柄，下四节为剑鞘。剑柄和茎以

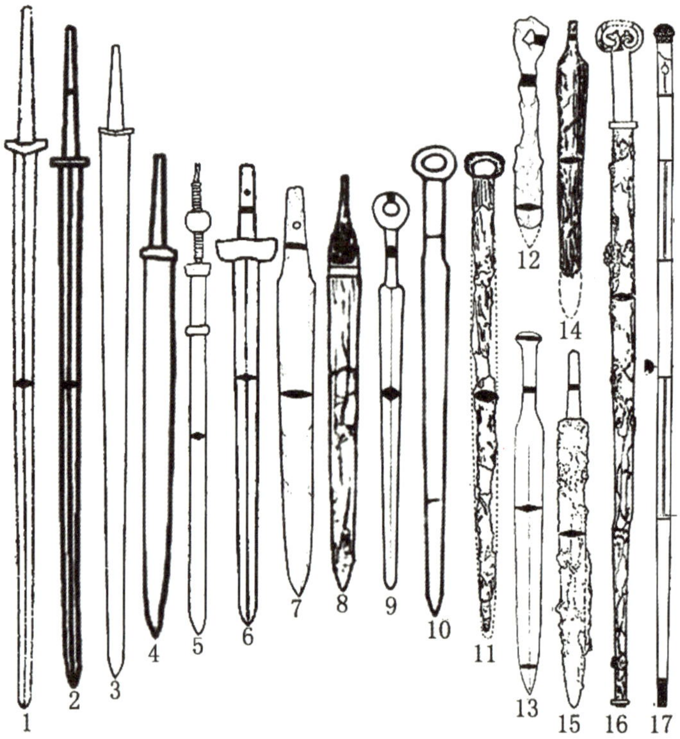

图4-3-31 秦汉时期铁剑

1~3.A型长剑（云南大关M3：8、广东对面山M174：11、宜昌前坪M9：19）4~8.A型中长剑（大塘城GDM1：08、察右后旗三道湾M102：31、资兴M154：1、M94：9、南越王墓D173）9~11.B型中长剑（四川双流华阳M13：2、西安方新村M2：4、东胜补洞沟M3：1）12.A型短剑（武夷山城村汉城T17：26）13.B型短剑（榆树老河深M15：6）14、15.C型短剑（威宁中水M27：24、满城汉墓M1：5111）16.B型长剑（南阳杨官寺YGSM：41）17.C型长剑（满城1号汉墓M1：5110）

1 伊克昭盟文物工作站：《补洞沟匈奴墓葬》，《鄂尔多斯式青铜器》，文物出版社，1986年5月第398页。

2 云南省博物馆：《云南江川县李家山古墓群发掘报告》，《考古学报》1975年第2期；云南省文物考古研究所、玉溪市文物管理所、江川县文化局：《云南江川李家山古墓群第二次发掘》，《考古》2001年第12期；贵州省博物馆考古组、贵州省赫章县文化馆：《赫章可乐发掘报告》，《考古学报》1986年第2期；贵州省文物考古研究所：《赫章可乐二〇〇〇年发掘报告》，文物出版社，2008年6月。

3 云南省文物工作队：《云南大关、昭通东汉崖墓清理报告》，《考古》1965年第3期。

4 仪征市博物馆：《仪征出土文物集萃》，文物出版社，2007年1月第51页；朱棒：《江苏仪征出土永光元年羊头铁剑考》，《东南文化》2017年第6期。

5 河南省文化局文物工作队：《河南南阳杨官寺汉画像石墓发掘报告》，《考古学报》1963年第1期。

铁铆钉横穿固定，杖首、杖末均有铜饰并鎏金银。通长约114.7厘米、剑身长93厘米、宽2.3厘米[1]（图4-3-31，17）。年代为西汉中期。

中长剑通长40~70厘米，扁茎或四棱茎。根据剑身宽窄及剑首可分两型。

A型：窄体扁茎剑，剑身宽约4厘米以下。广西桂平大塘城西汉晚期墓出土1件（GDM1：08），无首，长方柱形柄，青玉剑格，剑身两侧锋利，横断面略呈菱形，通长60厘米（图4-3-31，4）。察右后旗三道湾东汉晚期墓出土1件（M102：31），剑身细长有中脊，扁圆茎，剑首后连接用宽皮条串联的十八个扁铜圈和居中的一个铜球形饰。通长56.5厘米、剑身长36厘米、茎长9厘米（图4-3-31，5）。资兴东汉中期墓出土1件（M154：1），剑身断面呈菱形，长条形扁茎有一小孔，铁剑格宽大。通长55.5厘米（图4-3-31，6）。资兴东汉早期墓出土1件（M94：9），剑身扁平无中脊，茎扁平有一穿。通长41.5厘米（图4-3-31，7）。南越王墓出土1件（D173），木鞘，茎较短，外夹木片，外表髹漆，通长52.4厘米、身长39.9厘米、连鞘宽3.7厘米（图4-3-31，8）。年代为西汉初期。此型剑还发现于赫章可乐西汉前期墓、榆树老河深西汉末东汉初鲜卑墓、洛阳烧沟西汉晚期墓、淮南刘家古堆东汉墓等。

B型：环首剑。剑首与剑茎连为一体，剑首呈圆环形或扁圆环形。四川双流华阳西汉墓出土1件（M13：2），环首，细柄。长40.5厘米、宽1.25~5厘米[2]（图4-3-31，9）。西安方新村西汉晚期墓出土1件（M2：4），剑柄稍窄，剑身有中脊，通长67厘米[3]（图4-3-31，10）。东胜补洞沟匈奴墓出土1件（M3：1），剑柄与剑身等宽，通长63厘米[4]（图4-3-31，11）。年代为西汉末至东汉初。

短剑通长30厘米左右，发现较少，根据剑柄形制可分三型。

A型：环首剑。武夷山城村汉城出土1件（T17：26），柄稍细，尖锋略残。残通长17.8厘米（图4-3-31，12）。年代为西汉前期。

B型：T型首剑。榆树老河深出土1件（M15：6），扁茎，柄首扁平近T形，斜肩，剑身断面呈菱形有中脊。通长38.3厘米（图4-3-31，13）。年代为西汉末东汉初。

C型：无首剑。剑首为另行装配，一般无存。威宁中水西汉中期墓出土1件（M27：24），残长28.6厘米、刃宽2.6~3厘米（图4-3-31，14）。满城1号墓出土4件，细茎，剑身较宽，其中M1：5111，出土时有木剑鞘朽痕，通长34.4厘米、剑身宽2.8厘米（图4-3-31，15）。年代为西汉中期。江苏扬州刘毋智墓出土1件（M1C：96），扁茎，圆穿，因漆鞘粘连而面目不清。漆鞘首端镶鎏金铜箍，箍的一面附方形穿以系带。髹褐色漆，两面纹饰相同。鞘身针刻变形鸟首纹、云气纹，间以黑漆描绘的云气纹。两端针刻弦纹与菱形纹。残长34.6厘米、宽4.8厘米、厚2.1厘米[5]（图4-3-32）。年代为西汉早期。此型铁剑还出土于资兴西汉晚期墓、天长三角圩西汉中晚期墓、汉杜陵等。

---

1 中国社会科学院考古研究所：《满城汉墓发掘报告》，文物出版社，1980年10月第105页。

2 成都文物考古研究所、双流县文物管理所：《四川双流华阳镇“家益欣城”地点西汉土坑墓及唐宋砖室墓清理简报》，《成都考古发现·2010》，科学出版社，2012年12月。

3 程林泉等：《西安市未央区房地产开发公司汉墓发掘简报》，《考古与文物》1992年第5期。

4 伊克昭盟文物工作站：《补洞沟匈奴墓葬》，《鄂尔多斯式青铜器》，文物出版社，1986年5月。

5 扬州市文物考古研究所：《江苏扬州西汉刘毋智墓发掘简报》，《文物》2010年第3期。

图 4-3-32 C 型短剑（江苏扬州西汉刘毋智墓 M1C：96）

铜柄铁剑的剑柄和剑格为铜制，剑身铁制，多为中长剑，有少量长剑和短剑。根据剑格不同可分为三型。

A 型："三叉格"剑。剑格前部呈舌状向前伸出，分四瓣紧裹铁制剑身，形成"三叉格"。江川李家山西汉后期墓出土 1 件（M26：14），空心扁圆茎。长格束腰，两侧有凸齿，铜格两面铸圆点纹和圆圈纹。通长 68.5 厘米，出土时铜鞘头尚存[1]（图 4-3-33，1）。江川李家山西汉中晚期墓出土 1 件（M68：231），空心椭圆柱茎，首端稍细。首面为银，中央菱形突起镶嵌菱形绿松石；茎有四道宽金箍，接格处为一道宽银箍；格中线有圆形纹，四格内有对顶三角齿；突起的粗线条上皆贴薄金片，底部镶银；格两侧各有七个小圆形齿。通长 61.4 厘米、铜茎长 19 厘米、铁腊宽 4 厘米（图 4-3-33，2）。呈贡石碑村西汉中晚期墓出土 1 件（M1：3），空心扁圆茎。茎上铸有凸起的圆点纹，格上有圆圈纹和点纹组成的图案，茎首作盘状，剑身细长有中脊。通长 58 厘米（图 4-3-33，3）。此型铜柄铁剑还发现于昆明羊甫头[2]、呈贡天子庙[3]等。

B 型：剑格为"一"字形或近似"一"字形。昆明羊甫头西汉早中期墓出土 1 件（M505：5），椭圆仿銎空茎，一字格。长 30.2 厘米（图 4-3-33，4）。江川李家山西汉后期墓出土 1 件（M3：19），剑茎饰突点纹。通长 33.7 厘米（图 4-3-33，5）。江川李家山西汉中晚期墓出土 4 件，铜茎部铸成立体的蛇头，内空，蛇颈弯曲作茎，首为蛇头，张口露齿，背面有菱形鳞纹，腹面为横格鳞纹。其中 M68：360，为长剑，铁腊狭长，双锷直，中线起棱较厚，表面附有木质剑鞘痕，鞘末端配有铜镖，铜茎表面鎏金。连鞘通长 72.5 厘米、铜茎长 13.6 厘米、格长 7.7 厘米、铁腊宽 4.5 厘米（图 4-3-33，6）。年代为西汉中晚期。此型铜柄铁剑还发现于云南永胜金宫龙潭[4]、晋宁石寨山、呈贡石碑村[5]、赫章可乐（图 4-3-34）等。

C 型：菱形剑格。江川李家山西汉后期墓出土 1 件（M3：20），六棱柱形茎，剑身细长，两刃大致平行，尖锋，出土时，茎上有纺织品痕迹，刃端附铜鞘头。通长 74.6 厘米（图 4-3-33，7）。

1 云南省博物馆：《云南江川李家山古墓群发掘报告》，《考古学报》1975 年第 2 期。

2 云南省文物考古研究所、昆明市博物馆、官渡区博物馆：《昆明羊甫头墓地》，科学出版社，2005 年 7 月第 424 页。

3 云南省博物馆：《云南呈贡天子庙古墓群的清理》，《考古学集刊》1983 年第 3 期。

4 云南省博物馆保管部：《云南永胜金宫龙潭出土青铜器》，《云南文物》1986 年第 6 期。

5 昆明市文物管理委员会：《昆明呈贡石碑村古墓群第二次清理简报》，《考古》1984 年第 3 期。

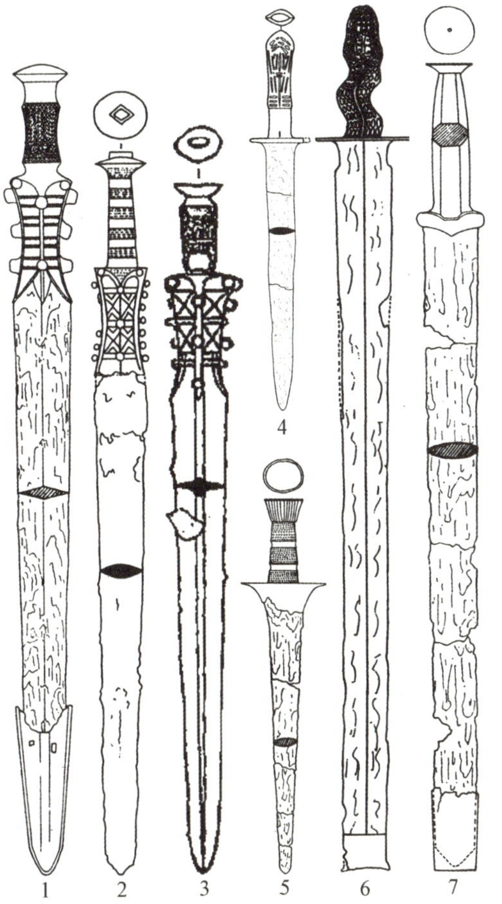

图 4-3-33 秦汉时期铜柄铁剑

1~3.A 型（江川李家山 M26：14、M68：231、呈贡石碑村 M1：3）4~6.B 型（昆明羊甫头 M505：5、江川李家山 M3：19、M68：360）7.C 型（江川李家山 M3：20）

图 4-3-34 赫章可乐 M3241 出土铜柄铁剑及 X 光片

2. 刀

有长刀、短刀之分。

长刀为秦汉时期新出现的兵器类型，通长 70 厘米以上，根据柄部结构的差异可分为环首长刀和装柄长刀两种。

A 型：环首直体长刀。资兴西汉晚期墓出土 1 件（M209：24），通长 88 厘米（图 4-3-35，1）。资兴东汉中期墓出土 1 件（M335：9），通长 97.7 厘米、宽 2.7 厘米（图 4-3-35，2）。新乡火电厂东汉早期墓出土 1 件（M11：11），刀背中部微外弧，刀尖微上翘。通长 79 厘米、宽 3 厘米、刀背厚 1 厘米（图 4-3-35，3）。广东乐昌对面山东汉后期墓出土 1 件（M169：1），柄及刀身处见木鞘痕迹。通长 116 厘米、宽 2.8 厘米（图 4-3-35，4）。

B 型：装柄直体长刀。扁平锥状柄，用以安装木柄。赫章可乐西汉早中期墓出土 1 件（M283：7），刀体长。通长 81.8 厘米、刀身宽约 3.5 厘米、刀背厚 0.9 厘米、刀柄长 8.5 厘米、柄中段宽 2.1 厘米、厚 1.2 厘米（图 4-3-35，5）。资兴西汉中期墓出土 1 件（M185：1），刀身较宽，通长 76 厘米（图 4-3-35，6）。

短刀形制与长刀大致相同，只是较短小，通长一般 70 厘米以下，主要有环首

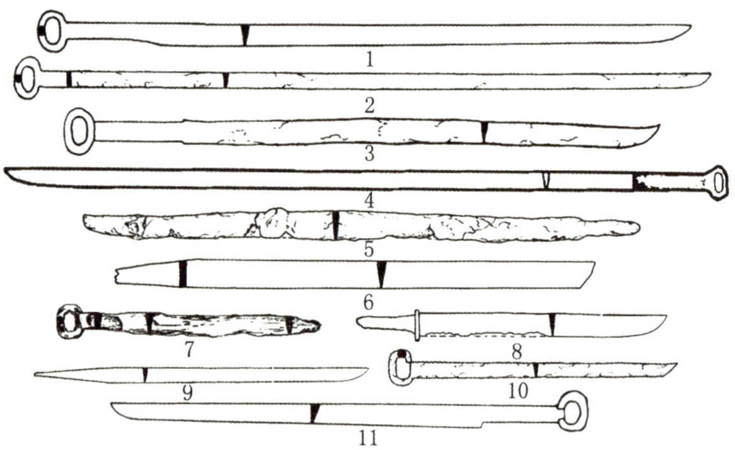

图 4-3-35 秦汉时期铁刀

1~4.A 型长刀（资兴 M209：24、M335：9、新乡火电厂 M11：11、广东乐昌 M169：1）5、6.B 型长刀（赫章可乐 M283：7、资兴 M185：1））7、10、11.A 型短刀（广州 M5045：10、资兴 M463：1、新乡火电厂 M37：2）8、9.B 型短刀（资兴 M94：6、M497：1）

短刀和装柄短刀两种。

A 型：环首直体短刀。广州东汉后期墓出土 1 件（M5045：10），刀身有木鞘痕迹，前锋稍残。通长 33.5 厘米（图 4-3-35，7）。资兴西汉中期墓出土 1 件（M463：1），环首较大，呈扁圆形。通长 52 厘米（图 4-3-35，10）。新乡火电厂西汉中晚期墓出土 1 件（M37：2），环首近圆形，刀体较宽，尖圆锋。通长 68 厘米、宽 3 厘米（图 4-3-35，11）。

B 型：装柄短刀。资兴东汉早期墓出土 1 件（M94：6），尖圆斜锋，柄根部有“一”字形格，出土时有漆木鞘朽痕。通长 36.5 厘米（图 4-3-35，8）。资兴东汉晚期墓出土 1 件（M497：1），刀身细长，尖圆斜锋。通长 46 厘米（图 4-3-35，9）。

3. 矛

铁矛圆形骹，个别为方形骹。根据矛身和茎的结构可分为三型。

A 型：矛身为长三角形，圆形长骹。资兴东汉中期墓出土 1 件（M294：2），通长 15.8 厘米、宽 4 厘米（图 4-3-36，3）。西安北郊郑王村出土 1 件（M124：8），矛尖残缺。矛身横断面为梭形，骹中部饰一铜箍，上有一鸟头形饰。残长 11.7 厘米，銎径 2.4 厘米。铸造[1]（图 4-3-36，4）。年代为西汉早期后段。资兴西汉晚期墓出土 1 件（M163：21），矛身断面呈菱形，细长有中脊，骹细长。通长 50 厘米（图 4-3-36，6）。

B 型：矛身扁平细长，双叶平直或略内弧，前部聚收成锋。秦始皇陵园 K9901 出土 1 件（T1G1：39），骹部已残断。通长 23.5 厘米、刃体长 16 厘米、宽 3 厘米、骹残长 7.5 厘米。刃扁薄，下叶深圆，骹与刃相接处的横截面呈实心长方形主体[2]（图 4-3-36，5）。湘乡可心亭西汉中期墓出土 1 件（XXM：5），断面呈菱形，叶稍宽，双刃略弧刃。通长 36 厘米、宽 3.6 厘米[3]（图 4-3-36，7）。随县塔儿湾东汉墓出土 1 件（TEW：B1），矛身断面呈菱形，双叶斜直，骹口呈马鞍形。通长 29.9 厘米[4]（图 4-3-36，8）。河南禹州新峰出土 1 件（M10：32），两叶向前

1 陕西省考古研究院：《西安北郊郑王村西汉墓》，三秦出版社，2008 年 10 月第 235 页。

2 始皇陵考古队：《秦始皇陵园 K9901 试掘简报》，《考古》2001 年第 1 期。

3 湘乡县博物馆：《湖南湘乡可心亭汉墓》，《考古》1966 年第 5 期。

4 湖北省文物管理委员会：《湖北随县塔儿湾古城岗发现汉墓》，《考古》1966 年第 3 期。

收刹成前锋，中间起脊，横断面呈菱形，柄中空成圆形銎，稍残缺。残长25.2厘米[1]（图4-3-36，9）。年代为王莽及其稍后时期。浙江龙游东华山汉墓出土2件，其中87龙东M6：23，断面作菱形，骹作杈形圆口。长56厘米、宽2.5厘米[2]（图4-3-36，10）。此型铁矛还发现于呈贡石碑村西汉中晚期墓、易县燕下都东沈村西汉中期墓、满城1号汉墓、洛阳烧沟东汉早期墓等。

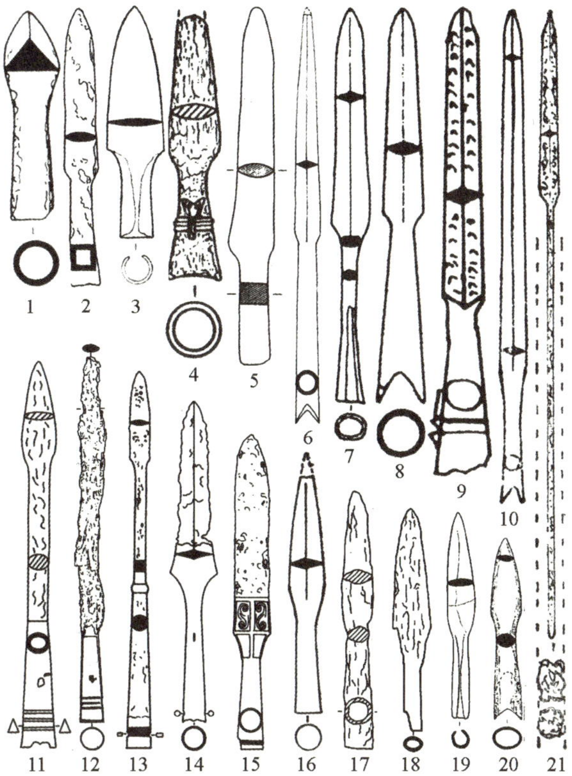

图4-3-36 秦汉时期兵器武备（矛）

1.多棱矛（章丘东平陵0231）2.方骹矛（汉杜陵VT16：6）3、4、6.A型铁矛（资兴M294：2、西安郑王村M124：8、资兴M163：21）5、7~10.B型铁矛（秦始皇陵园T1G1：39、湘乡可心亭XXM：5、随县塔儿湾TEW：B1、河南禹州新峰M10：32、浙江龙游87龙东M6：23）11~15、18.铜骹铁叶矛（云南澄江M74①：4、晋宁石寨山M71：156④、江川李家山M50：6、M68：152、M47：247-13、云南昌宁坟岭岗M45）16、17、19、20.C型铁矛（湖南茶陵濂溪M1：9、云南陆良薛官堡M20：6、扎赉诺尔ZLNM：72、广州M1156：1）21.长柄铁矛（广东始兴M14：1）

C型：矛身呈桂叶形。湖南茶陵濂溪汉墓出土1件（M1：9），矛身有脊棱，横断面呈菱形。残长18.6厘米[3]（图4-3-36，16）。年代为西汉中晚期至东汉初年。云南陆良薛官堡墓地西汉墓出土1件（M20：6），圆骹。骹口直径2.6厘米、叶宽2.9厘米、通长23厘米[4]（图4-3-36，17）。扎赉诺尔东汉末年墓出土1件（ZLNM：72），锻铁件，矛身扁平无中脊，骹系锻打卷折而成。通长16厘米、矛身宽2.5厘米（图4-3-36，19）。广州西汉前期墓出土2件，骹口呈马鞍形，其中M1156：1，通长17.8厘米（图4-3-36，20）。此型铁矛还发现于包头召湾西汉中期墓[5]、威宁中水西汉晚期墓、汉长安城沉水古桥遗址一号古桥[6]（图4-3-37）等。

除上述三型外，还有极少量形制异见的矛，如多棱矛、方骹矛、长柄矛等。多棱矛有三棱、四棱之分，目前可见四棱矛为明器，三棱矛如章丘东平陵故城出土1件（0231），矛身粗短，断面呈三棱形，圆形骹较粗。通长10.1厘米（图4-3-36，1）。年代为汉代。方骹矛如汉杜陵出土1件（VT16：6），矛身扁平，锻制，骹部接缝依稀可见。通长18.5厘米（图4-3-36，2）。年代为西汉晚期。长柄矛如广东始兴汉墓出土3件，刃部与杆部为一次铸造成形，矛刃锐长、中间

1 许昌市文物工作队：《河南禹州市新峰墓地M10、M16发掘简报》，《考古》2010年第9期。

2 朱土生：《浙江龙游县东华山汉墓》，《考古》1993年第4期。

3 湖南省文物考古研究所、茶陵县文化局：《湖南茶陵县濂溪汉墓的发掘》，《考古》1996年第6期。

4 中国社会科学院考古研究所、云南省文物考古研究所、曲靖市文物管理所等：《云南陆良县薛官堡墓地发掘简报》，《考古》2015年第4期。

5 魏坚：《内蒙古中南部汉代墓葬·召湾51号汉墓》，中国大百科全书出版社，1998年3月第213页。

6 西安市文物保护考古研究院：《汉长安城沉水古桥遗址发掘报告》，《考古学报》2012年第3期。

起脊，断面略呈菱形；矛杆圆柱状，原配有圆形木柄已残，残留木质痕迹。根据出土情况分析，矛通长在2米左右。其中M14：1，刃长32厘米、中部宽3厘米、脊厚0.8厘米；杆长81厘米、杆直径1厘米[1]（图4-3-36，21）。年代为西汉晚期至东汉时期。

铜骹铁叶矛多出自云南地区，数量较少。云南澄江金莲山M74出土1件（M74①：4），铁刃后端与铜骹之间有一段铁杆，刃细长，杆较长，骹上段和铁杆断面呈椭圆形，骹下段呈空心圆柱状。近骹口处有三周箍状弦纹，其间两侧及骹中部两面有对称的钉孔。通长26.4厘米、刃长7.2厘米、刃宽2.4厘米、骹径2厘米（图4-3-36，11）。年代为西汉中晚期至东汉初期。M166出土1件（M166：8），宽刃，铁刃后端与铜骹之间有一段铁杆，杆较长，骹上段和铁杆断面呈方形，骹下段呈空心圆柱状。近骹口处有三道箍状弦纹，其间两侧有对称的钉孔。通长34厘米、刃长12厘米、刃宽2厘米、骹径2.6厘米[2]（图4-3-38）。年代为西汉中晚期至东汉初期。晋宁石寨山西汉墓出土1件（M71：156④），长骹，骹上有三道凸棱，正面有一近长方形穿。通长33.9厘米、骹长9厘米（图4-3-36，12）。江川李家山出土1件（M50：6），刃部扁平，刃骹间铁杆中部有一道箍，箍上两侧有对称钉孔。通长36.8厘米、刃长9.4厘米、残刃宽2.1厘米、骹径2.4厘米（图4-3-36，13）。年代为西汉晚期至东汉初期。江川李家山西汉中晚期墓出土1件（M68：152），骹中部两面及近骹口处两侧有对称钉孔，骹口稍残，后锋较宽，两侧折角突出，前倾较少，前锋后部刃内弧较大。残长32.3厘米、残刃长20厘米、残刃宽4.8厘米、残骹径2.3厘米（图4-3-36，14）。江川李家山西汉中晚期墓出土1件（M47：247-13），刃后段铜质部两侧饰对称双旋纹，骹口有弦纹四道，其上两侧及骹中部两面有对称钉孔。通长29.5厘米、刃长19.8厘米、刃宽3.5厘米、骹径2.1厘米（图4-3-36，15）。云南昌宁坟岭岗西汉初期墓出土1件（M45），铜圆骹已残，铁柳叶形叶。表面粘有纺织品。长22.2厘米、宽3.3

图4-3-37 汉长安城泬水古桥遗址一号古桥出土铁矛（T2：9）

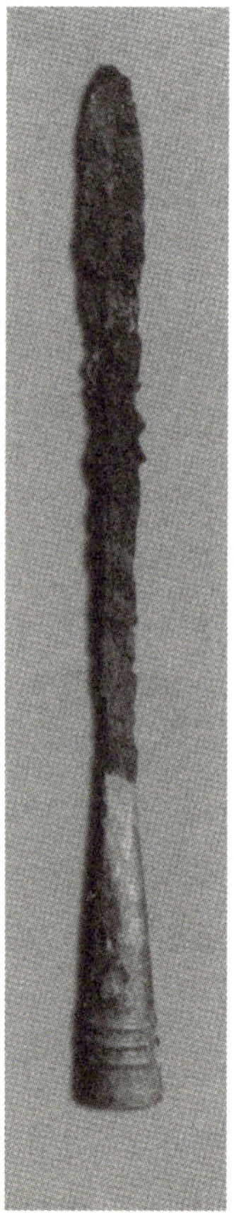

图4-3-38 云南澄江金莲山墓地M166出土铜骹铁叶矛（M166：8）

1 廖晋雄：《广东始兴县汉墓清理简报》，《考古》1993年第5期。

2 云南省文物考古研究所、玉溪市文物管理所、澄江县文物管理所等：《云南澄江县金莲山墓地2008—2009年发掘简报》，《考古》2011年第1期。

厘米[1]（图 4-3-36，18）。铜骹铁叶矛还发现于广州南越王墓西汉中期墓、安宁太极山西汉前期墓[2]等。

4. 戟

戟是西汉最主要的长柄格斗兵器，其形制主要是沿用战国末期出现的卜字形戟，由于它的戟刺加长，刺锋更加锐利，所以特别适于骑兵冲刺。西汉时，随着车战的衰落和骑兵成为军队的主力，卜字形戟逐渐淘汰了其他形制的戟，并大量装备了部队。此外，戟也是当时的仪仗用具，官吏出行时以为前驱，被称为“棨戟”。如《后汉书·舆服志》记:“公以下至二千石，骑吏四人，千石以下至三百石，县长二人，皆带剑，持棨戟为前列”。西汉的戟主要是用钢铁制造，已很少见到青铜制品了。东汉时，主要沿用卜字形戟，同时在形制上出现一些新变化，表现为戟援上翘，形成钩刺，这种戟已完全丧失了向后钩砍的传统功效，而增强了向前扎刺的效能，进一步适应了骑兵和步兵在作战中前冲叉刺的需要[3]。

铁戟根据其形制可分为四型。

A 型：三叉戟。整器作三叉形，刺斜向一侧，援与胡相垂直。江苏徐州奎山西汉墓出土 3 件，刺呈弯刀形，弧形刃。援为长条形，上弧下平，前端尖，下侧有刃。中间有铜篱，上窄下宽，中空。柲已朽，篱内存有朽木痕迹。其中 M11K：48，残长 9.1 厘米、宽 10.3 厘米[4]（图 4-3-39，1）。年代为西汉早期偏晚至中期偏早阶段，具体应为汉武帝早期。江苏盱眙大云山西汉江都王陵一号墓共出土实用铁戟 6 件，援与内结合处有截面呈杏叶形的铜柲帽。其中 M1：5108，出自南回廊东部上层，残长 32.5 厘米[5]（图 4-3-39，2）。该墓下葬年代应在刘非死后的公元前 128 年或稍后的一段时间之内。晋宁石寨山西汉中期墓出土 1 件（M6：81），皆残缺。从残缺部分看，刺稍有弧曲，不与胡垂直援微向上昂，铜銎装于胡与援之间。胡长 18.8 厘米、援残长 11.8 厘米、銎长 7 厘米、銎径 2 厘米[6]（图 4-3-39，3）。南越王墓出土 1 件（D127-2），刺向上斜出，援部有木胎漆鞘套着，刺和胡有丝织物捆缠。通长 39 厘米、刺长 19 厘米、援长 18.5 厘米[7]（图 4-3-39，4）。年代为西汉初期。三叉戟还发现于永城保安山西汉早期墓、长沙五里牌东汉墓[8]、临淄金岭镇 1 号东汉早期墓[9]等。

B 型：卜形戟。整器呈卜字形，刺与胡相连大致呈一条直线，援与刺、胡成直角相连。江川李家山出土 1 件（M3：26），全铁，稍残。作“卜”形，残长 35.4 厘米[10]（图 4-3-39，5）。年代为西汉中期至东汉初期。广州黄花岗东汉墓出

1 云南省文物考古研究所:《云南昌宁坟岭岗青铜时代墓地》,《文物》2005 年第 8 期。
2 云南省文物工作队:《云南安宁太极山古墓葬清理报告》,《考古》1965 年第 9 期。
3 成东、钟少异:《中国古代兵器图集》，解放军出版社，1990 年 9 月第 130 页。
4 徐州博物馆:《江苏徐州市奎山四座西汉墓葬》,《考古》2012 年第 2 期。
5 南京博物院、盱眙县文广新局:《江苏盱眙县大云山西汉江都王陵一号墓》,《考古》2013 年第 10 期。
6 云南省博物馆:《云南晋宁石寨山古墓群发掘报告》，文物出版社，1959 年 9 月第 108 页。
7 广州市文物管理委员会、中国社会科学院考古研究所、广东省博物馆:《西汉南越王墓》，1991 年 10 月第 175 页。
8 湖南省博物馆:《长沙五里牌古墓葬清理简报》,《文物》1960 年第 3 期。
9 山东省文物考古研究所:《山东临淄金岭一号东汉墓》,《考古学报》1999 年第 1 期。
10 云南省博物馆:《云南江川李家山古墓群发掘报告》,《考古学报》1975 年第 2 期。

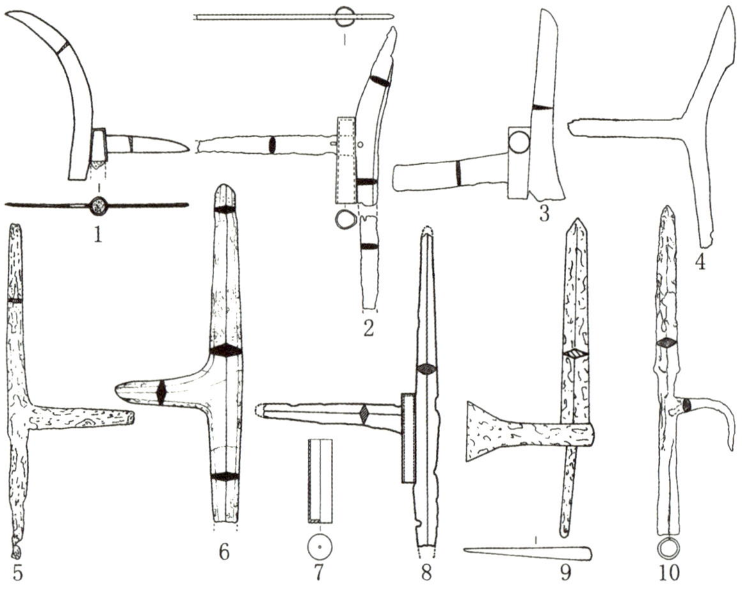

图 4-3-39 秦汉时期铁戟
1~4.A 型（江苏徐州奎山 M11K：48、江苏盱眙大云山 M1：5108、晋宁石寨山 M6：81、南越王墓 D127-2）5、6、8.B 型（江川李家山 M3：26、广州黄花岗 M8：54、江苏徐州刘慎墓 M1：44）7.铁镦（江苏徐州刘慎墓 M1：44-1）9.钺戟（河南新乡 M1：22）10.钩戟（汉长安城武库 W7：3：1）

土 1 件（M8：54），有木胎漆套，已锈蚀黏结。戟身粗大，中有脊。长约 56 厘米[1]（图 4-3-39，6）。年代为东汉后期前段。江苏徐州黑头山刘慎墓出土 1 件（M1：44），援及枝均为铁质，中间起脊，断面皆作菱形，外表有夹木，似为竹板制成。枝长，援位于枝的中部，刃部较钝。援与枝之间焊接一铜籥，用以固柲，籥顶平，下端敞口，内残存朽木。柲已朽。援残长 19.4 厘米、籥径 1.8 厘米、长 12 厘米、戟身残长 43.1 厘米（图 4-3-39，8；图 4-3-40，1）。该戟还附一镦（M1：44-1）。圆筒形，中空，顶端敞口，平底封闭，底端中心有一圆孔，内残存朽木。表面鎏金。孔径 0.3 厘米。器身长 8.9 厘米、直径 2.6 厘米（图 4-3-39，7；图 4-3-41）。铁戟通长应为 2.6 米[2]。年代为西汉早期后段。河南新安汉函谷关遗址出土 1 件（活动面 2：8），残长 44.6 厘米[3]（图 4-3-40，2）。卜字形戟还发现于湖南常德汉墓[4]、山东滕州东汉初期墓[5]、汉长安城未央宫[6]、徐州拖龙山西汉墓[7]、广州南越王墓、盱眙东阳新莽时期墓[8]、临淄齐王墓器物坑、鹤壁鹿楼西汉冶铁遗址、章丘汉代东平陵故城等。此外，江苏盱眙大云山江都王陵二号墓出土 3 件，形制、尺寸相同。其中 M2：27，卜字形，木柲朽尽。援与刺胡的断面皆呈扁圆形，两者

1 广州市文物考古研究所：《广州黄花岗汉唐墓葬发掘报告》，《考古学报》2004 年第 4 期。

2 徐州博物馆：《江苏徐州黑头山西汉刘慎墓发掘简报》，《文物》2010 年第 11 期。

3 洛阳市文物考古研究院、新安县文物管理局：《河南新安县汉函谷关遗址 2012—2013 年考古调查与发掘》，《考古》2014 年第 11 期。

4 常德博物馆：《湖南常德市南坪汉代土墩墓群的发掘》，《考古》2014 年第 1 期。

5 山东省文物考古研究所、滕州市博物馆：《山东滕州市东小宫周代、两汉墓地》，《考古》2000 年第 10 期。

6 中国社会科学院考古研究所汉城工作队：《汉长安城未央宫第三号遗址发掘简报》，《考古》1989 年第 1 期。

7 徐州博物馆：《徐州拖龙山五座西汉墓的发掘》，《考古学报》2010 年第 1 期。

8 南京博物院：《江苏盱眙东阳汉墓》，《考古》1979 年第 5 期。

交接处饰一铜箭。箭呈筒状，上部封顶，下端有銎。箭壁中部开两长方形孔，以套刺胡。刺胡长6.3厘米、箭长2.6厘米、銎径0.8厘米，通长16.4厘米[1]。江都王陵一号墓出土547件，援与内结合处有截面呈圆形的铜柲帽。其中M1：1541，出自南回廊西部上层，通长16.5厘米[2]。咸阳汉景帝阳陵南区从葬坑出土135件，均为陶俑所佩明器。

C型：钩戟。汉长安城武库遗址出土1件（W7：3：1），刺扁平有中脊，刺末端接细长圆形骹，骹根部出一下弯钩。通长46厘米、钩长8.5厘米[3]（图4-3-39，10）。

D型：钺戟。由钺和刺两部分构成，前端为刺，其形若短剑，刺茎插入钺之銎内。钺戟多为熟铁锻造。河南新乡王门村东汉中晚期墓出土1件（M1：22），刺为剑形，中脊微隆，断面呈菱形，援为斧形，胡扁平，上残存有缠麻、夹木痕迹。剑长30厘米、宽5厘米、厚2厘米，援高18.5厘米、胡长13厘米、胡宽1.5厘米[4]（图4-3-39，9）。钺戟还发现于郑州碧沙岗公园东汉晚期墓[5]、郑州古荥镇

1　　2

图4-3-40　秦汉时期卜形戟
1、2.卜形戟（江苏徐州黑头山刘慎墓M1：44、河南新安汉函谷关遗址活动面2：8）

1 南京博物院、盱眙县文广新局：《江苏盱眙大云山江都王陵二号墓发掘简报》，《文物》2013年第1期。
2 南京博物院、盱眙县文广新局：《江苏盱眙县大云山西汉江都王陵一号墓》，《考古》2013年第10期。
3 中国社会科学院考古研究所汉城工作队：《汉长安城武库遗址发掘的初步收获》，《考古》1978年第4期。
4 新乡市文物工作队赵争鸣、新乡市博物馆赵军、朱旗：《河南新乡市王门村汉墓》，《考古》2003年第4期。
5 郑州市博物馆：《河南郑州市碧沙岗公园东汉墓》，《考古》1966年第5期。

图 4-3-41 秦汉时期铁镦（江苏徐州黑头山刘慎墓 M1：44-1）

汉代城址、河南濬县等。

兵器武备除上述常见的器型外，还有杖[1]、柲、戈、铩[2]、钩镶[3]、铍[4]及镈等兵器部件。

杖 临淄齐王墓器物坑出土 2 件，细长如棍，一端粗一端稍细，断面呈圆形。如 K5：44，长 270 厘米、直径 1.8~2.7 厘米（图 4-3-42，1）。年代为西汉早期。

柲 西安北郊龙首村西汉早期墓出土 1 件（M2：92），一端有管状铜镈，铜镈长 15 厘米、外径 2.3 厘米、内径 1.9 厘米，铜镈中部饰一周宽带凸弦纹。铁柲插入镈，外包木质。柲直径 1.9 厘米、残长 31 厘米[5]（图 4-3-42，2）。

戈 有铁戈和铜铁合制两种类型。铁戈如洛阳春都花园小区西汉晚期墓出土 1 件（Ⅰ M2354：8），援部断面呈菱形，直内，无穿。长 19 厘米、宽 11.4 厘米[6]（图 4-3-42，5；

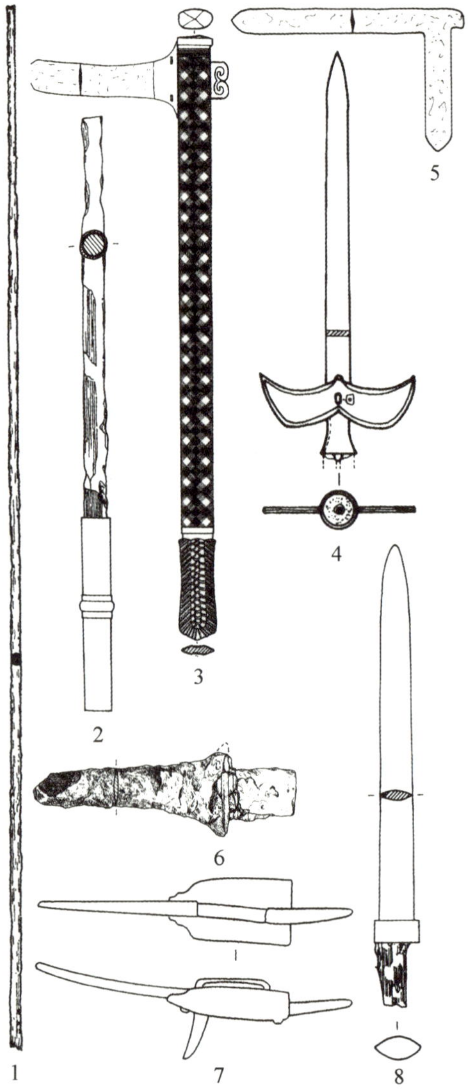

图 4-3-42 秦汉时期铁兵器（钩镶、铩、杖等）

1. 杖（临淄齐王墓器物坑 K5：44）2. 柲（西安北郊龙首村 M2：92）3、6. 铜铁合制戈（昆明羊甫头 M113：372-4、赫章可乐 M274：91）4. 铩（江苏徐州奎山 M11K：58）5. 戈（洛阳春都花园Ⅰ M2354：8）7. 钩镶（绵阳涪城白虎嘴 M42：5）8. 铍（西安北郊龙首村 M2：68）

1 山东省淄博市博物馆：《西汉齐王墓随葬器物坑》，《考古学报》1985 年第 2 期。

2 ［东汉］许慎《说文解字·金部》："铩，铍有镡者"，中华书局，1963 年；中国社会科学院考古研究所西安唐城工作队：《西安北郊龙首村西汉墓发掘简报》，《考古》2002 年第 5 期。

3 徐昭峰：《铁钩镶浅议》，《考古与文物》2002 年增刊。

4 《汉书·高惠高后文功臣表》颜师古注："长铍，长刃兵页，为刀而剑形。《史记》作'长铍'，铍亦刀耳"。

5 中国社会科学院考古研究所西安唐城工作队：《西安北郊龙首村西汉墓发掘简报》，《考古》2002 年第 5 期。

6 洛阳市第二文物工作队：《洛阳春都花园小区西汉墓（IM2354）发掘简报》，《文物》2006 年第 11 期。

图 4-3-44）。铜铁合制器如昆明羊甫头西汉早中期墓出土 1 件（M113：372-4），铜内铁援戈，内直，曲援，圆锋，援铁质。戈长 25.2 厘米，柲长 72 厘米（图 4-3-42，3）。赫章可乐出土 1 件（M274：91），无胡长条形援，援后部弧形外展。援身一面附多层纺织物。出土时内旁有铜立虎柲冒。通长 24.6 厘米，内长 6.3 厘米、宽 3.9~4.1 厘米、厚 0.55 厘米、援中部宽 3.6 厘米、阑残长 7.5 厘米（图 4-3-42，6）。年代为战国晚期至西汉早期。

铩 江苏徐州奎山西汉墓出土 6 件，由柲、鋬、镡、锋等四部分组成。锋扁长，尖锋。鋬与镡一体，锡制。鋬上窄下宽，呈喇叭口状，中空，鋬内有铁钉外伸，便于与柲结合、固定。镡呈张开的羽翼状，一端有弧形纽，纽中部有小孔。柲为木质，已朽，残长 23 厘米。其中 M11K：58，铩身长 15 厘米、通长 38 厘米[1]（图 4-3-42，4）。年代为西汉早期偏晚至中期偏早阶段，具体应为汉武帝早期。西安龙首村西汉早期墓[2]也有出土。

图 4-3-43　绵阳涪城区双碑白虎嘴东汉晚期崖墓出土铁钩镶（M42：5）

钩镶 绵阳涪城区双碑白虎嘴东汉晚期崖墓出土 1 件（M42：5），面呈盾牌状，凹面有把手，上、下和凸面各有一个长短不一的尖刺。这是刺钩和盾结合的一种复合兵器，刺上的弯钩已经锈蚀残失。残长 45.5 厘米[3]（图 4-3-42，7；图 4-3-43）。河南鹤壁西汉晚期墓[4]、洛阳小川村东汉墓[5]、河北定县东汉晚期墓[6]、洛阳七里河东汉墓[7]也出土有钩镶。

图 4-3-44　铁戈（洛阳春都花园小区西汉墓ⅠM2354：8）

鈹 西安北郊龙首村西汉早期墓出土 1 件（M2：68），表面黑红色，有泡状突起锈。断面呈椭圆形。鈹刃部与柄间有一银白色合金格，格下接铁柄，铁柄外包有木质。长 27 厘米、最宽处 2.6 厘米、厚 0.8 厘米[8]（图 4-3-42，8）。江苏徐州黑头山

1 徐州博物馆：《江苏徐州市奎山四座西汉墓葬》，《考古》2012 年第 2 期。
2 中国社会科学院考古研究所西安唐城工作队：《西安北郊龙首村汉墓发掘简报》，《考古》2002 年第 5 期。
3 绵阳博物馆、成都文物考古研究所：《绵阳崖墓》，文物出版社，2015 年 12 月第 196 页。
4 李京华：《汉代的铁钩镶与铁钺戟》，《文物》1965 年第 2 期。
5 徐昭峰：《铁钩镶浅议》，《考古与文物》2002 年增刊第 216 页。
6 定县博物馆：《河北定县 43 号汉墓发掘简报》，《文物》1973 年第 11 期。
7 洛阳博物馆：《洛阳涧西七里河东汉墓发掘简报》，《考古》1975 年第 2 期。
8 中国社会科学院考古研究所西安唐城工作队：《西安北郊龙首村西汉墓发掘简报》，《考古》2002 年第 5 期。

西汉刘慎墓[1]、临淄齐王墓器物坑[2]、永城柿园西汉早期墓、章丘东平陵故城、广州南越王墓、汉长安城武库遗址也出土有铍。

(二)远射兵器

远射兵器主要有镞、镖[3]、弩机[4]、箭囊[5]、弓敝[6]等。

1. 镞

有铁镞和铁铤铜镞两类。

铁镞根据镞身形制可分为四型。

A型：多棱镞，以三棱为主，少量为四棱。洛阳孟津朱仓M707帝陵陵园出土1件（T326②：1），镞首呈三棱锥形，长2.5厘米、叶宽1.2厘米；铤仅残留一小部分，截面圆形，残长0.9厘米[7]（图4-3-45，2）。年代为东汉时期。偃师白草坡东汉帝陵陵园遗址出土5件。其中T09③：2，残长7.7厘米、铤残长4.5厘米（图4-3-45，3）；T09③：6，镞身截面菱形，长6.5厘米、铤残长1厘米[8]（图4-3-45，4）；T01③：4，镞身截面正方形，长7.8厘米、铤残长2厘米（图4-3-45，5）；T20②B：3，长11厘米、铤残长8厘米（图4-3-45，6）。汉长安城武库遗址出土1件（W7：1：30），镞身尖部呈三棱形，后部呈圆柱形，铁铤。通长9.5厘米（图4-3-45，7）。此型铁镞还出土于山西右玉中陵古城[9]、汉长安城桂宫二号建筑遗址[10]、章丘东平陵故城、包头召湾西汉中期墓、汉杜陵V号遗址、锦西小荒地古城址、东胜补洞沟匈奴墓等。

B型：三翼镞。新疆新源别斯托别墓地出土1件（M2：16），锥形铤。通长4.2厘米[11]（图4-3-45，11）。年代为西汉前后。江川李家山出土1件（M85：43），刃略圆弧，后锋呈三翼后掠作倒须，铤较细，较短，部分保存沁满铁锈的残槁和表面裹扎物。铁铤保存最长3.7厘米、刃长2.6厘米、翼宽1.2厘米（图4-3-45，12）。年代为西汉晚期至东汉初期。汉长安城武库遗址出土1件（W7：1：23），镞身短宽，铁铤。残通长5厘米（图4-3-45，13）。此型铁镞还出土于新疆和静

1 徐州博物馆：《江苏徐州黑头山西汉刘慎墓发掘简报》，《文物》2010年第11期。

2 山东省淄博市博物馆：《西汉齐王墓随葬器物坑》，《考古学报》1985年第2期。

3 黑龙江省文物考古研究所：《黑龙江省双鸭山市滚兔岭遗址发掘报告》，《北方文物》1997年第2期。

4 中国社会科学院考古研究所：《汉长安城未央宫——1980—1989年考古发掘报告》，中国大百科全书出版社，1996年11月。

5 吉林省文物考古研究所：《榆树老河深》，文物出版社，1987年4月。

6 中国社会科学院考古研究所、河北省文物管理处：《满城汉墓发掘报告》，文物出版社，1980年10月第105页。

7 洛阳市第二文物工作队：《洛阳孟津朱仓东汉帝陵陵园遗址》，《文物》2011年第9期。

8 洛阳市第二文物工作队、偃师市文物管理委员会：《偃师白草坡东汉帝陵陵园遗址》，《文物》2007年第10期。

9 山西省考古研究所、暨南大学历史系考古专业：《山西右玉县中陵古城的调查与试掘》，《考古》2011年第10期。

10 中国社会科学院考古研究所、日本奈良国立文化财研究所中日联合考古队：《汉长安城桂宫二号建筑遗址发掘简报》，《考古》1999年第1期。

11 新疆文物考古研究所：《新疆新源县别斯托别墓地2010年的发掘》，《考古》2012年第9期。

察吾乎沟口三号墓地[1]、广西贵港孔屋岭西汉晚期墓[2]、东胜补洞沟匈奴墓、榆树老河深鲜卑墓地等。

C型：双刃镞。察右后旗三道湾鲜卑墓出土5件，平面呈菱形，叶较宽，横截面呈扁平状，铤身界线不明；铤横截面呈圆形，上有木痕。其中M21：5，残长7厘米[3]（图4-3-45，1）。偃师白草坡东汉帝陵陵园遗址出土1件（T45③：2），镞身扁平，长7厘米、铤残长4厘米[4]（图4-3-45，8）。徐州拖龙山西汉墓出土1件（M3：133），扁薄三角形，断面呈菱形，下有圆形铤。残长8.7厘米[5]（图4-3-45，9）。年代为西汉中期后段至西汉晚期前段，即汉宣帝至汉成帝早期阶段。南越宫苑遗址出土1件（95T5⑤a：13），铁镞铁铤均范铸而成，铤部截面呈方形。残长7.7厘米、镞本长5.4厘米，铤残长2.3厘米、边长0.4厘米（图4-3-45，10）。年代为东汉晚期至三国时期。汉杜陵出土1件（ⅠT8：1），镞身断面呈菱形，后关较长，铁铤。镞身长3.5厘米、关长2.6厘米、铤长8.3厘米（图4-3-45，15）。年代为西汉晚期。西藏阿里地区噶尔县故如甲木墓地出土3件。其中M4：8，镞身扁平，残长5.2厘米、最宽2厘米、厚0.25厘米、铤部直径0.8厘米（图4-3-47）；M4：9，镞身较长，扁平，残长9.6厘米、

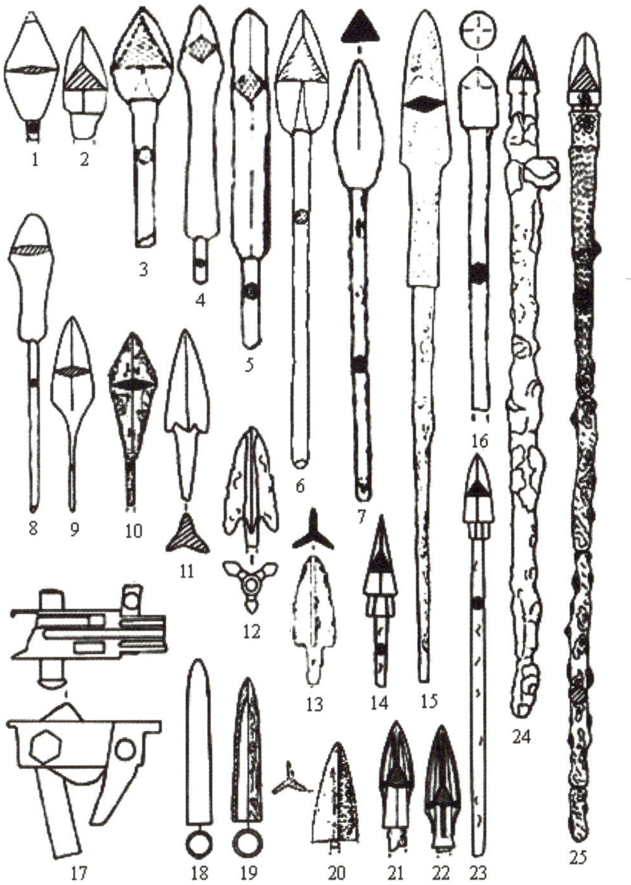

图4-3-45　秦汉时期兵器武备（镞、弩机）

1、8~10、15.C型铁镞（察右后旗三道湾M21：5、偃师白草坡T45③：2、徐州拖龙山M3：133、南越宫苑遗址95T5⑤a：13、汉杜陵ⅠT8：1）2~7.A型铁镞（洛阳孟津朱仓T326②：1、偃师白草坡T09③：2、T09③：6、T01③：4、T20②B：3、汉长安城武库W7：1：30）11~13.B型铁镞（新疆新源M2：16、江川李家山M85：43、汉长安城武库W7：1：23）14、20~25.铁铤铜镞（江川李家山M85：58、南越宫苑遗址97T37⑨a：4、江川李家山M51：311、北京窦店古城标本三⑤：3、汉长安城桂宫T1③：18、秦始皇陵园K9901：14、秦始皇陵园K9901：16）16、18、19.D型铁镞（汉长安城武库W7：2：45、江苏徐州后山M1下：29-1、江苏徐州九里山M2：40）17.弩机（山东青州马家冢子QM：210）

1 中国社会科学院考古研究所新疆队、新疆巴音郭楞蒙古族自治州文管所：《新疆和静县察吾乎沟口三号墓地发掘简报》，《考古》1990年第10期。

2 广西文物考古研究所、贵港市博物馆：《广西贵港市孔屋岭汉墓2009年发掘简报》，《考古》2013年第9期。

3 内蒙古自治区文物考古研究所：《内蒙古地区鲜卑墓葬的发现与研究》，科学出版社，2004年2月第30页。

4 洛阳市第二文物工作队、偃师市文物管理委员会：《偃师白草坡东汉帝陵陵园遗址》，《文物》2007年第10期。

5 徐州博物馆：《徐州拖龙山五座西汉墓的发掘》，《考古学报》2010年第1期。

图 4-3-46 C 型铁镞（西藏阿里地区曲踏墓地 2014M3 右：23-1～9）

最宽 2.2 厘米、厚 0.7 厘米、铤部直径 0.7 厘米[1]（图 4-3-48）。此型铁镞还出土于内蒙古额右旗拉布达林鲜卑墓[2]、额尔古纳右旗拉布达林鲜卑墓、榆树老河深鲜卑墓、吉林抚松新安遗址东汉文化遗存[3]、陕西凤翔长青西汉汧河码头仓储建筑遗址[4]、西藏阿里地区曲踏墓地[5]（图 4-3-46）、锦西小荒城古城址、拉布达林墓地、章丘东平陵故城、巴林左旗南杨家营子东汉墓[6]、河南淅川泉眼沟西汉晚期墓[7]等。

图 4-3-47 C 型铁镞（西藏阿里地区噶尔县故如甲木墓地 M4：8）

图 4-3-48 C 型铁镞（西藏阿里地区噶尔县故如甲木墓地 M4：9）

D 型：圆锥镞。汉长安城武库遗址多有出土，尖部呈四棱锥状，下部为圆柱体，铁铤，其中 W7：2：45，残通长 10 厘米（图 4-3-45，16）。江苏徐州后山西汉墓出土 1 组 2 件（M1 下：

1 中国社会科学院考古研究所、西藏自治区文物保护研究所：《西藏阿里地区噶尔县故如甲木墓地 2012 年发掘报告》，《考古学报》2014 年第 4 期。

2 赵越：《内蒙古额右旗拉布达林发现鲜卑墓》，《考古》1990 年第 10 期。

3 吉林省文物考古研究所：《吉林抚松新安遗址发掘报告》，《考古学报》2013 年第 3 期。

4 陕西省考古研究所、宝鸡市考古工作队、凤翔县博物馆：《陕西凤翔县长青西汉汧河码头仓储建筑遗址》，《考古》2005 年第 7 期。

5 中国社会科学院考古研究所、西藏自治区文物保护研究所、阿里地区文物局等：《西藏阿里地区故如甲木墓地和曲踏墓》，《考古》2015 年第 7 期。

6 中国科学院考古研究所内蒙古工作队：《内蒙古巴林左旗南杨家营子的遗址和墓葬》，《考古》1964 年第 1 期。

7 四川大学历史文化学院考古系、上海大学艺术研究院美术考古研究中心、河南省文物局等：《河南淅川泉眼沟汉代墓葬发掘报告》，《考古学报》2014 年第 3 期。

29），一端有銎，内有木屑，末端为锥形。其中 M1 下：29-1，长 7.6 厘米、銎径 1.2 厘米[1]（图 4-3-45，18）。年代为西汉早期。江苏徐州九里山二号汉墓出土 1 件（M2：40），后端有銎，并有插木痕迹，长 7 厘米、銎径 1 厘米[2]（图 4-3-45，19）。年代为西汉中期的武帝时期。贵县罗泊湾 1 号西汉墓也有出土。

铁铤铜镞 江川李家山出土 1 件（M85：58），刃斜直，后锋齐平，铁铤较细，较短。部分保存残槁，木质纤维似竹，排列较直，表面缠裹极薄的藤皮或铁皮，外以细绳缠绕捆扎，和槁一起沁满铁锈，较硬如铁锈质。铜镞身长 2.6 厘米、刃长 2.2 厘米、刃宽 1 厘米、铁铤径 0.3 厘米、槁径 0.9 厘米（图 4-3-45，14）。年代为西汉晚期至东汉初期。南越宫苑遗址出土 1 件（97T37 ⑨ a：4），锋面后翼折下收，中脊突起呈圆形，关截面呈圆形，残长 4.2 厘米、镞本长 3.3 厘米、关长 0.8 厘米、铁铤残长 0.2 厘米（图 4-3-45，20）。年代为西汉晚期。郑州岔河西汉墓出土 39 件，多为三棱镞，少量为三翼镞，残长 2.5~4 厘米。江川李家山西汉中晚期墓出土 1 件（M51：311），镞身为铜，刃略圆弧，后锋齐平，铁铤较粗，较长。通长 14.1 厘米、铜镞身长 3 厘米、刃长 2.5 厘米、宽 1 厘米、铁铤径 1.5 厘米（图 4-3-45，21）。北京窦店古城东汉地层出土 2 件，其中标本三⑤：3，镞头为三棱形，铁铤较长。镞宽 0.9 厘米、长 2.3 厘米、铤长 17.6 厘米[3]（图 4-3-45，22）。汉长安城桂宫三号建筑遗址出土 1 件（T1 ③：18），镞呈三棱形。叶较宽，外缘作刃状向前聚成前锋，铁铤较长，铁铤已断成五截。镞身长 2.5 厘米、铤残长 25 厘米[4]（图 4-3-45，23）。秦始皇陵园 K9901 出土 2 件，圆锥形关，刃下叶圆折，三个刃面各有突棱，形成风槽，圆柱形铁铤。其中 K9901：14，残长 4.5 厘米，其中首长 3 厘米、关长 0.7 厘米，铁铤残长 0.8 厘米（图 4-3-45，24）；K9901：16，残长 4.4 厘米，其中首长 3.8 厘米、关长 0.4 厘米、铁铤残长 0.2 厘米[5]（图 4-3-45，25）。秦始皇帝陵一号兵马俑陪葬坑也出土 1 件（G9：0241）[6]。铁铤铜镞还出土于陕西临潼汉新丰遗址[7]、永城保安山汉梁王陵陪葬坑、汉长安城桂宫 3 号建筑遗址、汉杜陵 V 号遗址、汉长安城武库遗址、临淄齐王墓器物坑等。

2. 弩机

山东青州马家冢子东汉中晚期墓出土 1 件（QM：210），为实用器，现存铁器部分，木质部分已朽。有郭、悬刀、钩心、月牙、键等部分组成。郭身前窄后宽，刻箭槽，两键固定牙、钩心、悬刀于郭上。弩机郭长 10 厘米、前端宽 2.6 厘米、后端宽 3 厘米、通高 10 厘米（图 4-3-45，17）。同时出土铁键 1 件（QM：225），圆柱形，为弩机构件。直径 1.2 厘米、高 7.3 厘米[8]。汉长安城桂宫三号建

1 徐州博物馆：《江苏徐州后山西汉墓发掘简报》，《文物》2014 年第 9 期。
2 徐州博物馆：《江苏徐州市九里山二号汉墓》，《考古》2004 年第 9 期。
3 北京市文物研究所拒马河考古队：《北京市窦店古城调查与试掘报告》，《考古》1992 年第 8 期。
4 中国社会科学院考古研究所、日本奈良国立文化财研究所中日联合考古队：《汉长安城桂宫三号建筑遗址发掘简报》，《考古》2001 年第 1 期。
5 始皇陵考古队：《秦始皇陵园 K9901 试掘简报》，《考古》2001 年第 1 期。
6 秦始皇帝陵博物院兵马俑坑考古队：《秦始皇帝陵一号兵马俑陪葬坑 2009—2011 年发掘简报》，《文物》2015 年第 9 期。
7 林泊：《陕西临潼汉新丰遗址调查》，《考古》1993 年第 10 期。
8 山东省青州市博物馆：《山东青州市马家冢子东汉墓的清理》，《考古》2007 年第 6 期。

筑遗址出土铁弩机郭 1 件（T4③：24），郭身后部稍宽于前部，宽 2.9~3.6 厘米、长 12.6 厘米[1]。汉长安城未央宫第三号遗址出土的铁弩机，郭长 11.7 厘米、后宽 3.2 厘米、前宽 2.8 厘米、郭厚 3.8 厘米、望山顶部至悬刀末端通高 18 厘米[2]。长武丁家铁器窖藏也出土弩机 1 件，年代为新莽时期。

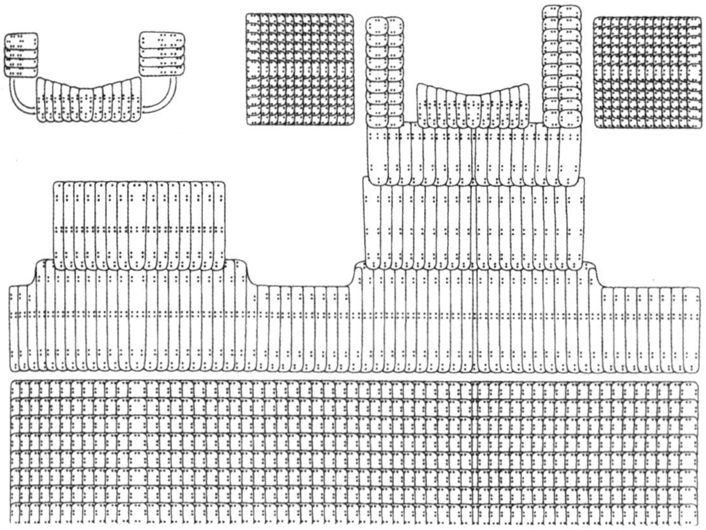

图 4-3-49 江苏徐州狮子山楚王陵出土铁札甲复原展开示意图

（三）防护装备

防护装备主要有铠甲、兜鍪、蒺藜[3]等。铠甲及兜鍪在各地诸侯王墓和大型墓葬中常有发现，但出土时大多散乱。目前大体可以复原的铁质甲、兜鍪有临淄齐王墓甲和兜鍪[4]，西安北郊龙首村西汉墓的鱼鳞甲和兜鍪[5]、广州南越王墓的轻型铁甲[6]、满城 1 号墓的铠甲[7]、呼和浩特二十家子汉代古城的铠甲[8]、江苏徐州狮子山楚王陵铁札甲等。

1. 铠甲

江苏徐州狮子山楚王陵出土大批铁甲兜鍪片。多数铁甲兜鍪片已零散，较大的甲片甚至出现断裂和位置扰动，还有一部分为锈蚀粘连在一起的铁甲局部残块，这些铁甲残块大小不一，甲片数量从数片至数十余片不等，其中最大的一块为 800 余片卷结在一起的鱼鳞形铁甲残段。甲片数量约 8465 片，总重量达 80 余公斤，通过整理概略地区分甲片的型式已多达 50 余种。而甲兜鍪造型多样，复原结果表明，此墓出土甲兜鍪的品种有四领甲和两顶兜鍪。复原的铁札甲是由身甲、盆领、肩、披膊、甲裙五部分组成（图 4-3-49；图 4-3-50）。此外还复原了大鱼

1 中国社会科学院考古研究所、日本奈良国立文化财研究所中日联合考古队：《汉长安城桂宫三号建筑遗址发掘简报》，《考古》2002 年第 1 期。

2 中国社会科学院考古研究所汉城工作队：《汉长安城未央宫第三号遗址发掘简报》，《考古》1989 年第 1 期。

3 山东省淄博市博物馆：《西汉齐王墓随葬器物坑》，《考古学报》1985 年第 2 期。

4 山东省淄博市博物馆、临淄区文管所、中国社会科学院考古研究所技术室：《西汉齐王铁甲胄的复原》，《考古》1987 年第 11 期。

5 白荣金：《西安北郊汉墓出土铁甲胄的复原》，《考古》1998 年第 3 期。

6 中国社会科学院考古研究所技术室、广州市文物管理委员会：《西汉南越王墓出土铁铠甲的复原》，《西汉南越王墓》，文物出版社，1991 年 10 月第 380 页。

7 中国社会科学院考古研究所技术室：《铁铠甲的复原》，《满城汉墓发掘报告》，文物出版社，1980 年 10 月。

8 白荣金：《呼和浩特出土汉代铁甲研究》，《文物》1999 年第 2 期。

鳞形铠甲和小鱼鳞形铠甲[1]（图4-3-51）。年代为西汉早期。临淄齐王墓器物坑出土2件（K5：5），出土时锈结为一体，有椭圆形和长方形两种甲片，甲片上有六或八个穿孔。其中K5：5-1经过清理修复，系用叶形和长方形两种甲片以麻绳组编而成的右襟、有披膊和垂缘的铠甲，甲身下段及披膊甲片上饰以金银片及丝带，共使用甲片2244片[2]（图4-3-52）。年代为西汉初年。河南安阳西高穴曹操高陵出土铁铠甲数量较多，锈蚀，残损严重，未进行编号，仅做数量上的统计。铠甲，数量较多，有大量散片，部分锈蚀在一起，成扇形鱼鳞状。甲片四周有穿孔，从锈蚀在一起的部分铠甲看，其上部为牛皮缝边，以牛筋缝合[3]。年代为东汉晚期。西安市汉长安城城墙西南角遗址出土铁铠甲片15件，多残[4]。西安北郊龙首村西汉早期墓出土铁铠甲，由2857片甲片组成，总重量达16.5公斤[5]。西安北郊万达广场汉代砖椁墓出土铁铠甲1套（完整甲片153个，完整甲片1.712千克，残甲片1.957千克，共3.669千克），形状有圆角方形、长方形，近似椭圆形[6]。年代为西汉晚期。铁铠甲或甲片还发现于汉长安城桂宫二、三号建筑遗址[7]，未央宫西

图4-3-50 江苏徐州狮子山楚王陵复原后的铁札甲（正视、侧视、后视）

图4-3-51 江苏徐州狮子山楚王陵复原后的1号小鱼鳞形铁铠甲（正视、侧视、后视）

1 葛明宇、邱永生、白荣金：《徐州狮子山西汉楚王陵出土铁甲胄的清理与复原研究》，《考古学报》2008年第1期。

2 山东省临淄市博物馆等：《西汉齐王铁甲胄的复原》，《考古》1998年第3期。

3 河南省文物考古研究所、安阳县文化局：《河南安阳市西高穴曹操高陵》，《考古》2010年第8期。

4 中国社会科学院考古研究所汉长安城工作队：《西安市汉长安城城墙西南角遗址的钻探与试掘》，《考古》2006年第10期。

5 中国社会科学院考古研究所西安唐城工作队：《西安北郊龙首村西汉墓发掘简报》，《考古》2002年第5期。

6 西安市文物保护考古研究院：《西安北郊万达广场汉代砖椁墓发掘简报》，《考古与文物》2017年第1期。

7 中国社会科学院考古研究所、日本奈良国立文化财研究所中日联合考古队：《汉长安城桂宫二号建筑遗址发掘简报》，《考古》1999年第1期；中国社会科学院考古研究所、日本奈良国立文化财研究所中日联合考古队：《汉长安城桂宫三号建筑遗址发掘简报》，《考古》2001年第1期。

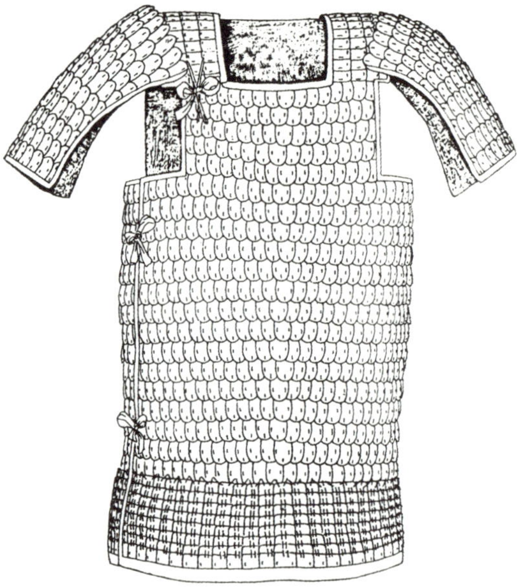
图 4-3-52　临淄齐王墓器物坑出土铁甲复原（K5：5-1）

图 4-3-53　江苏徐州狮子山楚王陵修复后的铁兜鍪（上左：正视、上右：侧视、下左：后视、下右：俯视）

南角楼遗址[1]、广州南越王墓[2]、陕西凤翔双塚村东汉中晚期墓[3]、呼和浩特二十家子古城[4]、洛阳西郊 3023 号西汉晚期墓[5]、满城汉墓 1 号墓[6]、汉长安城区武库遗址[7]等。

2. 兜鍪

江苏徐州狮子山楚王陵出土两件造型相似的铁兜鍪。两件铁兜鍪形制基本相同，仅尺寸略有区别。铁兜鍪外观整体如"风"字形，或可称之为"风"字形兜鍪。全胄由主体和垂缘两部分组成。体如覆钵形，顶部似一覆盘，其下连体呈筒状，前部开一近方形、口边向外卷曲的"窗口"，从中显露出人的面部五官，以便于观察、呼吸和语言等信息传送。垂缘连于主体下沿，略呈下大上小的喇叭形，垂缘的甲片可以上下缩伸。该铁兜鍪戴于头上，除面部之外，对头颅、颈项及肩部，均起到有效的防护作用[8]（图 4-3-53）。年代为西汉早期。临淄齐王墓器物坑

1 中国社会科学院考古研究所汉长安城工作队：《汉长安城未央宫西南角楼遗址发掘简报》，《考古》1996 年第 3 期。

2 中国社会科学院考古研究所技术室等：《西汉南越王墓出土铁铠甲的复原》，《西汉南越王墓》，文物出版社，1991 年 10 月第 380 页。

3 陕西省考古研究院、宝鸡市考古研究所、凤翔县博物馆：《陕西省凤翔双塚村、三家店村古墓葬发掘简报》，《文博》2015 年第 1 期。

4 内蒙古自治区文物工作队：《呼和浩特二十家子古城出土的西汉铁甲》，《考古》1975 年第 4 期；白荣金：《呼和浩特出土汉代铁甲研究》，《文物》1999 年第 2 期。

5 中国科学院考古研究所洛阳发掘队：《洛阳西郊汉墓发掘报告》，《考古学报》1963 年第 2 期。

6 中国科学院考古研究所、河北省文物管理处：《满城汉墓发掘报告》，文物出版社，1980 年 10 月第 357 页。

7 中国社会科学院考古研究所汉城工作队：《汉长安城武库遗址发掘的初步收获》，《考古》1978 年第 4 期。

8 狮子山楚王陵考古发掘队：《徐州狮子山西汉楚王陵发掘简报》，《文物》1980 年第 8 期；葛明宇、邱永生、白荣金：《徐州狮子山西汉楚王陵出土铁甲胄的清理与复原研究》，《考古学报》2008 年第 1 期。

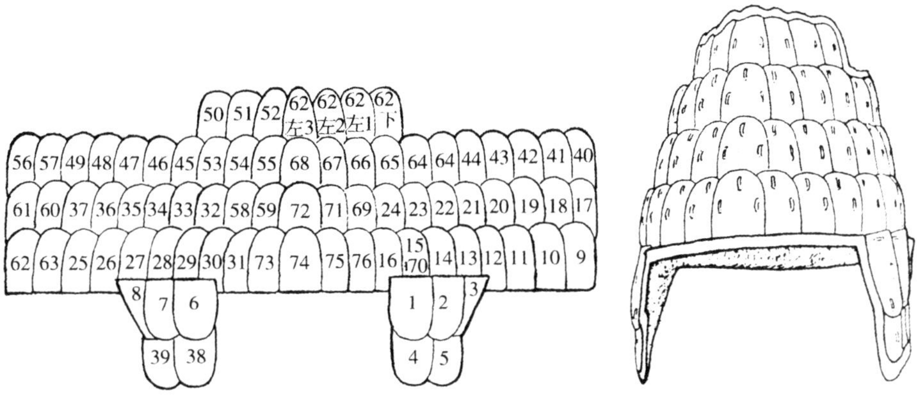

图 4-3-54　临淄齐王墓器物坑出土铁兜鍪复原（K5：5-3）

出土 1 件（K5：5-3），出土时与铁甲锈结在一起。经清理复原，该兜鍪系由 80 片蹄形和三角形兜鍪片组成的主体为筒形、上下透空、有左右护耳的铁兜鍪[1]（图 4-3-54）。年代为西汉早期。西安北郊龙首村西汉早期墓[2]、阜阳双古堆 1 号西汉早期墓[3]、汉长安城未央宫西南角楼遗址[4]等也出土有铁兜鍪。

三、车马机具

车马机具主要有车船部件、马具和马饰，以及古典机械的零部件等[5]。

（一）车船部件

车器中最为常见的是车釭、车锏、车軎、车锏、车辖等，还有少量车輢饰、车铃等附件，多数为常见实用器，也出土不少明器。

车釭　装于木制车毂中以加固车毂的铁制部件。分为三型。

A 型：圆筒形，外侧带凸榫。临淄齐王墓 4 号器物坑出土 8 件，分属四辆车，形制相同，一端略大一端略小，小端外侧有两个凸榫。其中 K4：18，长 4.2 厘米、内径 8.4~8.8 厘米（图 4-3-55，6）。年代为西汉早期。这一类型的车釭还出土于镇平尧庄东汉中后期墓、鹤壁鹿楼、章丘东平陵故城等。

B 型：内径圆形，外呈六角形，常称之为“六角承”。西安北郊龙首村西汉墓出土 2 件，横断面呈六边形，外方内圆。其中 M2：79，边长 4.2 厘米、内圆直径 5.6 厘米。釭内留有木痕[6]（图 4-3-55，1）。年代为西汉早期。此型车釭还

1　山东省临淄市博物馆等：《西汉齐王铁甲胄的复原》，《考古》1998 年第 3 期。

2　中国社会科学院考古研究所西安唐城工作队：《西安北郊龙首村西汉墓发掘简报》，《考古》2002 年第 5 期。

3　安徽省文物、阜阳地区博物馆、阜阳县文化局：《阜阳双古堆西汉汝阴侯墓发掘简报》，《文物》1978 年第 8 期。

4　中国社会科学院考古研究所汉长安城工作队：《汉长安城未央宫西南角楼遗址发掘简报》，《考古》1996 年第 3 期。

5　中国社会科学院考古研究所：《中国考古学·秦汉卷》，中国社会科学出版社，2010 年 7 月第 617 页。

6　中国社会科学院考古研究所西安唐城工作队：《西安北郊龙首村西汉墓发掘简报》，《考古》2002 年第 5 期。

出土于汉杜陵[1]、镇平尧庄东汉中晚期墓、磁县下潘汪、华阴油巷汉墓、德阳绵竹城遗址[2]等。

C 型：内径圆形，外呈八角形，较为少见。汉长安城桂宫 3 号建筑遗址出土 1 件（T1 ③：23）。形体较大，外径 19 厘米、孔径 13 厘米[3]（图 4-3-55，2）。年代为西汉中晚期。

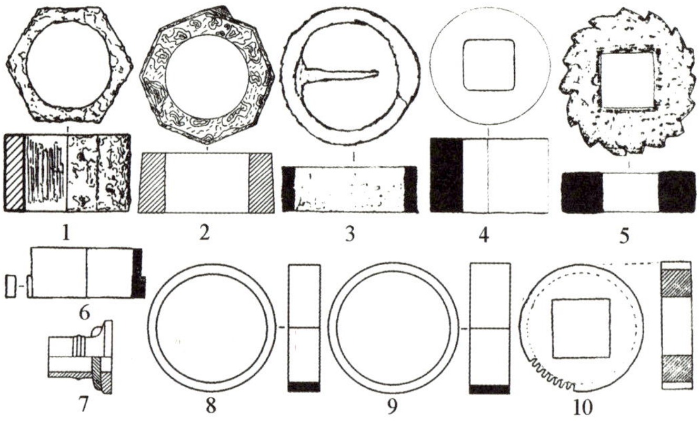

图 4-3-55 秦汉时期车马机具及古典机具（车釭、车軎、车锏、车辖等）
1.B 型车釭（西安北郊龙首村 M2：79）2.C 型车釭（汉长安城桂宫 T1 ③：23）3. 车锏（满城 1 号墓 M1：2161）4.B 型车辖（永城柿园 SM1：20-2）5. 棘轮（鹤壁鹿楼 TD60：04）6.A 型车釭（临淄齐王墓 K4：18）7. 车軎（河南永城铁 M2K1：1030）8、9.A 型车辖（江苏盱眙大云山 M1：3703、M1：2013）10. 正齿轮（陕西永寿）

车軎 河南永城西汉梁王陵陪葬器物坑（铁角山二号墓一号陪葬器物坑）出土 1 件（铁 M2K1：1030），軎身呈筒形，軎身中段有宽带饰，近里端插有铁辖。辖为长条形，一端有销孔。軎身长 6.3 厘米、里端直径 7.3 厘米、末端直径 4.1 厘米[4]（图 4-3-55，7）。年代为西汉中期或稍晚。河北怀来大古城遗址采集 2 件，其中 HD：28，残长 8.8 厘米、底径 6 厘米、壁厚 1 厘米[5]。永城柿园西汉早期墓、长武丁家新莽时期窖藏、章丘东平陵故城、榆树老河深西汉末东汉初年墓中均有出土。

车锏 满城 1 号墓出土 10 件，圆筒形，壁较薄。其中 M1：2161，锏内尚存铁插钉一段。直径 9.7~10 厘米、长 3.7 厘米、壁厚 0.5 厘米（图 4-3-55，3）。年代为西汉中期。河南永城西汉梁王陵陪葬器物坑（铁角山二号墓一号陪葬器物坑）出土 2 件，大小、形制相同。其中铁 M2K1：1044，圆圈形，直径 10.8 厘米、宽 4.1 厘米、厚 0.7 厘米[6]。年代为西汉中期或稍晚。鹿泉高庄西汉中期墓也有出土。

车辖 圆柱形，有圆穿或方穿，置于车毂两侧的轴上。分两型。

A 型：圆筒形。江苏盱眙大云山西汉江都王陵一号墓出土 16 件，形制相同。其中 M1：3703，外径 2.8 厘米、长 0.7 厘米、壁厚 0.2 厘米（图 4-3-55，8）；M1：2013，尺寸较大，为实用器。外径 5.4 厘米、长 1.7 厘米、壁厚 0.35 厘米[7]（图 4-3-55，9）。该墓的下葬年代应在刘非死后的公元前 128 年或稍后的一段时间之内。

B 型：圆体方穿。永城柿园西汉早期墓出土完整者 6 件，方孔，圆体，孔内

1 中国社会科学院考古研究所：《汉杜陵陵园遗址》，科学出版社，1993 年 7 月第 53 页。
2 四川省文物考古研究院等：《2004 年四川德阳“绵竹城”遗址调查与试掘》，《四川文物》2008 年第 3 期。
3 中国社会科学院考古研究所、日本奈良国立文化财研究所中日联合考古队：《汉长安城桂宫三号建筑遗址发掘简报》，《考古》2001 年第 1 期。
4 永城市文物工作队：《河南永城市西汉梁王陵陪葬器物坑的清理》，《考古》2004 年第 12 期。
5 李维明、郗志群、宋卫忠等：《河北怀来县大古城遗址 1999 年调查简报》，《考古》2001 年第 11 期。
6 永城市文物工作队：《河南永城市西汉梁王陵陪葬器物坑的清理》，《考古》2004 年第 12 期。
7 南京博物院、盱眙县文广新局：《江苏盱眙县大云山西汉江都王陵一号墓》，《考古》2013 年第 10 期。

有朽木，如SM1：20-2，直径2.1厘米、长1.3厘米（图4-3-55，4）。

(二)古典机具

古典机具发现有棘轮、正齿轮[1]和轴等。

棘轮 较为多见。圆形，斜齿，方穿。鹤壁鹿楼出土1件（TD60：04），铸铁件。直径6.2厘米、穿径2.5厘米、厚1.5厘米，周缘有斜齿16个（图4-3-55，5）。年代为西汉时期。保定东壁阳城[2]、武安午汲故城[3]、礼泉王相村、南越王墓等地都有出土。

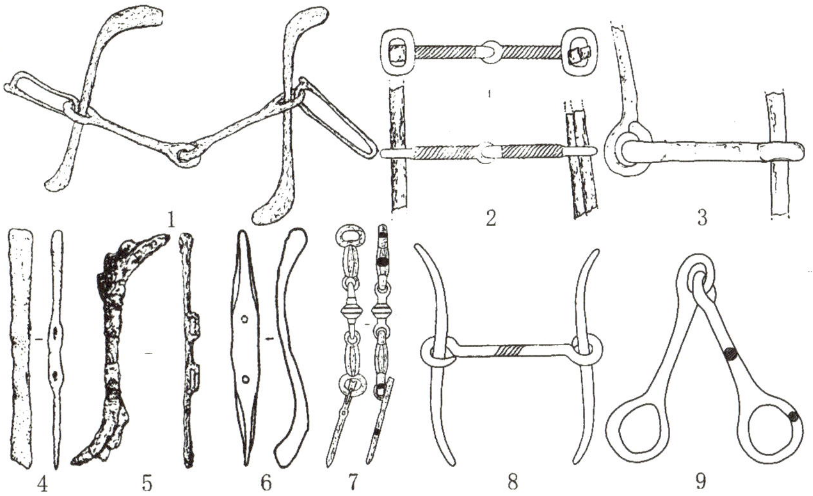

图4-3-56 秦汉时期马具及马饰

1.A型马镳与A型马衔（榆树老河深M56：93） 2.B型马衔（临淄齐王墓K4：21-13）3.C型马衔（西安理工大学M1：71）4.B型马镳（老河深M1：2-3）5、6.A型马镳（老河深M11：2、江苏铜山）7.D型马衔（江川李家山M26：10）8.A型马镳与C型马衔（永城柿园SM1：1532）9.A型马衔（新疆布尔津喀M5：3）

正齿轮 较少见，出现较晚，大致出现在新莽时期。陕西永寿出土1件，为传动齿轮，有啮合磨损痕迹，模数1，齿数48，齿宽1.2厘米、节圆直径4.8厘米、齿顶圆直径5厘米、齿根圆直径4.56厘米、轮厚1.2厘米、轴孔2.4厘米×2.4厘米[4]（图4-3-55，10）。长武丁家也出土1件。

(三)马具及马饰

以马衔和马镳最为常见，其他还有当卢[5]、马面饰、烙马印等。

马镳主要有弯体镳和直体镳两种。

A型：弯体镳，大多两端无装饰，少量端头有鸡冠装饰。榆树老河深出土一套2件（M11：2），两端扁平似桨叶，一侧有鸡冠状扉棱装饰。长18厘米、中段宽1.2厘米、厚0.5厘米（图4-3-56，5）。年代为西汉末东汉初。江苏铜山龟山二号西汉崖洞墓出土铁衔镳2副，为明器。镳作“S”形，侧面似柳叶形，中段有两横穿孔。衔作两节式，以小环相衔接，两端以扁环贯镳。镳长8.4厘米、衔长15厘米[6]（图4-3-56，6）。老河深出土一件两端无装饰的马镳（图4-3-56，1），永城柿园西汉早期墓也有出土（图4-3-56，8）。

B型：直体镳，发现甚少。榆树老河深出土6件，直体长条形，中段扁平有两孔，其中M1：2-3，长16厘米、宽1.3厘米（图4-3-56，4）。年代为西汉末

1 刘庆柱：《陕西长武出土汉代铁器》，《考古与文物》1982年第1期。
2 唐云明：《保定东壁阳城调查》，《文物》1959年第9期。
3 孟浩等：《河北武安午汲古城发掘记》，《考古通讯》1957年第4期。
4 刘庆柱：《陕西永寿出土的汉代铁农具》，《农业考古》1982年第1期。
5 吉林省文物考古研究所：《榆树老河深》，文物出版社，1987年4月。
6 徐州博物馆：《江苏铜山县龟山二号西汉崖洞墓材料的再补充》，《考古》1997年第2期。

东汉初。

马衔 单节或多节相互套连而成，根据结构可分为四型。

A型：两节直棍衔，即每节为一直棍，相互套连而成。新疆布尔津喀纳斯下湖口图瓦新村墓地出土4件。其中M5：3，由大小两个呈“8”字形铁环套接而成，长22.6厘米[1]（图4-3-56，9）。老河深鲜卑墓也有出土（图4-3-56，1）。

B型：两节麻花衔，即每节用两根细铁棍扭结成麻花状再套连而成。临淄齐王墓4号器物坑出土2件，形制大小相同，两节以小圆环套连，两端贯镳的扁圆环较大，通长20厘米（图4-3-56，2）。年代为西汉早期。

C型：单节直棍衔。西安理工大学西汉晚期壁画墓出土铁衔镳2件，形制相同。衔由两节构成，以小环相互咬合，两端为大环，内穿镳，镳略呈“S”形，两端呈叶形。其中M1：71，残，衔残长9厘米、镳残长3.5厘米[2]（图4-3-56，3）。永城柿园西汉早期墓出土31件，均为此型衔。如SM1：1532，衔体断面为圆形，中部呈绳索状，两端弯折呈环以贯镳。通长9厘米（图4-3-56，8）。

D型：三节套连衔。江川李家山西汉后期墓出土1件（M26：10），中段为铜制，扁球形。两端的两段为铁制，六棱形，全长23.5厘米。马衔一端尚连接铁镳，马镳为直体双孔镳，长12.4厘米（图4-3-56，7）。

四、日用器具

日用器具主要是日常生活中使用的日用器皿、家用器具、妆严用具、缝织器具等四类[3]。

（一）日用器皿

日用器皿主要是各种“容器”及相关用具，包括炊煮器、饮食器和盛储器等，其形制、大小、功能与同类的铜器基本相同。炊煮器占日用器皿之大宗，常见的有釜、鼎、鍪、鍑、锅及与炊煮相关的器架等。其他炊煮用具还有鏊子[4]、叉子[5]等。饮食器具较为少见，发现有勺和筷子。盛储器比炊煮器要少得多，发现有少量的罐、提梁罐、壶、盆、盘、舟形器等，其中的盆和盘也可用作盥洗器。

1. 釜

釜最为常见，包括双耳釜、无耳釜和带鏊釜三种。

双耳釜 肩部或腹部有半环形双耳，根据口、领分为三型。

A型：敛口，外翻沿，无颈或束颈，底有平底、圜底或尖圜底。西安北郊丝

1 新疆文物考古研究所：《新疆布尔津喀纳斯下湖口图瓦新村墓地发掘简报》，《文物》2014年第7期。
2 西安市文物保护考古所：《西安理工大学西汉壁画墓发掘简报》，《文物》2006年第5期。
3 中国社会科学院考古研究所：《中国考古学·秦汉卷》中分为日用器皿、家用器具、梳妆用具、装饰用品等四类。
4 河南省文物研究所、镇平县文化馆：《河南镇平出土的汉代窖藏铁范和铁器》，《考古》1982年第3期。
5 广州市文物管理委员会、中国社会科学院考古研究所、广东省博物馆：《西汉南越王墓》，文物出版社，1991年10月第293页。

绸库西汉早期墓出土1件（M8：5）[1]（图4-3-57，1）。三门峡三里桥西汉前期墓出土1件（M71：3），口径13.8厘米、高15.5厘米（图4-3-57，2）。此型双耳釜还出土于清涧李家崖套场坪秦代墓[2]、眉县常兴西汉中期墓[3]、江苏徐州苏山头西汉早期墓[4]等。

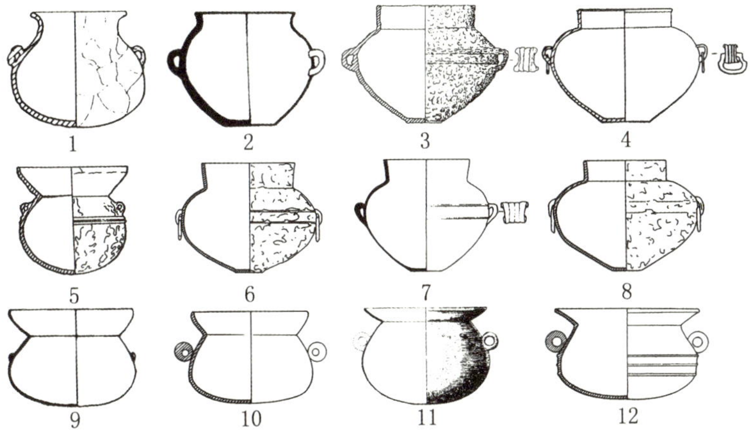

图4-3-57　秦汉时期双耳铁釜

1、2.A型（西安丝绸库M8：5、三门峡三里桥M71：3）3、4、6~8.B型（重庆云阳M12：11、成都凤凰山M1：59、重庆忠县M107：41、贵州黔西M37：12、重庆忠县M130：12）5、9~12.C型（湖南大庸DM9：2、广西石马坪M15：5、绵阳白虎嘴M16：1、成都干渠M26：2、绵阳白虎嘴M39：16）

B型：直口，长颈，鼓腹，双耳在肩、腹交界处。重庆云阳马沱新莽墓出土1件（M12：11），肩腹部有两对称宽环形耳。口径29厘米、底径14厘米、高34.5厘米[5]（图4-3-57，3）。成都凤凰山西汉木椁墓出土1件（M1：59），两侧有耳，每耳下有一环。出土时上置陶甑，下置于三足架上[6]。口径24.8厘米、颈高4.5厘米、腹径39.8厘米、高28.8厘米（图4-3-57，4）。重庆忠县将军村新莽墓出土1件（M107：41），直口微侈，肩部饰二周凸棱，小平底。口径29.4厘米、腹径42厘米、底径8.4厘米、高34厘米[7]（图4-3-57，6）。贵州黔西东汉墓出土1件（M37：12），腹部有凸弦纹两周。口径27.5厘米、底径10厘米、高35厘米[8]（图4-3-57，7）。重庆忠县将军村西汉中期墓出土1件（M130：12），小平底，肩上有一周宽箍，其上有两个对称的衔环耳。口径25厘米、腹径42厘米、底径8.4厘米、高32厘米[9]（图4-3-57，8）。此型釜还出土于贵州安顺[10]、平坝[11]、四川遂宁[12]、四川成都（图4-3-61）等地。

C型：侈口，束颈，宽沿外折似大敞口，圜底。湖南大庸东汉砖室墓出土1

1 张蕴：《西安北郊六座汉墓清理记》，《考古与文物》1992年第3期。
2 陕西省考古研究所陕北考古工作队：《陕西清涧李家崖东周、秦墓发掘简报》，《考古与文物》1987年第3期。
3 陕西省考古研究所宝鸡工作站等：《陕西眉县常兴汉墓发掘报告》，《文博》1989年第1期。
4 徐州博物馆：《江苏徐州苏山头汉墓发掘简报》，《文物》2013年第5期。
5 郑州市文物考古研究所、云阳县文物保护管理所：《重庆云阳马沱墓地汉墓发掘简报》，《文物》2006年第4期。
6 徐鹏章：《成都凤凰山西汉木椁墓》，《考古》1991年第5期。
7 重庆市文物考古所：《重庆市忠县将军村墓群汉墓的清理》，《考古》2011年第1期。
8 贵州省文物考古研究所、黔西县文物管理所：《贵州黔西县汉墓的发掘》，《考古》2006年第8期。
9 重庆市文物考古所：《重庆市忠县将军村墓群汉墓的清理》，《考古》2011年第1期。
10 严平：《贵州安顺宁谷汉墓》，《文物资料丛刊》第4集，文物出版社，1981年第133页。
11 贵州省博物馆考古组：《贵州平坝天龙汉墓》，《文物资料丛刊》第4集，文物出版社，1981年第129页。
12 四川省文物管理委员会：《四川遂宁穿山坡崖墓发掘简报》，《考古与文物》1983年第3期。

件（DM9：2），腹部两道凸棱。口径 26.4 厘米、腹径 25.5 厘米、高 24.8 厘米[1]（图 4-3-57，5）。广西石马坪东汉墓出土 1 件（M15：5），肩部有一对竖置的绞索形半环耳。口径 27 厘米、高 21 厘米、厚 0.7 厘米[2]（图 4-3-57，9）。绵阳涪城双碑白虎嘴东汉墓出土 1 件（M16：1），上腹有对称双耳，耳断面略呈梯形。口径 35.6 厘米、腹径 37.6 厘米、高 26 厘米[3]（图 4-3-57，10）。成都东北郊干渠出土 1 件（M26：2），口径 29 厘米、腹径 31 厘米、高 23.4 厘米[4]（图 4-3-57，11）。绵阳涪城双碑白虎嘴东汉晚期墓出土 1 件（M39：16），腹部饰凸弦纹三周。口径 38.9 厘米、腹径 38 厘米、高 23.2 厘米[5]（图 4-3-57，12）。此型铁釜还出土于四川三台[6]（图 4-3-60）、赫章可乐[7]等地。

无耳釜 发现较多，根据口、领分为四型。

A 型：口微侈，外翻沿，无颈或束颈，圜底或尖圜底。西安北郊郑王村出土 1 件（M157：3），口径 12.3 厘米、腹径 14.7 厘米、通高 12.6 厘米[8]（图 4-3-58，1）。年代为西汉中期前段。河南淅川泉眼沟出土 4 件。其中 M64：2，扁球形腹，圜底。器身外铸造时留下的双范合缝痕迹清晰。高 15.9 厘米、口径 11 厘米、最大腹径 18.2 厘米[9]（图 4-3-58，2）。年代为西汉中期前后。此型铁釜还出土于内蒙古[10]等地。

B 型：敛口，鼓腹，无颈或束颈，有圜底和小平底。圜底如浙江龙游东华山西汉晚期墓出土 1 件（M12：14），圜底。口径 25 厘米、腹径 43 厘米、高 27.2 厘米[11]（图 4-3-58，3）。浙江宁波马岭山东汉早期墓出土 1 件（M47：3），口径 17.1 厘米、腹径 41.2 厘米、高 28.1 厘米[12]（图 4-3-58，4）。重庆忠县东汉前期砖室墓出土 1 件（M1：15），圜底略平。口径 22.4 厘米、腹径 35 厘米、高 23 厘米[13]（图 4-3-58，5）。圜底釜在江苏盐城[14]、修水横山等地也有出土。小平底如广西孔屋岭出土 1 件（M2b：15），底外缘有凸棱一周。口径 16.4 厘米、底径 8.6 厘米、高 17.6 厘米（图 4-3-58，6）。年代为西汉晚期偏早阶段。偃师白草坡东汉

1 湖南省文物考古研究所、湘西自治州文物工作队、大庸市文物管理所：《湖南大庸东汉砖室墓》，《考古》1994 年第 12 期。

2 广西壮族自治区文物工作队、新安县博物馆：《兴安石马坪汉墓》，《广西考古文集》，文物出版社，2004 年 5 月第 286 页。

3 绵阳博物馆、成都文物考古研究所：《绵阳崖墓》，文物出版社，2015 年 12 月第 62 页。

4 四川省文物管理委员会：《成都东北郊西汉墓葬发掘简报》，《考古》1958 年第 2 期。

5 绵阳博物馆、成都文物考古研究所：《绵阳崖墓》，文物出版社，2015 年 12 月第 173 页。

6 四川省文物考古研究院等：《三台郪江崖墓》，文物出版社，2007 年 8 月第 184 页。

7 贵州省博物馆考古组、贵州省赫章县文化馆：《赫章可乐发掘报告》，《考古学报》1986 年第 2 期。

8 陕西省考古研究院：《西安北郊郑王村西汉墓》，三秦出版社，2008 年 10 月第 330 页。

9 四川大学历史文化学院考古系、上海大学艺术研究院美术考古研究中心、河南省文物局等：《河南淅川泉眼沟汉代墓葬发掘报告》，《考古学报》2014 年第 3 期。

10 魏坚：《内蒙古中南部汉代墓葬·沙金套海墓葬》，中国大百科全书出版社，1998 年 3 月第 107 页。

11 龙游县文物管理委员会：《浙江龙游县东华山 12 号汉墓》，《考古》1990 年第 4 期。

12 宁波市鄞州区文物管理委员会、宁波市文物考古研究所：《浙江宁波市马岭山古代墓葬与窑址的发掘》，《考古》2008 年第 3 期。

13 重庆师范大学历史与社会学院、北京大学考古文博学院、重庆市文化遗产研究院：《重庆忠县西汉墓葬》，《考古》2014 年第 6 期。

14 江苏省文物委员会等：《江苏盐城三羊墩汉墓清理报告》，《考古》1964 年第 8 期。

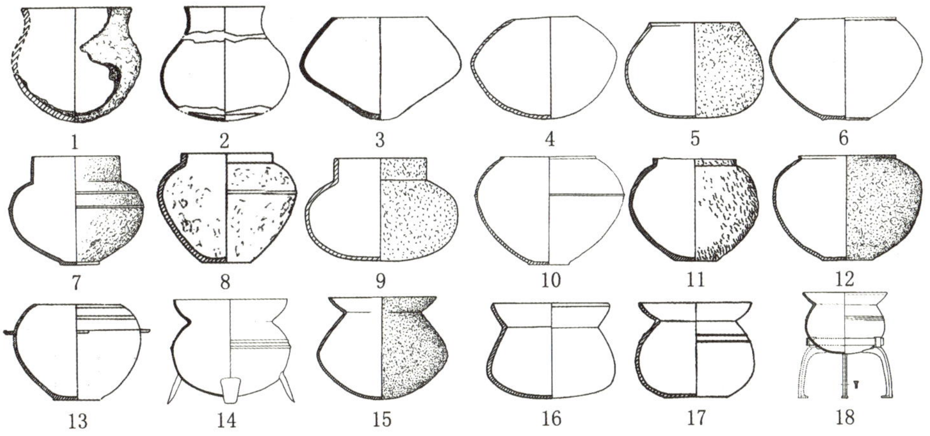

图 4-3-58　秦汉时期铁釜
1、2.A 型无耳釜（西安郑王村 M157：3、浙川泉眼沟 M64：2）3~6、10~12.B 型无耳釜（浙江东华山 M12：14、浙江马岭山 M47：3、重庆忠县 M1：15、广西孔屋岭 M2b：15、偃师白草坡 H47：1、河南新峰 M10：67、浙江上马山 M3：7）7~9.C 型无耳釜（绵阳白虎嘴 M32：19、西安南郊 M3：16、重庆洞天堡 M8：26）13. 带鍪釜（山东沂水东汉窖藏）14~18.D 型无耳釜（阳朔高田 LM28：4、浙江上马山 M1：13、绵阳白虎嘴 M43：2、湖南濂溪 M6：15、广东连州 M2：19）

帝陵陵园出土 1 件（H47：1），腹肩交接处略突起。口径 25 厘米、腹径 38.8 厘米、高 28 厘米[1]（图 4-3-58，10）。河南禹州新峰出土 1 件（M10：67），口径 9.6 厘米、腹径 15.2 厘米、底径 5 厘米、高 11.5 厘米[2]（图 4-3-58，11）。浙江安吉上马山西汉晚期墓出土 1 件（M3：7），口径 16.2 厘米、底径 8.4 厘米、高 17 厘米[3]（图 4-3-58，12）。洛阳春都花园小区西汉晚墓出土 1 件（Ⅰ M2354：46），口径 11.2 厘米、腹径 20 厘米、底径 7.2 厘米、通高 14.2 厘米[4]。年代为王莽及其稍后时期。平底釜还出土于江苏徐州[5]、扬州[6]、陕西西安[7]、咸阳[8]等地（图 4-3-59）。

C 型：直口，长颈，鼓腹，圜底或小平底。绵阳双碑白虎嘴崖墓出土 1 件（M32：19），肩和上腹部各饰有凸弦纹一周。口径 30.8 厘米、腹径 47.6 厘米、底径 14 厘米、高 37.8 厘米[9]（图 4-3-58，7）。西安南郊西汉晚期墓出土 1 件（M3：16），出土时置于泥灶上，平底，肩、腹交接处有凸棱一周。口径 7.2 厘米、腹径 11 厘米、底径 4.2 厘米、高 8.4 厘米[10]（图 4-3-58，8）。重庆忠县西汉中期墓出土 1 件（M8：26），圜底。口径 22.8 厘米、腹径 36.8 厘米、高 24 厘米[11]（图

1 洛阳市第二文物工作队、偃师市文物管理委员会：《偃师白草坡东汉帝陵陵园遗址》，《文物》2007 年第 10 期。
2 许昌市文物工作队：《河南禹州市新峰墓地 M10、M16 发掘简报》，《考古》2010 年第 9 期。
3 浙江省文物考古研究所、安吉县博物馆：《浙江安吉县上马山第 49 号墩汉墓》，《考古》2014 年第 1 期。
4 洛阳市第二文物工作队：《洛阳春都花园小区西汉墓（IM2354）发掘简报》，《文物》2006 年第 11 期。
5 徐州博物馆：《江苏徐州市凤凰山西汉墓的发掘》，《考古》2007 年第 4 期。
6 南京博物院等：《江苏扬州七里甸汉代木椁墓》，《考古》1962 年第 8 期。
7 陕西省考古研究院：《西安北郊郑王村西汉墓》，三秦出版社，2008 年 10 月第 91 页。
8 咸阳秦都考古工作站：《秦都咸阳汉墓清理简报》，《考古与文物》1986 年第 6 期。
9 绵阳博物馆、成都文物考古研究所：《绵阳崖墓》，文物出版社，2015 年 12 月第 135 页。
10 西安市文物保护考古研究院：《西安南郊西汉墓发掘简报》，《文物》2012 年第 10 期。
11 重庆师范大学历史与社会学院、北京大学考古文博学院、重庆市文化遗产研究院：《重庆忠县西汉墓葬》，《考古》2014 年第 6 期。

4-3-58，9）。此型铁釜还出土于陕西咸阳[1]、河南荥阳[2]等地。

D型：束颈，宽沿外折似大敞口，圜底或平底，底部或有一周凸棱。圜底釜如浙江安吉上马山第49号墩西汉晚期墓出土1件（M1：13），圜底。口径24.5厘米、腹径29.6厘米、高22.2厘米[3]（图4-3-58，15）。绵阳涪城区双碑白虎嘴崖墓出土1件（M43：2），口径27.4厘米、腹径30厘米、高21.5厘米[4]（图4-3-58，16）。广东连州东汉墓出土1件（M2：19），鼓腹，腹上部饰两道凸弦纹。口径22厘米、腹径21厘米、高15.6厘米。与同墓所出支架配套使用，环形支架下接三个兽蹄形足。支架直径20.4厘米、高15.2厘米[5]（图4-3-58，18）。年代为东汉早期晚段，大致在章、和二帝时期。平底釜如湖南茶陵濂溪出土1件（M6：15），口径17.2厘米、底径8.8厘米、高14厘米[6]（图4-3-58，17）。年代为西汉中晚期至东汉初年。此型釜还出土于贵州黔西[7]、湖南衡阳[8]、广东始兴[9]、陕西安康[10]等地。另发现少量无耳带足釜，如阳朔高田东汉后期墓出土1件（LM28：4），平唇，敞口，圜底，肩有两道凸弦纹。口径22.5厘米、高20.2厘米[11]（图4-3-58，14）。广州汉墓也出土2件，年代为西汉前期。

图4-3-59　西汉铁釜陶甑（口径17厘米、底径5.5厘米、高20厘米）

带鋬釜　腹部带鋬或有腰檐，便于支撑。山东沂水东汉窖藏出土1件，小平底，近口沿处铸四周凸弦纹，腹部铸四只相等扁平耳。口径31厘米、腹径45厘米、底径17厘米、高34厘米，四耳各长4厘米、宽9~12厘米、厚1.5~0.5厘米[12]（图4-3-58，13）。西安北郊烟材厂东汉晚期墓出土1件（M5：26B），小平底，中腹部有一匝凸脊，支撑釜于陶灶之上。口径20厘米、底径12厘米、通高21.6

1 马志军等：《咸阳机场陵照导航台基建工地秦汉墓葬清理简报》，《考古与文物》1992年第2期；陈国英等：《陕西省饲料加工厂周、汉墓葬发掘简报》，《考古与文物》1989年第5期。

2 河南省文化局文物工作队：《河南荥阳河王水库汉墓》，《文物》1960年第5期。

3 浙江省文物考古研究所、安吉县博物馆：《浙江安吉县上马山第49号墩汉墓》，《考古》2014年第1期。

4 绵阳博物馆、成都文物考古研究所：《绵阳崖墓》，文物出版社，2015年12月第200页。

5 广东省文物考古研究所、连州市博物馆：《广东连州东汉墓发掘简报》，《文物》2012年第2期。

6 湖南省文物考古研究所、茶陵县文化局：《湖南茶陵县濂溪汉墓的发掘》，《考古》1996年第6期。

7 贵州省文物考古研究所、黔西县文物管理所：《贵州黔西县汉墓的发掘》，《考古》2006年第8期。

8 衡阳市文物工作队：《湖南衡阳荆田村发现东汉墓》，《考古》1991年第10期。

9 始兴县博物馆廖晋雄：《广东始兴县刨花板厂汉墓》，《考古》2000年第5期。

10 陕西省安康水电站库区考古队：《饶家坝遗址发掘简报》，《考古与文物》1989年第4期。

11 广西文物考古研究所、桂林市文物工作队、阳朔县文物管理所：《2005年阳朔县高田镇古墓葬发掘报告》，《广西考古文集》（第3辑），科学出版社，2012年。

12 沂水县文物管理站：《山东沂水县发现汉代铁器窖藏》，《考古》1988年第6期。

厘米[1]。此型带鍪釜还出土于西安吴家坟[2]、汉阳陵[3]等。

图 4-3-60 三台郪江崖墓柏林坡二号墓出土铁釜（柏 M2：5）

图 4-3-61 成都市天回镇西汉墓葬出土双耳铁釜

2. 鼎

依据耳部有无及形态差别分为三型。

A 型：立耳鼎。汉阳陵南区从葬坑出土 1 件（K20：328），深腹、圜底，两立耳外侈，乳突状小足。口径 3 厘米、通高 2.4 厘米，当为模型明器（图 4-3-62，1）。年代为西汉早期。广州西汉前期墓出土 2 件，口径约 30 厘米以上。汉杜陵出土 1 件（K1：156），敞口，立耳已残，平底，外底圈足上附三柱状矮足。口径 5.3 厘米、残通高 2.8 厘米，为模型明器。年代为西汉晚期。

B 型：附耳鼎。襄樊郑家山出土 7 件，子母口，圜底近平，长方形附耳，有盖。其中 M66：3，通高 19.6 厘米、口径 17.2 厘米（图 4-3-62，2）。年代为秦末汉初。东胜补洞沟匈奴墓出土 1 件（M2：1），子母口，圆腹，圜底，环状附耳。口径 27.5 厘米、通高 37.2 厘米[4]（图 4-3-62，3）。年代为西汉末东汉初。鹿泉高庄 1 号墓出土 5 件，形制相同，大小有别，子母口内敛，鼓腹，腹中部有一周凸棱，圜底，长方形附耳。其中 M1：480，口径 27.6 厘米、通高 22.4 厘米。年代为西汉中期。洛阳西南郊东汉墓[5]也有出土。

C 型：无耳鼎。湘乡红仑上西汉后期墓出土 1 件（M89：3），侈口，束颈，圆腹，圜底，足残。口径 12 厘米、残高 13 厘米[6]（图 4-3-62，4）。广州南越王墓出土 1 件（G2），小口，直唇，身鼓圆如罐，圜底，有三瘦长蹄足。上腹对称附半环形耳，耳内衔圆环。腹部一道突棱，两侧耳下至底有合范痕。素面。口径 30.7 厘米、腹径 47.5 厘米、足高 22.5 厘米、通高 48 厘米[7]（图 4-3-62，5）。此鼎为目前岭南仅见的最大的铸铁鼎。凤翔八旗屯西汉中期墓也出土 1 件[8]。

1 陕西省考古研究所：《山西卷烟材料厂汉墓发掘简报》，《考古与文物》1997 年第 1 期。
2 柟枫：《西安南郊吴家坟汉墓清理简记》，《考古与文物》1989 年第 2 期。
3 陕西省考古研究所汉陵考古队：《汉景帝阳陵南区从葬坑发掘第二号简报》，《文物》1994 年第 6 期。
4 伊克昭盟文物工作站：《补洞沟匈奴墓葬》，《鄂尔多斯式青铜器》，文物出版社，1986 年 5 月第 397 页。
5 洛阳市第二文物工作队：《洛阳市西南郊东汉墓发掘简报》，《中原文物》1995 年第 4 期。
6 韶山灌区文物工作队：《湖南湘乡汉墓》，《文物资料丛刊》第 2 集，文物出版社，1978 年第 95 页。
7 广州市文物管理委员会：《西汉南越王墓》，文物出版社，1991 年 10 月第 292 页；李龙章：《西汉南越王墓"越式大铁鼎"考辨》，《考古》2000 年第 1 期。
8 陕西省雍城考古队：《一九八一年凤翔八旗屯墓地发掘简报》，《考古与文物》1986 年第 5 期。

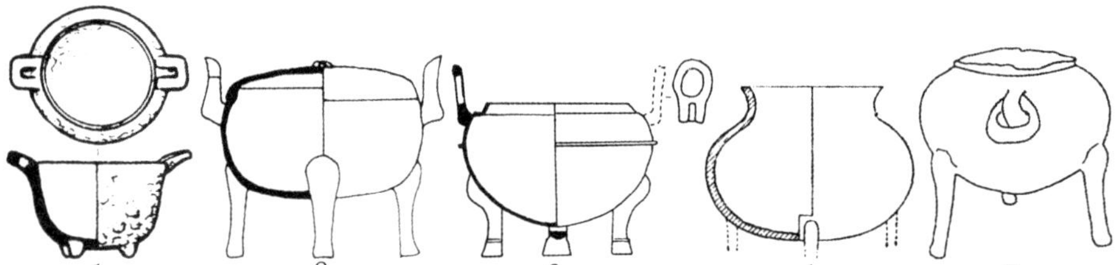

图 4-3-62　秦汉时期铁鼎
1.A 型（汉阳陵南区丛葬坑 K20：328）2、3.B 型（襄樊郑家山 M66：3、东胜补洞沟 M2：1）
4、5.C 型（湘乡红仑上 M89：3、广州南越王墓 G2）

3. 鍪

鍪较少，有单耳鍪和双耳鍪两种，而双耳鍪又有两环耳大小对称的鍪和两环耳一大一小不对称的鍪。

单耳鍪　肩部一侧有一环耳。湖北丹江口金陂西汉早期墓出土 1 件（M59：4），束颈，折肩，鼓腹，圜底，口、耳残。残高 15.6 厘米[1]（图 4-3-63，3）。茂汶城关西汉早期墓出土 1 件（AM5：2），侈口，束颈，斜肩，鼓腹下垂，圜底近平，一竖环耳处于肩部[2]（图 4-3-63，4）。襄樊郑家山西汉早期墓出土 2 件，侈口，束颈，圜底近平，耳残。其中 M32：2，口径 14.8 厘米、高 15.8 厘米[3]（图 4-3-63，7）。

双耳鍪　根据环耳大小可分为两型。

A 型：两环耳大小对称。巫山麦沱西汉晚期墓出土 2 件，其中 M32：4，敞口，口径较小，弧领，折肩，盆形腹，圜底近平，肩饰对称绳索状耳及一周凸弦纹。口径 14 厘米、高 16.2 厘米[4]（图 4-3-63，8）。湖北丹江口金陂西汉早期墓出土 1 件（M58：1），侈口，束颈，溜肩，鼓腹，圜底。肩部有两个对称环耳。口径 14.8 厘米、高 17.6 厘米[5]（图 4-3-63，13）。此型鍪还出土于三门峡三里桥西汉前期秦人墓[6]、曲靖八塔台[7]、茂汶城关、汉源大地头遗址[8]等。

B 型：两环耳一大一小不对称。侯马虒祁秦末汉初墓出土 1 件（M2184：3），侈口，束颈，鼓腹，圜底，一耳在颈部，另一耳在肩部，已残。口径 10.5 厘米、高 14.4 厘米，其形制与同期墓所出的铜鍪相同[9]（图 4-3-63，6）。湖北丹江口莲花池西汉早期墓出土 1 件（M8：7），尖唇，侈口，束颈，溜肩，肩

1 荆州博物馆、湖北省文物局南水北调办公室：《湖北丹江口市金陂墓群的发掘》，《考古》2008 年第 4 期。

2 四川省文管会、茂汶县文化馆：《四川茂汶羌族自治县石棺葬发掘报告》，《文物资料丛刊 7》，文物出版社，1983 年。

3 湖北省文物考古研究所等：《湖北襄樊郑家山战国秦汉墓》，《考古学报》1999 年第 3 期。

4 重庆市文化局等：《重庆巫山麦沱汉墓群发掘报告》，《考古学报》1999 年第 2 期。

5 荆州博物馆、湖北省文物局南水北调办公室：《湖北丹江口市金陂墓群的发掘》，《考古》2008 年第 4 期。

6 三门峡市文物工作队：《三门峡市三里桥秦人墓发掘简报》，《华夏考古》1993 年第 4 期。

7 云南省文物考古研究所：《曲靖八塔台与横大路》，科学出版社，2003 年 1 月第 112 页。

8 四川省文物考古研究院等：《四川汉源大地头遗址汉代遗存发掘简报》，《四川文物》2006 年第 2 期。

9 山西省考古研究所侯马工作站：《山西侯马市虒祁墓地的发掘》，《考古》2002 年第 4 期。

部有双系，其中一系残。直腹曲收，圜底。合模铸成。口径 15 厘米、高 18 厘米[1]（图 4-3-63，12）。

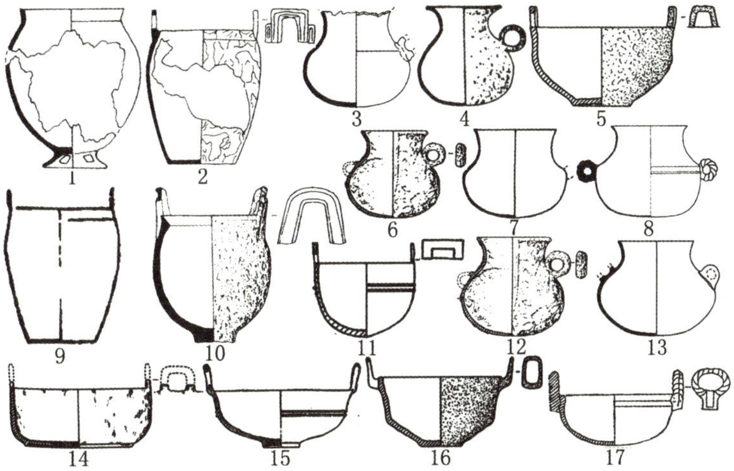

图 4-3-63 秦汉时期铁鍪、鍑、锅

1、10.A 型鍑（东胜补洞沟 M7：1、山西右玉善家堡 M16：5）2、9.B 型鍑（东胜补洞沟 M4：1、伊克昭盟补洞沟）3、4、7.单耳鍪（湖北丹江口 M59：4、茂汶城关 AM5：2、襄樊郑家山 M32：2）5、11、14~17.双耳锅（浙江上马山 M4：12-2、广东始兴 M3：27、湖北老河口 M2：2、浙江东华山 87 龙东 M4：12、浙江上马山 M2：16-2、商县舒杨 SYM：B1）6、12.B 型双耳鍪（侯马虒祁 M2184：3、湖北丹江口 M8：7）8、13.A 型双耳鍪（巫山麦沱 M32：4、湖北丹江口 M58：1）

4. 鍑

鍑为北方长城地带特有的一种炊器[2]，按照底部形制的不同可分为两型。

A 型：圈足，罐形腹，立耳或无耳。东胜补洞沟西汉末东汉初匈奴墓出土 1 件（M7：1），斜直口，束颈，鼓腹，无耳，圈足镂孔。口径 24 厘米、腹径 31 厘米、高 36 厘米[3]（图 4-3-63，1）。山西右玉善家堡东汉末期墓出土 1 件（M16：5），侈口，内折沿，深腹略鼓，立耳宽大，圈足残，合范铸痕清晰可见。口径 14 厘米、残通高 14 厘米，与铜鍑共出[4]（图 4-3-63，10）。

B 型：平底，筒状腹，立耳。东胜补洞沟西汉末东汉初匈奴墓出土 1 件（M4：1），立耳为带穿方形，耳根有阶形装饰。通高约 20 厘米[5]（图 4-3-63，2）。另出土 1 件，半圆形双耳（已残），大口，鼓腹。口径 15 厘米、腹径 21 厘米、高 20 厘米[6]（图 4-3-63，9）。

5. 锅

大多为双耳锅，大口，圜底或平底，口沿上有对称双耳。广东始兴刨花板厂西汉墓出土 1 件（M3：27），直口，沿上有上凸方形耳，深腹，圜底。腹部饰两道凸弦纹。口径 14 厘米、高 13 厘米[7]（图 4-3-63，11）。湖北老河口柴店岗西汉中晚期墓出土 1 件（M2：2），直口，直腹，近腹底部内收，平底。口沿上有两立耳。口径 24 厘米、底径 18 厘米、残高 10.8 厘米[8]（图 4-3-63，14）。浙江龙游东华山汉墓出土 4 件。其中 87 龙东 M4：12，平唇，侈口，弧斜腹，圆脐，口沿

---

1 北京市文物研究所、湖北省文物局南水北调办公室：《湖北丹江口市莲花池墓地战国秦汉墓》，《考古》2011 年第 4 期。

2 卜扬武、程玺：《内蒙古地区铜（铁）鍑的发现及初步研究》，《内蒙古文物考古》1995 年第 1、2 期合刊。

3 伊盟文物站：《伊克昭盟补洞沟匈奴墓清理简报》，《内蒙古文物考古》创刊号。

4 王克林等：《山西省右玉县善家堡墓地》，《文物季刊》1992 年第 4 期。

5 田广金、郭素新：《鄂尔多斯式青铜器》，文物出版社，1986 年 5 月第 397 页。

6 伊盟文物站：《伊克昭盟补洞沟匈奴墓清理简报》，《内蒙古文物考古》创刊号。

7 始兴县博物馆廖晋雄：《广东始兴县刨花板厂汉墓》，《考古》2000 年第 5 期。

8 老河口市博物馆：《湖北老河口市柴店岗西汉墓葬》，《考古》2001 年第 7 期。

附两环形耳，中腹饰两道凸弦纹。口径 33 厘米、底径 8 厘米、通高 19 厘米[1]（图 4-3-63，15）。商县舒杨东汉晚期墓出土 1 件（SYM：B1），双耳制成绳索状，口沿下一周凸弦纹。口径 34 厘米、高 29.4 厘米[2]（图 4-3-63，17）。浙江安吉上马山第 49 号墩西汉晚期墓出土 2 件，出土时置于灶上，直口，平底。其中 M4：12-2，口沿上立耳，下腹弧收。口径 19.6 厘米、底径 8 厘米、高 10.4 厘米[3]（图 4-3-63，5）。M2：16-2，口沿外侧附耳，下腹折收。口径 18.4 厘米、底径 6.6 厘米、高 14.2 厘米（图 4-3-63，16）。锅还出土于蕲春付家山西汉晚期墓、扬州七里甸东汉初期墓、江山庵前东汉中期墓[4]、修水横山、大庸城区落凤坪 27 号西汉墓[5]、慈溪担山东汉晚期墓[6]等。

6. 器架

用于釜、鏊、锅等炊具的支撑，主要发现于关中和长江流域及其以南地区[7]，具有鲜明的地方特色。分三足和四足，其中三足最为普遍。三足架形制大致相同，即用扁铁制成一圆形架圈，其上安装三个扁铁制的支脚，一般架圈内侧向心式安装三个用以承架炊器的釜撑。根据釜撑位置可分为三型。

A 型：无釜撑。河南淅川李沟西汉中期墓出土 1 件（M51：9），上部一扁铁环，截面呈长条状，铁环等分置三根略呈垂直状细长支腿。直径 30 厘米、高 26.4 厘米[8]（图 4-3-64，12）。湖南邵东廉桥东汉时期墓出土 2 件。其中 M2：1，条形圆圈上等距离接三只足，足微外撇。铁圈直径 32 厘米、残高 16 厘米[9]（图 4-3-64，13）。

B 型：釜撑与支脚位置对应。湖南南岳万福村东汉中期墓出土 2 件。其中 M4：5，上部为扁方形圈，圈下三扁方条形蹄足外撇，足与圈相接处有三只卷云纹形的臂，向圈中央聚伸，釜锅等可置其上。圈径 23 厘米、高 17.5 厘米[10]（图 4-3-64，4）。广西贵港孔屋岭西汉晚期墓出土 1 件（M2b：42），扁圆环，附三足，环截面呈方形，足上部均有弯钩。直径 20 厘米、高 15.6 厘米[11]（图 4-3-64，5）。广西银山岭出土 2 件，其中 M2：10，由薄铁条反扣锤于环上，上端又倒转以承

---

1 朱土生：《浙江龙游县东华山汉墓》，《考古》1993 年第 4 期。

2 商洛地区文管会：《陕西商县西涧发现西汉墓》，《考古》1988 年第 6 期。

3 浙江省文物考古研究所、安吉县博物馆：《浙江安吉县上马山第 49 号墩汉墓》，《考古》2014 年第 1 期。

4 浙江省江山市博物馆：《浙江江山市庵前汉墓清理》，《考古学集刊》第 11 集，中国大百科全书出版社，1997 年第 298 页。

5 湖南省考古研究所等：《1986—1987 年大庸城区西汉墓发掘报告》，《湖南考古辑刊》第 5 辑，求索杂志社，1989 年第 114 页。

6 浙江省文物管理委员会：《浙江慈溪发现东汉墓》，《考古》1962 年第 12 期。

7 岳洪彬、唐际根：《中国古代的铁三足架》，《南方文物》1996 年第 4 期；佐佐木正治：《三足架与拨镰——四川早期铁器的特殊性和古蜀民的汉化过程》，《四川文物》2003 年第 6 期。

8 湖北文理学院襄阳及三国历史文化研究所、河南省文物局南水北调中线管理办公室、岳阳市文物考古研究所：《河南淅川李沟汉墓发掘报告》，《考古学报》2015 年第 3 期。

9 邵阳市文物局：《湖南邵东县廉桥东汉墓的发掘》，《考古》2008 年第 8 期。

10 衡阳市文物工作队：《湖南南岳万福村东汉墓》，《考古》1992 年第 5 期。

11 广西文物考古研究所、贵港市博物馆：《广西贵港市孔屋岭汉墓 2009 年发掘简报》，《考古》2013 年第 9 期。

重，足下部外撇。环径15.6厘米、高12厘米（图4-3-64，6）。M117：16，由带细勾的薄铁条夹住铁环，勾端向内曲翘以承重，下端向外撇。环径20厘米、高21.2厘米[1]（图4-3-64，7）。年代为秦至西汉文帝时期。广西兴安界首东汉晚期墓出土1件（M2：25），出土时上置一铜釜，铁架圈由薄铁条弯曲成圆形，三足为铸就的扁长方柱，上端与圈架铸在一起，向内伸出歧枝，足下部外撇，足底外翘。通高15.8厘米[2]（图4-3-64，8）。湖南衡阳荆田村东汉早中期墓出土3件，上部为一扁铁圈，圈下有三长扁足稍外撇，足与圈相接处，有三臂伸向圆圈中央，呈弯勺形。其中M2：10，高20厘米、圈径26厘米[3]（图4-3-64，9）。广东连州中晚期墓出土1件（2009LLHM1：16），环形支座下接三个扁足，足向外撇。直径17.6厘米、高14.2厘米（图4-3-64，11）。该铁支架与同墓所出铁釜为配套使用[4]。此型三足架还出土于广州南越王墓、广东始兴[5]、湖南茶陵濂溪[6]、衡阳新安[7]（图4-3-64，10）、衡阳茶山坳[8]等。

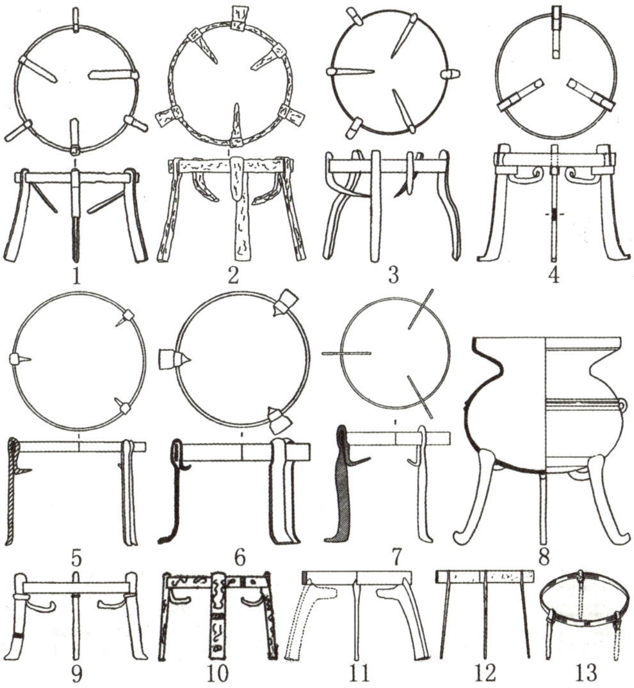

图4-3-64　秦汉时期铁三足架

1~3.C型（成都凤凰山M1：65、重庆涪陵点易M3：10、赫章可乐M10：39）4~11.B型（湖南南岳M4：5、广西贵港孔屋岭M2b：42、广西银山岭M2：10、M117：16、广西兴安界首M2：25、湖南衡阳荆田M2：10、湖南衡阳新安M4：5、广东连州2009LLHM1：16）12、13.A型（河南淅川李沟M51：9、湖南邵东廉桥M2：1）

C型：釜撑安装在支脚之间。成都凤凰山西汉木椁墓底室出土1件（M1：65），上面一圈扁铁，下有三足，在铁圈上另有垫条三根，伸向铁圈下中部，以便小釜也可放置。架高22.5厘米、径31厘米[9]（图4-3-64，1）。重庆涪陵点易西汉早期墓出土1件（M3：10），平面呈环形，上有三铁片支撑釜，下有三足。直径26.5厘米、高21.5厘米[10]（图4-3-64，2）。赫章可乐出土1件（M10：39），三曲足连接于一圆形圈上，圆形圈上有三个短弯钩与三曲足相间装设，起承釜底作用。高24厘米（图4-3-64，3）。年代为西汉晚期至东汉初期。

1 广西壮族自治区文物工作队：《平乐银山岭汉墓》，《考古学报》1978年第4期。
2 李珍、彭鹏程、左志强：《广西兴安县界首东汉墓》，《考古》2014年第8期。
3 衡阳市文物工作队：《湖南衡阳荆田村发现东汉墓》，《考古》1991年第10期。
4 广东省文物考古研究所、连州市博物馆：《广东连州东汉墓发掘简报》，《文物》2012年第2期。
5 廖晋雄：《广东始兴县汉墓清理简报》，《考古》1993年第5期；始兴县博物馆：《广东始兴县禾场岭发现东汉墓》，《考古》1991年第1期。
6 湖南省文物考古研究所、茶陵县文化局：《湖南茶陵县濂溪汉墓的发掘》，《考古》1996年第6期。
7 衡阳市文物工作队：《湖南衡阳市郊新安乡东汉墓》，《考古》1994年第3期。
8 衡阳市博物馆：《湖南衡阳茶山坳东汉至南朝墓的发掘》，《考古》1986年第12期。
9 徐鹏章：《成都凤凰山西汉木椁墓》，《考古》1991年第5期。
10 山东大学历史文化学院：《重庆涪陵点易墓地汉墓发掘简报》，《文物》2014年第10期。

四足架，见于广西罗泊湾 M1，与铁釜同出，皆为环箍，等距离衔接四条柱足。铁箍都已残断。足高分别为 56.4 厘米（M1：154）、49 厘米（M1：153）、54 厘米（M1：155）[1]。年代为西汉初期，上限到秦末，下限不会晚于文景时期。

其他日用器皿，如火铲[2]、灶[3]等，发现较少。

(二) 家用器具

家用器具指日常生活中使用的器皿之外的其他器具，种类多样，最为常见的有炉、火盆、灯和镇等。

1. 炉

炉的形制大致可分为方炉和圆炉两种。方炉以长方形、四足并带铺首衔环和提梁的炉为常见；圆炉形制多样，最常见的是盆形三足炉，或在炉下有盛灰盘。

方炉　炉身呈方形或长方形，底附四足。分两型。

A 型：炉外壁或口沿带铺首衔环或纽，有的带提梁或铁链。临淄齐王墓 1 号器物坑出土 1 件（K1：55），长方形炉身，敞口，口沿上有两个提梁，前后两壁各有两个纽，纽内贯环，平底，底部镂长条形孔和矩尺形孔各四个，外底附四蹄足。长 51.5 厘米、宽 37.5 厘米、高 18.3 厘米（图 4-3-65，5）。年代为西汉早期。洛阳金谷园东汉中晚期墓出土 1 件（Ⅰ M337：5），方鼎状，四扁平足。器内底部和四壁均用铁条间隔构成窗棂状，正面有花瓣铺首，侧面有一铁链。出土时内有木炭痕迹，当为取暖用。炉身长24厘米、宽22厘米、通高20厘米[4]（图4-3-65，7）。此型方炉还出土于满城 1、2 号汉墓。

B 型：无铺首衔环或提梁、铁链。洛阳烧沟汉墓出土 1 件（M632：219），炉体呈方形，直口，直壁，矩尺形足包合炉体，底部由 3 根横条和 8 根竖条相叠以通风漏灰，出土时盛满木炭。边长 21 厘米、炉深 8 厘米、通高 18.5 厘米（图 4-3-65，8）。此型炉还出土于洛阳西郊新莽时期墓葬、四川彭山江口寨子山东汉中晚期墓[5]等。

圆炉　炉身呈圆形，下附三足或圈足。圈足目前仅见一件，宁夏固原北原东中晚期墓出土，敞口，圈足，内壁涂一层 2 厘米厚的黄泥，炉身厚 1.5 厘米，外壁大约 2~3 厘米的锈层，内距口沿 10 厘米釉五个箅孔。口径 25 厘米、底径 23 厘米、通高 21 厘米[6]（图 4-3-68，3）。

三足圆炉根据盛灰盘的有无可分为两型。

A 型：有盛灰盘，盛灰盘为平底或三足，平底的盛灰盘或置于炉底的三足之间。

三足盛灰盘圆炉在赫章可乐东汉晚期墓出土 1 件（KL58：01），为铸铁件。炉身为圆筒形，直口，直壁，腹上部两周弦纹，两侧各有一个大衔环耳，下部周

1 广西壮族自治区博物馆：《广西贵县罗泊湾汉墓》，文物出版社，1988 年 8 月第 53 页。
2 赵康民：《秦始皇陵北二、三、四号建筑遗迹》，《文物》1979 年第 12 期。
3 三门峡市文物工作队：《三门峡市立交桥西汉墓发掘简报》，《华夏考古》1994 年第 1 期。
4 洛阳市第二文物工作队：《洛阳金谷园东汉墓（Ⅰ M337）发掘简报》，《文物》1992 年第 12 期。
5 南京博物院：《四川彭山汉代崖墓》，文物出版社，1991 年 7 月第 93 页。
6 宁夏考古研究所固原工作站：《宁夏固原北原东汉墓》，《考古》1994 年第 4 期。

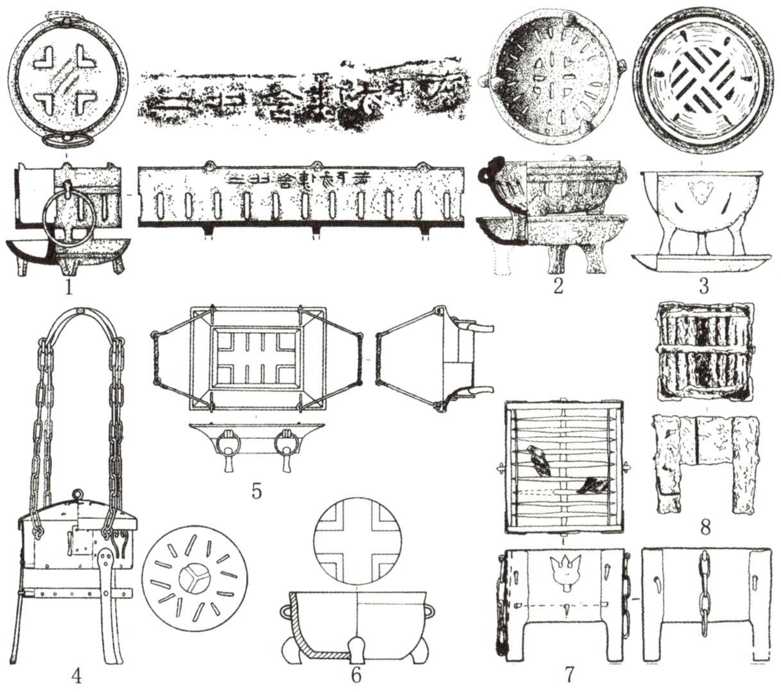

图 4-3-65　秦汉时期铁炉

1~4.A 型圆炉（赫章可乐 KL58：01、禹县朱坡村、洛阳金谷园 M1：60、满城一号汉墓 M1：5092）5、7.A 型方炉（临淄齐王墓 K1：55、洛阳金谷园Ⅰ M337：5）6.B 型圆炉（江苏邗江姚庄 M102：50）8.B 型方炉（洛阳烧沟 M632：219）

壁有十二个竖长方形镂孔，口沿上凸起三个锅撑，底部有四个矩尺形镂孔，外底有三足，立于一托盘内。托盘为敞口，圜底，外底有三足。炉身口径 22 厘米、通高 22.2 厘米。炉身内壁近口沿处有一行铭文，为隶书阳文反字“武阳传舍比二”[1]（图 4-3-65，1）。山西闻喜西官庄西汉末—东汉初年空心砖墓出土铜锅铁炉一套[2]，套炉可能用于炊煮与烤火（图 4-3-66）。同样的炉在禹县朱坡村及咸阳程家汉墓有出土。禹县朱坡村出土 1 件，炉身为直壁，圜底，口沿上铸有三支钉，微向内伸，以承铜釜。上腹铸两对称的环状耳，耳上有铁环痕迹；下腹及炉底有三层长方形镂孔以通风漏灰。底附三半圆柱状蹄足，并与灰盘连接。炉口径 23 厘米、足高 4.5 厘米、通高 13 厘米。灰盘敞口侈沿，浅腹平底。底与炉身三足相接，下附三半圆柱状蹄足。底外缘饰弦纹一周。灰盘口径 27 厘米、底径 25 厘米、通高 10 厘米[3]（图 4-3-65，2）。年代为东汉晚期。此型圆炉还出土于盐城三羊墩东汉早期墓地[4]。

平底盛灰盘圆炉在洛阳金谷园西汉晚期墓出土 1 件（M1：60），炉身敞口，折沿，圜底，腹壁有六条竖向镂孔，炉底为四组各由三条镂孔组成的炉箅，腹部有一对铺首，外底附三蹄足。盛灰盘为大口，折沿，大平底。炉身口径 20.2 厘米、深 9.5 厘米、盛灰盘口径 23.6 厘米、通高 16 厘米（图 4-3-65，3）。满城一号汉墓出土 3 件，炉身敞口，直壁，大平底，三直条形高足。炉底下方设盛灰盘，盘沿开一缺口。覆钵形盖，盖顶中央有一环纽。炉盖、炉壁和炉底均有不同形状的镂孔。炉壁设四组系提梁。炉身、盛灰盘和三足系分别锻制后用铆钉组合固定而成，出土时附一火筷。其中 M1：5092，口径 16.2 厘米、通高 25.3 厘米[5]（图

1 李衍垣：《汉代武阳传舍铁炉》，《文物》1979 年第 4 期。
2 王寄生：《闻喜西关庄汉代空心砖墓清理简报》，《考古通讯》1955 年第 4 期。
3 河南省文化局文物工作队：《河南禹县出土一批汉代文物》，《考古》1965 年第 12 期。
4 江苏省文物管理委员会等：《江苏盐城三羊墩汉墓清理简报》，《考古》1964 年第 8 期。
5 中国社会科学院考古研究所、河北省文物管理处：《满城汉墓发掘报告》，文物出版社，1980 年 10 月第 101 页。

4-3-65，4）。年代为西汉中期。

B型：无盛灰盘。江苏邗江姚庄汉墓出土1件（M102：50），口外侈，斜直腹内收，平底，下置三蹄足。炉壁上有四道竖条状气孔，并置一对环耳，炉底有一“十”字形的气孔。口径24厘米、底径15厘米、壁厚1.2厘米、高12.5厘米[1]（图4-3-65，6）。

图4-3-66 山西闻喜西官庄西汉末年－东汉初年空心砖墓出土铜锅铁炉

根据炉的形制，推测其用途为食物炊煮和炙烤。山东诸城前凉台庖厨图中，有两人对面跪坐围着一长方形四足炉子，炉上置肉串形物体，左侧人手持烤物，似在翻烤，右侧人手执长扇，似给炉中炭火鼓风[2]（图4-3-67）。江西南昌蛟桥东汉晚期墓出土铁烧烤架1件（M1：35），长方形四足网架，中间置7根架条，四个扁平状足，足微外撇，一侧接一长柄把手，柄端呈如意状，可置火盆中直接烤熟食物。长35厘米、宽15厘米、高11厘米[3]（图4-3-68，6）。

图4-3-67 山东诸城前凉台石画像中庖厨图中的烧烤场面

2. 火盆

有方形和圆形两种，与炉的区别在于壁部深浅和底部无镂孔。

方形火盆 方形或长方形，外底有四足。徐州东甸子西汉早期墓出土1件（M3：6），盆作长方形，敞口，斜直壁，平底，口沿下有四个衔环，环上有链条残痕，柱状矮足。盆口长60厘米、宽44厘米、通高17厘米（图4-3-68，4）。出土时火盆旁边有一长60厘米、宽45厘米的铁盆盖[4]。石家庄东岗头[5]也有出土。

圆形火盆 圆形，外底有三足。江西南昌蛟桥东汉晚期墓出土1件（M1：7），圆唇，口沿外撇，斜直壁，内底凹弧，外壁近底附3个蹄状足，外腹壁有3道凸弦纹，腹中部留存对称铺首衔环痕。口径33.2厘米、足高6.4厘米、通高13.4厘

1 扬州博物馆：《江苏邗江县姚庄102号汉墓》，《考古》2000年第4期。
2 山东省博物馆、山东省文物考古研究院：《山东汉画像石选集》，齐鲁书社，1982年3月。
3 江西省文物考古研究所：《江西南昌蛟桥东汉墓发掘简报》，《文物》2011年第4期。
4 徐州博物馆：《徐州东甸子西汉墓》，《文物》1999年第12期。
5 王海航：《石家庄市东岗头村发现汉墓》，《考古》1965年第12期。

米（图 4-3-68，5）。同出有火钳（M1：62），扁平长条状身，把首装一活圆环。长 40 厘米、宽 2 厘米[1]（图 4-3-68，7）。此型火盆还出土于禹县朱坡村、淮南刘家古堆东汉墓[2]、南昌市南郊东汉晚期墓[3]等。

3. 熏炉

重庆忠县将军村西汉中期墓出土 1 件（M130：42），由盖和炉组成。器盖为喇叭形，柱状纽，盖面饰三角形镂孔。炉身为敞口，斜直腹，平底。盖径 15 厘米、底边长 9 厘米、通高 20.4 厘米[4]（图 4-3-68，1）。江苏徐州刘治墓出土 1 件（M1：12），盖呈弧形，顶部中间有一长方形小纽。纽周围饰镂空的二龙图案，二龙头相向面对中间的小纽，躯体盘旋缠绕。器身子口稍内敛，弧腹略外鼓，腹部一侧有一长錾，前部平直，后部弧曲，圜底下有三蹄形足。口径 8.2 厘米、腹径 10.3 厘米、錾长 5.5 厘米、通高 9.2 厘米[5]（图 4-3-68，2）。年代为西汉早期。熏炉还出土于重庆忠县乌杨花灯坟汉墓[6]、陕西长安红庆村[7]、山西太原东太堡[8]、山西闻喜西官庄西汉末年—东汉初年空心砖墓[9]（图 4-3-69）、长沙柳家大山西汉

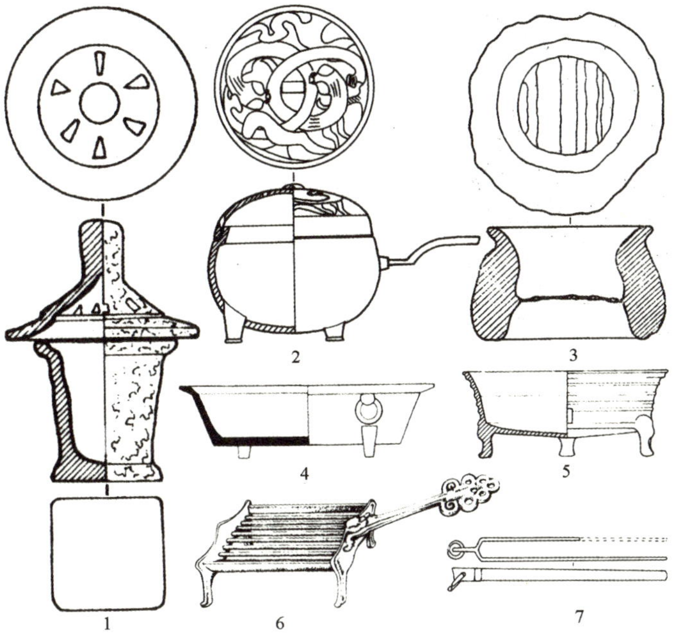

图 4-3-68 秦汉时期火盆、熏炉
1、2. 熏炉（重庆忠县将军村 M130：42、江苏徐州翠屏山 M1：12）3. 圈足圆炉（宁夏固原北原）4. 方形火盆（徐州东甸子 M3：6）5. 圆形火盆（江西南昌蛟桥 M1：7）6. 烧烤架（江西南昌蛟桥 M1：35）7. 火钳（江西南昌蛟桥 M1：62）

1 江西省文物考古研究所：《江西南昌蛟桥东汉墓发掘简报》，《文物》2011 年第 4 期。
2 淮南市文化局：《安徽省淮南市刘家古堆汉墓发掘简报》，《文物资料丛刊》第 4 集，文物出版社，1981 年第 107 页。
3 江西省博物馆：《江西南昌市南郊汉六朝墓清理简报》，《考古》1966 年第 3 期。
4 重庆市文物考古所：《重庆市忠县将军村墓群汉墓的清理》，《考古》2011 年第 1 期。
5 徐州博物馆：《江苏徐州市翠屏山西汉刘治墓发掘报》，《考古》2008 年第 9 期。
6 吕国琼：《三峡出土汉代铁熏炉的保护修复》，《文物修复与研究》2016 年。
7 陕西省文物管理委员会：《陕西长安红庆村秦汉墓第二次发掘简记》，《考古》1959 年第 12 期。
8 山西省文物管理工作委员会、山西省考古研究所：《太原东太堡出土的汉代铜器》，《文物》1962 年第 Z1 期。
9 王寄生：《闻喜西关庄汉代空心砖墓清理简报》，《考古通讯》1955 年第 4 期。

墓等。

河南南乐还曾出土一件东汉时期的铜铁合铸熏炉，可拆卸为四部分。炉顶通过枢轴子母扣，可开可合。层峦起伏的山峰由四只体态不同的猛虎承托，每一山头铸就一只野兽或禽鸟，计有鹿、虎、猴及鸟雀等十六种。炉足为层叠山峰，每一山头铸有蹲坐的狐兔类动物。熏炉非通体铜铸，炉足外铜内铁，二次合铸。先以生铁铸成铁芯，填入范内，后再铸一层铜壳。这样既减少了用铜量，降低了成本，又使炉足比重加大，整个炉体稳重坚固。通高 22 厘米、底座盘直径 23.5 厘米[1]（图 4-3-70）。

4. 灯

形制和结构多样，主要有豆形灯、行灯、灯盏、提灯和多枝灯等。

豆形灯　器形如豆，由盘状灯盘、竖柄和喇叭状灯座构成，灯盘中心有尖状灯芯。根据其柄部及底座特征分为三型。

A 型：细直柄，柄平直或带凸棱。湖南保靖粟家坨西汉中晚期墓出土 1 件（M3：6），口径 11.2 厘米、底径 11 厘米、高 14.5 厘米[2]（图 4-3-71，1）。渭南西电汉墓出土 1 件（M26：9），灯盘大而浅，竖柄略成橄榄形。盘口径 13.8 厘米、通高 16.8 厘米[3]（图 4-3-71，2）。安徽潜山彭岭西汉早期墓出土 1 件（M16：5），浅盘，灯盘作直壁，盘中立有烛钎，平底，腹壁与底之间呈明显直角，圆柱形柄，喇叭形底座。口径 11.8 厘米、底径 9.4 厘米、高 13 厘米[4]（图 4-3-71，11）。此型灯还发现于临潼周家沟西汉前期墓[5]、眉县常兴西汉墓、汉长安城长乐宫二号建

图 4-3-69　山西闻喜西官庄西汉末年－东汉初年空心砖墓出土铁熏炉

图 4-3-70　河南南乐出土东汉铜铁合铸熏炉

1　史国强：《河南南乐县发现一件铜铁合铸的东汉博山炉》，《考古》1986 年第 7 期。

2　湘西土家族苗族自治州文物工作队：《湖南保靖粟家坨西汉墓发掘简报》，《考古》1985 年第 9 期。

3　崔景贤等：《渭南市区战国、汉墓清理简报》，《考古与文物》1998 年第 2 期。

4　安徽省文物考古研究所、潜山县文物管理所：《安徽潜山彭岭战国西汉墓》，《考古学报》2006 年第 2 期。

5　陕西省考古研究所配合基建考古队：《陕西临潼骊山床单厂基建工地古墓葬清理简报》，《考古与文物》1989 年第 5 期。

筑[1]、西安北郊郑王村第37号西汉早期墓、第49号西汉中期墓[2]、陕西曲江花园汉墓[3]、四川绵阳何家山东汉晚期崖墓[4]、宁夏固原北原东汉中晚期墓[5]等。

B型：竹节状柄或中部外鼓有凸棱，有的为喇叭状柄。江苏扬州西汉早期刘毋智墓出土1件（M1C：2），斜直口，浅盘，平底，盘底中心有一圆锥形凸起。细长柄，柄中部鼓凸，下部外撇，折收成覆盘式足。圈足底壁饰数周凸弦纹。口径17.2厘米、底径14.2厘米、高25.6厘米[6]（图4-3-71，3）。云梦大坟头西汉初期墓出土1件（M1B：26），柄细长，中部有凸棱。盘口径11.6厘米、通高15.7厘米[7]（图4-3-71，4）。洛阳孟津朱仓东汉晚期墓出土1件（M1：17），碗形灯盘，细长柄，中间有凸棱一周，底有覆碗形底座。灯盘口径10.8厘米、底座直径11厘米、通高20.4厘米[8]（图4-3-71，5）。西安北郊龙首村西汉早期墓出土1件（M2：46），口径11.2厘米、高10厘米[9]（图4-3-71，10）。此型灯还见于西安北郊郑王村第171号西汉中期墓[10]、淳化固贤村西汉晚期窖藏[11]、三门峡三里桥、西汉龙首村汉墓、永城保安山、临潼秦始皇陵2号马厩坑[12]、临潼上焦村、西安南郊潘家庄汉初墓、四川绵阳双包山西汉早期墓[13]、山东巨野[14]、山东五莲[15]等。

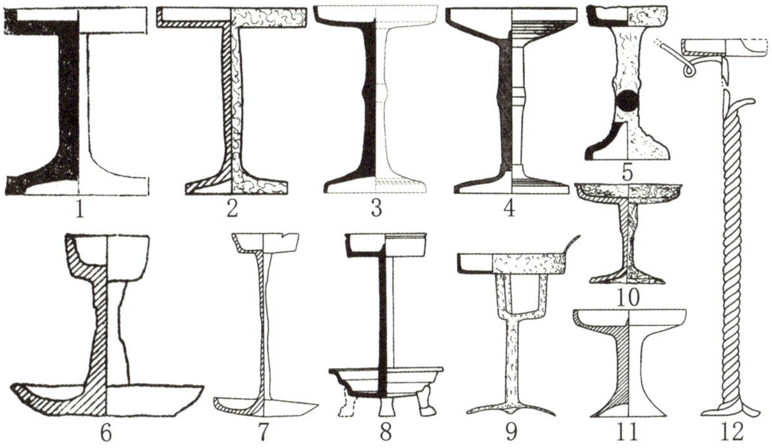

图4-3-71 秦汉时期铁豆形灯

1、2、11.A型（湖南保靖M3：6、渭南西电M26：9、安徽潜山M16：5）3~5、10.B型（江苏扬州刘毋智墓M1C：2、云梦大坟头M1B：26、洛阳孟津朱仓M1：17、西安北郊龙首村M2：46）6~8.C型（醴陵企石村、河南南阳M84：12、湖南里耶M91：5）9、12.装饰性柄豆形灯（安徽巢湖FM1：416、陕西白鹿原M36：1）

1 中国社会科学院考古研究所汉长安城工作队：《汉长安城长乐宫二号建筑遗址发掘报告》，《考古学报》2004年第1期。

2 陕西省考古研究院：《西安北郊郑王村西汉墓》，三秦出版社，2008年10月第77、91页。

3 西安市文物保护考古所等：《西安东汉墓》，文物出版社，2009年2月第512页。

4 绵阳博物馆何志国：《四川绵阳何家山1号东汉崖墓清理简报》，《文物》1991年第3期。

5 宁夏考古研究所固原工作站：《宁夏固原北原东汉墓》，《考古》1994年第4期。

6 扬州市文物考古研究所：《江苏扬州西汉刘毋智墓发掘简报》，《文物》2010年第3期。

7 湖北省博物馆：《云梦大坟头一号汉墓》，《文物资料丛刊》第4集，文物出版社，1981年第15页。

8 郑州大学历史学院、洛阳市文物考古研究院：《洛阳孟津朱仓东汉墓发掘简报》，《文物》2015年第4期。

9 中国社会科学院考古研究所西安唐城工作队：《西安北郊龙首村西汉墓发掘简报》，《考古》2002年第5期。

10 陕西省考古研究院：《西安北郊郑王村西汉墓》，三秦出版社，2008年10月第357页。

11 姚生民：《淳化县固贤村出土谷口宫铜鼎》，《考古与文物》1983年第2期。

12 赵康民：《秦始皇陵东侧发现五座马厩坑》，《考古与文物》1983年第5期。

13 四川省文物考古研究院、绵阳博物馆：《绵阳双包山汉墓》，文物出版社，2006年3月第70页。

14 山东省菏泽地区汉墓发掘小组：《巨野红土山西汉墓》，《考古学报》1983年第4期。

15 潍坊市博物馆等：《山东五莲张家仲崮汉墓》，《文物》1987年第9期。

C 型：底座为一承盘，承盘平底或三足。醴陵企石村东汉中期墓出土 1 件，灯盘作杯状，口径小而深，柄中部作束腰状，底座为一斜壁平底盘，通高 19 厘米[1]（图 4-3-71，6）。河南南阳防爆厂住宅小区出土 1 件（M84：12），浅灯盘，细高柄，底部一圆形承盘。通高 48 厘米[2]（图 4-3-71，7）。湖南里耶出土 1 件（M91：5），浅盘口，盘中有灯钎。高细柄，承盘底有三马蹄形足。盘口径 11.6 厘米、承盘口径 16.2 厘米、通高 25.6 厘米[3]（图 4-3-71，8）。

此外，还发现两件装饰性柄豆形灯。安徽巢湖放王岗出土 1 件（FM1：416），细高柄以四股直径为 0.4 厘米的粗铁丝拧成绳索，下端中间一股被截断，另三股锤压成扁片状分开为三足。上端一股支撑灯盘。灯盘为浅圆盘，直口。盘下一侧伸出一铁管状。盘径 6.8 厘米、柄径 1.1 厘米、通高 28.5 厘米[4]（图 4-3-71，9）。陕西白鹿原出土 1 件（M36：1），圆形灯盘，一侧伸出一舌，中间微凸。柄下部为圆柱形，上部折角分为三叉托住灯盘。灯座分叉为三足，中心微凸，似雁足。盘径 9 厘米、通高 17.8 厘米[5]（图 4-3-71，12）。

行灯　灯盘为三足形，一侧伸出一把柄。西安大白杨村西汉中晚期墓出土 1 件（M9：1），圆盘形，龟首柄，浅盘，平底，有三足。盘径 9.4 厘米、残高 5.2 厘米、柄长 4 厘米[6]。凤翔八旗屯秦代墓出土 1 件（M19：2），盘心中央锥状突起已残，柄较宽扁。口径 9.5 厘米、柄长 4.5 厘米、通高 3.5 厘米[7]（图 4-3-72，1）。西安北郊郑王村西汉早期墓出土 1 件（M116：11），灯盘圆形，较浅，壁直，平底，仅存一乳突状足。柄平伸，内空，末端残缺。盘径约 10.2 厘米、柄残长 2.4 厘米、宽 2.1 厘米、通高 3.0 厘米[8]（图 4-3-72，3）。西安北郊西飞东汉中期墓出土 1 件（M1：19），灯盘直壁，灯柄平直，体侧有一圆形装饰。口径 9.6 厘米、柄长 8 厘米、通高 3.6 厘米（图 4-3-72，8）。行灯还见于洛阳西郊东汉中期墓[9]、西安南郊潘家庄汉初墓、西安北郊尤家庄 18 号西汉中晚期墓[10]、津市肖家湖 17 号西汉晚期墓[11]、章丘东平陵故城、西安阿房区[12]、贵县汉墓[13]、广西文昌塔西汉后期墓[14]等。

灯盏　圆形浅盘，盘内无烛插，平底或附三足。河南淅川泉眼沟东汉晚期墓

1 湖南省博物馆：《醴陵、株洲发现汉晋墓葬》，《湖南考古辑刊》第 3 辑，岳麓书社，1986 年第 128 页。
2 南阳市文物考古研究所：《南阳市防爆厂住宅小区汉墓 M62、M84 发掘简报》，《中原文物》2008 年第 4 期。
3 湖南省文物考古研究所：《里耶发掘报告》，岳麓书社，2007 年 1 月第 527 页。
4 安徽省文物考古研究所：《巢湖汉墓》，文物出版社，2007 年 5 月第 42 页。
5 陕西省考古研究所：《白鹿原汉墓》，三秦出版社，2003 年 10 月第 145 页。
6 中国社会科学院考古研究所汉长安城工作队、西安市文物保护考古研究院：《西安市大白杨村汉墓发掘简报》，《考古》2014 年第 10 期。
7 尚志儒等：《陕西凤翔八旗屯西沟道秦墓发掘简报》，《文博》1986 年第 3 期。
8 陕西省考古研究院：《西安北郊郑王村西汉墓》，三秦出版社，2008 年 10 月第 214 页。
9 中国科学院考古研究所洛阳发掘队：《洛阳西郊汉墓发掘报告》，《考古学报》1963 年第 2 期。
10 山西省考古研究所：《西安北郊汉代积沙墓发掘简报》，《考古与文物》2003 年第 5 期。
11 常德市文物工作队等：《津市肖家湖十七号汉墓》，《湖南考古辑刊》第 6 辑，求索杂志社，1994 年第 118 页。
12 陕西省博物馆等：《陕西省发现的汉代铁铧和鐴土》，《文物》1966 年第 1 期。
13 广西省文物管理委员会：《广西贵县汉墓的清理》，《考古学报》1957 年第 1 期。
14 广西文物考古研究所、合浦县博物馆：《2005 年合浦县文昌塔汉墓发掘报告》，《广西考古文集》第 3 辑，科学出版社，2007 年 10 月第 101 页。

出土1件（M79：9），圆形浅盘，盘内距盘边约2.5厘米处有一人形柄，人头上顶一弧形底的盘状。口径24.8厘米、盘高2.2厘米、残通高约8.1厘米[1]（图4-3-72，4）。陕西西北医疗设备厂出土2件，其中M97：8，浅盘，平底。盘径9.9厘米、底径9.6厘米、通高13.5厘米（图4-3-72，5）。M12：7，浅盘，直壁，下附三圆柱状足。口径8.8厘米、足高1.2厘米、通高3.6厘米[2]（图4-3-72，6）。洛阳王城公园东汉早期墓出土1件（C1M8567：9），浅盘形，敞口，平底。盘口径9.2厘米、底径7.6厘米、通高3.6厘米[3]（图4-3-72，7）。灯盏还见于河南新安[4]等地。

提灯 洛阳烧沟东汉晚期墓出土1件（M1035：61），由灯盘、支架和灯顶组成。灯盘为直壁圆盘，直径约12厘米，下附三蹄足。对应三足的灯盘口沿上立置三根铁柱，柱高13厘米。立柱之上用五层圆形铁片组成灯顶，自下而上逐渐缩小，最下层圆铁片悬垂一钩。灯顶中央站立一鸟，鸟尾扇形，鸟脊连接提梁，提梁已残，残长15.5厘米。提灯通高29厘米（图4-3-73，1）。江西南昌青云谱M1出土1件，灯盘较浅，下附三乳状足，盘上有三柱，顶端合一，绕一环，环扣一铁钉。通高18厘米、底径10厘米[5]（图4-3-73，4）。提灯还见于西安北郊石碑寨村东汉墓[6]、湖北襄樊东汉早期墓[7]等。

多枝灯 洛阳烧沟汉墓东汉晚期墓出土1件（M1035：113），灯座为覆盆形，灯杆立置灯座中央，向四周伸出灯枝。灯枝分三层，每层四枝，共十二枝，灯枝枝头各托一圆盘形灯盏。灯杆顶端站立一鸟，做展翅欲飞状，头部残失。通高73厘米[8]（图4-3-73，2）。多枝灯还见于河南洛阳西工东汉晚期壁画墓[9]、河南密县后士郭东汉晚期画像石墓[10]等。

灯架 三门峡华余西汉晚期墓出土1件（M16：30），由五节扁平铁条铆接而成，均用铆钉将前一节叠接于后一节之上，

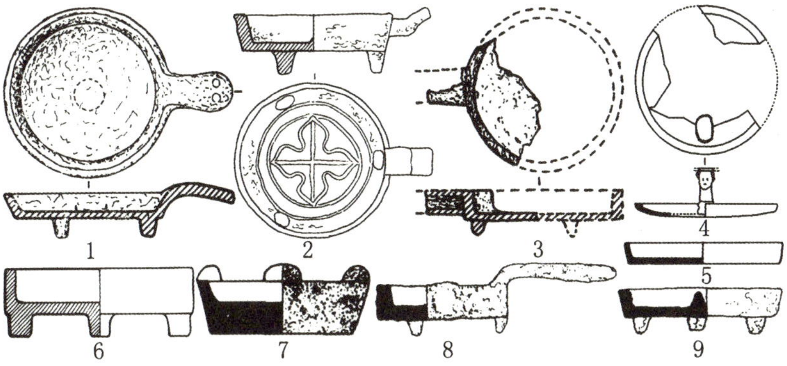

图4-3-72 秦汉时期行灯、灯盏、烛台
1、3、8.行灯（凤翔八旗屯M19：2、西安北郊郑王村M116：11、西安北郊西飞M1：19）2、9.烛台（陕西西安M1233：20、赫章可乐M10：55）4~7.灯盏（河南淅川泉眼沟M79：9、陕西西北医疗设备厂M97：8、M12：7、洛阳王城公园C1M8567：9）

1 四川大学历史文化学院考古系、上海大学艺术研究院美术考古研究中心、河南省文物局等：《河南淅川泉眼沟汉代墓葬发掘报告》，《考古学报》2014年第3期。
2 西安市文物保护考古所：《西安龙首原汉墓》，西北大学出版社，1999年12月第127、42页。
3 洛阳市文物工作队：《洛阳王城公园东汉墓》，《文物》2006年第3期。
4 河南省文化局文物工作队：《河南新安铁门镇西汉墓葬发掘报告》，《考古学报》1959年第2期。
5 江西省文物管理委员会：《江西南昌青云谱汉墓》，《考古》1960年第10期。
6 陕西考古所汉墓工作组：《西安北郊清理一座东汉墓》，《文物》1960年第5期。
7 襄樊市博物馆：《襄樊杜甫巷东汉、唐墓》，《江汉考古》2000年第2期。
8 洛阳考古发掘队：《洛阳烧沟汉墓》，文物出版社，1959年12月第196页。
9 洛阳市文物工作队：《洛阳西工东汉壁画墓》，《中原文物》1982年第3期。
10 河南省文物研究所：《密县后士郭汉画像石墓发掘报告》，《华夏考古》1987年第2期。

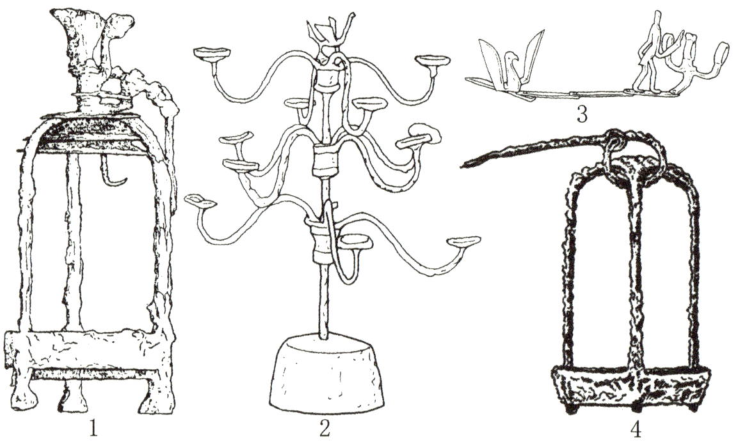

图 4-3-73 秦汉时期提灯、灯架、多枝灯
1、4.提灯（洛阳烧沟 M1035：61、江西南昌青云谱）2.多枝灯（洛阳烧沟 M1035：113）3.灯架（三门峡华余 M16：30）

能左右转动。前部第一节铁条上，呈“山”字形竖立三个圆环；第二节上站立一用铁条制成的人像，其双手握棒状物，臂部上提，呈手持火种探身欲点燃前面灯火的动态状；最后一节铁条上卧一只凤鸟，作昂首前视、展翅欲飞状，凤鸟尾部为由宽渐细的末节铁条，便于插入墙壁或器物中以固定灯架[1]（图 4-3-73，3）。

5. 烛台

圆形灯盘，盘底中央有烛插，外底附三足。陕西西安邮电学院长安校区出土 1 件（M1233：20），浅盘形灯盘，敞口，方唇，腹壁较直，平底，中央有一烛钎，外底有三矮圆柱形足。口沿一侧平伸出一短柄，末端上翘，断面呈长方形。外底三足内侧饰两周凸弦纹，内饰柿蒂叶纹。盘口径 4.8 厘米、底径 9.6 厘米、盘深 2.0 厘米、通长 13.5 厘米、通高 4.5 厘米[2]（图 4-3-72，2）。赫章可乐西汉晚期墓出土 1 件（M10：55），圆形浅盘，盘底中央有尖状烛插，外底附三足，足为圆柱形。盘径 9.2 厘米、通高 2.3 厘米[3]（图 4-3-72，9）。烛台还见于山东青州马家冢子东汉中晚期墓[4]、汉长安城未央宫西南角楼遗址[5]等。

秦汉时期出土铁灯具的空间分布具有相当强的规律性，近一半出土于陕西省境内。陕西境内的灯具又主要出土于王侯家族墓地和地方官吏墓葬。其他区域的铁质灯具大多出土于诸侯王墓或王侯家族墓地，仅有少量出土于地方官吏或地主墓葬中[6]。

豆形灯的时代特征明显，西汉时期的豆形灯形制简单，以满足实用功能为主，东汉时期开始出现了造型复杂，兼具实用或装饰功能的多枝灯。

1 三门峡市文物工作队：《三门峡市华余包装公司 16 号汉墓发掘简报》，《华夏考古》1993 年第 4 期。

2 西安市文物保护考古所等：《西安东汉墓》，文物出版社，2009 年 2 月第 850 页。

3 宋世坤：《贵州早期铁器研究》，《考古》1992 年第 3 期。

4 山东省青州市博物馆：《山东青州市马家冢子东汉墓的清理》，《考古》2007 年第 6 期。

5 中国社会科学院考古研究所汉长安城工作队：《汉长安城未央宫西南角楼遗址发掘简报》，《考古》1996 年第 3 期。

6 麻赛萍：《汉代灯具研究》，复旦大学博士学位论文，2012 年 5 月。

属于家用器具类的铁器还有镇、熨斗[1]、锁[2]等，但出土的数量极少。此外，还出土有药物加工用的杵臼[3]。

(三)妆严用具

妆严用具发现有带具、镜子、镊子、发剪、耳勺等，除镜子[4]有一定数量、镊子稍常见外，其他均较少。

带具 包括带钩、带扣、带饰[5]等。

带钩 出土数量较少，可分为四型。

A型：曲棒形。江苏徐州黑头山西汉刘慎墓出土1件（M1：64），钩身细长，稍呈纺锤形，腹部有一纽，兽首已锈蚀不清。长11厘米[6]（图4-3-74，2）。年代为西汉早期后段。偃师白草坡东汉帝陵陵园出土1件（H1：3），禽首，弧腹，背有一纽。长8.5厘米、腹宽1.5厘米[7]（图4-3-74，6）。洛阳烧沟汉墓、侯马乔村秦代墓、侯马虒祁秦末汉初墓、赫章可乐西汉前期墓均出土有此型带钩。

B型：浆叶形。包头边墙壕西汉晚期墓出土1件（M1：14），体扁平，钩首稍细，钩尾较宽。长15厘米、宽2.7厘米（图4-3-74，1）。

C型：琵琶形。江苏徐州黑头山西汉刘慎墓出土1件（M1：65），钩身稍略呈琵琶形，腹部纽较高，且偏于尾侧，兽首眼、鼻、嘴清晰可辨。长7.3厘米、纽径1厘米[8]（图4-3-74，3）。年代为西汉早期后段。重庆云阳李家坝遗址两汉时期文化遗存出土1件（ⅠBT703⑳：68），长约6.4厘米[9]（图4-3-74，4）。潍坊后埠下西汉中期墓[10]、辉县琉璃阁[11]、侯马乔村秦代墓和汉初墓[12]等都出土有此型带钩。

D型：水禽形。山东微山县微山岛新莽时期墓葬出土1件（M20G4：17），鸟首，圆纽。长3.7厘米[13]（图4-3-74，7）。资兴东汉中期墓出土1件（M106：22），形似一回首水鸟。长2.7厘米（图4-3-74，8）。洛阳烧沟汉墓也出土有此型带钩。

---

1 济南市文化局文物处：《山东济南青龙山汉画像石壁画墓》，《考古》1989年第11期。

2 临潼县博物馆赵康民：《西安洪庆堡出土汉愍儒乡遗物》，《考古与文物》1984年第6期。

3 南京博物院：《江苏仪征石碑村汉代木椁墓》，《考古》1966年第1期；咸阳市文管会、咸阳市博物馆：《咸阳市空心砖汉墓清理简报》，《考古》1982年第3期；沈仲常：《成都扬子山的西汉墓葬》，《考古》1955年第6期。

4 全洪：《试论东汉魏晋南北朝时期的铁镜》，《考古》1994年第12期。

5 伊克昭盟文物工作站：《补洞沟匈奴墓葬》，《鄂尔多斯式青铜器》，文物出版社，1986年5月。

6 徐州博物馆：《江苏徐州黑头山西汉刘慎墓发掘简报》，《文物》2010年第11期。

7 洛阳市第二文物工作队、偃师市文物管理委员会：《偃师白草坡东汉帝陵陵园遗址》，《文物》2007年第10期。

8 徐州博物馆：《江苏徐州黑头山西汉刘慎墓发掘简报》，《文物》2010年第11期。

9 四川大学历史文化学院考古系、重庆市文化局、云阳县文管所：《重庆云阳县李家坝遗址1997年度发掘简报》，《考古》2004年第6期。

10 山东省文物考古研究所：《山东省高速公路考古报告集·山东潍坊后埠下墓地发掘报告（1997）》，科学出版社，2000年9月第271页。

11 中国科学院考古研究所：《辉县发掘报告》，科学出版社，1956年3月第6页。

12 山西省考古研究所：《侯马乔村墓地（1959—1996）》，科学出版社，2004年7月第401页。

13 微山县文物管理所：《山东微山县微山岛汉代墓葬》，《考古》2009年第10期。

带扣 圆形或方形扣身，装一舌钩。分三型。

A 型：由扣环和扣舌组成，扣环为近圆形，扣舌固定在扣环上。吐鲁番交河沟北汉墓出土 1 件（M16②北：47），整器呈圆环状，一侧伸出一小钩。直径 6.6 厘米[1]（图 4-3-74，11）。陈巴尔虎旗完工东汉墓出土 1 件（M2：25-1），扣身为圆形，略残。直径 4.8 厘米[2]（图 4-3-74，14）。

B 型：扣身整体呈前圆后方形，多数带穿带孔和穿尾孔，少量则无。民丰尼雅遗址出土 1 件（NY95MN1M8：13），舌钩为木制，出土时光亮如新，部分革带尚存。长 4.6 厘米、宽 3.8 厘米（图 4-3-74，5）。年代为汉晋时期。包头召湾西汉中期墓出土 1 件（M51：A229），通长 1.6 厘米（图 4-3-74，9）。鹿泉高庄 1 号西汉中期墓（图 4-3-74，10）也出土有此型带扣。

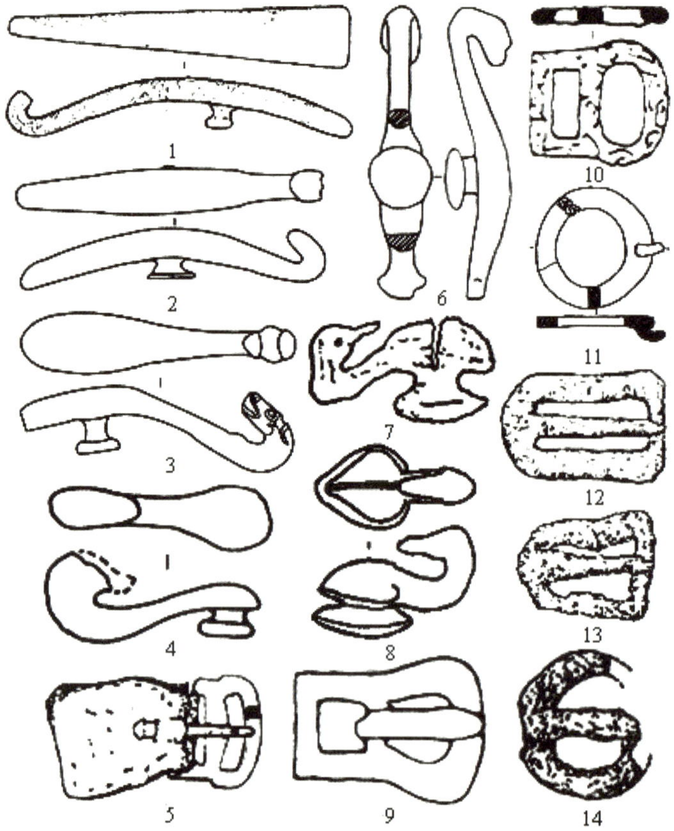

图 4-3-74 秦汉时期铁质妆严用具（带钩、带扣）

1.B 型带钩（包头边墙壕 M1：14）2、6.A 型带钩（江苏徐州刘慎墓 M1：64、偃师白草坡 H1：3）3、4.C 型带钩（江苏徐州 M1：65、重庆云阳 IBT703⑳：68）5、9、10.B 型带扣（民丰尼雅 NY95MN1M8：13、包头召湾 M51：A229、鹿泉高庄 M1：5018）7、8.D 型带钩（山东微山 M20G4：17、资兴东汉中期墓 M106：22）11、14.A 型带扣（吐鲁番交河沟北 M16②北：47、陈巴尔虎旗完工 M2：25-1）12、13.C 型带扣（东胜补洞沟 M1：2、陈巴尔虎旗完工 M2：27-1）

C 型：扣身呈 U 形，一端平直，一端圆弧，由扣环和扣舌组成。东胜补洞沟出土 1 件（M1：2），长 7 厘米、宽 5 厘米（图 4-3-74，12）。年代为西汉末东汉初。陈巴尔虎旗完工东汉墓出土 1 件（M2：27-1），扣身呈梯形。长 3.6 厘米、宽约 3 厘米（图 4-3-74，13）。吉林抚松新安遗址第一期文化遗存出土 1 件（H1：2），长 5.1 厘米、最宽 3.3 厘米[3]。年代为东汉。

镊子 用条形铁片弯折而成，呈 U 字形。如广西贵县北郊汉墓出土 1 件，系用小铁片对折而成，残长 10 厘米[4]。洛阳孟津朱仓 M722 帝陵陵园出土 1 件（F1：10），系一条铁条中间捏合而成，镊头向内卷曲咬合。长 12.4 厘米、宽 0.8 厘米[5]。年代为东汉时期。江苏泗阳陈墩汉墓出土 1 件（M1 棺：5-1），发现于长方形漆奁盒内，呈 U 形，镊头一端作花瓣形，镊体残留有菱形错金纹饰。残长 4.9

1 新疆文物考古研究所：《吐鲁番交河故城沟北 1 号台地墓葬发掘简报》，《文物》1999 年第 6 期。

2 内蒙古自治区文物工作队：《内蒙古陈巴尔虎旗完工古墓清理简报》，《考古》1965 年第 6 期。

3 吉林省文物考古研究所：《吉林抚松新安遗址发掘报告》，《考古学报》2013 年第 3 期。

4 广西壮族自治区文物工作队：《广西贵县北郊汉墓》，《考古》1985 年第 3 期。

5 洛阳市第二文物工作队：《洛阳孟津朱仓东汉帝陵陵园遗址》，《文物》2011 年第 9 期。

厘米[1]。年代为西汉中后期，具体在昭、宣时期。

镜 圆形镜，镜背花纹多样。河南南阳东汉晚期墓出土鎏错金纹饰的铁镜1件，大扁圆形纽，纽径5厘米。纽外纹分主纹和地纹。主纹为粗线条凹面阴纹，采用鎏金工艺，纽外饰变形四叶纹，近缘处饰不规则连弧纹和弦纹各一周。地纹采用错金工艺，为细线卷草纹、火焰纹等。纽部和缘部外侧立面分别饰错金三角锯齿纹两周及一周，平直缘。直径16.4厘米、厚0.2厘米[2]（图4-3-75）。此外，洛阳烧沟东汉晚期墓共出土8件、武威雷台东汉晚期墓出土“变形四叶鸾凤镜”1件[3]、江苏泰州东汉晚期墓[4]、四川盐亭东汉晚期墓[5]等也多有出土。

钗 广西贵县北郊汉墓出土2件，系用铁丝弯曲而成，残留麻布包裹痕迹，残长9厘米[6]。

此外，纺织缝纫用的剪刀、针[7]、顶针[8]、铁轴陶纺轮[9]等缝织器具也有少量出土。

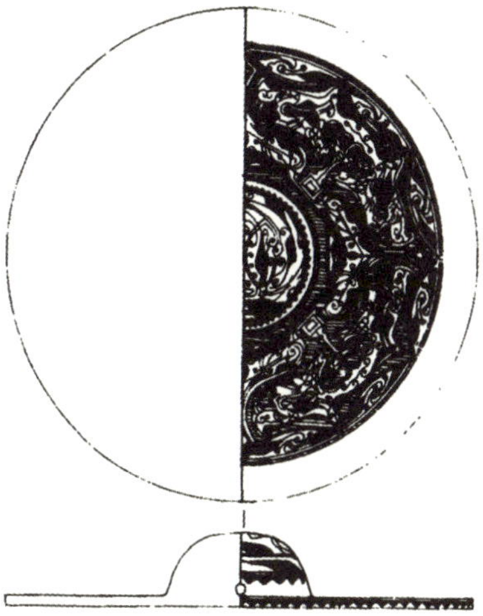

图4-3-75 河南南阳出土的鎏错金纹饰的铁镜

五、钱币及度量衡器

秦汉时期开始出土铁制钱币及度量衡器。

钱币 铁钱虽然出土数量和发现地点都较少，但种类多样，有半两、五铢、大布黄千、大泉五十，以及无文钱等[10]。四川地区是铁钱出土数量最多的省区[11]。

1 江苏泗阳三庄联合考古队：《江苏泗阳陈墩汉墓》，《文物》2007年第7期。
2 张方、卓远：《河南南阳出土一件汉代铁镜》，《文物》1997年第7期。
3 甘肃省博物馆：《武威雷台汉墓》，《考古学报》1974年第2期。
4 江苏省博物馆、泰州县博物馆：《江苏泰州新庄汉墓》，《考古》1962年第10期。
5 四川省博物馆、盐亭县文化馆：《四川盐亭东汉崖墓出土文物简记》，《文物》1974年第5期。
6 广西壮族自治区文物工作队：《广西贵县北郊汉墓》，《考古》1985年第3期。
7 广州市文物管理委员会：《西汉南越王墓》，文物出版社，1991年10月第110页。
8 徐鹏章：《成都站东乡汉墓清理记》，《考古》1956年第1期；西安市文物保护考古所等：《长安汉墓》，陕西人民出版社，2004年11月第511页。
9 湖南省博物馆：《湖南资兴东汉墓》，《考古学报》1984年第1期。
10 白云翔：《先秦两汉铁器的考古学研究》，科学出版社，2005年4月第273页。
11 熊建秋：《历代四川铁钱图录》，巴蜀书社，2012年1月。

铁钱币的年代从西汉早期到东汉晚期，被称为汉代铜币铸行制度实施过程中的“怪胎”[1]。

度量衡器 目前发现有权[2]和尺，铁量器尚无发现。权的数量较多，是当时常用的衡器，其大小和重量因其标称值的不同而不同，多为石权和斤权；就其形制来说，主要有半球形、圆台形和瓜棱形三种。尺发现较少[3]。

权 出土较多，铸铁件，皆平底，可分为三型。

A 型：半球形。权体作半球形，顶部有纽。四川彭山一座东汉时期岩墓出土铁权、称钩各 1 件，权为半球体，上一桥形纽，中一圆孔，铁环锈断。高 3.2 厘米，底圆直径 4.8 厘米。钩，顶一圆穿，径 0.5 厘米，钩长 8.2 厘米[4]（图 4-3-76，5）。此外，河北围场[5]、陕西礼泉[6]、文登简山[7]等地都出土有此型铁权。

B 型：圆台形。权体作上小下大的截尖圆锥台形，顶部有桥形纽。偃师白草坡东汉帝陵陵园遗址出土 1 件（T01 ② B：1），上部有桥形纽，中有穿孔。高 6 厘米、底径 6.5 厘米、穿孔径 0.45 厘米[8]（图 4-3-76，2）。广西兴安秦城遗址七里圩王城城址出土 1 件（91T3：5），上部有鼻纽，底部中间内凹。高 20 厘米、底宽 25 厘米，重约 32750 克[9]（图 4-3-76，3）。河南淅川李沟西汉晚期墓出土 1 件（M48：25），实心，底平，上端有一小环纽。底径 4.8 厘米、高 3.7 厘米[10]（图 4-3-76，4）。山东文

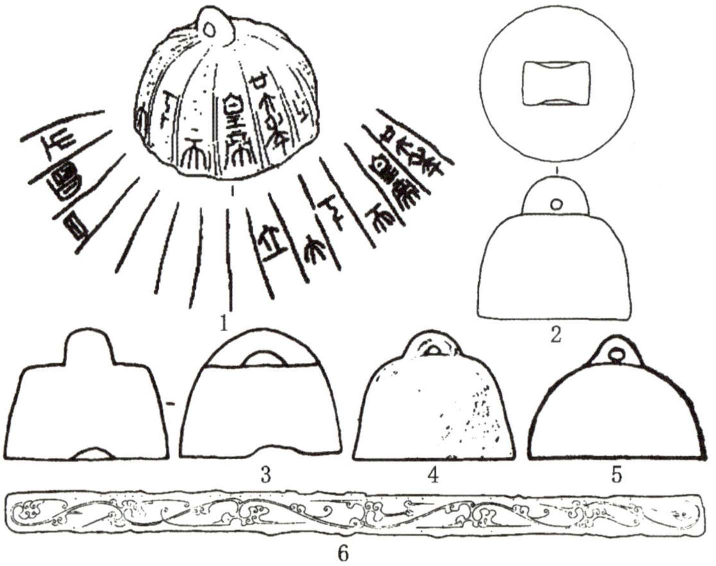

图 4-3-76 秦汉时期铁度量衡器（权、尺）

1.C 型铁权（咸阳博物馆藏品）2~4.B 型铁权（偃师白草坡 T01 ② B：1、广西兴安 91T3：5、河南淅川 M48：25）5.A 型铁权（四川彭山出土）6. 铁尺（满城汉墓 M2：3065）

1 白云翔：《秦汉时期的铁钱币和度量衡器概论》，《二十一世纪的中国考古学——庆祝佟柱臣先生八十五华诞学术文集》，文物出版社，2006 年 2 月第 706 页。

2 这里所说的权，既包括用于杆秤的秤砣，也包括用于太平的砝码。

3 中国社会科学院考古研究所、河北省文物管理处：《满城汉墓发掘报告》，文物出版社，1980 年 10 月第 277 页；湖南省博物馆、益阳县文化馆：《湖南益阳战国两汉墓》，《考古学报》1981 年第 4 期。

4 彭山县文物保护管理所：《四川彭山一座残岩墓》，《考古》1991 年第 5 期。

5 石枢砚：《河北省围场县又发现两件秦代铁权》，《文物》1979 年第 12 期。

6 李浪涛：《陕西礼泉县出土汉代铁权》，《文物》1998 年第 6 期。

7 蒋英炬、吴文棋：《山东文登发现秦代铁权》，《文物》1974 年第 7 期。

8 洛阳市第二文物工作队、偃师市文物管理委员会：《偃师白草坡东汉帝陵陵园遗址》，《文物》2007 年第 10 期。

9 广西壮族自治区文物工作队、兴安县博物馆：《广西兴安县秦城遗址七里圩王城城址的勘探与发掘》，《考古》1998 年第 11 期。

10 湖北文理学院襄阳及三国历史文化研究所、河南省文物局南水北调中线管理办公室、岳阳市文物考古研究所：《河南淅川李沟汉墓发掘报告》，《考古学报》2015 年第 3 期。

图 4-3-77 山东文登嵌铜诏版铁权（烟台市博物馆藏）

登发现嵌铜诏版铁权 1 件（WD73：01），平底，通高 19.4 厘米、腹围 80 厘米、底径 25 厘米，重 32.257 公斤，合秦制约 120 斤。权体一侧嵌一长 11.1 厘米、高 8.5 厘米的长方形铜诏版，诏版上阴刻秦始皇二十六年诏书，计九行四十字："二十【六年】，皇【帝尽】并天下诸侯，黔首大【安】，立号为皇帝。乃诏丞相状、绾，法度量，则不壹，歉疑者，皆明壹之"[1]（图 4-3-77）。

C 型：瓜棱形。咸阳博物馆收藏 1 件，权体作半球形，外表装饰 14 道竖向凸棱，棱间阴刻有篆书铭文，但其中五个相连的棱间表面因锈蚀而剥落较甚，铭文无法辨识。其余 9 个相连的棱间均錾刻铭文，字数不等，为篆书，计 12 字，自右至左按顺序依次为"二十六年 / 皇帝 / 天 / 下 / 大 / 立……/ 曰（皆）/ 明 / 之"。顶部为鼻纽，平底内凹。通高 3.4 厘米、底径 4.8 厘米，重 215 克（图 4-3-76，1）。该权重量比一般认为的秦一斤 250 克略轻，推测是因锈蚀剥落造成重量减轻，应是当时秦一斤的标准器[2]。

尺 发现较少。满城 2 号汉墓出土 1 件（M2：3065），通体饰错金流云纹，两端各有一小孔，刻度刻于两边，用错金小点表示，全尺分为十寸。经实测，长 23.2 厘米、宽 1.2 厘米、厚 0.25 厘米（图 4-3-76，6），年代为西汉中期。益阳赫山庙东汉中期墓[3]也出土有铁尺。

度量衡器除权和尺外，徐州东甸子西汉早期墓还发现有算筹（M1S：10），圆棍状，直径 0.2 厘米。

其他杂用器具，包括环、铃、钩、棺钉、铺首等铁制用具种类繁多，在秦汉生产、生活中普遍存在。

秦汉时期铁制木作加工器具中，空首斧多为竖銎，西汉晚期横銎斧出现并渐渐流行。锯子、锤、钻头形制多样化。弯体削刀逐渐减少，直体削刀流行，该形制削刀为汉代以后历代所延续。土作农耕器具中，竖銎镢在秦和西汉时期延续使用，新出有各种形制的横銎镢。长銎铲、短銎铲和长体铲继续使用，但西汉后期出现了斜肩铲。直口锸继续存在，但出现减少的趋势，而凹口锸则更为流行，并且形制、大小更加多样，反映出其用途之多样。六角锄迅速减少，新出结构简单合理的耨锄，直柄锄开始逐步向曲柄锄过渡。犁铧数量增多，形制多样，西汉后期新出有耧铧。扁平条形镰刀流行，西汉早期出现了带骹铁镰。矿冶器具铁制模具类型多样，数量增多，铸范亦然。

铁制兵器武备，剑类兵器中，流行长剑，短剑少见。东汉时期，刀遽然兴起，并逐渐取代剑成为主要格斗兵器。矛延续战国同类器，形态更加趋于多样，新出

1 蒋英炬等：《山东文登发现秦代铁权》，《文物》1974 年第 7 期。
2 张延峰：《咸阳博物馆收藏的一件秦铁权》，《文物》2002 年第 1 期。
3 湖南省博物馆等：《湖南益阳战国两汉墓》，《考古学报》1981 年第 4 期。

现了矛头与长柄连为一体的长柄矛；铍、铩、异形矛表明格斗兵器多样化。秦汉时期继续流行三叉戟、卜形戟并出现有钩戟、钺戟。铁铤铜镞逐渐减少，而全铁制镞盛行。北方长城地带和东北地区西汉晚期出现各种扁平双刃镞。防护装备中，铁兜鍪和铠甲多有发现，并且其结构和形制更为多样。

铁制车马机具在秦汉时期的发展变化以车器较为显著。

铁制炊具中，鼎依然延续了先秦时期的各种形制。无耳釜和双耳釜形制多样化，具有北方草原文化因素的铁鍑出现。铁制盛器有无耳罐、提梁罐、壶、盆和盘等。用火器具中，方形火盆继续存在，新出圆形火盆，炉有圆形炉和方形炉两种，带盛灰盘的三足圆形炉最为常见。家用器具中灯具多样，除战国同类器形制外，还新出提灯、多枝灯以及灯架。铁制家用器具还发现有火铲、夹子、叉、筷子和锁具等。铁制缝织器具新出剪刀。铁制装身具中铁带钩逐渐消失，形制趋于简单；镊子常见，类型多样，新出耳勺、铁镜等。

这一时期铁钱币有半两钱、五铢钱，以及新莽时期的大布黄千和大泉五十等。铁权主要有半球形、截尖圆锥形和瓜棱形等形制。满城 2 号墓出土铁尺，是迄今所见年代最早的铁尺实物。

铁制杂用器具更加多种多样，主要有建筑构件、器具部件、日常生活中的杂用器具。除此外还有各种铁刑具。

秦汉铁器在社会生活各个领域中应用的不断扩展和深入，器类丰富，形制更加多样，结构趋于完善，反映出我国古代的铁器类型和形态结构已基本成熟。无论中原地区抑或是边远地区，铁工业都获得全面深入的发展，铁器类型及形态结构的演进，还表现出地域性和统一性相交织的特点[1]。秦汉铁器的发展标志着铁器时代的到来和我国古代铁器化进程已经基本实现。

1 白云翔：《先秦两汉铁器的考古学研究》，科学出版社，2005 年 4 月第 287 页。

第五章
魏晋南北朝时期的铁器

魏晋南北朝（220 年至 589 年），又称三国两晋南北朝，是中国历史上朝代更替频繁、多政权并存和南北割据的时代。从 220 年曹丕称帝到 589 年隋灭陈统一全国，历时 369 年。分三国、西晋、东晋与十六国、南北朝。

魏晋南北朝时期，政治上动荡不安，社会经济遭到严重破坏，但秦汉时期已建立起来的铁工业体系和铁工具推广普及的社会效益，为这一时期铁工业的继续发展创造了条件。

在组织管理方面，为保证铁器生产，三国时代的东吴、蜀汉、曹魏设有司金中郎将、司金都尉、监冶谒者等官职和机构。如蜀汉设有“司金中郎将，典作农战之器”[1]。《三国志·魏书·王脩传》注引《魏略》记曹魏设司金中郎将，主铸农具和兵器，“盐铁之利，足赡军国之用”。曹魏政权多在汉代以来的冶铁中心设置官营作坊，河南渑池出土的汉魏窖藏铁器中有许多地名的铭文，如渑池（今河南省渑池县西）、新安（今河南省新安县）、夏阳（今陕西省韩城市西南）、绛邑（今山西省曲沃县东北）、阳成（今河南省登封市的告城镇）等等。

这一时期的社会发展状况决定了铁器生产主要是以战争和生产生活急需品为主。例如后赵的石虎曾在丰国、渑池[2]，南燕的慕容德曾在商山（今山东省淄博市东）建立铁工业[3]。北魏的相州专为武库做锻剑[4]，北齐的七个铁器作坊隶属于太府寺下辖的“诸冶东西道”[5]，生产朝廷所需各类用具和武器。

北方地区的持续动荡造成了中国历史上第一次大规模的人口和技术大转移，南方地区的铁工业由此获得了前所未有的发展条件。借助于北方涌入的人才、技术，江南地区在较短的时间内就创造了一个全新的、完整的矿冶格局，快速建立了矿产开发、冶炼铸造、流通分配以及推广与应用的铁工业体系。

江南六朝虽无两汉时期的铁官之名，但对铁工业的重视有过之而无不及。《宋书》卷三十九《百官志上》：“江南诸郡县有铁者或置冶令，或置丞，多是吴所置”。西晋在安徽贵

1 《三国志》卷四一《蜀书·张裔传》。

2 《晋书》卷一〇六《石季龙载记》。

3 《晋书》卷一二七《慕容德载记》。

4《魏书》卷一一〇《食货志》:“其铸铁为农器、兵刃，在所有之，然以相州牵口冶为工，故常炼锻为刀，送于武库。”中华书局，1974 年第 2857 页。

5 《隋书》卷二七《百官志》：“（后齐）太府寺，掌金帛府库，营造器物。……诸冶东道，又别领滏口、武安、白间三局丞。诸冶西道，又别领晋阳冶、泉部、大邻、原仇四局丞。”中华书局，1973 年第 759 页。

池和湖北武昌设梅根、和塘两冶。《晋书·庾翼传》记邓岳在广州“大开鼓铸，诸夷因此知造兵器”。

生产规模与冶铸技术方面，这一时期虽然战乱不已，但铁器在生产规模的扩大和冶铸技术的创新方面仍然取得了明显的进步。渑池县一座北魏时期窖藏就出土铁器多达4000余件3500公斤。刘宋攻破北魏碻磝戍时得“铁三万斤，大小铁器九千余口”[1]。西魏的铁工业也颇具规模，《周书·薛善传》记：夏阳诸山设铁冶，薛善为冶监，“月役八千人，营造军器”[2]。《梁书·康绚传》记梁朝修筑浮山堰时，耗用东、西两座冶铁作坊所存铁料数千万斤沉于堰旁。魏晋南北朝时期铁器生产规模和冶铸技术的提高，满足了这一时期对具装甲骑、铁兵器作战和石窟开凿、大型水利工程建设的需要[3]。

第一节　魏晋南北朝时期铁器的发现

魏晋南北朝虽然时间长达300多年，但由于期间政权更替频繁，社会动荡不安，考古发现的铁器种类、数量和铁工场址数量都远不及两汉和唐宋。这一时期的铁器主要出土于铁工场址和聚落城址等。

北方地区拥有东汉的铁工业传承，虽然是全国铁工业的中心区域，但铁器的考古发现仍然较少，作坊遗址和铁器窖藏在河南渑池发现一处，而南方地区迄今还没有发现一处冶铁遗址或窖藏。与中原和南方地区相比，三燕和高句丽时期的墓葬多有铁器发现，部分山城遗址中还发现有冶铁遗迹。高句丽在公元4、5世纪占领了两汉以来即以产铁著名的辽东郡平郭县，拥有了与中原相近的冶铁技术水平。

一、铁工场址出土铁器

魏晋南北朝时期的铁器多出土于铁工场址，如陕西韩城夏阳、河南渑池[4]等。

渑池冶铁遗址位于今渑池火车站东南，西距汉、魏县治所约12.5千米。经调查、勘探，基本确认遗址分布大体呈不规则的圆形，东西最长480米，南北最宽360米，现存面积约13万平方米。炼炉、陶窑、废渣堆积等主要遗存沿涧河河岸分布，其中遗址南部断崖处还发现大型积铁块一块，遗址东南部发现青灰色炉壁和大量炉渣遗存[5]。根据陇海铁路南扩的断崖上发现一座圆形铁器窖藏坑，可以判断此处就是冶炼与铸造相结合的作坊遗址。

1 《宋书》卷九十五《索虏传》。

2 《周书》卷三十五《薛善传》。

3 韦正：《魏晋南北朝考古》，北京大学出版社，2013年6月第347页。

4 李京华：《冶金考古》，文物出版社，2007年1月第66页。

5 河南省博物馆等：《渑池县发现的窖藏铁器》，《文物》1976年第8期；北京钢铁学院金属材料系中心化验室：《河南渑池窖藏铁器检验报告》，《文物》1976年第8期；李众：《从渑池铁器看我国古代冶金技术的成就》，《文物》1976年第8期；河南省文物考古研究院：《渑池火车站冶铁遗址2016—2017年调查简报》，《华夏考古》2017年第4期。

窖藏坑共出土器物 4195 件，其中铁范 152 件、铁器 4043 件。铁范有铁板范、双柄犁范、犁范、铧范、镭范、斧范、镰范、锤范、箭头范、锄形器范、碗形器范。铁器包括手工业工具、农具、兵器、生活用具和杂器等大类。

手工业工具有砧板、锤、钎、鼓风管、轴承、齿轮等。农具有犁、双柄犁、犁镜、犁铧、铲、镢、刀、锄等。兵器有斧、箭头。生活用具有釜、鏊、甑、锅、灯、炉、杈、铺首衔环、帷帐构件等。杂器有盖弓帽、网坠等。很多铁农具上铸有铭文，如"津右""黾""黾左""黾右""周""绛邑""绛邑冶左""新安""新安吉""夏阳""阳城""黾池军右""匠□□官□□□□□"等[1]。科技检测与分析结果表明该作坊铁器产品的铸造技术和产品质量方面比汉代有所提高。

铁器上所铭的"夏阳""津左""张王"等具有隶书特点，呈现出汉隶向魏隶转变的风格。其他铭文均为楷书，具有明显的北魏时代特点。"军左"和"军右"显然系曹魏时期对铁工业实行军事编制和管理的职官。从渑池、绛邑、夏阳、阳城、新安、周、山、津、陵右、牵口、成右等地名看，这批铁器来自十一个冶铁作坊。它们西自黄河西岸的夏阳（陕西韩城），东到山东，南起阳城（河南登封），北达牵口（河南浚县）或陵右（山西大陵），大多分布于黄河中游两岸[2]。

二、聚落、城址出土铁器

魏晋南北朝时期的邺城、合肥曹魏三国新城、高句丽晚期都城址等出土大量铁器。

1986 年，邺南城朱明门遗址南面护城河清理出土大批铁兜鍪、铁甲及铁兵器等[3]。铁甲发现于城壕的底部，距现地表深约 3 米，散乱地分布在 20 余平方米的范围内。与铁甲同时出土的有剑、镞等铁制兵器[4]。其中属铠甲者 25 件，兜鍪者 12 件。经过复原分析，散乱的甲片分属于铠甲上的胸甲、背甲、披膊、甲裙等部位，有硬壳形、软壳形透顶式两种铁兜鍪。

合肥曹魏三国新城址共出土铁镞近 2000 件，其中 2 座圆形水坑和 1 条长方形水沟出土 300 余件铁镞。

高句丽集安国内城、丸都城址出土种类较多的铁器，有兵器类的刀、镞，工具类的斧、砧，农具类的铲和炊器铁锅等[5]。

广西梧州后背山六朝聚落址也出土有铁刀等，并发现炼炉 2 座，"竖式"炉和"碗式"炉各 1 座[6]。

1 渑池县文化馆、河南省博物馆：《渑池县发现个古代窖藏铁器》，《文物》1976 年第 8 期。

2 李京华：《冶金考古》，文物出版社，2007 年 1 月第 152 页。

3 中国社会科学院考古研究所、河北省文物研究所、邺城考古工作队：《河北临漳县邺南城朱明门遗址的发掘》，《考古》1996 年第 1 期。

4 中国社会科学院考古研究所考古科技实验研究中心：《邺南城出土的北朝铁甲胄》，《考古》1996 年第 1 期。

5 吉林省文物考古研究所、集安市博物馆：《国内城——2000—2003 年集安国内城与民主遗址试掘报告》，文物出版社，2004 年 6 月；吉林省文物考古研究所、集安市博物馆：《丸都山城——2001—2003 年集安丸都山城调查试掘报告》，文物出版社，2004 年 6 月。

6 蒙长旺、邹桂森：《广西梧州六朝冶铁遗址初探》，《金属世界》2017 年第 4 期。

第二节 魏晋南北朝时期的铁器生产

魏晋南北朝时期的社会大动荡，极大地刺激了铁器的社会需求，特别是军事武备的需求。为了扩大铁器的生产规模，魏晋南北朝时期在铁冶鼓风技术方面取得了重大的突破。在铁器的生产领域，开创了铸造特大型佛教造像的先河，出现了世界上最早的球墨铸铁技术，脱碳退火工艺更加普及，百炼钢技术更加成熟。

一、铁器的冶炼

魏晋南北朝时期的铁器多有发现，但可以确认为这一时期的冶炼遗址和炼炉的材料却很少。借助于文献记载，可以看出魏晋时期在冶炼技术上的进步和特点。

六朝在江南设铁冶，《唐六典》载："江南诸郡有铁者或置冶令或丞，皆是吴时置"[1]。利用武昌周围的铁矿资源，武昌"新兴、马头二冶"[2]成为名噪一时的冶铁作坊。近年来，在东吴武昌城外东南与西南角发现大片红烧土和炼渣，可能与六朝时期的铁冶有关[3]。

鼓风技术的提高是这一时期冶炼技术发展的一项主要成就。中国早期的冶铁炉鼓风设备是一种特制的大皮囊，两端紧括中间鼓起似驼峰，炼炉一侧或两侧有孔装鼓风管通到冶铁炉。大皮囊上有把手，手拿把手鼓动就可把空气不断地压送到冶铁炉中，促进炉中木炭的燃烧，从而提高冶铁炉的温度。

东汉、三国时期，出现了利用"水碓""水排"驱动的木质机械装置。魏国监冶谒者韩暨把东汉时期已经出现的以牲畜力推动机械轮轴的"马排"鼓风技术，改造成水力驱动机械轮轴的"水排"鼓风技术，并将这一技术推行到魏国的官营铁工业，极大地提高了冶炼效率。《三国志·魏书·韩暨传》说："旧时冶作马排，每一熟石用马百匹，更作人排，又费功力，暨乃因长流为水排，计其利益，三倍于前，在职七年，器用充实"。

水排技术带来的冶炼效率的提高，使得这一技术迅速地在各地推广。《太平御览》卷八三三引《武昌记》说：元嘉初年，武昌的"冶塘湖"兴建"水排"冶铁的"水冶"。《水冶图经》曰："后魏时，引水鼓炉，名水冶，仆射高隆之监造，深一尺，阔一步半"[4]。由此可见南朝和北朝都曾利用水排鼓风冶炼。

魏晋时期冶炼的又一大进步是出现了以煤为燃料的冶炼技术，虽然仅是个别地区的例子，并未推广普及，但至少可以说明这一时期对煤能源在冶炼方面的效能有了认识和使用经验。北魏郦道元《水经注·浊漳水》引《释氏西域记》说："屈

1 《三国会要》引《唐六典》。

2 《水经注·江永·樊口》。

3 熊海棠：《试论六朝武昌城的兴衰》，《东南文化》1986年第2期。

4《安阳县志》（清嘉庆二十四年贵泰补纂本）卷五《地理志》山川部分："《邺乘》：铜山在县西北四十里，旧产铜，……案《水冶图经》曰：后魏时，引水鼓炉，名水冶，仆射高隆之监造，深一尺，阔一步半"。

茨北二百里有山，夜则火光，昼日但烟。人取此山石炭，冶此山铁，恒充三十六国用”。石炭即是煤，这一记载可知当时西域已用煤冶铁，而且采煤和冶铁的规模都相当大，其量足以“恒充三十六国用”。

耐火材料的选用是魏晋时期冶炼技术的又一成就。从河南渑池冶铁遗址中发现的铝土鼓风管[1]，可以看出南北朝已开始使用铝土——含三氧化二铝超过50%的耐火黏土作为耐火材料。铝土具有耐火度高、寿命长的优点，是比一般黏土更高级的耐火材料。

二、铁器的锻铸

魏晋南北朝时期的铁器生产在铸铁金属种类、大小件铁器铸造以及铸铁柔化处理等方面在汉代锻铸技术的基础上又有新的发展。

铁器种类更加丰富，有白口铸铁、灰口铸铁、麻口铸铁、可锻铸铁（展性铸铁）、白心可锻铸铁、黑心可锻铸铁、铸铁脱碳钢、球墨可锻铸铁、熟铁等，并具有多种性能，能满足各种铁器产品的生产需要。

小件用具成套地标准化铸造是这一时期铁器生产的一个突出特点。渑池遗址出土大量六角缸的铸铁。渑池遗址出土的六角缸多达 15 个规格的品种，直径从 6.5~15.5 厘米不等。箭镞范、箭镞也有从大到小 5 种规格，以满足古代 10 种重量级弓弩的需要。

魏晋时期出现了世界上最早的球墨铸铁。渑池遗址一件铁斧，其球墨圆度虽不十分规整，但球墨形态和结构基本具备。球铁生产难度大，渑池球墨铁斧是冶铁技术史上的重大发现。

在汉代大件铸铁技术的基础上，魏晋时期开始出现佛像等特大型铸铁。《魏书》卷一一四《释老志》记：“兴光元年（454 年）秋，敕有司于五缎大寺内为太祖以下五帝铸释迦立像五，各长一丈六尺，都用赤金二万五千斤”。天安二年（467 年），“又于天宫寺造释迦立像，高四十三尺，用赤金十万斤，黄金六百斤”。五帝铸释迦立像约 3.99 米，而天宫寺造释迦立像高达 10.73 米。

脱碳退火工艺更加普及，渑池汉魏窖藏出土的 60 余种 4000 多件铁器中的不少脱碳退火处理件在脱碳成钢（或熟铁）后，又对刃部进行了局部渗碳。

百炼钢技术更加成熟，这一技术始于东汉时期，通过将生铁千锤百炼从而获得精良的“百炼精钢”，由于百炼钢的硬度、韧度都十分出色，因而魏、蜀、吴三国都选用百炼钢为原料锻制刀剑。汉末曹操命有司制作“百辟利器”，曹丕《典论·剑铭》说：“选兹良金，命彼国工，精而炼之，至于百辟”。制成的刀剑有美丽的纹理，文似灵龟，“采似丹露”，“理似坚冰”，“曜似朝日”。即指用此法所作钢刀。《太平御览》卷三百四十六引《刀剑录》称：“蜀主刘备令蒲元造刀五千口，皆连环，及刃口刻七十二湅”。《古今注·舆服》称：“吴大帝有宝剑三……一曰百炼，二曰青犊，三曰漏景”。陈琳《武军赋》称：“铠则东胡阙巩，百炼精刚”。一些少数民族也已掌握这项技术，并用于铠甲和兵器制作，《晋书》记述赫连勃勃命将作大匠比干阿利造五兵之器，“射甲不入，即斩弓人，如其入也，便斩

1 参见北京钢铁学院中国冶金简史编写小组：《中国冶金简史》，科学出版社，1978 年 2 月第 99 页。

铠匠，又造百炼刚刃为龙雀大环，号曰大夏龙雀”[1]。

制钢技术方面出现了新的突破，淬火工艺也有了提高。灌钢是将铸铁和锻铁按照一定的比例混合加热，使生铁熔化，灌入熟铁中，从而得到含碳量合适的钢，再反复锻打，即成质地均匀的钢材。这是一项巨大的工艺进步，比以前的百炼钢工艺简便，成本更低。关于灌钢和淬火工艺，《北齐书》载：“（綦毋怀文）又造宿铁刀，其法烧生铁精以重柔铤，数宿则成刚（钢）。以柔铁为刀脊，浴以五牲之溺，淬以五牲之脂，斩甲过三十扎”[2]。“宿铁刀”即是指用灌钢技术做成的刀，“柔铁”即熟铁，以柔铁做刀脊使刀更有韧性，以油脂淬火，可以有效避免铁器出现裂纹。灌钢法在坩埚炼钢法发明之前是一种先进的炼钢技术，对后世有重大的影响。

第三节　魏晋南北朝时期的铁器类型

魏晋南北朝时期的铁器以实用器为主，几乎不见礼器。就发展阶段而言，六朝时期特别是六朝早期还处于青铜时代尚未完全终结，铁器时代还未完全到来的时期，不少铜器和铁器的种类相同，如环首刀、剑、镜、帐钩、釜、甑、鐎斗等铜质或铁质的都有发现，这是铁器模仿铜器的缘故[3]。

由于铁器易锈蚀等原因，考古发现的铁器数量似乎还少于铜器，特别是南方地区地下水位高，铁器腐蚀严重，即使铁器得以保存，但铁器的形状、装饰纹样等很难完整保留下来。

魏晋南北朝时期的铁器，大致可分为生产工具、兵器武备、车马机具、日用器具、钱币与度量衡器五类。

一、生产工具

铁工具是魏晋南北朝铁器中的重要品种，但发现数量不多，除渑池窖藏发现的品种以外，还有斧、凿、锯、刀、扁铲[4]等。

（一）木作加工工具

1. 斧

魏晋南北朝时期的铁斧，依据装銎方式不同可分为竖銎斧、横銎斧两类。

空首斧　竖銎，銎口一般呈矩形，极少为六边形。根据平面形制可分三型。

1 关于铁器工艺的论著，参见王巍：《中国古代铁器及冶铁技术对朝鲜半岛的传播》，《考古学报》1997 年第 3 期；杨宽：《中国古代冶铁技术发展史》，上海人民出版社，2004 年 9 月；白云翔：《先秦两汉铁器的考古学研究》，科学出版社，2005 年 4 月。

2 《北齐书》卷四九《綦毋怀文传》，中华书局，1972 年第 679 页。

3 韦正：《六朝墓葬的考古学研究》，北京大学出版社，2011 年 3 月。

4 韦正：《魏晋南北朝考古》，北京大学出版社，2013 年 6 月第 349 页。

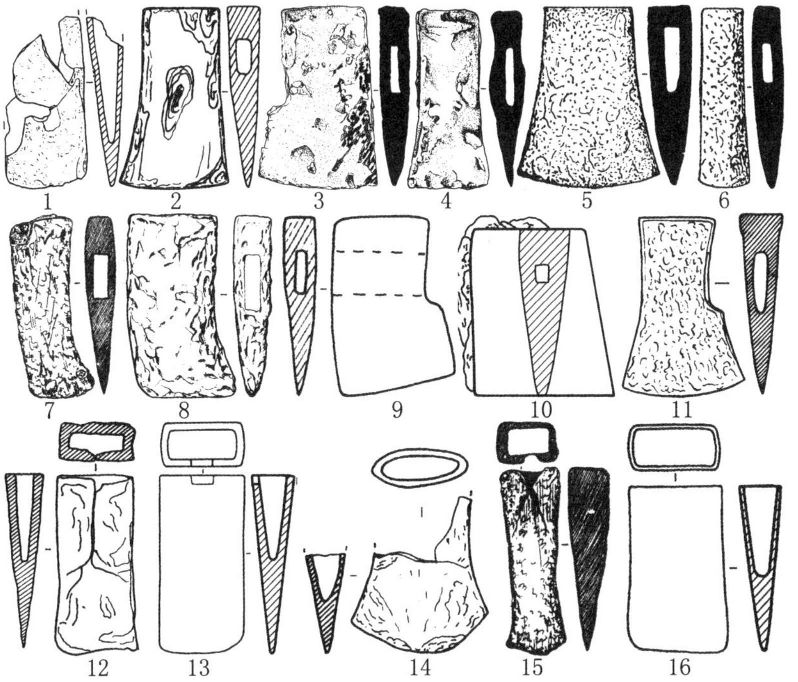

图 5-3-1 魏晋南北朝时期木作加工工具（斧、锛）

1、12、13.A 型空首斧（重庆云阳 Y5：6、广州下塘狮 M5：12、鄂城六朝墓 M2113：1）2、4、5.B 型横銎斧（安徽合肥 T6343③：4、辽宁北票喇嘛洞 M266：38、河南洛阳东晋窖藏）3、7~11.C 型横銎斧（辽宁北票喇嘛洞 M49：20、四川昭化 12：8、山西大同 M16：29、洛阳华山路 CM2348：1、南京雨花台 M19：25、四川什邡虎头山 M4：7）6.A 型横銎斧（河南洛阳东晋窖藏）14.B 型空首斧（贵州赤水 M16：11）15、16.锛（四川昭化 30：7、鄂城六朝墓 M2169：3）

A 型：条形空首斧。銎部略宽于刃部或大致等宽。重庆云阳乔家院子六朝时期窑址出土 1 件（Y5：6），体呈长方形，刃部略弧，中空，纵断面为三角形。残长 12 厘米、宽 5.1 厘米、残存最厚 2.1 厘米[1]（图 5-3-1，1）。Y5 年代为六朝偏晚阶段，不早于魏晋时期。广州下塘狮带岗晋墓出土 1 件（M5：12），平面呈矩形，微束腰，刃部略弧。銎口为长方形，由两侧向内锤折而成。长 12 厘米、宽 5.5 厘米、銎口长 4.3 厘米、宽 1.3 厘米、口沿厚 0.6 厘米[2]（图 5-3-1，12）。年代为西晋晚期到东晋初年。鄂城六朝墓出土 2 件，均出自吴墓，其中 M2113：1，通长 15.6 厘米，上口和刃部均宽 7.5 厘米，銎深 7.2 厘米，重 1002 克[3]（图 5-3-1，13）。此型铁斧还出土于临淄北朝崔氏墓[4]等。

B 型：梯形空首斧。平面略呈梯形，銎部窄于刃部，侧腰平直或束腰。贵州赤水复兴马鞍山崖墓出土 1 件（M16：11），椭圆形銎，刃中部凸出。銎上部残。残高 11.6 厘米、刃宽 10.7 厘米[5]（图 5-3-1，14）。年代为蜀汉至两晋之际。

C 型：双肩空首斧。平顶，弧刃，双肩。渑池窖藏发现 401 件，铸制，銎口呈长六角形，大多数铁器还保留合范痕迹，少量刃部似经过锻打。有些斧带有铭

1 西北大学考古队、万州博物馆：《重庆云阳县乔家院子遗址六朝及明代窑址的发掘》，《考古》2006 年第 5 期。

2 广州市文物管理委员会：《广州市下塘狮带岗晋墓发掘简报》，《考古》1996 年第 1 期。

3 南京大学历史系考古专业等：《鄂城六朝墓》，科学出版社，2007 年 9 月第 248 页。

4 山东省文物考古研究所：《临淄北朝崔氏墓》，《考古学报》1984 年第 4 期。

5 贵州省文物考古研究所、赤水市文物管理所：《贵州赤水市复兴马鞍山崖墓》，《考古》2005 年第 9 期。

文，如"黾""黾左""黾右""黾池军左""黾池军右"等[1]（图5-3-2）。

横銎斧 横穿为銎，銎口长方形、圆角方形，体较扁平，单面刃或双面刃。根据平面形状分为三型。

A型：条形斧，銎部略宽于刃部或大致等宽。河南洛阳东晋窖藏出土1件，中有长方形銎，一端平，一端斜收为平刃。长21.5厘米、刃长6.5厘米[2]（图5-3-1，6）。

B型：平面呈梯形，刃部微弧。安徽合肥三国新城出土2件，其中T6343③：4，整器略呈梯形，上端为长方形，中段以下微外弧，器身中上部横穿一长方形孔。长14.4厘米、上端宽6厘米、刃部宽8.6厘米[3]（图5-3-1，2）。辽宁北票喇嘛洞出土1件（M266：38），近狭长梯形，平刃。长10.5厘米、刃宽5厘米、厚2.3厘米，孔长3.5厘米、宽0.6厘米[4]（图5-3-1，4）。M266为前燕前后时期墓葬，年代约当公元3世纪末至4世纪中叶（三国两晋时期）。河南洛阳东晋窖藏出土1件，平面略呈梯形，中有长銎，一端平，一端斜收为宽弧刃。长13.3厘米、刃长10.6厘米[5]（图5-3-1，5）。

图5-3-2 C型空首斧（渑池窖藏出土）

图5-3-3 C型横銎斧（辽宁北票喇嘛洞墓地M49：20）

C型：平面呈靴形，刃部一侧外张。辽宁北票喇嘛洞出土1件（M49：20），平面近梯形，一侧外凸出棱状，使斧刃加宽，刃外弧，侧面呈楔形，有长方孔。斧长13.9厘米、厚2.4厘米、刃宽9.3厘米、孔长3.6厘米、宽0.6~0.8厘米[6]（图5-3-1，3；图5-3-3）。M49为前燕前后时期墓葬，年代约当公元3世纪末至4世纪中叶（三国两晋时期）。四川昭化宝轮镇南北朝时期崖墓出土1件（12：8），身略呈长方形，刃部略向内弯，有长方形銎。斧长13.5厘米、刃宽5.5厘米、背

1 渑池县文化馆、河南省博物馆：《渑池县发现的古代窖藏铁器》，《文物》1976年第8期。
2 程永建、赵振华：《河南洛阳市发现东晋窖藏》，《考古》1996年第9期。
3 安徽省文物考古研究所：《合肥市三国新城遗址的勘探和发掘》，《考古》2008年第12期。
4 辽宁省文物考古研究所、朝阳市博物馆、北票市文物管理所：《辽宁北票喇嘛洞墓地1998年发掘报告》，《考古学报》2004年第2期。
5 程永建、赵振华：《河南洛阳市发现东晋窖藏》，《考古》1996年第9期。
6 辽宁省文物考古研究所、朝阳市博物馆、北票市文物管理所：《辽宁北票喇嘛洞墓地1998年发掘报告》，《考古学报》2004年第2期。

厚2.5厘米、銎长35厘米、宽1.3厘米[1]（图5-3-1，7）。洛阳华山路西晋早期偏晚墓出土1件（CM2348：1），长12.6厘米、宽6.9~6.3厘米、厚1.8厘米[2]（图5-3-1，9）。南京雨花台孙吴晚期墓出土1件（M19：25），直背，截面呈三角形，背部有长方形穿孔。长6.8厘米、宽4.8~6厘米、厚2厘米[3]（图5-3-1，10）。四川什邡虎头山成汉时期崖墓出土1件（M4：7），弧刃，截面呈三角形。长11.6厘米、刃宽7.8厘米、厚2.8厘米[4]（图5-3-1，11；图5-3-4）。湖北老河口李楼西晋纪年墓出土1件（M1：01），呈束腰梯形，双面刃，腰部有一长方形柄孔。斧长12.5厘米、宽8.2厘米、厚3厘米[5]。此型铁斧还出土于山西大同迎宾大道北魏墓群[6]（图5-3-1，8）、山东牟平[7]、北京顺义大营村西晋墓[8]等。

图5-3-4　C型横銎斧（四川什邡虎头山成汉时期崖墓群M4：7）

2. 锛

皆为竖銎，銎口多为长方形，平面形制呈长方形，单面刃。数量较少。四川昭化宝轮镇南北朝时期崖墓出土1件（30：7），偏刃空首。刃宽4厘米，首宽3.5厘米、厚2.7厘米，銎口宽1.9厘米、厚1.5厘米[9]（图5-3-1，15）。鄂城六朝墓出土1件（M2169：3），出自吴墓。通长12.0厘米，上口宽6.9厘米，刃部宽7.5厘米，銎深约7.0厘米，重485克[10]（图5-3-1，16）。`

3. 凿

这一时期的铁凿延续了东汉同类器的形制。大多为竖銎，平面长条形，侧面呈楔形。锻銎，銎口多为不周圆形。辽宁北票喇嘛洞出土8件，均为半闭合式圆銎，扁方四棱体，单面刃，长短有别。其中M209：29，长13.5厘米、刃宽2.1厘

1 沈仲常：《四川昭化宝轮镇南北朝时期的崖墓》，《考古学报》1959年第2期。
2 洛阳市第二文物工作队：《洛阳华山路西晋墓发掘简报》，《文物》2006年第12期。
3 南京市博物馆、雨花台区文化广播电视局：《南京市雨花台区孙吴墓》，《考古》2013年第3期。
4 德阳市文物考古研究所、什邡市文物保护管理所：《四川什邡市虎头山成汉至东晋时期崖墓群》，《考古》2007年第10期。
5 老河口市博物馆：《湖北老河口市李楼西晋纪年墓》，《考古》1998年第2期。
6 大同市考古研究所：《山西大同迎宾大道北魏墓群》，《文物》2006年第10期。
7 杨豪、邓小红：《山东牟平发现十六国时期文物》，《考古》1994年第2期。
8 北京市文物工作队：《北京市顺义县大营村西晋墓葬发掘简报》，《文物》1983年第10期。
9 沈仲常：《四川昭化宝轮镇南北朝时期的崖墓》，《考古学报》1959年第2期。
10 南京大学历史系考古专业等：《鄂城六朝墓》，科学出版社，2007年9月第248页。

米、銎径 2.8 厘米[1]（图 5–3–5，1）。M209 为前燕前后时期墓葬，年代约当公元 3 世纪末至 4 世纪中叶（三国两晋时期）。四川昭化宝轮镇出土 1 件（30：3），长 13.5 厘米、刃宽 1.5 厘米[2]。广州下塘狮带岗晋墓出土 1 件（M5：13），身为长方条形，刃口斜向如锛状，銎口略呈圆形。长 13 厘米[3]。年代为西晋晚期到东晋初年。山东牟平出土 1 件，扁方体，两面刃，较窄，顶端锤击痕迹明显。长 15.4 厘米[4]。年代为东晋十六国时期。

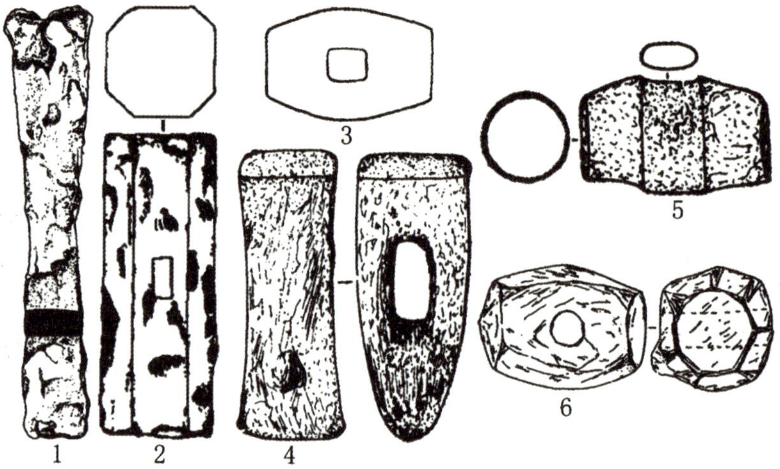

图 5–3–5　魏晋南北朝时期木作加工工具（凿、锤）
1. 凿（辽宁北票喇嘛洞 M209：29）2~6. 锤（大同七里村 M14：12、M2：5、河南洛阳东晋窖藏二、一、北魏宣武帝景陵 91jLM：31）

4. 锤

横銎，銎口为长方形、椭圆形、圆形，锤体为圆柱体、多棱柱体。大同七里村北魏墓出土 2 件，其中 M14：12，为八棱形长方体，中间有长方形穿。宽 4.4 厘米、高 11.4 厘米、穿长 1.5 厘米、宽 0.75 厘米（图 5–3–5，2）。M2：5，形如纺锤，敦实厚重，中间为方形穿。直径 4.6 厘米、高 10.6 厘米、穿长 2.4 厘米、宽 2.1 厘米[5]（图 5–3–5，3）。河南洛阳东晋窖藏出土 2 件，其中一件（一）呈短圆柱形，微外鼓，上有椭圆形銎，内有朽木，两端平齐，身有合范铸痕。长 7 厘米、端面径 3.5 厘米、柱径 4.5 厘米（图 5–3–5，5）。另一件（二）略呈长方形，中有方形銎，一端平面为方形，一端为长方形，皆有锤击痕。长 9.2 厘米、方面径 4 厘米 ×4 厘米、长方面径 4 厘米 ×2 厘米[6]（图 5–3–5，4）。年代为十六国末年或北魏初。北魏宣武帝景陵出土 1 件（91jLM：31），整体略作鼓形，两个端面呈圆形而中部稍稍隆起。长 10.5 厘米、中腰直径 7.3 厘米、锤面直径 5 厘米。中腰横穿一圆孔，孔径 4.5 厘米，用以装柄[7]（图 5–3–5，6）。

5. 锯

广西贺县东吴墓 M1 出土 2 把，长条形，锯齿低矮，似为实用器。其中 M1：

1 辽宁省文物考古研究所、朝阳市博物馆、北票市文物管理所：《辽宁北票喇嘛洞墓地 1998 年发掘报告》，《考古学报》2004 年第 2 期。
2 沈仲常：《四川昭化宝轮镇南北朝时期的崖墓》，《考古学报》1959 年第 2 期。
3 广州市文物管理委员会：《广州市下塘狮带岗晋墓发掘简报》，《考古》1996 年第 1 期。
4 杨豪、邓小红：《山东牟平发现十六国时期文物》，《考古》1994 年第 2 期。
5 大同市考古研究所：《山西大同七里村北魏墓群发掘简报》，《文物》2006 年第 10 期。
6 程永建、赵振华：《河南洛阳市发现东晋窖藏》，《考古》1996 年第 9 期。
7 中国社会科学院考古研究所洛阳汉魏城队、洛阳古墓博物馆：《北魏宣武帝景陵发掘报告》，《考古》1994 年第 9 期。

20，残长 8 厘米；M1：21，残长 10 厘米（图 5-3-6）。M2 出土 1 件，锯体齐平，锯齿间隔向两侧撇开，有使用痕迹。一端锯柄已锈断，一端尚留有一小段，推测为小手锯。残长 14.5 厘米、宽 3.5 厘米[1]。山东牟平出土 1 件，背略弧，锯齿自后至前渐次收小，且左右拨成锯路。长 40 厘米、厚 0.2 厘米[2]。年代为东晋十六国时期。

6. 削刀

根据刀柄形制分为两型。

A 型：带柄削刀，刀柄形制多为环首。广西贺县东吴墓 M1 出土直柄削 2 件，皆细长条形。其中 M1：30，残长 15.5 厘米；M1：31，残长 13 厘米。还出土环柄削 1 件，直刃直背，一端有柄，削末一段已断。残长 16 厘米。M2 出土铁削 1 件，呈条形，末端环柄，刃尖及柄断缺。残长 18 厘米、宽 2.5~0.8 厘米[3]（图 5-3-9，1）。四川绵阳园艺乡南朝墓出土 1 件（M1：15），椭圆形柄，单面刃。残长 9 厘米、柄厚约 0.4 厘米、身厚 0.35 厘米[4]（图 5-3-9，2）。洛阳孟津大汉冢曹魏贵族墓出土 3 件（ZM44：68、69、71），其中 ZM44：69，首部近长方形，直背，柄部断面长方形。单面直刃，刃部断面三角形。通长 14 厘米、刃宽 1.3 厘米、柄宽 1.1 厘米[5]（图 5-3-7；图 5-3-9，7）。浙江衢县街路村西晋墓出土 1 件，环首，长 16.5 厘米、宽 0.8 厘米[6]。洛阳谷水晋墓出土 1 件（M4：53），残长 7.6 厘米、宽 1.9 厘米、厚 0.3 厘米[7]。

图 5-3-6　锯（广西贺县东吴墓 M1：21）

图 5-3-7　A 型削刀（洛阳孟津大汉冢曹魏贵族墓 ZM44：69）

图 5-3-8　B 型削刀（黑龙江友谊凤林城址晚期文化遗存 T020023②：1）

1 广西壮族自治区文物工作队：《广西贺县两座东吴墓》，《考古与文物》1984 年第 4 期。
2 杨豪、邓小红：《山东牟平发现十六国时期文物》，《考古》1994 年第 2 期。
3 广西壮族自治区文物工作队：《广西贺县两座东吴墓》，《考古与文物》1984 年第 4 期。
4 绵阳博物馆何志国、唐光孝：《四川绵阳市园艺乡发现南朝墓》，《考古》1996 年第 8 期。
5 洛阳市第二文物工作队：《洛阳孟津大汉冢曹魏贵族墓》，《文物》2011 年第 9 期。
6 衢县文化馆：《浙江衢县街路村西晋墓》，《考古》1974 年第 6 期。
7 洛阳市第二工作队：《洛阳谷水晋墓》，《文物》1996 年第 8 期。

B型：装柄削刀，刀柄部呈扁平锥状，使用时安装木柄或骨柄。黑龙江友谊凤林城址晚期文化遗存出土9件，锻打，长条形，平背，弧刃，刃口薄锐，刀身截面为三角形。其中F33：41，残长7厘米（图5-3-9，3）；T020023②：1，柄部略向下折，长12.3厘米（图5-3-9，4；图5-3-8）；H48：1，残长11.8厘米[1]（图5-3-9，5）。年代为魏晋十六国时期。黑龙江友谊凤林城址二号房址出土1件（F2：36），直背，弧刃。长6.9厘米、宽0.9厘米、背厚0.3厘米[2]（图5-3-9，6）。年代相当于中原地区的魏晋时期。

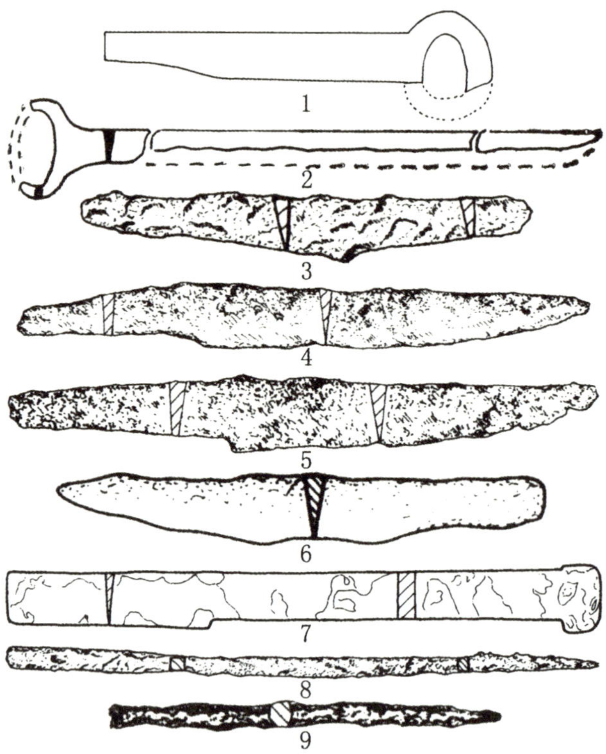

图5-3-9 魏晋南北朝时期木作加工工具（削刀、锥）

1、2、7.A型削刀（广西贺县M2、四川绵阳南朝墓M1：15、洛阳孟津曹魏墓ZM44：69）3~6.B型削刀（黑龙江友谊凤林城址F33：41、T020023②：1、H48：1、F2：36）8、9.锥（黑龙江友谊凤林城址F33：29、F34：6）

7.锥

黑龙江友谊凤林城址出土2件，两端尖细，中间略粗，尖锋锐利，锥体截面为方形。其中F33：29，通体细长，柄端扁薄，长13.6厘米（图5-3-9，8）；F34：6，残长6厘米[3]（图5-3-9，9）。年代为魏晋十六国时期。

（二）土作农耕器具

1.垦耕、整地工具

主要有犁、镢、锸等。

犁头由犁铧、铧冠和犁镜三部分组成。

犁铧 辽宁北票喇嘛洞墓地出土4件，平面呈弧边三角形。其中M266：35，正面中脊两侧孔近长方形，背面无凸棱，尾端不平。长30.6厘米、宽36.5厘米、高6厘米、厚1厘米（图5-3-10）。M266：36，尖部略上翘，两边刃外弧，正面中部起脊，其两侧各具一矢状孔，孔长2厘米。背略作曲面状，中部具一长方孔，长1.6厘米、宽1.2厘米。近铧尖处起一纵向凸棱，尾端平直。长25厘米、宽23厘米、高5.3厘米，銎口宽17厘米、深12厘米、壁厚1厘米[4]（图5-3-12，11）。黑龙江双鸭山保安村汉魏城址晚期遗存出土1件（F2：9），模铸，整体呈不规则三角

1 黑龙江省文物考古研究所：《黑龙江友谊凤林城址2000年发掘报告》，《考古学报》2013年第4期。

2 黑龙江省文物考古研究所：《黑龙江友谊县凤林城址二号房址发掘报告》，《考古》2000年第11期。

3 黑龙江省文物考古研究所：《黑龙江友谊凤林城址2000年发掘报告》，《考古学报》2013年第4期。

4 辽宁省文物考古研究所、朝阳市博物馆、北票市文物管理所：《辽宁北票喇嘛洞墓地1998年发掘报告》，《考古学报》2004年第2期。

形，两侧边略弧，长度不一致。前部有三角形銎口，正面中间起脊，脊两侧对称有两个长方形小孔，背面较平。左侧边长 19.2 厘米、右侧边长 21.6 厘米、宽 24.8 厘米[1]（图 5-3-12，12）。山东牟平出土 1 件，尖端宽钝，平底弧背，背面中部为一长方形凹槽，槽的前端为深 1.4 厘米的窝，应由此槽安装于犁的木质部分上。后端平直，略残。残长 34 厘米、宽 24 厘米[2]。年代为东晋十六国时期。

图 5-3-10　犁铧（辽宁北票喇嘛洞墓地 M266：35）

鐴土　又名犁镜，与犁铧组合使用，以在翻土过程中达到碎土的效果。洛阳伊川后晋孙璠墓出土 4 件（M1：5~8），形制相同，平面呈不规则五边形，四边有三角缘，断面呈弧形，内侧素面。其中 1 件为四脊上 6 乳钉（图 5-3-12，6）；另 3 件纹饰相同，为两脊上 4 乳钉（图 5-3-12，7）。缘厚 2~3 厘米、厚 0.8~1 厘米[3]。辽宁北票喇嘛洞墓地出土 2 件，其中 M266：34，平面近舌状，一直边，正面内凹，背凸，上有四穿鼻，周边起棱。长 39.5 厘米、宽 28.6 厘米、厚 1.4 厘米，鼻长 3.2 厘米、宽 1.6~1.8 厘米、高 1.1 厘米[4]（图 5-3-12，13；图 5-3-11）。

图 5-3-11　鐴土（辽宁北票喇嘛洞墓地 M266：34）

镢　根据銎的方向可分为竖銎镢和横銎镢。

竖銎镢　竖銎，銎口呈长方形、椭圆形或六边形，根据平面形状分为两型。

A 型：平面呈长条形、梯形，銎部与刃部等宽或銎部略宽于刃部。大同雁北师院北魏墓出土 1 件（M3：6），上端平面呈六边形，宽 4.2 厘米，有銎似插柄，下端弧刃略残。宽 3.5 厘米，通高 7.1 厘米[5]（图 5-3-12，3）。

1 黑龙江省文物考古研究所：《黑龙江双鸭山市保安村汉魏城址的试掘》，《考古》2003 年第 2 期。
2 杨豪、邓小红：《山东牟平发现十六国时期文物》，《考古》1994 年第 2 期。
3 四川大学历史文化学院考古系、洛阳市第二文物工作队：《洛阳伊川后晋孙璠墓发掘简报》，《文物》2007 年第 6 期。
4 辽宁省文物考古研究所、朝阳市博物馆、北票市文物管理所：《辽宁北票喇嘛洞墓地 1998 年发掘报告》，《考古学报》2004 年第 2 期。
5 大同市考古研究所：《大同雁北师院北魏墓群》，文物出版社，2008 年 1 月。

B型：平面呈铲形，刃部宽于銎部。黑龙江友谊凤林城址出土2件。其中F2：26，平面近似梯形，刃端薄而锐利，略外弧；顶端有銎，中空至刃端。长8.8厘米、刃部宽6.2厘米、顶端宽4.4、厚2.4厘米[1]（图5-3-12，4）。F6：28，顶端平，銎呈椭圆形，弧刃，正锋。长8.8厘米[2]（图5-3-12，5）。年代相当于中原地区的魏晋时期。

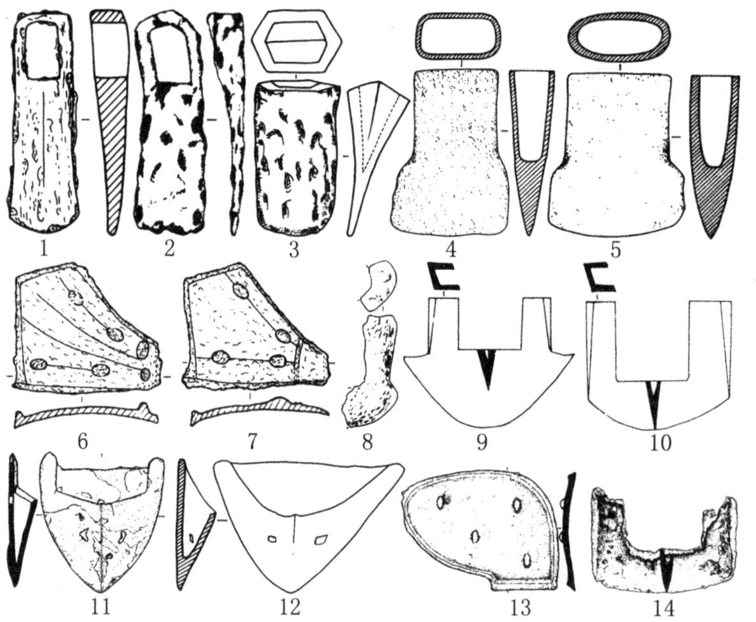

图5-3-12　魏晋南北朝时期垦耕、整地工具（犁、镢、锸）

1、2.横銎镢（陕西咸阳M140：01、大同七里村M4：3）3.A型竖銎镢（大同雁北师院M3：6）4、5.B型竖銎镢（黑龙江友谊凤林城址F2：26、F6：28）6、7、13.鐴土（洛阳伊川孙璠墓M1：8、M1：5、辽宁北票喇嘛洞M266：34）8、9.B型锸（湖北襄樊M1：029、广西贺县M2）10、14.A型锸（广西贺县M1：25、辽宁北票喇嘛洞M209：24）11、12.犁铧（辽宁北票喇嘛洞M266：36、黑龙江双鸭山F2：9）

横銎镢　背部中央有横銎，銎口长方形，平面呈长条形。陕西咸阳文林小区前秦朱氏家族墓出土1件（M140：01），上端厚，有銎，下端宽薄，弧形。长18厘米、宽4.8~5.7厘米、厚0.9~3厘米[3]（图5-3-12，1）。年代为十六国时期。据李京华先生披露，在河南唐河及渑池也发现数量不少南北朝时期横銎䦆镢，这类镢中部有“人”字形棱脊[4]。大同七里村北魏墓出土1件（M4：3），刃部薄且宽，向上渐厚窄，穿呈长方形。宽7厘米、高22.4厘米、穿长4.8厘米、宽3.4厘米[5]（图5-3-12，2）。

锸　这一时期的锸皆为凹口锸，平面呈“凹”字形，顶部中空为銎，前端为刃，刃口形状有直刃、弧刃、三角刃、舌形刃等。根据其平面形制可以分为两型。

A型：刃口与銎部大致等宽。广西贺县东吴M1出土2件，形制相同，皆凹字形，长方銎，弧刃，两侧稍向外侈。其中M1：25，长10.5厘米、刃宽12厘米[6]（图5-3-12，10）。辽宁北票喇嘛洞墓地出土5件，平面皆作锔钉状，刃外弧。其中M209：24，銎口处略残。宽13.1厘米、高9.4厘米、厚1.7厘米[7]（图5-3-12，14）。M209为前燕前后时期的墓葬，约当公元3世纪末至4世纪中叶。

1 黑龙江省文物考古研究所：《黑龙江友谊县凤林城址二号房址发掘报告》，《考古》2000年第11期。
2 黑龙江省文物考古研究所：《黑龙江友谊县凤林城址1998年发掘简报》，《考古》2000年第11期。
3 咸阳市文物考古研究所：《陕西咸阳市文林小区前秦朱氏家族墓的发掘》，《考古》2005年第4期。
4 李京华：《中国古代铁器艺术》，北京燕山出版社，2007年3月第98页。
5 大同市考古研究所：《山西大同七里村北魏墓群发掘简报》，《文物》2006年第10期。
6 广西壮族自治区文物工作队：《广西贺县两座东吴墓》，《考古与文物》1984年第4期。
7 辽宁省文物考古研究所、朝阳市博物馆、北票市文物管理所：《辽宁北票喇嘛洞墓地1998年发掘报告》，《考古学报》2004年第2期。

B 型：刃口明显宽于銎部。湖北襄樊樊城菜越三国早期墓出土 1 件（M1：029），平面呈“U”形，上部中空，下部实心，弧刃，刃纵断面呈“V”形。残高 6.6 厘米[1]（图 5–3–12，8）。广西贺县东吴墓 M2 出土 1 件，凹字形，长方銎，弧刃，两侧外侈。长 11 厘米、刃宽 13.5 厘米[2]（图 5–3–12，9）。

2. 中耕工具

铲和锄常用于中耕松土、除草、间苗等。

铲 依据装柄方式不同分为两型。

A 型：带銎铲。竖銎，铲身多为长方形、梯形，肩部形态有圆肩、斜肩、垂肩。河南洛阳汉魏故城北魏宫城阊阖门遗址出土 2 件，形体宽而短，铲身呈马蹄形，上端有长方形銎口。其中 T406②：13，刃宽 11.8 厘米、通高 12.6 厘米，銎口长 3.6 厘米、宽 2 厘米（图 5–3–13，1）；T406②：12，刃宽 10.8 厘米、通高 8.7 厘米，銎口长 3.6 厘米、宽 1.5 厘米[3]（图 5–3–13，2）。辽宁北票喇嘛洞墓地出土 8 件，形制近同。其中 M379：12，銎口近六角形，外缘下铸脊两道，截面为楔形，圆肩，刃外弧。銎口长 5 厘米、宽 2.3~2.6 厘米、深 4.5 厘米、刃宽 9.3 厘米、高 7.7 厘米[4]（图 5–3–13，3；图 5–3–14）。M379 为前燕前后时期的墓葬，约当公元 3 世纪末至 4 世纪中叶。山西大同迎宾大道北魏墓[5]、汉长安城长乐宫二号建筑遗址晚期遗存[6]也出土有该型铁铲。

B 型：带柄铲。发现甚少。河南偃师首阳山西晋帝陵陪葬墓四方砖厂出土 1 件（M1：13），平面呈“甲”字形，方形铲面，有刃，长方形铲柄。通长 13.5 厘米、铲面长 5.4 厘米、宽 4.9 厘米、柄长 8.1 厘米、宽 2.3 厘米[7]（图 5–3–13，9）。

锄 横銎，体扁

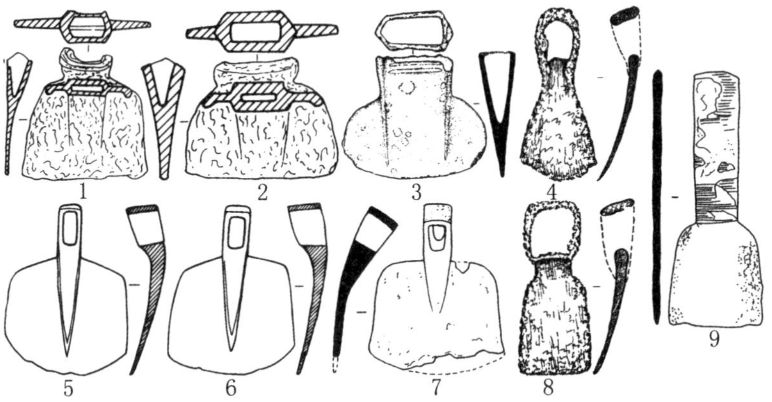

图 5–3–13 魏晋南北朝时期中耕工具（铲、锄）

1~3.A 型铲（河南洛阳 T406②：13、T406②：12、辽宁北票喇嘛洞 M379：12）4、8.B 型锄（四川昭化 30：5、32：8）5~7.A 型锄（四川什邡虎头山 M2：8、M4：6、湖北秭归石门嘴 T120④：3）9.B 型铲（河南偃师首阳山 M1：13）

1 襄樊市文物考古研究所：《湖北襄樊樊城菜越三国墓发掘报告》，《考古学报》2013 年第 3 期。

2 广西壮族自治区文物工作队：《广西贺县两座东吴墓》，《考古与文物》1984 年第 4 期。

3 中国社会科学院考古研究所洛阳汉魏故城队：《河南洛阳汉魏故城北魏宫城阊阖门遗址》，《考古》2003 年第 7 期。

4 辽宁省文物考古研究所、朝阳市博物馆、北票市文物管理所：《辽宁北票喇嘛洞墓地 1998 年发掘报告》，《考古学报》2004 年第 2 期。

5 大同市考古研究所：《山西大同迎宾大道北魏墓群》，《文物》2006 年第 10 期。

6 中国社会科学院考古研究所汉长安城工作队：《汉长安城长乐宫二号建筑遗址发掘报告》，《考古学报》2004 年第 1 期。

7 洛阳市第二文物工作队、偃师市文物局：《河南偃师市首阳山西晋帝陵陪葬墓》，《考古》2010 年第 2 期。

薄。根据锄板形状可分为两型。

A型：锄板呈圆角四边形，体扁宽，銎口较小。四川什邡虎头山成汉时期墓出土2件，长方形銎，圆肩，弧刀。其中M2：8，长22.7厘米、刃宽17.7厘米（图5-3-13，5；图5-3-15）；M4：6，长22.5厘米、刃宽17.5厘米[1]（图5-3-13，6）。湖北秭归石门嘴遗址六朝居住址出土1件（T120④：3），弧肩，弧刃略残，柄部翘起，方銎。刃宽15厘米、通高18.8厘米[2]（图5-3-13，7）。

图5-3-14　A型铲（辽宁北票喇嘛洞墓地M379：12）

B型：锄板呈梯形，体窄长，銎口较大。四川昭化宝轮镇南北朝时期崖墓出土2件，后端有长方形銎。其中30：5，刃部略残，宽7.5厘米、身长15厘米、銎长3厘米、宽2.5厘米（图5-3-13，4）；32：8，长13.5厘米、刃宽6厘米、銎口长4厘米、宽3厘米[3]（图5-3-13，8）。

图5-3-15　A型锄（四川什邡市虎头山成汉崖墓M2：8）

3. 收割工具

收割工具主要有镰。

镰　从保存的刃部看，这一时期镰刃部呈线性平滑状，大多为带柄镰，多弧背曲刃，少见直背直刃。咸阳师专西晋北朝墓出土2件。一件刃部呈弧形，残长13厘米（图5-3-17，7）；一件刃部呈直角三角形，残长6.8厘米[4]。绵阳涪城区青义西科晋墓出土1件（M6：2），刃部残，背、刃皆呈弧线，断面呈三角形。残长14.6厘米、厚0.1~0.5厘米[5]（图5-3-17，8；图5-3-16）。洛阳关

图5-3-16　齿刃镰（绵阳涪城区青义西科晋墓M6：2）

1 德阳市文物考古研究所、什邡市文物保护管理所：《四川什邡市虎头山成汉至东晋时期崖墓群》，《考古》2007年第10期。

2 吉林大学边疆考古研究中心、湖北省文物考古研究所：《湖北秭归石门嘴遗址发掘》，《考古学报》2004年第4期。

3 沈仲常：《四川昭化宝轮镇南北朝时期的崖墓》，《考古学报》1959年第2期。

4 咸阳市文物考古研究所：《咸阳师专西晋北朝墓清理简报》，《文博》1998年第6期。

5 绵阳博物馆、成都文物考古研究所：《绵阳崖墓》，文物出版社，2015年12月第326页。

林皂角树西晋中晚期墓出土1件（C7M1874：59），单直刃，镰头略尖，尾下弯，长25.2厘米[1]（图5-3-17，9）。辽宁北票喇嘛洞墓地出土10件。其中M101：12，体较长，弧背曲刃，前锋圆钝，左侧尾端渐宽且翻卷起棱。长20.1厘米、宽1.8~2.5厘米、背厚0.3厘米（图5-3-17，10）；M108：6，体较短，右缘上卷。长15.8厘米、宽1.8~2.2厘米[2]（图5-3-17，11）。M101及M108年代约当公元3世纪末至4世纪中叶。此外洛阳晋墓[3]也出土有镰。

除上述土作农耕器具外，还有少量渔猎工具，如鱼钩、多齿叉等。

鱼钩 黑龙江友谊凤林城址出土少量铁鱼钩。其中F2：6，尖部有倒刺，钩身截面为长方形[4]（图5-3-17，1）；H9：3，尖部有倒刺[5]（图5-3-17，2）。年代皆为魏晋时期。T018021①：6，尖锋下端带有倒刺，尾端压扁并向后折，以利于系绳，截面为圆形，长4厘米[6]（图5-3-17，3）。年代为魏晋十六国时期。

多齿叉 主要有二齿叉、三齿叉等。

二齿叉 河南洛阳东晋窖藏出土2件，呈“U”形，有柄，残长22厘米[7]（图5-3-17，6）。广东始兴缫丝厂东晋南朝墓出土1件（M3：20），作双叉条式，叉条扁圆，保存尚好。叉条长7.5厘米、圆形柄长7.5厘米[8]。

三齿叉 四川昭化宝轮镇南北朝时期崖墓出土1件（12：10），全长22.5厘米、叉长8厘米[9]（图5-3-17，4）。辽宁北票喇嘛洞墓地出土1件（M196：24），半闭合式銎，三齿截面为矩形。长

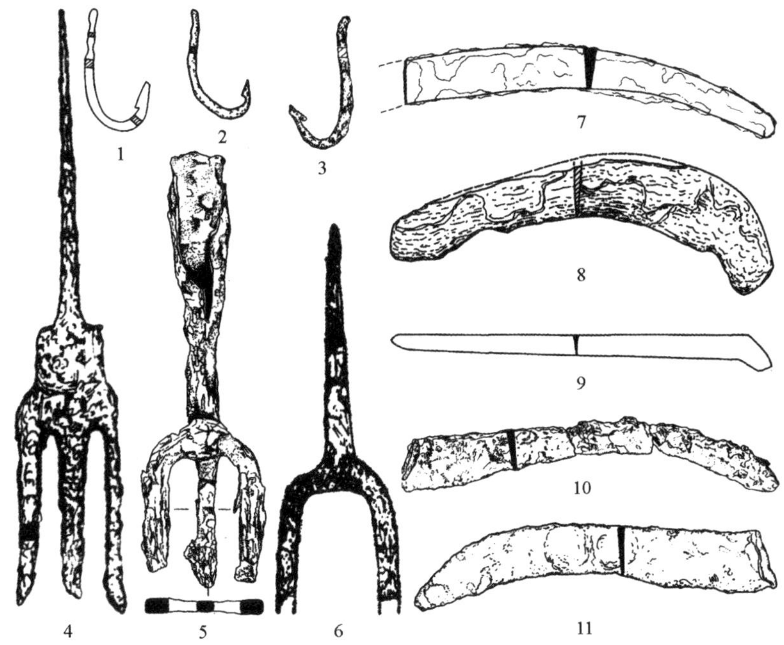

图5-3-17 魏晋南北朝时期收割工具等（镰、鱼钩、多齿叉）
1~3.鱼钩（黑龙江友谊凤林城址F2：6、H9：3、T018021①：6）4、5.三齿叉（四川昭化12：10、辽宁北票喇嘛洞M196：24）6.二齿叉（河南洛阳东晋窖藏）7~11.镰（咸阳师专西晋北朝墓、绵阳涪城M6：2、洛阳关林C7M1874：59、辽宁北票喇嘛洞M101：12、M108：6）

1 洛阳市文物工作队：《洛阳关林皂角树西晋墓》，《文物》2007年第9期。
2 辽宁省文物考古研究所、朝阳市博物馆、北票市文物管理所：《辽宁北票喇嘛洞墓地1998年发掘报告》，《考古学报》2004年第2期。
3 河南省文化局文物工作队第二队：《洛阳晋墓的发掘》，《考古学报》1957年第3期。
4 黑龙江省文物管理委员会：《黑龙江友谊县凤林古城址的发掘》，《考古》2004年第12期。
5 黑龙江省文物考古研究所：《黑龙江友谊县凤林城址1998年发掘简报》，《考古》2000年第11期。
6 黑龙江省文物考古研究所：《黑龙江友谊凤林城址2000年发掘报告》，《考古学报》2013年第4期。
7 程永建、赵振华：《河南洛阳市发现东晋窖藏》，《考古》1996年第9期。
8 廖晋雄：《广东始兴县缫丝厂东晋南朝墓的发掘》，《考古》1996年第6期。
9 沈仲常：《四川昭化宝轮镇南北朝时期的崖墓》，《考古学报》1959年第2期。

25.9 厘米、銎径 3.8 厘米、三齿展宽 7.4 厘米、长 10 厘米左右[1]（图 5-3-17，5）。M196 为前燕前后时期的墓葬，约当公元 3 世纪末至 4 世纪中叶。

二、兵器武备

中原地区武器中最常见的是刀[2]。《三国志·蜀书·法正传》载孙权之妹“才捷刚猛，有诸兄风。侍婢百余人，皆亲执刀侍立，先主每入，心常懔懔”。女子也执刀，可见刀之普及。青铜刀难以铸造且质量不佳，故此刀当为铁刀[3]。三国时期精美锋利的铁刀有号称百辟之刀者，曹操曾铸之，并著《百辟刀令》曰：“往岁作百辟刀五枚，适成，先以一与五官将。其余四，吾诸子中有不好武而好文学者，将以次与之。”此百辟刀可能也是环首刀[4]。孙权于黄武五年（226 年）“采武昌山铜铁，作十（千）口剑、万口刀。各长三尺九寸，刀头方。皆是南钢越炭作之。上有‘大吴’篆字”[5]。铸刀之风还影响到海东，如日本石上神宫出土的七支刀，被视为神兵。

其他铁制武器有剑、戟、矛、钩、匕首等。有些铁兵器上还用贵金属装饰，如湖南安乡西晋刘弘墓出土的铁匕首柄部贴有龙虎图案的金片，匕首鞘夹纻涂金。北票冯素弗墓出有锤鍱金刀柄，薄金片表面錾刻出细点，与三燕马具的工艺一致。

这一时期，骑兵装备有很大进步。铁防护装备在东北地区发现尤多，如朝阳十二台砖头厂 88M1 出有铁兜鍪、颈甲、马胄和甲片等甲骑具装一套。关中等地陶马和骑手皆披坚执锐，可知这些地区的铁防护装备产量也很大。铁防护装备的大量出现与当时铁器生产水平和工艺技术的提高有很大关系。在进攻武器方面，由于这一时期冶铁事业的发展，尤其是炼钢术的成就，出现了钢制造的武器。钢质兵器大大提高了武器的杀伤能力和兵器的坚韧程度，这一时期就出现了许多名贵的刀剑[6]。

(一) 格斗兵器

1. 剑

剑按其长度可分为长剑、中长剑和短剑。

长剑　通长 70 厘米以上。多为窄体剑，柄、茎形态多有不同。总体来说中原地区多有格剑，北方多环首剑，西南地区还仍保存有无格柳叶形剑。山西大同迎宾大道北魏墓出土 1 件（M65：10），剑身长叶形，中起脊棱，断面呈菱形，椭圆形环首，木质剑鞘已腐朽，其外以条形薄铜片固定装饰。通长 120 厘米[7]（图

---

1 辽宁省文物考古研究所、朝阳市博物馆、北票市文物管理所：《辽宁北票喇嘛洞墓地 1998 年发掘报告》，《考古学报》2004 年第 2 期。

2 韦正：《魏晋南北朝考古》，北京大学出版社，2013 年 6 月第 348 页。

3 韦正：《六朝墓葬的考古学研究》，北京大学出版社，2011 年 3 月。

4 《太平御览》卷三四五《兵部·刀（上）》。

5 《太平御览》卷三四五《兵部·剑（中）》引陶弘景《刀剑录》。

6 柳涵：《北朝的铠马骑俑》，《考古》1959 年第 2 期。

7 大同市考古研究所：《山西大同迎宾大道北魏墓群》，《文物》2006 年第 10 期。

5-3-18，1）。湖北襄阳樊城菜越三国早期墓出土1件（M1：67），木质剑柄，剑鞘已朽，仅存黑色漆皮，柄以金丝缠绕后髹漆，木质剑鞘外以丝织物缠绕后髹漆。双面刃，厚脊薄刃，断面呈扁菱形。木质剑柄的断面呈扁圆形。长105厘米、宽4厘米[1]（图5-3-18，2）。江苏南京富贵山六朝墓出土1件（M2：15），残长85厘米。剑身长77厘米、宽2.78厘米、脊厚0.54厘米。柄残长8厘米，上细下宽。残留木质剑鞘，髹黑漆。距鞘口14.2厘米处镶玉璏[2]（图5-3-18，3）。广西贺县东吴墓M2出土1件，柳叶形，茎部外有木质残迹，剑身狭长，两侧刃，断面呈菱形，从剑格至刃尖渐窄。此剑入葬时装在剑鞘里，至今痕迹尚存。通长90厘米[3]。

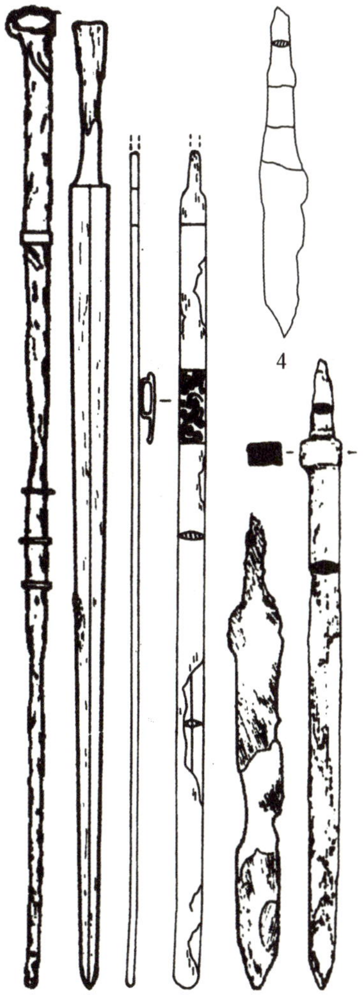

图5-3-18　魏晋南北朝时期兵器武备（剑）

1~3.长剑（山西大同迎宾大道M65：10、湖北襄樊樊城M1：67、江苏南京富贵山M2：15）4.短剑（山东龙口M6：4）5、6.中长剑（广东揭阳东晋墓、广东和平晋墓HLM2：17）

中长剑　通长40~70厘米。大多是窄体扁茎剑，还存在环首剑。广东揭阳东晋墓出土1件，残长37厘米、茎长8厘米、剑宽3厘米[4]（图5-3-18，5）。广东和平县晋墓出土3件，其中HLM2：17，残长62厘米、宽4厘米[5]（图5-3-18，6）。年代为西晋末、东晋初。湖南安乡西晋刘弘墓出土1件（标本72），柄截面椭圆形，绳缠髹漆。剑身与鞘锈结，漆木为鞘。残长49厘米、剑身长43.5厘米[6]。宁夏固原北魏墓出土1件，剑身长叶形，双刃平直，茎略窄，剖面作菱形，环首。剑身长53厘米、刃最宽处4.4厘米、柄长21.5厘米[7]。四川昭化宝轮院屋基坡崖墓出土1件，长58~67.1厘米，径宽约4.5厘米[8]。大同南郊北魏墓[9]也有出土。

短剑　通长30厘米左右。山东龙口东梧桐西晋墓出土1件（M6：4），残长19.7厘米、

1 襄樊市文物考古研究所：《湖北襄樊樊城菜越三国墓发掘简报》，《文物》2010年第9期。

2 南京市博物馆、南京市玄武区文化局：《江苏南京市富贵山六朝墓地发掘简报》，《考古》1998年第8期。

3 广西壮族自治区文物工作队：《广西贺县两座东吴墓》，《考古与文物》1984年第4期。

4 广东省博物馆、汕头地区文化局、揭阳县博物馆：《广东揭阳东晋、南朝、唐墓发掘简报》，《考古》1984年第10期。

5 广东省文物考古研究所、和平县博物馆：《广东和平县晋至五代墓葬的清理》，《考古》2000年第6期。

6 安乡县文物管理所：《湖南安乡西晋刘弘墓》，《文物》1993年第11期。

7 固原县文物工作站：《宁夏固原北魏墓清理简报》，《文物》1984年第6期。

8 张彦煌、龚廷万：《四川昭化宝轮院屋基坡崖墓清理记》，《考古通讯》1958年第7期。

9 山西大学历史文化学院等：《大同南郊北魏墓群》，科学出版社，2006年1月。

前端厚 0.4 厘米[1]（图 5-3-18，4）。

2. 刀

主要以长刀为主，短刀少见。长刀通体细长，一般通长在 70 厘米以上。目前，考古发现最多的是环首铁刀，长度多不及 1 米，也有 10 厘米左右的书刀。还有其他形式的刀，如南朝时期的苍梧倒水晋墓陶俑肩上所扛非环首刀，而是头宽柄窄的铁刀[2]。刀根据形制可分为两型。

A 型：环首，柄部为环首，根据刃部形态分为两亚型。

Aa 型：直体刀，直刃直背。湖北秭归石门嘴遗址六朝墓葬出土 1 件（M9：6），直背直刃。器身略微弯翘变形，尖残，刀身残存木鞘朽痕，柄部遗有细绳捆扎痕。残长 119.6 厘米[3]（图 5-3-19，1）。江苏南京富贵山六朝墓出土 1 件（M4：29），残长 96.9 厘米。刀柄长 34 厘米、宽 2.8 厘米；刀身残长 62.9 厘米、宽 2.4 厘米、刀背厚 0.6 厘米。残留木质刀鞘，髹黑漆，有错金痕迹，鞘口有一铜扣[4]（图 5-3-19，2）。鄂城六朝墓出土 32 件，分别出自 25 座墓中，以孙吴西晋墓随葬者较多。以环首刀居多，基本完整者仅 1 件（M5012：10：1），通长 86.6 厘米，刀身中部最宽处 2.4 厘米，最厚处 0.9 厘米，重 420 克[5]（图 5-3-19，3）。甘肃酒泉西沟村魏晋墓葬出土 1 件（M5：21），单面刃。长 118 厘米、宽 4 厘米[6]（图 5-3-19，4）。洛阳厚载门西晋晚期墓出土 1 件（M3033：6），直身，平背。残长 130 厘米、宽 4 厘米[7]（图 5-3-19，5）。洛阳晋墓出土 1 件（33：5），环首，刃上有木理纹，为木鞘遗迹。残长 116 厘米[8]（图 5-3-18，6）。宁夏固原北周李贤夫妇墓出土 1 件（标本 10），环首，刀把包银，单面刃，已锈蚀不能拔出刀鞘。刀鞘木质，外表涂褐色漆，下部包银。银质双附耳，铜质刀珌。通长 86 厘米[9]（图 5-3-19，7）。四川忠县涂井蜀汉时期墓出土 9 件，长 101~124 厘米。长条形，刃和背平直，刀把比刀身稍厚，有椭圆形环柄。其中 M13：43，通长 121 厘米、宽 3.5 厘米[10]（图 5-3-19，8）。太原尖草坪西晋墓出土 1 件（T2000TGXJM20），长 122 厘米、圆环直径 6 厘米。木制刀鞘已朽，鞘尖的铜珌附于刀尖上[11]（图 5-3-19，9）。浙江安吉天子岗三国末西晋初墓出土 1 件（M3：26），圆形环首，刀身细长微弧，断面呈三角形。长 112 厘米、宽 3 厘米、环径 5 厘米[12]（图 5-3-19，10）。该型刀还

1 烟台市博物馆、龙口市博物馆：《山东龙口市东梧桐晋墓发掘简报》，《考古》2013 年第 4 期。

2 广西梧州市博物馆：《广西苍梧倒水南朝墓》，《文物》1981 年第 12 期。

3 吉林大学边疆考古研究中心、湖北省文物考古研究所：《湖北秭归石门嘴遗址发掘》，《考古学报》2004 年第 4 期。

4 南京市博物馆、南京市玄武区文化局：《江苏南京市富贵山六朝墓地发掘简报》，《考古》1998 年第 8 期。

5 南京大学历史系考古专业等：《鄂城六朝墓》，科学出版社，2007 年 9 月。

6 甘肃省文物考古研究所：《甘肃酒泉西沟村魏晋墓发掘报告》，《文物》1996 年第 7 期。

7 洛阳市文物工作队：《洛阳厚载门街西晋墓发掘简报》，《文物》2009 年第 11 期。

8 河南省文化局文物工作队第二队：《洛阳晋墓的发掘》，《考古学报》1957 年第 3 期。

9 宁夏回族自治区博物馆、宁夏固原博物馆：《宁夏固原北周李贤夫妇墓发掘简报》，《文物》1985 年第 11 期。

10 四川省文物管理委员会：《四川忠县涂井蜀汉崖墓》，《文物》1985 年第 7 期。

11 太原市文物考古研究所：《太原市尖草坪西晋墓》，《文物》2003 年第 3 期。

12 安吉县博物馆程亦胜：《浙江安吉天子岗汉晋墓》，《文物》1995 年第 6 期。

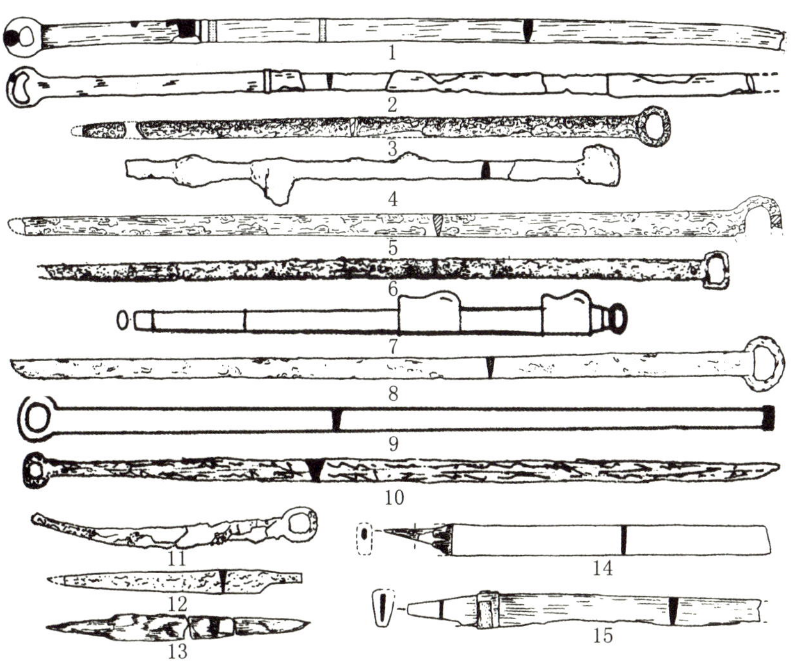

图 5-3-19　魏晋南北朝时期兵器武备（刀）
1~10.Aa 型（湖北秭归石门嘴 M9：6、江苏南京富贵山 M4：29、鄂城六朝墓 M5012：10：1、甘肃酒泉西沟村 M5：21、洛阳厚载门 M3033：6、洛阳晋墓 33：5、宁夏固原标本 10、四川忠县涂井 M13：43、太原尖草坪 T2000TGXJM20、浙江安吉天子岗 M3：26）11.Ab 型（辽阳三道壕西晋墓）12~15.B 型（湖南耒阳白洋渡 M1：6、广东和平南朝墓 HPDM5：10、湖北秭归石门嘴 M9：8、M5：1）

出土于洛阳华山路西晋中期墓[1]、广州沙河狮子岗晋墓[2]、山东临沂洗砚池晋墓[3]、广西合浦岭脚村三国墓[4]、四川彰明常山村六朝墓[5]、广州东山梅花村南朝墓[6]、江西南昌东吴高荣墓[7]、四川昭化宝轮镇南北朝时期崖墓[8]、四川昭化宝轮院屋基坡崖墓[9]、湖南安乡西晋刘弘墓[10]等。

Ab 型：曲体刀，体略弯曲。辽阳三道壕西晋墓出土 1 件，尖上翘，弧刃，埋葬时用丝绸包裹。残长 24 厘米[11]（图 5-3-19，11）。湖北襄阳樊城菜越三国早期墓出土 1 件（M1：65），刀尖略残，环首，柄上有两道凸棱，以金丝缠绕，刀身微弧，单面刃，厚背薄刃，断面呈三角形，出土时木鞘已朽，仅存黑色漆皮。木鞘近口部有铁箍和铁卡簧，近尾端有银珌。残长 115.5 厘米、宽 4 厘米[12]。敦煌祁

1 洛阳市第二文物工作队：《洛阳华山路西晋墓发掘简报》，《文物》2006 年第 12 期。
2 广州市文物管理委员会：《广州沙河镇狮子岗晋墓》，《考古》1961 年第 5 期。
3 山东省文物考古研究所、临沂市文化局：《山东临沂洗砚池晋墓》，《文物》2005 年第 7 期。
4 广西壮族自治区文物工作队、合浦县博物馆：《广西合浦县岭脚村三国墓发掘报告》，《广西考古文集》（第二辑），科学出版社，2006 年 1 月。
5 石光明等：《四川彰明县常山村崖墓清理简报》，《考古通讯》1955 年第 5 期。
6 广州市文物考古研究所：《广州东山梅花村南朝墓发掘简报》，《广州文物考古集》，文物出版社，1998 年 6 月。
7 江西省历史博物馆：《江西南昌市东吴高荣墓的发掘》，《考古》1980 年第 3 期。
8 沈仲常：《四川昭化宝轮镇南北朝时期的崖墓》，《考古学报》1959 年第 2 期。
9 张彦煌、龚廷万：《四川昭化宝轮院屋基坡崖墓清理记》，《考古通讯》1958 年第 7 期。
10 安乡县文物管理所：《湖南安乡西晋刘弘墓》，《文物》1993 年第 11 期。
11 辽阳博物馆：《辽阳市三道壕西晋墓清理简报》，《考古》1990 年第 4 期。
12 襄樊市文物考古研究所：《湖北襄樊樊城菜越三国墓发掘简报》，《文物》2010 年第 9 期。

家湾出土 1 件（M370：21），钢筋状细柄，后部弯成环首，刀身呈较窄柳叶形，大约为单面斜刃。柄长 10 厘米、环首径约 3.5 厘米、刀身长约 20 厘米、宽约 1.2 厘米[1]。

B 型：装柄刀。湖南耒阳白洋渡南朝墓出土 1 件（M1：6），背平，刃锋利，柄较短，断面呈长方状。残长 15.3 厘米[2]（图 5-3-19，12）。广东和平南朝后期墓出土 1 件（HPDM5：10），木柄已朽，尖状，单面刃。长 29 厘米[3]（图 5-3-19，13）。湖北秭归石门嘴遗址六朝墓葬出土 2 件，其中 M9：8，刀身通直，方头，残存木柄痕，长 48.6 厘米（图 5-3-19，14）；M5：1，刀背微弧，通体存有木朽痕，应有木柄和木鞘，残长 40 厘米（图 5-3-19，15）[4]。广西贺县东吴墓 M2 出土 1 件，三角形扁直柄，柄上留有木头痕迹，知入葬时装有木柄。刀背刃部略成弧形，刃尖向上斜杀，残长 12.7 厘米[5]。此型铁刀还出土于浙江衢县街路村西晋墓[6]、四川彰明县常山村六朝墓[7]、四川昭化宝轮镇南北朝时期崖墓[8]、福建松政西晋墓[9]、浙江武义陶器厂三国墓[10]、广东曲江南华寺南朝墓[11]等。

3. 矛

圆形骹，根据矛身与茎的结构分为三型。

A 型：矛身为长三角形。安徽合肥三国新城遗址出土 1 件（T3402②：2），正面起脊，背面平直，锋残，末端有管状銎。残长 13.8 厘米[12]（图 5-3-21，7）。

B 型：矛身扁平细长。四川昭化宝轮镇南北朝时期崖墓出土 1 件（30：4），矛柄左右各有一小孔，为束柄用的，骹部为半月形。长 30 厘米[13]（图 5-3-21，1）。辽宁北票喇嘛洞墓地出土 16 件。其中 M196：4，半封闭式銎，矛叶作剑状，中间略起脊。长 34.7 厘米、銎口径 3.4 厘米、叶宽 2.2 厘米、脊厚 0.7 厘米（图 5-3-

图 5-3-20　C 型矛（四川彰明常山村崖墓出土）

1 甘肃省文物考古研究所：《敦煌祁家湾——西晋十六国墓葬发掘报告》，文物出版社，1994 年 10 月。
2 衡阳市文物处、耒阳市文物局：《湖南耒阳白洋渡汉晋南朝墓》，《考古学报》2008 年第 4 期。
3 广东省文物考古研究所、和平县博物馆：《广东和平县晋至五代墓葬的清理》，《考古》2000 年第 6 期。
4 吉林大学边疆考古研究中心、湖北省文物考古研究所：《湖北秭归石门嘴遗址发掘》，《考古学报》2004 年第 4 期。
5 广西壮族自治区文物工作队：《广西贺县两座东吴墓》，《考古与文物》1984 年第 4 期。
6 衢县文化馆：《浙江衢县街路村西晋墓》，《考古》1974 年第 6 期。
7 石光明等：《四川彰明县常山村崖墓清理简报》，《考古通讯》1955 年第 5 期。
8 沈仲常：《四川昭化宝轮镇南北朝时期的崖墓》，《考古学报》1959 年第 2 期。
9 卢茂村：《福建松政县发现西晋墓》，《文物》1975 年第 4 期。
10 金华地区文管会、武义县文管会：《浙江武义陶器厂三国墓》，《考古》1981 年第 4 期。
11 广东省博物馆：《广东曲江南华寺古墓发掘简报》，《考古》1983 年第 7 期。
12 安徽省文物考古研究所：《合肥市三国新城遗址的勘探和发掘》，《考古》2008 年第 12 期。
13 沈仲常：《四川昭化宝轮镇南北朝时期的崖墓》，《考古学报》1959 年第 2 期。

21，2）。M266：84，封闭式銎，矛叶较扁宽。长41.8厘米、銎口径3.2厘米、叶宽3.5厘米、中厚0.5厘米[1]（图5-3-21，3）。M196及M266的年代约当公元3世纪末至4世纪中叶。大同方山北魏永固陵出土1件，中间有一凹槽。口径3.4厘米、全长14.5厘米、中宽1.8厘米，可装木柄[2]。山东牟平出土4件，形制相同——扁锋，中起脊，喇叭形銎。一件銎残，残长13厘米。三件锋残，其一件长18厘米[3]。年代为东晋十六国时期。

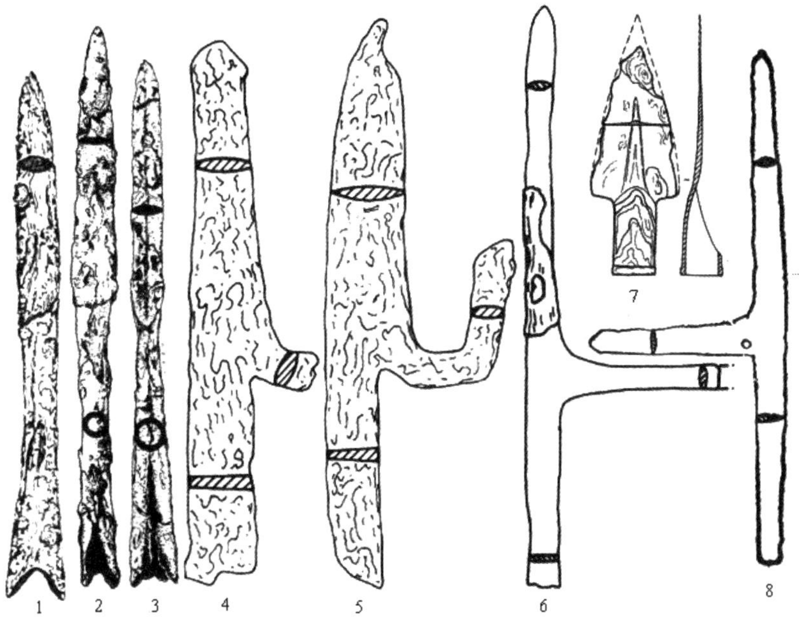

图5-3-21　魏晋南北朝时期兵器武备（矛、戟）
1~3.B型矛（四川昭化30：4、辽宁北票喇嘛洞M196：4、M266：84）4、5.钩戟（河南洛阳汉魏故城T506②：01、T506②：02）6、8.卜形戟（江苏南京富贵山M4：26、山东诸城M1：20）7.A型矛（安徽合肥三国新城T3402②：2）

C型：矛身呈桂叶形。四川彰明常山村崖墓出土2件。其中一件全长36.8厘米、叶长27厘米，渐趋末端，宽度渐减，筩长9.8厘米、径2.2厘米。下端有两圆穿，一大一小，位置对称，筩上有很多类似细麻绳缠绕的痕迹[4]（图5-3-20）。余姚湖山晋墓出土1件（M13：1），矛头较尖，细长圆形。长21.5厘米、径2.2厘米[5]。

4. 戟

魏晋时期铁戟根据形制分为卜形戟、钩戟，以卜形戟最常见。

卜形戟　整器作卜字形，刺、胡、圆均细长，刺、胡大致在同一直线。江苏南京富贵山六朝墓出土2件，枝刺相交成直角。枝尖处锈残，残留有木鞘痕迹。其中M4：26，刺胡全长47厘米、枝残长13.4厘米、厚0.6~0.8厘米[6]（图5-3-21，6）。山东诸城西晋墓出土1件（M1：20），援锋呈三角形，胡近内处有一圆形穿。援长37厘米、内长25.5厘米[7]（图5-3-21，8）。湖南安乡西晋刘弘墓出土2件，

1 辽宁省文物考古研究所、朝阳市博物馆、北票市文物管理所：《辽宁北票喇嘛洞墓地1998年发掘报告》，《考古学报》2004年第2期。
2 大同市博物馆、山西省文物工作委员会：《大同方山北魏永固陵》，《文物》1978年第7期。
3 杨豪、邓小红：《山东牟平发现十六国时期文物》，《考古》1994年第2期。
4 石光明等：《四川彰明县常山村崖墓清理简报》，《考古通讯》1955年第5期。
5 鲁怒放：《余姚市湖山乡汉—南朝墓葬群发掘报告》，《东南文化》2000年第7期。
6 南京市博物馆、南京市玄武区文化局：《江苏南京市富贵山六朝墓地发掘简报》，《考古》1998年第8期。
7 诸城县博物馆：《山东省诸城县西晋墓清理简报》，《考古》1985年第12期。

其中标本 27，戟体细长，胡、内部残留有柲痕，可见一圆穿，残长 15 厘米。标本 80，戟体细长，胡、内窄长，上有柲的残迹。可见一方穿和缠绳的痕迹。戟锋上有夹纻漆护套，残长 43 厘米[1]。卜形戟在鄂城六朝墓也有出土。

钩戟 河南洛阳汉魏故城北魏宫城阊阖门遗址出土 2 件，有前伸的直刺和旁出的横枝，横枝也弯曲向前，直刺前端呈三角形。其中 T506②：01，横枝残。直刺残长 39 厘米、刃宽 5.8 厘米（图 5-3-21，4）；T506②：02，直刺残长 44.8 厘米、刃宽 6 厘米、横枝残长 11.5 厘米[2]（图 5-3-21，5）。

除上述格斗兵器外，还出土有匕首[3]等。

（二）远射兵器

远射兵器主要是镞。形制有多棱镞、多翼镞、双刃镞、凿形镞、铲形镞五型。

A 型：多棱镞。发现甚少。安徽合肥三国新城遗址出土近 2000 件，绝大部分仅存镞头，极少数尚保留一段铤。镞头与铤连铸。均为四棱形。其中 H4：1，铤略呈方形，残长 10.4 厘米（图 5-3-22，1）；H4：3，长 20.5 厘米（图 5-3-22，11）；H4：2，四棱锋线明显，柱状铤，长 9.6 厘米[4]（图 5-3-22，12）。北魏宣武帝景陵出土铁镞 7 件，均锈蚀较甚，形制基本相同。镞体作四棱锥形，铤呈细圆柱形。其中 91jLM：42，残长 7.6 厘米（图 5-3-22，2）；91jLM：46，残长 4.7 厘米[5]（图 5-3-22，13）。黑龙江宝清炮台山汉魏城址晚期遗存出土 2 件，四棱锥形。其中 T01②：6，尖锋，刃部截面呈四边形，下接四棱铤，残长 6 厘米；T01②：9，尖锋，刃部截面呈四边形，下接四棱铤，残长 6.5 厘米[6]。大同方山北魏永固陵[7]等也出土有该型镞。

B 型：多翼镞。主要为双翼及三翼形制。黑龙江友谊凤林城址出土 1 件（H48：33），短铤，扁身，身呈三角形，后锋两侧各有倒刺形双翼，铤截面为长方形，无血槽。身呈矛形，两侧锋微内凹。残长 3.8 厘米[8]（图 5-3-22，3）。内蒙古陈巴尔虎旗完工古墓出土 1 件（M3：14），剖面呈三棱形，脊部有凹槽，锋后部残缺[9]（图 5-3-22，5）。新疆库车友谊路魏晋十六国墓葬出土 2 件，其中 M3：23，圆铤，其上残留朽木，长 10.8 厘米；M8：11，残长 4 厘米[10]。

C 型：双刃镞。黑龙江友谊凤林城址出土 4 件。其中 T018021①：5，双刃无翼。身扁平呈三角形，短铤，铤上粗下细，截面为长方形。长 5.1 厘米、宽

---

1 安乡县文物管理所：《湖南安乡西晋刘弘墓》，《文物》1993 年第 11 期。

2 中国社会科学院考古研究所洛阳汉魏故城队：《河南洛阳汉魏故城北魏宫城阊阖门遗址》，《考古》2003 年第 7 期。

3 安乡县文物管理所：《湖南安乡西晋刘弘墓》，《文物》1993 年第 11 期。

4 安徽省文物考古研究所：《合肥市三国新城遗址的勘探和发掘》，《考古》2008 年第 12 期。

5 中国社会科学院考古研究所洛阳汉魏城队、洛阳古墓博物馆：《北魏宣武帝景陵发掘报告》，《考古》1994 年第 9 期。

6 黑龙江省文物考古研究所：《黑龙江宝清炮台山汉魏城址试掘简报》，《文物》2009 年第 6 期。

7 大同市博物馆、山西省文物工作委员会：《大同方山北魏永固陵》，《文物》1978 年第 7 期。

8 黑龙江省文物考古研究所：《黑龙江友谊凤林城址 2000 年发掘报告》，《考古学报》2013 年第 4 期。

9 内蒙古自治区文物工作队：《内蒙古陈巴尔虎旗完工古墓清理简报》，《考古》1965 年第 6 期。

10 新疆文物考古研究所：《新疆库车友谊路魏晋十六国墓葬 2007 年发掘》，《文物》2013 年第 12 期。

1厘米（图5-3-22，4）。T016023②：4，短铤，扁身，身呈三角形，带血槽。前后两面近侧锋处各有一个血槽。残长6.1厘米、宽1.6厘米（图5-3-22，6）。F32：16，长11.5厘米、宽1.4厘米[1]（图5-3-22，7）。辽宁本溪晋墓出土1件，中部起脊，断面菱形，后有方铤，残断。残长10.2厘米、厚0.4厘米[2]（图5-3-22，8）。绵阳涪城区园艺高柏梁晋墓出土2件，其中M1：7，尖刃，刃部断面呈菱形。下铤分两部分，上部铤较粗，断面呈圆形；下部铤较细，断面略呈方形。长14.4厘米、宽0.1~1.3厘米（图5-3-22，9）。M1：8，下部铤残断，尖刃，刃部断面呈菱形，上部铤较粗，下部铤较细，断面均呈圆形。残长5.9厘米、宽0.1~1.2厘米[3]（图5-3-22，16）。江苏镇江铁瓮城遗址出土1件（98YDJ11：14），镞尖呈菱形，较厚重。长10.4厘米[4]（图5-3-22，14）。年代为孙吴立国前的先吴阶段。辽宁北票喇嘛洞墓地出土1件（M379：3），长9.8厘米、宽1.2厘米、脊厚0.4厘米[5]（图5-3-22，17）。M379年代约当公元3世纪末至4世纪中叶。太原市北齐娄叡墓[6]也出土有此型铁镞。

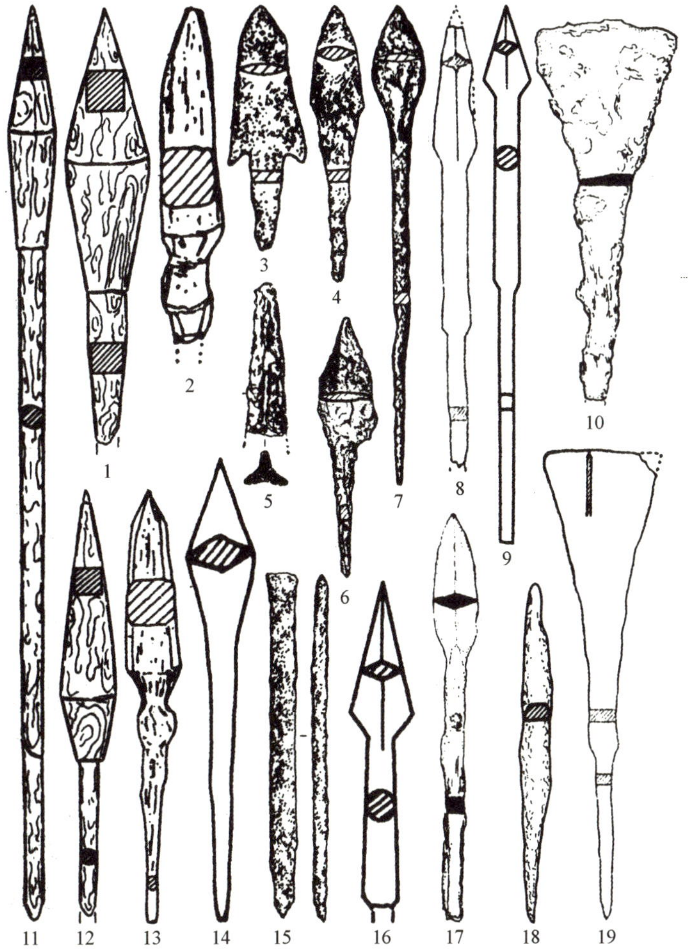

图5-3-22 魏晋南北朝时期兵器武备（镞）

1、2、11~13.A型（安徽合肥三国新城H4：1、北魏宣武帝景陵91jLM：42、安徽合肥三国新城H4：3、H4：2、北魏宣武帝景陵91jLM：46）3、5.B型（黑龙江友谊凤林城址H48：33、内蒙古陈巴尔虎旗M3：14）4、6~9、14、16、17.C型（黑龙江友谊凤林城址T018021①：5、T016023②：4、F32：16、辽宁本溪晋墓、绵阳涪城M1：7、江苏镇江铁瓮城98YDJ11：14、绵阳涪城M1：8、辽宁北票喇嘛洞M379：3）10、19.E型（辽宁北票喇嘛洞M108：7、辽宁本溪晋墓）15、18.D型（黑龙江友谊凤林城址T020019①：3、F6：31）

D型：凿形镞。黑龙江友谊凤林城址出土2件，其中T020019①：3，平刃，凿形。刃部不甚明显，截面呈长方形，铤、身分界不明显。残长7.5厘米、宽0.6

1 黑龙江省文物考古研究所：《黑龙江友谊凤林城址2000年发掘报告》，《考古学报》2013年第4期。

2 辽宁省博物馆：《辽宁本溪晋墓》，《考古》1984年第8期。

3 绵阳博物馆、成都文物考古研究所：《绵阳崖墓》，文物出版社，2015年12月第218页。

4 铁瓮城考古队：《江苏镇江市铁瓮城遗址发掘简报》，《考古》2010年第5期。

5 辽宁省文物考古研究所、朝阳市博物馆、北票市文物管理所：《辽宁北票喇嘛洞墓地1998年发掘报告》，《考古学报》2004年第2期。

6 山西省考古研究所、太原市文物管理委员会：《太原市北齐娄叡墓发掘简报》，《文物》1983年第10期。

厘米[1]（图 5–3–22，15）。F6：31，长条形，截面呈梯形，有铤，长 8.8 厘米[2]（图 5–3–22，18），年代为魏晋时期。此型铁镞于大同方山北魏永固陵[3]也有出土。

E 型：铲形镞。辽宁北票喇嘛洞墓地出土 1 件（M108：7），刃宽略外弧，长 9.8 厘米、宽 3.7 厘米[4]（图 5–3–22，10）。M108 年代约当公元 3 世纪末至 4 世纪中叶。辽宁本溪晋墓出土 5 枚，镞身扁平，方铤，长 13.9 厘米、头宽 3.8 厘米、厚 6.3 厘米[5]（图 5–3–22，19）。黑龙江宝清炮台山汉魏城址晚期遗存中出土 1 件（H2：2），铲形，锋部呈扇面铲形，下接扁细铤，锋宽 3.2 厘米、长 10 厘米[6]。

（三）防护装备

1. 铠甲

出土较多零散甲片。

邺南城出土铁铠甲部件 25 件[7]。清理后分析分属于铠甲的不同部位。其中⑥：2A，数排甲片缩合成一弯曲的长条，长 56 厘米、宽 16 厘米，甲片数为 258 片，与⑥：2B（缩合弯成钩形）在甲片的大小、型式、编排次序及组合结构等方面都相同，说明当时制作铠甲是严格按照统一规格进行加工的。⑥：2C 为 25 厘米 ×30 厘米，是由长度相等、宽度不同的两种长条形甲片组编缀而成，共用甲片 151 片。⑥：2D 甲片的型式、大小及组合结构与标本 2C 基本相同。差别仅在于横排上甲片的编排次序相反，说明 2C 和 2D 应属于铠甲上左右对称的两个局部。⑥：18C 由 15 片甲片组合成一个横排，呈凹字形（图 5–3–23）。此组甲片与 18B 甲片数量与编排重叠次序相同，出土时又相邻，可能为同一铠甲上有密切联系的相连或接近部位。

广州南越国宫署遗址东晋南朝 J270 内出土铁甲。铁甲片与泥土、砖瓦和陶瓷片粘连，结成一个不规则扁长块，范围长约 85 厘米、宽 43 厘米、厚 5~25 厘米。从中共清理出保存较好的铁甲片 53 片，多数为上圆下方的长条形，厚 1~2 厘米，孔数多寡不等，孔径平均约 0.2 厘米。53 块甲片中较完整者根据形状、开孔数和开孔位置的不同分五组。第一组，圆角长方形，片幅较宽。孔开在甲片周边，完整者开 7~8 个孔。21 号片，开 8 孔，长 5.85 厘米、宽 3.25 厘米。24 号片，开 8 孔，长 4.8 厘米、宽 3.35 厘米。42 号片，开 7 孔，残长 4.85 厘米、宽 3.2~3.6 厘米。第二组，圆角长条形，片幅窄短。甲片周边和中部均有开孔，完整者开 8~10 个孔。17 号片，开 10 孔，长 4.7 厘米、宽 1.4~1.9 厘米。29 号片，开 8 孔，长 4.2 厘米、宽 1.3~1.9 厘米。第三组，圆角长条形，片幅较窄。甲片周边和中部都有开

1 黑龙江省文物考古研究所：《黑龙江友谊凤林城址 2000 年发掘报告》，《考古学报》2013 年第 4 期。

2 黑龙江省文物考古研究所：《黑龙江友谊县凤林城址 1998 年发掘简报》，《考古》2000 年第 11 期。

3 大同市博物馆、山西省文物工作委员会：《大同方山北魏永固陵》，《文物》1978 年第 7 期。

4 辽宁省文物考古研究所、朝阳市博物馆、北票市文物管理所：《辽宁北票喇嘛洞墓地 1998 年发掘报告》，《考古学报》2004 年第 2 期。

5 辽宁省博物馆：《辽宁本溪晋墓》，《考古》1984 年第 8 期。

6 黑龙江省文物考古研究所：《黑龙江宝清炮台山汉魏城址试掘简报》，《文物》2009 年第 6 期。

7 中国社会科学院考古研究所考古科技实验研究中心：《邺南城出土的北朝铁甲胄》，《考古》1996 年第 1 期。

孔，完整者开 8~11 个孔。15 号片，开 9 孔。长 6.9 厘米、宽 2.4 厘米。22 号片，开 8 孔。长 5 厘米、宽 2.4 厘米。27 号片，开 11 孔，长 6.9 厘米、宽 2.1 厘米。37 号片，开 9 孔，长 6.35 厘米、宽 1.9 厘米。52 号片，开 11 孔，残长 5.95 厘米、宽 2 厘米。第四组，圆角长方形，片幅较宽。孔开在甲片周边，完整者多开 9 个孔。18 号片，开 9 孔，长 5.55 厘米、宽 3.2 厘米。46 号片，开 9 孔，长 4.5 厘米、宽 2.4~2.6 厘米。第五组，圆角长条形，片幅窄长。23 号片，残存 6 孔，长 11.85 厘米、宽 2.05 厘米[1]（图 5-3-24）。黑龙江友谊县凤林古城址[2]、黑龙江宝清炮台山汉魏城址晚期遗存[3]、黑龙江萝北团结墓葬[4]、河南洛阳汉魏故城北魏宫城阊阖门遗址[5]、江苏镇江铁瓮城遗址[6]等都出土有铁甲片。

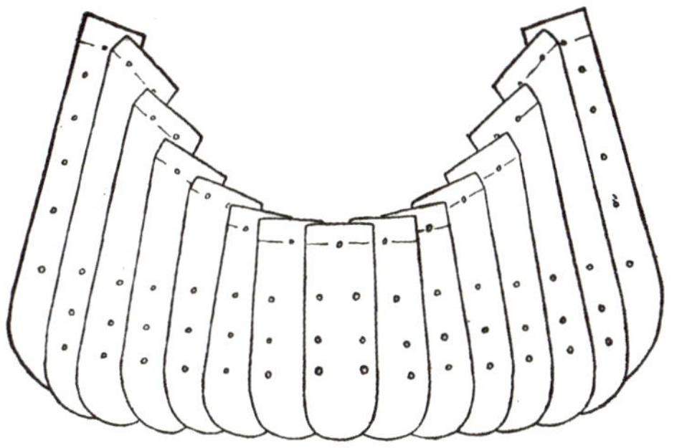

图 5-3-23　邺南城出土铁铠甲标本 C18 甲片复原图

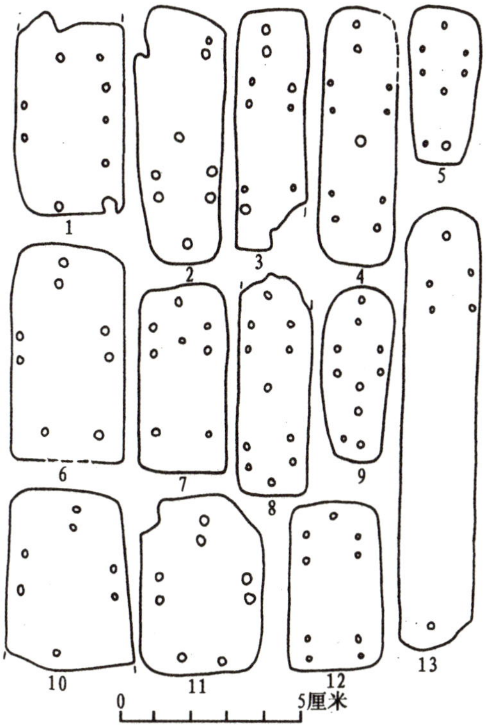

图 5-3-24　广州南越国宫署遗址东晋南朝 J270 内出土铁甲
1~13. 甲片（18 号、15 号、37 号、27 号、29 号、21 号、22 号、52 号、17 号、42 号、24 号、46 号、23 号）

2. 兜鍪

邺南城出土铁兜鍪部件 12 件[7]。根据主体结构不同分为两种形式。Ⅰ型为硬壳形主体，共 11 件，由主体、护耳、护颈三部分构成，主体中空，呈截卵形，前后径大于左右径，由五个分体铆合为一体。顶件为一形似花蒂的封盖，顶心

1 广州市文物考古研究所、中国社会科学院考古研究所、南越王宫博物馆筹建处：《广州南越国宫署遗址东晋南朝的铁甲和皮甲》，《考古》2008 年第 8 期。

2 黑龙江省文物管理委员会：《黑龙江友谊县凤林古城址的发掘》，《考古》2004 年第 12 期；黑龙江省文物考古研究所：《黑龙江友谊凤林城址 2000 年发掘报告》，《考古学报》2013 年第 4 期；黑龙江省文物考古研究所：《黑龙江友谊县凤林城址二号房址发掘报告》，《考古》2000 年第 11 期；黑龙江省文物考古研究所：《黑龙江友谊县凤林城址 1998 年发掘简报》，《考古》2000 年第 11 期。

3 黑龙江省文物考古研究所：《黑龙江宝清炮台山汉魏城址试掘简报》，《文物》2009 年第 6 期。

4 黑龙江省文物考古研究所：《黑龙江萝北县团结墓葬发掘》，《考古》1989 年第 8 期。

5 中国社会科学院考古研究所洛阳汉魏故城队：《河南洛阳汉魏故城北魏宫城阊阖门遗址》，《考古》2003 年第 7 期。

6 铁瓮城考古队：《江苏镇江市铁瓮城遗址发掘简报》，《考古》2010 年第 5 期。

7 中国社会科学院考古研究所考古科技实验研究中心：《邺南城出土的北朝铁甲胄》，《考古》1996 年第 1 期。

设一羽管，朝上开口，下部附三至四个扇形小片将之固接于顶上。顶件之下与前后左右四个弧形片相连，四片搭接次序按由前向后排列。底口两侧及后侧较平，处于颜面处的前口为双凹弧形，当中呈一尖突，另有一种主体之后部底口内收，向下延长作弧形，恰与后颈相适应，更符合实用性要求。二护耳由数排较大甲片组成，左右对称连接于主体两侧下面，护颈由几组横排甲片自下而上叠压连接，围接于主体后半部的底缘上。

朝阳十二台乡砖厂出土前燕时期铁兜鍪（88M1：54），主体部分由34片甲片编成。上窄下宽的32片，其中底边平直的25片，底边为圭形的1片，凹弧形的6片，圆形的2片。编连方法是底边为圭形的甲片居于前额正中，两侧各编底边为凹弧形的3片，底边平直的12片，依次是前片压后片，然后两侧合拢，均压在剩下的一片底边平直的甲片上形成圆圈。因甲片均上窄下宽，收拢后顶部自然变小，最后用两片圆形甲片将顶里外压住，用铆钉铆合。在圆形顶片上除用于铆合的6个铆钉外，中部还有3个呈三角形排列的铆钉，可能与系璎珞有关。高17.5厘米，戴在头上底边刚好到耳，两侧还应有护颊的甲片[1]（图5-3-25）。

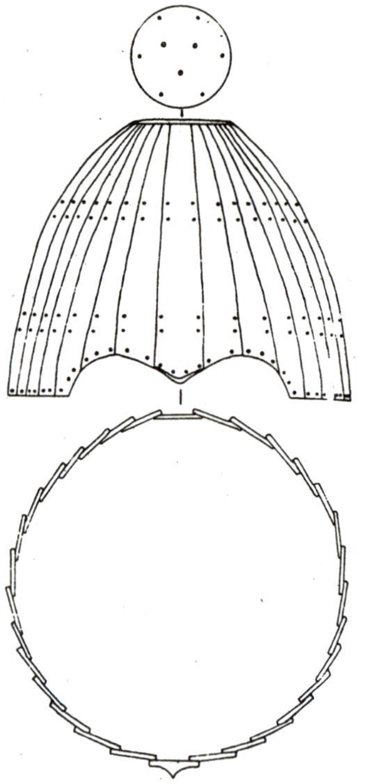

图5-3-25　朝阳十二台乡砖厂88M1出土铁兜鍪（88M1：54）

颈甲　朝阳十二台乡砖厂出土前燕时期颈甲（88M1：55），也称盆领，由33片甲片编成，后高前低，上口外撇。其用途是与甲衣配合作用，以护脖颈（图5-3-26）。

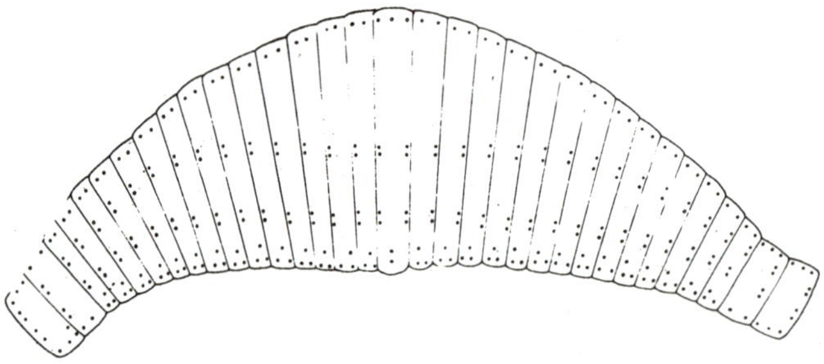

图5-3-26　朝阳十二台乡砖厂88M1出土铁颈甲（88M1：55）

3. 马胄

朝阳十二台乡砖厂88M1出土前燕时期铁马胄（88M1：56），由护唇片、护颊板、面罩3部分组成，固定连接处均采用铆接工艺，面罩由5块长条形铁片制成，顶部前倾，并加上一周正中有乳突的宽边形成冠形。面罩前边连接一个半圆形护唇片，两侧各有一个半圆形护颊板，在面罩与护颊板之间挖有眼孔。护唇片、护颊板与面罩均用铁销相连，可以转动。左侧护颊板上还装有3个带扣，右侧护颊板相对应的位置上留有固定革带的穿孔，原来应有革带。使用时将右侧革带穿过左侧带扣卡住，把马胄固定在马头上，不用时可以把护颊板向里折叠，用革带

1 辽宁省文物考古研究所、朝阳市博物馆《朝阳十二台乡砖厂88M1发掘简报》，《文物》1997年第11期。

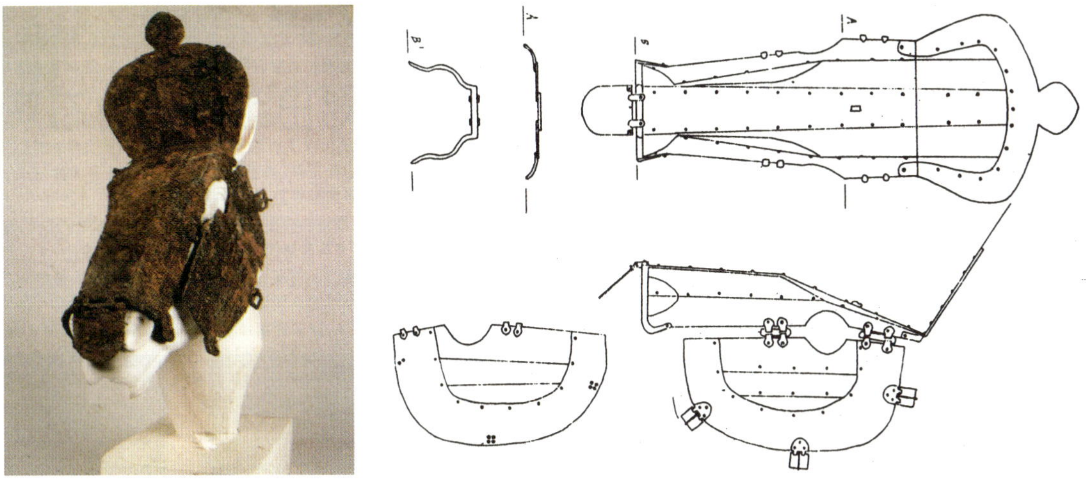

图 5-3-27　朝阳十二台乡砖厂 88M1 出土铁马胄（88M1：56）

扎住，不仅实用，而且更便于携带[1]（图 5-3-27）。

三、车马机具

魏晋南北朝时期，骑兵有较多的发展，首先马具较之前完善。车马机具中还有少量的车船部件及古典机具。

马具主要有马镳、马衔、马镫等。车船部件发现甚少，仅发现少量车辖及轴头。固阳县城库伦古城采集铁车辖一件（采：4），残。作板状圆环，铸造。直径 9 厘米、宽 4 厘米、厚 0.9 厘米，外饰三条高 0.8 厘米的凸棱[2]。推测为六齿形。河南洛阳东晋窖藏出土铁轴头 2 件，中空有辖，外端呈弧形。长 8.5 厘米[3]（图 5-3-29，7）。年代为十六国末年或北魏初。

马镳　依据形制可分为两型。

A 型：圆饼型。辽宁本溪晋墓出土铁马衔镳 1 件。其中镳为椭圆形铁片制成，中心一长条孔，孔间铆结铜条，以便卡住衔环，其四周又加铆铜边，然后表面鎏金，既使镳体牢固，又使马具富丽辉煌。镳长 8.6 厘米、宽 7 厘米、厚 0.9 厘米[4]（图 5-3-29，6）。辽宁北票喇嘛洞墓地出土 1 件（M196：41），两环内各衔一圆饼状镳[5]。

B 型：弯体型。辽宁北票喇嘛洞墓地出土 1 件（M101：23），以锻制铁条拧成的两个麻花状链节组成，每节两端各有一环，其中两环相衔，另两环内各衔一

1 辽宁省文物考古研究所、朝阳市博物馆：《朝阳十二台乡砖厂 88M1 发掘简报》，《文物》1997 年第 11 期。

2 内蒙古文物工作队、包头市文物管理所：《内蒙古白灵淖城圐圙北魏古城遗址调查与试掘》，《考古》1984 年第 2 期。

3 程永建、赵振华：《河南洛阳市发现东晋窖藏》，《考古》1996 年第 9 期。

4 辽宁省博物馆：《辽宁本溪晋墓》，《考古》1984 年第 8 期。

5 辽宁省文物考古研究所、朝阳市博物馆、北票市文物管理所：《辽宁北票喇嘛洞墓地 1998 年发掘报告》，《考古学报》2004 年第 2 期。

段略呈“S”形的条状镳[1]（图 5-3-29，5）。

马衔 目前发现的马衔很少，大多为双节相连，双环相套。辽宁本溪晋墓出土铁马衔为双条拧结，中间双环套接，衔的一段长 10.6 厘米、宽 0.85 厘米[2]。辽宁北票喇嘛洞墓地出土1件（M101：23），以锻制铁条拧成的两个麻花状链节组成，每节两端各有一环，其中两环相衔，另两环内各衔一段略呈“S”形的条状镳。链节长 9.6 厘米、环径 3.5 厘米[3]。黑龙江萝北县团结墓葬出土马衔 1 件。通长 12.5 厘米，大环直径 3.9 厘米，小环直径 2.1 厘米[4]（图 5-3-29，4）。年代约为中原南北朝至隋唐之际。

马镫 这一时期铁质马镫开始流行。均为带柄，镫柄较长，上部有横穿，椭圆形镫环。依据底部宽窄分为两式。

Ⅰ式：底部较窄，与柄同宽。五女山城四期文化出土 1 件（F42：7），踏脚处较平直，环内外展一圈薄片扉沿，上有铆孔。长 26.2 厘米，宽 17.6 厘米（图 5-3-29，2）。五女山城四期文化窖藏也出土有 2 件（JC：35、JC：34）[5]（图 5-3-29，1、3）。

Ⅱ式：底部变宽，明显宽于柄。宁夏固原北魏墓出土一副，由椭圆形环和短直柄衔接而成，柄端为长方形，上有长方形孔。通高 18.7 厘米[6]（图 5-3-28）。

其他铁质马具发现甚少。

图 5-3-28 Ⅱ式马镫（宁夏固原北魏墓出土）

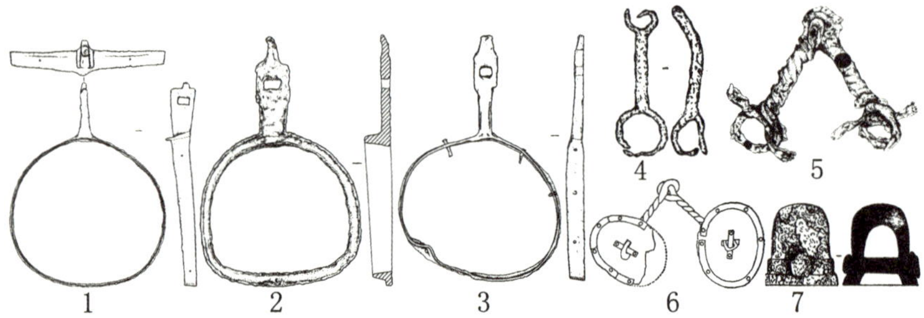

图 5-3-29 魏晋南北朝时期车马机具（马镳、马衔等）
1~3. Ⅰ式马镫（五女山城 JC：35、F42：7、JC：34）4. 马衔（黑龙江萝北团结）5.B 型马镳（辽宁北票喇嘛洞 M101：23）6.A 型马镳（辽宁本溪晋墓）7. 轴头（河南洛阳东晋窖藏）

1 辽宁省文物考古研究所、朝阳市博物馆、北票市文物管理所：《辽宁北票喇嘛洞墓地 1998 年发掘报告》，《考古学报》2004 年第 2 期。

2 辽宁省博物馆：《辽宁本溪晋墓》，《考古》1984 年第 8 期。

3 辽宁省文物考古研究所、朝阳市博物馆、北票市文物管理所：《辽宁北票喇嘛洞墓地 1998 年发掘报告》，《考古学报》2004 年第 2 期。

4 黑龙江省文物考古研究所：《黑龙江萝北县团结墓葬发掘》，《考古》1989 年第 8 期。

5 辽宁省文物考古研究所：《五女山城——1996—1999、2003 年桓仁五女山城调查发掘报告》，文物出版社，2004 年 6 月第 157、173、217 页。

6 固原县文物工作站：《宁夏固原北魏墓清理简报》，《文物》1984 年第 6 期。

四、日用器具

魏晋南北朝时期日用器具主要分为日用器皿、家用器具、妆严用具、缝织器具四类。其中炊具为大宗，但种类单调，主要有釜、甑，也有鼎、炉、鐎斗等。还有一些仿铜精品，如刘宝墓有铁带链炉，下为三足盆，上为鼎形炉，炉口沿有三龙首。

（一）日用器皿

魏晋南北朝时期日用器皿主要有鼎、斧、鍑、器架、勺、罐等。

1. 鼎

鼎按足、耳形制可分为三型。

A 型：蹄形足无耳鼎。福建建瓯东峰村南朝晚期墓出土 1 件（JDCM13：1），敞口，圆唇，弧腹较深，圜底，三兽足。口径 15.8 厘米、高 10.9 厘米[1]（图 5–3–30；图 5–3–33，1）。四川忠县涂井蜀汉崖墓出土 1 件（M6：24），敞口，直腹，圜底，三兽蹄形足，通高 12 厘米[2]（图 5–3–33，3）。原报告中称为蜀汉前期，后《忠县涂井崖墓的时代与相关问题》推定为蜀汉至六朝早期。

B 型：矮足立耳鼎。山东牟平出土 1 件，直口，浅腹，圜底，立耳，上部已残断。三足为上粗下细的四棱形，外撇，一足完整，二足残。腹部饰 6 道突棱。口径 31.3 厘米、残高 15.2 厘米[3]（图 5–3–31）。年代为东晋十六国时期。

C 型：扁足立耳鼎。福建建瓯东峰村南朝晚期墓出土 1 件（JDCM11：6），敞口，宽折沿，弧腹较浅，圜底，三扁平条形足，口沿上有耳，耳、口沿、足部分残。口径 25.5 厘米、残高 22.6 厘米[4]（图 5–3–32；图 5–3–33，2）。贵州平坝马场东晋南朝墓出土 2 件，大小略同。其中 49：3，鼎身高 10.4 厘米、口径 17.8 厘米、底径 12 厘米、足高 7 厘米[5]（图 5–3–33，4）。广东梅县南朝墓出土 1 件，敞口，束腰，圜底，器口附一对环形耳，底附三个弓形扁足。口径 28 厘米、通高 36 厘米（图 5–3–33，5）。四川昭化宝轮镇南北朝时期崖墓出土 1 件（32：3），双环耳，三足。通高 23 厘米、口径 28.5 厘米[6]。

2. 釜

魏晋南北朝时期铁釜与秦汉时期铁釜大同小异，也分为双耳釜、无耳釜及带鋬釜三类。

双耳釜　发现甚少。四川什邡虎头山成汉至东晋时期崖墓群出土 1 件（M4：

1 厦门大学历史系考古专业、南平市博物馆：《福建建瓯市东峰村六朝墓》，《考古》2015 年第 9 期。

2 四川省文物管理委员会：《四川忠县涂井蜀汉崖墓》，《文物》1985 年第 7 期。

3 杨豪、邓小红：《山东牟平发现十六国时期文物》，《考古》1994 年第 2 期。

4 厦门大学历史系考古专业、南平市博物馆：《福建建瓯市东峰村六朝墓》，《考古》2015 年第 9 期。

5 贵州省博物馆考古组：《贵州平坝马场东晋南朝墓发掘简报》，《考古》1973 年第 6 期。

6 沈仲常：《四川昭化宝轮镇南北朝时期的崖墓》，《考古学报》1959 年第 2 期。

图 5-3-30 A 型鼎（福建建瓯东峰村南朝晚期墓 JDCM13：1）

图 5-3-31 B 型鼎（山东牟平出土）

图 5-3-32 C 型鼎（福建建瓯东峰村南朝晚期墓 JDCM11：6）

图 5-3-34 双耳釜（四川什邡虎头山成汉至东晋时期崖墓 M4：5）

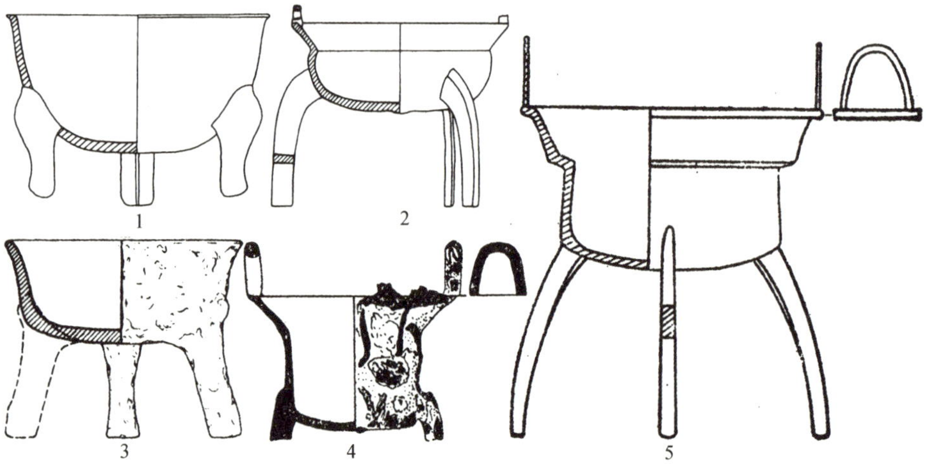

图 5-3-33 魏晋南北朝时期铁鼎

1、3.A 型（福建建瓯东峰村 JDCM13：1、四川忠县涂井 M6：24）2、4、5.C 型（福建建瓯东峰村 JDCM11：6、贵州平坝马场 49：3、广东梅县南朝墓）

5），卷沿，束颈，鼓腹，圜底，腹部铸有对称圆形双耳。上置陶甑。口径27.5厘米、通高39厘米[1]（图5-3-34；图5-3-37，2）。年代为成汉时期。

无耳釜 根据口部形态分三型。

A型：敛口，鼓腹，无颈。四川忠县涂井蜀汉崖墓出土3件，其中2件釜上套有灰陶甑。其中M13：16，釜大口，斜肩，鼓腹，小平底。上附灰陶甑，通高44厘米[2]（图5-3-37，1）。重庆奉节三峡工程库区三塘蜀汉前期崖墓出土1件（SM4：14），大口，溜肩，下腹内收成小平底。肩腹相接处有一周凸棱。口径25.5厘米、腹径38厘米、高27.8厘米。出土时上置陶甑（SM4：13），已破碎[3]（图5-3-37，3）。辽宁北票喇嘛洞墓地出土1件（M266：37），圆唇，敛口，沿面内斜，短领，溜肩。腹壁自棱下急内收，假圈足。肩腹之间饰一凸棱。口径26.2厘米、沿宽2厘米、腹径33.4厘米、高24.5厘米、壁厚0.4~0.6厘米、底厚1.8厘米[4]（图5-3-35；图5-3-37，6）。1986年伊盟乌审旗北魏窖藏出土2件，其中一件敛口，唇内伸，溜肩，鼓腹，腹最大径接近肩部，底略内凹，在肩部及肩腹之交饰有三道凸弦纹。口径31厘米、腹径10.5厘米、底径16.5厘米、高24厘米[5]（图5-3-37，7）。

B型：直口，短颈，鼓腹。敦煌佛爷庙湾西晋画像砖墓出土1件（M37：37），直口，方唇，圆鼓腹，下腹部斜收成假圈足。口径11.6厘米、最大腹径20.8厘米、底径6厘米、通高16.4厘米[6]（图5-3-37，9）。

图5-3-35 A型无耳釜（辽宁北票喇嘛洞墓地M266：37）

1

2

图5-3-36 带鋬釜（山东牟平出土）

1 德阳市文物考古研究所、什邡市文物保护管理所：《四川什邡市虎头山成汉至东晋时期崖墓群》，《考古》2007年第10期。
2 四川省文物管理委员会：《四川忠县涂井蜀汉崖墓》，《文物》1985年第7期。
3 吉林大学边疆考古研究中心：《重庆奉节县三峡工程库区崖墓的清理》，《考古》2004年第1期。
4 辽宁省文物考古研究所、朝阳市博物馆、北票市文物管理所：《辽宁北票喇嘛洞墓地1998年发掘报告》，《考古学报》2004年第2期。
5 卜扬武、程玺：《内蒙古地区铜（铁）鍑的发现及初步研究》，《内蒙古文物考古》1995年第Z1期。
6 甘肃省文物考古研究所：《敦煌佛爷庙湾西晋画像砖墓》，文物出版社，1998年3月。

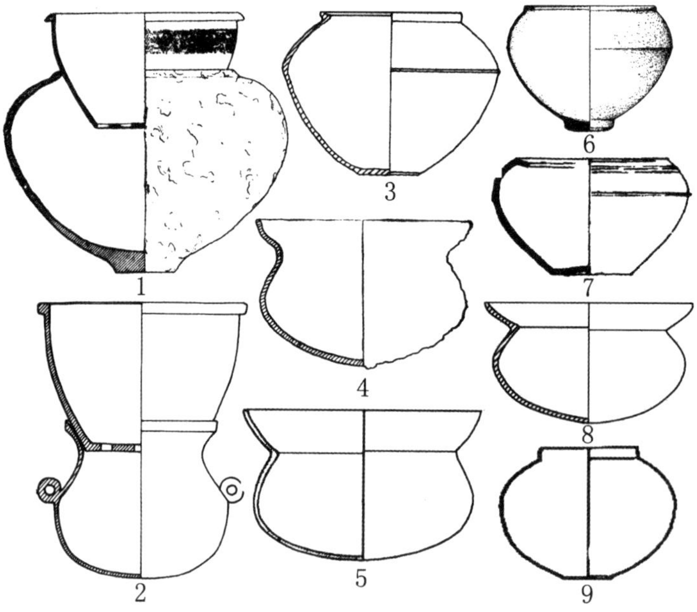

图 5-3-37 魏晋南北朝时期铁釜

1、3、6、7.A 型无耳釜（四川忠县涂井 M13：16、重庆奉节 SM4：14、辽宁北票喇嘛洞 M266：37、伊盟乌审旗北魏窖藏）2.双耳釜（四川什邡虎头山 M4：5）4、5、8.C 型无耳釜（江西会昌东晋墓、广东和平晋墓 HLM2：31、重庆巫山江东嘴 M7：23）9.B 型无耳釜（敦煌佛爷庙湾 M37：37）

C 型：束颈，宽沿外折似敞口。江西会昌东晋墓出土 1 件，敞口方唇，束颈，圆腹，圜底。口径 29.6 厘米、颈径 23.5 厘米、腹径 28 厘米、高 19.6 厘米[1]（图 5-3-37，4）。年代为东晋中期至南朝早期。广东和平晋墓出土 1 件（HLM2：31），宽沿，敞口，束颈，扁鼓腹，圜底。口径 33 厘米、高 21 厘米[2]（图 5-3-37，5）。年代为西晋末、东晋初。重庆巫山江东嘴晋墓出土 1 件（M7：23），敞口，束颈，鼓腹，圜底。口径 32 厘米、高 21 厘米[3]（图 5-3-37，8）。南昌火车站东晋墓出土 1 件（M5：18），出土时釜内置一木刷。敞口，束颈，球腹，圜底。腹上部饰两道凹弦纹，颈、腹、底部仍残留黑色炭化物及火烧痕迹，应是实用器。口径 23 厘米、最大腹径 21.5 厘米、高 15.5 厘米[4]。广东梅县南朝墓[5]也出土有此型釜。

带鋬釜　山东牟平出土 6 件。均为敛口，叠唇，鼓腹，腹中部有腰沿，有的还在腰沿处设直鋬。其中一件扁圆腹，假圈足。腰沿处均匀地设置 6 个直鋬。鋬宽 6.5 厘米、长 3 厘米、厚 1 厘米。口径 30.3 厘米、高 26.2 厘米（图 5-3-36，1）。另一件敛口，腰沿处有相对二鋬。鋬宽 6 厘米、长 2.2 厘米、厚 0.8 厘米。上腹鼓，下腹急收，小平底。口径 28 厘米、高 34 厘米[6]（图 5-3-36，2）。年代为东晋十六国时期。

3. 鍑

鍑的形制为对称双耳，镂空高圈足或三足，深筒腹。

辽宁北票喇嘛洞墓地出土 3 件。其中 M217：1，尖唇，直口，筒状腹，圜底，高圈足。足上镂孔不规则，口部两侧具两对称的立耳。口径 10.4 厘米、足径 8 厘米、高 16 厘米、壁厚 0.7 厘米（图 5-3-40，1）。M49：18，尖唇，直口，口外

1 钟建华：《江西会昌县东晋墓》，《考古》1993 年第 12 期。
2 广东省文物考古研究所、和平县博物馆：《广东和平县晋至五代墓葬的清理》，《考古》2000 年第 6 期。
3 南京大学历史系考古专业：《重庆巫山江东嘴晋墓的发掘》，《江汉考古》2010 年第 3 期。
4 江西省文物考古研究所等：《南昌火车站东晋墓葬群发掘简报》，《文物》2001 年第 2 期。
5 广东省博物馆：《广东梅县古墓葬和古窑址调查、发掘简报》，《考古》1987 年第 3 期。
6 杨豪、邓小红：《山东牟平发现十六国时期文物》，《考古》1994 年第 2 期。

图 5-3-38　鍑（辽宁北票喇嘛洞墓地 M49：18）

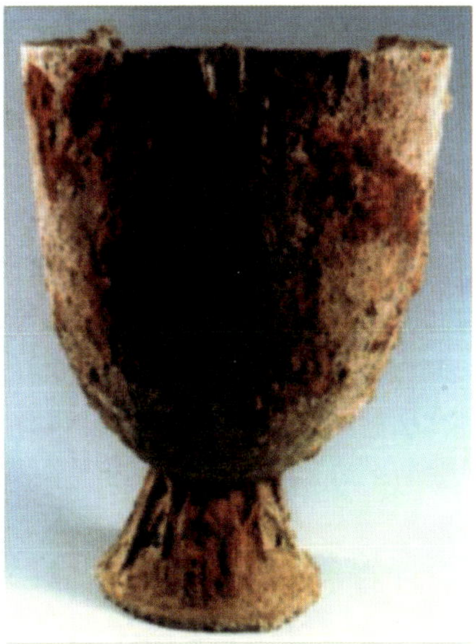

图 5-3-39　鍑（辽宁北票喇嘛洞墓地出土）

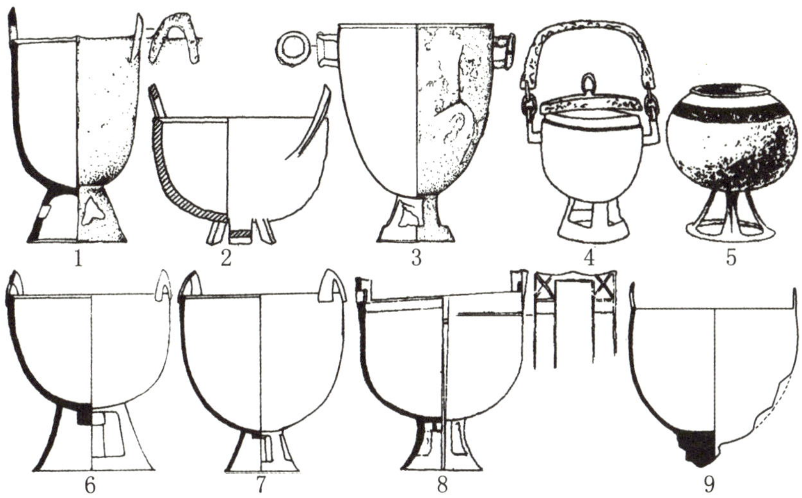

图 5-3-40　魏晋南北朝时期铁鍑

1~9.（辽宁北票喇嘛洞 M217：1、内蒙古乌审旗 M3：3、辽宁北票喇嘛洞 M49：18、辽宁北票冯素弗墓、罗布泊北部库鲁克山、辽宁朝阳七道泉子、辽宁喀左草场乡于杖子、伊盟乌审旗北魏窖藏、山西大同迎宾大道 M76：8）

缘下略折出棱，深腹，圜底，高圈足，足上镂孔近梯形，口外侧有两对称的环状錾耳。耳径 4.2 厘米、高 2.5 厘米，口径 19.2 厘米、足高 5.2 厘米、足径 10.5 厘米、高 26.6 厘米、壁厚 0.2 厘米[1]（图 5-3-38；图 5-3-40，3）。M217 及 M49 年代约当公元 3 世纪末至 4 世纪中叶。内蒙古乌审旗郭家梁村出土 1 件（M3：3），桥形耳，方唇，直口，深腹，圜底，三足，足外侧较平，内侧内凹。顺着耳部的两侧向腹部伸出一道斜向凸棱，消失在中腹部。口径 12.6 厘米、通高 12.7 厘米、足高 3.5 厘米[2]（图 5-3-40，2）。北魏墓葬出土铜釜和铁釜较多，大多为圈足，而 M3 出土铁釜为三足，比较少见。从器形上看，与呼和浩特市美岱村北魏墓葬出

1 辽宁省文物考古研究所、朝阳市博物馆、北票市文物管理所：《辽宁北票喇嘛洞墓地 1998 年发掘报告》，《考古学报》2004 年第 2 期。

2 内蒙古自治区文物考古研究所：《内蒙古乌审旗郭家梁村北朝墓葬发掘报告》，《华夏考古》2015 年第 6 期。

土铜釜[1]相近。辽宁北票喇嘛洞墓地出土1件，耳残，可能为环耳[2]（图5-3-39）。年代为三燕。辽宁北票西官营子乡北燕冯素弗墓出土3件，有铁提梁和铁盖[3]（图5-3-40，4）。此墓为北燕中期埋葬，公元415年左右。1901年2月10日，斯文·赫定的探险队在罗布泊北部的库鲁克山地区发现一件，肩部有小环耳[4]（图5-3-40，5）。辽宁朝阳七道泉子乡河首果园北魏中期墓出土1件，耳为宽板状半圆形，腹浅，腹底有圆柱，圈足宽高[5]（图5-3-40，6）。辽宁喀左草场乡于杖子遗址出土1件，耳为宽板状半圆形，腹稍浅，足有三镂孔，腹底有柱状突起[6]（图5-3-40，7）。年代为北魏统一北方的早期阶段。1986年，伊盟乌审旗北魏窖藏出土2件，其中1件为平沿，斜口，直腹圜底，下接镂孔圈足，口沿都有二对称鞍桥形直立方耳，器壁外近口沿处有一圈凸弦纹，未重合，耳部饰有交叉凸棱纹。口径37厘米、通高40厘米、足径19厘米[7]（图5-3-40，8）。山西大同迎宾大道北魏墓出土1件（M76：8），敛口，沿上相对铸两桥形提纽，深弧腹圜底，下接柱状把，底残缺。口径17.4厘米[8]（图5-3-40，9）。1994年，内蒙古准格尔旗二里半北魏墓[9]也有出土。

4. 器架

贵州平坝马场东晋南朝墓出土三足架3件、四足架7件。出土时上置铜釜。其中四足架1件（55：2b），高24.4厘米（图5-3-41，1）；三足架1件（42：27b），高24.3厘米[10]（图5-3-41，2）。湖南衡阳茶山坳晋墓出土三足架1件（M2：13），上为铁圈，下扁足外撇，足圈相接处有似臂向内伸出作为支底。径24.5厘米、高18厘米[11]（图5-3-41，3）。四川忠县涂井蜀汉崖墓出土三足架1件（M14：2），上为一铁圈，圈下附三条方形足，稍外撇。上部近圈处有三条臂伸向圆圈中央。径37.5厘米、高21.5厘米[12]（图5-3-41，5）。辽宁北票喇嘛洞墓地出土器架5件，形制相同，似为同一支架上的5个“撑托”部件[13]。

5. 勺

大同南郊北魏墓群出土1件（M225：11），勺面近似椭圆状，中间凹，最宽约4厘米；柄与勺呈垂直状。勺柄为一圆形铁管，中空，铁管孔内有朽木痕。柄

1 内蒙古文物工作队：《内蒙古呼和浩特美岱村北魏墓》，《文物》1962年第2期。
2 国家文物局：《1998年中国重大考古发现》，文物出版社，2000年。
3 黎瑶渤：《辽宁北票县西官营子北燕冯素弗墓》，《文物》1973年第3期。
4 斯文·赫定著，王安洪、崔延虎译：《罗布泊探秘》，新疆人民出版社，1997年9月第125—126、第128页。
5 尚晓波：《大凌河流域鲜卑文化双耳镂孔圈足釜及相关问题考》，《辽海文物学刊》1996年第1期。
6 尚晓波：《大凌河流域鲜卑文化双耳镂孔圈足釜及相关问题考》，《辽海文物学刊》1996年第1期。
7 卜扬武、程玺：《内蒙古地区铜（铁）鍑的发现及初步研究》，《内蒙古文物考古》1995年第Z1期。
8 大同市考古研究所：《山西大同迎宾大道北魏墓群》，《文物》2006年第10期。
9 魏坚：《内蒙古地区鲜卑墓葬的发现与研究》，科学出版社，2004年3月第205—207页。
10 贵州省博物馆考古组：《贵州平坝马场东晋南朝墓发掘简报》，《考古》1973年第6期。
11 衡阳市博物馆：《湖南衡阳茶山坳东汉至南朝墓的发掘》，《考古学报》1986年第12期。
12 四川省文物管理委员会：《四川忠县涂井蜀汉崖墓》，《文物》1985年第7期。
13 辽宁省文物考古研究所、朝阳市博物馆、北票市文物管理所：《辽宁北票喇嘛洞墓地1998年发掘报告》，《考古学报》2004年第2期。

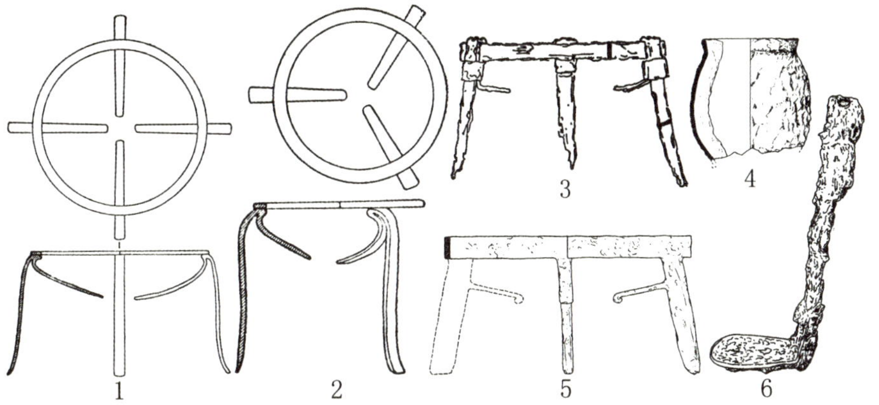

图 5-3-41　魏晋南北朝时期日用器皿（器架、勺等）
1、2、3、5. 器架（贵州平坝马场 55：2b、42：27b、湖南衡阳茶山坳 M2：13、四川忠县涂井 M14：2）
4. 罐（大同沙岭 M7：16）6. 勺（大同南郊 M225：11）

长约 14.5 厘米，直径约 1.7 厘米[1]（图 5-3-41，6）。

6. 罐

大同沙岭北魏壁画墓出土 1 件（M7：16），敞口，呈釜状。口径 9 厘米、残高 11 厘米，器物内壁包着厚约 1.5 厘米的白色泥土，毁坏严重[2]（图 5-3-41，4）。

另还出土有餐刀、餐叉[3]等日用器皿。

(二) 家用器具

魏晋南北朝家用器具主要有炉、火盆、灯、鐎斗等。

1. 炉

圆炉　炉身圆形，下附三足，由炉身与盛灰盘两部分构成。湖北襄阳樊城菜越三国早期墓出土 1 件（M1：159），由炉体和托盘组成。炉体为鼎形，折沿，弧腹下收，圜底，三个蹄形足。腹部有对称的两个环组，各衔圆形和长条形组成的六节链环。周壁有 8 个等距分布的长条形镂孔，底部有 7 个长条形镂孔。托盘为敞口，弧壁，平底，底部有三个蹄形足。炉口径 19.4 厘米、腹深 7.6 厘米，盘径 23.6 厘米、底径 12.5 厘米、盘深 2.8 厘米，通高 18.6 厘米[4]（图 5-3-43，1；图 5-3-42）。山东邹城西晋刘宝墓出土 2 件，形制大致相同。其中 M1：139，下为三足承盘，炉体方唇，弧腹，收底，沿下有两周凸棱弦纹，三兽足，腹下部有菱形镂孔，炉左右有对称双鼻。上系铁链和提梁。炉沿有三组龙首。炉径 17.4 厘米、盘径 21.5 厘米、炉通高 19 厘米[5]（图 5-3-43，2）。山西太原尖草坪西晋墓出土 1 件（T2000TGXJM25），全器由上炉下盘构成。盘浅腹，圜底，三足。炉平底，三足，炉的腹部和底部镂空。口沿内部饰三个耳，耳为龙形。腹外侧饰对称的两

1 山西大学历史文化学院等：《大同南郊北魏墓群》，科学出版社，2006 年 1 月。
2 大同市考古研究所：《山西大同沙岭北魏壁画墓发掘简报》，《文物》2006 年第 10 期。
3 甘肃省文物考古研究所：《敦煌祁家湾——西晋十六国墓葬发掘报告》，文物出版社，1994 年 10 月。
4 襄樊市文物考古研究所：《湖北襄樊樊城菜越三国墓发掘报告》，《考古学报》2013 年第 3 期。
5 山东邹城市文物局：《山东邹城西晋刘宝墓》，《文物》2005 年第 1 期。

耳，供系提链。出土时提链、提梁已脱落[1]（图5-3-43，4）。

方炉 河南新安西晋墓出土1件（M262：84），由炉身和底座组成。身正方形口，断面呈斗状，口沿下为两对铁环，每对铁环分别以提链相接，底有条形箅孔，八足。底座与炉身连为一体，方形浅盘，平底，四蹄形足。出土时炉内残存炭灰。炉身口长21.6厘米、底长15.6厘米、高15厘米、座长25.2厘米、高7.4厘米，通高19.6厘米[2]（图5-3-43，3）。

图5-3-42 圆炉（湖北襄樊樊城菜越三国墓M1：159）

2. 火盆

长沙新港晋墓出土1件（M1：6），敞口，尖唇外卷，平折沿，浅腹，平底，马蹄形实心足。口径93.2厘米、底径29.6厘米、高14厘米[3]（图5-3-43，5）。南京甘家巷前头山出土1件，内盛灰和木炭，下有三足，上置铜鐎斗。口径39.5厘米、高17厘米[4]（图5-3-43，6）。江西吉水城郊西晋墓出土1件（M2：14），盆形身，敞口，方唇，斜弧腹，三柱状足外撇，底有烟炱，应为实用器。口径29厘米、高14.8厘米[5]（图5-3-43，7）。南京仙鹤山出土1件（M5：22），敞口，斜直壁，平底，三蹄形足外撇。器底尚留有少量黑褐色炉渣。口径16.7厘米、高8厘米[6]（图5-3-43，8）。

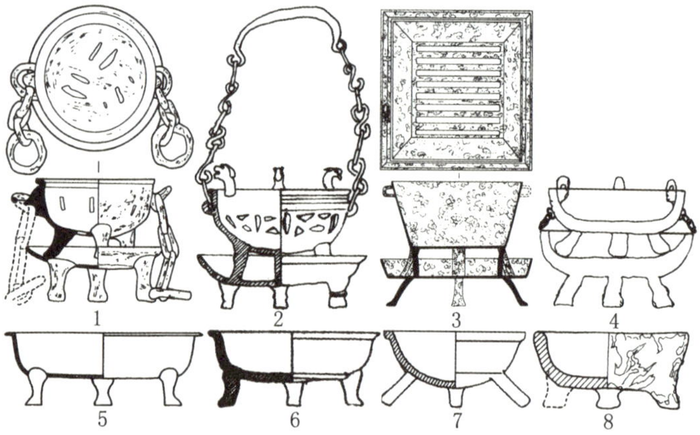

图5-3-43 魏晋南北朝时期家用器具（炉、火盆）

1、2、4. 圆炉（湖北襄樊樊城M1：159、山东邹城刘宝墓M1：139、太原尖草坪T2000TGXJM25）3. 方炉（河南新安西晋墓M262：84）5~8. 火盆（长沙新港晋墓M1：6、南京甘家巷前头山、江西吉水西晋墓M2：14、南京仙鹤山M5：22）

3. 灯

形制多样，可分为豆形灯、行灯等。

豆形灯 器形如豆，由灯盘、竖柄和灯座构成。根据柄部、底座特征分为

1 太原市文物考古研究所：《太原市尖草坪西晋墓》，《文物》2003年第3期。

2 洛阳市文物工作队：《河南新安西晋墓（C12M262）发掘简报》，《文物》2004年第12期。

3 长沙市文物考古研究所：《长沙市新港晋墓的清理》，《考古》2003年第5期。

4 金琦：《南京甘家巷和童家山六朝墓》，《考古》1963年第6期。

5 江西省文物考古研究所、吉水县博物馆：《江西吉水城郊2号西晋墓》，《文物》2001年第2期。

6 南京市博物馆、南京师范大学文物与博物馆学系：《南京仙鹤山孙吴、西晋墓》，《文物》2007年第1期。

三型。

A型：细直柄。山西大同迎宾大道北魏墓群出土1件（M19：32），灯碗近钵形，斜尖唇，直腹，碗心立柱，灯底圆柱插座接截面为方形的灯柱，喇叭形圆底座，侧壁绕圈镂孔。灯碗直径10厘米、底座直径9~18厘米、通高78.2厘米[1]（图5-3-44；图5-3-46，1）。洛阳厚载门西晋晚期墓出土2件，形制相近，为半球形，漏斗状。其中CM3033：37，口径8厘米、高10厘米[2]（图5-3-46，6）。

图5-3-44　A型豆形灯（山西大同迎宾大道北魏墓群M19：32）

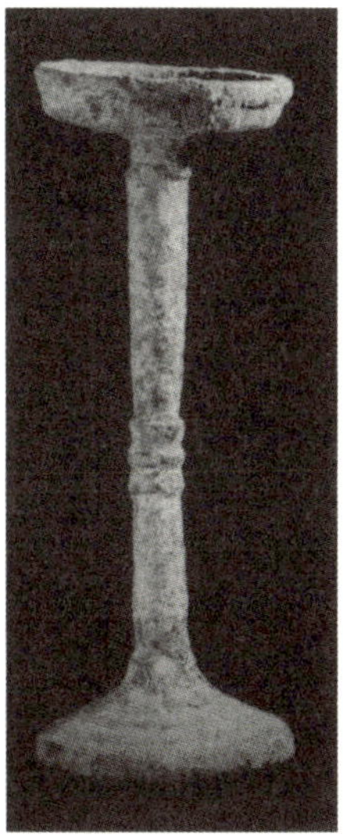

图5-3-45　B型豆形灯（洛阳曹魏正始八年墓35：1）

B型：竹节状柄或柄中部凸出。洛阳曹魏正始八年墓出土1件（35：1），灯盘侈口，平底，灯柄为实心圆柱，灯座喇叭形，外部有凹凸的弦纹。高44厘米[3]（图5-3-45）。河南洛阳东晋窖藏出土5件。其中4件盘作斜直壁平底，折棱明显，盘中心有圆锥形尖突。圆柱，有凸棱。喇叭形底座。灯盘径分别为17、17、12、10厘米，底径分别为22、20、13、11厘米，高分别为61、49、27.5、9.5厘米（图5-3-46，2）。另1件带鋬，平底盘，短圆柱，喇叭形座。盘沿有一外折的长条形鋬。盘径11.4厘米、底径11厘米、高13厘米[4]（图5-3-46，5）。湖北襄阳樊城菜越三国早期墓出土1件（M1：185），敞口，浅折盘，高直柄，覆碗状座。盘径15.6厘米、座径17.8厘米、高44厘米[5]（图5-3-46，3）。山东临沂洗砚池晋墓出土1件（M1西：66），高柄豆形，浅盘，盘内中有一高1厘米的锥形灯芯。细高直柄，中间有凸棱，圈足残缺。盘径16.3厘米、残高38.5厘米[6]（图5-3-46，4）。年代为西晋晚期或东晋早期。洛阳16工区曹魏墓出土1件，中有实心圆柱，涡底，灯盘口向外侈。通高44厘米[7]。鄂城六朝墓出土1件（M2215：28），出自吴墓，尚可看出其全形为上有圆形平底的灯盘，盘中央残存插烛用的尖头针钎，中有细而高的承柱，下为直径较大的承盘[8]。

C型：灯座为托盘。浙江安吉天子岗三国末西晋初墓出土1件（M3：30），灯盘直口折腹，圆柱，柱中段斜置一圆形把，底盘侈口浅腹，盘下有三个乳钉状

1 大同市考古研究所：《山西大同迎宾大道北魏墓群》，《文物》2006年第10期。
2 洛阳市文物工作队：《洛阳厚载门西晋墓发掘简报》，《文物》2009年第11期。
3 洛阳市文物工作队：《洛阳曹魏正始八年墓发掘报告》，《考古》1989年第4期。
4 程永建、赵振华：《河南洛阳市发现东晋窖藏》，《考古》1996年第9期。
5 襄樊市文物考古研究所：《湖北襄樊樊城菜越三国墓发掘报告》，《考古学报》2013年第3期。
6 山东省文物考古研究所、临沂市文化局：《山东临沂洗砚池晋墓》，《文物》2005年第7期。
7 李宗道、赵国璧：《洛阳16工区曹魏墓清理》，《考古》1958年第7期。
8 南京大学历史系考古专业等编著：《鄂城六朝墓》，科学出版社，2007年9月。

足。灯盘口径12.3厘米、底盘口径23厘米、通高19.2厘米[1]（图5–3–46，7）。

行灯 三足盘形，一侧伸出把柄。河南洛阳东晋窖藏出土1件，盘敞口，直壁，平底。盘外附一扁平圆鋬。盘径12.3厘米、高3.5厘米[2]（图5–3–46，8）。成都扬子山晋代砖墓出土1件，体圆三足，有柄已残，盘中有一锥可以植烛[3]（图5–3–46，9）。敦煌晋墓出土1件，圆盏，三扁足，一扁把残[4]。

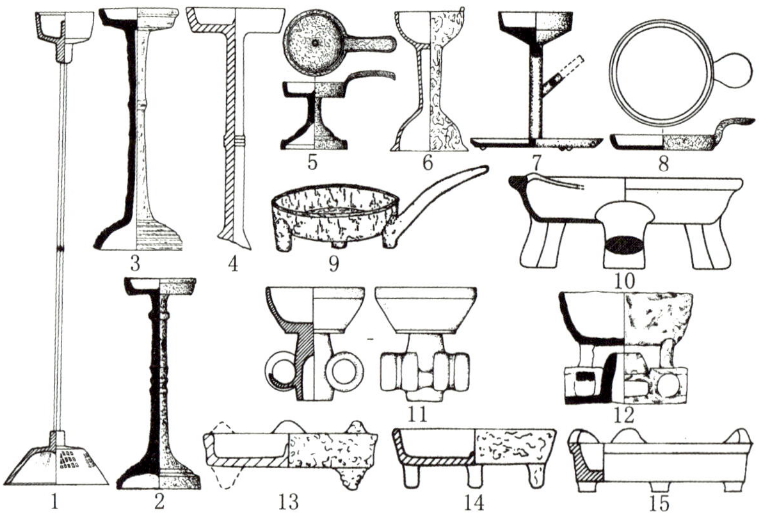

图5–3–46 魏晋南北朝时期铁灯

1、6.A型豆形灯（山西大同迎宾大道M19：32、洛阳厚载门CM3033：37）2~5.B型豆形灯（河南洛阳东晋窖藏、湖北襄樊樊城M1：185、山东临沂洗砚池M1西：66、河南洛阳东晋窖藏）7.C型豆形灯（浙江安吉天子岗M3：30）8、9.行灯（河南洛阳东晋窖藏、成都扬子山晋代砖墓）10、13~15.烛台（灯台）（浙江宁波蜈蚣岭M1：1、河南荥阳M3：9、洛阳谷水晋墓M5：48、河南焦作M1：10）11、12.特殊形制的灯（山西大同迎宾大道M73：1、大同七里村M4：1）

烛台（灯台） 圆形浅盘，下附三足。浙江宁波蜈蚣岭吴晋纪年墓出土1件（M1：1），圆唇，口沿外突，斜弧腹，平底，三蹄足。沿面向内安一铜质灯芯管，已残。口径40厘米、底径29.4厘米、高15.6厘米[5]（图5–3–46，10）。年代为东吴后期，为公元260年左右。河南荥阳西晋中晚期墓出土1件（M3：9），圆形，口微侈，圆唇，浅腹，平底，口沿等距有3个乳状小纽，器底有3个乳状足。内底设锥，用以插烛。口径11厘米、高4.2厘米[6]（图5–3–46，13）。洛阳谷水晋墓出土1件（M5：48），圆形灯盘，敞口，圆唇，浅腹，盘中心有直径0.3厘米、高0.3厘米的灯钎，下附三柱形足。口径10厘米、高3.5厘米[7]（图5–3–46，14）。河南焦作山阳北路西晋墓出土1件（M1：10），圆形，敞口，斜直壁，平底，下设三足。沿上有半圆形耳3个。口径4.5厘米、通高1.8厘米[8]（图5–3–46，15）。

此外，还有形制较特殊的铁灯。山西大同迎宾大道北魏墓群出土1件（M73：1），灯碗呈钵形，尖圆唇，斜弧腹，平底，圆柱形柄，柄上铸四个短铁管，铁管中部内凹。灯碗口径8.4厘米、通高9.6厘米[9]（图5–3–46，11）。大同七里村北

1 安吉县博物馆程亦胜：《浙江安吉天子岗汉晋墓》，《文物》1995年第6期。

2 程永建、赵振华：《河南洛阳市发现东晋窖藏》，《考古》1996年第9期。

3 沈仲常：《成都扬子山的晋代砖墓》，《文物参考资料》1955年第7期。

4 敦煌文物研究所考古组：《敦煌晋墓》，《考古》1974年第6期。

5 宁波市文物考古研究所、宁波市鄞州区文物管理委员会办公室：《浙江宁波市蜈蚣岭吴晋纪年墓葬》，《考古》2008年第11期。

6 郑州市文物考古研究院：《河南荥阳晋墓、唐墓发掘简报》，《文物》2009年第9期。

7 洛阳市第二文物工作队：《洛阳谷水晋墓（FM5）发掘简报》，《文物》1997年第9期。

8 焦作市文物工作队：《河南焦作山阳北路西晋墓发掘简报》，《文物》2011年第9期。

9 大同市考古研究所：《山西大同迎宾大道北魏墓群》，《文物》2006年第10期。

图 5-3-47 鐎斗（江西瑞昌马头西晋墓出土）

图 5-3-48 鐎斗（浙江衢县街路村西晋墓出土）

魏墓群出土1件（M4：1），铸造，圆形灯盘，底面较平，四根圆铁棍构成四方形柄，底座为两根横置的铸铁管和四根圆铁柄相连，为便于稳固，底座中部铸一节短粗的铸管。盘径11厘米、底边长9.9厘米、高8厘米[1]（图5-3-46，12）。

4. 鐎斗

这一时期的鐎斗大多为龙首把柄。江西瑞昌马头西晋墓出土1件，龙首弧柄，宽侈唇，直腹，长条形三足。口径19厘米、高16厘米[2]（图5-3-47）。浙江衢县街路村西晋墓出土1件，侈口，圜底，折腹，三足方锥形微弯。器侧有龙首把柄。口径17厘米、高15厘米[3]（图5-3-48）。鄂城六朝墓出土2件，皆出自吴墓。其中M1006：1，斜柄，盘口，圜底。柄长11.2厘米、复原口径约16厘米（图5-3-49，1）。M2162：18，曲柄，盆口，圜底，三足残缺。口径12.6厘米、腹身约5厘米[4]（图5-3-49，2）。重庆忠县大坟坝六朝墓葬出土1件（M2：3），盆形，龙首状把手。口径15.6厘米、通高19.4厘米、口至足部高11厘米[5]（图5-3-49，3）。浙江嵊县大塘岭东吴墓也出土有铁鐎斗[6]。

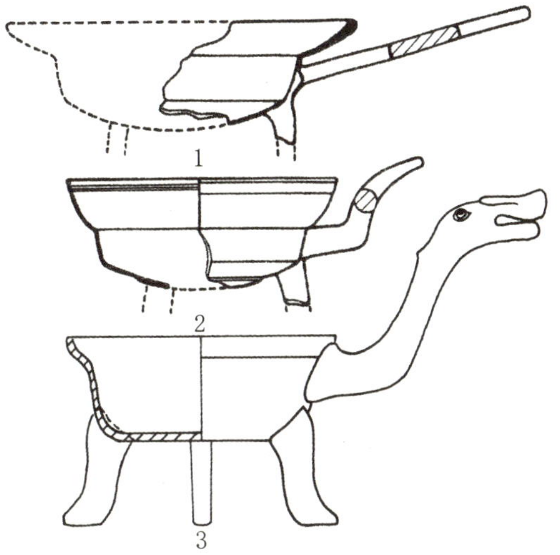

图 5-3-49 魏晋南北朝时期铁鐎斗
1~3.（鄂城六朝墓M1006：1、M2162：18、重庆忠县大坟坝M2：3）

（三）妆严用具

妆严用具有镜、带具、镊、簪、钏等。

1 大同市考古研究所：《山西大同七里村北魏墓群发掘简报》，《文物》2006年第10期。
2 江西省博物馆：《江西瑞昌马头西晋墓》，《考古》1974年第1期。
3 衢县文化馆：《浙江衢县街路村西晋墓》，《考古》1974年第6期。
4 南京大学历史系考古专业等：《鄂城六朝墓》，科学出版社，2007年9月。
5 北京大学考古文博学院：《重庆忠县大坟坝六朝墓葬发掘报告》，《东南文化》2005年第4期。
6 嵊县文管会：《浙江嵊县大塘岭东吴墓》，《考古》1991年第3期。

1. 镜

铁镜最早出现于东汉早期[1]，流行于六朝，特别是在曹魏和西晋时期的北方盛极一时。铁镜在曹魏时期属于中高档的日常生活物品[2]，主要有属夔凤镜，有的用金银错出花纹，显得十分华丽。曹操《上杂物疏》中提到的御用之物就有尺二寸金错、纯银错七寸的铁镜。西晋时铁镜继续流行。在洛阳的西晋墓中，铁镜的出土量仅次于“位至三公镜”的内行花纹镜。

图 5-3-50　铁镜（湖北襄樊樊城菜越三国墓 M1：97）

据不完全统计，迄今为止，陕西、山西、山东、辽宁、河南、河北、江苏、湖南、湖北、广东、安徽、甘肃、新疆等地区出土魏晋南北朝时期的铁镜 160 余枚。铁镜绝大多数出于墓葬，随葬习俗基本与铜镜相同，形制与铜镜基本一致。这一时期的铁镜均呈圆形，镜面微凸，扁圆纽，多数直径为 10~20 厘米，厚 0.2~0.5 厘米。最小巧的铁镜出土于洛阳厚载门街西晋墓 M3034，直径仅 5 厘米[3]。最大的铁镜出土于北燕太平七年（415 年）的北票冯素弗墓，直径达 27 厘米。铁镜表面饰铸纹，错金银。

这一时期的铁镜主要装饰柿蒂纹（北票冯素弗墓[4]）、流云纹（北票冯素弗墓、朝阳崔遹墓）、连弧纹（湖北襄阳樊城菜越三国墓[5]）、连弧纹加卷云纹（江苏江宁县下坊村[6]）、连弧纹加花草纹（咸阳文林小区前秦朱氏家族墓[7]）等，也有素面铁镜。

出土铁镜较为集中的如鄂城六朝墓葬共出土铁镜 14 面，皆出自西晋墓葬，因出土时锈蚀严重，大多实物已不存，仅有简略的文字记录。从残存 3 件可辨纹饰的铁镜来看，均为魏晋时期常见的柿蒂夔凤纹镜[8]。

魏晋时期，北方地区是铁镜流行的主要区域，空间分布上相对集中于黄河流域，尤以洛阳为多。西晋虽然建立了统一的北方政权，但代之的三国争雄，阻断南北之间的经济交流，严重影响了主要依赖南方铜料的铜镜铸造业。北方地区铁工业发达，早在汉代就开发出日产吨铁的大型高炉，具备以铁料代替铜料铸造生活用镜的生产条件与优势。

铁镜的照鉴效果难以比美铜镜，故有《九国志》说“蜀王宋寿得铁镜晦不可

1 韦正：《魏晋南北朝考古》，北京大学出版社，2013 年 6 月第 350 页。
2 全洪：《试论东汉魏晋南北朝时期的铁镜》，《考古》1994 年第 12 期。
3 洛阳市文物工作队：《洛阳厚载门街西晋墓发掘简报》，《文物》2009 年第 11 期。
4 刘宁、刘博：《北燕冯素弗墓出土的铁镜》，《辽宁省博物馆馆刊》，辽海出版社，2011 年。
5 襄樊市文物考古研究所：《湖北襄樊樊城菜越三国墓发掘报告》，《考古学报》2013 年第 3 期。
6 南京市博物馆、江宁县文管会：《江苏江宁县下坊村东晋墓的清理》，《考古》1998 年第 8 期。
7 咸阳市文物考古研究所：《陕西咸阳市文林小区前秦朱氏家族墓的发掘》，《考古》2005 年第 4 期。
8 南京大学历史系考古专业等：《鄂城六朝墓》，科学出版社，2007 年 9 月。

靓”之说[1]，铁镜的外观及内部也有许多局限和不足，更有易锈不易存放的缺点。不过在缺乏铜镜生产资料的大背景下，以铁代铜也是不得已而为之的选择，但铁镜的发展之路却出乎意料，在北方地区逐渐变成了一种时尚用品，并盛极一时[2]。

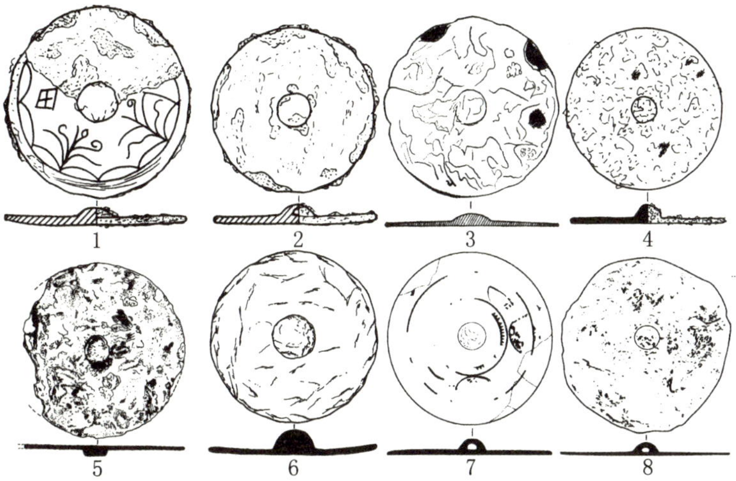

图 5-3-51 魏晋南北朝时期铁镜
1~8.（陕西咸阳 M69：7、M140：1、广州下塘狮 M6：4、洛阳吉利 M2503：7、辽宁北票喇嘛洞 M196：7、山西大同 M15：2、湖北襄樊 M1：81、M1：114）

铁镜的使用层面似乎也比较狭窄，仅流行于官僚阶层和上流社会，出土的铁镜中除金银错镜这类高级品外，不少铁镜有漆盒、铜盒装盛，还有丝织物或镜囊包裹。曹操曾用铁镜馈赠皇家[3]。由此可见，部分铁镜作为商品售销外，有部分在官僚阶层相互赠送、收藏。

陕西咸阳文林小区前秦朱氏家族墓出土 5 件，镜面微凹，圆纽。其中 M69：7，宽平素缘。缘内为几组连弧纹，内为花草纹，能辨识的图案有两组，从镜面布局分析应有四组。花草纹中间有一个“田”字。直径 14.7 厘米、厚 0.5 厘米（图 5-3-51，1）。M140：1，圆纽，镜面微凸，素面。直径 12.9 厘米、厚 0.5 厘米[4]（图 5-3-51，2）。年代为十六国时期。广州下塘狮带岗东晋墓出土 1 件（M6：4），圆形，半球形纽，扁平缘，镜体较薄。因锈蚀严重，有无纹饰不详。镜面有丝织物包裹痕。直径 15.5 厘米、纽径 2.5 厘米、厚 0.2 厘米[5]（图 5-3-51，3）。洛阳吉利济涧北魏墓出土 1 件（M2503：7），圆形。中部有一半球形纽。直径 14.1 厘米、纽径 2.2 厘米、厚 0.5 厘米[6]（图 5-3-51，4）。辽宁北票喇嘛洞墓地出土 1 件（M196：7），略残，圆形，圆饼状纽。素面。直径 10.6 厘米、厚 0.2 厘米、纽径 1.5 厘米、高 0.4 厘米[7]（图 5-3-51，5）。山西大同沙岭新村北魏墓出土 2 件，其中 M15：2，圆形，镜面微凸，镜周稍薄，镜背面中部有一直径 3 厘米的半圆形纽，直径 17 厘米[8]（图 5-3-51，6）。湖北襄樊樊城菜越三国早期墓出土 3 件，圆形。其中 M1：81，半球形纽，圆纽座。纽座有一周锯齿纹，外为内向连弧纹，纹饰上

1 引自《中文大辞典》，中文大辞典编纂委员会编纂，中国文化研究所印行，台湾，1968 年。
2 徐苹芳：《三国两晋南北朝的铜镜》，《考古》1984 年第 6 期。
3 《太平御览》卷七一七《服用部・镜条》。
4 咸阳市文物考古研究所：《陕西咸阳市文林小区前秦朱氏家族墓的发掘》，《考古》2005 年第 4 期。
5 广州市文物管理委员会：《广州市下塘狮带岗晋墓发掘简报》，《考古》1996 年第 1 期。
6 洛阳市文物考古研究院：《洛阳吉利济涧北魏墓发掘简报》，《文物》2015 年第 4 期。
7 辽宁省文物考古研究所、朝阳市博物馆、北票市文物管理所：《辽宁北票喇嘛洞墓地 1998 年发掘报告》，《考古学报》2004 年第 2 期。
8 大同市考古研究所：《山西大同沙岭新村北魏墓地发掘简报》，《文物》2014 年第 4 期。

鎏金。直径 16.5 厘米（图 5-3-51，7）。M1：114，出土时背面有竹篾编织物腐朽痕，半球形纽，素面。直径 16.8 厘米（图 5-3-51，8）。M1：97，纽残，素面。直径 7.2 厘米[1]（图 5-3-50）。

出土铁镜的还有新疆库车友谊路魏晋十六国墓葬[2]、山东临沂洗砚池晋墓[3]、北京顺义西晋墓[4]、山西大同迎宾大道北魏墓[5]、山西大同恒安北魏墓[6]、山西大同文瀛路北魏壁画墓[7]、大同雁北师院北魏墓[8]、大同南郊北魏墓[9]、大同齐家坡北魏墓[10]、河南洛阳吉利区北魏墓[11]、河南孟津刘家井村西晋早中期墓[12]、河南安阳固岸墓地Ⅱ区东魏晚期墓[13]、洛阳春都路西晋墓[14]、洛阳孟津朱仓北魏墓[15]、洛阳晋墓[16]、洛阳吉利晋中晚期墓[17]、洛阳华山路西晋中期墓[18]、洛阳厚载门街西晋中期墓[19]、洛阳孟津朱仓西晋墓[20]、洛阳孟津大汉冢西晋围沟墓[21]、河北赞皇北魏李翼夫妇墓[22]、河北赞皇北魏李仲胤夫妇墓[23]、辽阳上王家村晋代壁画墓[24]、宁夏固原北魏墓[25]、湖南安乡西晋刘弘墓、江苏南京富贵山六朝墓[26]、江苏江宁下坊村东晋墓[27]、江苏宜兴

1 襄樊市文物考古研究所：《湖北襄樊樊城菜越三国墓发掘报告》，《考古学报》2013 年第 3 期。
2 新疆文物考古研究所：《新疆库车友谊路魏晋十六国墓葬 2007 年发掘》，《文物》2013 年第 12 期；新疆文物考古研究所：《新疆库车友谊路魏晋十六国墓葬2010年发掘报告》，《考古学报》2015年第4期。
3 山东省文物考古研究所、临沂市文化局：《山东临沂洗砚池晋墓》，《文物》2005 年第 7 期。
4 北京市文物工作队：《北京市顺义县大营村西晋墓葬发掘简报》，《文物》1983 年第 10 期。
5 大同市考古研究所：《山西大同迎宾大道北魏墓群》，《文物》2006 年第 10 期。
6 大同市考古研究所：《山西大同恒安街北魏墓（11DHAM13）发掘简报》，《文物》2015 年第 1 期。
7 大同市考古研究所：《山西大同文瀛路北魏壁画墓发掘简报》，《文物》2011 年第 12 期。
8 大同市考古研究所：《大同雁北师院北魏墓群》，文物出版社，2008 年 1 月。
9 山西大学历史文化学院等：《大同南郊北魏墓群》，科学出版社，2006 年 1 月。
10 王银田、韩生存：《大同市齐家坡北魏墓发掘简报》，《文物季刊》1995 年第 1 期。
11 洛阳市文物工作队：《河南洛阳市吉利区两座北魏墓的发掘》，《考古》2011 年第 9 期。
12 洛阳市文物考古研究院王炬等：《河南孟津县刘家井村西晋墓的发掘》，《考古》2014 年第 10 期。
13 河南省文物管理局南水北调文物保护办公室、河南省文物考古研究所：《河南安阳市固岸墓地Ⅱ区 51 号东魏墓》，《考古》2008 年第 5 期。
14 洛阳市第二文物工作队：《洛阳春都路西晋墓发掘简报》，《文物》2000 年第 10 期。
15 洛阳市文物考古研究院：《洛阳孟津朱仓北魏墓》，《文物》2012 年第 12 期。
16 河南省文化局文物工作队第二队：《洛阳晋墓的发掘》，《考古学报》1957 年第 3 期。
17 洛阳市文物工作队：《洛阳吉利区西晋墓发掘简报》，《文物》2010 年第 8 期。
18 洛阳市第二文物工作队：《洛阳华山路西晋墓发掘简报》，《文物》2006 年第 12 期。
19 洛阳市文物工作队：《洛阳厚载门街西晋墓发掘简报》，《文物》2009 年第 11 期。
20 洛阳市文物考古研究院：《洛阳孟津朱仓西晋墓》，《文物》2012 年第 12 期。
21 洛阳市第二文物工作队：《洛阳孟津大汉冢西晋围沟墓发掘简报》，《文物》2011 年第 9 期。
22 中国社会科学院考古研究所河北工作队：《河北赞黄县北魏李翼夫妇墓》，《考古》2015 年第 12 期。
23 中国社会科学院考古研究所河北工作队：《河北赞皇县北魏李仲胤夫妇墓发掘简报》，《考古》2015 年第 8 期。
24 李庆发：《辽阳上王家村晋代壁画墓清理简报》，《文物》1959 年第 7 期。
25 固原县文物工作站：《宁夏固原北魏墓清理简报》，《文物》1984 年第 6 期。
26 南京市博物馆、南京市玄武区文化局：《江苏南京市富贵山六朝墓地发掘简报》，《考古》1998 年第 8 期。
27 南京市博物馆、江宁县文管会：《江苏江宁县下坊村东晋墓的清理》，《考古》1998 年第 8 期。

晋墓[1]、南京老虎山晋墓[2]、南京吕家山东晋李氏家族墓[3]、南京郭家山东晋早期温氏家族墓[4]、南京人台山东晋兴之夫妇墓[5]、南京仙鹤观东晋早期墓[6]、南京北郊东晋墓[7]、南京象山东晋墓[8]、四川昭化宝轮镇南北朝时期崖墓[9]等。

部分出土铁镜的墓葬往往还同时出土步摇冠构件[10]、钗[11]等装饰用具。

2. 带具

带具目前主要发现有带扣，带扣根据扣环形制可分为两型。

A 型：扣身总体形状为近圆形或亚腰形，一端有横鼻。内蒙古陈巴尔虎旗完工古墓出土 4 件，其中 M2：25 ①为圆环形（图 5-3-53，5）。M2：27 ①为长方形[12]（图 5-3-53，9）。西安洪庆北朝隋家族迁葬墓出土 1 件（M7：11），扣环椭圆形，扣针略弯。长径 3 厘米、短径 2 厘米[13]（图 5-3-53，6）。大同南郊北魏墓群出土 1 件（M140：10），由扣环、扣针、扣身组成，因锈蚀，连接方法不清，扣环呈扁椭圆形，扣针搭于环另一边，扣身呈长方形，铁片为双层。扣身长 7.2 厘米、宽 1.5 厘米、全长 8.7 厘米[14]（图 5-3-53，7；图 5-3-52）。湖北襄阳樊城菜越三国早期墓出土 1 件（M1：205），残长 2.8 厘米、宽 2.2 厘米[15]（图 5-3-53，8）。

B 型：扣环整体形状呈 U 形，在开口一侧装一横轴，以固定扣舌。辽宁北票喇嘛洞墓地出土 19 件，均为锻制，矩形框，上有卡针。其中 M196：35，长 5.3 厘米、宽 4.8 厘米、卡针长 5.2 厘米[16]（图 5-3-53，10）。

图 5-3-52　A 型带扣（大同南郊北魏墓群 M140：10）

3. 镊

广西合浦岭脚村三国墓出土 1 件（M4：103），状若现今的小夹子，两股同长，顶部弯曲后黏合在一起，出土时与两枚铜钱黏结在一

1 南京博物院：《江苏宜兴晋墓的第二次发掘》，《考古》1977 年第 3 期。
2 南京市文物保管委员会：《南京老虎山晋墓》，《考古》1959 年第 6 期。
3 南京市博物馆：《南京吕家山东晋李氏家族墓》，《文物》2000 年第 7 期。
4 南京市博物馆：《南京市郭家山东晋温氏家族墓》，《考古》2008 年第 6 期。
5 南京市文物保管委员会：《南京人台山东晋兴之夫妇墓发掘报告》，《文物》1965 年第 6 期。
6 南京市博物馆：《江苏南京仙鹤观东晋墓》，《文物》2001 年第 3 期。
7 南京市博物馆：《南京北郊东晋墓发掘简报》，《考古》1983 年第 4 期。
8 南京市文物保管委员会：《南京象山东晋王丹虎墓和二、四号墓发掘简报》，《文物》1965 年第 10 期。
9 沈仲常：《四川昭化宝轮镇南北朝时期的崖墓》，《考古学报》1959 年第 2 期。
10 中国社会科学院考古研究所河北工作队：《河北赞皇县北魏李仲胤夫妇墓发掘简报》，《考古》2015 年第 8 期。
11 甘肃省文物考古研究所：《敦煌祁家湾——西晋十六国墓葬发掘报告》，文物出版社，1994 年 10 月。
12 内蒙古自治区文物工作队：《内蒙古陈巴尔虎旗完工古墓清理简报》，《考古》1965 年第 6 期。
13 陕西省考古研究所：《西安洪庆北朝隋家族迁葬墓地》，《文物》2005 年第 10 期。
14 山西大学历史文化学院等：《大同南郊北魏墓群》，科学出版社，2006 年 1 月。
15 襄樊市文物考古研究所：《湖北襄樊樊城菜越三国墓发掘报告》，《考古学报》2013 年第 3 期。
16 辽宁省文物考古研究所、朝阳市博物馆、北票市文物管理所：《辽宁北票喇嘛洞墓地 1998 年发掘报告》，《考古学报》2004 年第 2 期。

起。长6.2厘米、带宽0.2厘米[1]（图5-3-53，1）。广西贵港马鞍岭梁君垌西晋墓出土1件（M11：扰15），用扁铁条对折成两股，两股同长。长11.4厘米、中宽1厘米[2]（图5-3-53，2）。辽阳三道壕西晋墓出土1件，琵琶形，双股，刃端呈椭圆形，柄端方形，中间一道铁箍，可以上下松紧。残长15.8厘米[3]。浙江武义陶器厂三国墓出土1件，全长9厘米[4]。

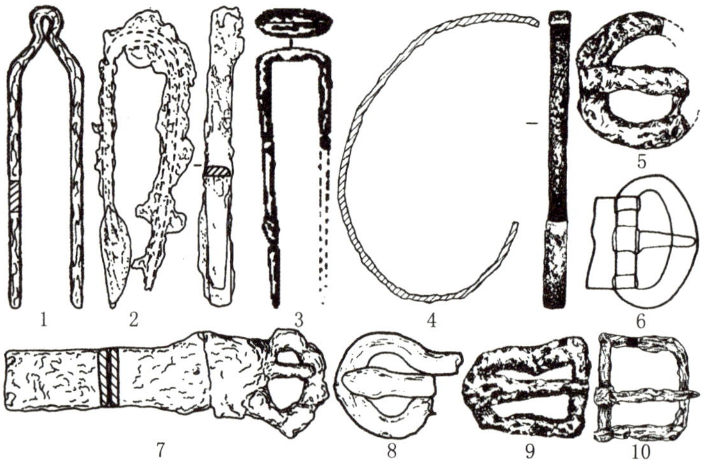

图5-3-53 魏晋南北朝时期妆严用具（带具、镊、簪等）
1、2.镊（广西合浦M4：103、广西贵港M11：扰15）3.簪（深圳南头南红M11：3）4.钏（黑龙江友谊凤林城址F34：23）5~9.A型带扣（内蒙古陈巴尔虎旗M2：25①、西安洪庆M7：11、大同南郊M140：10、湖北襄樊M1：205、内蒙古陈巴尔虎旗M2：27①）10.B型带扣（辽宁北票喇嘛洞M196：35）

4. 簪

深圳南头东晋墓出土叉形簪1件（南红M11：3），呈"门"字形，长6.5厘米、宽1.2厘米[5]（图5-3-53，3）。敦煌祁家湾出土1件（M219：25），锥状，残长约8厘米、径约0.2厘米[6]。

5. 钏

黑龙江友谊凤林城址出土1件（F34：23），整体近似"C"形，体细薄，两端平直。最大径7.4厘米、宽0.5厘米[7]（图5-3-53，4）。年代为魏晋十六国时期。

（四）缝织器具

缝织器具主要有剪、针和铁轴纺轮等。

剪 魏晋南北朝时期的铁剪主要有交股剪和直股剪两种，其中一种较小的直股剪，可能为"发剪"。

A型：交股剪。系用一整块铁条弯折而成，两端为刀体，中部弯折成把柄，两股相交。两刃相向，利用把柄的弹性开合，部分铁剪有轴钉。湖南郴州晋墓出

1 广西壮族自治区文物工作队、合浦县博物馆：《广西合浦县岭脚村三国墓发掘报告》，《广西考古文集》（第二辑），科学出版社，2006年1月。

2 广西文物保护与考古研究所、贵港市博物馆：《广西贵港马鞍岭梁君垌汉至南朝墓发掘报告》，《考古学报》2014年第1期。

3 辽阳博物馆：《辽阳市三道壕西晋墓清理简报》，《考古》1990年第4期。

4 金华地区文管会、武义县文管会：《浙江武义陶器厂三国墓》，《考古》1981年第4期。

5 古运泉等：《深圳市南头东晋南朝隋墓发掘简报》，《深圳考古发现与研究》，文物出版社，1994年第6月。

6 甘肃省文物考古研究所：《敦煌祁家湾——西晋十六国墓葬发掘报告》，文物出版社，1994年10月。

7 黑龙江省文物考古研究所：《黑龙江友谊凤林城址2000年发掘报告》，《考古学报》2013年第4期。

土 1 件（M3：20），直背直刃，刀后双股交叉，尾部相连成环形。残长 18.8 厘米[1]（图 5-3-54，1）。大同雁北师院北魏墓出土 1 件（M12：2），由一根铁条弯曲锻打而制，两股交叉。下半部手握处横截面为圆形，直径 0.7 厘米。剪刀上部横截面近似三角形，最宽处 1.95 厘米，其中一股残。

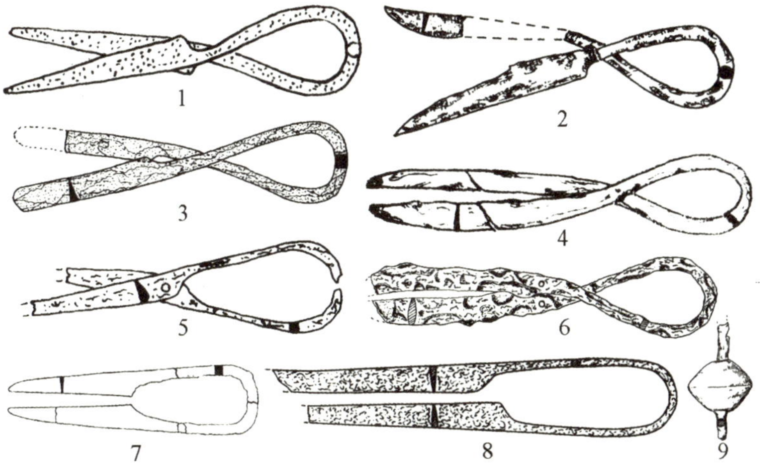

图 5-3-54 魏晋南北朝时期缝织器具（剪、铁轴纺轮）
1~6.A 型剪（湖南郴州 M3：20、大同雁北师院 M12：2、洛阳孟津 M1：8、河南偃师 M926：2、湖南耒阳 M1：2、大同南郊 M23：9）7、8.B 型剪（河南卫辉 M18：13、四川什邡 M3：6）9. 铁轴纺轮（广东和平 HLM2：14）

长约 20 厘米[2]（图 5-3-54，2）。洛阳孟津朱仓北魏墓出土 1 件（M1：8），通长 18.9 厘米[3]（图 5-3-54，3）。河南偃师杏园村北魏墓出土 1 件（M926：2），长 24 厘米[4]（图 5-3-54，4）。湖南耒阳白洋渡南朝墓出土 1 件（M1：2），剪口外厚内薄起刃，股较长，断面为圆形，剪叶前部已残。残长 14 厘米[5]（图 5-3-54，5）。大同南郊北魏墓出土 1 件（M23：9），用一根铁条交股弯曲而成，残长 18.5 厘米。手柄处铁条截面呈四棱状，厚 0.48 厘米，宽 0.63 厘米。剪刀尖部已残，最宽处 1.77 厘米，最厚处约 0.45 厘米[6]（图 5-3-54，6）。福建建瓯东峰村南朝晚期墓[7]（图 5-3-55）、四川绵阳涪城区园艺高柏梁两晋时期崖墓[8]（图 5-3-56）、南京仙鹤观东晋墓[9]、临淄北朝崔氏墓[10]、山西大同迎宾大道北魏墓[11]、宁夏固原北魏墓[12]、南京象山东晋墓[13]、洛阳孟津朱仓西晋墓[14]、洛阳华山路西晋中期墓[15]、贵州平

1 郴州地区文物工作队：《湖南郴州晋墓》，《东南文化》1991 年第 5 期。
2 大同市考古研究所：《大同雁北师院北魏墓群》，文物出版社，2008 年 1 月。
3 洛阳市文物考古研究院：《洛阳孟津朱仓北魏墓》，《文物》2012 年第 12 期。
4 中国社会科学院考古研究所河南二队：《河南偃师县杏园村的四座北魏墓》，《考古》1991 年第 9 期。
5 衡阳市文物处、耒阳市文物局：《湖南耒阳白洋渡汉晋南朝墓》，《考古学报》2008 年第 4 期。
6 山西大学历史文化学院等：《大同南郊北魏墓群》，科学出版社，2006 年 1 月。
7 厦门大学历史系考古专业、南平市博物馆：《福建建瓯市东峰村六朝墓》，《考古》2015 年第 9 期。
8 绵阳博物馆、成都文物考古研究所：《绵阳崖墓》，文物出版社，2015 年 12 月第 218 页。
9 南京市博物馆：《江苏南京仙鹤观东晋墓》，《文物》2001 年第 3 期。
10 山东省文物考古研究所：《临淄北朝崔氏墓》，《考古学报》1984 年第 4 期。
11 大同市考古研究所：《山西大同迎宾大道北魏墓群》，《文物》2006 年第 10 期。
12 固原县文物工作站：《宁夏固原北魏墓清理简报》，《文物》1984 年第 6 期。
13 南京市文物保管委员会：《南京象山东晋王丹虎墓和二、四号墓发掘简报》，《文物》1965 年第 10 期。
14 洛阳市文物考古研究院：《洛阳孟津朱仓西晋墓》，《文物》2012 年第 12 期。
15 洛阳市第二文物工作队：《洛阳华山路西晋墓发掘简报》，《文物》2006 年第 12 期。

坝马场东晋南朝墓[1]、广东揭阳东晋墓[2]、广东始兴缫丝厂南朝墓[3]、深圳南头东晋墓[4]等也出土有此型铁剪。

B型：直股剪。河南卫辉大司马西晋墓出土1件（M18：13），柄呈"U"形，两刀直背直刃，前端呈尖峰。长约11.2厘米[5]（图5-3-54，7）。四川什邡虎头山成汉时期墓出土2件，其中M3：6，残长27厘米、宽5.2厘米[6]（图5-3-54，8）。

图5-3-55　A型剪（福建建瓯东峰村南朝晚期墓JDCM13：2）

图5-3-56　A型剪（绵阳涪城区园艺高柏梁一号崖墓M1：3）

图5-3-57　铁轴纺轮（绵阳涪城区园艺高柏梁十二号崖墓M12：1）

针　敦煌晋墓[7]、黑龙江友谊凤林城址[8]等出土有铁针。

铁轴纺轮　广东和平晋墓出土1件（HLM2：14），算珠形，中穿一圆铁棒。直径3.3厘米[9]（图5-3-54，9）。绵阳涪城区园艺高柏梁十二号崖墓出土1件（M12：1），算珠形，中部穿孔。孔中有一铁棒，横截面为圆形。纺轮直径3.8厘米、孔径0.6厘米、厚2厘米。铁棒直径0.6厘米、残长11.6厘米[10]（图5-3-57）。深圳南头东晋墓出土3件，纺轮部分为泥

1 贵州省博物馆考古组：《贵州平坝马场东晋南朝墓发掘简报》，《考古》1973年第6期。

2 广东省博物馆、汕头地区文化局、揭阳县博物馆：《广东揭阳东晋、南朝、唐墓发掘简报》，《考古》1984年第10期。

3 廖晋雄：《广东始兴缫丝厂东晋南朝墓的发掘》，《考古》1996年第6期。

4 古运泉等：《深圳市南头东晋南朝隋墓发掘简报》，《深圳考古发现与研究》，文物出版社，1994年第6月。

5 河南省文物局南水北调文物保护办公室、四川大学考古学系：《河南卫辉大司马墓地晋墓（M18）发掘简报》，《文物》2009年第1期。

6 德阳市文物考古研究所、什邡市文物保护管理所：《四川什邡市虎头山成汉至东晋时期崖墓群》，《考古》2007年第10期。

7 敦煌文物研究所考古组：《敦煌晋墓》，《考古》1974年第6期。

8 黑龙江省文物考古研究所：《黑龙江友谊凤林城址2000年发掘报告》，《考古学报》2013年第4期。

9 广东省文物考古研究所、和平县博物馆：《广东和平县晋至五代墓葬的清理》，《考古》2000年第6期。

10 绵阳博物馆、成都文物考古研究所编著：《绵阳崖墓》，文物出版社，2015年12月。

质灰硬陶，剖面呈菱形，其中南红 M11：4，直径 3.2 厘米[1]。广西恭城新街长茶地南朝墓[2]、广东揭阳东晋墓[3]、杭州半山西晋太康二年墓[4]、贵州清镇平坝三国至南朝墓[5]、四川昭化宝轮南北朝时期崖墓[6]等也出土有铁轴陶纺轮。

五、钱币与度量衡器

钱币 这一时期的铁钱主要有直百五铢[7]、五金铁钱等。

度量衡器 主要有铁权和铁尺。

权 河南洛阳东晋窖藏出土 1 件，半球形，顶有桥形纽，平底。底径 8 厘米、高 7 厘米，重 1400 克[8]（图 5-3-58，1）。年代为十六国末年或北魏初。四川什邡虎头山崖墓出土 1 件（M12：6），平底。底径 4 厘米、高 4.2 厘米，重 190 克[9]（图 5-3-58，2）。年代为东晋。江苏泗阳打鼓墩樊氏画像石墓出土 1 件（SdM1：6），圆柱体，素面。中部箍腰状，上端扁球形，顶部锈损。底径 7 厘米、残高 11 厘米，重 3700 克[10]。年代为曹魏时期。

尺 洛阳晋墓出土铁尺（10：8）[11]（图 5-3-58，3）。西安曲江雁南二路西晋墓出土 1 件（M1：22），薄片长条形，两端平齐，两侧无刃。长 30.6 厘米、宽 3.3 厘米、厚 0.3 厘米[12]（图 5-3-58，4）。

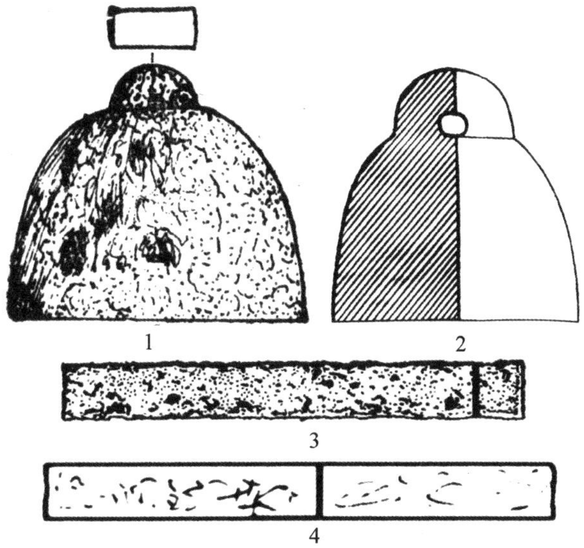

图 5-3-58 魏晋南北朝时期度量衡（权、尺）
1、2. 权（河南洛阳东晋窖藏、四川什邡虎头山 M12：6）3、4. 尺（洛阳晋墓 10：8、西安曲江 M1：22）

杂用器具主要有合页[13]、门环及

1 古运泉等：《深圳市南头东晋南朝隋墓发掘简报》，《深圳考古发现与研究》，文物出版社，1994 年第 6 月。
2 广西壮族自治区文物工作队：《广西恭城新街长茶地南朝墓》，《考古》1979 年第 2 期。
3 广东省博物馆、汕头地区文化局、揭阳县博物馆：《广东揭阳东晋、南朝、唐墓发掘简报》，《考古》1984 年第 10 期。
4 张玉兰：《杭州半山西晋太康二年墓》，《杭州文博》2007 年第 2 期。
5 贵州省博物馆：《贵州清镇平坝汉至宋墓发掘简报》，《考古》1961 年第 4 期。
6 沈仲常：《四川昭化宝轮镇南北朝时期的崖墓》，《考古学报》1959 年第 2 期。
7 熊建秋：《历代四川铁钱图录》，巴蜀书社，2012 年 1 月第 5 页。
8 程永建、赵振华：《河南洛阳市发现东晋窖藏》，《考古》1996 年第 9 期。
9 德阳市文物考古研究所、什邡市文物保护管理所：《四川什邡市虎头山成汉至东晋时期崖墓群》，《考古》2007 年第 10 期。
10 淮阴市博物馆、泗阳县图书馆：《江苏泗阳打鼓墩樊氏画像石墓》，《考古》1992 年第 9 期。
11 河南省文化局文物工作队第二队：《洛阳晋墓的发掘》，《考古学报》1957 年第 3 期。
12 西安市文物保护考古所：《西安曲江雁南二路西晋墓发掘简报》，《文物》2010 年第 9 期。
13 大同市博物馆：《大同东郊北魏元淑墓》，《文物》1989 年第 8 期；洛阳市文物考古研究院王炬等：《河南孟津县刘家井村西晋墓的发掘》，《考古》2014 年第 10 期。

锁[1]、穿钉[2]、棺钉、棺环[3]、环[4]、盖[5]及洛阳正始八年铭墓[6]、安乡西晋刘弘墓、安徽凤台南金3号墓、洛阳16工区曹魏墓[7]出土的铁质帷帐构件[8]等。

魏晋南北朝时期的铁制品，从生产工具方面看，木作加工工具主要有斧、锛、凿、锤等，形制延续了东汉同类器，不见铜铁合制器。削刀流行柄身等宽的直体环首削刀，不见秦汉时期弯体环首削刀，在东北地区新出有装柄削刀，使用时安装木柄或骨柄。土作农耕器具，东北地区仍使用竖銎镢，中原地区多为先进的横銎镢。锸绝大多数为凹口锸，不见直口锸，形制、体量多样化。流行竖銎铲，铲身多为长方形、梯形等，基本为双合范铸造，銎体两侧的拔模斜面扩大，除此之外仍存在少量带柄铸铁铲。锄形态有较大改变，横銎设置在锄板之外，有别于銎置于锄板内。推测这一时期还存在鹤颈锄。镰多为锋刃镰，带柄，不见直背直刃，多为弧背曲刃。

兵器武备方面，剑仍有长剑、中长剑、短剑三类规格，多为窄体，延续秦汉时期的同类器，如中原地区盛行有格剑，北方多环首剑，西南地区仍有柳叶形剑孑遗。这一时期铁刀形态与汉代差别不大，但数量、种类大为丰富，逐渐成为常见的主流兵器。魏晋南北朝的铸刀之风甚至还影响到海东地区。铁矛类型与形制结构与汉代差别不大。铁戟主要为卜形戟，刺与胡相连呈一条直线，援呈直角相连，基本不见汉代三叉戟、钺戟等类型，钩戟仍存，钩件变为向上弯曲。铁镞仍流行汉以来的多棱镞、多翼镞、双刃镞等，但是三燕、高句丽等东北地区新出现颇具特色的凿形镞、铲形镞。辽宁十六国时期铁马具装铠、河北临漳邺南城朱明门遗址防护装具的发现具有重要的意义，为研究魏晋南北朝时期的重装骑兵——甲骑具装提供了实物标本。车马器具中的铁质马镫的主要形制为带柄，镫柄较长，上部有横穿，椭圆形镫环。这一时期铁质马镫流行，形成了以双镫为主要特征的真正马镫。

日用器具方面，日用器皿的战国铁鼎开始流行三扁平条形足立耳鼎，秦汉时期柱足鼎衰落，魏晋南北朝时期主要为矮足和瘦足鼎。铁釜形制变化不大，仍然流行双耳或无耳或带鋬。长城一带及东北地区流行高圈足铁鍑，颇具地域与时代特征。铁质家用器具有方圆炉、火盆、行灯、豆形灯等，延续汉代以来风格。鐎斗仍为龙首把柄，龙首较汉代往后退缩，多圜底，也出现有平底。妆严用具中铁镜盛行，形制同于铜镜，主要有夔凤镜，有的用金银错出花纹。魏晋时期北方铁镜占多数，比较集中在黄河流域，以洛阳居多，东晋南渡后，北方处于五胡十六国战乱中，南方多见，北方见于甘肃辽宁。南方东晋铁镜增多，以都城建康较为

1 陕西省考古研究所：《北周宇文俭墓清理发掘简报》，《考古与文物》2001年第3期。

2 南京大学历史系考古专业等：《鄂城六朝墓》，科学出版社，2007年9月。

3 内蒙古自治区文物考古研究所：《内蒙古乌审旗郭家梁村北朝墓葬发掘报告》，《华夏考古》2015年第6期。

4 内蒙古自治区文物考古研究所：《内蒙古乌审旗郭家梁村北朝墓葬发掘报告》，《华夏考古》2015年第6期。

5 甘肃省文物考古研究所：《敦煌祁家湾——西晋十六国墓葬发掘报告》，文物出版社，1994年10月。

6 洛阳市文物工作队：《洛阳曹魏正始八年墓发掘报告》，《考古》1989年第4期。

7 李宗道、赵国璧：《洛阳16工区曹魏墓清理》，《考古》1958年第7期。

8 卢兆荫：《略论两汉魏晋的帷帐》，《考古》1984年第5期。

集中。缝织器具有剪、针、铁轴纺轮等，剪主要为交股剪、直股剪。

铁钱币有直百五铢、五金铁钱、五铢等，度量衡器有权，多为半球形，还有尺等。

铁质杂用器具丰富多样，主要有建筑构件、日常生活杂用器具等。

纵观魏晋南北朝时期铁器类型和形态演进，首先是铁农具有两个变化，一是中原以外地区的铁农具，已不完全是中原的模样，地方特点浓厚，这是因地制宜的新特点，也说明这些地区已建立起自己的铁农具制造工业；二是中原地区内部，铁农具的形态和大小也产生变化。总体而言，魏晋南北朝时期铁器工业继续全面发展，铁器在社会生活各个方面的应用继续扩展和深入，基本满足和适应了社会生产、生活及战争等需求，且延续了秦汉时期铁器结构的演进态势，并为隋唐及其以后的历代所沿袭。

第六章
隋唐五代时期的铁器

隋灭陈，结束了南北朝长期对立的局面，实现了中国的大一统，为南北经济的交流和发展创造了有利条件。隋朝前期，隋文帝采取劝课农桑、轻徭薄赋的政策，提高了农民的生产积极性，社会安定发展，经济、文化逐渐恢复，为唐朝盛世奠定了坚实的基础。唐朝是我国封建社会最强盛和统治时间最长的王朝之一，大一统的政治格局和空前的疆域版图为经济、文化、技术的发展提供了重要的保障。

隋唐五代的铁工业，虽然在铁冶技术领域建树不多，但作为一个行业，却又呈现出空前繁荣期的景象，铁工业的规模和铁器在社会的广泛应用达到前所未有的高度。铁工业的管理方面，隋、唐两代均设"冶官"管理冶铁。唐代对铁工业的管理相对宽松，至唐代中晚期仍然是官营与民营并存。公私并举的管理制度，极大地促进了铁工业的发展，唐初的坑冶已多达 168 处，中期增至 271 处，唐代铁矿分布区域已遍及全国 10 道，包括今河北、山西、江苏、安徽、浙江、江西、河南、湖北、湖南、广东、广西、山西、四川、云南。

隋唐早期对铁器的社会需求，极大地刺激了铁工业的发展，推动了矿冶技术的提高。隋唐炼炉的结构和筑炉技术有明显进步，炉体多采用耐火砖、石材砌筑，比秦汉时期的土筑炉体更坚固耐用。炼炉规模虽然较汉代小，但冶炼效率更高、成本更低。

生铁技术、炒钢和灌钢技术持续发展，特别是可锻铸铁的应用进入一个新阶段，铸造工艺也有较大的进步。除生产工具、兵器、生活用具以外，大件铸铁更加广泛地应用于建筑工程、宗教等领域，极大地拓展了铁器的用途，如唐代开元年间铸造的蒲津黄河桥的铁山、铁人、铁牛、铁柱，西安大雁塔的铁钟、铁佛，沧州铁狮子等，这些大型铸铁，动辄用铁数千斤，数万斤，甚至于数十万斤。

小件钢铁产品的种类与加工技术达到新的水平，出现了一批久负盛名的产品，如铁剪、铁镜、铁针、钢铁刀剑等。

第一节　隋唐五代时期铁器的发现

虽然隋唐两代的铁工业技术与生产规模都远胜于从前，但由于在相当长的一段时间内，中国考古学的重心在先秦两汉时段，对隋唐及宋元明清时期遗址、墓地的发掘相对较少，因而这一时期的铁器考古发现与这一时期铁工业的发达程度呈现出非常明显的不一致性。

隋唐考古主要是围绕大型城址与墓地展开的，因而铁器材料也多见于这一类遗存，如隋大兴城、长安城及其宫城（离宫——九成宫、华清宫等）、隋唐洛阳城等。

隋仁寿宫·唐九成宫出土的铁器有锄、斧、凿、叉、锁、钉子、镞头、铁币等，都锈蚀得非常严重[1]。

渤海上京城出土铁器主要分建筑材料、生活用具、武器三类。建筑材料主要有2、3、4、5号宫殿出土钉、门环、门鼻、门枢、门转、合页、环、泡、页、垫、包角、铁饰、铁条、铁件等，5号宫殿还出土车辖、车辋箍、铲等。生活用具有2号宫殿出土带具、火镰、钥匙、牛蹄铁等，3、4号宫殿出土刀、穿、锛、凿、钩和耳锅等，郭城正南门基址出土熨斗。武器类主要有2、3、4号宫殿出土刀、镞、甲片等。

渤海上京城2号宫殿基址出土铁器分为建筑材料和生活用品两类。建筑材料有钉、门环、门鼻、门枢、门转、合页、环、泡、页、垫、包角、铁饰、铁条、铁件等。生活用具有带具、火镰、钥匙、牛蹄铁等。种类复杂，数量亦较多，但多数为铁钉[2]。

黄河蒲津渡遗址 1989年，在蒲州城西门外黄河故道下出土4尊铁牛、4尊铁人及铁柱等唐代蒲津桥铁构件。蒲津桥自唐代始建，历宋、明、清三代。1991年第一次考古发掘清理出清代蒲津渡渡口、铁牛护卫石墙、明代蒲津渡遗迹、石砌路面和以积石为基础的铁牛、铁人、铁山、铁柱墩围护圈和北斗七星状铁柱。第二次发掘揭露出宋代复修蒲津桥工程、路面、渡口遗址。距地表10米下发现唐代地层，清理出唐代蒲津渡引桥、护路工程[3]。

蒲津渡黄河桥是迄今已发现的由大型铁铸件构成的世界上最早的浮桥，东岸桥梁工程浮桥地锚为唐代开元年间浇铸的铁牛四尊（图6-1-1）、铁人四个（图6-1-2）、铁山两座、铁墩四座、七星状铁柱一

图6-1-1 黄河蒲津渡1号铁牛

1 中国社会科学院考古研究所：《隋仁寿宫·唐九成宫——考古发掘报告》，科学出版社，2008年1月。
2 黑龙江省文物考古研究所：《渤海上京城——1998—2007年度考古发掘调查报告》，文物出版社，2009年7月第183页。
3 山西省考古研究所编著、刘永生主编：《黄河蒲津渡遗址》，科学出版社，2013年3月第3—4页。

组。铁牛每尊重 45~75 吨。牛体硕壮，形象生动，牛身呈用力后蹲状，长约 300 厘米、宽约 110 厘米、高约 150 厘米。铁牛后部有一横轴，长 220 厘米，轴头有不同纹饰。铁牛下各有六根斜柱，形成完整的铁牛地锚锚柱。每尊铁牛外侧各有牧牛铁人一尊。每尊高约 190 厘米，重约 3 吨。另有两座铁山、四个铁柱墩，排列成北斗七星状的铁柱七根。铁柱共五根，单立，两根横连。斗口朝西，斗柄指北。蒲津渡铸铁总重 300 余吨[1]。

图 6-1-2 黄河蒲津渡遗址铁牛、铁人

第二节　隋唐五代时期的铁器生产

隋唐五代历 379 年，其中近 300 年的唐朝政治安定，经济高度繁荣，为铁器的生产与应用提供了前所未有的社会基础和巨大的社会需求，极大地刺激了铁器生产规模的扩大，矿采点、冶炼点的数量大增，其中长江以南的采冶点数量快速提升，呈现出冶铁中心南移的趋势。隋唐五代的铁器生产继承了秦汉以来的铁工业生产技术与管理体系，虽然铁冶技术上并没有大的创新和突破，但冶铁炉的筑造和冶炼的稳定性方面取得了巨大的进步，铁器种类更加丰富多样，特别是在满足日常生活领域以及宗教、工程建筑等领域所需铁器的制作方面取得了很大的进步。

一、矿业与管理

铁器生产涉及生产管理制度和矿采、冶铸技术、产品流通与使用等。在铁工业管理方面，隋、唐两代均设“冶官”一职掌管铁工业。《隋书·地理志》记隋朝曾在延安郡金明（今陕西安塞北）、蜀郡绵竹（今四川德阳北 35 里）、隆山郡隆山（今四川彭山）、河南新安（今渑池东）设冶官。唐代对铁工业的管理相对宽松，至唐代中晚期仍然是官营与民营并存。《旧唐书》卷四十四《职官志·掌冶署》记“凡天下铜铁州府，听人私采，官收其税”。公私并举的管理制度，极

1 山西省考古研究所编著、刘永生主编：《黄河蒲津渡遗址》，科学出版社，2013 年 3 月第 3—13 页。

大地促进了铁工业的发展，《新唐书·地理志》记唐代有铁之山增加到约104处，其中以四川、山西两省区的铁山数量最多。《唐书》详细记载了唐代矿冶数量和分布区域，唐初的坑冶已多达168处，中期增至271处，主要分布于今河南、安徽、江苏、江西、山东、山西和福建等省[1]。

唐代矿冶业的技术水平和规模化大幅度提高，北方地区持续开采利用自战国秦汉以来就已形成的矿场，在长江中下游地区新发现大量可供长期开采的富矿。唐代铁矿分布区域较汉代更为广泛，已遍及全国10道，包括今河北、山西、江苏、安徽、浙江、江西、河南、湖北、湖南、广东、广西、山西、四川、云南一带都有发现铁矿的记载（表6–2–1）。

江淮及岭南地区矿冶数量的大幅增加是隋唐铁工业发展的主要标志。数量上看，江淮以南的矿采点数量已经超过了北方，特别是长江两岸的舒州（今安徽潜山）、宣州（今安徽宣城）成为全国贡铁最有名的二州。《新唐书·地理志》记：福唐、尤溪、将乐、邵武、长汀、沙县、宁化、南安八县产铁[2]。岭南地区新发现铁矿的记载，表明唐代铁器生产地域已经越过长江流域向更南的地区拓展。

西南地区的成都平原早在秦汉时期就形成了完善的铁工业体系，到唐代时，该地区的铁工业取得了前所未有的巨大发展，其矿冶数量跃居全国前列。成都平原的临邛、临溪[3]和四川盆地中心的仁寿[4]、川北的广元[5]等地都大量产铁。

表6–2–1　唐代铁矿分布统计表

行政区域	关内	河内	河东	河北	陇右	山南	淮南	江南	剑南	岭南	共计
铁矿点	6	20	16	10	1	9	4	27	15	6	114

（张泽咸《唐代工商业》，中国社会科学出版社，1995年）

关于唐代产铁规模，《新唐书》卷五十四记载："元和初年，岁采铁二百万七千斤……"[6]。事实上，这一数字仅代表征税的产量，由于大量民间采冶多未计税，故实际产铁量应远远超这一数字。

二、铁工场

隋唐时期的冶铁遗址在新疆、黑龙江、北京、河南、河北、山西、山东、安徽、福建、四川、广东、广西等省区市都有发现，其中以河南省发现的数量最多，遗址规模较大，可以复原的炼炉也最多。

林州铁炉沟铁工场址：自南向北分布有10个冶炼点，其中第1、2、3、4、5、

1 李京华：《冶金考古》（20世纪中国文物考古发现与研究丛书），文物出版社，2007年1月第25页。
2 《新唐书·地理志》。
3 《新唐书》卷四二。
4 《元和郡县图志》卷三三。
5 《元和郡县图志》卷二二。
6 《新唐书》卷五四。

6、7地点的冶炼时代从唐延续至宋[1]。每个冶炼点都有大量炼渣、炉壁残块、矿粉、煤粉和少数陶瓷片。第一地点仅存自南向北倾斜堆积的渣层、炉壁残块。第二地点的年代在汉代至唐宋时期。有汉代特点的黏土炉壁残块、宋代特点的河卵石炉壁残块、大量琉璃态炼渣。第三地点的台地断崖上残存一圆形炉基，内径0.9米，附近有较多炼渣。第四地点的断崖上残存半径炉壁，炉墙用红、白两种卵石砌筑。第五点残存炉底大部分，用红、白两种卵石建成。第六地点残存炉底，外径2.2米，用红、白卵石筑炉。第七地点为炼渣堆积区，炼渣特点与第一、二点相同，渣层长16米。

铁炉沟是北方地区从唐代以来延续冶炼至宋代的重要冶铁基地之一，沿南北半公里小河两岸布局的炼炉群、炼渣堆积场、矿石堆积场、煤炭堆积场组成了一座大规模集约化经营的铁工场。

除铁炉沟以外，具有一定规模的铁工场还有河北省武安市矿山村，磁山镇崔炉村、牛头村，西土山乡西土山村，上团城乡西营井，以及河南林州申村以及四川荣县等。

矿山村遗址为采、冶一体的铁工场址，位于武安市城北矿山村南部，发现1号炉、2号炉两座残炉。炉内残留有矿渣、木炭、未熔化的矿石和青石子等硫化物。20世纪50年代，尚有炼铁炉多座，并有大量矿渣，有的矿洞内还发现有古代采矿工具痕迹。上团城乡西营井是一处规模大的铁工场址，曾发现20余座隋唐时期的炼铁炉基。崔炉村发现一座炼铁炉，相邻的西土山村原有许多古代炼铁炉，因取土破坏已不存[2]。

林州申村铁工场址面积30万平方米[3]，其冶炼时代从唐代一直延续至宋元时期。遗址东北部为冶炼区，南部为生活区。发现残炉址21座，其中有4座保存较好。1974年曾挖出含铁量40%以上的矿粉1625吨。遗址南部为生活区，地面布满砖、瓦块和陶、瓷片等。卵石结构的炼炉是炼铁炉，弧形砖式炉是熔铁炉，但未发现铸范。

新疆地区冶铁遗址主要发现于古代龟兹地区的库车、拜城两县境内[4]。

库车县发现有贝迪勒克、阿艾古城、可可萨依、苏博依等冶炼遗址。贝迪勒克遗址沿河分布，面积约7.5万平方米，为采冶一体的炼铁遗址，矿石采自河东岸山中的铁矿脉，与遗址相距近千米。炼渣块均不太大，质地均匀，多呈黑色或蓝黑色的玻璃态，所含未熔矿石或熔剂、木炭极少，说明熔炼过程控制较好。残存炉壁厚度约0.1米，内侧多呈琉璃状，外侧呈红烧土状，推测炉体直径约在1米左右。阿艾唐代古城东、北城垣外均有炼铁矿渣的堆积层，城址内地面散布有炼

1 河南省文物研究所、中国冶金史研究室：《河南省五县古代矿冶遗址调查》，《华夏考古》1992年第1期。

2 李香如、刘玉平：《武安市文物志》，中国文史出版社，1994年12月；何抚顺：《河北武安冶铁考古发现及研究》，《文物春秋》2012年第5期。

3 河南省文物研究所、中国冶金史研究室：《河南省五县古代矿冶遗址调查》，《华夏考古》1992年第1期。

4 李肖：《古代龟兹地区矿冶遗址的考察与研究》，《龟兹学研究 第一辑》，新疆大学出版社，2006年。

渣、风管和少量的陶片[1]。古城北墙外的地层中出土大量装满铁汁的坩埚[2]。这一发现说明新疆地区在这一时期仍然存在坩埚炼铁技术。可可萨依遗址面积约 6.5 万平方米，堆积以炼渣为主，最厚可达 3 米，包含有大量风管、陶片及石磨盘残块等。苏博依遗址隔冲沟与可可萨依遗址相邻，遗址面积约 10 万平方米，以炼渣堆积为主，厚处可达 3 米。

拜城县的亚木古鲁克、麻扎吉勒嘎、瓮古鲁吉勒尕遗址发现唐代冶炼炉或铁渣等冶炼遗物。亚木古鲁克遗址位于唐代城堡内，包含物有陶片、石磨盘、灰烬、动物骨殖、铁炼渣和已经锈蚀的铁器。部分石磨盘的沟槽中还粘有褐色的石粉[3]。麻扎吉勒嘎遗址与亚木古鲁克城堡隔河相望，发现一座残高约 0.7 米、直径 2 米，用砾石砌成的炼炉，炉壁涂有厚约 0.1 米的泥土，已烧成琉璃状。瓮古鲁吉勒尕遗址 I 号地点除发现有直径 15 米、10 米左右，高约 0.5 米的两堆炼渣堆积以外，还发现有炉壁残块和风管等遗物。Ⅱ号地点发现有高约 1.2 米、直径为 10 米左右的两堆炼渣堆积，还发现有风管、炉壁残块和一座炼炉遗迹。

唐宋时期的冶铁与秦汉时期相比，具有明显的特点：大型的铁工场和小规模的民间冶炼遗址的数量明显增多；冶铁区域大大拓展，特别是新疆等边远地区既竖炉冶铁，也有坩埚冶炼技术；随着对铁矿资源分布的认识，往往在矿资源分布点附近多分布小型的民间的冶炼作坊。

三、铁器冶炼

隋唐时期冶铁遗址的数量虽然不少，但经过系统发掘的遗址却不多。新疆、黑龙江、北京、河南、河北、山东、四川、江西、福建、安徽、广东、广西等省区市发现有冶铁遗址，其中四川荣县铁炉嘴遗址[4]、河北邢台[5]、江西波阳县姜家坝村遗址[6]、贵山遗址[7]、山东宜山遗址[8]、广西兴业歧阳岭[9]等冶炼遗址发现有近百座炼炉基址。

隋唐时期的炼炉可以分为圆形竖式、坩埚式、圆形竖井式三种类型，其中圆形竖炉数量最多、分布最广，代表了隋唐时期的冶炼和筑炉技术。隋唐时期的炼炉与秦汉相比，无论炼炉的规模，还是筑炉材料都有较大的变化。

首先是筑炉材料的变化。秦汉时期炼炉均是以黏土砖砌炉壁。唐宋时期，为了满足炼炉规模的扩大和延长冶炼时间及冶炼次数，炼炉的结构出现了诸多的变化。唐宋炼炉多用规整的石条砌筑炉体中下部或用河卵石砌筑炉体，也有沿袭秦

1 阿克苏文物普查队：《阿克苏地区文物普查报告》，《新疆文物》1995 年第 4 期。
2 黄烈编：《黄文弼历史考古论集》，文物出版社，1989 年 8 月。
3 阿克苏文物普查队：《阿克苏地区文物普查报告》，《新疆文物》1995 年第 4 期。
4 国家文物局：《中国文物地图集·四川分册（中）》，文物出版社，2009 年 10 月。
5 何抚顺：《河北武安冶铁考古发现及研究》，《文物春秋》2012 年第 5 期；唐去明：《河北邢台发现宋墓和冶铁遗址》，《考古》1959 年第 7 期。
6 邓道炼：《江西永平铁冶遗址初探》，《江西文物》1991 年第 3 期。
7 万绍毛：《江西贵山冶铁遗址研究》，《四川文物》1994 年第 3 期。
8 泰安市文物考古研究室、莱芜市图书馆：《山东省莱芜市古铁矿冶遗址调查》，《考古》1989 年第 2 期。
9 黄全胜、李延祥、万辅彬：《广西兴业古绿鸦冶炼遗址初步考察》，《广西民族大学学报（自然科学版）》第 13 卷第 2 期，2007 年 5 月。

汉时期黏土砖砌炉壁和涂耐火泥的炼炉。

四川荣县铁炉嘴遗址炼炉直径 1.95 米，底径 0.8 米，残存高度 4.6 米，基座为长条形耐火石，表面光滑坚硬，有炉门，炉底一侧残存近三角形的鼓风口[1]（图 6-2-1；图 6-2-2）。武安市矿山村遗址 1 号炉的炉高约 6 米，底径 3 米，炼炉呈腰鼓状，中间较粗，两头小，炉壁厚 0.4~0.8 米。炼炉外皮用砾石砌墙，内用河卵石、沙质耐火土砌成[2]。磁山崔炉村炼铁炉也呈腰鼓状，高约 6 米，最大腹径 2.5 米，炉壁由河卵石砌成，厚约 0.7 米[3]。牛头村炼铁炉为圆筒形，最大直径 2.55 米，底部为锅底形，直径 1.7 米；底部上边缘处向西有一沟状通风口，炉体前有一出入口，两侧由泥坯砌筑而成，顶部残缺[4]。

波阳县韭菜湖遗址炼炉直径在 1.80 米左右，出铁口朝向湖心[5]。兴业县歧阳岭南坡遗址炼炉直径约 0.8 米。冲塘岭遗址炉身直径 1.1 米，炉腰直径 1.2 米[6]。

与秦汉时期冶炼相比，隋唐时期的炼炉主要在以下几方面取得进步：

第一，筑炉材质的变化。炼炉除传统的黏土砖砌筑以外，开始流行河卵石筑炉，既经济又耐用。黏土炉砖大多夹杂有白色石英砂粒，具有较好的耐高温功能。正阳集东冶遗址出土的砖砌炉壁的炉砖呈弧形，夹杂大量的白色石英砂粒。这一时期广泛用于砌筑炉体的红色砂质河卵石也具有较好的耐高温性。林州申村冶铁遗址红色砂质河卵石炉壁具有很好的耐高温性[7]。

图 6-2-1　铁炉嘴遗址炼炉

图 6-2-2　铁炉嘴遗址炼炉鼓风口

1 国家文物局：《中国文物地图集·四川分册（中）》，文物出版社，2009 年 10 月。

2 何抚顺：《河北武安冶铁考古发现及研究》，《文物春秋》2012 年第 5 期。

3 李香如、刘玉平：《武安市文物志》，中国文史出版社，1994 年 12 月。

4 何抚顺：《河北武安冶铁考古及新发现》，《文物春秋》2012 年第 5 期。

5 邓道炼：《江西永平铁冶遗址初探》，《江西文物》1991 年第 3 期。

6 黄全胜、李延祥、万辅彬：《广西兴业古绿鸦冶炼遗址初步考察》，《广西民族大学学报（自然科学版）》第 13 卷第 2 期，2007 年 5 月。

7 河南省文物研究所、中国冶金史研究室：《河南省五县古代矿冶遗址调查》，《华夏考古》1992 年第 1 期。

第二，地形的选择。因地制宜建炼炉，尤其在山区就台地筑炉，在台地上对矿石和燃料整粒和配料，并平行装料。省去提升设备，减轻劳动强度；林县申村多层结构的熔化炉，较汉代熔炉有新变化，炉衬层多达八层，说明大修次数之多和炉龄之长。

第三，内倾炉身角炼炉的出现。下村遗址 6 号炉保存较好，可以完整地复原炉体结构，其炉腔上部筑成 78°~80° 的内倾炉身角。内倾的炉身角说明炼炉结构有了重大的进步，这是因为高炉在冶炼运行中，炉内煤气上升，煤气温度随着上升而逐渐降低，煤气体积也收缩，从炉顶装入的炉料在下降过程中逐渐加热，炉身内倾的结构可以改善煤气分布，从而节省大量能源。炉身内倾使得煤气沿炉壁气流发展，有利于高炉顺行，炉料在高炉上部时呈现固体状态，而炉身内倾后，大大减少炉料对炉壁的摩擦，以延长高炉的冶炼寿命。炉身内倾炼炉是炼铁技术发展上的重要进步。

第四，内外两层炉壁的出现。唐宋炼炉的炉壁结构与秦汉时期比较也取得了较大的进步，炉壁分两层，内层用河卵石砌筑。石砌高炉的结构在四川荣县铁炉嘴等遗址的炼炉均有发现，但下村遗址高炉炉缸部位砌筑细致，烧结后没有缝隙，储存铁水不渗漏。炉体上部砌筑较粗糙，特别在靠近黏土处的外壁，砌筑不规整，说明了筑炉工匠已对炉体上部在冶炼过程中的破坏情况有充分认识。

四、铁器冶铸

隋唐时期是我国铁器发展史上的重要时代，冶炼和铸锻技术的进步主要表现在炼炉结构的优化、冶炼造渣方面，而锻铸方面的进步主要是大件铸铁的广泛应用。

冶炼是一个完整的技术体系，讨论战国秦汉时期的冶炼技术大多从炉体结构、冶炼制品方面着手，对冶炼过程中形成的反映冶炼技术水平及冶炼是否成功的炉渣却关注不够。在相当长的一段时间内，受制于科技水平和分析测试手段的不足，炼渣的研究一直未引起考古学界足够的重视，大量基础数据也随之消失在田野工作阶段。近年来，炼渣在冶金考古研究的重要性已经得到学界的普遍认识，包括炼渣形状、颜色以及检测分析数据等往往都刊布于考古报告中，为唐宋冶炼技术的研究提供了重要的基础数据。

申村、下村、东冶、后堂坡等遗址的四种炉渣的成分相当近似，有以下共同特点：

第一，属多酸性渣，碱度很低。

第二，炼渣的碱度基本相同，都是比较低的。这种酸性渣凝固后断口呈玻璃状，熔点较低，流动性较好。

第三，炼渣的断口多呈玻璃状，表明冶炼熔化情况和流动性良好。渣中几乎不带铁，说明冶炼和造渣的技术水平是相当高的。

第四，渣中都含大约 10% 左右的氧化镁，这个数值与现代炼铁炉渣的氧化镁含量几乎一致。一般矿石中含氧化镁不多，需人为加入含氧化镁的熔剂才能使渣中氧化镁达到这样高，古代炼铁时或者有意采用含氧化镁较高的矿石，或者有意使用白云石之类的熔剂，增加氧化镁含量有利于炉况顺行，增加渣的流动性和去硫能力。现代炼铁时加白云石提高渣中的氧化镁含量到 8% 上下，是 20 世纪 50 年代末期的新技术之一。

第五，助熔剂的使用。高岭遗址炉渣样品中锰的含量较高，MnO 的平均含量为 47.37%，中原地区古代生铁炉渣中 MnO 为 0.41%~1.19%，说明高岭遗址冶炼过程是以锰矿作为助熔剂。冲塘岭、大坡头、架岭等遗址炉渣样品亦均为锰硅铝系，可能是加入了锰矿做助熔剂[1]。

中原地区自秦汉以来即已形成了以石灰石为助熔剂的冶炼技术传统，并且这一技术得到了广泛的推广，成都蒲江铁牛村、古石山等汉代冶铁遗址中均发现大量石灰石，有些石灰石还被加工成规则的长条形。兴业县高岭、冲塘岭、大坡头、架岭等遗址的生铁冶炼，不以该地区随处可得的石灰石为助熔剂而是以锰矿作为助熔剂，说明隋唐时期的工匠可能已经能够根据不同品位的矿石选择相应的助熔剂原料。

在我国古代金属加工工艺中，铸造占有突出的地位，其中泥范、铁范和熔模铸造最为重要，称古代三大铸造技术。文献所记或现存的隋唐特大型铸件有隋河东道晋阳大铁佛像[2]、洛阳天枢、大周颂德天枢[3]、云南弥渡铁柱[4]、蒲津渡唐代镇河铁牛铁人、河间景和镇唐代铁佛、沧州铁狮等。

蒲津渡浮桥的铁器群是大件铸铁成就的代表，蒲津渡铁牛的铸造工艺代表了唐代低硅灰口铁铸造水平。低硅灰口铁的发明使用是中国古代冶铁技术上的又一飞跃，是 17 世纪以前居世界领先地位的十大钢铁技术之一。铁牛等大型铸件是珍贵的实例，是数百年工匠长期实践经验的总结。起地锚作用的铁牛，牛后轴及牛下锚桩的斜撑形式都表明了我国低硅灰口铁冶炼铸造技艺运用于工程技术的进步程度[5]。

蒲津渡遗址唐代铁牛等大件铸铁经金相分析、成分检测，铁牛均为低硅灰口铁铸成，且成分一致，金相相同。铁牛铸造是采用传统泥范浑铸法进行的，牛角、牛耳、后轴及牛身板下铁柱是预先铸成的。特别是东南部位铁牛厚底板下发现的支撑骨架为钢筋条，每尊牛后轴装饰盛唐风格花纹图案。

第三节　隋唐五代时期的铁器类型

隋唐五代时期出现了相当数量的大型铁制品，一些铁制品与当时的经济建设

1 于永平、黄全胜、李延祥:《广西兴业三处冶铁遗址考察》,《有色金属》第 62 卷第 3 期，2010 年 8 月。

2 隋开皇年间，河东道晋阳澄空和尚铸成高达 35 米的大铁佛像，唐薛用弼《集异记》记：“铁像庄严端妙，毫发皆备”。

3 《新唐书·则天武皇后传》卷七十六：“延载二年，武三思率蕃夷诸酋及耆老请作天枢，纪太后功德。……乃大裒铜铁合冶之，署曰‘大周万国颂德天枢’，置端门外。其制若柱，度高一百五尺，八面，面别五尺。冶铁象山为之趾，负以铜龙，石镵怪兽环之，柱颠为云盖。出大珠，高丈，围三之。……用铜铁二百万斤，乃悉镂群臣蕃酋名氏其上”。

4 铁柱现坐落于云南弥渡县城西约 5 公里，872 年铸造，高丈余，体圆，周三尺。

5 山西省考古研究所编著、刘永生主编:《黄河蒲津渡遗址》，科学出版社，2013 年 3 月第 4 页。

息息相关，如桥梁、建筑等。

目前有案可稽的最早的铁塔始于唐代[1]，其中建于延载二年（695 年）的铁座铜柱形构筑物“大周万国颂德天枢”最具代表，但该铁件毁于唐玄宗开元元年（713 年）。

一、大型铸铁

图 6-3-1　黄河蒲津渡遗址 2 号铁人、铁牛

1. 工程铸件

主要指用于桥梁、建筑等大型土木工程的铁铸件。

图 6-3-2　黄河蒲津渡遗址 4 号铁人、铁牛

1989 年，考古工作者对山西古蒲津桥遗址进行发掘，出土铁牛、铁人等大型铸铁。文献记载玄宗开元十二年（724 年）蒲津桥原先塑造有铁牛、铁人各 8 尊。此次发掘出土有 4 尊铁人、4 尊铁牛、2 座铁山及 7 根铁柱，总重约 300 吨以上（图 6-3-1，图 6-3-2）。铁牛立于铸铁基座之上，基座下各有六根直径 40 厘米、长 3.6~3.8 米的铁锚柱斜向插入地下，起到锚的作用（图 6-3-3）。驭牛的铁人，地表以上人像高 185~203 厘米，脚下各连接一根直径 30 厘米、长 140 厘米的铁柱桩被埋于地下。4 尊铁牛之间，又有南北排列的中空的铁山 2 座，另有 4 个底部直径 40~50 厘米、高 50~110 厘米、中部有圆形穿的圆柱形铁墩。遗址东北部（铁牛右后方）清理出 7 根高约 500~600 厘米（地上部分高约 300 厘米）、直径 40 厘米的大铁柱，作北斗七星状排列。

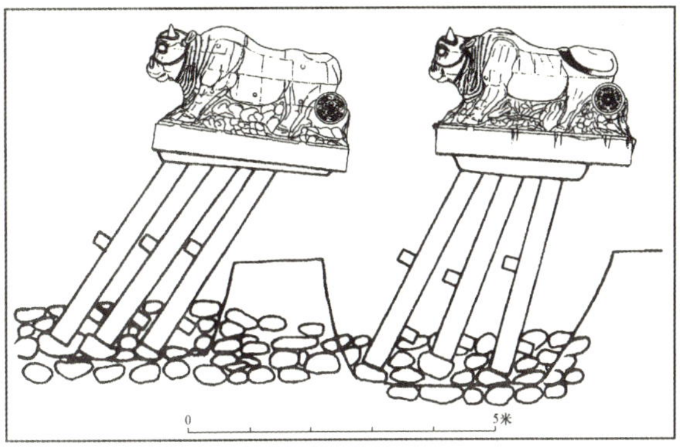

图 6-3-3　黄河蒲津渡遗址 3、4 号铁牛锚桩侧视图

河北沧州原沧州古城内保存有 1 尊大铁狮，铸于五代时期后周广顺三年（953 年）。铁狮雄伟壮观，四肢叉开，背负莲花座，毛发作波浪状，间有卷曲，颈部束带，身披障泥，昂首怒目，巨口大张，仰天长啸。重近 30 吨，采用泥范法造型，分段铸接而成。沧州铁狮体积之大、重量之巨，在我国及世界冶铸史占有重要地位（图 6-3-4）。

---

1 张剑葳：《中国古代金属建筑研究》，东南法学出版社，2015 年 11 月第 38 页。

图 6-3-4　河北沧州铁狮

2. 宗教艺术品

主要指与宗教活动相关的造像、器具和用品等。

陕西西安水文局基建工地的废井中出土一尊唐代铁弥勒佛坐像，生铁所铸，唯一只手、脚下莲花和背光为铜质。高 187 厘米、最宽处 98 厘米、底座高 16 厘米。面部较方正，五官清晰，鬈发肉髻，身着披帛，右袒肩胸，束腰着裙。膝以下自然下垂，左臂垂屈抚膝，右臂残断。面部嘴唇，胸前均有涂漆、布纹及贴金痕迹。该佛像出土地点位于唐长安城兴化坊，推测是会昌灭佛时被砸毁后埋入地下的[1]（图 6-3-5）。

山西太原开化寺的两尊唐代铁佛像，均为生铁铸成，铸造年代约为初唐的高宗末年至武周时期（680 年至 704 年），中空，形体高大。一尊为坐佛，一尊为迦叶弟子像[2]（图 6-3-6）。

山西临汾大云寺（俗称“铁佛寺”）中的唐代铁佛头，高约 6 米、直径 5 米，

图 6-3-5　陕西西安出土的唐代夹纻铁佛

图 6-3-6　山西太原开化寺唐代铁佛像

1 王长启、高曼：《唐代夹纻大铁佛》，《考古与文物》（增刊·汉唐考古），2002 年；李恭：《关于唐代夹纻大铁佛出土时间与地点的商榷》，《考古与文物》2003 年第 6 期。

2 李裕群：《太原开化寺唐代铁佛像》，《庆祝徐光冀先生八十华诞论文集》，科学出版社，2015 年第 499 页。

图 6-3-7　湖北当阳玉泉寺铁镬

图 6-3-8　云南弥渡南诏铁柱

图 6-3-9　南诏铁柱阳文铭文

重达 10 吨，是迄今所见年代最早、形体最大的铸铁佛像实物[1]。

湖北当阳玉泉寺大雄宝殿保存一口大铁锅，被称为玉泉寺“镇山八宝”之一[2]。铁镬圆形深腹，底部有 4 个裸体大力士形状的足。通高 87.5 厘米、口径 157 厘米、腹深 60 厘米。腹部两道弦纹间铸有阳文铭文 44 个字：“隋大业十一年岁次乙亥十一月十八日，当阳县治下李慧达建造镬一口，用铁今秤三千斤，永充玉泉道场供养。”根据铭文可知铁镬铸造于隋大业十一年（615 年）。这是我国现存有确切纪年铭文的大铁锅，这也是迄今所见形体最大、年代最早的寺院用铁镬（图 6-3-7）。

云南弥渡县蔡庄的铁柱庙中殿的神龛上，立有一根圆形铁柱，称之为“南诏铁柱”或“天尊柱”。柱高 330 厘米、圆周 105 厘米，铸有阳文铭文 22 字：“维建极十三年岁次壬辰四月庚子朔十四日癸丑建立。”该柱为晚唐时期南诏所铸（图 6-3-8；图 6-3-9）。

3. 佛塔建筑

根据造型不同可分为三型。

A 型：仿砖楼阁型。集中分布于当时属南汉政权的广东境内。该型铁塔有广州光孝寺东、西铁塔，韶关南华寺铁塔。它们表面以密布佛龛为主题，形制古朴。广州光孝寺西铁塔建于南汉大宝六年（963 年），现存须弥座、仰莲座及三层塔身，残高 3.6 米。每层塔身均为空筒状，层层叠置（图 6-3-10；图 6-3-11）。光孝寺东铁塔形制与西铁塔相似（图 6-3-12；图 6-3-13）。南华寺铁塔名为“降龙塔”，

1 温泽先、郭贵春：《山西科技史》（上），山西科学技术出版社，2002 年 1 月第 200 页。
2 周天裕：《湖北当阳玉泉寺隋代大铁镬》，《文物》1981 年第 6 期。

图 6-3-10　光孝寺西铁塔（西面）

图 6-3-11　光孝寺西铁塔须弥座、莲花座

图 6-3-13　光孝寺东铁塔第 1 层塔身中央佛龛

图 6-3-12　光孝寺东铁塔（西面）

由须弥座、仰莲座及塔身组成，其中须弥座、仰莲座造型粗犷，颇为古朴，形制与光孝寺铁塔相近，推测这两部分为南汉时期铸造，而塔身为清雍正时期所铸（图 6-3-14；图 6-3-15）。

B 型：仿木楼阁型。义乌双林寺曾有成对铁塔两座，建于后周广顺二年（952 年），现存东铁塔，塔身多有缺失，塔身结构为套筒式，层层叠罗。双林寺铁塔平面为八边形，最外有一圈铁质寻杖栏杆，塔身下为江海基座，塔身的木构形象刻画细致，布列丰富整齐的佛像（图 6-3-16~18）。

C 型：经幢型。阆中铁塔原位于四川省阆中市铁塔寺内，现已不存。四川省博物院保存有塔身铭文拓片，从中可知铁塔建于唐天宝四年（745 年）。铁塔下部为莲座，中段为八棱柱，上段有枭混、叠涩，外挑出檐。高 4.32 米（图 6-3-19）。

图 6-3-14　南华寺降龙铁塔

图 6-3-15 南华寺降龙铁塔南汉须弥座、仰莲座
（张剑葳《中国古代金属建筑研究》，东南大学出版社，2015 年 11 月）

图 6-3-16　义乌双林寺东铁塔

图 6-3-17　双林寺东铁塔江海基座与栏杆

图 6-3-18　双林寺东铁塔第 1 层塔身（张剑葳《中国古代金属建筑研究》，东南大学出版社，2015 年 11 月）

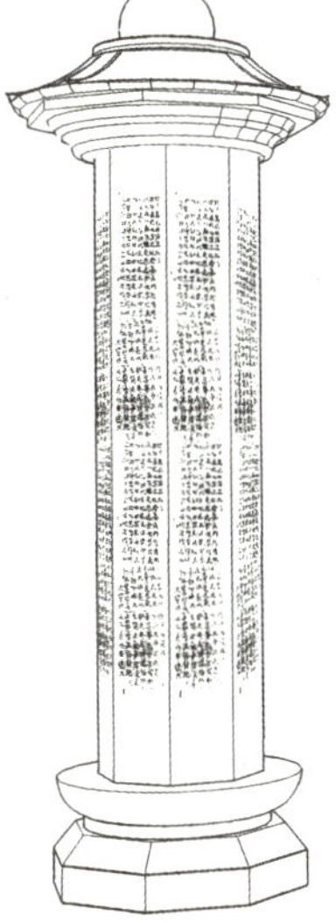

图 6-3-19　阆中铁塔推测复原图
（张剑葳《中国古代金属建筑研究》，东南大学出版社，2015 年 11 月）

唐代还有一些小塔，比如牟平法云寺铁塔、五台武则天铁塔，可惜没有保留下来，形制不明[1]。

二、小型铁器

隋唐时期的小型铁器有生产工具、兵器武备、车马机具、日用器皿、钱币与度量衡器及杂用器具六类。

（一）生产工具

1. 木作加工工具

木作加工工具主要有斧、锛、凿、锯、削、砍刀[2]、砧、锤、钳子等。

斧 目前仅发现横銎斧。横穿为銎，銎口长方形、圆角方形、圆角三角形，体较扁平，单面刃或双面刃。平面呈梯形，刃部微弧。隋仁寿宫唐九成宫37号殿址出土1件（101），刃部平直，长8.5厘米。顶部平，长9厘米、宽3厘米，装柄的孔靠近顶部[3]（图6-3-21，4）。洛阳唐东都履道坊白居易故居出土1件（T3③Q：4），楔形，有銎。长7.5厘米、刃宽5.1厘米、最厚处2.1厘米[4]（图6-3-21，5）。朝阳双塔唐墓出土1件（M3：9），正锋，弧刃，平顶。靠近顶部有一方孔。长8.7厘米、宽5.1厘米、厚1.7厘米[5]。隋唐

图6-3-20 锯（黑龙江五常香水河墓地M47：5）

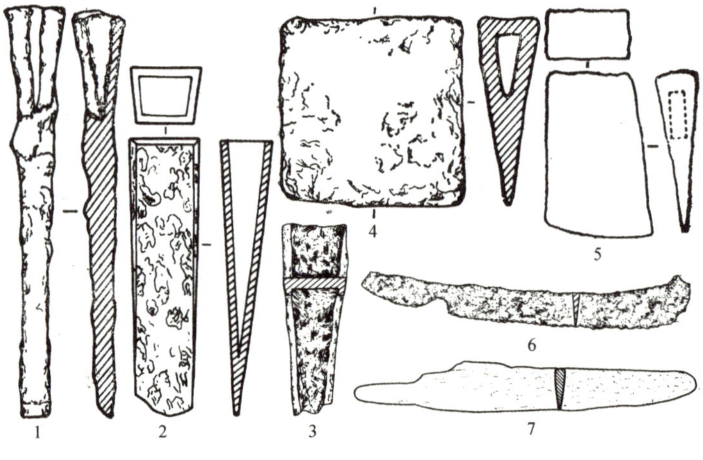

图6-3-21 隋唐五代时期生产工具（斧、锛、凿等）
1、3.凿（隋仁寿宫唐九成宫104、黑龙江海林T16②：7）2.锛（河南洛阳C7M2668：25）4、5.斧（隋仁寿宫唐九成宫101、洛阳唐东都T3③Q：4）6.锯（黑龙江五常香水河M47：5）7.削（四川郫县波罗村G9：1）

1 ［日］圆仁撰，顾承甫、何泉达点校：《入唐求法巡礼记》，上海古籍出版社，1986年8月第85页。

2 河南省文物考古研究所：《三门峡庙底沟唐宋墓葬》，大象出版社，2006年9月。

3 中国社会科学院考古研究所西安唐城工作队：《隋仁寿宫唐九成宫37号殿址的发掘》，《考古》1995年第12期。

4 中国社会科学院考古研究所洛阳唐城队：《洛阳唐东都履道坊白居易故居发掘简报》，《考古》1994年第8期。

5 辽宁省文物考古研究所、朝阳市博物馆：《朝阳双塔区唐墓》，《文物》1997年第11期。

洛阳城皇城西区及东区也出土有斧。

锛 河南洛阳龙门镇盛唐时期墓葬出土2件。C7M2668：25，扁平楔状，长方形銎，弧形宽刃。残长13厘米、首宽3.8厘米、厚2.8厘米[1]（图6-3-21，2）。

凿 发现较多，形制类似，一般为圆銎、方体、直刃。隋仁寿宫·唐九成宫37号殿址出土1件（104），圆锥形，长18厘米，刃部宽1厘米，顶部直径为2.6厘米。有装木柄的孔，孔径1.7厘米[2]（图6-3-21，1）。黑龙江海林兴农渤海时期城址出土5件，其中T16②：7，残长6.2厘米、厚0.4厘米[3]（图6-3-21，3）。

锯 黑龙江五常香水河墓地出土1件（M47：5），弧背，斜刃，短柄，刃与柄相接处有一凹口，刃部呈齿状，尖端有一凸起。通长13.9厘米[4]（图6-3-20；图6-3-21，6）。墓地主体年代为渤海中期。

削 形制有环首及带柄两种形制，数量较少。四川郫县波罗村遗址Ⅱ区唐代遗存出土2件。其中G9：1，长条形，直背，弧刃，断面呈三角形，直柄。长16.6厘米、宽2厘米[5]（图6-3-21，7）。西安隋韦协墓出土1件（M5：16），残长15厘米[6]。

其他木作工具，如锤、砧等，在隋唐洛阳城内都有出土。

2. 土作农耕器具

唐代铁质土作农耕器具与秦汉三国相比，变化不大，器类仍然是犁、镢、锸、铲、锄、锹等。

（1）垦耕、整地工具

主要有犁、镢、锸等。

犁铧 河南新郑摩托城中唐时期墓出土1件（M11：7）[7]（图6-3-23，8）。西安隋韦协墓出土2件，其中M5：13，平面略呈三角形，两侧边平直收为尖刃，犁铧一面有脊，断面近菱形。残长13.6厘米、宽10厘米[8]（图6-3-23，9）。西安西郊枣园唐墓出土1件

图6-3-22 犁铧（海林细鳞河遗址出土）

1 洛阳市文物工作队：《河南洛阳市龙门镇唐墓发掘简报》，《考古》2007年第12期。

2 中国社会科学院考古研究所西安唐城工作队：《隋仁寿宫唐九成宫37号殿址的发掘》，《考古》1995年第12期。

3 黑龙江省文物考古研究所、吉林大学考古学系：《黑龙江海林市兴农渤海时期城址的发掘》，《考古》2005年第3期。

4 黑龙江省文物考古研究所：《黑龙江五常市香水河墓地发掘简报》，《考古》2016年第4期。

5 成都文物考古研究所、四川大学历史文化学院：《四川郫县波罗村遗址Ⅱ区汉、唐遗存发掘简报》，《四川文物》2014年第2期。

6 西安市文物保护考古研究院：《隋韦协墓发掘简报》，《文博》2015年第3期。

7 河南省文物考古研究所：《河南新郑市摩托城唐墓发掘简报》，《华夏考古》2005年第4期。

8 西安市文物保护考古研究院：《隋韦协墓发掘简报》，《文博》2015年第3期。

（M1：5），仅存尖部，底部弧平，上部中间微起棱脊，銎部多已残断。翼角85°，正背脊角32°，残长7.6厘米、残宽7.5厘米[1]。河南偃师唐墓[2]也有犁铧出土。

镢 河南三门峡、新野、唐河，辽宁抚顺等地有少量发现。这一时期铁镢延续南北朝时期形制。横銎近长方形，弧顶，镢体微弯曲，利于山坡地耕作。

锸 考古资料中少见这一时期的铁锸。河南新野、唐河两地发现有铁锸。李京华先生认为，隋唐时期的锸向竖长方形演变，刃宽等于銎宽。

（2）中耕工具

铲和锄常用于中耕松土、除草、间苗等。

铲 数量很少，为竖銎铁铲。根据銎口形制可分两型。

A型：长方形銎口，銎口多铸制。隋仁寿宫·唐九成宫37号殿址出土3件，其中1件（100）完整，顶部有装柄的凹槽。通高13厘米、刃部宽13.5厘米[3]（图6-3-23，1）。三门峡三里桥村唐墓出土1件（M11：87），体近梯形，前端有刃，后端安銎处较厚，呈亚腰状，銎内有木质把柄痕迹。长15厘米、宽6.8~13.6厘米，銎径1.2厘米[4]（图6-3-23，2）。宁夏彭阳海子塬隋墓出土1件（M18：1），铸造，圆角长方形，外沿两周凸棱因锈蚀残存局部。铲圆肩，正面两侧和上部有边栏，底面平，两面直刃，局部崩裂。长11.7厘米、宽12.4厘米[5]（图6-3-23，3）。

B型：銎口形制为管状，銎口多锻銎。此种形制不见于魏晋时期。吉林抚松新安遗址第二期文化遗存出土2件。其中T0403②：3，管銎，折肩，铲身呈方形，平刃。通长11厘米、宽10厘米、柄宽4.6厘米（图6-3-23，5）。T0103②：4，管銎，弧肩，铲身两侧微弧。残长8.2厘米、宽5.8厘米、柄宽3厘米[6]（图6-3-23，6）。年代为渤海中期前后。黑龙江东宁小地营遗址出土1件（F2：7），銎为圆筒状，中间有豁口。残高8厘米、銎内径1.6厘米、外径2.2厘米[7]（图6-3-23，7）。陕西商州唐墓出土1件（M2：2），残长13.5厘米[8]。年代为中唐或较晚时期。

此外，北京亦庄[9]还出土有木柄铁铲。

锄 数量较少。四川三台新德镇后底山崖墓群出土1件（M7：9），整体呈长方形，弧刃，方形銎。銎长4.2厘米、宽2.2厘米。通长16.4厘米、宽9.4厘米[10]（图

1 陕西省考古研究所：《西安西郊枣园唐墓清理简报》，《文博》2001年第2期。

2 偃师商城博物馆：《河南偃师县四座唐墓发掘简报》，《考古》1992年第11期。

3 中国社会科学院考古研究所西安唐城工作队：《隋仁寿宫唐九成宫37号殿址的发掘》，《考古》1995年第12期。

4 三门峡市文物考古研究所：《三门峡三里桥村11号唐墓》，《中原文物》2003年第3期。

5 西北大学文化遗产学院、宁夏文物考古研究所、彭阳县文物管理所：《宁夏彭阳海子塬北魏、隋墓清理简报》，《考古与文物》2015第3期。

6 吉林省文物考古研究所：《吉林抚松新安遗址发掘报告》，《考古学报》2013年第3期。

7 黑龙江省文物考古研究所：《黑龙江东宁县小地营遗址渤海房址》，《考古》2003年第3期。

8 王昌富、陈良和：《陕西商州市发现唐代墓葬群》，《考古》1996年第12期。

9 北京市文物研究所：《北京亦庄考古发掘报告》，科学出版社，2009年1月。

10 四川省文物考古研究院、三台县文物管理所：《绵遂高速公路（三台段）后底山隋代崖墓群发掘简报》，《四川文物》2013年第5期。

6-3-23，4）。隋唐洛阳城宫城西隔城还出土有带柄锄。

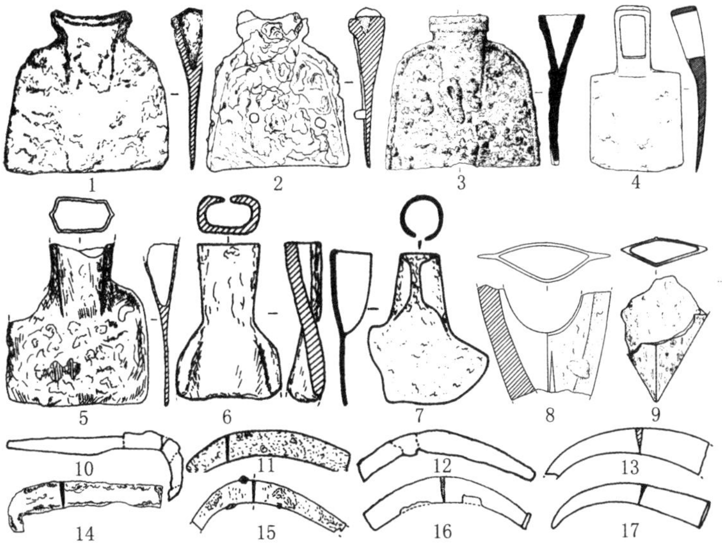

图 6-3-23　隋唐时期土作农耕器具（犁、铲、锄等）
1~3.A 型铲（隋仁寿宫唐九成宫 100、三门峡三里桥 M11：87、宁夏彭阳 M18：1）4. 锄（四川三台 M7：9）5~7.B 型铲（吉林抚松 T0403 ②：3、T0103 ②：4、黑龙江东宁 F2：7）8、9. 犁铧（河南新郑 M11：7、西安隋韦协墓 M5：13）10~17. 镰（湖北巴东 M2：4、洛南新区 M27：8、湖北巴东 M2：14、湖北谷城 M10：5、黑龙江东宁 F2：5、河南禹州 M215：4、洛阳唐东都 T33 ③ Q：8、洛阳关林 M1317：4）

（3）收割工具

收割工具主要有镰。

镰　刃部呈线性平滑状，以带柄镰为主，多弧背曲刃。湖北巴东罗坪唐中期墓出土 2 件。其中 M2：4，斜刃，直背，弯把。体较薄，把较厚，断成数节。器身长 15 厘米、最厚 0.8 厘米，器把长 10 厘米、最厚 1.5 厘米（图 6-3-23，10）。M2：14，呈近半月形，前端稍窄，中间较宽，内弧刃，断成两节。宽 1~3 厘米、最厚约 1 厘米、长约 20 厘米[1]（图 6-3-23，12）。洛南新区龙盛小区 B 区唐墓出土 1 件（M27：8），弯刀形，残长 25.8 厘米[2]（图 6-3-23，11）。湖北谷城肖家营墓地唐墓出土 1 件（M10：5），平面呈弯月形，背宽，刃薄，残长 21.5 厘米[3]（图 6-3-23，13）。黑龙江东宁小地营遗址渤海房址出土 4 件，其中 F2：5，弧背，弧刃，残长 17.4 厘米[4]（图 6-3-23，14）。河南禹州新峰晚唐初期墓出土 3 件，弯月形，单刃，其中 M215：4，残长 27.8 厘米[5]（图 6-3-23，15）。洛阳唐东都履道坊白居易故居出土 1 件（T33 ③ Q：8），呈弧形，长 27.6 厘米、宽 3.5 厘米、最厚处 0.6 厘米[6]（图 6-3-23，16）。洛阳关林镇中唐时期墓葬出土 2 件，大小、形制相同。其中 M1317：4，镰头呈弧形弯曲，单刃，长 22 厘米[7]（图 6-3-23，17）。镰还出土于洛阳涧西唐墓[8]、陕西商州唐墓[9]、宁夏彭

1 厦门大学考古队吴诗池：《湖北巴东县罗坪唐代墓葬的清理》，《考古》2001 年第 9 期。
2 洛阳市文物工作队：《洛南新区龙盛小区 B 区唐墓 M27》，《考古学研究》2011 年第 8 期。
3 襄樊市考古队、谷城县博物馆：《湖北谷城县肖家营墓地》，《考古》2006 年第 11 期。
4 黑龙江省文物考古研究所：《黑龙江东宁县小地营遗址渤海房址》，《考古》2003 年第 3 期。
5 河南省文物考古研究院、许昌市文物工作队：《河南禹州新峰墓地唐墓发掘简报》，《华夏考古》2013 年第 4 期。
6 中国社会科学院考古研究所洛阳唐城队：《洛阳唐东都履道坊白居易故居发掘简报》，《考古》1994 年第 8 期。
7 洛阳市文物工作队：《洛阳关林镇唐墓发掘报告》，《考古学报》2008 年第 4 期。
8 洛阳市第二文物工作队：《洛阳涧西区唐代墓葬发掘简报》，《文物》2011 年第 6 期。
9 王昌富、陈良和：《陕西商州市发现唐代墓葬群》，《考古》1996 年第 12 期。

阳海子塬隋墓[1]、河南偃师唐墓[2]、隋唐洛阳城宫城西隔城等。

另隋仁寿宫·唐九成宫37号殿址还出土有渔猎工具二齿叉[3]等。

从铁质生产工具和土作农耕器具的种类和数量看，隋唐时期铁制品获得了进一步发展，可以说在手工及农业生产活动中达到了全面的普及。

（二）兵器武备

1. 格斗兵器

隋唐时期格斗兵器主要有剑、刀、矛等。

剑　隋唐时期的铁剑少有发现，可能与剑的功能在这一时期更多的是用于礼仪或身份标识有关。广西钦州[4]、新疆伊犁昭苏[5]、隋唐洛阳城衙署区和宫城西夹城等出土有这一时期的铁剑。

刀　可分为两型。

A型：环首直体刀，柄部为环首，直刃直背。广东和平晚唐至五代墓出土1件（HFZM1：6），单刃，长55厘米[6]（图6-3-26，1）。

B型：装柄刀。广东和平晚唐至五代墓出土1件（HDZM1：3），尖锋，单刃，带格。长41厘米（图6-3-26，2）。洛阳关林镇唐墓出土2件，形制相同，大小不一。皆呈长条形，刀头平直，单刃，有柄。其中M1317：5，刀刃平直，长43.5厘米（图6-3-26，3）。M1317：6，刀刃略弧，长35.6厘米[7]（图6-3-26，4）。黑龙江五常香水河墓地，墓地主体年代为渤海中期，出土刀4件。直背，斜刃，横截面为三角形。其中M32：

图6-3-24　B型刀（黑龙江五常香水河墓地M32：1）

图6-3-25　B型刀（黑龙江五常香水河墓地M33：1）

1 西北大学文化遗产学院、宁夏文物考古研究所、彭阳县文物管理所：《宁夏彭阳海子塬北魏、隋墓清理简报》，《考古与文物》2015第3期。

2 偃师商城博物馆：《河南偃师县四座唐墓发掘简报》，《考古》1992年第11期。

3 中国社会科学院考古研究所西安唐城工作队：《隋仁寿宫唐九成宫37号殿址的发掘》，《考古》1995年第12期。

4 广西壮族自治区文物工作队：《广西壮族自治区钦州隋唐墓》，《考古》1984年第3期。

5 安英新：《新疆伊犁昭苏县古墓葬出土金银器等珍贵文物》，《文物》1999年第9期。

6 广东省文物考古研究所、和平县博物馆：《广东和平县晋至五代墓葬的清理》，《考古》2000年第6期。

7 洛阳市文物工作队：《洛阳关林镇唐墓发掘报告》，《考古学报》2008年第4期。

1，柄横截面呈长方形，残长9.7厘米（图6-3-24；图6-3-26，5）；M33：1，刃前部有一凹口，柄横截面呈长方形，通长11.9厘米[1]（图6-3-25；图6-3-26，6）。

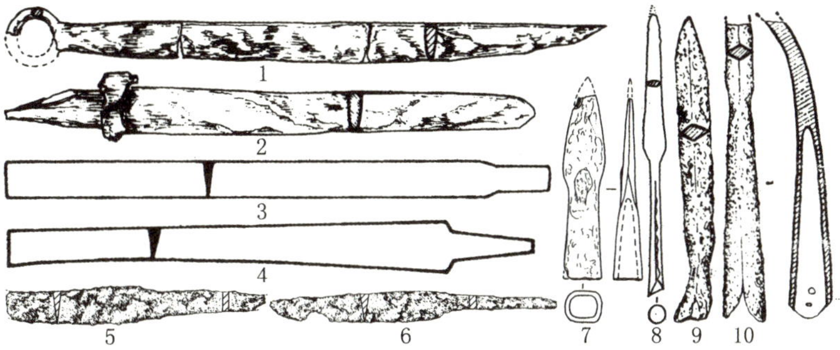

图6-3-26 隋唐五代时期兵器武备（刀、矛）

1.A型刀（广东和平HFZM1：6）2~6.B型刀（广东和平HDZM1：3、洛阳关林M1317：5、M1317：6、黑龙江五常M32：1、M33：1）7.B型矛（重庆云阳G9②：8）8~10.A型矛（吉林永吉M2：5、黑龙江萝北M6：9、M2：10）

矛 有扁平细长矛身和桂叶形矛身两种形式。

A型：矛身扁平细长。吉林永吉县查里巴村渤海早期墓出土1件（M2：5），长柳叶状，通长40厘米、骹长20厘米[2]（图6-3-26，8）。黑龙江萝北团结墓葬出土4件，其中M6：9，銎部残断，尖锋直刃，中部起脊，横剖面呈菱形，残长19.5厘米（图6-3-26，9）。M2：10，身残断，略弯曲，銎端作燕尾式，并有一对穿孔，残长19.8厘米[3]（图6-3-26，10）。年代约为南北朝至隋唐之际。

B型：矛身呈桂叶形。重庆云阳乔家院子唐代遗址出土1件（G9②：8），矛身呈扁平，椭圆形銎。残长12.2厘米、銎径1.5~1.9厘米[4]（图6-3-26，7）。

2. 远射兵器

远射兵器主要有镞和弩机等。弩机发现较少，隋唐洛阳城九洲池出土1件（GT368③：2）（图6-3-27）。

铁镞发现较多，可分为四型。

A型：多棱镞。主要为四棱镞。定鼎门遗址出土3件，头呈四棱形，四刃稍隆起，身微凹成槽状，铤截面呈方形。其中98LTLT14④B：13G，残长7.7厘米、镞头长3.2厘米、宽1.25厘米、铤长4.5厘米、铤截面宽0.5厘米[5]（图6-3-30，1）。年代为盛唐时期。

B型：多翼镞。主要为双翼和三翼。黑龙江五常香水河墓地出土双翼镞1件（M12：1），镞身扁平，略呈圭形，扁平铤。残长3.4厘米、两翼宽2.4厘米、厚0.1厘米[6]（图6-3-28；图6-3-30，10）。墓地主体年代为渤海中期，大约8—9世纪。隋仁寿宫·唐九成宫37号殿址出土双翼镞1件[7]（图6-3-30，11）。新疆

1 黑龙江省文物考古研究所：《黑龙江五常市香水河墓地发掘简报》，《考古》2016年第4期。

2 尹郁山：《吉林永吉县查里巴村发现二座渤海墓》，《考古》1990年第6期。

3 黑龙江省文物考古研究所：《黑龙江萝北县团结墓葬发掘》，《考古》1989年第8期。

4 西北大学考古队：《重庆云阳乔家院子遗址唐宋时期遗存》，《江汉考古》2002年第3期。

5 中国社会科学院考古研究所洛阳唐城队、洛阳市文物工作队：《定鼎门遗址发掘报告》，《考古学报》2004年第1期。

6 黑龙江省文物考古研究所：《黑龙江五常市香水河墓地发掘简报》，《考古》2016年第4期。

7 中国社会科学院考古研究所西安唐城工作队：《隋仁寿宫唐九成宫37号殿址的发掘》，《考古》1995年第12期。

伊犁昭苏县出土三翼镞3件，其中（97XZPC：31~33），有铤，铤部残留腐朽的木屑痕迹，铁镞已经严重锈蚀，长度分别为4厘米、4.8厘米和7厘米[1]（图6-3-30，12~14）。年代下限为6—7世纪前后。重庆云阳乔家院子唐代遗址出土双翼镞1件（ⅠT3203③b：1），镞身扁菱形，铤圆柱形。残长6.9厘米[2]（图6-3-30，15）。

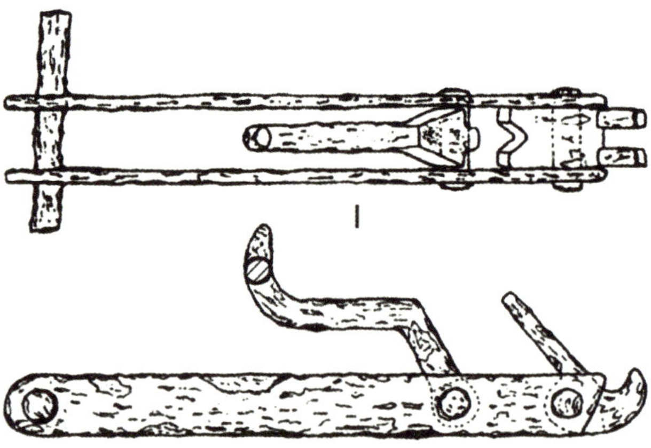

图6-3-27 弩机（隋唐洛阳城九洲池GT368③：2）

图6-3-28 B型镞（黑龙江五常香水河墓地M12：1）

C型：双刃镞。定鼎门遗址出土7件，镞头扁平，两刃，镞身中部隆起成脊，镞铤截面呈圆形。其中98LTLT14④B：13D，残长6厘米、镞头长2.4厘米、最宽处1.5厘米、铤长7厘米、铤径0.4厘米[3]（图6-3-30，2）。年代为盛唐时期。黑龙江五常香水河墓地出土7件。其中M1：7，两侧外弧呈束腰状，残长10.3厘米（图6-3-29，1；图6-3-30，6）；M2：5，镞身为菱形，尖锋，锥状铤，铤较长，通长9.6厘米（图6-3-29，2；图6-3-30，4）；M46：2，两侧外弧呈束腰状，通长9厘米（图6-3-29，3；图6-3-30，3）；M47：3，两侧外弧呈束腰状，通长8.9厘米（图6-3-29，4；图6-3-30，8）；M2：4，残长6.8厘米（图6-3-30，5）；M47：4，两侧外弧呈束腰状，残长7厘米（图6-3-30，7）；M21：1，扁平锋，锥状铤，残长7.2厘米[4]。墓地主体年代大约在8—9世纪。此型铁镞在隋仁寿宫·唐九成宫37号殿址[5]等也有出土。

D型：凿身镞。珲春市东六洞二号遗址出土1件（ⅡF1：6），器身横剖面呈长方形，前锋呈扁铲形，铤呈方锥形。长8.2厘米、前锋宽0.8厘米、铤长2.5厘米[6]（图6-3-30，9）。

1 安英新：《新疆伊犁昭苏县古墓葬出土金银器等珍贵文物》，《文物》1999年第9期。

2 西北大学考古队：《重庆云阳乔家院子遗址唐宋时期遗存》，《江汉考古》2002年第3期。

3 中国社会科学院考古研究所洛阳唐城队、洛阳市文物工作队：《定鼎门遗址发掘报告》，《考古学报》2004年第1期。

4 黑龙江省文物考古研究所：《黑龙江五常市香水河墓地发掘简报》，《考古》2016年第4期。

5 中国社会科学院考古研究所西安唐城工作队：《隋仁寿宫唐九成宫37号殿址的发掘》，《考古》1995年第12期。

6 吉林省图珲铁路考古发掘队：《珲春市东六洞二号遗址发掘简报》，《北方文物》1990年第1期。

1 2 3 4
图 6-3-29 C 型镞（黑龙江五常香水河墓地 M1：7、M2：5、M46：2、M47：3）

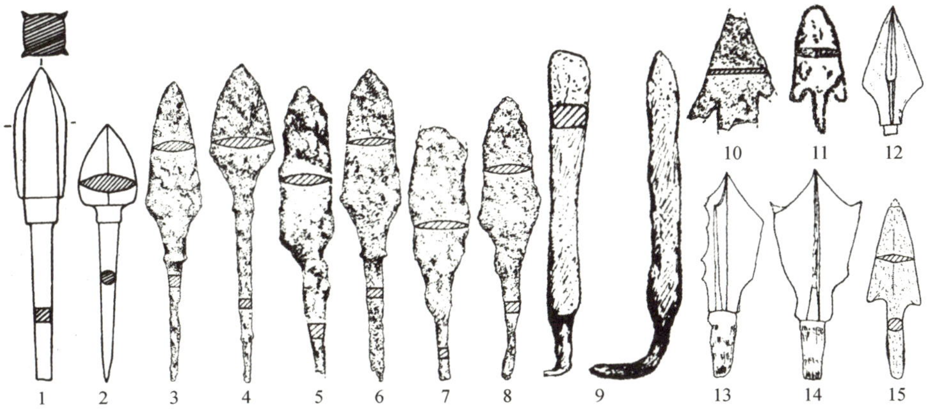
图 6-3-30 隋唐五代时期兵器武备（镞）
1.A 型（定鼎门 98LTLT14④B：13G）2~8.C 型（定鼎门 98LTLT14④B：13D、黑龙江五常 M46：2、M2：5、M2：4、M1：7、M47：4、M47：3）9.D 型（珲春东六洞Ⅱ F1：6）10~15.B 型（黑龙江五常 M12：1、隋仁寿宫唐九成宫、新疆伊犁昭苏 97XZPC：31、97XZPC：33、97XZPC：32、重庆云阳Ⅰ T3203③b：1）

从考古发现看，隋唐时期铜镞依然存在，但实战仍以铁镞为主。

3. 防护装备

隋唐五代时期的铁质防护装备主要为铠甲及兜鍪等。

西安曲江池出土一件完整的铠甲[1]，里面夹有“开元通宝”铜钱。收集到的甲片共有 322 片，按照甲片的形状，可分成 3 种，即宽条型、中宽型和窄条型。

宽条型平面为长方形，四角钝圆，中部略宽，上部向背面弯曲。长 96 毫米、宽 26 毫米、厚 2.8 毫米。片上有绳孔 7 组 13 个，孔径大小 3 种，分别为 4 毫米、3 毫米、2 毫米。每片约重 18 克（图 6-3-31，1）。

中宽型平面为长方形，四角钝圆，平面为长方形，四角钝圆，中部略宽，上

1 西安市文管处：《西安曲江池出土唐代铁铠甲》，《文物》1978 年第 7 期。

端比下端窄。这种甲片中，一部分上端向背面弯曲，另一部分除上端向背面弯曲外，下端还向前面弯曲。片长89毫米、宽20毫米、厚2.4毫米。片孔有7组13个。孔径有两种，即3毫米、2毫米。每片重约11.5克（图6-3-31，2）。

窄条型平面为长方形，上端为半圆形，下端向背面弯曲。长90毫米、宽13毫米、厚2.2毫米。片孔有7组14个，孔径2毫米。每片重约5.5克（图6-3-31，3）。

甲片有43组，是数片黏结在一起（图6-3-32；图6-3-33）。三种甲片都是同型片左片压右片依次编缀，上片的右行小孔与下片的左行小孔对直，用细绳索扎紧。这样编结的横带，前两种呈平面，窄条片有弯曲（图6-3-34），这可能和使用的部位有关。宽条片、中宽片的上下端4个大孔，窄条片上端一孔在横编时未使用，可能是用于纵编。由于纵编时绳索要承担较大的重量，所以绳索粗，绳孔大。推测同型甲片第一步先横编成横带，第二步按组合部位再纵编成整甲。

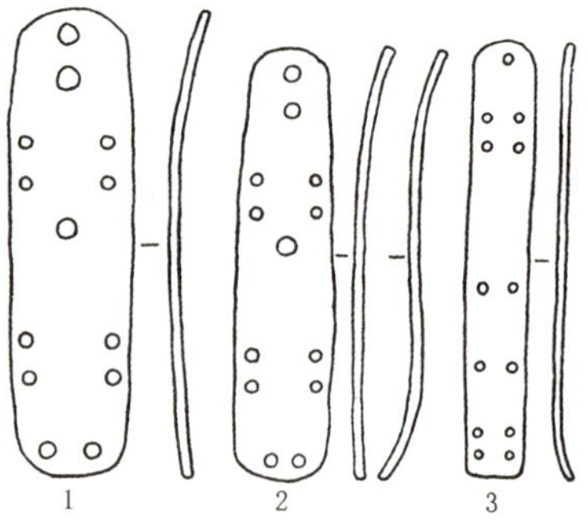

图6-3-31 西安曲江池出土铁铠甲片
1.宽条型 2.中宽型 3.窄条型

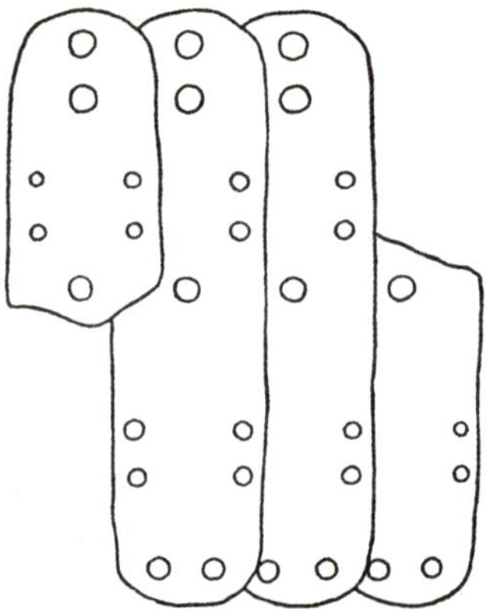
图6-3-32 西安曲江出土宽条型甲片的横编

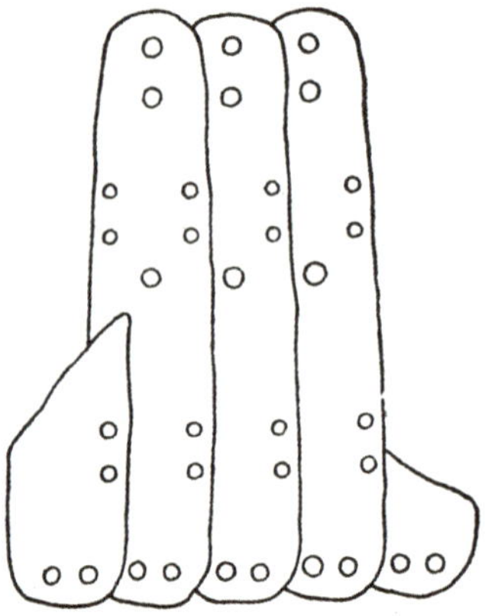
图6-3-33 西安曲江出土中宽甲片的横编

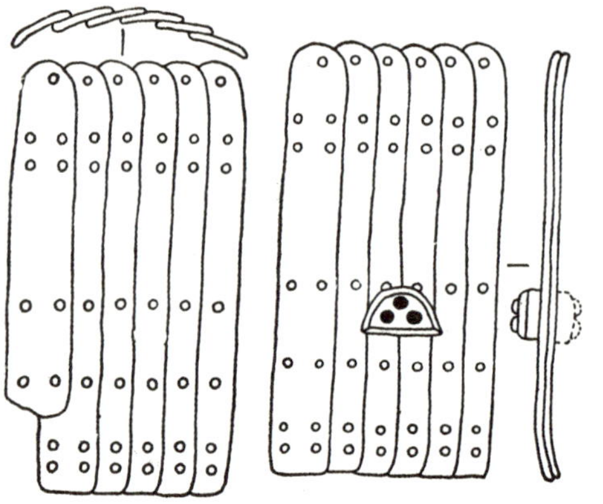
图6-3-34 西安曲江出土窄条型甲片的横编

甲片上还残留有两副铜纽，可能不起职能作用，仅用作装饰。

黑龙江东宁小地营遗址渤海房址出土1件（F3：3），近圭形，饰对称的4个圆孔。长4.9厘米、宽3厘米[1]。

隋代继承了北朝时期重视重装骑兵—甲骑具装的传统，但甲骑具装笨重且不实用，到唐代时已几近消失。

1 黑龙江省文物考古研究所：《黑龙江东宁县小地营遗址渤海房址》，《考古》2003年第3期。

（三）车马机具

1. 车船部件

齿轮 隋唐洛阳城宫城西隔城出土1件，应为棘轮。

车釭 车轮的重要部件，主要有六角和多齿两种。多齿车釭又分为六齿形和五齿形。沈阳石台子高句丽山城蓄水设施遗址出土1件（04SSX⑤：9），外径7.8厘米、内径6.2厘米、高4.1厘米[1]（图6-3-36，6）。年代为高句丽时期。黑龙江海林细鳞河遗址也发现有六齿、五齿形车釭（图6-3-35）。

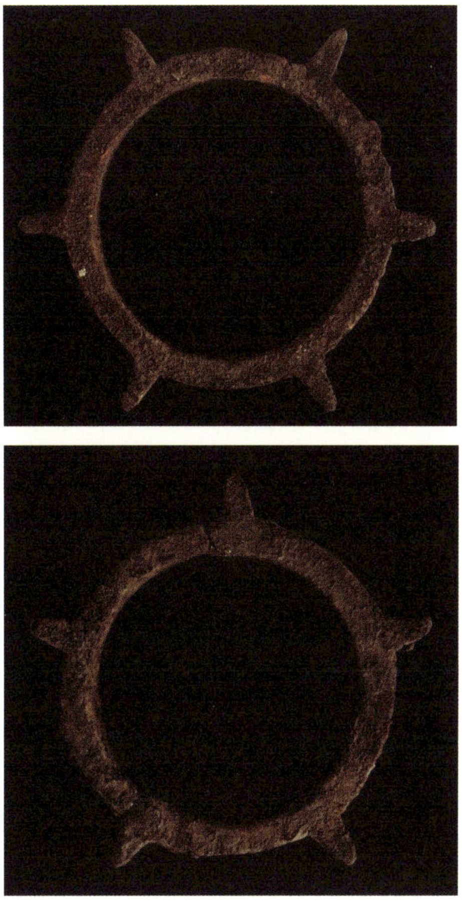

图6-3-35 车釭（渤海时期海林细鳞河遗址出土）

2. 马具及马饰

马镳 目前所见隋唐时期马镳大多为弯体，呈“S”形。新疆乌鲁木齐南郊盐湖南岸天山唐墓出土马镳呈S形，穿套在衔的套环内。马络及缰绳均以革带与衔的两个套环相连（图6-3-36，3）。新疆伊犁尼勒克汤巴勒萨伊墓地晚期墓葬出土马衔镳1件（K1：2），呈S形，两端扁平，通长20.6厘米[2]（图6-3-36，4），年代晚至唐代。唐永泰公主墓出土6件，长9.6厘米、宽5.9厘米[3]。北京丰台唐史思明墓出土包金铁马衔镳一副，马镳呈S形，镳首作龙头状，长20.4厘米。镳身隐约可见包金痕迹。

马衔 大多为双节相连，双环相套。新疆伊犁尼勒克汤巴勒萨伊墓地晚期墓葬出土马衔K1：2，由两连杆相套，两端均为双圆环，内环套马镳，外环套铁环；M22：2，马衔由两连杆相套，两端均为单圆环（图6-3-36，7）。北京丰台唐代史思明墓中出土包金铁马衔，衔为两节，长26.2厘米。衔外大环饰上下相对三角形包金。

马镫 可分为两型。

A型：镫环之上带牌型鼻，正中为长方形穿。河北曲阳五代时期王处直墓出

1 辽宁省文物考古研究所、沈阳市文物考古研究所：《沈阳市石台子高句丽山城蓄水设施遗址》，《考古》2010年第12期。
2 新疆文物考古研究所：《新疆伊犁尼勒克汤巴勒萨伊墓地发掘简报》，《文物》2012年第5期。
3 陕西省文物管理委员会：《唐永泰公主墓发掘简报》，《文物》1964年第1期。

土一副，外包银。鼻已残，柱状环梁，椭圆形踏板，踏板两端呈弧形，与环梁相连。鼻宽 1.9 厘米、踏宽 3.6 厘米、通高 8.4 厘米[1]（图 6-3-36，1）。唐永泰公主墓、北京丰台唐史思明墓[2]、新疆乌鲁木齐南郊盐湖南岸天山唐墓[3]等也有出土。

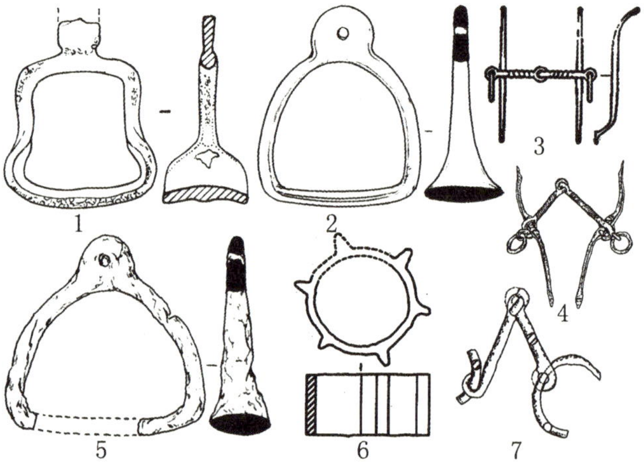

图 6-3-36　隋唐五代时期车马机具（车釭、马镳、马镫等）
1.A 型马镫（河北曲阳王处直墓）2、5.B 型马镫（新疆昌吉西沟 M2：10-1、M2：10-2）3. 马镳（新疆乌鲁木齐南郊盐湖）4. 马衔镳（新疆伊犁 K1：2）6. 车釭（沈阳石台子 04SSX⑤：9）7. 马衔（新疆伊犁 M22：2）

B 型：梁上作穿马镫。数量很少，目前可见圆穿及横长方形穿两种。新疆昌吉州阜康市西沟出土 8 件，均为“8”字形，镫鼻呈圆形，中部穿有一圆形穿，镫鼻与镫环间无颈，镫环呈三角形，踏板较宽。其中 M2：10-1，通高 17 厘米、踏板宽 6.6 厘米（图 6-3-36，2）；M2：10-2，通高 16.8 厘米、踏板宽 6.6 厘米[4]（图 6-3-36，5）。

（四）日用器具

隋唐时期的铁制日用器具，主要包括日用器皿、家用器具、妆严用具及缝织器具四类。

1. 日用器皿

主要包括炊煮用具、盛器等。

鼎　多为立耳鼎。盘外折，圜底。根据耳部形态分为两型。

A 型：方耳。福建武夷山中晚唐时期墓葬出土 1 件（M1：14），敞口，折沿，双竖耳，圆腹，腹下附三足。口径 21.4 厘米、通高 18.4 厘米[5]（图 6-3-37，1）。河南禹州新峰唐墓出土 2 件，其中 M202：3，敞口，折沿，尖唇，弧腹，圜底，上腹部附三兽蹄足，口沿上立有对称双耳，其中足耳均有残缺。口径 19 厘米、高 16.5 厘米[6]（图 6-3-37，2）。年代为中唐至晚唐初期。河南郑州化工厂中唐时期墓葬出土 1 件，侈口，折沿，两立耳，弧腹，圆底，三蹄足。口径 17.4 厘米、通

1 河北省文物研究所等：《河北曲阳五代壁画墓发掘简报》，《文物》1996 年第 9 期。
2 首都博物馆：《嵌金铁马镫》，《文物》1984 年第 4 期。
3 王炳华：《盐湖古墓》，《文物》1973 年第 10 期。
4 新疆维吾尔自治区文物考古研究所：《新疆昌吉州阜康市西沟墓地、遗址发掘简报》，《考古与文物》2016 年第 5 期。
5 赵爱玉：《福建武夷山市发现唐墓》，《文物》2008 年第 6 期。
6 河南省文物考古研究院、许昌市文物工作队：《河南禹州新峰墓地唐墓发掘简报》，《华夏考古》2013 年第 4 期。

高 15.9 厘米[1]（图 6-3-37，3）。河南郑州中原制药厂盛唐时期墓葬出土 1 件，侈口，折沿，沿上有外撇的两立耳，弧腹，圜底，三棱形足。口径 16.6 厘米、通高 13.8 厘米[2]（图 6-3-37，4）。河南新郑郑韩故城内新华路唐墓出土 1 件（04ZHXHLM2：1），器身盆形，宽凹折沿，沿上对称两立耳，浅腹，圜底。三足外撇。口径 17.5 厘米、通高 14 厘米[3]（图 6-3-37，6）。年代不早于中唐时期。河南安阳薛家庄唐代后期墓出土 1 件（M5：2），宽沿，两耳方形带孔，圜底，上附较厚的铁锈，连耳高 15.5 厘米、腹深 5 厘米[4]。

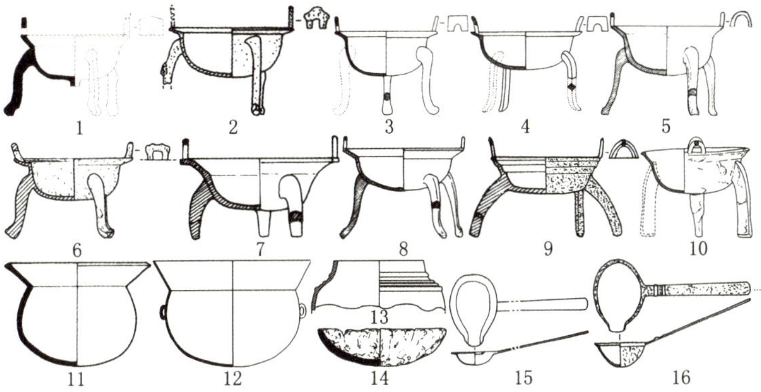

图 6-3-37　隋唐五代时期日用器皿（鼎、釜、盘等）

1~4、6.A 型鼎（福建武夷山 M1：14、河南禹州新峰 M202：3、河南郑州化工厂、河南郑州中原制药厂、河南新郑 04ZHXHLM2：1）5、7~10.B 型鼎（广东和平 HFZM1：5、HPDM6：6、HDZM1：1、河北怀来寺湾、河南新郑摩托城 M10：3）11. 无耳釜（湖北郧县李徽墓 M5：37）12. 双耳釜（重庆酉阳清源Ⅱ H1：1）13. 带錾釜（沈阳石台子 04SSX⑤：5）14. 盘（新疆昌吉 M16：10）15、16. 刁（河南洛阳 C7M1422：13、河南禹州 M199：9）

B 型：半环耳。广东和平县晚唐至五代墓出土 3 件。其中 HFZM1：5，敞口，半环形耳，深腹，圜底，三高足外撇。口径 20 厘米、通高 18 厘米（图 6-3-37，5）；HPDM6：6，平沿上有两半环形耳，深腹，矮足。口径 22 厘米、通高 13.5 厘米（图 6-3-23，7）。HDZM1：1，斜折沿，圜底，半环形耳，三高足外撇。口径 21.5 厘米、通高 16.5 厘米[5]（图 6-3-37，8）。河北怀来县寺湾唐代晚期墓出土 1 件，敞口，圆唇，内腹壁有明显折棱三条，腹较深，底微圜，沿面立棱状环形耳一对，扁圆形足，一耳对一足，另一耳位于两足的中央。口径 27.6 厘米、炉深 8.4 厘米、足高 10.2 厘米、通高 23.4 厘米[6]（图 6-3-37，9）。河南新郑摩托城盛唐时期墓葬出土 1 件（M10：3），侈口，折沿，沿上有两立耳，垂腹，圜底，三高扁形足。口径 23.5 厘米、通高 21.2 厘米[7]（图 6-3-37，10）。

釜　这一时期的铁釜发现较少，延续了魏晋时期形制。主要分为无耳釜、双耳釜、带錾釜三种。

无耳釜　湖北郧县唐李徽墓出土 1 件（M5：37），侈口尖唇，圜底，口径 31.8 厘米、高 21.6 厘米[8]（图 6-3-37，11）。淮北柳孜运河遗址出土 1 件

1 郑州文物工作队：《郑州地区发现的几座唐墓》，《文物》1995 年第 5 期。
2 郑州文物工作队：《郑州地区发现的几座唐墓》，《文物》1995 年第 5 期。
3 河南省文物考古研究所新郑工作站：《新郑市郑韩故城内近年发现的几座唐墓》，《中原文物》2006 年第 1 期。
4 河南省文化局文物工作队：《河南安阳薛家庄殷代遗址、墓葬和唐墓发掘简报》，《考古通讯》1958 年第 8 期。
5 广东省文物考古研究所、和平县博物馆：《广东和平县晋至五代墓葬的清理》，《考古》2000 年第 6 期。
6 张家口地区文管所：《河北怀来县寺湾唐墓》，《考古》1993 年第 7 期。
7 河南省文物考古研究所：《河南新郑市摩托城唐墓发掘简报》，《华夏考古》2005 年第 4 期。
8 湖北省博物馆、郧县博物馆：《湖北郧县唐李徽、阎婉墓发掘简报》，《文物》1987 年第 8 期。

（T5 ⑧：135）[1]。

双耳釜 重庆酉阳清源遗址出土1件（Ⅱ H1：1），椭圆形口沿，双耳突起。长轴34.26厘米、短轴26.47厘米、通高24.43厘米[2]（图6-3-37，12）。年代为唐宋时期。

带錾釜 沈阳石台子高句丽山城蓄水设施遗址出土1件（04SSX ⑤：5），直口，方唇，直颈，溜肩，肩以下残。颈肩结合处有一周凸棱，肩部有三周凸棱。口径20厘米、残高10.4厘米[3]（图6-3-37，13）。年代为高句丽时期。山东德州乐陵市西段乡也发现1件六錾耳釜，上口微敛，方唇、小折沿，短颈，折肩，弧腹，圜底，呈半球状。距口沿下约6厘米外壁上，环绕肩部对称铸有一匝六只方形板耳，板耳长约9厘米、宽约4厘米、厚约1厘米，耳间距约16厘米。口径约41厘米、腹壁厚约15厘米、通高约27厘米，重约30公斤[4]。隋唐洛阳城宫城东夹城也出土有带錾釜（GT150 ③：1）。

器架 贵州平坝马场唐墓出土四足架1件（M56：6 ②），一铁圈下有四足，四足一端着地，另一端内折成支架，以支撑架上之器，出土时上置陶釜一件。通高18、铁圈直径26.6厘米[5]。

盘 新疆昌吉州阜康市西沟墓地Ⅱ区晚期墓葬出土1件（M16：10），敞口，圆唇，浅腹[6]（图6-3-37，14）。年代在公元7—8世纪。

舀 河南洛阳龙康小区晚唐墓葬出土1件（C7M1422：13），器身呈敞口碗状，窄沿向外平伸，弧腹圜底，一侧有短流，柄长，扁平如尺。带流长18.4厘米，宽14.2厘米，带柄长36.4厘米[7]（图6-3-37，15）。河南禹州新峰唐墓出土1件（M199：9），器身平面呈椭圆形，口沿有短流，弧腹，圜底，一侧有长柄，扁平如尺。通长40.8厘米[8]（图6-3-37，16）。年代为中唐至晚唐初期。

铛 隋唐洛阳城宫城东夹城出土1件（GT150 ③：3）。这是隋唐时期新出现的一种带柄的浅腹平底锅。

匜 北京石景山唐墓出土1件，圆形，板沿，浅腹，壁微内斜，平底微外鼓。壁有直柄，口沿有短流，三足均残。口径约21.5厘米[9]。

碟 湖北郧县唐李徽墓出土1件（M5：27），口微敛，圜底。直径7厘米、高3厘米[10]。

---

1 安徽省文物考古研究所等：《淮北柳孜运河遗址发掘报告》，科学出版社，2002年5月第81页。

2 重庆市文物考古所、重庆文化遗产保护中心、四川大学历史文化学院考古学系：《酉阳清源》，科学出版社，2009年12月第242页。

3 辽宁省文物考古研究所、沈阳市文物考古研究所：《沈阳市石台子高句丽山城蓄水设施遗址》，《考古》2010年第12期。

4 程小明、王建成：《山东德州乐陵发现唐代六板耳铁釜》，《中国文物报》2013年9月13日第008版。

5 贵州省博物馆：《贵州平坝县马场唐宋墓》，《考古》1981年第2期。

6 新疆维吾尔自治区文物考古研究所：《新疆昌吉州阜康市西沟墓地、遗址发掘简报》，《考古与文物》2016年第5期。

7 洛阳市文物工作队：《洛阳市龙康小区卿C7M1422唐墓发掘简报》，《中原文物》2009年第2期。

8 河南省文物考古研究院、许昌市文物工作队：《河南禹州新峰墓地唐墓发掘简报》，《华夏考古》2013年第4期。

9 北京市文物工作队：《北京市发现的几座唐墓》，《考古》1980年第11期。

10 湖北省博物馆、郧县博物馆：《湖北郧县唐李徽、阎婉墓发掘简报》，《文物》1987年第8期。

2. 家用器具

（1）鐎斗

鐎斗依据柄的形制可分为三型。

A 型：长条扁柄。河南新郑郑韩故城内新华路唐墓出土鐎斗及支架一组 2 件。斗身浅盆形，宽折沿，浅腹，圜底。一侧有流。宽长条形柄，与柄相对一侧的口沿上有附件，是否有残缺及用途均不详。其中 03ZHHRM1：1，斗身口径 16.4 厘米，高 4.8 厘米，连柄长 42.8 厘米。支架以宽约 2.4 厘米的铁条圈成圆形架身，一侧焊接细长足，另一侧横向焊接一个“凹”形结构，此结构的尾端再纵向焊接一个倒“凹”形作为双足。03ZHHRM1：3，架身直径 14.1 厘米，通长 22 厘米，高 13.4 厘米[1]（图 6–3–38，1）。年代不早于中唐时期。

B 型：曲柄。安徽繁昌闸口村唐代早期墓出土 2 件，形制相似。敞口，折沿，曲把，三扁足微弧。其中 M：13，平底，连把长 30 厘米、口径 17.2 厘米、炉身高 8.8 厘米、通高 14.4 厘米（图 6–3–38，6）；M：14，圜底，连把长 28.8 厘米、口径 16.4 厘米、炉身高 8 厘米、通高 14 厘米[2]（图 6–3–38，7）。

C 型：龙首柄。依龙首形态可分为两式。

Ⅰ式：龙首伸展。江西会昌西江隋墓出土 1 件，扁平足，圜底，底部中央有一圆形乳突，直腹，腹中部以底折近一级，将腹部分为上下两部分，圆唇微侈。口径 15.6 厘米、柄长 11.8 厘米、通高 19.1 厘米[3]（图 6–3–38，8）。江西于都马岭崠隋墓出土 2 件，鼎足，圆底。口径 14.5 厘米、柄长 13.5 厘米、高 13 厘米[4]。

Ⅱ式：龙首略曲。河北井陉柿庄唐墓出土 1 件，斗形似鸭形，腹为圆形，腹的一端为鐎斗斗柄，斗柄曲颈上扬，末端为鸭头嘴部，微残。口沿与斗柄相对的另一端突出为椭圆形手，作鸭尾状。三足残缺。口径 16 厘米、残高 8 厘米、通长 26 厘米[5]（图 6–3–38，2）。河南禹州新峰唐墓出土 1 件（M235：9），敞口，折沿，尖唇，弧腹，圜底，腹中部附三锥状足，腹部一侧有凫

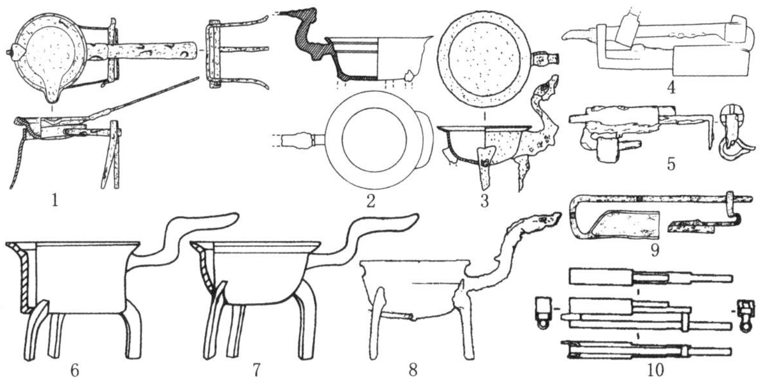

图 6–3–38　隋唐五代时期家用器具（鐎斗、锁）

1.A 型鐎斗（河南新郑 03ZHHRM1：3）2、3.C Ⅱ式鐎斗（河北井陉柿庄、河南禹州新峰 M235：9）4、5、9、10. 锁（河南三门峡 M130：2、浙江临安 M25：16、陕西西安 M5：11、湖北郧县 M5：34）6、7.B 型鐎斗（安徽繁昌 M：13、M：14）8.C Ⅰ式鐎斗（江西会昌西江隋墓）

1 河南省文物考古研究所新郑工作站：《新郑市郑韩故城内近年发现的几座唐墓》，《中原文物》2006 年第 1 期。

2 繁昌县文物管理所：《安徽繁昌县闸口村发现一座唐墓》，《考古》2003 年第 2 期。

3 钟建华：《会昌县西江隋唐墓葬》，《南方文物》1990 年第 1 期。

4 李德阳：《于都县马岭崠隋墓》，《南方文物》1984 年第 2 期。

5 井陉县文物保护管理所：《井陉柿庄宋墓群发现唐代纪年墓》，《文物春秋》2013 年第 6 期。

首形柄。口径 19 厘米、残高 22 厘米[1]（图 6-3-38，3）。年代为中唐至晚唐初期。

（2）锁

河南三门峡印染厂唐墓出土 1 件（M130：2），长 12.5 厘米[2]（图 6-3-38，4），年代为隋至初唐时期。浙江临安五代吴越国康陵出土 1 件（M25：16），长 10.1 厘米[3]（图 6-3-38，5）。陕西西安隋韦协墓出土 1 件（M5：11），残存锁套和锁芯。锁套为"U"空心圆筒状，锁芯为扁平状长条形。锁套残长 24.4 厘米、锁芯残长 10.2 厘米[4]（图 6-3-38，9）。湖北郧县唐李徽墓出土鎏金铁锁 1 件（M5：34），鎏金仅剩残迹。长 32 厘米、宽 5.2 厘米[5]（图 6-3-38，10）。陕西富平唐节愍太子墓也出土有锁[6]。

3. 妆严用具

隋唐时期的妆严用具主要有带具、镜、钗、镊[7]等。

（1）带具

带扣根据扣环形制可分为三型。

A 型：扣身总体形状为近圆形或亚腰形，一端有横鼻。黑龙江东宁小地营遗址渤海房址出土 1 件（F2：4），亚腰形，中间饰一带扣。长 4.3 厘米、宽 4 厘米[8]（图 6-3-39，12）。河北阳原金家庄唐墓出土铁带扣环 1 件（M1：22），椭圆形，环径 0.6 厘米[9]。年代为晚唐五代。

B 型：扣环整体形状近矩形，开口一侧装一横轴，以固定扣舌。黑龙江宁安虹鳟鱼场墓地出土 2 件，其中 T1：33，平面长方形，中间有一扣。长 3 厘米、宽 2.5 厘米（图 6-3-39，9）。M2308：1，舌状，中间有一"T"字形扣。长 5.8 厘米、最宽处为 2.8 厘米、最窄处 2 厘米（图 6-3-39，10）。新疆吐鲁番地区交河故城沟西墓地康氏家族墓出土 1 件（M14：2），方框形，圆体，器表凹凸不平，扣针残。长 4.5 厘米、宽 3.7 厘米、直径 0.7 厘米[10]（图 6-3-39，13）。年代为高昌国晚期至唐西州早期。四川松潘松林坡唐墓出土 1 件（M2：3），长方形，表面似无装饰。出土于人骨腰部，旁边还有皮革样的深褐色朽痕，有纹理，厚约 0.6 厘米。长约 5 厘米、宽 4 厘米、厚约 0.7 厘米。估计是腰带的束扣[11]。天津蓟县白马泉晚唐墓出土 1 件

1 河南省文物考古研究院、许昌市文物工作队：《河南禹州新峰墓地唐墓发掘简报》，《华夏考古》2013 年第 4 期。
2 河南省文物考古研究院：《河南三门峡市印染厂 130 号唐墓清理简报》，《华夏考古》2016 年第 2 期。
3 杭州市文物考古所、临安市文物馆：《浙江临安五代吴越国康陵发掘简报》，《文物》2000 年第 2 期。
4 西安市文物保护考古研究院，《隋韦协墓发掘简报》，《文博》2005 年第 3 期。
5 湖北省博物馆、郧县博物馆：《湖北郧县唐李徽、阎婉墓发掘简报》，《文物》1987 年第 8 期。
6 陕西省考古研究所等：《唐节愍太子墓发掘报告》，科学出版社，2004 年 6 月第 138 页。
7 陕西省考古研究院、咸阳市文物考古研究所：《隋元威夫妇墓发掘简报》，《考古与文物》2012 年第 1 期。
8 黑龙江省文物考古研究所：《黑龙江东宁县小地营遗址渤海房址》，《考古》2003 年第 3 期。
9 张家口地区文管所、阳原县文管所：《河北阳原金家庄唐墓》，《考古》1992 年第 8 期。
10 吐鲁番地区文物局：《新疆吐鲁番地区交河故城沟西墓地康氏家族墓》，《考古》2006 年第 12 期。
11 中国社会科学院考古研究所四川工作队、松潘县文物管理所：《四川松潘县松林坡唐代墓葬的清理》，《考古》1998 年第 1 期。

（92JCBM1：13），方形，5厘米见方。四角各有一小孔，孔内残留铜丝痕迹[1]。

C型：套环式。黑龙江宁安虹鳟鱼场墓地出土1件（M2308：4），通长5.7厘米、大环长径6厘米、小环长径4.6厘米[2]（图6-3-39，11）。

另还出土有带銙部件及铊尾。如河北阳原金家庄唐墓出土4件，形状相同，为两铜片铆制在一铁块上，扁平体，中空，内夹皮带条用铜铆钉固定，中有矩形孔。其中M1：19，一端呈半圆形，另一端为方形，长4.6厘米、宽3.4厘米、厚0.7厘米（图6-3-39，7）。M1：17，长方形，长4.8厘米、宽4厘米、厚0.7厘米（图6-3-39，8）。M1：21，铊尾，为形状相同两铜片铆制在一铁块上，一端呈方形，另一端为半圆形，扁平体，中空，内夹皮带条用铜铆钉固定。长8.4厘米、宽4厘米、厚0.7厘米[3]（图6-3-39，14）。年代为晚唐五代时期。河北石家庄井陉矿区白彪村唐墓[4]也有出土。

（2）镜

隋唐时期以铜镜为主，也有少量铁镜。铜镜中常见的葵形、菱形、弧角方形等不见于铁镜。河南洛阳关林镇初唐时期墓出土1件（M1267：35），圆形，中有圆形纽。因锈蚀无法辨其有无纹饰，直径12.2厘米[5]（图6-3-39，1）。河南偃师沟口头砖厂初唐时期墓出土1件（M1：40）[6]（图6-3-39，2）。河南洛阳关林唐墓出土1件（M1305：19），圆形，直径16厘米、厚0.8厘米[7]。年代为初唐时期晚段到盛唐时期早段。铁镜还出土于河南安阳置度村隋墓[8]、河南安阳隋墓[9]、河南偃师寨后村砖厂初唐时期墓[10]、河南安阳第二制药厂中唐时期墓[11]等。唐代铁镜从早期墓到晚期墓均有出土，可以看出，是否随葬铁镜与墓葬规格及墓主身份没有直接关系，多数铁镜出土时表面有织物痕迹，推测原是放置在织物袋中或用织物包裹；也有与漆痕、漆器饰物等一起出土，可能原是收纳于漆奁内的。

（3）钗

四川松潘松林坡唐墓出土2件，皆出土于M1头骨顶部。其中M1：8，为一根断面为四方形的粗铁丝弯曲而成，呈双股叉形，尖端略有残缺。弯头端约2厘米处有连接两边的装饰物。残长10.2厘米、头宽1.5厘米（图6-3-39，3）。M1：3，整体呈锥形，由一根断面四方形的粗铁丝弯曲而成。弯头端约3厘米处连接有一个小装饰物，弯头内似有木质镶嵌物的朽痕。前端紧密并连在一起的铁丝断面由

1 天津历史博物馆考古队、蓟县文物保管所：《天津蓟县白马泉晚唐墓》，《文物春秋》1996年第4期。
2 黑龙江省文物考古研究所：《黑龙江宁安市虹鳟鱼场墓地的发掘》，《考古》1997年第2期。
3 张家口地区文管所、阳原县文管所：《河北阳原金家庄唐墓》，《考古》1992年第8期。
4 河北省文物研究所等：《石家庄井陉矿区白彪村唐墓发掘简报》，《河北省考古文集》（四），科学出版社，2011年第179页。
5 洛阳市文物工作队：《洛阳关林镇唐墓发掘报告》，《考古学报》2008年第4期。
6 偃师商城博物馆：《偃师县沟口头砖厂唐墓发掘简报》，《考古与文物》1995年第5期。
7 洛阳市文物工作队：《河南洛阳市关林13号唐墓的清理》，《考古》2006年第2期。
8 安阳市文物考古研究所：《河南安阳市置度村八号隋墓发掘简报》，《考古》2010年第4期。
9 中国社会科学院考古研究所安阳工作队：《安阳隋墓发掘报告》，《考古学报》1981年第3期。
10 偃师商城博物馆：《河南偃师唐墓发掘报告》，《华夏考古》1995年第1期。
11 安阳市博物馆：《河南安阳第二制药厂唐墓发掘简报》，《洛阳文物》1986年第3期。

方形变为圆形，且至尖部渐细。残长 11.7 厘米、头宽 2 厘米[1]（图 6-3-39，4）。绵遂高速公路（三台段）后底山隋代崖墓出土 1 件（M10：5），不规则圆条状，两端细，呈“U”形。直径 0.18 厘米、长 5.7 厘米，重 2.6 克[2]（图 6-3-39，5）。新疆吐鲁番地区交河故城沟西墓地康氏家族墓出土 2 件，其中 M33：2，双股，圆柱状钗体。长 4.4 厘米、宽 1.4 厘米、直径 0.4 厘米[3]（图 6-3-39，6）。年代为高昌国晚期至唐西州早期。

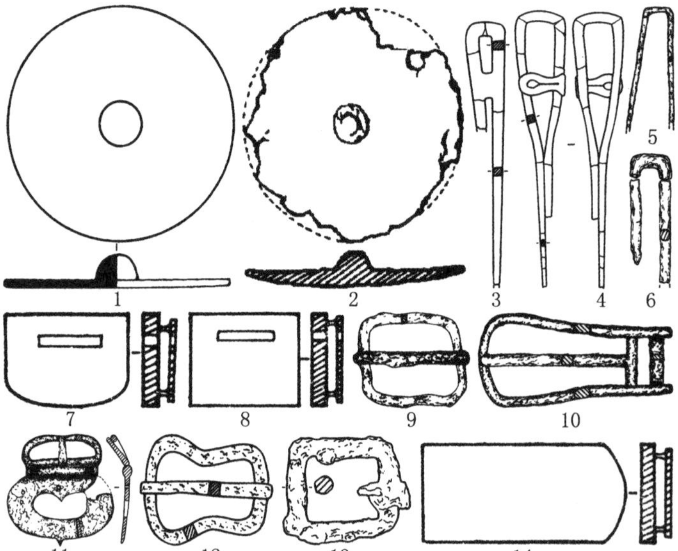

图 6-3-39　隋唐五代时期妆严用具（带具、镜、钗）
1、2. 镜（洛阳关林 M1267：35、河南偃师 M1：40）3~6. 钗（四川松潘 M1：8、M1：3、绵遂高速公路 M10：5、新疆吐鲁番 M33：2）7、8. 带銙（河北阳原 M1：19、M1：17）9、10、13.B 型带扣（黑龙江宁安 T1：33、M2308：1、新疆吐鲁番 M14：2）11.C 型带扣（黑龙江宁安 M2308：4）12.A 型带扣（黑龙江东宁 F2：4）14. 铊尾（河北阳原 M1：21）

4. 缝织器具

缝织器具主要有剪和铁轴纺轮。

剪　隋唐时期虽也有铜剪刀，但以铁剪最常用，可分为三型。

A 型：交股剪，剪部无支轴相接。柄部多呈“8”字形。湖北谷城肖家营隋墓出土 1 件（M70：9），柄端为圆环相交，厚背，薄刃，锈结面上有丝织物包裹痕迹。长 22 厘米[4]（图 6-3-40，1）。河南洛阳关林镇初唐时期墓出土 2 件，大小、形制相同。其中 M1267：36，交股式，呈“8”字形。长 21.3 厘米[5]（图 6-3-40，2）。河北唐县县北村隋墓出土 1 件，交股式，长 23.8 厘米、宽 3.5~6.4 厘米[6]（图 6-3-40，3）。北京昌平晚唐时期墓出土 1 件，作“8”字形交股，长 33 厘米[7]（图 6-3-40，5）。河南禹州新峰唐墓出土 3 件，交股式，由铁条弯曲锻打而形成。其中 M96：6，一刃残，残长 35.8 厘米[8]（图 6-3-40，6）。年代为中唐至晚唐初期。陕西西安西郊枣园唐墓出土 1 件（M6：2），柄为圆柱体，呈“8”字形环交，刃尾相参，直背斜刃，至尖渐尖。长 35.2 厘米、刃长 16.2 厘米、刃宽 3.2 厘米、柄径

1 中国社会科学院考古研究所四川工作队、松潘县文物管理所：《四川松潘县松林坡唐代墓葬的清理》，《考古》1998 年第 1 期。
2 四川省文物考古研究院、三台县文物管理所：《绵遂高速公路（三台段）后底山隋代崖墓群发掘简报》，《四川文物》2013 年第 5 期。
3 吐鲁番地区文物局：《新疆吐鲁番地区交河故城沟西墓地康氏家族墓》，《考古》2006 年第 12 期。
4 襄樊市考古队、谷城县博物馆：《湖北谷城县肖家营墓地》，《考古》2006 年第 11 期。
5 洛阳市文物工作队：《洛阳关林镇唐墓发掘报告》，《考古学报》2008 年第 4 期。
6 李文龙：《河北唐县县北村发现隋墓》，《文物春秋》1991 年第 4 期。
7 北京市文物工作队：《北京市发现的几座唐墓》，《考古》1980 年第 11 期。
8 河南省文物考古研究院、许昌市文物工作队：《河南禹州新峰墓地唐墓发掘简报》，《华夏考古》2013 年第 4 期。

0.8厘米[1]（图6-3-40，7）。陕西西安唐中期张泰夫妇墓出土1件（2010HDM1：34），柄部弯曲成环形，通长25.8厘米、柄长12.7厘米、刃长13.1厘米[2]（图6-3-40，9）。河南荥阳广武镇后王庄出土1件（XGHM7：3），把呈“8”字形，直刃，剪背较厚。长16.5厘米[3]（图6-3-40，11）。该型铁剪还出土于湖南长沙隋墓[4]、河南安阳隋墓[5]、陕西咸阳隋元威夫妇墓[6]、河南巩义王沟新村初唐时期墓[7]、河南偃师宋祯墓[8]、河南偃师沟口头砖厂初唐时期墓[9]、河南偃师水泵厂晚唐时期墓[10]、河南洛南新区盛唐时期墓葬[11]等。

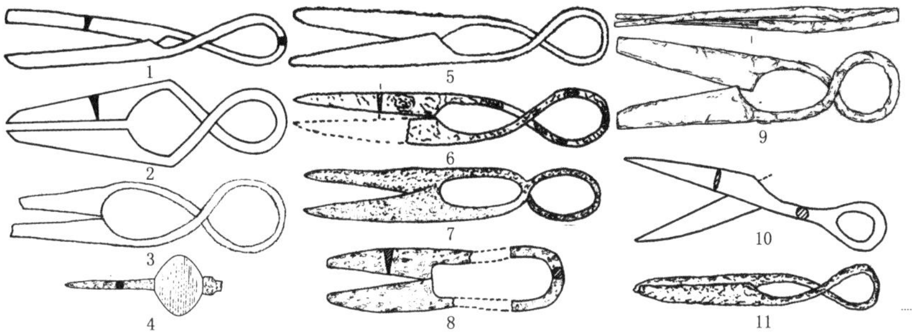

图6-3-40　隋唐五代时期缝织器具（剪、铁轴纺轮）

1~3、5~7、9、11.A型剪（湖北谷城M70：9、洛阳关林M1267：36、河北唐县县北村、北京昌平晚唐墓、河南禹州M96：6、陕西西安M6：2、陕西西安2010HDM1：34、河南荥阳XGHM7：3）4.铁轴纺轮（绵遂高速公路M7：10）8.B型剪（陕西西安M5：12）10.C型剪（河北鹿泉西龙贵M125：14）

B型：直股剪。陕西西安隋韦协墓出土1件（M5：12），手执部分为环状，刃部残断。残长15.2厘米[12]（图6-3-40，8）。

C型：双股剪，剪部有支轴相接。双环形柄。河北鹿泉西龙贵晚唐时期墓葬出土1件（M125：14），环为扁圆形，长23厘米[13]（图6-3-40，10）。

铁轴纺轮　绵遂高速公路（三台段）后底山隋代崖墓出土1件（M7：10），泥质灰陶，呈蒜珠状，中有一直径0.7厘米圆孔，孔中穿插一圆锥状铁条。长10.4厘米[14]（图6-3-40，4）。

1 陕西省考古研究所：《西安西郊枣园唐墓清理简报》，《文博》2001年第2期。
2 陕西省考古研究院：《唐张泰夫妇墓发掘简报》，《文博》2014年第8期。
3 郑州市文物考古研究院、荥阳市文物保护管理所：《荥阳后王庄唐墓发掘简报》，《中原文物》2007年第6期。
4 湖南省博物馆：《长沙两晋南朝隋墓发掘报告》，《考古》1959年第3期。
5 中国社会科学院考古研究所安阳工作队：《安阳隋墓发掘报告》，《考古学报》1981年第3期。
6 陕西省考古研究院、咸阳市文物考古研究所：《隋元威夫妇墓发掘简报》，《考古与文物》2012年第1期。
7 郑州市文物考古研究院、巩义市文物管理局：《河南巩义王沟新村唐墓M5发掘简报》，《文物春秋》2016年第3期。
8 中国社会科学院考古研究所河南第二工作队：《河南偃师杏园村的六座纪年唐墓》，《考古》1986年第5期。
9 偃师商城博物馆：《偃师县沟口头砖厂唐墓发掘简报》，《考古与文物》1995年第5期。
10 偃师商城博物馆：《河南偃师唐墓发掘报告》，《华夏考古》1995年第1期。
11 洛阳文物工作队：《洛南新区龙盛小区B区唐墓M27》，《中国国家博物馆馆刊》2011年第8期。
12 西安市文物保护考古研究院：《隋韦协墓发掘简报》，《文博》2005年第3期。
13 四川大学历史文化学院考古系、上海大学艺术研究美术考古研究中心等：《河北鹿泉市西龙贵墓地唐宋墓葬发掘简报》，《考古》2013年第5期。
14 四川省文物考古研究院、三台县文物管理所：《绵遂高速公路（三台段）后底山隋代崖墓群发掘简报》，《四川文物》2013年第5期。

（五）钱币与度量衡器

钱币 目前发现的隋唐时期铁钱主要有开元通宝[1]、乾元重宝、乾德元宝、广政通宝、绍圣元宝[2]等。

度量衡器 隋唐时期铁质量器尚无发现，仅发现少量铁尺和铁权。湖南长沙丝茅冲唐墓出土铁尺1件，一端有一小孔。长29.5厘米、宽1.8厘米、厚0.3厘米[3]。河南陕县刘家渠唐墓出土铁尺1件，因锈刻度不见，全长略过30厘米[4]。故宫博物院藏唐错银铁尺1件，残存5寸有余。正面以双线等分寸格，未刻分寸。每寸格内有错银动物和折枝花卉图案。背面未刻分寸，有错银动物、花草纹饰。残长16.4厘米、宽2.1厘米、厚0.4厘米[5]（图6-3-41）。推测这类铁尺应是唐代大制尺标准的用尺。

隋唐五代时期铁制杂用器具也出土较多，如棺钉[6]、棺环[7]、铁钉[8]、铁券[9]、铁生肖俑[10]、铁动物俑、铁球[11]、器盖[12]、环首钎、钩、颌、环、刑具等在多地皆有出土。

隋唐时期的铁制木作加工工具主要有斧、锛、凿、锤等。竖銎斧消失不见，这一时期斧皆为横銎，斧身平面多样，有方形、梯形、靴形等，大多为平顶，也有极少数斧为双刃，斧体较魏晋时期要厚重，銎腔扩宽，提高了斧的用力。锛、凿、锤、削等形态与魏晋时期相差不大。土作农耕器具，镢多为横銎，弧顶，镢体弯曲，利于山坡地耕作，锸形态多为竖状条形，刃銎等宽。流行舌状犁铧、竖銎铲、横銎锄、锋刃镰等，形态延续魏晋时期同类器。考古出土隋唐时期铁制生产工具数量虽然不多，但从出土物类型等可见铁器在土作、木作等活动中应用非常广泛。

兵器武备方面，铁剑少有发现。铁刀数量丰富，形态与魏晋时期差别不大。铁矛数量较多，形制多样，是当时主战兵器。铁戟少有发现，功用推测作为仪仗使用。铁镞仍流行汉魏以来的多棱镞、多翼镞、双刃镞等，东北地区颇具特色的凿形镞等继续流行。隋代继承了北朝时期的传统，重视重装骑兵—甲骑具装，后

---

1 天津历史博物馆考古队、蓟县文物保管所：《天津蓟县白马泉晚唐墓》，《文物春秋》1996年第4期。

2 中国社会科学院考古研究所西安唐城工作队：《隋仁寿宫唐九成宫37号殿址的发掘》，《考古》1995年第12期。

3 湖南省文物管理委员会：《长沙北郊丝茅冲清理的唐代砖室墓》，《文物参考资料》1956年第2期。

4 黄河水库考古工作队：《一九五六年河南陕县刘家渠汉唐墓葬发掘简报》，《考古通讯》1957年第4期。

5 国家计量总局、中国历史博物馆、故宫博物院主编：《中国古代度量衡图集》，文物出版社，1981年10月图五四。

6 曲江县博物馆吴孝斌：《广东曲江县发现一座唐墓》，《考古》2003年第10期。

7 河北省文物研究所、平山县博物馆：《河北平山县西岳村隋唐崔氏墓》，《考古》2001年第2期。

8 河南省文物考古研究院：《河南三门峡市印染厂130号唐墓清理简报》，《华夏考古》2016年第2期。

9 襄樊市考古队、谷城县博物馆：《湖北谷城县肖家营墓地》，《考古》2006年第11期；何月馨：《隋唐墓葬出土铁券考》，《考古》2018年第2期。

10 中国社会科学院考古研究所河南第二工作队：《河南偃师杏园村的六座纪年唐墓》，《考古》1986年第5期。

11 湖北省博物馆、郧县博物馆：《湖北郧县唐李徽、阎婉墓发掘简报》，《文物》1987年第8期。

12 湖北省博物馆、郧县博物馆：《湖北郧县唐李徽、阎婉墓发掘简报》，《文物》1987年第8期。

因笨重，唐代趋于消失[1]。车马器具中铁质马镫镫环带牌型鼻或梁上作穿，踏板较魏晋时期变宽。

日用器具中铁鼎多为三扁平条形足立耳鼎。铁釜形制变化不大，仍然流行双耳或无耳或带鋬。原来长城一带及东北地区流行的铁鍑几乎不见踪影。铁质家用器具龙首鐎斗延续魏晋时期同类器演进，龙首由伸展逐渐向后曲缩。妆严用具中带具、铁镜延续使用。缝织器具有剪，继续使用交股剪、直股剪，但新出双股剪，剪部有支轴相接，双环形柄。

图 6-3-41 故宫博物院藏唐错银铁尺

隋唐时期大型铁铸产品类型多样，有佛塔、宗教艺术品、工程铸件等，表明这时期大型铁铸件的发展达到空前的高度。

铁质杂用器具丰富多样，主要有建筑构件、日常生活杂用器具等。

隋唐时期铁器无论在类型还是社会应用方面都取得了更深入全面的发展，延续了魏晋时期以来的传统，在生产、生活等各方面领域得到进一步普及，更是在宗教活动、丧葬活动等精神层面扩展，大型铁铸件更是成为隋唐铁文化发达的一个重要标志[2]。总体而言，隋唐时期铁器生产及应用达到了一个新的阶段。

1 白云翔：《隋唐时期铁器与铁器工业的考古学论述》，《考古与文物》2017 年第 4 期。
2 白云翔：《隋唐时期铁器与铁器工业的考古学论述》，《考古与文物》2017 年第 4 期。

第七章
宋元时期的铁器

两宋时期是中国古代封建社会经济、文化高度繁荣发展的时期，无论铁工业的规模、产量，还是冶铸技术水平都达到了历史上的最高水平。宋代的铁工业经历民营和官营两个时期，而元代以官营为主。北宋时期设置有矿冶管理机构，在全国范围内的重要矿区及冶铸加工场，设置“监”“务”等机构，管理各地矿产资源的开发。大部分矿山采取由政府收税、民间采掘的方式运营。

这一时期的矿物学知识和经验逐渐形成体系，矿坑数大幅超越隋唐时期，成为宋代财政收入的一个重要来源。宋代铁工业的高度发展，首先反映在采掘冶炼地区的扩大，矿采点主要分布于河北、山西、山东、陕西、甘肃、四川、江苏、江西、河南、湖北、湖南、广东一带。除传统的北方和东南地区的铁产地以外，南方的邓州、威胜军、广州、端州、南恩州以及广南东路的梧州、雷州等地也开始出产铁，而且铁器的制造也达到相当高的水平[1]。

宋代铁工业的进步表现如下：冶铸的规模扩大，不论从铁产量，还是铁冶的生产区域都有了扩大和发展；冶铸技术有了很大的进步，突出表现为炒钢技术的成熟和灌钢技术出现。从文献记载可知，从北宋中期开始，以煤为燃料的技术已在各地普遍应用；生产上分工进一步细化，形成冶、铸分开的生产格局；专业化的铁器生产形成；出现了制作精致的各式铁工艺品。

第一节 宋元时期铁器的发现

针对宋元时期的考古工作相对比较薄弱，且多集中在中心城址或大型墓地。因而，这一时期考古出土的铁器相对较少，但这一时期铁器广泛应用于庙宇道观、工程建设等领域，所以有较多的，特别是大件的铸铁器传世至今。

传世铸铁器主要有人物造像、佛教造像、动物造像以及经幢佛塔等大型建筑。其中以湖北当阳玉泉寺铁塔为代表。

当阳玉泉寺铁塔位于湖北省当阳市城西 15 公里覆船山玉泉寺东的土丘上。铁塔本名佛牙舍利宝塔为仿木构楼阁式，八角十三级，通高 16.94 米。塔身为生铁铸造，塔刹为铜质，总

1 《宋会要辑稿》食货三三之一三至一四。

重26吨[1]，铸造于宋嘉祐六年（1061年）（图7-1-1）。塔顶刹因故被毁，清道光十五年（1835年）改铸为铜刹。塔的外形属仿木质楼阁式建筑结构，平面八角形，外为铁壳，内为砖衬，塔中心空[2]。从基座到顶刹共44块构件，基座为莲花须弥座，最顶是铸有“清道光乙未年”的铜刹。每层8个面的偶角、倚柱、斗拱上都有范铸缝。斗拱和塔身及斗拱与平座间有分铸痕迹。在下层台阶一边底平面留有浇口痕迹，基座的力士头顶有榫卯，力士的两侧有合范缝线，力士足下仙山有两条范缝。力士、仙山和基座分别铸造，力士和仙山连接处有铁水流淌痕迹，各构件之间有铸接、榫接等。

铁塔是采用拼范法铸造，即每层铸造之前先制作8块外范及1块范芯，合范时下设底箱、上设盖箱，各构件是泥范分铸，浇口设在中间部位。从对塔的有关部位的取样分析可知，塔身外壳是以木炭为燃料浇铸的麻口生铁，属低硫生铁，构件是灰口生铁。塔内铁芯垫是利用白口和灰口生铁的废旧铁器，榫是用不同含碳量的废钢折叠在一起锻打而成。玉泉铁塔等大型铸件的出现，反映了宋代生铁产量及冶铸技术达到了相当高的水平。

图7-1-1　湖北当阳玉泉寺铁塔

小型铁器主要出土于城址，如江苏扬州宋大城北门遗址的元代地层共出土铁器510余件，有和生产生活相关的铁铲、剪刀、钉、斧、锛、锹、刀、钩、锄、锁等，也有与战争相关的镞、弩机、矛、长刀、球形兵器等，以及与行船相关的链、叉等[3]；吉林省德惠后城子金代古城遗址出土铁器100件，其中农具（犁铧1、铲1、锹1、镐2、镰2、叉3、耙1）、车马具（马镫1、马衔、马镳1、车辖4）、生活用具（剪刀2、熨斗1、锁1、匙1）多为铸造，手工工具（斧1、锤3、刀9、凿3、穿1、锉1）、兵器（矛1、镞24）、渔猎工具等多为锻造[4]。

1 湖北省玉泉铁塔考古队：《湖北当阳玉泉铁塔塔基及地宫清理发掘简报》，《文物》1996年第10期。

2 孙淑云：《当阳铁塔铸造工艺的考察》，《文物》1985年第1期；华觉明：《当阳铁塔》，《中国古代金属技术——铜和铁造就的文明》，大象出版社，1999年。

3 中国社会科学院考古研究所等：《江苏扬州宋大城北门水门遗址发掘简报》，《考古》2005年第12期；中国社会科学院考古研究所等：《江苏扬州市宋大城北门遗址的发掘》，《考古》2012年第10期。

4 吉林省文物考古研究所、长春市文物管理委员会办公室：《吉林省德惠县后城子金代古城发掘》，《考古》1993年第8期。

第二节　宋元时期的铁器生产

宋元时期铁工业的发展表现在生产规模扩大，产地更加广远，行业内的分工更加细致，宋元时期除继续大量生产传统器类的铁用具以外，还有一个突出的特点就是大件铸铁、精致的手工艺品和边疆地区冶铁及铁工具的广泛使用。

宋元时期的铁器生产在民营、官营两种经营形式下获得了极大的发展，其生产规模大大超越其他手工业成为国家主要的财税来源。莱芜监，河北东路的邢、磁、相诸州铁冶和徐州利国监等几处铁监的铁课数占了全国铁课的67.15%[1]，其产铁量也达到高峰。神宗元丰元年（1078年）的铁产量为7.5万吨至15万吨之间[2]，北宋后期的铁产量应在15万吨左右[3]，这一数字是英国1640年产业革命时铁产量的5倍。

考古发现的矿冶及铁工场址的规模、数量以及分布区域都大大超过隋唐时期，特别是铁工场址内发现分区的作坊址和成组的炼炉，以及存世的大型铸铁的数量与种类等，可以看出宋元时期铁器生产规模化经营的新趋势。

一、铁工场

宋元铁工业的发展形成了许多著名的冶铁生产中心，如兖州的莱芜监，河北东路的邢、磁、相诸州和徐州利国监等，其中在山东莱芜和河北邯郸武安都发现了大面积的铁工场址，如河北綦阳、邢台朱庄村[4]、邯郸矿山村[5]，河南南召县草店、下村、庙后村、朱砂铺[6]，安徽繁昌[7]、北京延庆水泉沟等冶铁遗址。

河北邢台纂村遗址发现炼铁炉十七八座，炉旁有残留大量铁汁块，每块重达数吨。纂村南面还发现铁矿洞一处。纂村为宋代河北东路的一处官督民营的冶铁作坊，作坊附近发现一方宣和四年（1122年）碑，记载此地于皇祐五年（1053年）开始置官冶铁，为采矿、冶炼、铸造一体的铁工场[8]。

河南省是宋元时期铁工场分布密集的地区，其中安阳后堂坡、铧炉粉红江、林州申村、南召下村等铁工场址规模最大，炼炉最集中，产业设施最齐全。

安阳后堂坡遗址面积约5万平方米，分布有铁矿石、铁矿粉、炼渣、炼炉壁

1 根据《宋会要辑稿》食货三三之一二至一四统计的元丰年间的铁课数。

2 Robert Hartwell " A Revolution in the Chinese Iron and Coal Industries During the Northern Sung, 960-1126A.D."（北宋时期中国煤、铁工业的革命），"The Journal of Asian Studies"（亚洲问题研究），Feb 1962.Vol1.21, Iss.2;pp.153—162.

3 漆侠：《宋代经济史》第十三章，《铁工业的高度发展》，上海人民出版社，1988年。

4 唐云明：《河北邢台发现宋墓和冶铁遗址》，《考古》1959年第7期。

5 陈应祺：《邯郸矿山村发现宋代冶铁炉》，《光明日报》1959年12月13日。

6 河南省文物考古研究所等：《河南省五县古代冶铁遗址调查》，《华夏考古》1992年第1期；河南省文物工作队：《河南南召发现古代冶铁遗址》，《文物》1959年第1期。

7 胡悦谦：《安徽繁昌县古代冶铁遗址》，《文物》1959年第7期。

8 唐云明：《河北邢台发现宋墓和冶铁遗址》，《考古》1959年第7期。

残块、含矿石和木炭块的炉料块，还清理出一座由 9 根长 2~3.05 米、直径 0.06 米的方形铁柱构建的工棚。河南铧炉粉红江遗址有 5 处堆积如山的铁炼渣，由南向北分布 3 座炼炉。林州申村遗址面积 30 万平方米，东北部是冶炼区，发现残炉址 21 座，还有大量矿粉，1974 年曾挖出含铁量 40% 以上的矿粉 1625 吨。南部为生活区。河南南召太山庙下村遗址面积 1.6 万平方米，残存 7 座炼炉呈圆圈形分布[1]。

安徽繁昌遗址发现桃形炼铁炉，平面圆形，直径 1.15 米，残存炉壁高 0.6 米，厚 0.36 米，用长方形灰砖立砌，内壁和炉底涂有厚 4~17 厘米的耐火泥，泥中掺粗砂[2]。

山西司家岭遗址炉渣堆积南北长 1000 多米，宽约 500 米，最高达 20 多米，面积约 50 万平方米[3]。炉渣堆积中随处可见坩埚残片，当地流传“司家岭有 72 座大方炉，82 座小方炉”的传说。司家岭小方炉长 2.5 米、宽 1.5 米、高约 1 米，装上坩埚冶炼，一座小方炉可产生铁 500 斤。司家岭地处沁水煤田，附近分布有铁矿。司家岭附近的草坡村、西河底都有“炉渣山”分布。靳宏伟《千里平城》记：平城民间素有“千张炉、百盘磨、十作酿”和“四十五里火龙阵”的说法。平城附近的北炉河、南炉河、炉顶上、窑河、窑上、东窑上等村也分布有大量炉渣山。

北京水泉沟遗址是燕山地区规模较大、保存最为完整的辽代冶铁遗址，发现的遗迹主要为冶铁炉和炒钢炉，有的冶铁炉被多次改建，反复使用[4]。

二、铁器冶炼

炼炉是反映冶炼生产规模、技术水平的主要遗存。河南铧炉粉红江、林州申村、南召下村等遗址发现的炼炉是认识宋元时期铁器冶炼的重要依据。宋、元时期炼铁炉的炉型有所改进，炉身直径向上逐渐缩小，有类似现代高炉的“炉身角”，炉身角有利于炉料的下降，减少炉墙的磨损，有利于上升气流的分布；炉的顶端内缩可减少热量损失，炉型趋于合理，炼炉的改进大幅地提高了铁产量[5]。以煤为燃料和用含硅量较高的卵石为筑炉材料已很普遍。

河北邯郸矿山村发现的唐末宋初时期高炉，仅存半壁，净高 6.3 米，最大内径 2.74 米，炉口内径 0.86 米，炉底内径 1.8 米。整个炼铁炉呈下大上小，有明显的收缩，下部有一圆形的缺口疑似出铁口。高炉外壁由石块砌成，内壁涂抹砂质耐火泥，耐火泥经高温烘烤呈砖红色。炉内壁留有黑色烧熔炉渣[6]（图 7-2-1）。

1 河南省文物考古研究所等：《河南省五县古代铁矿冶遗址调查》，《华夏考古》1992 年第 1 期。

2 胡悦谦：《繁昌县古代炼铁遗址》，《文物》1959 年第 7 期。

3 山西省文物局：《厚重山西——山西省第三次全国文物普查重要新发现选编》，科学出版社，2010 年 6 月。

4 北京市文物研究所等：《北京市延庆区大庄科辽代矿冶遗址群水泉沟冶铁遗址》，《考古》2018 年第 6 期。

5 王可、韩汝玢、杜茀运：《元大都遗址出土铁器分析》，《考古》1990 年 7 期。

6 刘云彩：《中国古代高炉的起源和演变》，《文物》1978 年第 2 期；李延祥、王荣耕、黄兴等：《河北邯郸市矿山村炼铁炉考察》，《华夏考古》2016 年第 4 期。

河北兴隆蓝旗营冶铁遗址清理炼炉 1 座，炉壁石砌的外缘清晰可见，残存炉体地上部分高约 0.91 米，宽约 0.7 米；炉体的地下部分及炉内情况未知[1]。

图 7-2-1 河北省矿山村发现的宋代高炉（中国科学院自然史研究所黄兴先生供图）

河北滦平红旗镇东沟冶铁遗址清理炼炉 1 座，炉口基本为圆形，直径 1.9 米。炉内壁黏结大量不规则的坚硬炼渣，炼渣断口有的呈玻璃状，有的呈蜂窝状。外壁炉衬呈青灰色，厚约 5~7 厘米。炉壁向下逐渐内收，呈环状平底，有一层灰褐色硬面，厚约 6 厘米。炉口南部有一宽 90 厘米的出渣口。从周围大量炼渣推测此炉非一次性使用。炉体残高 70 厘米，从残存炉体纵剖面观察，炉开口处呈向上微敛的趋势，炉体地面部分可能非砖石砌筑，而是"泥拌珠"垒砌而成[2]。该遗址为辽代渤海国的冶铁遗存。

河南铧炉粉红江遗址 1 号炉由上而下挖成圆井式炉体腔，深 4 米、径 4 米，内用红砂质卵石筑砌炉墙，腔壁上保留有卵石凹痕。三座炉的炉口位于台地面上，台地上存放矿石和整粒矿石、木炭。出铁口、出渣口设在断崖下，便于鼓风和出渣、出铁。

林州申村遗址 2 号炉衬多达 8 层，底径 1.3 米，为长期使用的中型炼炉。5 号炉的炉缸墙分三层，外层是侧立砌的瓦状弧形砖、中层是平砌的扇形砖、内层是叠砌的弧形砖，内面糊炉衬。

南召太山庙下村遗址 6 号炉，残高 3.6 米，外径 6.1 米，内径 3.5 米，壁厚 0.8~1 米。炉壁均用河卵石建造，石缝填耐火泥，石壁外是 0.5 米厚的红烧土层。6 号炉的上腹内部筑成 78°~80°的内倾炉身角，说明铁炉结构到宋代发生重大改革[3]。炉身结构的变化既改善煤气分布、节省能源，又有利于炉料顺行，以减少炉壁摩擦从而延长炼炉的使用寿命。

固镇遗址的 2 座炼炉并排而立，修筑方式为在坡上挖出边长近 3 米的方形土圹，在土圹东、西、南三侧用青色石块及大块河卵石垒砌筑炉壁，炉壁内侧用碎青石及耐火土砌成耐火层，北侧用耐火土封堵，预留铁渣出口。2 号炉的炉膛呈圆形，腰鼓状，最大内腹径 1.8 米，高 2.4 米。炉膛北壁中部有宽近 1 米的铁渣、铁水出口。铁渣口外为铁渣和铁水出道，两侧用大块卵石、条石垒砌成墙，平面呈喇叭口状，剖面为斗形（图 7-2-2）。

水泉沟遗址发掘冶铁炉 4 座，呈东北—西南向一字排列，炉门朝向东南（图

1 王启立、潜伟：《燕山地带部分辽代冶铁遗址的初步调查》，《广西民族大学学报（自然科学版）》2014 年第 1 期。

2 承德地区文物管理所：《滦平县文物管理所》，《河北滦平辽代渤海冶铁遗址调查》，《北方文物》1989 年第 4 期。

3 河南省文物考古研究所等：《河南省五县古代铁矿冶遗址调查》，《华夏考古》1992 年第 1 期。

7-2-3）。炉体上部被破坏，仅存中下部基础（图 7-2-4）。通过科技检测分析，该遗址冶炼技术为生铁冶炼技术，使用木炭作为燃料和还原剂。冶铁炉均为竖式炉，开口高于地面，用石块砌成，分为圆形和方形两种。炉体主要由炉腹、炉门、出铁口、出渣口、鼓风口、炉后工作面等组成[1]。

图 7-2-2　固镇 2 号炼炉（中国科学院自然史研究所黄兴先生供图）

三、铁器铸造与加工

宋元时期的铁器铸造作坊遗址少有发现。

湖北浠水泉塘发现铁器铸造遗址群一处，出土了大量的陶质器物，主要是铸造用陶范和制范相关的陶质工具，还有少量铸造相关的附件。同时还发现有较厚实的疑似炼炉壁的红烧土块。铸范主要有盝形铸范（用以铸造敞口深腹炊器的外范）、钵形器铸范（所铸器形较小，铸器似陶瓷器中的钵形）、大口直腹器铸范（铸器形体较大）、罐形器铸范、盘形器铸范、饰纹釜形器铸范、兽面纹牌形铸范、壶形器铸范、器耳及器足铸范、“皇宋”铭文铸范残片等，还出土各类铸造用陶质附件和用具。铸范绝大多数经过多次浇铸反复使用[2]，从铸范类别可以看出，主要产品为日用炊器，尤以三足铁釜为主，还有少量庙宇道观用法器，没有发现兵器和农具，推测可能是一处官营的生产日用炊器的专业化作坊，遗址年代为宋代至明代早期[3]。

图 7-2-3　水泉沟遗址冶铁炉 Y1～4（东南→西北）

湖北铜绿山发现一处由 17 座炒钢炉构成的炒钢作坊[4]。河南郑州荥阳楚村发现一处约 5000 平方米的元代铸铁遗址，清理出坩埚、熔炉壁残块和熔渣以及大量铜质铸模和 23 座窑址[5]。

图 7-2-4　水泉沟遗址冶铁炉 Y1～4 前视正射影像图

水泉沟遗址发现炒钢炉 2 座，仅存炉底，炉体横截面呈半月形，内部挂满玻璃状炉渣。其中 C5 长

1 北京市文物研究所等：《北京市延庆区大庄科辽代矿冶遗址群水泉沟冶铁遗址》，《考古》2018 年第 6 期。
2 董亚巍、马俊才、秦颖等：《浠水窑家湾大型铸铁遗址的范铸工艺研究》，《江汉考古》2011 年增刊。
3 湖北省文物考古研究所、黄冈市博物馆、浠水县博物馆：《湖北浠水泉塘铁器铸造遗址群窑家湾遗址发掘简报》，《江汉考古》2011 年增刊。
4 朱寿康等：《铜绿山宋代冶炼炉的研究》，《考古》1986 年第 1 期。
5 李京华：《冶金考古》，文物出版社，2007 年 1 月第 156 页。

1.4 米、宽 0.7 米（图 7-2-5）；C6 长 1.1 米、宽 0.6 米（图 7-2-6）。从炉渣中检测出了熟铁和氧化亚铁，推测由生铁冶炼炉中冶炼出的生铁不待冷却就直接投入炒钢炉进行炒炼，炒钢渣再直接投入冶炼炉回炉冶炼，从而实现生铁冶炼和炒钢作业一体运行的生产方式[1]。

图 7-2-5　水泉沟遗址炒钢炉 C5（北→南）

图 7-2-6　水泉沟遗址炒钢炉 C6（西→东）

宋代铸铁的显著特点是铁铸工艺品的大量生产。从铁铸艺术品和大型铁器可以看出，宋代对铸造技术的掌握十分熟练。宋元时期的大件铸铁数量大增，其中著名的有登封中岳庙治平年间（1064 年至 1067 年）铁人，太原晋祠元祐、绍圣年间铁人，山西夏县北宋建中靖国元年（1101 年）大铁钟等。

宋代“灌钢”技术已成熟。沈括《梦溪笔谈》卷三记载：“世间锻铁所谓钢铁者，用柔铁屈盘之，乃以生铁陷其间，泥封炼之，锻令相入，谓之团钢，亦谓之灌钢。”[2] 这是关于灌钢的重要记载。

炒钢技术在宋元时期得到广泛的使用。正如沈括在同文中所记：“凡铁之有钢者，如面中有筋……炼钢亦然，但取精铁锻之百余火，每锻称之，一锻一轻，（至）累锻而斤两不减，则纯钢也，虽百炼不耗矣。此乃铁之精纯者，其色清明，磨莹之则黯黯然青且黑，与常铁迥异。”[3] 上述记载说明了宋人对钢的认识和使用的广泛性，表明宋代炼钢技术取得重大进步，同时也可以看出分工更加细化。

根据器具的不同使用功能，选择锻与铸的制造方式是宋元时期铁器加工的一项突出特点。元大都遗址出土的铲、犁、刀、铡刀、矛、镞、炉、钩、碗、元宝范等生产工具、兵器、生活用具类的 55 件铁器的金相分析结果显示，其中有铸造铁器 16 件，占 29%，锻造铁器 39 件，占 71%。16 件铸铁均为亚共晶白口铁，含

1 北京市文物研究所等：《北京市延庆区大庄科辽代矿冶遗址群水泉沟冶铁遗址》，《考古》2018 年第 6 期。

2 ［宋］沈括著、侯真平校点《梦溪笔谈》，岳麓书社点校本，2002 年。

3 ［宋］沈括著、侯真平校点《梦溪笔谈》，岳麓书社点校本，2002 年。

碳量均低于 3.0%。

元大都遗址出土的 4064 号矛采用了夹钢工艺和淬火处理工艺。该矛残长 26 厘米、刃长 15.5 厘米、最宽处 2.5 厘米。夹钢层的夹杂中含有微量钛，说明夹钢层和本体钢可能选用了不同的原料。

与汉代铁生产工具相比，元大都遗址锻制铁工具数量增多，河南郑州古荥汉代冶铁遗址出土的镬、铧、镰、铲、臿、斧等生产工具共 167 件，均为铸造器[1]；河南巩县铁生沟汉代冶铁遗址出土的 73 件铁器中，铲、铧、臿、锄、镬、凿、锥等 40 件生产工具中 37 件是铸造的[2]。

我国自宋代开始逐渐取代了延续上千年的以木材为燃料的冶炼传统与技术，代之以煤为燃料的冶铸。相应地，冶铸作坊对场地和设备的要求更高，操作的工艺难度更大，需要投入更多的人力、财力和物力。比较而言，锻造作坊设备简单，操作简便，易于在乡村广泛建立，为铁器的使用特别是在偏远乡村的使用创造了更加便捷的条件。此外，犁、铧等农具适宜使用铸铁，但也有相当一部分农具、工具、兵器对材料的韧性有较高的要求，如镰、铲、锄、斧、刀、剑等。对此，这一时期有针对性地选用中、低碳钢或熟铁锻造，或利用破旧铁器回炉再造。汉魏以前，生铁中硫的含量均在 0.1% 以下，元大都遗址 3 件铸铁件硫含量均在 0.66% 以上，4068 号车轴的硫含量高达 1.06%。这表明元大都的铁器大多是用煤炼生铁制成的。铸铁件的硅含量有明显增长，表明煤已经取代木炭成为主要的燃料，以煤为燃料使得炉温较汉魏时期有较大提高[3]。

第三节 宋元时期的铁器类型

宋元时期经济重心的南移和冶铁烧料的改变，使得铁器生产规模扩大，生产成本进一步降低，铁器成为社会极其普通寻常的生产、生活用品。宋元时期的大型铸铁代表了这一时期的冶铸技术水平，对社会的进步与发展产生了重大影响。

一、大型铸铁

大型铸铁是宋代冶铸技术最突出的成就之一，存世铸铁的数量与重量都超越了唐代。王福谆先生曾对我国古代大型铸铁文物做了系统梳理[4]。

1. 工程铸件

湖南茶陵洣江河畔有一尊铁犀牛塑像，是南宋绍定年间（1228—1233 年）铸造的。茶陵铁犀牛是我国现存最早的“镇水铁犀”，采用生铁铸造，呈坐卧状。长 2.7 米、宽约 0.8 米，卧高 1.1 米，重约 7 吨（图 7-3-1）。

1 邱亮辉、于晓兴：《郑州古荥镇冶铁遗址出土铁器的初步研究》，《中原文物》1983 年特刊。
2 赵青云、韩汝玢等：《巩县铁生沟汉代冶铸遗址再探讨》，《考古学报》1985 年第 2 期。
3 王可、韩汝玢、杜茀运：《元大都遗址出土铁器分析》，《考古》1990 年第 7 期。
4 王福谆：《我国古代大型铸铜和铸铁文物的发展与现况》，《铸造设备与工艺》2016 年第 1 期。

河南登封中岳庙古神库四角各有一尊“守库铁人”，武士像铸造于宋英宗治平元年（1064年），高约3米[1]（图7-3-2）。东南角和东北角的铁人高2.65米，西南角和西北角的铁人高2.52米，重约1.5米。四尊宋代铁人立像均塑造成武士装束。铁人采用传统的泥范法铸造，有明显的范缝，每尊铁人大约由60到70块泥范组合而成，从上到下，层层排列[2]。庙内还有铁狮两对，各高1米。其中一对为金正大二年（1225年）铸造，重1700斤[3]（图7-3-3）。

图7-3-1 湖南茶陵南宋铁犀牛

图7-3-2 河南登封中岳庙宋代铸铁武士像

山西太原晋祠金人台四角立有四尊宋代铁人像，高2.2米左右，用以保护晋水之源。东北隅的铁人原铸于宋元祐五年（1090年），已毁，现存为民国二年（1913年）补铸。西南隅的铁人，高2.26米，着铠甲，英武雄伟，于北宋绍圣四年（1097年）铸成后，一直屹立在金人台上，永保晋水之源[4]（图7-3-4）。

陕西凤翔城关东街太白巷出土了一批铁造像（图7-3-5），埋于两米见方的不规则形窖藏内，共八尊，伴出一铁香炉及铁钱一枚。均采用圆雕技法铸成，中空，壁厚0.8~1.5厘米，完整者重45公斤左右。五尊铁像身着铠甲，其中两尊头戴兜鍪，三尊头系花冠，其余三尊上身裸体者头上亦系花冠。这批铁像可能属武将和武士性质[5]。

其他大型工程铸件还有铁旗杆、铁柱等。

2. 宗教艺术品

铁铸宗教艺术品主要包括佛教造像、动物造像及法器等。

浙江湖州宋代铁观音立像位于铁佛寺内，铸造于北宋天圣三年（1025年），为承鉴真和尚宿愿而铸。高2.5米，重约1.5吨。立像身向右侧立，发髻高踞，面颊丰满，两手交叉胸前，似谛听梵音，赤脚露趾地站在一倒扣于地的莲花座上，

1 王雪宝：《河南省重点文物保护单位：中岳庙》，《中原文物》1982年第12期。
2 王福谆：《古代大型铁人（神）像》，《铸造设备研究》2016年第6期。
3 王雪宝：《河南省重点文物保护单位：中岳庙》，《中原文物》1982年第12期。
4 王福谆：《古代大型铁人（神）像》，《铸造设备研究》2016年第6期。
5 赵丛苍：《凤翔出土一批宋金时期铁造像》，《文博》1985年第2期。

图 7-3-3 河南登封中岳庙金代铁狮

图 7-3-4 山西太原晋祠铁人像

图 7-3-5 陕西凤翔出土铁造像

图 7-3-6 浙江湖州宋代铁观音立像

体态呈“S”形（图 7-3-6）。

福州宋代阿弥陀佛铁铸坐像，高 5.35 米，宽约 4 米，重达 50 吨，北宋元丰六年（1083 年）铸（图 7-3-7）。

山东长清灵岩寺千佛殿第 11 尊罗汉坐像，是一尊铁铸罗汉塑像，高 1.64 米，端坐在 0.63 米高的铁座上，铸于宋熙宁三年（1070 年）。

动物造像的大型铸件主要有铁狮、铁牛等。

铁狮一般功用为护门神兽，采用蹲踞式造型，具有佛教色彩：头饰鬈鬃，颈系璎珞，雄狮踩绣球，雌狮抚幼师。山西太原晋祠保存有六对古代铁狮子，其中有一对是北宋政和八年（1118 年）铸造的铁狮（图 7-3-8）。河北省石家庄市华北军区烈士陵园保存有一对金代铸造的铁狮，是金大定二十四年（1184 年）铸造的（图 7-3-9）。北京市首都博物馆还保存有一尊金泰和八年（1208 年）铸造的铁狮。元代铁狮原本保存有一定数量，但现仅存豫园元代至元二十七年（1290 年）

图 7-3-7 福州宋代阿弥陀佛铁像

图 7-3-8 山西太原晋祠宋代铁狮

图 7-3-9 河北石家庄烈士陵园金代铁狮（左雄右雌）

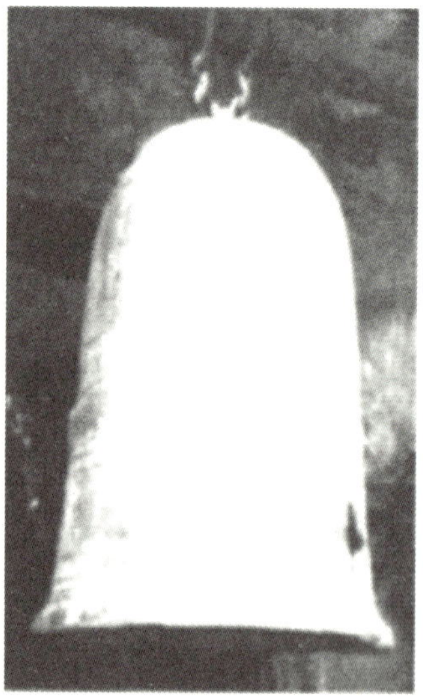

图 7-3-10 A 型铁钟（广西贵港南山寺宋代大铁钟）

铸造的一对铁狮。

法器主要有钟和香炉[1]。

北宋时期开始出现被称为“千斤钟”的大型铁钟等法器。“千斤钟”的现存数量，据不完全统计，宋朝 13 口，辽朝 1 口，金朝 15 口，元朝 3 口。

宋元时期大铁钟[2]可分为两类型，A 型是口沿平直的圆口大钟，B 型是口沿呈波浪形的圆口大钟，这里面又可分六耳波形、八耳深波形大钟，波形有深有浅。

A 型：口沿平直的圆口大钟，如广西贵港南山寺宋代大铁钟。该钟铸造于北宋天圣三年（1025 年），是目前已知留存于世的最早的古代大铁钟。铁钟上、下部各分成四大方格，中部有 4 个撞击圆块，每个圆块四周都铸有莲花瓣（图 7-3-10）。

1 王成：《丽水市博物馆藏元能仁寺铁香炉》，《东方博物》，2016 年第 4 期；王成：《浅析元代五兽足铁香炉》，《文物鉴定与鉴赏》，2017 年第 4 期。

2 王福谆：《古代大铁钟》，《铸造设备研究》2007 年第 3 期。

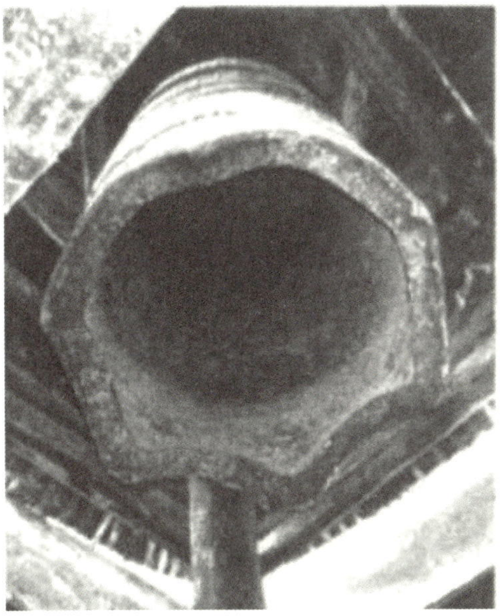

图 7-3-11 Ba 型铁钟（河南汝州风穴寺铁钟）

图 7-3-12 Bb 型铁钟（河北邢台活泉公园开元寺铁钟）

B 型：口沿呈波浪形的圆口大钟。

Ba 型：六耳波形钟。以河南汝州风穴寺大铁钟（图 7-3-11）、河北涞源阁院寺辽代大铁钟为例。风穴寺铁钟通高 2 米多，重 499.5 公斤，铸于北宋宣和七年（1125 年）。钟表面铸有 300 多字铭文。

Bb 型：八耳波形钟。以山西盂县藏山大王庙铁钟、河北邢台活泉公园开元寺大铁钟为例（图 7-3-12）。开元寺铁钟钟身高 2.8 米，通高 3.3 米，口径 2.36 米，重达 15 吨以上，铸于金大定二十四年（1184 年），是现存最大的金朝大铁钟。

其他宗教用具还有千僧锅等。

3. 佛塔建筑

宋代在铸造大型铸件技术方面积累了大量经验。同时砖、石高层建筑技术不断成熟，因此宋金时期的铸铁建筑数量庞大。根据造型不同可分为两型。

A 型：仿木楼阁型。此型集中分布于长江流域中下游，山东也有两座。著名铁塔有镇江甘露寺铁塔（图 7-3-13）、聊城隆兴寺铁塔（图 7-3-14、15）、济宁崇觉寺铁塔（图 7-3-16~18）。甘露寺铁塔残高约 7.8 米，平面为八边形，基础为砖石结构，露出地面部分高约 80 厘米，目前铁质部分全部在地面以上。隆兴寺铁塔现存高 15.5 米，平面为八边形，须弥座台基为正方形平面，原为十三级铁铸塔身，现

图 7-3-13 镇江甘露寺铁塔

图 7-3-14　聊城隆兴寺铁塔

图 7-3-15　聊城隆兴寺铁塔第 1 层塔身

图 7-3-16　济宁崇觉寺铁塔

图 7-3-17　济宁崇觉寺铁塔第 2 层东南面

图 7-3-18　济宁崇觉寺铁塔第 7 层东面

图 7-3-19　常德乾明寺铁经幢

图 7-3-20　常德乾明寺铁经幢天宫

仅存十二级，缺失的可能是第九级。崇觉寺铁塔通高 22.53 米，平面八边形，砖砌塔基高 8.47 米。

B 型：经幢型。以常德乾明寺铁经幢为例（图 7-3-19、20）。经幢建在 1.4 米高的八边形砖石须弥座上，通高约 5 米。幢身为圆柱形，两层出檐为八边形。

二、小型铁器

(一) 生产工具

1. 木作加工工具

宋元时期木作加工工具主要有斧、锤、钳等。

斧　宋辽金元时期铁斧斧体加厚，銎腔扩大。依据设銎方式不同分为三型。

A 型：横銎。依据刃部差别分为两亚型。

Aa 型：斜直刃。河北宣化发现 1 件，长方形，横长方形銎口[1]（图 7-3-21，1）。内蒙古敖汉旗沙子沟辽墓出土 1 件（沙 M1：21），长方横銎，双面刃。长 14 厘米、宽 5 厘米[2]（图 7-3-21，2）。吉林德惠后城子金代古城出土 1 件（F1：4），斜直刃，斧身偏上部有一近矩形孔用以安柄。长 12.8 厘米、刃宽 7.4 厘米、穿孔长 2.4 厘米、

1 张家口市文管所陶宗治：《河北宣化发现金代窖藏文物》，《考古》1987 年第 12 期。

2 敖汉旗文物管理所：《内蒙古敖汉旗沙子沟、大横沟辽墓》，《考古》1987 年第 10 期。

宽 1.6 厘米[1]（图 7-3-21，3；图 7-3-22）。此型铁斧还出土于河北平泉辽金铁器窖藏[2]、吉林合龙金代窖藏[3]、黑龙江汤原双兴遗址金代窖藏[4]、桦南龙王庙金代窖藏[5]、桦南岚峰林场[6]等。

Ab 型：扇面刃。内蒙古库伦旗辽代灵安州城址采集 1 件，已锈蚀。长方銎，刃部呈扇状。上部宽 5.4 厘米，厚 62.7 厘米，刃部宽 14 厘米，通长 13.5 厘米[7]（图 7-3-21，4）。此型铁斧还出土于四川仪陇立山乡南宋窖藏[8]等遗址。

B 型：竖銎。内蒙古敖汉旗大横沟辽墓出土 1 件（大 M1：13），宽刃。长 8.7 厘米、刃宽 4 厘米[9]（图 7-3-21，5）。

C 型：无銎带柄斧。黑龙江双城市车家城子金代城址出土 1 件（M1：2），上窄下宽，扇形刃，铁柄。高 19 厘米、刃部宽 22 厘米、柄残长 12 厘米[10]（图 7-3-21，6）。

凿 宋元时期铁凿基体大多为锻制，刃部形制多样，因加工对象细化，刃部或宽或斜或扁圆或四棱形。金、西夏出土较多。可分为三型。

A 型：圆銎。出土较多。吉林德惠后城子金代古城出土 3 件，均不相同。其中 F2：17，圆銎，体近方锥。长 22.4 厘米、銎径 2.6 厘米、壁厚 0.4 厘米[11]（图 7-3-21，7）。F2：22，上粗下细，圆銎，单面平刃，銎上有裂缝。长 21.2 厘米、刃宽 1.2 厘米、銎径 3 厘米、壁厚 0.8 厘米（图 7-3-21，8）。F2：24，两端宽度相近，中间略窄，圆銎，凿身较扁。长 25.8 厘米、刃

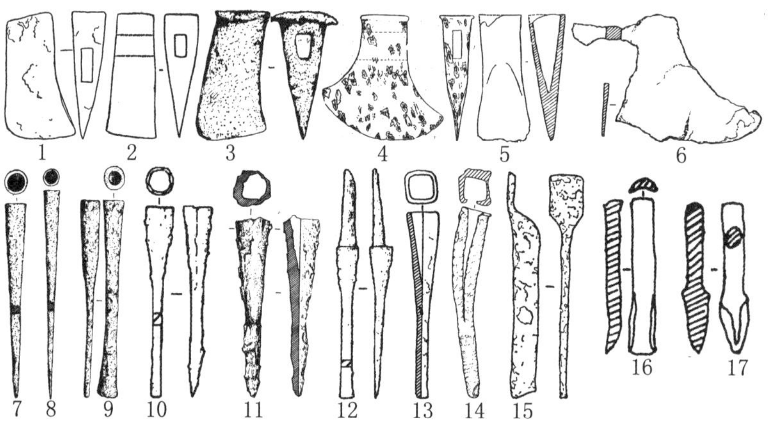

图 7-3-21　宋元时期生产工具（斧、凿）

1~3.Aa 型斧（河北宣化金代窖藏、内蒙古敖汉旗沙 M1：21、吉林德惠 F1：4）4.Ab 型斧（内蒙古库伦旗采集）5.B 型斧（内蒙古敖汉旗大 M1：13）6.C 型斧（黑龙江双城 M1：2）7~12.A 型凿（吉林德惠 F2：17、F2：22、F2：24、辽宁阜新 XM3：34、吉林德惠 F6：32、辽宁阜新 XM3：36）13、14.B 型凿（河北宣化金代窖藏、辽宁辽阳 Y11 ③：2）15~17.C 型凿（内蒙古伊金霍洛旗牛其圪台窖藏、辽宁本溪二道沟村出土 1、辽宁本溪二道沟村出土 2）

1 吉林省文物考古研究所、长春市文物管理委员会办公室：《吉林省德惠县后城子金代古城发掘》，《考古》1993 年第 8 期。

2 张翠荣：《平泉县党坝村发现辽金铁器窖藏》，《文物春秋》1990 年第 1 期。

3 朴润武：《吉林和龙出土的金代窖藏铜、铁器》，《北方文物》1990 年第 4 期。

4 钱霞：《黑龙江省汤原县双兴遗址出土的金代窖藏铁器》，《北方文物》2014 年第 2 期。

5 颚善君、王树楼：《桦南县龙王庙遗址出土的金代窖藏铁器》，《北方文物》1995 年第 3 期。

6 佳木斯市文物管理站：《黑龙江省桦南县岚峰林场出土的金代文物》，《北方文物》2002 年第 2 期。

7 黄鹤龄：《内蒙古库伦旗发现辽代灵安州城址》，《考古》1991 年第 6 期。

8 王永平、李清兰：《仪陇县立山乡发现南宋窖藏》，《四川文物》1988 年第 5 期。

9 敖汉旗文物管理所：《内蒙古敖汉旗沙子沟、大横沟辽墓》，《考古》1987 年第 10 期。

10 黑龙江省文物考古研究所：《黑龙江双城市车家城子金代城址发掘简报》，《考古》2003 年第 2 期。

11 吉林省文物考古研究所、长春市文物管理委员会办公室：《吉林省德惠县后城子金代古城发掘》，《考古》1993 年第 8 期。

宽3厘米、銎径2.8厘米、中宽1.8厘米、銎壁厚0.6厘米（图7-3-21，9）。辽宁阜新辽代平原公主墓出土4件，形制相似，大小略有差异。凿身呈扁四棱体，单面斜刃，后接喇叭形銎。其中XM3：34，完整，銎内残存朽木，通长15.5厘米、凿体长10.5厘米、凿体宽1.1厘米（图7-3-21，10）；XM3：36，完整，銎内残存朽木，通长23厘米、凿体长11厘米、凿体宽1.1厘米[1]（图7-3-21，12）。吉林德惠揽头窝堡遗址出土1件（F6：32），截面呈倒置的三角形，长约13.2厘米[2]（图7-3-21，11）。此型铁凿还出土于吉林和龙金代窖藏[3]、黑龙江汤原双兴遗址金代窖藏[4]等。

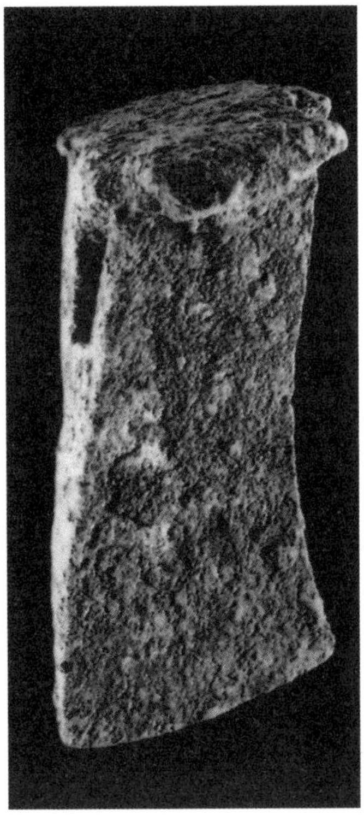

图7-3-22 Aa型铁斧（吉林德惠后城子金代古城F1：4）

B型：方銎。河北宣化金代窖藏出土1件，锥形，平刃，顶端有方形銎口[5]（图7-3-21，13）。辽宁辽阳江官屯遗址出土1件（Y11③：2），锻制。竖銎，凿体略向一侧弯曲，銎口近方形，其上有明显的击打痕。长21.4厘米、刃宽1.5厘米、銎口径3厘米[6]（图7-3-21，14）。

C型：无銎。内蒙古伊金霍洛旗牛其圪台窖藏出土1件，扁平，在一端有一小扁平头，带刃。长27厘米、宽3厘米、厚1厘米，刃部宽为4厘米[7]（图7-3-21，15）。辽宁本溪二道沟村金代窖藏出土2件。其中1件长扁体弧刃凿，刃两侧向内反卷成附刃。长13厘米、宽2厘米、刃宽2.2厘米（图7-3-21，16）。另1件上部为圆柱体，刃部反卷成圆锥状凿孔，圆刃锋利如初。长11厘米、体径0.8厘米、刃锋高3.8厘米[8]（图7-3-21，17）。

锤 铁锤出土很少，目前在东北、山东、宁夏有出土。虽然数量不多，但形制多样。这一时期铁锤的一个重要特点是一器两用或多用。山东莱芜古铁矿冶遗址调查采集2件。其中一件一端平面另一端为凸面，显然有两种用途（图7-3-23，2）；另一件上端扁六棱形，下端方柱圆角形[9]（图7-3-23，1）。吉林德惠后城子金代古城出土3件。其中F2：61，侧面呈羊角形，正面形状为上下尖中间宽，

1 辽宁省文物考古研究所、阜新市考古队：《辽宁阜新县辽代平原公主墓与梯子庙4号墓》，《考古》2011年第8期。

2 吉林省揽头窝堡遗址考古队：《吉林德惠市揽头窝堡遗址六号房址的发掘》，《考古》2003年第8期。

3 朴润武：《吉林和龙出土的金代窖藏铜、铁器》，《北方文物》1990年第4期。

4 钱霞：《黑龙江省汤原县双兴遗址出土的金代窖藏铁器》，《北方文物》2014年第2期。

5 张家口市文管所陶宗冶：《河北宣化发现金代窖藏文物》，《考古》1987年第12期。

6 辽宁省文物考古研究所：《辽宁辽阳市江官屯遗址出土的金代铁器》，《北方文物》2017年第1期。

7 高毅、王志平：《内蒙古伊金霍洛旗发现西夏窖藏文物》，《考古》1987年第12期。

8 本溪市博物馆考古队：《辽宁省本溪市二道沟村金代窖藏文物调查整理简报》，《北方文物》2002年第2期。

9 泰安市文物考古研究室、莱芜市图书馆：《山东省莱芜市古铁矿冶遗址调查》，《考古》1989年第2期。

中有一矩形穿孔[1]（图7-3-23，3）；F2：23，形状不规则，正、侧两面均近梯形，侧面略向内弯，上方下扁，中间有一矩形穿孔（图7-3-23，4）；F1：8，正面长条形，中间略粗，方背扁刃，中间有一矩形穿孔，显然起着一器两用的作用（图7-3-23，5；图7-3-24）。宁夏中卫四眼井出土西夏铁锤1件，锤首为长方体，柄如圆棒，柄首相连[2]（图7-3-23，6）。

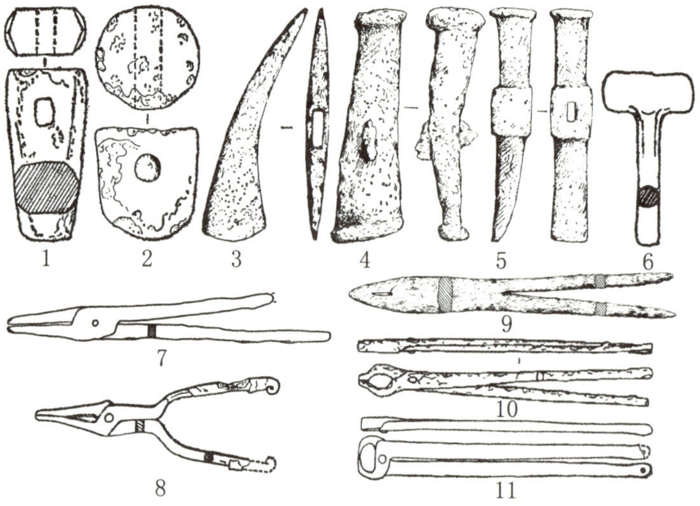

图7-3-23　宋元时期生产工具（锤、钳）

1~6.锤（山东莱芜采集2、山东莱芜采集1、吉林德惠F2：61、F2：23、F1：8、宁夏中卫四眼井）7~9.A型钳（河南洛阳T857②H：8、内蒙古敖汉旗沙M1：18、吉林农安J61）10、11.B型钳（辽宁阜新XM3：20、内蒙古敖汉旗沙M1：19）

钳　宋元时期铁钳数量较多，结构包括钳嘴、钳轴、钳柄。依据钳嘴形态分为两型。

A型：钳嘴呈剪头型。河南洛阳重光北门遗址出土1件（T857②H：8），残长27.5厘米、厚1厘米[3]（图7-3-23，7）。内蒙古敖汉旗沙子沟辽墓出土1件（沙M1：18），扁尖嘴钳，嘴部相合处的两面均有等距离相对应的细钩，柄部圆链并有缠缚痕迹，柄首回卷呈孔。长16.4厘米[4]（图7-3-23，8）。吉林农安金代窖藏出土4件，形制相同，大小不等，其中J61，通长30.5厘米[5]（图7-3-23，9）。

B型：钳嘴呈圆形。辽宁阜新辽代平原公主墓出土1件（XM3：20），由两根铁条锻制而成。钳嘴部为椭圆形，钳嘴后部为钳轴，钳柄为圆形铁棒，未加工。通长22.5厘米、柄长18厘米、钳嘴宽2.5厘米[6]（图7-3-23，10）。年代为兴宗末年。内蒙古敖汉旗沙子沟辽墓出土1件（沙M1：19），平嘴钳，长柄，方棱，柄端一孔，有缠缚痕。嘴两面半圆扁平，端部起刃。长24.4厘米（图7-3-23，11）。

图7-3-24　铁锤（吉林德惠后城子金代古城F1：8）

其他木作生产工具还有锯、砍刀、铡刀、锉刀等，铡刀在

1 吉林省文物考古研究所、长春市文物管理委员会办公室：《吉林省德惠县后城子金代古城发掘》，《考古》1993年第8期。

2 周兴华：《宁夏中卫县四眼井出土的西夏文物》，《考古》1994年第8期。

3 中国社会科学院考古研究所洛阳唐城队：《河南洛阳市隋唐东都重光北门遗址的发掘》，《考古》2007年第11期。

4 敖汉旗文物管理所：《内蒙古敖汉旗沙子沟、大横沟辽墓》，《考古》1987年第10期。

5 吉林省博物馆、农安县文管所：《吉林农安金代窖藏文物》，《文物》1988年第7期。

6 辽宁省文物考古研究所、阜新市考古队：《辽宁阜新县辽代平原公主墓与梯子庙4号墓》，《考古》2011年第8期。

辽金地区多见。

2. 土作加工工具

垦耕、整地工具主要有犁铧、镢等；中耕工具主要有铲、锄、耘锄等；收割工具主要有镰刀、铚刀等。

犁铧 北京顺义大固现村辽金遗址发现3件，其中两件形制相同，尖圆刃略弯曲，一面有脊，裤部呈直角，有二圆孔，为铆钉之处，截面近菱形，分别长27.5厘米、宽20.5厘米，长28厘米、宽21厘米（图7-3-25，2）；一件铧头为半圆形，后端与犁架相接之裤呈半圆形，刃部锋利，长30厘米、宽23.5厘米（图7-3-25，4）。吉林抚松新安遗址第三期文化遗存出土2件，平面呈弧边等腰三角形，模铸（图7-3-27）。其中K1：6，中上部有一圆角长方形穿孔，背面靠近尖端有一条长8厘米、宽1.5厘米的竖向凸棱。通长38.5厘米、宽31厘米、厚1.2厘米，高8.4厘米（图7-3-25，1）。K1：7，中上部有一三角形穿孔。通长36厘米、宽27厘米、壁厚1厘米、高5厘米[1]（图7-3-25，3），年代为渤海末期至金代早期。辽宁岫岩长兴辽金遗址出土1件（ST3③：6），等腰弧边三角形，圆尖，底边内凹，靠底边中部有一个三角形孔，突起缓圆状脊。长44厘米、底宽33厘米、脊长25厘米、脊高6厘米[2]（图7-3-25，8）。北京房山焦庄村铁器窖藏出土7件。其中6件刃部呈三角形，与犁架相接之深裤呈三角形，正面中央有脊，背面凸起一短柱。长13.5~14.5厘米（图7-3-25，9）。1件刃部呈半圆形，无脊，活刃，可随时调换。长24厘米、宽21厘米（图7-3-25，10）。吉林市郊金代窖藏发现3件，其中两件形制相同，两侧边弧收呈尖刃。一件铧面正中有一长方形孔，长32厘米、宽29厘米、厚0.9厘米；另一件铧面正中有一半月形孔，长35.5厘米、宽29.6厘米、厚0.8厘米。还有一件形制较小，长21.4厘米、宽15厘米、厚0.7厘米[3]（图7-3-26）。济南郎茂山路元代家族墓出土1件（M2：4），断面三角形，最长处11厘米，最宽处12厘米[4]。犁铧还出土于黑龙江克东金代蒲峪路故城[5]、吉林德惠后城子金代古城[6]、内蒙古伊金霍洛旗窖藏[7]、宁夏中卫四眼井[8]、山东昌乐东山王元代墓葬[9]、山西夏县宋金墓[10]、吉林敦化敖东城遗址[11]等。

犁镜 吉林抚松新安遗址第三期文化遗存出土1件（K1：26），上端圆弧形，

1 吉林省文物考古研究所：《吉林抚松新安遗址发掘报告》，《考古学报》2013年第3期。

2 辽宁省文物考古研究所、岫岩满族博物馆：《辽宁岫岩县长兴辽金遗址发掘简报》，《考古》1999年第6期。

3 董学增：《吉林市郊发现的金代窖藏文物》，《文物》1982年第1期。

4 济南市考古研究所：《济南郎茂山路元代家族墓发掘简报》，《文物》2010年第4期。

5 黑龙江省文物考古研究所：《黑龙江克东县金代蒲峪路故城发掘》，《考古》1987年第2期。

6 吉林省文物考古研究所、长春市文物管理委员会办公室：《吉林省德惠县后城子金代古城发掘》，《考古》1993年第8期。

7 高毅、王志平：《内蒙古伊金霍洛旗发现西夏窖藏文物》，《考古》1987年第12期。

8 周兴华：《宁夏中卫县四眼井出土的西夏文物》，《考古》1994年第8期。

9 昌乐县文物管理所：《山东昌乐东山王元代墓葬清理简报》，《考古》1995年第9期。

10 运城市河东博物馆、夏县文物旅游局：《山西夏县宋金墓的发掘》，《考古》2014年第11期。

11 吉林大学边疆考古研究中心、吉林省文物考古研究所：《吉林敦化市敖东城遗址发掘简报》，《考古》2006年第9期。

下端三角形，左上端有一圆形残孔，器身凸面有3个长2.8厘米、宽1.1厘米的竖向环形纽。出土时，凹面附着茎类植物编织品。长36厘米、宽32.8厘米[1]（图7-3-25，11；图7-3-28）。年代为渤海末期至金代早期。北京顺义大固现村、北京房山焦庄村[2]、汤原振兴双兴遗址[3]、吉林市郊金代窖藏[4]中都有犁镜出土。

镢 多为锻制。根据锄板形态差别可分为两型。

A型：梯形。江苏扬州凤凰河发现2件。大的长18.3厘米、刃宽19.1厘米；小的长15厘米、刃宽13厘米[5]（图7-3-29）。

B型：长条形，呈“且”字形。江苏扬州宋大城北门遗址出土1件（2007YSB T2F③B：86），长方形锄头，长15厘米、宽9厘米[6]（图7-3-30）。

铲 大多数为锻制，锻合缝宽窄无定制，一般位于銎背。多为圆銎或近圆銎，平肩或圆肩，平刃居多，少量圆弧刃。在辽宁、吉林、黑龙江、内蒙古等地多有出土，南方在江苏扬州有所发现。依铲体区别，可大致分为两型。

A型：铲体呈直板状。扬州毛纺织厂古漕河遗址出土2件。其中YCM：31，长方形铲面，细长柄，末端有分片的龙形首，用轴固定，可转动。长46.3厘米，铲面长4.5厘米、宽2.8厘米（图7-3-25，12）。YCM：46，铲面长2.2厘米、宽3.6厘米、铲长4.3厘米，可安木柄[7]。江苏扬州宋大城北门遗址出土1件（2007Y SB T1D ③ B：190），铲头近方形，直柄，环形柄尾。长22.3厘米、铲头宽6.9厘米[8]（图7-3-31）。

B型：铲体呈筲箕状。辽宁康平县后刘东屯辽墓出土1件，铲头呈方箕形，后接卷筒式

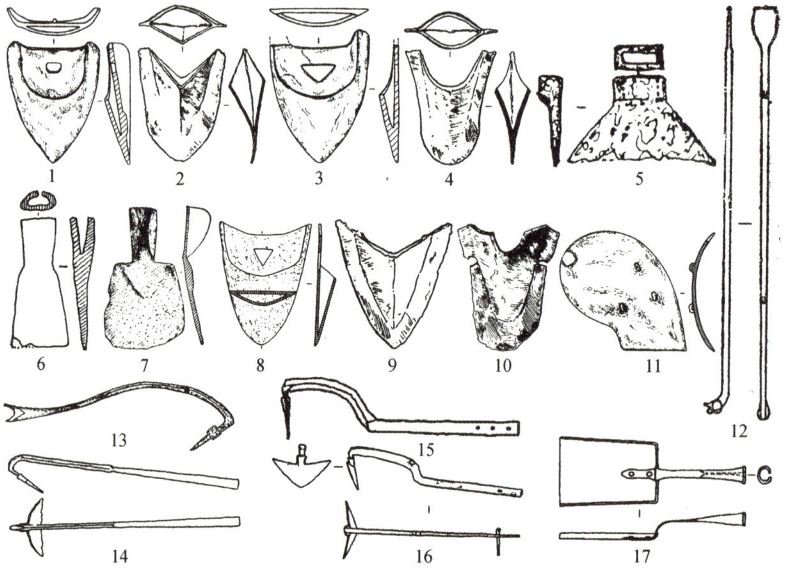

图7-3-25 宋元时期土作生产工具（犁铧、铲、锄等）
1~4、8~10.犁铧（吉林抚松K1：6、北京顺义大固现村犁铧、吉林抚松K1：7、北京顺义大固现村铧头、辽宁岫岩ST3③：6、北京房山焦庄村出土1、北京房山焦庄村出土2）5、13.B型锄（内蒙古伊金霍洛旗出土2、内蒙古伊金霍洛旗出土1）6、7、17.B型铲（辽宁康平后刘东屯、吉林德惠F1：13、辽宁朝阳M3：23）11.犁镜（吉林抚松K1：26）12.A型铲（江苏扬州YCM：31）14.A型锄（北京房山焦庄村）15、16.耘锄（北京房山焦庄村、北京顺义大固现村）

1 吉林省文物考古研究所：《吉林抚松新安遗址发掘报告》，《考古学报》2013年第3期。

2 北京市文物工作队：《北京出土的辽、金时代铁器》，《考古》1963年第3期。

3 钱霞：《黑龙江省汤原县双兴遗址出土的金代窖藏铁器》，《北方文物》2014年第2期。

4 董学增：《吉林市郊发现的金代窖藏文物》，《文物》1982年第1期。

5 蒋缵初：《江苏扬州附近出土的宋代铁农具》，《文物》1959年第1期。

6 扬州唐城考古工作队：《江苏扬州市宋大城北门遗址的发掘》，《考古》2012年第10期。

7 扬州博物馆：《江苏扬州市毛纺织厂古漕河遗址调查》，《考古》1992年第1期。

8 扬州唐城考古工作队：《江苏扬州市宋大城北门遗址的发掘》，《考古》2012年第10期。

柄。通长 8.6 厘米，铲头长 5 厘米、宽 4 厘米[1]（图 7-3-25，6）。吉林德惠后城子金代古城出土 1 件（F1：13），形似现代铁铲，只不过銎的合缝朝前，刃部右侧磨蚀较严重。通长 17.4 厘米、铲身长 10.4 厘米、上宽 7.4 厘米、下宽 10.2 厘米、厚 0.4~0.8 厘米[2]（图 7-3-25，7）。辽宁朝阳姑营子辽代耿氏家族墓出土 1 件（M3：23），锻铁制成。簸箕形铲体，銎形柄与铲体铆接。铲体长 17.2 厘米、宽 11.4~12.8 厘米、柄长 18 厘米[3]（图 7-3-25，17）。

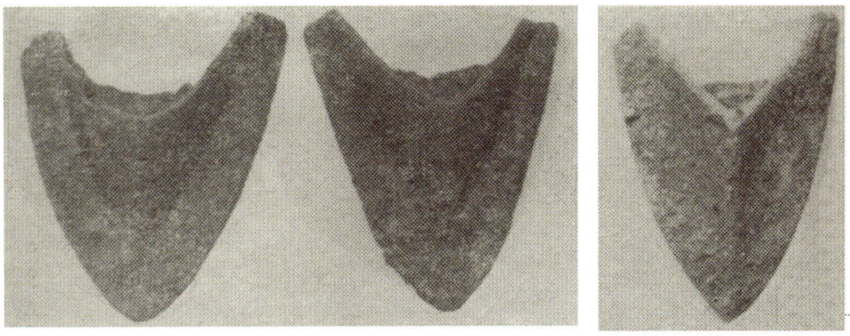

图 7-3-26 犁铧（吉林市郊金代窖藏出土）

图 7-3-27 犁铧（吉林抚松新安遗址第三期文化遗存 K1：7、K1：6）

图 7-3-28 犁镜（吉林抚松新安遗址第三期文化遗存 K1：26）

图 7-3-29 A 型镢（江苏扬州凤凰河出土）

锄 宋元时期铁锄多为鹤颈柄铁锄，锄钩形态延续隋唐时期铁锄演变趋势，锄钩由大弯向小弯改进，以小弯钩形态为多数。根据锄板形态差别，可将铁锄分为两型。

A 型：半圆形锄板。河北平泉县党坝村辽金铁器窖藏出土 1 件，长 25 厘米、宽 10 厘米[4]（图 7-3-32）。北京房山焦庄村铁器窖藏出土 8 件，半圆形锄头，直刃较薄，锄上有深裤，上接铁柄，柄长短不一，最长 84.5 厘米，最短 65 厘米。锄头大小略同，高 12~14 厘米、宽 21~22.5 厘米[5]（图 7-3-25，14；图 7-3-33）。

B 型：梯形锄板。内蒙古伊金霍洛旗牛其圪台窖藏出土 5 件。其中 4 四件较

1 康平县文化馆文物组：《辽宁康平县后刘东屯辽墓》，《考古》1986 年第 10 期。

2 吉林省文物考古研究所、长春市文物管理委员会办公室：《吉林省德惠县后城子金代古城发掘》，《考古》1993 年第 8 期。

3 朝阳博物馆、朝阳市城区博物馆：《辽宁朝阳市姑营子辽代耿氏家族 3、4 号墓发掘简报》，《考古》2011 年第 8 期。

4 张翠荣：《平泉县党坝村发现辽金铁器窖藏》，《文物春秋》1990 年第 1 期。

5 北京市文物工作队：《北京出土的辽、金时代铁器》，《考古》1963 年第 3 期。

完整，曲柄，尾端有銎，长短不一，最大的长 37.5 厘米，最小的长 29.5 厘米（图 7-3-25，5）；另 1 件已残，无柄，只剩锄头，有长方形銎[1]（图 7-3-25，13）。

耘锄 三角形锄头，尖刃，竖銎接扁状曲柄。北京房山焦庄村铁器窖藏出土 2 件，平面呈三角形，有深裤，上插铁柄。柄长 84.5 厘米，柄尾端有 3 个方孔，可穿绑木架之上，用人或畜拖拉[2]（图 7-3-25，15）。北京顺义大固现村辽金遗址发现 1 件，锄头部呈三角形，中间有深裤，上插铁柄。铁柄长 65.1 厘米，锻制，断面呈长方形，尾端有方孔，上插铁销钉，可与犁架衔接，高 12 厘米、宽 22.1 厘米[3]（图 7-3-25，16）。

镰刀 这时期中原地区仍以扁平实心的装柄铁镰为主，镰柄端略有差别，少见带銎铁镰。北方地区的铁镰出现多种形制，地方特征明显。铁镰形制主要有弧背弧刃、弧背直刃、直背直刃三种。吉林敦化敖东城遗址出土 1 件（02DAF1：29），镰身呈弯月形，束腰，短柄，刃宽 6 厘米[4]（图 7-3-34，1）。年代为金代晚期。吉林德惠后城子金代古城出土 2 件，器形较大，直背直刃，镰尾转收成斜长柄，柄扁平，应夹在木柄上使用。其中 F2：10，长 30.8 厘米、宽 7.2 厘米、柄长 10 厘米、背厚 0.3 厘米[5]（图 7-3-34，2）。辽宁辽阳江官屯遗址出土带銎铁镰 1 件（Y11②：2），镰身前端已残断，弧背弧刃，管状銎柄，锻制。镰身长 10.2 厘米、背厚 0.4 厘米、柄长 13.7 厘米、銎口径 2.6 厘米[6]（图 7-3-34，3）。镰刀还出土于河北承德元代窖藏[7]、吉林镇赉县黄家围子遗址金代墓葬[8]、江苏扬州毛纺

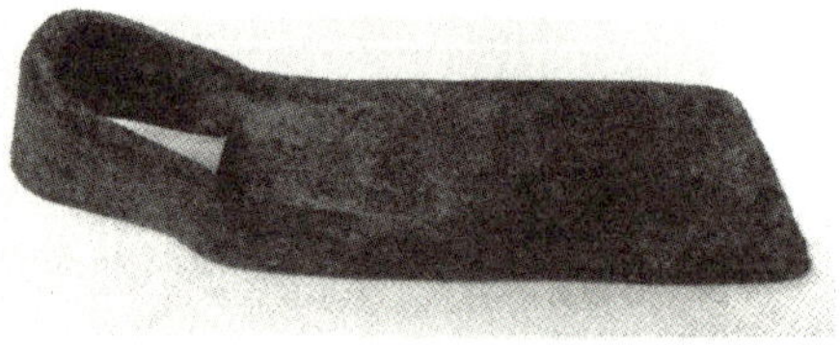

图 7-3-30 B 型锨（江苏扬州宋大城北门遗址 2007Y SB T2F③B：86）

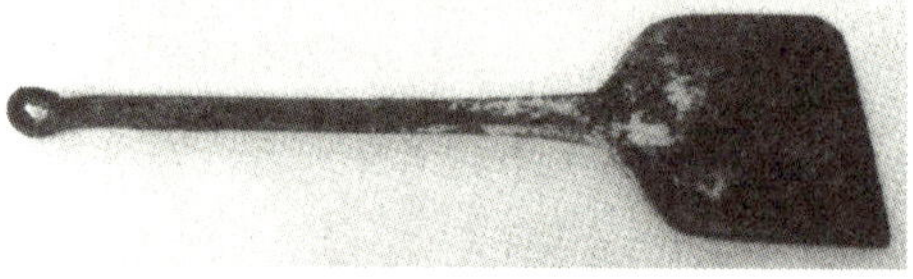

图 7-3-31 A 型铲（江苏扬州宋大城北门遗址 2007Y SB T1D③B：190）

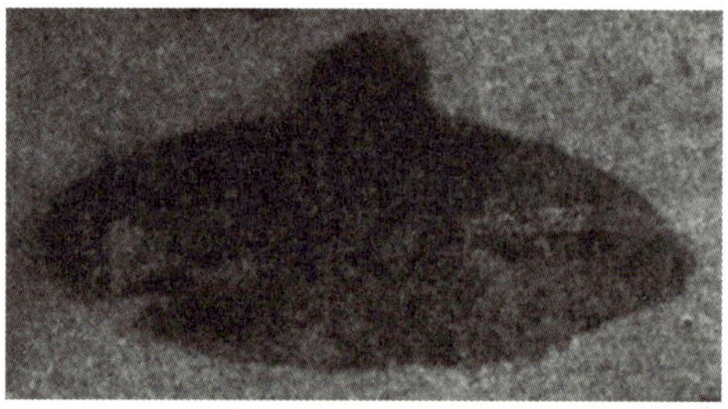

图 7-3-32 A 型锄（平泉县党坝村辽金铁器窖藏出土）

图 7-3-33 A 型锄（北京房山焦庄村铁器窖藏出土）

1 高毅、王志平：《内蒙古伊金霍洛旗发现西夏窖藏文物》，《考古》1987 年第 12 期。

2 北京市文物工作队：《北京出土的辽、金时代铁器》，《考古》1963 年第 3 期。

3 北京市文物工作队：《北京出土的辽、金时代铁器》，《考古》1963 年第 3 期。

4 吉林大学边疆考古研究中心、吉林省文物考古研究所：《吉林敦化市敖东城遗址发掘简报》，《考古》2006 年第 9 期。

5 吉林省文物考古研究所、长春市文物管理委员会办公室：《吉林省德惠县后城子金代古城发掘》，《考古》1993 年第 8 期。

6 辽宁省文物考古研究所：《辽宁辽阳市江官屯遗址出土的金代铁器》，《北方文物》2017 年第 1 期。

7 江山市博物馆钱华：《河北承德县发现元代窖藏》，《考古》1999 年第 12 期。

8 吉林省文物考古研究所：《吉林镇赉县黄家围子遗址发掘简报》，《考古》1988 年第 2 期。

织厂古漕河宋元遗址[1]、内蒙古巴林右旗罕山辽代祭祀遗址[2]、北京通州东门外辽金遗址[3]、辽宁绥中城后村金元遗址[4]、辽宁新民前当铺金元遗址[5]、平泉党坝村辽金铁器窖藏[6]、汤原振兴乡双兴遗址金代窖藏[7]等。

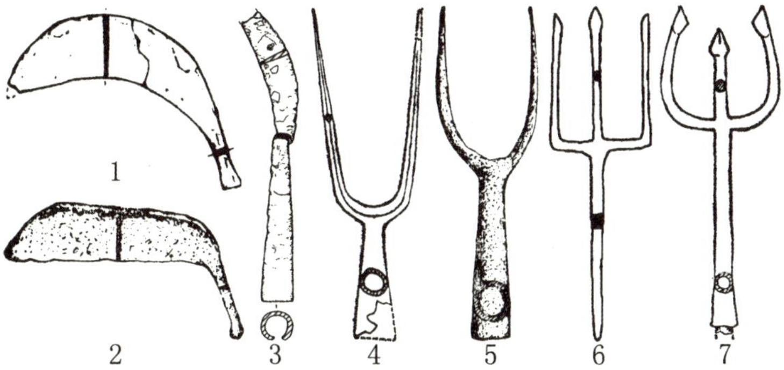

图 7-3-34 宋元时期土作生产工具（镰、多齿叉）
1~3. 镰（吉林敦化 02DAF1：29、吉林德惠 F2：10、辽宁辽阳 Y11 ②：2）4、5. 二齿叉（内蒙古敖汉旗沙 M1：35、吉林德惠 F2：18）6、7. 三齿叉（辽宁朝阳 M3：24、内蒙古敖汉旗沙 M1：36）

除上述外，土作加工工具还常见铁齿耙，全为锻制，二齿和三齿耙继续使用，三齿耙较为流行。其他工具如渔猎用的多齿叉也常见。

多齿叉主要有两齿叉、三齿叉和五齿叉等。内蒙古敖汉旗沙子沟出土铁叉 2 件，均铸成。其中沙 M1：35，二齿叉，四棱截面，向前斜直申出，尖锋，长 19.4 厘米（图 7-3-34，4）；沙 M1：36，三齿叉，中间一股略短，四棱锋头，两侧的两股略长并向内弧弯，尖部起扁平刃，长 22 厘米[8]（图 7-3-34，7）。年代为辽代早期。吉林德惠后城子金代古城出土二齿叉 3 件，在圆筒形的柄銎上有两个叉齿。其中 F2：20，通长 23.6 厘米、齿长 12.6 厘米、銎径 4 厘米；F2：18，通长 27 厘米、齿长 11.6 厘米、銎径 3 厘米[9]（图 7-3-34，5）。辽宁朝阳姑营子辽代耿氏家族墓出土 1 件（M3：24），锻制，“山”字形，中间股锋刃为菱形，两侧股锋刃为扁三角形。宽 5.2 厘米、柄长 9.2 厘米、通长 16.4 厘米[10]（图 7-3-34，6）。二齿叉还出土于江苏扬州毛纺织厂古漕河遗址[11]等。

（二）兵器武备

宋元时期的铁兵器主要有剑、矛、长刀、短刀和镞等兵器，以及甲、兜鍪等防护装备。

1 扬州博物馆：《江苏扬州市毛纺织厂古漕河遗址调查》，《考古》1992 年第 1 期。
2 内蒙古自治区文物工作队、巴林右旗文物馆：《内蒙古巴林右旗罕山辽代祭祀遗址发掘报告》，《考古》1988 年第 12 期。
3 北京市文物工作队：《北京出土的辽、金时代铁器》，《考古》1963 年第 3 期。
4 王增新：《辽宁绥中县城后村金元遗址》，《考古》1960 年第 2 期。
5 王增新：《辽宁新民县前当铺金元遗址》，《考古》1960 年第 2 期。
6 张翠荣：《平泉县党坝村发现辽金铁器窖藏》，《文物春秋》1990 年第 1 期。
7 钱霞：《黑龙江省汤原县双兴遗址出土的金代窖藏铁器》，《北方文物》2014 年第 2 期。
8 敖汉旗文物管理所：《内蒙古敖汉旗沙子沟、大横沟辽墓》，《考古》1987 年第 10 期。
9 吉林省文物考古研究所、长春市文物管理委员会办公室：《吉林省德惠县后城子金代古城发掘》，《考古》1993 年第 8 期。
10 朝阳博物馆、朝阳市城区博物馆：《辽宁朝阳市姑营子辽代耿氏家族 3、4 号墓发掘简报》，《考古》2011 年第 8 期。
11 扬州博物馆：《江苏扬州市毛纺织厂古漕河遗址调查》，《考古》1992 年第 1 期。

1. 格斗兵器

剑 中原地区铁剑发现甚少，在内蒙古、宁夏、辽宁等北方地区发现较多。依据剑格有无分为两型。

A型：有格剑。该型铁剑多见。一般剑身较长。剑身剖面或为梭形或为菱形。内蒙古敖汉旗沙子沟出土1件（M1：27），尖锋，剑身两侧起刃，花瓣形银格，靠近格的剑身下端及柄上端均有银皮包裹。银皮上錾刻火焰纹和水波纹。剑身、格、柄系分铸后焊接而成。银格中部的扁孔存铁焊痕，柄部应为铁芯。剑身长78厘米、宽5厘米[1]（图7-3-35，1）。辽宁朝阳前窗户村辽墓出土1件，卫手薄而窄，两端作如意头。剑身长77.5厘米、锋部宽3厘米，横截面呈菱形。柄残长8厘米[2]（图7-3-35，2）。

B型：无格剑。多数无格剑剑身短而宽，扁窄柄。极少为“T”形剑柄。内蒙古霍林郭勒辽墓出土1件，“T”形无格剑，镡和柄均为圆柱体。直径1.8厘米、镡长5.6厘米、柄长11厘米、剑宽3厘米、厚1.2厘米、通长53厘米[3]（图7-3-35，3）。内蒙古敖汉旗大横沟辽墓出土1件（大M1：5），“T”形剑柄，无格，剑身无脊。通长24.6厘米、刃宽2厘米[4]（图7-3-35，4）。辽宁朝阳姑营子出土1件（M1：25），双面刃，中间起脊，断面作菱形，扁茎。身长27厘米、宽3.2厘米[5]（图7-3-35，8）。

矛 依据矛身形状可分为三型。

A型：矛身呈柳叶形。数量最多。吉林敦化永胜金代遗址一号建筑基址出土1件（T103②：1），矛身柳叶形，矛尖残，矛柄向后渐宽，中空。通长约31.8厘米、矛身宽2.8厘米[6]（图7-3-35，6）。黑龙江宁安虹鳟鱼场墓地出土1件（M2205：46），矛头柳叶状，尖锋，中间起脊，剖面呈菱形。筩为圆筒状，中空，两侧有豁口。长29.5厘米、叶长12.3厘米[7]（图7-3-35，9）。甘肃灵台百里镇出土1件，锋稍残，柳叶状，双面刃，筩圆筒状，上有钉孔。通长30.5厘米[8]。

B型：矛身呈菱形。吉林德惠后城子金代古城出土1件（T11：1），圆角方锥形，矛头较锋利，末端有圆銎。长28厘米、銎径2.2厘米、壁厚0.4厘米[9]（图7-3-35，7）。

C型：矛身呈凿形。辽宁法库叶茂台辽墓出土1件（M23：118），扁四棱锥形尖，中间为一圆凸棱，中空圆锥形銎，边有竖叠缝。长22.2厘米、刃宽0.5~1.6

1 敖汉旗文物管理所：《内蒙古敖汉旗沙子沟、大横沟辽墓》，《考古》1987年第10期。

2 靳枫毅：《辽宁朝阳前窗户村辽墓》，《文物》1980年第12期。

3 哲里木盟博物馆：《内蒙古霍林郭勒市辽墓发掘简报》，《北方文物》1988年第2期。

4 敖汉旗文物管理所：《内蒙古敖汉旗沙子沟、大横沟辽墓》，《考古》1987年第10期。

5 朝阳地区博物馆：《辽宁朝阳姑营子辽耿氏墓发掘报告》，《考古学集刊》第3集，1983年11月第173页。

6 吉林大学边疆考古研究中心、吉林省文物考古研究所：《吉林敦化市永胜金代遗址一号建筑基址》，《考古》2007年第2期。

7 黑龙江省文物考古研究所：《黑龙江宁安市虹鳟鱼场墓地的发掘》，《考古》1997年第2期。

8 刘得祯：《甘肃灵台百里镇出土一批宋代文物》，《考古》1987年第4期。

9 吉林省文物考古研究所、长春市文物管理委员会办公室：《吉林省德惠县后城子金代古城发掘》，《考古》1993年第8期。

厘米、壁厚 0.5 厘米[1]（图 7-3-35，5）。辽宁阜新辽代平原公主墓出土 1 件（XM3：14），单面脊，截面呈三角形，锥形銎。通长 32 厘米、刃体宽 2.5 厘米、厚 0.6 厘米[2]（图 7-3-35，10）。浙江淳安出土 1 件，刺扁平，断面作菱形，刺尖分三股，稍残。椭圆形空心銎，与刺连接处包有铜饰。全长 72 厘米、刺长 43 厘米、阔 4.6 厘米、中间厚 1 厘米、銎长 29 厘米[3]（图 7-3-35，11）。

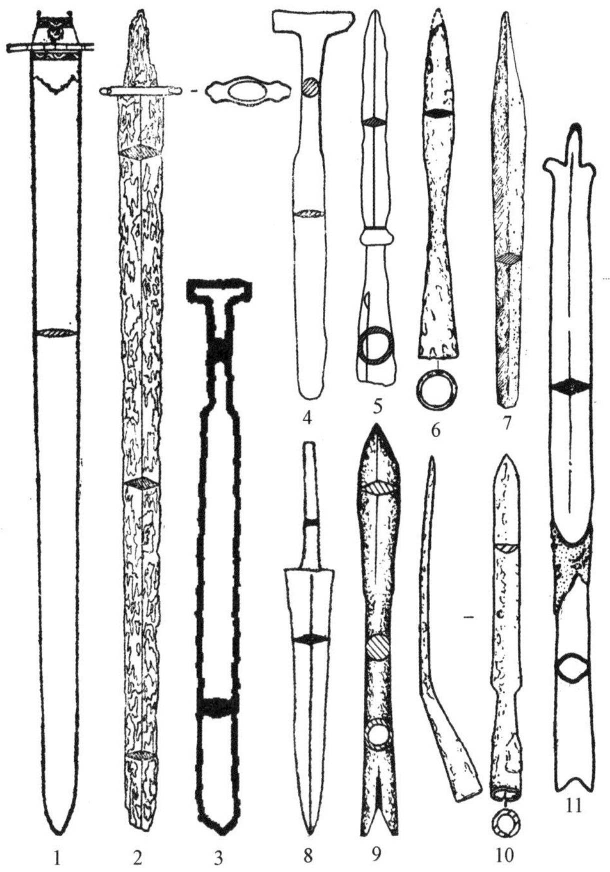

图 7-3-35 宋元时期兵器武备（剑、矛）
1、2.A 型剑（内蒙古敖汉旗沙 M1：27、辽宁朝阳前窗户村）3、4、8.B 型剑（内蒙古霍林郭勒、内蒙古敖汉旗大 M1：5、辽宁朝阳 M1：25）5、10、11.C 型矛（辽宁法库 M23：118、辽宁阜新 XM3：14、浙江淳安）6、9.A 型矛（吉林敦化 T103②：1、黑龙江宁安 M2205：46）7.B 型矛（吉林德惠 T11：1）

2. 远射兵器

宋元时期的远射兵器主要有镞和鸣镝。

镞 北方地区出土最多，可能是因为弯弓骑射是北方辽金擅长战法之一的缘故。主要形制大体可分为四型。

A 型：镞身呈铲形。内蒙古敖汉旗沙子沟出土较多。其中沙 M1：60，锋部弧刃，两侧内弧，有翼尾。翼尾的两侧与铤脊相接处，正反两面呈相反的斜面。刃宽 4 厘米、锋长 7.6 厘米、铤长 4 厘米（图 7-3-36，1）。沙 M1：41，锋部弧刃，两侧略内弧。锋宽 5 厘米、锋长 7.4 厘米、铤长 5.2 厘米（图 7-3-36，2）。沙 M1：37，锋部起平刃，两侧直。锋刃宽 2.5 厘米、长 7.7 厘米（图 7-3-36，6）。辽宁康平后刘东屯 2 号辽墓[4]、吉林永古乌拉街满族镇旧站村金代墓[5]、内蒙古敖汉旗大横沟 1 号辽墓[6]、汤原县振兴乡双兴遗址[7]也有出土。

B 型：镞身呈凿形。黑龙江汤原县振兴乡双兴遗址出土 2 件，形制基本相同，镞身为四棱形，镞头呈扁凿形，铤为四棱形。其中 TY14，通长 16 厘米、镞身长 11.5 厘米、铤长 4.5 厘米（图 7-3-36，4）；TY13，通长 10.7 厘米、镞身长 6 厘米、

1 辽宁省文物考古研究所、沈阳市文物考古研究所：《辽宁法库县叶茂台 23 号辽墓发掘简报》，《考古》2010 年第 1 期。
2 辽宁省文物考古研究所、阜新市考古队：《辽宁阜新县辽代平原公主墓与梯子庙 4 号墓》，《考古》2011 年第 8 期。
3 淳安县文物管理委员会：《浙江淳安县出土宋代兵器》，《考古》1988 年第 4 期。
4 铁岭市文物办公室、康平县文物管理所：《辽宁康平县后刘东屯二号辽墓》，《考古》1988 年第 9 期。
5 永吉县文管所：《吉林永吉旧站金代墓调查简报》，《北方文物》1989 年第 1 期。
6 敖汉旗文物管理所：《内蒙古敖汉旗沙子沟、大横沟辽墓》，《考古》1987 年第 10 期。
7 钱霞：《黑龙江省汤原县双兴遗址出土的金代窖藏铁器》，《北方文物》2014 年第 2 期。

铤长 4.7 厘米[1]（图 7-3-36，5）。此型镞还出土于吉林长春郊南阳堡金代村落[2]等遗址。

C 型：镞身呈燕尾形。黑龙江汤原县振兴乡双兴遗址出土 1 件（TY15），通长 13.7 厘米、镞身长 8.7 厘米、铤长 5 厘米[3]（图 7-3-36，3）。辽宁康平县后刘东屯 2 号辽墓出土 1 件，通长 10 厘米、叉锋宽 4.5 厘米[4]（图 7-3-36，7）。

D 型：镞身呈尖叶形。内蒙古凉城水泉辽墓出土 3 件，镞身瘦长，截面呈椭圆形，圆柱状短铤。其中 M26：19，长 10.6 厘米、宽 1 厘米（图 7-3-36，8）；M26：21，长 10.4 厘米、宽 1.2 厘米[5]（图 7-3-36，9）。河南淅川单岗遗址出土 1 件（H360：2），长铤，前锋圆钝，两翼窄平，脊较高，断面呈扁圆形。通长 10 厘米、最宽处 1.2 厘米[6]（图 7-3-36，10）。汤原县振兴乡双兴遗址出土 1 件（TY316），镞身扁长，剖面呈菱形。通长 6.8 厘米、镞身长 5.3 厘米、铤身长 1.5 厘米[7]（图 7-3-36，11）。此型镞还出土于吉林双辽高力戈辽墓群[8]、吉林永古乌拉街满族镇旧站村金代墓[9]、内蒙古敖汉旗大横沟 1 号辽墓[10]等。

鸣镝 主要有尖头、三棱、方头等型式。内蒙古敖汉旗沙子沟辽墓出土 9 件。其中沙 M1：116，无铁镞锋，葫芦状的骨鸣器削成三棱锋。锋棱的对应部分均镶入一铁钉，钉折弯向前并起刃。两铁钉间对应锋部削面各斜穿一孔。骨鸣径 2.4 厘米、长 5.2 厘米（图 7-3-36，12）。沙 M1：113，菱形尖铲状镞头，锋部起刃，中部斜穿三孔。锋刃宽 2.3 厘米、通长 6.5 厘米、骨鸣径 1.4 厘米、长 2.1 厘米（图 7-3-36，13）。M1：117，三棱镞头，管状骨

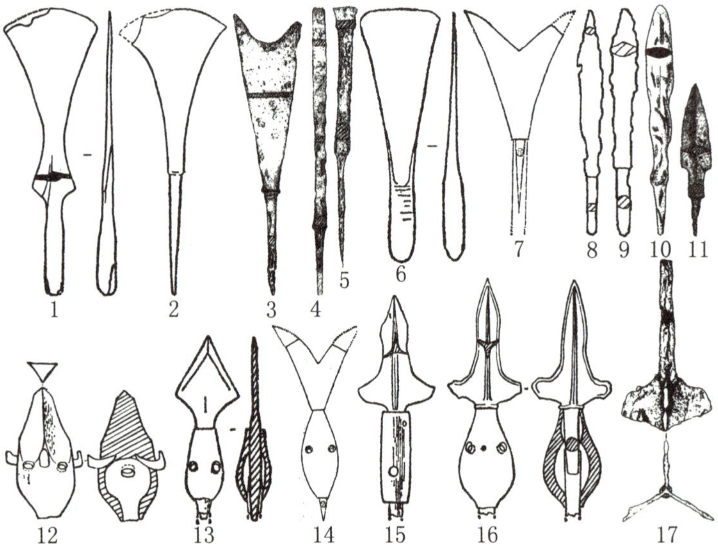

图 7-3-36　宋元时期铁兵器武备（镞、鸣镝）

1、2、6.A 型镞（内蒙古敖汉旗沙 M1：60、沙 M1：41、沙 M1：37）3、7.C 型镞（汤原振兴 TY15、辽宁康平后刘东屯）4、5.B 型镞（汤原振兴 TY14、TY13）8~11.D 型镞（内蒙古凉城 M26：19、M26：21、河南淅川 H360：2、汤原振兴 TY316）12~17. 鸣镝（内蒙古敖汉旗沙 M1：116、沙 M1：113、辽宁康平后刘东屯、内蒙古敖汉旗沙 M1：117、沙 M1：109、辽宁北票 M209：8）

1 钱霞：《黑龙江省汤原县双兴遗址出土的金代窖藏铁器》，《北方文物》2014 年第 2 期。

2 吉林省文物考古研究所：《长春市郊南阳堡金代村落址发掘》，《北方文物》1998 年第 4 期。

3 钱霞：《黑龙江省汤原县双兴遗址出土的金代窖藏铁器》，《北方文物》2014 年第 2 期。

4 铁岭市文物办公室、康平县文物管理所：《辽宁康平县后刘东屯二号辽墓》，《考古》1988 年第 9 期。

5 内蒙古文物考古研究所：《内蒙古凉城县水泉辽代墓葬》，《考古》2011 年第 8 期。

6 郑州大学历史学院考古系、河南省文物局南水北调文物保护管理办公室：《河南淅川县单岗遗址宋元时期遗存发掘简报》，《四川文物》2015 年第 2 期。

7 钱霞：《黑龙江省汤原县双兴遗址出土的金代窖藏铁器》，《北方文物》2014 年第 2 期。

8 柳岚、邵春华：《吉林双辽县高力戈辽墓群》，《考古》1986 年第 2 期。

9 永吉县文管所：《吉林永吉旧站金代墓调查简报》，《北方文物》1989 年第 1 期。

10 敖汉旗文物管理所：《内蒙古敖汉旗沙子沟、大横沟辽墓》，《考古》1987 年第 10 期。

鸣器，上下各对穿孔，上孔较小，上下孔交错。宽 3.5 厘米、锋长 5 厘米、铤长 3 厘米、直径 1.9 厘米、长 4 厘米[1]（图 7–3–36，15）。M1：109，三棱镞头，有翘起的翼尾。铤插入葫芦形的骨鸣器中。骨鸣的前斜穿四孔。宽 3.5 厘米、锋长 5.6 厘米、铤长 3 厘米、骨鸣最大径 2.4 厘米、长 4.3 厘米（图 7–3–36，16）。辽宁康平县后刘东屯二号辽墓出土 2 件，鸣镝木制，圆身，两端细，中间粗，腹身偏上有三孔，与共鸣腔相通，燕尾铁镞插入中间，尾端连木铤。残长 10.3 厘米、鸣镝径 2 厘米[2]（图 7–3–36，14）。辽宁北票喇嘛洞墓地出土 1 件（M209：8），长铤，一端有三翼，铤上原当穿有骨哨。长 8.5 厘米、翼宽 4.4 厘米[3]（图 7–3–36，17）。内蒙古凉城县水泉辽墓[4]、辽宁法库县叶茂台 8 号辽墓[5]、内蒙古扎鲁特旗浩特花辽代壁画墓[6]等也出土有鸣镝。

3. 防护装备

宋元时期的防护装备发现较少，目前尚未发现完整成套的铠甲。辽墓如西水地[7]、法库李贝堡[8]、北票泉巨涌[9]等墓葬中发现有成堆甲片，双城车家城子[10]、长春南阳堡[11]等金代遗址聚落中也曾发现零星甲片，甲片有长方形、条形、羽状、楔形、抹角方形等形状。大营子驸马墓出土一件完整铁兜鍪，锻制，体分四瓣。每瓣锻接处有凸起小棱，每面有铆钉，前额正中有铁叶。

（三）车马机具

中国地域辽阔，气候、环境、地形、地貌多样，但数千年来，始终坚守两轮式的车辆形制。作为车辆铁构件的机具也变化不大。

车釭 是车马机具中的重要构件之一，宋元时期的车釭与秦汉隋唐相比，形制变化不大，可分为四型。

A 型：六棱形。数量极少。内蒙古黑城遗址出土 1 件（F170：1），年代为元代[12]（图 7–3–37，1）。

B 型：六齿形。数量丰富。内蒙古凉城水泉辽墓出土 2 件。其中 M26：3，直壁，齿略残。直径 11.4 厘米、边厚 1.1 厘米、高 4.2 厘米（图 7–3–37，2）。M26：1，圆筒状，壁微斜，六齿平均分布。直径 5.4~6.2 厘米、边厚 0.3~0.8、高 3 厘米[13]（图

1 敖汉旗文物管理所：《内蒙古敖汉旗沙子沟、大横沟辽墓》，《考古》1987 年第 10 期。
2 铁岭市文物办公室、康平县文物管理所：《辽宁康平县后刘东屯二号辽墓》，《考古》1988 年第 9 期。
3 辽宁省文物考古研究所等：《辽宁北票喇嘛洞墓地 1998 年发掘报告》，《考古学报》2004 年第 2 期。
4 内蒙古文物考古研究所：《内蒙古凉城县水泉辽代墓葬》，《考古》2011 年第 8 期。
5 辽宁大学历史系考古教研室：《辽宁法库县叶茂台 8、9 号辽墓》，《考古》1996 年第 6 期。
6 中国社会科学院考古研究所内蒙古工作队、内蒙古文物考古研究所：《内蒙古扎鲁特旗浩特花辽代壁画墓》，《考古》2003 年第 1 期。
7 于海燕：《赤峰市红山区西水地发现一座辽墓》，《内蒙古文物考古》1992 年第 Z1 期。
8 林茂雨：《法库李贝堡辽墓》，《北方文物》2001 年第 3 期。
9 张洪波、李智：《北票泉巨涌辽墓发掘简报》，《辽海文物学刊》1990 年第 2 期。
10 黑龙江省文物考古研究所：《黑龙江双城市车家城子金代城址发掘简报》，《考古》2003 年第 2 期。
11 吉林省文物考古研究所：《长春市郊南阳堡金代村落址发掘》，《北方文物》1998 年第 4 期。
12 内蒙古文物考古研究所、阿拉善盟文物工作站：《内蒙古黑城考古发掘纪要》，《文物》1987 年第 7 期。
13 内蒙古文物考古研究所：《内蒙古凉城县水泉辽代墓葬》，《考古》2011 年第 8 期。

7-3-37，4），年代为辽代早期。辽宁沈阳新民法哈牛金代中晚期窖藏出土5件，1大4小，形制基本相同，齿距相等。小车釭直径12.4厘米、厚3.3厘米；大车釭直径19.8厘米、厚4.8厘米[1]（图7-3-37，3）。黑龙江汤原双兴遗址出土1件（TY25），锻造，齿轮间距相等。外径20厘米，内径16厘米、高5厘米、齿长3厘米[2]（图7-3-37，7）。年代为金代。此型铁釭还出土于内蒙古黑城遗址、霍林河矿区金代界壕边堡遗址[3]、黑龙江穆棱自平村[4]、克山[5]、河北隆化[6]、辽宁抚顺千[7]、绥中[8]、吉林市郊[9]、和龙[10]、德惠后城子金代古城等。

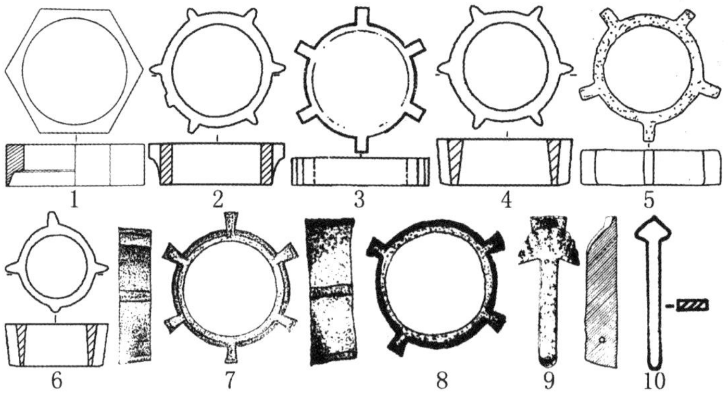

图7-3-37 宋元时期车马机具（车釭、车辖）
1.A型车釭（内蒙古黑城F170：1）2~4、7.B型车釭（内蒙古凉城M26：3、辽宁沈阳新民、内蒙古凉城M26：1、黑龙江汤原TY25）5.C型车釭（内蒙古巴林右旗F4：43）6、8.D型车釭（内蒙古凉城M26：2、黑龙江汤原TY202）9、10.车辖（吉林和龙、内蒙古霍林河B1H1：6）

C型：五齿形。数量较少。内蒙古巴林右旗罕山辽代祭祀遗址第四号建筑址出土1件（F4：43），外径8.3厘米、内径7厘米、宽2.8厘米、齿长1.6厘米[11]（图7-3-37，5）。年代为辽代中期。

D型：四齿形。数量丰富。内蒙古凉城水泉辽墓出土1件（M26：2），斜壁。直径5.5~6厘米、边厚0.3~0.9厘米、高3.7厘米[12]（图7-3-37，6）。年代为辽代早期。黑龙江汤原双兴遗址出土1件（TY202），铸造，四齿，齿轮间距相等。外径9厘米、内径7厘米、高3~4.5厘米、齿长1.5厘米（图7-3-37，8）。此型铁釭还出土于内蒙古黑城遗址等。

车辖 发现较少。吉林和龙发现2件，形体呈"丁"字形，辖首为半圆形，厚重，其顶端饰凹放射线状纹。其中1件，在辖首顶端作突起的首缨，呈短十字头形，器身另一端侧面穿一圆孔。首宽5.8厘米、通长13.4厘米[13]（图7-3-37，9）。

1 沈阳市文物考古工作队：《新民法哈牛金代窖藏铁器》，《辽海文物学刊》1997年第2期。
2 钱霞：《黑龙江省汤原县双兴遗址出土的金代窖藏铁器》，《北方文物》2014年第2期。
3 哲里木盟博物馆：《内蒙古霍林河矿区金代界壕边堡发掘报告》，《考古》1984年2期。
4 倪春野、黄金波：《黑龙江省穆棱市自平遗址调查简报》，《北方文物》2002年第1期。
5 辛健、张松：《克东县出土金代铜犁铧和铁车輨》，《齐齐哈尔大学学报（哲学社会科学版）》2001年第6期。
6 隆化县文物管理所：《河北隆化县发现金代窖藏铁器》，《考古》1981年第7期。
7 王维臣、温秀荣：《辽宁抚顺千金乡唐力村金代遗址发掘简报》，《北方文物》2000年第4期。
8 王增新：《辽宁绥中县城后村金元遗址》，《考古》1960年第2期。
9 吉林市博物馆：《吉林市郊发现的金代窖藏文物》，《文物》1982年第1期。
10 朴润武：《吉林和龙出土的金代窖藏铜、铁器》，《北方文物》1990年第4期。
11 内蒙古自治区文物工作队、巴林右旗文物馆：《内蒙古巴林右旗罕山辽代祭祀遗址发掘报告》，《考古》1988年第12期。
12 内蒙古文物考古研究所：《内蒙古凉城县水泉辽代墓葬》，《考古》2011年第8期。
13 朴润武：《吉林和龙出土的金代窖藏铜、铁器》，《北方文物》1990年第4期。

内蒙古霍林河矿区金代界壕边堡遗址出土 1 件（B1H1：6），扁方长条形，三角顶帽。长 13 厘米、宽 2.7 厘米、厚 1 厘米[1]（图 7–3–37，10）。年代为金代中期。

马镳 根据形制可分为两型。

A 型：弯体镳。内蒙古敖汉旗大横沟辽墓出土 1 件（大 M1：15），“S”形扁平镳，衔穿过镳中部孔，穿孔部位扁平，内侧突起加厚，外侧薄，出圆鼻与环套联。镳一侧起方孔鼻。长 18.4 厘米[2]（图 7–3–39，1）。年代为辽代早期。内蒙古敖汉旗沙子沟辽墓出土 1 件（沙 M1：124①），“S”形镳，一端圆，一端枝叶状，截面椭圆。镳内侧中部出扁方鼻，两长条孔。近镳孔为衔环穿过，外孔系穿带。衔穿于镳后再侧出圆鼻并联环。长 22 厘米[3]（图 7–3–39，2）。内蒙古凉城水泉辽墓出土 1 副（M27：42），镳呈“S”形，中部有两个长方形穿孔，长 18 厘米（图 7–3–39，3）；M27：41，鹿首，可辨眼、嘴、颈部、尾部各有一扁形透孔，背部有两个长方形穿孔，长 14 厘米[4]（图 7–3–39，7）。

B 型：直体镳。吉林德惠后城子金代古城出土 1 件（F2：55），体扁，长条形，两端有小豁口，中间有圆孔。长 13.6 厘米、宽 1.8 厘米，厚 1 厘米[5]（图 7–3–39，4）。

马衔 根据形制可分为三型。

A 型：两节相连，双环相套。内蒙古扎鲁特旗浩特花辽代壁画墓出土 1 件（M1：11），二节相连，双环相套，尾部相背，呈钩状。高 9.4 厘米[6]（图 7–3–39，5）。黑龙江桦南岚峰林场金代窖藏出土 1 件，锻制。衔环外径为 10 厘米、内径 8.5 厘米、衔长 8.7 厘米[7]（图 7–3–39，6）。河北丰宁小皮匠沟辽代晚期墓出土 1 件，衔身两节，中间以环相接。长 24.5 厘米，环直径 8 厘米[8]（图 7–3–39，9）。内蒙古敖汉旗沙子沟 1 号辽墓[9]、辽宁新民县前当铺金元遗址[10]也出土有此型马衔。

B 型：单节直棍式。内蒙古宁城山嘴

图 7–3–38 B 型马衔（内蒙古宁城山嘴墓地 M1：4）

1 哲里木盟博物馆：《内蒙古霍林河矿区金代界壕边堡发掘报告》，《考古》1984 年第 2 期。

2 敖汉旗文物管理所：《内蒙古敖汉旗沙子沟、大横沟辽墓》，《考古》1987 年第 10 期。

3 敖汉旗文物管理所：《内蒙古敖汉旗沙子沟、大横沟辽墓》，《考古》1987 年第 10 期。

4 内蒙古文物考古研究所：《内蒙古凉城县水泉辽代墓葬》，《考古》2011 年第 8 期。

5 吉林省文物考古研究所、长春市文物管理委员会办公室：《吉林省德惠县后城子金代古城发掘》，《考古》1993 年第 8 期。

6 中国社会科学院考古研究所内蒙古工作队、内蒙古文物考古研究所：《内蒙古扎鲁特旗浩特花辽代壁画墓》，《考古》2003 年第 1 期。

7 佳木斯文物管理站：《黑龙江省桦南县岚峰林场出土的金代文物》，《北方文物》2000 年第 2 期。

8 张汉英、白光：《河北丰宁小皮匠沟发现辽墓》，《考古》1993 年第 10 期。

9 敖汉旗文物管理所：《内蒙古敖汉旗沙子沟、大横沟辽墓》，《考古》1987 年第 10 期。

10 王增新：《辽宁新民县前当铺金元遗址》，《考古》1960 年第 2 期。

墓地出土1件（M1：4），马衔为直式，片状，两端略宽，中间略窄，两端各铸一小圆环，分别与一圆环形马镳相连。马衔长13.3厘米、宽0.6~1.4厘米、厚0.2厘米，马镳直径9.2厘米、厚0.2厘米[1]（图7-3-38）。年代为唐代晚期至辽代晚期。吉林镇赉县黄家围子遗址出土2件，其中M3：6，用二个圆形铁环与一个直棍式衔杆联结而成。圆环直径5.3厘米、衔杆长14.3厘米，杆、环剖面皆呈圆形[2]（图7-3-39，8）。年代为金代中期或偏晚。

C型：三节相接直棍式。辽宁法库叶茂台辽代晚期墓出土1件（M23：151），衔三节相连，每节两端均有圆孔，两侧两衔节两端圆孔均同在一平面，中间衔节两端圆孔平面垂直。一侧有镳，已残，作扁条状。镳外有钉状穿衔。衔残长22厘米[3]（图7-3-39，10）。

马镫 可分为两型。

A型：镫环之上带鼻穿。多为辽代早中期。

Aa型：牌型鼻，正中为长方形穿。

Aa型Ⅰ式：镫孔为椭圆形。内蒙古昭乌达敖汉旗沙子沟1号辽墓出土6副，铸造。其中沙M1：118，上端为方鼻，正中为长条革带孔。两侧为圆柱，椭圆状踏板，并镂空呈对称的花朵和新月形纹饰。高18.6厘米、踏板宽13厘米[4]（图7-3-39，12）。年代为辽代早期。辽宁赤峰大营子辽墓出土嵌银花铁镫2副，锻制。环孔上有方形高鼻，鼻上有横革孔，踏板上有花纹。高18厘米、环孔径14厘米、踏板宽9.8厘米[5]。辽宁北票上园公社乌拉草沟大队上老虎沟辽墓出土1副，上窄下宽。镫环梁上有长方形穿，踏板较宽呈弧形。踏板底部有一横凸脊，脊两侧分别镂空对称连弧形和梅花形。高

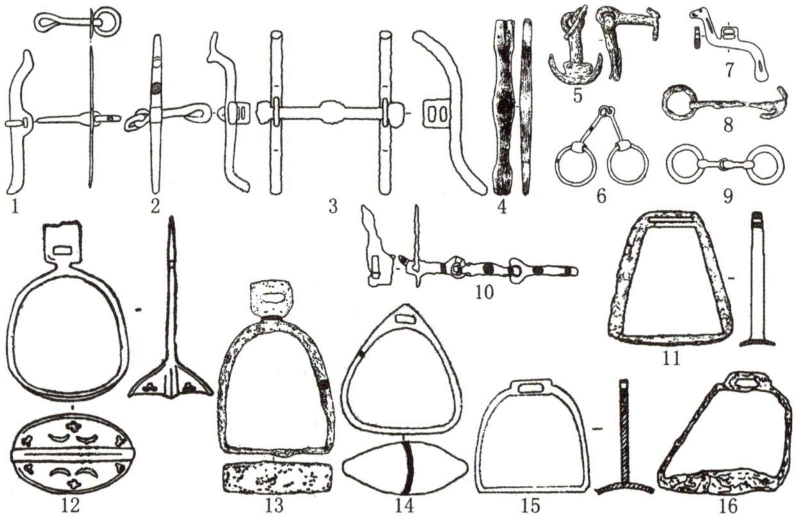

图7-3-39 宋元时期车马机具（马镳、马衔、马镫）

1~3、7.A型马镳（内蒙古敖汉旗大M1：15、内蒙古敖汉旗沟沙M1：124①、内蒙古凉城M27：42、M27：41）4.B型马镳（吉林德惠F2：55）5、6、9.A型马衔（内蒙古扎鲁特旗M1：11、黑龙江桦南、河北丰宁小皮匠沟）8.B型马衔（吉林镇赉M3：6）10.C型马衔（辽宁法库M23：151）11.Bb型马镫（辽宁辽阳J1：2）12.Aa型Ⅰ式马镫（内蒙古敖汉旗沙M1：118）13.Aa型Ⅱ式马镫（吉林双辽M13：1）14.Ba型马镫（辽宁康平沙金台）15、16.Ab型Ⅱ式马镫（吉林永吉旧站、内蒙古察右后旗M9：1）

1 内蒙古文物考古研究所、内蒙古博物院：《内蒙古宁城山嘴墓地第一次发掘简报》，《文物》2015年第3期。

2 吉林省文物考古研究所：《吉林镇赉县黄家围子遗址发掘简报》，《考古》1988年第2期。

3 辽宁省文物考古研究所、沈阳市文物考古研究所：《辽宁法库县叶茂台23号辽墓发掘简报》，《考古》2010年第1期。

4 敖汉旗文物管理所：《内蒙古敖汉旗沙子沟、大横沟辽墓》，《考古》1987年第10期。

5 前热河省博物馆筹备组：《赤峰县大营子辽墓发掘报告》，《考古学报》1956年第3期。

18.8 厘米、宽 14 厘米、踏板宽 9.4 厘米[1]。朝阳废品收购站[2]也有发现。

图 7-3-40 Ab 型Ⅰ式马镫（朝阳县废品收购站）

Aa 型Ⅱ式：镫孔为半圆形，流行于辽代晚期至金代。吉林双辽县高力戈辽代晚期墓出土 1 件（M13：1），鼻为方形，有一横向长方形穿孔。环为半圆形，踏板呈长方形。通高 19.6 厘米、最宽 28 厘米[3]（图 7-3-39，13）。吉林市郊金代窖藏出土 4 副，其中一副有可转动的穿带纽[4]。年代为金代初期。

Ab 型：镫环上为长方形大穿。

Ab 型Ⅰ式：镫孔为椭圆形，流行于辽代。辽宁朝阳废品收购站收购两副，一副上半部为镫环，下半部为踏板，镫环上部有一长方形穿孔，踏板剖面为弧形。高 16 厘米、宽 14.2 厘米[5]（图 7-3-40）。另一副近似椭圆形，镫环上有一长方形穿，踏板为弧形，踏板较宽，一踏板边处已残缺。高 13.5 厘米、宽 12.2 厘米[6]。

Ab 型Ⅱ式：镫孔为半圆形。流行于金代，可晚至元代。吉林永吉旧站金代墓出土 2 件，锻制，提梁呈长方形带。孔长 3 厘米、宽 1 厘米，带高 2.6 厘米。梁柱呈圆形，底板呈椭圆长方形，剖面呈弧状，通高 14 厘米[7]（图 7-3-39，15）。内蒙古察右后旗种地沟墓地出土 2 件，皆出土于 M9，形制相同，其中 M9：1，大体呈不规则四边形，上端有扁长方形穿，踏板较宽，呈椭圆形。高 14 厘米、踏面宽 5.7 厘米[8]（图 7-3-39，16）。年代为金元时期。

B 型：梁上作穿马镫。

Ba 型：镫孔为桃心形。辽宁康平沙金台乡克宝窝堡出土 1 件，通身呈桃形，上端扁平作长方形孔。方体圆棱柱连接踏板。通高 13 厘米，镫孔宽 13 厘米，踏板宽 5 厘米[9]（图 7-3-39，14）。

Bb 型：镫孔近梯形。流行金元时期。辽宁辽阳江官屯遗址出土 1 副，平面呈梯形，足踏处扁宽，略显凸起，顶梁中部具长方形横穿。其中J1：1，宽 16.4 厘米、高 16.7 厘米；J1：2，宽 16.8 厘米、高 17.8 厘米[10]（图 7-3-39，11）。此型马镫还出土辽宁朝阳废品收购站、辽宁新民前当铺金元遗址[11]等。

其他马具，如带扣、嚼环、环、链等也多有出土。

---

1 杨铁男：《辽宁朝阳铜铁马镫的发现与研究》，《农业考古》1993 年第 3 期。
2 杨铁男：《辽宁朝阳铜铁马镫的发现与研究》，《农业考古》1993 年第 3 期。
3 吉林省文物考古研究所：《吉林双辽县高力戈辽墓群》，《考古》1986 年第 2 期。
4 吉林市博物馆：《吉林市郊发现的金代窖藏文物》，《文物》1982 年第 1 期。
5 杨铁男：《辽宁朝阳铜铁马镫的发现与研究》，《农业考古》1993 年第 3 期。
6 杨铁男：《辽宁朝阳铜铁马镫的发现与研究》，《农业考古》1993 年第 3 期。
7 永吉现文管所：《吉林永吉旧站金代墓调查简报》，《北方文物》1989 年第 4 期。
8 乌兰察布博物馆、察右后旗文物管理所：《察右后旗种地沟墓地发掘简报》，《草原文物》1997 年第 1 期。
9 张少青：《辽宁康平发现的契丹、辽墓概述》，《北方文物》1998 年第 4 期。
10 辽宁省文物考古研究所：《辽宁辽阳市江官屯遗址出土的金代铁器》，《北方文物》2017 年第 2 期。
11 王增新：《辽宁新民县前当铺金元遗址》，《考古》1960 年第 2 期。

(四)日用器具

宋元时期的铁制日用器具，主要包括日用器皿、家用器具、妆严用具、缝织器具等。

1. 日用器皿

主要包括炊煮用具及盛器等。

鼎（鼎形器） 可分为两型。

A 型：圜底。

Aa 型：敞口。江西金溪宋孙大郎墓出土 2 件，广口，弧腹，双弧耳，三足较高，外撇，腹下有铸脐。口径 17.3 厘米、通高 14.6 厘米[1]（图 7–3–42）。

Ab 型：盘口。贵州清镇平坝宋墓出土 1 件，腹部有脚三只，口沿上有两耳[2]（图 7–3–41，1）。北京怀柔上庄村出土 1 件，浅腹敛口，直耳，三足分置腹下端。口径 20.5 厘米、高 19.9 厘米[3]（图 7–3–41，2）。辽宁新民法哈金代窖藏出土 2 件，形制相同，盘口，尖唇，内卷沿。底部饰三个等距兽形足，兽面饰在底部的腹壁上。口径 45 厘米，底径 34 厘米，足高 10 厘米，通高 17.5 厘米[4]（图 7–3–41，9）。江西南丰桑田宋墓出土 1 件，广口，收腹，圜底，口沿立对称两半圆耳，三腿呈兽蹄状，断一足。口径 12 厘米、高 13.5 厘米[5]。

Ac 型：直口。黑龙江桦南岚峰林场出土 1 件，斜直口，距口 4.5 厘米处有一周环形錾耳，圜底，兽蹄足，一足残并有修补痕迹，口沿与环耳之间饰有 4 周凹弦纹。口径 20.4 厘米、通高 25 厘米、足高 20 厘米[6]（图 7–3–41，3）。辽宁朝阳杜杖子辽墓出土 1 件（M1：2），上腹呈筒状，腹壁较直，下腹部呈半球形，圜底，下附三足。腹壁中部有一周腰沿。口径 13.5 厘米、高 20 厘米[7]（图 7–3–41，4）。年代为辽代早、中期。

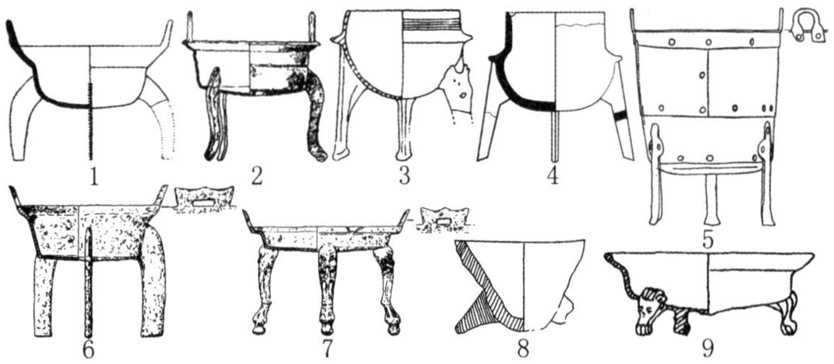

图 7–3–41 宋元时期铁鼎

1、2、9.Ab 型（贵州清镇平坝、北京怀柔上庄村、辽宁新民法哈）3、4.Ac 型（黑龙江桦南岚峰林场、辽宁朝阳 M1：2）5.Ba 型（内蒙古敖汉旗沙 M1：16）6~8.Bb 型（山西大同 M1：11、M1：12、安徽望江青龙嘴北宋墓）

---

1 陈定荣：《江西金溪宋孙大郎墓》，《文物》1990 年第 9 期。

2 贵州省博物馆：《贵州清镇平坝汉至宋墓发掘简报》，《考古》1961 年第 4 期。

3 北京市文物工作队：《北京出土的辽、金时代铁器》，《考古》1963 年第 3 期。

4 沈阳市文物考古工作队：《新民法哈牛金代窖藏铁器》，《辽海文物学刊》1992 年第 2 期。

5 江西省文物工作队、南丰县博物馆：《江西南丰县桑田宋墓》，《考古》1988 年第 4 期。

6 佳木斯文物管理站：《黑龙江省桦南县岚峰林场出土的金代文物》，《北方文物》2000 年第 2 期。

7 朝阳市博物馆、朝阳市龙城区博物馆：《辽宁朝阳杜杖子辽代墓葬发掘简报》，《文物》2014 年第 11 期。

B型：平底。

图7-3-42　Aa型鼎（江西金溪宋孙大郎墓出土）

Ba型：直口。内蒙古敖汉旗沙子沟辽代早期墓出土1件（沙M1：16），系铁片铆合而成，提梁状双耳，直腹，平底，三角形高足，下端外折。口径19.4厘米、腹高18.2厘米、高27.2厘米[1]（图7-3-41，5）。四川中江宋元窖藏出土1件，敛口，鼓腹，平底，三足。口沿外两侧各铸双系，系中穿孔，以安铁提梁之类。腹部近底处铸有三个竖板足，一足已锈残。口径20.7厘米、高20.5厘米、足高8厘米[2]。黑龙江五常金代窖藏出土1件，直腹，平底，三足高13厘米，呈虎爪状。口径30厘米、壁厚0.2厘米、通高26.5厘米。两竖耳对称，与鼎身铸为一体[3]。

Bb型：盘口。山西大同辽代军节度使许从赟夫妇壁画墓出土2件，盘口，沿外侈。其中M1：11，沿上有双耳、腹较深，底略下凹，三扁足瘦而高。口径20厘米、高18.6厘米（图7-3-41，6）。M1：12，腹较浅，底略下凹，三蹄足，足端为兽头。口径19厘米、高15厘米[4]（图7-3-41，7）。安徽望江青龙嘴北宋墓出土1件，敞口，底部有三个锥形短足，其中两足已残缺，尚留足根部分。口径21厘米、残高14厘米[5]（图7-3-41，8）。北京房山焦庄村金代窖藏出土1件，足及耳均锈毁，敛口宽唇，两耳稍外撇，足较短[6]。

釜　可分为两型。

A型：腰沿釜。吉林抚松新安遗址第三期文化遗存出土1件（K1：5），直口，微敛，直颈，颈部有多周凸棱，肩部有一周突出的环耳，弧腹，假圈足小平底。口径41.4厘米、耳部直径60厘米、底径15厘米、厚1.4厘米、高41厘米[7]（图7-3-43，1；图7-3-44）。年代为渤海末期至金代早期。吉林和龙金代窖藏出土2件，生铁铸造。平唇，斜腹，圜底，近口处饰5~6道凸弦纹，腹中部有1圈板沿，锅底有1扁平的饼状“底座”。完整者口径41.7厘米、最大腹径45.5厘米、沿宽5.5厘米、锅沿上部高11.3厘米、通高36厘米[8]（图7-3-43，2）。甘肃灵台百里镇出土1件，大口微敛，直壁，圜底，距口沿下6厘米处铸3.5厘米宽腰带一周。口径36厘米、高32.5厘米[9]。此型釜还出土于内蒙古巴林右旗罕山辽代祭祀遗址第四号建筑址[10]。

1 敖汉旗文物管理所：《内蒙古敖汉旗沙子沟、大横沟辽墓》，《考古》1987年第10期。
2 中江县文管所：《四川省中江县出土宋元窖藏》，《四川文物》2005年第2期。
3 姚骞、穆·依凌阿：《五常县发现金代窖藏铁器》，《黑龙江文物丛刊》1982年第3期。
4 王银田、解廷琦、周雪松：《山西大同市辽代军节度使许从赟夫妇壁画墓》，《考古》2005年第8期。
5 望江县文物管理所：《安徽望江县青龙嘴北宋墓》，《考古》1991年第4期。
6 北京市文物工作队：《北京出土的辽、金时代铁器》，《考古》1963年第3期。
7 吉林省文物考古研究所：《吉林抚松新安遗址发掘报告》，《考古学报》2013年第3期。
8 朴润武：《吉林和龙出土的金代窖藏铜、铁器》，《北方文物》1990年第4期。
9 刘得祯：《甘肃灵台百里镇出土一批宋代文物》，《考古》1987年第4期。
10 内蒙古自治区文物工作队、巴林右旗文物馆：《内蒙古巴林右旗罕山辽代祭祀遗址发掘报告》，《考古》1988年第12期。

B 型：带錾釜。口部形态多样，但并无明显时代或地域差别。吉林敦化敖东城遗址出土 1 件（02DAF1：75），微敛口，弧腹，圜底。上腹有六周凸棱，中腹有 6 个对称的长方形耳，下腹残缺。口径 42 厘米、高约 34.4 厘米[1]（图 7-3-43，3）。年代为金代晚期。河北廊坊安次区金代建筑遗址出土 1 件，平沿敛口，沿下饰 3 条弦纹，深圆腹，小平底，沿下附 6 个长 9 厘米、宽 4.5 厘米的錾耳。口径 28.5 厘米、腹径 35.8 厘米、底径 4 厘米、壁厚 0.7 厘米、高 26 厘米[2]（图 7-3-43，4）。北京通州东门外辽代遗址出土 1 件，平口窄唇，唇向外卷，腹外壁上端分置六錾，錾作长方形，圜底，底中央突出一脐。釜外壁尚保留有范模合口的痕迹。口径 33.5 厘米、高 22 厘米[3]（图 7-3-43，5）。北京怀柔上庄村出土 3 件，平口窄唇，唇向外卷，圜底凸出一脐，腹外壁上端分置六錾。尺寸分别为口径 41.5 厘米、高 27 厘米，口径 38 厘米、高 28 厘米，口径 33.5 厘米、高 23 厘米[4]（图 7-3-43，6）。山西大同辽代军节度使许从赟夫妇壁画墓出土 1 件（M1：14），敛口，鼓腹，圜底，腹中部有 6 个錾。腹上部有宽带装凸弦纹六周。口径 9 厘米、高 13 厘米[5]（图 7-3-43，7）。年代为辽代早期。山西大同金代徐龟墓出土 1 件（M：21），铸铁制成，壁较厚。敛口，

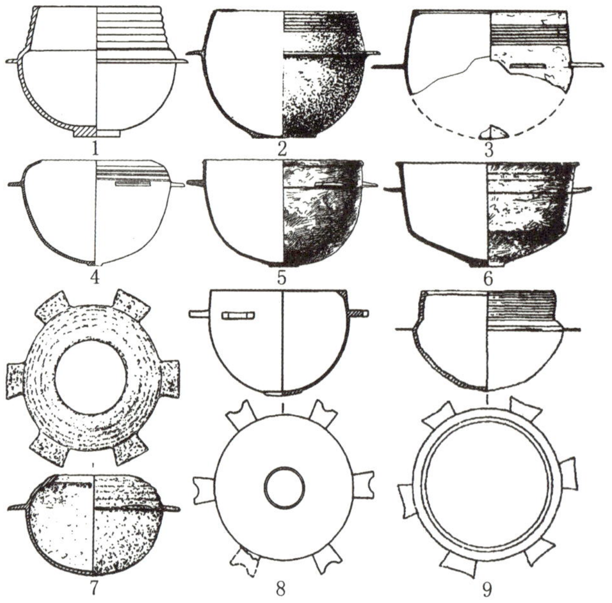

图 7-3-43 宋元时期铁釜
1、2.A 型（吉林抚松 K1：5、吉林和龙金代窖藏）3~9.B 型（吉林敦化 02DAF1：75、河北廊坊、北京通州东门外、北京怀柔上庄村、山西大同 M1：14、山西大同徐龟墓 M：21、辽宁新民法哈）

图 7-3-44 A 型釜（吉林抚松新安遗址第三期文化遗存 K1：5）

图 7-3-45 B 型釜（承德县闫杖子村金代窖藏出土）

1 吉林大学边疆考古研究中心、吉林省文物考古研究所：《吉林敦化市敖东城遗址发掘简报》，《考古》2006 年第 9 期。

2 廊坊市文物管理所、安次区文物保管所：《河北廊坊安次区出土金代遗物》，《春秋文物》1990 年第 2 期。

3 北京市文物工作队：《北京出土的辽、金时代铁器》，《考古》1963 年第 3 期。

4 北京市文物工作队：《北京出土的辽、金时代铁器》，《考古》1963 年第 3 期。

5 王银田、解廷琦、周雪松：《山西大同市辽代军节度使许从赟夫妇壁画墓》，《考古》2005 年第 8 期。

平沿，沿下腹壁略外张，环绕一周有6个对称的鱼尾形凸戟，戟以下弧壁内收，圜底。口径11.5厘米、高8.3厘米，出戟长1.5厘米、宽2.5厘米[1]（图7-3-43，8）。辽宁新民法哈金代窖藏出土3件，其中1件为直口窄平沿，深腹，圜底。肩上至口沿部位壁较直，壁周满饰弦纹。肩上有一周凸棱线并装饰6个月牙形錾耳。口径47厘米、沿宽2.5厘米、錾耳长11.5厘米、近腹部窄处长10厘米、宽7厘米、月牙凹处宽6厘米，通高38厘米[2]（图7-3-43，9）。承德闫杖子村金代窖藏出土1件，平口，圆腹，圜底。肩部均匀地分布着6只錾耳，耳为长方形，长8.5厘米、宽3厘米，口沿下有3道凸弦纹保存基本完整。口径33厘米、沿宽2厘米、最大腹径118厘米、底径6厘米、高21.5厘米，耳距口沿4.6厘米[3]（图7-3-45）。此型铁釜还出土于黑龙江五常市[4]、辽宁喀左辽代利州城址[5]、吉林敦化永胜金代遗址1号建筑基址[6]、吉林市郊金代窖藏[7]、吉林镇赉县金代窖藏[8]、平泉县党坝村辽金窖藏[9]、河北宣化金代窖藏[10]等。

鍑 承德市闫杖子村金代窖藏出土2件。一件直口，唇沿内卷，弧腹，喇叭形镂空圈足。口沿处附两个对称的竖耳，耳宽12.5厘米、高6厘米；腹径112厘米、足径34.7厘米、足高8.6厘米、足底径18厘米、通高37.5厘米（图7-3-46，1）。另一件直口，方唇，深腹，下接镂空圈足。口外接桥形双耳，两耳高度不一。腹壁正中有铸缝一道，系双范合铸，下腹部有一处4厘米×1厘米的破损洞。釜底正中向下伸出一扁形立柱，但未及底，用途不明。口径25厘米、腹径82厘米、

1

2

图7-3-46 铁鍑（承德县闫杖子村金代窖藏出土）

1 大同市博物馆：《山西大同市金代徐龟墓》，《考古》2004年第9期。
2 沈阳市文物考古工作队：《新民法哈牛金代窖藏铁器》，《辽海文物学刊》1992年第2期。
3 佟淑华：《承德县闫杖子村出土的金代窖藏铁器》，《文物春秋》2014年第1期。
4 姚骞、穆·依凌阿：《五常县发现金代窖藏铁器》，《黑龙江文物丛刊》1982年第3期。
5 喀左县博物馆：《辽宁喀左县辽代利州城址的调查》，《考古》1996年第8期。
6 吉林大学边疆考古研究中心、吉林省文物考古研究所：《吉林敦化市永胜金代遗址一号建筑基址》，《考古》2007年第2期。
7 吉林市博物馆：《吉林市郊发现的金代窖藏文物》，《文物》1982年第1期。
8 镇赉县文物保护管理所刘雪山：《吉林镇赉县出土金代窖藏文物》，《考古》2000年第1期。
9 张翠荣：《平泉县党坝村发现辽金铁器窖藏》，《春秋文物》1990年第1期。
10 张家口市文管所陶宗冶：《河北宣化发现金代窖藏文物》，《考古》1987年第12期。

足高 9 厘米、足底径 16 厘米、通高 30 厘米[1]（图 7-3-46，2）。

锅 可分为两型。

A 型：带柄式。辽宁朝阳姑营子辽代耿氏家族墓出土 1 件（M3：21），锻铁制成。圆形平盖，盖上有纽，纽上有一铁环。锅体直口，侧沿出一小流，銎形柄，圜底，三足。足与锅体铆接。口径 16 厘米、腹深 6.4 厘米、通高 14.4 厘米[2]（图 7-3-47，1）。吉林双辽电厂贮灰场辽金遗址出土 1 件（93 Ⅱ T37 ②：3），带柄。柄为圆柱形，与锅相连，一端稍粗。锅身为浅腹平底。把残长 18 厘米、直径 2.4 厘米、锅直径 10 厘米、高 6 厘米[3]。

B 型：无柄式。

Ba 型：小口圆腹。河北宣化金代窖藏出土 1 件，侈口，鼓腹，圜底，口沿下有二对称的桥状器耳，其中一器耳内遗有铁吊环一件，腹部外壁可辨范模合口的痕迹，素面[4]（图 7-3-47，10）。

Bb 型：大口圜平底。内蒙古伊金霍洛旗陶家圪楞窖藏出土 2 件，铁锅口沿外还有两锅圈，一上一下，两圈的剖面均呈“7”形。上面的圈紧套在锅口上，平面为花边式，直径 74 厘米。下面的圈为圆形，此圈可能是镶砌在炉子火膛上的，直径 77 厘米。口径 59 厘米、颈高 6 厘米、高 26.5 厘米[5]（图 7-3-47，6）。年代为西夏。内蒙古巴林右旗罕山辽代祭祀遗址第四号建筑址出土 2 件，敛口，平沿，束颈，直腹略内收，圜底。其中 F4：26，口径 26 厘米、高 11 厘米[6]（图 7-3-47，7），年代为辽代中期。内蒙古伊金霍洛旗瓦尔吐沟窖藏出土 2 件。一件矮直口，束颈，直腹，圜底，口径 29.5 厘米、高 16 厘米（图 7-3-47，11）；另一件侈口，斜直颈，突肩，圜底，口径 55 厘米、腹径 54 厘米、通高 22 厘米[7]。年代为西夏。辽宁本溪二道沟村金代窖藏出土 1 件，铸造，釜沿向外平展，底部逐渐内敛成半圆形。釜沿宽 5 厘米、腹径 36 厘米、底径 25 厘米、壁厚 1.5 厘米、通高 17 厘米[8]（图 7-3-47，12）。此型铁锅还出土于贵州清镇平坝宋墓[9]、内蒙古伊金霍洛旗牛其圪台窖藏和根皮庙窖藏[10]、宁夏中卫四眼井[11]、四川仪陇立山南宋窖藏[12]、湖北当

1 佟淑华：《承德县闫杖子村出土的金代窖藏铁器》，《文物春秋》2014 年第 1 期。

2 朝阳博物馆、朝阳市城区博物馆：《辽宁朝阳市姑营子辽代耿氏家族 3、4 号墓发掘简报》，《考古》2011 年第 8 期。

3 吉林省文物考古研究所、四平市文管会办公室、四平市博物馆：《吉林双辽电厂贮灰场辽金遗址发掘简报》，《考古》1995 年第 4 期。

4 张家口市文管所陶宗冶：《河北宣化发现金代窖藏文物》，《考古》1987 年第 12 期。

5 高毅、王志平：《内蒙古伊金霍洛旗发现西夏窖藏文物》，《考古》1987 年第 12 期。

6 内蒙古自治区文物工作队、巴林右旗文物馆：《内蒙古巴林右旗罕山辽代祭祀遗址发掘报告》，《考古》1988 年第 12 期。

7 高毅、王志平：《内蒙古伊金霍洛旗发现西夏窖藏文物》，《考古》1987 年第 12 期。

8 本溪市博物馆考古队：《辽宁省本溪市二道沟村金代窖藏文物调查整理简报》，《北方文物》2002 年第 2 期。

9 贵州省博物馆：《贵州清镇平坝汉至宋墓发掘简报》，《考古》1961 年第 4 期。

10 高毅、王志平：《内蒙古伊金霍洛旗发现西夏窖藏文物》，《考古》1987 年第 12 期。

11 周兴华：《宁夏中卫县四眼井出土的西夏文物》，《考古》1994 年第 8 期。

12 王永平、李清兰：《仪陇县立山乡发现南宋窖藏》，《四川文物》1988 年第 5 期。

阳玉泉寺大雄宝殿[1]等。

罐 有提梁罐和无梁罐两种型式。

A型：提梁罐。内蒙古巴林左旗盘羊沟辽墓出土1件，敞口，腹部斜收，平底，两侧有桃形附耳，与中间宽两端窄的提梁相连。鍑口沿下及提梁上隐约可见错银的蔓草纹。一附耳脱落，其上饰错银变形云纹。口径8厘米、底径5.2厘米、高6厘米[2]（图7-3-47，2）。辽宁阜新辽代平原公主墓出土2件，其中XM3：8，提梁已残。口部为一长条形铁片，用铆钉与器壁相连，口沿上对称两耳与提梁相连。器壁由四块铁片用铆钉相连而成。底为一圆形铁皮，包在器壁底边缘上，平底。口径11.5厘米、底径6.9厘米、高17.7厘米[3]（图7-3-47，3）。XM3：12，铸造，罐体两侧有两道铸范接痕。提梁稍残，侈口，平沿，尖唇，束颈，溜肩，垂腹，小圜底。肩部有两耳，耳上穿一铁环，其上有螺旋状提梁。口径8.6厘米、腹径11.2厘米、通高12厘米[4]（图7-3-47，5）。年代为兴宗末年（约为辽代中期）。辽宁法库叶茂台辽墓出土1件（M23：116），罐口沿及肩部已经锈蚀无存，仅余腹部及底部，斜弧腹，平底，腹中部有一周凸棱。提梁系断面呈四棱形的铁条弯曲成半环形，一端锻制成扁圆柱形弯曲成钩。残高13.4厘米、底径7厘米、壁厚0.4厘米、提梁残长12厘米[5]（图7-3-47，4）。此型铁罐还出土于四川中江西山乡龙华村宋元窖藏[6]。

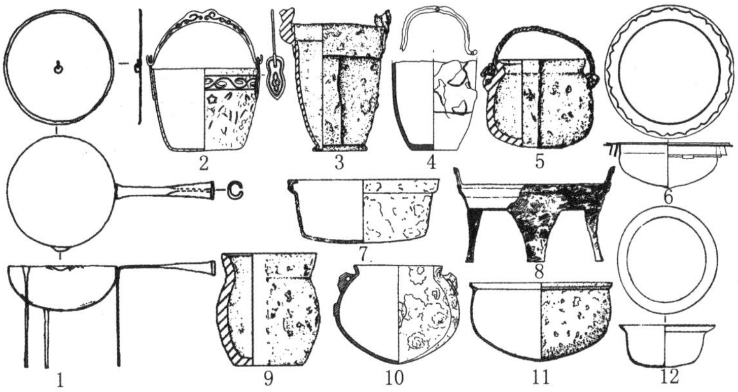

图7-3-47 宋元时期日用器皿（锅、罐、铛）
1.A型锅（辽宁朝阳M3：21）2~5.A型罐（内蒙古巴林左旗盘羊沟、辽宁阜新XM3：8、辽宁法库M23：116、辽宁阜新XM3：12）6、7、11、12.Bb型锅（内蒙古伊金霍洛旗陶家圪愣、内蒙古巴林右旗F4：26、内蒙古伊金霍洛旗瓦尔吐沟、辽宁本溪二道沟）8.铛（北京怀柔上庄）9.Bb型罐（辽宁阜新XM3：4）10.Ba型锅（河北宣化）

B型：无提梁。

Ba型：敛口。承德闫杖子村金代窖藏出土2件，平口内敛，丰肩，鼓腹，下腹斜收，小平底。一件口沿下饰两道凹弦纹，最大腹径处饰一道凸棱，口沿至下腹有一裂纹。口径26厘米、沿宽2.8厘米、腹径138厘米、底径14厘米、高30.5厘米（图7-3-48，1）。另一件口沿下饰两道凸弦纹，肩部饰四道凸弦纹，腹径

1 王福谆：《古代大铁锅和大铁缸》，《铸造设备研究》2007年第5期；周天裕：《湖北当阳玉泉寺隋代大铁镬》，《文物》1981年第6期。

2 赤峰市博物馆、巴林左旗辽上京博物馆、巴林左旗文物管理所：《内蒙古巴林左旗盘羊沟辽代墓葬》，《考古》2016年第3期。

3 辽宁省文物考古研究所、阜新市考古队：《辽宁阜新县辽代平原公主墓与梯子庙4号墓》，《考古》2011年第8期。

4 辽宁省文物考古研究所、阜新市考古队：《辽宁阜新县辽代平原公主墓与梯子庙4号墓》，《考古》2011年第8期。

5 辽宁省文物考古研究所、沈阳市文物考古研究所：《辽宁法库县叶茂台23号辽墓发掘简报》，《考古》2010年第1期。

6 中江县文管所：《四川省中江县出土宋元窖藏》，《四川文物》2005年第2期。

1

2

图 7-3-48 Ba 型罐（承德县闫杖子村金代窖藏出土）

最大处饰一道凸棱。口径 25 厘米、高 29.5 厘米[1]（图 7-3-48，2）。

Bb 型：侈口。辽宁阜新辽代平原公主墓出土 1 件（XM3：4），铸造，罐体两侧有两道铸范接痕。侈口，平沿，尖唇，束颈，溜肩，微鼓腹，平底。口径 8.7 厘米、腹径 9.5 厘米、底径 6.5 厘米、高 10.2 厘米[2]（图 7-3-47，9）。

图 7-3-49 铛（承德县闫杖子村金代窖藏出土）

铛 北京怀柔上庄村出土 1 件，长方形双耳，平底分置三足。口径 37.6 厘米、通高 22 厘米[3]（图 7-3-47，8）。承德闫杖子村金代窖藏出土 1 件，宽折沿，腹壁略斜收，下承三锥形足，足外撇。口径 46 厘米、沿宽 4 厘米、足高 9 厘米、通高 14.5 厘米[4]（图 7-3-49）。铛还出土于北京房山焦庄村金代窖藏。

这一时期的墓葬中还出土有与铛配套使用的铁器，如三足[5]、四足的支架[6]和壶[7]等容器。

2. 家用器具

炉 辽宁新民法哈金代窖藏出土八棱镂空四兽足炉 1 件，直口，折沿外出，

1 佟淑华：《承德县闫杖子村出土的金代窖藏铁器》，《文物春秋》2014 年第 1 期。

2 辽宁省文物考古研究所、阜新市考古队：《辽宁阜新县辽代平原公主墓与梯子庙 4 号墓》，《考古》2011 年第 8 期。

3 北京市文物工作队：《北京出土的辽、金时代铁器》，《考古》1963 年第 3 期。

4 佟淑华：《承德县闫杖子村出土的金代窖藏铁器》，《文物春秋》2014 年第 1 期。

5 北京市文物工作队：《北京出土的辽、金时代铁器》，《考古》1963 年第 3 期。

6 贵州省博物馆：《贵州清镇平坝汉至宋墓发掘简报》，《考古》1961 年第 4 期。

7 王桂枝：《宝鸡市姜城堡宋墓中出土的瓷器和铁器》，《文博》1991 年第 6 期；王永平、李清兰：《仪陇县立山乡发现南宋窖藏》，《四川文物》1988 年第 5 期。

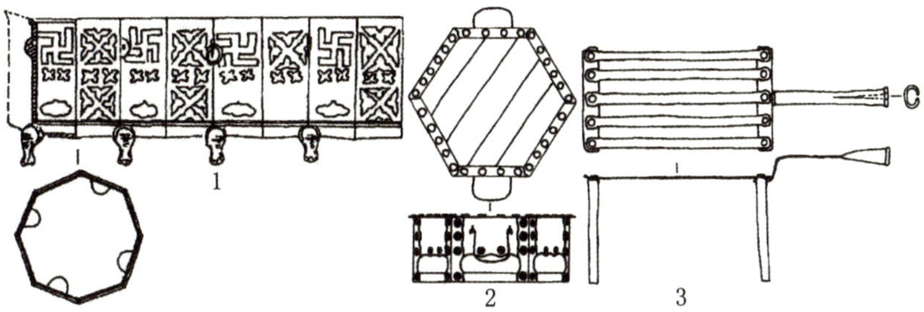

图 7-3-50　宋元时期家用器具（炉、火盆）
1、3. 炉（辽宁新民法哈、辽宁朝阳 M3：22）2. 火盆（辽宁朝阳 M3：17）

平唇。由 8 个面组成，每面用两种纹饰做装饰。一种上部为“卐”字，下部为海棠造形；另一种纹饰为上下对称交叉双剑形图案。平底装饰有四兽形足。四兽足分别装饰在四面棱线上接近底的部位。兽首露在器外。饰足处有两周阶梯状凹线。底中部有一不规整的凸脐。整个炉身纹饰为外平内凸。炉外沿下饰有半圆形（外圆内直）竖向四耳，耳中间有小孔，上有小铁环穿套。器里壁在“卐”字下面分别饰有四个半圆形（外圆内直）炉箅，若将壶套在炉里正好会在炉箅上。炉口径 16 厘米、底径 14.5 厘米、兽足高 5 厘米、通高 19.5 厘米[1]（图 7-3-50，1）。辽宁朝阳姑营子辽代耿氏家族墓出土铁长柄四足烤炉（箅）1 件（M3：22），锻铁片铆制而成，长方形炉体及四足均用三角铁围成，上有薄铁条箅 5 条，銎形柄。炉体长 21 厘米、宽 14.8 厘米、柄长 17.6 厘米、高 18 厘米[2]（图 7-3-50，3）。铁炉还出土于内蒙古伊金霍洛旗牛其圪台窖藏[3]、宝鸡姜城堡宋墓[4]等。

火盆　辽宁朝阳姑营子辽代耿氏家族墓出土 1 件（M3：17），由锻铁片、角铁铆制而成。盆体六边形，平折沿，其上有圆形铆钉。深腹，平底，底用 5 条铁皮依次叠压而成，下连“圈足”。盆体置二“U”形提手。折角及足底用角铁铆接。腹饰连弧纹。盆腹深 10.4 厘米、两对边长 42 厘米、通高 18 厘米[5]（图 7-3-50，2）。

灯　依据有无高柄分为两型。

A 型：单体灯碗。这是宋元时期灯具发展的一大变化，多数一侧带流。依据带柄有无分为两亚型。

Aa 型：无柄。河北怀安张家屯辽墓出土 3 件。其中 M1：6，口较敞，尖圆唇，底略平。口径 12 厘米、底径 10 厘米、高 2.6 厘米（图 7-3-51，2）。M1：4，敞口，尖圆唇，圜底。口径 12.6 厘米、高 2.2 厘米[6]（图 7-3-51，3）。年代为辽代早期偏晚，下限可到辽代中期偏早，即辽圣宗时。河北三河张白塔元墓出土 1 件（74ZM1：11），敞口，斜直壁，小平底，口部稍残。口径 11.6 厘米、底径 4 厘米、

1 沈阳市文物考古工作队：《新民法哈牛金代窖藏铁器》，《辽海文物学刊》1992 年第 2 期。
2 朝阳博物馆、朝阳市城区博物馆：《辽宁朝阳市姑营子辽代耿氏家族 3、4 号墓发掘简报》，《考古》2011 年第 8 期。
3 高毅、王志平：《内蒙古伊金霍洛旗发现西夏窖藏文物》，《考古》1987 年第 12 期。
4 王桂枝：《宝鸡市姜城堡宋墓中出土的瓷器和铁器》，《文博》1991 年第 6 期。
5 朝阳博物馆、朝阳市城区博物馆：《辽宁朝阳市姑营子辽代耿氏家族 3、4 号墓发掘简报》，《考古》2011 年第 8 期。
6 张家口地区文管所、怀安县文管所：《河北怀安县张家屯辽墓》，《考古》1991 年第 1 期。

高4.2厘米[1]（图7-3-51，4）。山东昌乐东山王元墓出土1件（M17：5），形制似碗，斜直腹，一侧有流，可放灯芯，平底[2]。

Ab型：带柄。北京石景山刘娘府元墓出土1件（M1：12），敞口，斜腹，平底上凹，口沿一侧有云头状捉手。口径11.4厘米、盘高3.3厘米、通高5.3厘米[3]（图7-3-51，5；图7-3-52）。山西襄汾丁村2号元墓出土1件，形似敞口小碗，一侧附握柄。口径10厘米、底径4.1厘米、高4厘米[4]。

B型：高檠三足灯。高柄三足式铁灯多见于北方地区，结构多为高檠，上接圆形灯盏，下接折曲式三扁足。内蒙古伊金霍洛旗瓦尔吐沟窖藏出土2件，锻制，形制类似。一件在三脚长圆柱形灯杆顶部有一触角式羊首，在羊角后顶部有一圆形装饰，类似冠，头顶后有卷曲的披毛状装饰，似结授，在羊首的下颔部向外弯曲吊一灯碗。灯碗径9.5厘米、灯杆径约1厘米，残高71.5厘米（图7-3-51，1）；另一件灯杆较长，灯碗径9厘米，灯杆径约1厘米，残高103厘米[5]。年代为西夏。辽宁朝阳金代墓出土1件（M1：28），扁方柱上托圆盘，盘中央竖置铁管，管下方有一方形小孔，下附三足。铁管直径2.4厘米、高8.8厘米，通高51.2厘米[6]（图7-3-51，6）。年代为金代皇统九年（1149年）。辽宁阜新辽代平原公主墓出土3件，锻制。其中XM3：15，灯檠为圆角方柱状，上接圆形深腹灯盏，下接折曲式三扁足。在灯檠中下部另有一铁片打制的圆形灯盏，该灯盏中间为一圆形铁片，外周通过铆钉接一圈铁片，在三足上各有一个较细的螺旋柱状小立柱。顶部灯盏直径13.2厘米、底部灯盏直径21.4厘米、檠高46.1厘米、通高53.6厘米（图7-3-51，7）。XM3：16，灯檠为螺旋柱状，上部圆形灯盏已缺失，下接折曲式三扁足，在灯檠根部另有一圆形灯盏。底部灯盏

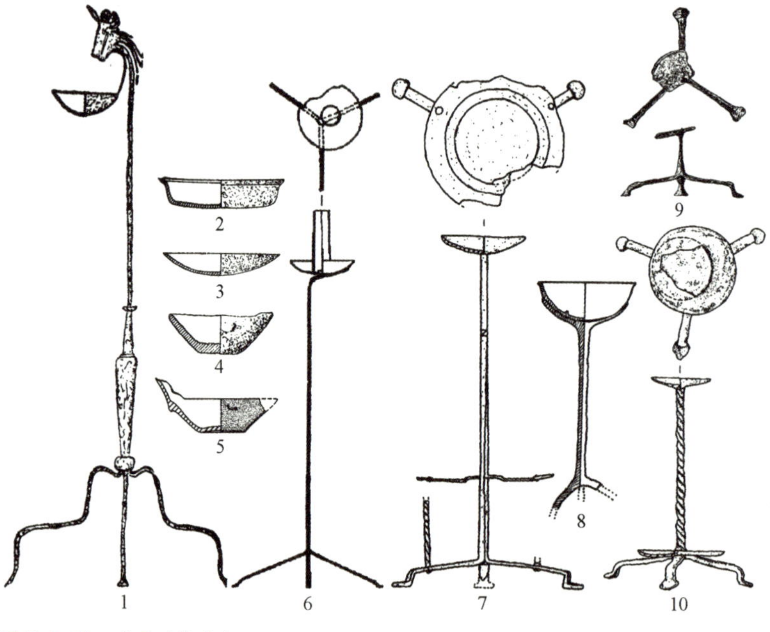

图7-3-51　宋元时期铁灯

1、6~10.B型（内蒙古伊金霍洛旗瓦尔吐沟、辽宁朝阳M1：28、辽宁阜新XM3：15、辽宁康平后刘东屯、辽宁朝阳M5：1、辽宁阜新XM3：17）2~4.Aa型（河北怀安M1：6、M1：4、河北三河74ZM1：11）5.Ab型（北京石景山M1：12）

1 河北省文物研究所、河北大学历史系、三河县文物保管所：《河北三河县辽金元时代墓葬出土遗物》，《考古》1993年第12期。

2 昌乐县文物管理所：《山东昌乐东山王元代墓葬清理简报》，《考古》1995年第9期。

3 北京市文物研究所：《北京石景山区刘娘府元墓发掘简报》，《考古》2014年第9期。

4 陶富海：《山西襄汾县的四座金元时期墓葬》，《考古》1988年第12期。

5 高毅、王志平：《内蒙古伊金霍洛旗发现西夏窖藏文物》，《考古》1987年第12期。

6 朝阳博物馆：《辽宁朝阳市金代纪年墓葬的发掘》，《考古》2012年第3期。

直径 11.5 厘米、檠高 23.5 厘米、通高 28.5 厘米。XM3：17，灯檠为螺旋柱状，上接圆形浅腹灯盏，下接折曲式三扁足。在灯檠根部另有一圆形灯盏。顶部灯盏残径 8 厘米、底部灯盏直径 11.5 厘米、檠高 21 厘米、通高 26.5 厘米[1]（图 7-3-51，10）。年代为兴宗末年（约为辽代中期）。辽宁康平后刘东屯辽墓出土 1 件，三足残，上端呈叉形，灯盏固定其上。盏内有 4 个矮凸钉。

图 7-3-52　Ab 型灯（北京石景山刘娘府元墓 M1：12）

盏径 13 厘米、残高 32.5 厘米[2]（图 7-3-51，8）。辽宁朝阳辽刘承嗣族墓出土 1 件（M5：1），三叉横长腿、弯足，三腿交于立柱，柱头托圆盘，盘沿稍上卷，盘中心有一小突起。盘口残破。直径 6 厘米、通高 14 厘米[3]（图 7-3-51，9）。三足灯还出土于辽宁阜新五家子辽墓[4]、辽宁康平后刘东屯二号辽墓[5]、辽宁喀左兴隆沟辽墓[6]、内蒙古敖汉旗沙子沟 1 号辽墓[7]等。

其他家用器具还出土有鐎斗[8]、勺、熨斗、锁[9]、钥匙等。

3. 妆严用具

妆严用具主要有带钩、带扣、带銙、带环等带具，还有钗[10]等。

带钩　内蒙古巴林左旗王家湾金代墓出土 1 件（M4：6），上部呈长方形，中部细，钩部变粗，钩横断面呈圆形。长 14.2 厘米[11]（图 7-3-53，12）。年代为金代早、中期。内蒙古扎鲁特旗浩特花辽代中期壁画墓出土 1 件（M1：13），扁方体，形如带钩。长 13.7 厘米[12]（图 7-3-53，13）。

带扣　根据形制可分为两型。

1 辽宁省文物考古研究所、阜新市考古队：《辽宁阜新县辽代平原公主墓与梯子庙 4 号墓》，《考古》2011 年第 8 期。
2 康平县文化馆文物组：《辽宁康平县后刘东屯辽墓》，《考古》1986 年第 10 期。
3 王成生：《辽宁朝阳市辽刘承嗣族墓》，《考古》1987 年第 2 期。
4 阜新市博物馆筹备处：《辽宁阜新县契丹辽墓的清理》，《考古》1995 年第 11 期。
5 铁岭市文物办公室、康平县文物管理所：《辽宁康平县后刘东屯二号辽墓》，《考古》1988 年第 9 期。
6 喀左县博物馆：《辽宁喀左县兴隆沟辽墓》，《考古》1988 年第 9 期。
7 敖汉旗文物管理所：《内蒙古敖汉旗沙子沟、大横沟辽墓》，《考古》1987 年第 10 期。
8 朝阳市博物馆、朝阳市龙城区博物馆：《辽宁朝阳杜杖子辽代墓葬发掘简报》，《文物》2014 年第 11 期。
9 辽宁省文物考古研究所：《辽宁辽阳市江官屯遗址出土的金代铁器》，《北方文物》2017 年第 1 期；辽宁省文物考古研究所、阜新市考古队：《辽宁阜新县辽代平原公主墓与梯子庙 4 号墓》，《考古》2011 年第 8 期。
10 黑龙江省文物考古研究所、中国社会科学院考古研究所：《黑龙江绥滨同仁遗址发掘报告》，《考古学报》2006 年第 1 期。
11 张景明：《内蒙古巴林左旗王家湾金代墓葬》，《考古》1999 年第 4 期。
12 中国社会科学院考古研究所内蒙古工作队、内蒙古文物考古研究所：《内蒙古扎鲁特旗浩特花辽代壁画墓》，《考古》2003 年第 1 期。

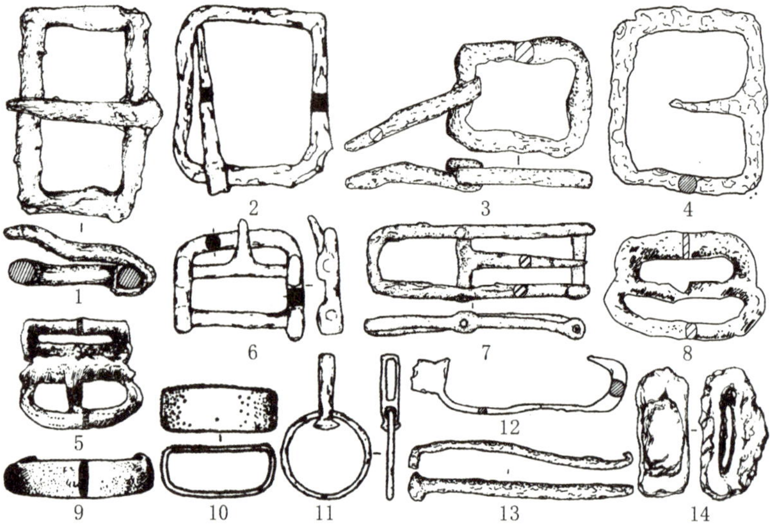

图 7-3-53　宋元时期妆严用具（带钩、带扣、带箍等）

1~4.A 型带扣（吉林德惠 F6：99、吉林敦化 F2：28、辽宁铁岭 T9③：17、内蒙古巴林右旗 F4：44）5~8.B 型带扣（吉林德惠 F1：29、吉林敦化 02DAF1：12、辽宁阜新 TM4：7、辽宁铁岭 H8：18）9、10. 带箍（吉林德惠 F2：42、F2：43）11. 带环（吉林敦化 02DAF1：30）12、13. 带钩（内蒙古巴林左旗 M4：6、内蒙古扎鲁特旗 M1：13）14. 带銙（吉林德惠 F6：109）

A 型：扣身总体形状为矩形，一端有横鼻。吉林德惠揽头窝堡遗址出土 1 件（F6：99），长方形扣环，钉状扣针。扣环长约 7.5 厘米、宽约 4.8 厘米，扣针长约 5.8 厘米[1]（图 7-3-53，1）。年代为金代晚期。吉林敦化永胜金代遗址一号建筑基址出土 1 件（F2：28），圆角长方形，一短边上套有扣针。长 6.2 厘米、宽 5.4 厘米[2]（图 7-3-53，2）。年代为金代晚期。辽宁铁岭歪石砬子辽金遗址出土 1 件（T9③：17），长方形，中间的卡针外折。长 5.5 厘米、宽 4.5 厘米、卡针长 5.3 厘米[3]（图 7-3-53，3）。内蒙古巴林右旗罕山辽代祭祀遗址出土 1 件（F4：44），方形，固定卡针。长 7 厘米、宽 8 厘米[4]（图 7-3-53，4）。年代为辽代中期。吉林农安金代窖藏[5]也出土有此型带扣。

B 型：扣环整体近矩形，在开口一侧装一横轴以固定扣舌。吉林德惠后城子金代古城出土 1 件（F1：29），椭圆形，中间有卡针，后接长方形穿鼻。长 3.8 厘米、宽 3.3 厘米，卡针长 1.5 厘米[6]（图 7-3-53，5）。吉林敦化敖东城遗址出土 1 件（02DAF1：12），整体近长方形，扣环中央有一横梁，其上有活动扣针。长 3.7 厘米、宽 4.4 厘米[7]（图 7-3-53，6）。年代为金代晚期。辽宁阜新辽代梯子庙 4 号墓出土 2 件，形制相似，大小不同。三面为同一根铁条，一面为另一根铁条穿于该铁条的两端孔中。在带扣中部两边各开一孔穿扣针，扣针和针轴为一整

1 吉林省揽头窝堡遗址考古队：《吉林德惠市揽头窝堡遗址六号房址的发掘》，《考古》2003 年第 8 期。

2 吉林大学边疆考古研究中心、吉林省文物考古研究所：《吉林敦化市永胜金代遗址一号建筑基址》，《考古》2007 年第 2 期。

3 辽宁省文物考古研究所、铁岭市博物馆：《辽宁铁岭市歪石砬子辽金遗址发掘简报》，《考古》2012 年第 2 期。

4 内蒙古自治区文物工作队、巴林右旗文物馆：《内蒙古巴林右旗罕山辽代祭祀遗址发掘报告》，《考古》1988 年第 12 期。

5 吉林省博物馆、农安县文管所：《吉林农安金代窖藏文物》，《文物》1988 年第 7 期。

6 吉林省文物考古研究所、长春市文物管理委员会办公室：《吉林省德惠县后城子金代古城发掘》，《考古》1993 年第 8 期。

7 吉林大学边疆考古研究中心、吉林省文物考古研究所：《吉林敦化市敖东城遗址发掘简报》，《考古》2006 年第 9 期。

体。其中TM4：7，平面长方形。长15.4厘米、宽5.3厘米、扣针长7.9厘米[1]（图7-3-53，7）。辽宁铁岭歪石砬子辽金遗址出土1件（H8：18），平面为椭圆形，穿鼻长方形，卡针已残。长4.9厘米、宽3.1厘米[2]（图7-3-53，8）。宁夏中卫四眼井出土西夏时期铁带扣1件，正方形，边长4.5厘米[3]。

带銙 吉林德惠揽头窝堡遗址出土1件（F6：109），舌状器身，长条形透孔。长约5厘米、宽约2.8厘米[4]（图7-3-53，14）。

带箍 吉林德惠后城子金代古城出土2件，猪腰形。其中F2：42，长4.5厘米（图7-3-53，9）；F2：43，长3.1厘米、宽1.4厘米、厚1厘米[5]（图7-3-53，10）。

带环 吉林敦化敖东城遗址出土3件，其中02DAF1：30，带环呈长方形，下端有穿孔，套接一个圆形铁环。带环长5厘米、宽1厘米、套环直径6厘米[6]（图7-3-53，11）。年代为金代晚期。

4. 缝织器具

剪 依据剪刀两股中部连接方式，分为两型。

A型：交股剪，剪部无支轴相接。柄部多呈“8”字形。内蒙古巴林左旗盘羊沟辽墓出土1件（MD：10），放置于长方形铁盒内，出土时被织物包裹。后端圆形，剪口微张，刃口后端带有“十”字形镂孔。表面露出错银的细线，纹饰不清晰。长23.4厘米[7]（图7-3-54，1）。福建政和北宋墓出土1件（M1：8），后部细圆柄交绕成圆形，前部双刃平面呈三角形，单面刃。长23.4厘米、后部细柄直径0.7厘米、刃部宽3厘米[8]（图7-3-54，2）。安徽南陵铁拐北宋墓出土1件（M1：122），细腰，柄

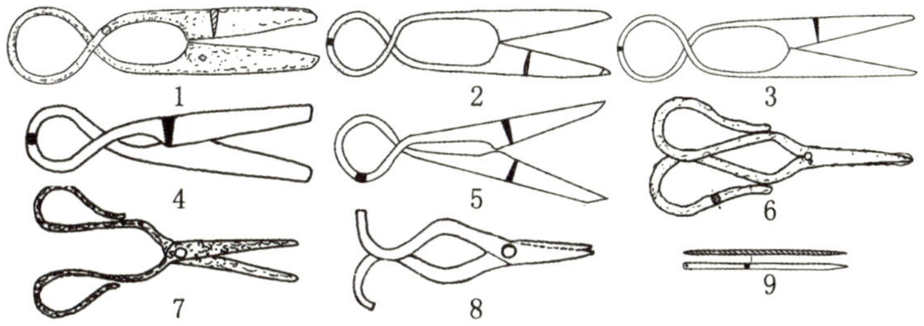

图7-3-54 宋元时期缝织器具（剪、针）
1~5.A型剪（内蒙古巴林左旗MD：10、福建政和M1：8、安徽南陵M1：122、湖北郧西M1：3、辽宁朝阳M1：26）6~8.B型剪（元上都城M32：3、内蒙古察右后旗M6：1、北京通县）9.针（黑龙江绥滨T11-14①：18）

1 辽宁省文物考古研究所、阜新市考古队：《辽宁阜新县辽代公主墓与梯子庙4号墓》，《考古》2011年第8期。
2 辽宁省文物考古研究所、铁岭市博物馆：《辽宁铁岭市歪石砬子辽金遗址发掘简报》，《考古》2012年第2期。
3 周兴华：《宁夏中卫县四眼井出土的西夏文物》，《考古》1994年第8期。
4 吉林省揽头窝堡遗址考古队：《吉林德惠市揽头窝堡遗址六号房址的发掘》，《考古》2003年第8期。
5 吉林省文物考古研究所、长春市文物管理委员会办公室：《吉林省德惠县后城子金代古城发掘》，《考古》1993年第8期。
6 吉林大学边疆考古研究中心、吉林省文物考古研究所：《吉林敦化市敖东城遗址发掘简报》，《考古》2006年第9期。
7 赤峰市博物馆、巴林左旗辽上京博物馆、巴林左旗文物管理所：《内蒙古巴林左旗盘羊沟辽代墓葬》，《考古》2016年第3期。
8 福建博物院：《长汀、政和县宋墓发掘简报》，《福建文博》2014年第1期。

为铁条曲折呈“8”字形交口，刀片呈窄长三角形。柄环宽 5.4 厘米、长 24.2 厘米[1]（图 7-3-54，3）。湖北郧西张家坪遗址出土 1 件（M1：3），两刃，连体剪刀，尖部略残。长 32 厘米、叉宽 9 厘米[2]（图 7-3-54，4）。年代为唐宋时期。辽宁朝阳杜杖子辽代早中期墓出土 1 件（M1：26），由一根直径 1 厘米、长约 67 厘米的铁棍两端锻造而成。器形呈交股状。刃长 13 厘米、通长 31 厘米[3]（图 7-3-54，5）。北京怀柔上庄村出土 1 把，长 50 厘米[4]（图 7-3-55）。年代为金代。此型铁剪还出土于江西新建王古山北宋晚期墓[5]、辽宁调兵山市城子村辽墓[6]、河南巩县石家庄北宋晚期墓[7]、福建南平大凤南宋早期墓[8]、湖南益阳大海圹北宋晚期墓[9]等。

B 型：双股剪，剪部有支轴相接。双环形柄。元上都城南砧子山出土 2 件，其中 M32：3，已锈损[10]（图 7-3-54，6）。年代为元代。内蒙古察右后旗种地沟墓地出土 2 件，形制接近近现代剪子，其中 M6：1，长 22 厘米[11]（图 7-3-54，7）。年代为金元时期。北京通州金代墓葬出土 1 件，长 10 厘米、宽 5 厘米[12]（图 7-3-54，8）。此型铁剪还出土于北京房山焦庄村金代窖藏[13]、广东深圳北宋晚期墓[14]、辽宁辽阳江官屯遗址[15]、黑龙江五常城南金代窖藏[16]、河南鲁山薛寨元代遗址[17]、吉林和龙[18]、江西吉安宋墓、湖北黄陂周家田元墓[19]等。

针 黑龙江绥滨同仁遗址出土 1 件（T11-14①：18），圆锥形，针尖较扁，针鼻扁宽，有圆形针孔，长 7.8 厘米[20]（图 7-3-54，9）。年代为南宋时期。辽宁辽阳江官屯遗址出土 11 件，其中 Z3：32，锻制。尾部均残缺，余尖端，截面圆

1 安徽省文物考古研究所、南陵县文物管理所：《安徽南陵铁拐宋墓发掘简报》，《文物》2016 年第 12 期。

2 湖北省文物考古研究所、湖北省文物局南水北调办公室：《湖北郧西张家坪遗址发掘简报》，《江汉考古》2010 年第 3 期。

3 朝阳市博物馆、朝阳市龙城区博物馆：《辽宁朝阳杜杖子辽代墓葬发掘简报》，《文物》2014 年第 11 期。

4 北京市文物工作队：《北京出土的辽、金时代铁器》，《考古》1963 年第 3 期。

5 江西省文物考古研究所：《江西新建王古山宋元墓葬》，《南方文物》2008 年第 4 期。

6 许志国：《辽宁省调兵山市城子村两座辽墓清理》，《北方文物》2008 年第 3 期。

7 河南省文化局文物工作队：《河南巩县石家庄古墓葬发掘简报》，《考古》1963 年第 2 期。

8 南平市博物馆：《福建南平大凤发现宋墓》，《考古》1991 年 12 期。

9 益阳地区博物馆：《湖南益阳市大海圹唐宋墓》，《考古》1994 年第 9 期。

10 内蒙古文物考古研究所、锡林郭勒盟文物管理站、多伦县文物管理所：《元上都城南砧子山南区墓葬发掘报告》，《草原文物》1999 年第 2 期。

11 乌兰察布博物馆、察右后旗文物管理所：《察右后旗种地沟墓地发掘简报》，《草原文物》1997 年第 1 期。

12 北京市文物管理处：《北京市通县金代墓葬发掘简报》，《文物》1977 年第 11 期。

13 北京市文物工作队：《北京出土的辽、金时代铁器》，《考古》1963 年第 3 期。

14 深圳博物馆：《广东深圳宋墓清理简报》，《考古》1990 年第 2 期。

15 辽宁省文物考古研究所：《辽宁辽阳市江官屯遗址出土的金代铁器》，《北方文物》2017 年第 2 期。

16 姚蕎、穆·依凌阿：《五常县发现金代窖藏铁器》，《黑龙江文物丛刊》1982 年第 10 期。

17 平顶山文物管理局：《河南鲁山县薛寨遗址发掘简报》，《华夏考古》2011 年第 3 期。

18 朴润武：《吉林和龙出土的金代窖藏铜、铁器》，《北方文物》1990 年第 4 期。

19 武汉市博物馆：《黄陂县周家田元墓》，《文物》1989 年第 5 期。

20 黑龙江省文物考古研究所、中国社会科学院考古研究所：《黑龙江绥滨同仁遗址发掘报告》，《考古学报》2006 年第 1 期。

图 7-3-55 A型剪（北京怀柔上庄村出土）

形，全部锈蚀在一起，残长 5.5 厘米[1]。年代为金代。

其他缝织器具还有铁轴纺轮[2]等也多有出土。

(五)钱币与度量衡器

钱币 宋代是我国历史上铁钱铸行时间最长，数量最多的时期。两宋时期货币主要以铜钱为主，局部地区铜铁钱兼行或专行铁钱，因铸造、流通的地域不同造成铁钱本身具有一定的地域性特征。就北宋铁钱来看，四川铁钱的形制与铜钱较接近，钱文书写较规整，钱体大小轻重差距不大；陕西自庆历中开始铸铁钱，便以铸行大钱为主。与两宋同时期的辽、西夏、金诸朝受宋币制的影响，亦使用铁钱[3]。

度量衡器 主要发现有铁权。辽宁辽阳江官屯遗址出土 3 件，铸件。其中 Z3：33，梯形纽，身呈略扁的六面体、束腰，台状座亦为六面体，高 7.4 厘米、宽 3.4 厘米、厚 2.7 厘米（图 7-3-56，1）；H75：1，方形纽，广肩、圆身、束腰、小台状座，底部有明显合范铸痕，高 11.6 厘米、最大直径 6 厘米（图 7-3-56，2；图 7-3-57）；H27：1，环纽缺失，圆球状身，束腰，底座残缺，高 6.3 厘米、直径 5 厘米[4]（图 7-3-56，4）。辽宁本溪二道沟村金代窖藏出土 1 件，铸件，呈扁平体的亚腰葫芦状。高 15 厘米、厚 2.5~4 厘米[5]（图 7-3-56，3）。四川西昌城关镇河东街出土元代铁权 1 件，模铸，方环形纽，圆盘底座，覆钵体，表面似无铸纹或刻文。通高 9 厘米，底盘直径 5 厘米，重 1.2 市斤[6]。

宋元时期铁制木作加工工具主要有斧、锛、凿、锤等，形制多样，加工部位细致化，或一器多用，满足不同的加工需求。土作农耕器具，垦耕、整地工具主要有犁铧、镢等，形制延续隋唐时期同类器，结构更加稳固，硬度更强，中耕工具主要有铲、锄、耘锄等，收割工具主要有镰刀、铚刀等。宋辽金元时期，铁器在木作、土作活动中应用全面广泛。

兵器武备方面，宋元时期的铁兵器主要有剑、矛、长刀、短刀和镞等兵器，以及甲、兜鍪等防护装备。铁剑在辽金地区多有发现。铁刀数量丰富，形态与魏

1 辽宁省文物考古研究所：《辽宁辽阳市江官屯遗址出土的金代铁器》，《北方文物》2017 年第 2 期。
2 重庆市文物考古所、重庆文化遗产保护中心、四川大学历史文化学院考古学系：《酉阳清源》，科学出版社，2009 年 12 月第 240 页。
3 阎福善、高峰英、袁林等：《两宋铁钱》，中华书局，2000 年 7 月第 399—410 页。
4 辽宁省文物考古研究所：《辽宁辽阳市江官屯遗址出土的金代铁器》，《北方文物》2017 年第 1 期。
5 本溪市博物馆考古队：《辽宁省本溪市二道沟村金代窖藏文物调查整理简报》，《北方文物》2002 年第 2 期。
6 黄承宗：《四川西昌发现元代铁权》，《四川文物》1995 年第 2 期。

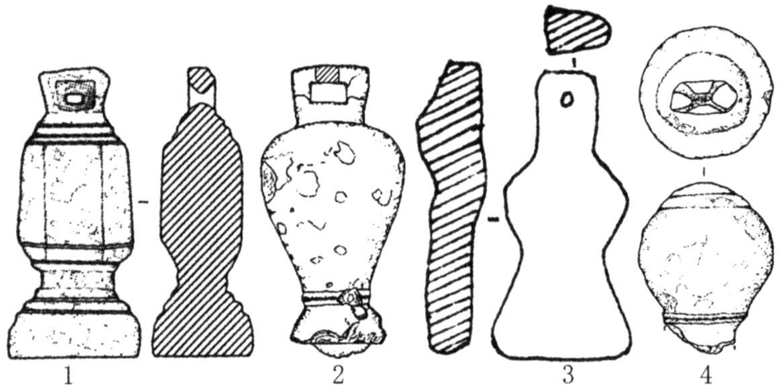

图 7-3-56 宋元时期铁权
1~4.（辽宁辽阳 Z3：33、H75：1、辽宁本溪二道沟、辽宁辽阳 H27：1）

晋时期差别不大。铁矛数量较多，形制多样，是当时主战兵器。长城一带及东北地区的镞、鸣镝颇具民族地域特色。中国历史悠久的两轮式的车辆铁构件的机具也变化不大。车马器具中铁质马镫较隋唐时期有损益变化。

宋元时期的日用器皿铁鼎、釜形制变化不大。承德闫杖子村金代铁鍑是北方草原因素孑遗。妆严用具中带具、铁镜延续使用，延续上一时期同类器。缝织器具有剪，继续使用交股剪、双股剪。

图 7-3-57 铁权（辽宁辽阳江官屯遗址 H75：1）

宋辽金元时期大型铁铸产品类型多样，有佛塔、宗教艺术品、工程铸件等。特别是浙江义乌双林寺大小铁塔，全部用生铁铸成，斗拱、花纹繁缛精细，造型巨大。这表明这时期大型铁铸件的发展在隋唐时期基础上达到一个新的阶段。

宋元时期铁器的发展表现在几个方面：一是在土木作业、农田耕作、军事活动、交通、建筑及日常生活等领域，铁器应用非常广泛深入，并在宗教活动等精神领域得到扩展；二是在边疆地区铁器广泛应用，辽金契丹时期墓葬、窖藏出土有大量铁器；三是大型铁铸件应用更多，铸造精良。

第八章 中国古代铁工业的发展与铁器的社会作用

地球由地壳、地幔、地核三部分组成，其中铁元素占地壳质量的5.1%。如果根据坠落到地球上的陨石的化学成分推测，铁在整个地球的含量约占35%左右，而地核部分的物质几乎全部是铁和铁元素。

虽然地球蕴藏有丰富的铁矿资源，但人类开发利用铁矿资源的历史仅有4000年左右。大体在公元前2000年左右，西亚地区开始出现以天然陨铁制成的铁制品。至迟在公元前17、18世纪，人类开始冶炼铁。虽然早期的人工铁可能多是铜冶炼过程中获取的伴生物，但人工铁的出现，标志着人类社会从铜器时代迈入铁器时代，预示着人类社会利用自然、改造自然的能力跨入了一个伟大的时代。

中国大约在商周之际开始迈入人工冶铁的时代，迄今的考古发现表明至迟在春秋中晚期，中国发明了独特的生铁冶炼技术，并由此形成了世界独一无二的冶铁技术体系和铁文化传统。战国中晚期，铁工业开始从手工业部门中独立出来，逐渐形成了从采矿、冶炼、锻铸到加工制作的一套完整的铁工业体系。秦汉以降，冶铁规模扩大、技术水平提高、管理体系更加完善。得益于大规模冶炼和范铸技术的应用，铁器的生产成本大幅下降，铁器率先在中原地区得到普及，并逐渐扩散到远离中原的西南、华南、东北等广大地区。从隋唐到宋元明清，铁工业的生产方式与技术水平并未有根本性的改变，但某些技术性的突破和社会需求的改变，促进了铁工业的进一步发展。至明代中叶以后，开始出现资本性质的民办矿采业，传统的铁工业逐渐向工业化靠拢，至此延续近两千年的铁工业渐渐湮没在近代工业化的浪潮中。

第一节　中国古代铁工业的发展

从商周时期出现人工铁到战国秦汉时期的一千多年间，古代中国逐步建立和完善了矿采、冶炼、锻铸、流通以及应用的铁工业体系。从隋唐到宋元明清的一千多年间，铁工业持续稳定发展，特别是冶铁技术创新所推动的铁器的大规模生产和铁器的广泛应用，为我国封建社会的长久繁荣提供了先进生产力。

一、铁矿的分布与采掘

对铁矿资源的分布、数量及其规模的认识，与人类对自然资源的利用和技术水平是同步的。在不同时期，受技术与知识水平的局限，人们对铁矿资源分布点的了解也有相当大的差异。

铁开始作为一种重要的金属资源，早在春秋战国时期就已被社会所熟知，至迟在战国中晚期，就已经形成了从开采、冶炼、铸造到加工制作的铁工业体系。《山海经·中山经》《管子·地数篇》中有"出铁之山三千六百九"，《山海经·五藏山经》中有产铁之山34处的记载。结合考古发现，可以看出战国时期的铁矿主要分布于今河南、河北、山东、山西、陕西、甘肃以及湖南、湖北等地。

到秦汉时期，矿采点和分布范围进一步扩大。根据《汉书·地理志》《续汉书·郡国志》的记载和考古发现，迄今已知的秦汉时期的矿采地点有60余处，主要分布于今河北、北京、天津、山西、陕西、河南、山东、辽宁、甘肃、新疆、江苏、安徽、湖南、湖北、四川、云南一带。

采炼一体矿冶点的分布范围也有较大的拓展。除文献所记的矿冶点以外，在陕西、内蒙古、北京、新疆、湖南、四川等省区市发现了近百处矿冶遗址，如巩义铁生沟[1]、桐柏毛集铁山庙[2]、南阳汉代矿山[3]、莱芜铁矿[4]、新泰庵子沟[5]、临汾二峰山[6]、徐州利国驿[7]、平南大头冲[8]、洛浦县阿其克山[9]等。

河南铁生沟遗址附近的罗汉寺、金牛山、青龙山均为铁矿山。青龙山盛产褐铁矿，青龙山南麓已发现两处汉代采铁遗址。其中，"铁古岭"遗址发现有采矿巷道，发现有铁镬1件。另一处采矿场内发现有圆形、方形采矿竖井，方形矿井长1米、宽0.9米，圆形矿井直径1.03米、暴露部分深2.8米，矿井内壁有开凿痕迹，井内填满乱石。矿井附近发现有宽约3米的斜坡形巷道，巷道内填碎石渣[10]。铁矿石包括赤铁矿、褐铁矿两大类，矿石品位较高[11]。

河南南阳一带蕴含有铁、铜、锡、铅等丰富矿产的资源。杨树沟铁矿富矿分布区基本与古代采矿区重合，铁矿含铁量达50%以上。424号古矿洞宽4米，高约8米，洞内最长25米。416号古矿洞顶部保留有清晰的铁钻凿痕和烟熏痕迹。

河南毛集遗址包括铁山庙第二采场、第三采场，铁矿石主要为磁铁矿、赤铁矿两大类。第二采场铁矿东西宽约55米、南北长约120米，第三采场东西宽约60米、南北长约150米，发现有较多的矿洞、斜井、竖井。竖井口直径2.5米。地下

1 河南省文物工作队：《巩县铁生沟》，文物出版社，1962年12月。
2 李京华等：《信阳毛集古矿冶遗址调查简报》，《华夏考古》1988年第4期。
3 河南省文物研究所：《南阳北关瓦房庄汉代冶铁遗址发掘报告》，《华夏考古》1991年第1期。
4 泰安市文物考古研究室等：《山东省莱芜市古铁矿冶遗址调查》，《考古》1989年第2期。
5 李健：《新泰单家庄矿冶遗址综合研究》，山东大学硕士学位论文，2009年4月。
6 段红梅、韩汝玢：《山西战国中晚期铁器及冶铁遗址再考察》，《山西省考古学会论文集》，山西古籍出版社，2000年。
7 南京市博物馆：《利国驿古代炼铁炉调查及清理》，《文物》1960年第4期。
8 黄全胜、李延祥：《广西贵港地区早期冶铁遗址初步考察》，《有色金属》2008年第1期。
9 史树青：《新疆文物调查随笔》，《文物》1960年第6期。
10 赵青云等：《巩县铁生沟汉代冶铸遗址再探讨》，《考古学报》1985年第2期。
11 河南省文物工作队：《巩县铁生沟》，文物出版社，1962年12月第5页。

采矿场洞壁被熏成黑色，发现有木炭残块，出土有装直柄的铁斧等采矿工具。周边的桐柏县黄岗乡吴家沟、黄志庄、铁里洞山、宝石崖等地均发现有东汉时期的矿洞遗存[1]。

河北矿山村遗址现存1、2号炼炉基址。《武安市文物志》记载，20世纪50年代，矿山村古矿坑口清晰可见，个别矿洞内还发现有古代采矿工具痕迹[2]。

山东莱芜西部遗址群发现汉、唐、宋、明、清的矿冶遗址34处。其中，城子县遗址周围发现的几处冶炼遗址，面积均超过10万平方米，形成采矿、冶炼、铸造的冶铁生产体系[3]。城子县遗址应是《汉书·地理志》所载的汉代“嬴城”铁官所在地[4]。

山东庵子沟遗址的始采年代为汉代，周围有大量采矿形成的矿洞、矿坑。经调查，单家庄周围的山脉岩石均为变质岩，矿坑沿矿脉分布，采矿遗址包括两处采矿区，其中一处为露天采矿区，另一处为开平巷直井开采区。两处采矿区分属两条铁矿矿脉。开平巷直井采矿区矿洞洞口高2.1米、宽1米，矿洞所在壁面高约6.8米、宽约5米。开平巷直井采矿区矿脉为硫铁矿，不利冶炼，而露天采矿区矿脉为磁铁矿，是冶炼的理想矿石。露天采矿区的采矿量远远大于开平巷采矿区[5]。

山西二峰山遗址矿区一号矿体发现有古矿洞，铁矿石种类有磁铁矿、赤铁矿、褐铁矿、硫铁矿、黄铜矿等[6]。

江苏利国驿遗址除发现炼炉基址以外，还在峒山顶及峒山北侧发现两处古矿坑。位于山顶的矿坑为竖井，井口直径1.5米，深约10米，井口遗留大量铁矿石。另一处为露天采掘遗迹，铁矿夹杂在岩层中。两处矿坑的采冶年代为汉代至宋代[7]。

江苏石桥遗址发现有厚约33米的铁矿石分布带和姜石共存的现象，冶铁工场的矿石应是采自于此[8]。

广西大头冲遗址发现一处古矿井，深约20米、宽2米。附近还发现古代矿洞6处和大量碎矿石、陶片等遗物，碎铁矿外表颜色呈浅赤红色，大多富有磁性[9]。

四川长秋山遗址发现有古矿坑，其中大漕村矿坑山遗址长24米、宽13米，312平方米的分布范围内有矿坑5处，最深者达3.7米[10]。

新疆洛浦县阿其克山一带有赤铁矿分布，山下发现有较多鼓风管残片、石凿、石锤等，石凿、石锤表面敷有赤铁粉末。库车县提克买克冶炼遗址东西长约400

---

1 河南省文物研究所：《南阳北关瓦房庄汉代冶铁遗址发掘报告》，《华夏考古》1991年第1期；董全生等：《南阳地区古代采冶遗址调查》，《第四届全国金属史学术会议论文集》，1993年10月；李京华、陈长山：《南阳汉代冶铁》，中州古籍出版社，1995年12月。

2 何抚顺：《河北武安冶铁考古及新发现》，《文物春秋》2012年第5期。

3 泰安市文物考古研究室等：《山东省莱芜市古铁矿冶遗址调查》，《考古》1989年第2期。

4 《汉书·地理志》记“嬴，有铁官”。

5 李健：《新泰单家庄矿冶遗址综合研究》，山东大学硕士学位论文，2009年4月。

6 段红梅、韩汝玢：《山西战国中晚期铁器及冶铁遗址再考察》，《华夏考古》1992年第1期。

7 南京博物院：《利国驿古代炼铁炉的调查及清理》，《文物》1960年第4期。

8 尹焕章、赵青芳：《淮阴地区考古调查》，《考古》1963年第1期。

9 黄全胜、李延祥：《广西贵港地区早期冶铁遗址初步考察》，《有色金属》2008年2月；黄全胜：《广西贵港地区古代冶铁遗址调查与炉渣研究》，漓江出版社，2013年5月第65页。

10 蒲江县第三次文物普查资料。

米，南北长约700米，面积2.8万平方米。文化层内可见铜渣、炉灰、陶管等冶炼遗物，在冶炼遗址附近有着丰富的铜铁资源，山坡上随处可见含铁量极高的矿石，从地层的断裂带处煤炭也是极易开采。矿冶遗址多位于含铁、铜矿脉附近。遗址的始采年代可能在汉代[1]。

魏晋南北朝时期，因社会动荡不安，铁矿开采及铁工业的发展受到较大影响。隋唐时期，矿冶业的技术水平和规模大幅度提高，除北方地区续采战国以来始采的矿山外，长江中下游地区还新增加大量可供长期开采的富矿。《唐六典》《通典》《新唐书》《元和郡县图志》等文献中都有唐代铁矿分布的具体记载。

《新唐书·地理志》记莱芜有铁冶十三[2]。《元和郡县图志》卷十二记，绛州汉置铁官，州内翼城县东南浍高山出铁，隋置平泉冶，唐朝继续在此冶铁[3]。《元和郡县图志》卷十五记，邢州沙河县（河北邢台），“汉魏时旧铁官”，县西四十里之黑山，唐朝时产铁[4]。《元和郡县图志》卷十六记，相州林虑县（河南林县）的林虑山“山多铁，县有铁官”[5]。

唐代中晚期是我国南北矿冶发展史的分水岭。此时，随着经济中心南移，江淮以南的矿采点数量已经超过了北方。特别是长江两岸的舒州（今安徽潜山）、宣州（今安徽宣城），已成为全国贡铁最有名的二州。杜牧《上盐铁裴侍郎书》载：“盐铁重务，根本在于江淮”[6]。《文苑英华》卷八三〇，陈简甫谈到宣州，“阻以重山，缘以大江，封方数百里，而铜陵冶铁，繁阜乎其中”[7]。

《太平寰宇记》卷一〇七，信州上饶县，“铁山在县东南七十里，先任百姓开采，官收什一之税，后属永平监，今（宋）废”[8]。

《新唐书·地理志》记，福唐、尤溪、将乐、邵武、长汀、沙县、宁化、南安八县产铁[9]。岭南地区如广西桂岭今贺县东北一百里朝岗、程岗皆有铁，自隋采取[10]。《新唐书》卷四十二记，临邛、临溪二县均产铁[11]。《元和郡县图志》卷三十三记载，陵州始建县（四川仁寿）东南七十里“出铁，诸葛亮取为兵器，其铁刚利，堪充贡焉”[12]。《元和郡县图志》卷二十二记载，利州绵谷县（四川广元）之穿山“出好铁，旧置铁官”[13]。

唐代铁产量有大幅度的提高，《新唐书》卷五十四记载：“元和初年，岁采铁二百万七千斤，宣宗时，增铁山七十一。岁采铁五十三万二千斤”[14]。

1 史树青：《新疆文物调查随笔》，《文物》1960年第6期。
2 《新唐书·地理志》。
3 《元和郡县图志》卷十二。
4 《元和郡县图志》卷十五。
5 《元和郡县图志》卷十六。
6 《文苑英华》卷六七一。
7 《文苑英华》卷八三〇。
8 《太平寰宇记》卷一〇七。
9 《新唐书·地理志》。
10 章鸿钊：《古矿录·卷六》，地质出版社，1954年第261~280页。
11 《新唐书》卷四二。
12 《元和郡县图志》卷三三。
13 《元和郡县图志》卷二二。
14 《新唐书》卷五四。

唐代铁工场的空间分布也更加广泛，但考古发现的铁矿遗址数量少，仅在山东莱芜、河北邯郸等地发现有矿冶遗址[1]。莱芜铁矿遗址自汉代起就开始开采。西温石铁矿遗址位于莱芜市羊里镇铁矿区，矿石含铁量为45%~55%。遗址内发现露天采矿坑，深约25米，出土朽木、木锨、铁镐、瓷碗、瓷壶等[2]。河北邯郸地区发现露天、地下联合开采的唐代采矿遗址，出土有铁锤、板斧、道具、瓷罐等器物[3]。

宋代是古代中国在经济、文化和科学技术领域取得重要成就的时代，在矿物学方面更是积累了大量的知识和经验，矿冶技术也有很大提高。《宋史》《宋会要辑稿·食货》记载的宋代铁矿数量和范围都远超唐代，铁矿主要分布于今河北、山西、山东、陕西、甘肃、四川、江苏、江西、河南、湖北、湖南、广东一带。总体而言，北宋的铁冶中心在北方，铁矿分布的36个州（军、府）中仍然是北方居多。元丰元年（1078年）铁的产量为5 501 097斤。其中邢州綦村冶2 173 201斤，占39.5%；磁州固镇冶1 971 001斤，占35.8%；徐州利国监308 000斤，占5.6%；兖州242 000斤，占4.4%；威胜军228 286斤，占4.1%。此五处北方铁冶的产量即占全国的89.4%。

南宋境内的铁矿，主要分布在今江西境内的信州铅山场、抚州东山场和弋阳、上饶两县。

辽金的铁矿开采主要集中于东北、华北地区，黑龙江一带发现有矿井10余处。

元代的铁产地以腹里为主。所谓“腹里”，《元史·地理志》：“史书省统山东、（山西）、河北之地，谓之腹里，犹云内地”。除以上地区以外，江苏、浙江、江西、湖南、湖北等地也有铁冶。据《新元史·食货志》记载，元代的铁课，“独江浙、湖广之课为最多”。

从元太宗八年（1236年）到仁宗延祐六年（1319年）的八十多年间，“腹里”境内先后设铁冶26所，其中在今山西境内的有大通、兴国、惠民、利国、益国、闰富、丰宁8所（丰宁之冶有二），在今河北东部的有双峰、暗峪、银筐、大峪、五峪、利贞、锥山7所，在今河南北部、河北南部太行山麓地区有神德、左村、丰阳、临水、沙窝、固镇6所，在今山东境内的有宝成、通和、昆吾、元国、富国5所。这些铁矿产地是继承宋代的，有的是新发现的。

考古发现的铁冶遗址是了解宋元时期矿冶的重要补充。宋代铁矿遗址主要有大冶曙光马石立[4]、安徽黄梅山[5]、安徽繁昌县新港、铁塘冲、铁牛山、竹园湾、河北綦阳、邢台朱庄村、邯郸矿山村、山东莱芜、河南南阳（南召县草店、下村、庙后村、朱砂铺遗址）[6]等矿冶遗址。

大冶曙光乡马石立铁矿遗址中有古矿井，井口直径约1米，竖井连接一平硐，

1 王诚：《冀南地区古代铁矿开采技术初探》，《矿山地质》1986年第1期。
2 泰安市文物考古研究室等：《山东省莱芜市古铁矿冶遗址调查》，《考古》1989年第2期。
3 王诚：《冀南地区古代铁矿开采技术初探》，《矿山地质》1986年第1期。
4 《大冶县又发现一古矿井遗址》，《黄石日报》，1986年3月1日。
5 马鞍山市文物管理所：《小九华山铁矿遗址调查》，《皖南古文化研讨会第四次年会论文》，1990年。
6 河南省文物研究所、中国冶金史研究室：《河南省五县古代铁矿冶遗址调查》，《华夏考古》1992年第1期。

长约 30 余米。矿井内部发现有木铲、装有手柄的生产工具及下跳板和大量壶、罐、碗等生活用具[1]。

安徽黄梅山铁矿遗址位于黄梅山矿带，以磁铁矿为主。发现有古矿洞 8 处，矿洞高 1.05~2.4 米不等，长者长约 100 米，短者短约 20 米，矿洞内有巷道[2]。

安徽繁昌县新港矿冶遗址包括小桃冲西山铁矿、里冲铁矿两处。小桃冲矿冶遗址包括露天开采、地下开采两部分，地下发现有竖井、斜巷[3]。

山东莱芜铁矿遗址自汉代开始开采，宋代矿采遗址有柴庄遗址、吴桥遗址、吴小庄遗址、双山遗址、矿山遗址等。其中，双山遗址采矿区可分为南北两区，南区露天开采、北区地下开采。矿体主要为低硫磁铁矿，含铁量 50~60%[4]。矿山遗址发现有采矿巷道，矿山因该地周边有铁矿而得名。

南阳地区宋代采矿遗址有林县申家沟、石村东山、西南寨、南召龙脖子山和蜘蛛头山等。申家沟铁矿遗址分布于第 2、3 采矿区内，采矿区的铁矿均为含铁量约 50% 的磁铁矿。第三矿区发现古矿洞共 3 处，南北排列，北洞洞顶最高约 1.6 米、最低约 0.6 米，洞宽 3.4 米左右。石村东山古矿洞遗址年代为唐宋之际，发现有长 100 多米的古矿洞，在南半段洞内有 18 个支洞，洞顶高 1.8 米、宽 1.5 米，矿洞额断面呈圆角三角形，两侧壁和顶部不见支护痕迹，侧壁保存有岩凿痕迹，底部多淤泥和矿粉[5]。西南寨遗址现有矿洞 20 余处，均属鸡窝矿，矿洞最大者直径 2.5 米，深 3~4 米，最小者仅容一人通过。洞外分布较多矿渣。

下村冶铁遗址年代为宋元时期，遗址周边的龙脖子山、蜘蛛头山均有铁矿及宋代开采的矿坑分布。下冶遗址铁矿石属自溶性，含钙较高，在冶炼过程中只需加少量石灰石即可，且遗址周边的龙脖子山为较优质的矿脉。

重庆彭水大田冶铁遗址发现有唐宋时期炼炉、古矿洞、露天矿石焙烧点。矿石主要为赤铁矿、针铁矿。遗址周边的黑石山矿体多出露或接近地表，易于发现和开采。另发现有青岗堡古矿井，内有古矿井 2 处，均为向下开凿的圆形竖井，井壁较直，壁面加工规整。J1 井口直径 1.10 米，暴露部分深 2.3 米；J2 开凿于基岩内，井口直径 1.8 米，井壁上部裸露出未经加工的山体基岩，井壁下部较直，壁面加工规整，暴露部分深 2.5 米[6]。

二、铁矿开采与矿石加工

作为冶炼原料的铁矿，其开采与加工是铁工业体系中必不可少的重要环节。

1. 矿采

汉代的铁矿开采初具规模，考古发现的矿采遗址已有上百处。这一时期，铁

1 《大冶县又发现一古矿井遗址》，《黄石日报》，1986 年 3 月 1 日。

2 马鞍山市文物管理所：《小九华山铁矿遗址调查》，《皖南古文化研讨会第四次年会论文》，1990 年。

3 韩汝玢、柯俊主编：《中国科学技术史 · 矿冶卷》，科学出版社，2007 年 5 月第 148 页。

4 泰安市文物考古研究室等：《山东省莱芜市古铁矿冶遗址调查》，《考古》1989 年第 2 期。

5 河南省文物研究所、中国冶金史研究室：《河南省五县古代铁矿冶遗址调查》，《华夏考古》1992 年第 1 期。

6 重庆市文化遗产研究院、四川大学历史文化学院联合调查资料。

质生产工具已经在手工业生产的各个门类中逐渐推广开来。在矿业开采中，铁器已经成为重要的采掘工具，主要包括铁锤、铁锲、铁凿、铁锛、铁锥、铁斧、铁镐等，同时辅以石质、铜质工具进行生产活动。

巩义铁生沟汉代冶铁遗址中发现有铁锤、铁锲、铁凿等采矿工具。铁锲作圆锥状，使用时将其插入矿石上或矿石块的裂隙内，以铁锤击打，使得矿石受力后破裂成块。铁锤分为方柱形和圆柱形两类，铸造而成，中部有长方形銎眼，可安装木柄。圆柱形锤长 9.7 厘米、直径 4~5 厘米，中部銎眼长 2.5 厘米、宽 1.6 厘米。方柱形锤长 8 厘米、宽 6.4 厘米。铁凿为双合范铸造，一端中空，可装炳，柄部近长方形。铁锛为铸造，长方形，刃部呈弧形，刃宽于器身，上部有长方銎，銎内有木痕。铁锥为锻制，上有环，长 14 厘米[1]。

古荥镇汉代冶铁遗址出土有锻、铸制的铁凿 12 件[2]。桐柏毛集铁山庙铁矿遗址出土有战国晚期至西汉初期铁斧 1 件，经鉴定为可锻铸铁，刃部经过淬火处理，有珠光体及网状渗碳体，为质地较好的中碳钢[3]。南召杨树沟铁矿遗址采场内出土有铁锲、铁镐等开采工具[4]。江苏徐州利国驿铁矿遗址采集有单模铸造的三齿耙采矿工具[5]。新疆洛浦县阿其克山一带发现有石凿、石锤等，石凿、石锤表面敷有赤铁粉末，应为矿业采掘工具[6]。

唐宋时期铁矿规模进一步扩大，特别是宋代开始，伴随矿物学知识的进一步增加，矿业开采工具种类进一步增多，主要有铁锤、铁凿、铁镢、铁斧、铁锨、铁棍等，铁质工具在生产工具中的比重增大，说明宋代矿业开采技术的进步和岩凿技术的日趋成熟。湖北大冶曙光乡马石立铁矿遗址矿井发现有木铲和装有手柄的工具[7]。安徽繁昌县新港小桃冲西山、里冲矿冶遗址出土铁锤、铁凿、铁铲、铁镢等矿采工具[8]。山东莱芜宋代矿冶遗址也出土采矿的铁锤、铁锄、铁斧、四棱铁钎、铁镐、铁棍等[9]。河南林县申家沟铁矿遗址曾在矿粉堆中清理出 7 件锻制的铁锤，其中 1 件铸有阳文楷体“祯”字铁圈，另有 6 把铁镢和其他矿采工具[10]。

吴其濬《滇南矿厂图略》所载明清时期的井下作业工具主要有以下 4 类：铁凿、藤柄铁尖、竹柄铁锤、铁锨、铁撞、铁发条等凿岩工具；木锨、木爬子、撮箕、麻布袋等装载工具；簸箕、筛箕等选矿工具；厢斧、木槌、槛门等井巷支护用具。

2. 矿石加工

铁矿资源的发现与认识是冶炼的第一步，矿石的挑选与加工是冶炼的第二道

1 河南省文物工作队：《巩县铁生沟》，文物出版社，1962 年 12 月。

2 郑州市博物馆：《郑州古荥镇汉代冶铁遗址发掘简报》，《文物》1978 年第 2 期。

3 李京华等：《信阳毛集古矿冶遗址调查简报》，《华夏考古》1988 年第 4 期。

4 韩汝玢、柯俊：《中国科学技术史·矿冶卷》，科学出版社，2007 年 5 月第 115 页。

5 南京博物院：《利国驿古代炼铁炉的调查及清理》，《文物》1960 年第 4 期。

6 肖军：《新疆古代铁器制作与使用始略》，《新疆师范大学学报（哲社版）》1988 年第 3 期。

7 《大冶县又发现一古矿井遗址》，《黄石日报》，1986 年 3 月 1 日头版。

8 韩汝玢、柯俊：《中国科学技术史·矿冶卷》，科学出版社，2007 年 5 月第 148 页。

9 泰安市文物考古研究室等：《山东省莱芜市古铁矿冶遗址调查》，《考古》1989 年第 2 期。

10 河南省文物研究所、中国冶金史研究室：《河南省五县古代铁矿冶遗址调查》，《华夏考古》1992 年第 1 期。

工序。冶炼遗址清理出的铁矿石大多形制较为规整，经过细致的加工。矿石加工区的分布通常有两种类型，即分布于矿山周边或冶炼遗址附近。

鞍山东北的牌路沟和太平沟发现有两处汉代铁矿遗址。牌路沟遗址矿洞内堆积大量矿石，在古矿洞的后山坡约30米处，存放重约5吨的铁矿石一堆；太平沟遗址距离牌路沟遗址2.5公里，遗址内分布两处古矿坑，现仅存北坑，上宽10米、下宽2米，深10米，坑内堆积木炭及矿石。两处遗址内发现的矿石均为褐铁矿，含铁量约为40%[1]。以上两处遗址的矿石加工区与古矿洞相距很近，易于矿石直接加工并进行冶炼。

分布于矿山、矿洞周边的矿石加工遗址也见于河南南阳的部分遗址。这一类型的遗址基本有较好的运输路线，能够将加工后的矿石运送至冶炼区或其他地区。

矿石加工区多分布于遗址周边，工匠可以根据冶炼所需原料的多少随时调整矿石原料的供给，并且可以灵活调整矿石加工的规格形制，大大提高了冶炼效率。

巩义铁生沟遗址北部发现有大量的矿石粉末、石砧、倾倒矿石粉的窖坑。矿石粉末应为粉碎矿石的过程中遗留的废料，堆积厚处达1米；敲砸矿石所用的石砧多为石灰岩，少数为鹅卵石，形状不规整，石砧上多有因久砸矿石遗留的圆形夯窝。遗址中所见的铁矿石粒度约为3厘米，成堆放置，应是准备装炉冶炼的原料。距离冶炼遗址南约50米处的矿石加工区内清理出直径5米、高约2米的矿石堆积。矿石加工区内还发现矿石粉末烧结成的，用于再冶炼或填塞土坑、铺筑地面的“团矿”[2]。

郑州古荥镇冶铁遗址矿石加工区南北长6米、东西宽7米，厚1.5米，矿石堆积约60立方米。均为较富的赤铁矿。遗址中还发现有粉碎矿石的铁锤、石砧、石夯等加工工具，矿石有块状和粉末状两种，粉末状应为加工后的废料，已加工成形的矿石约为2~5厘米，最大12厘米，适合作为原料进行冶炼[3]。

重庆彭水大田冶铁遗址发现有露天矿石加工点1处，加工点距离炼炉较近，地表分布大量铁矿石，多为块状，尺寸在3~5厘米，形制规整，有明显加工痕迹[4]。通过对发现矿石的观察，推测在添加矿石进入炼炉之前，就已经对矿石初步筛选以直接作为原料，而稍大的矿石则需要被粉碎后添加进炼炉。

具有相似分布规律的还有河南桐柏县张畈遗址[5]。这类遗址通常都有非常明确的功能分区，将不同的冶炼环节区分开来，以提高效率。综合观察铁矿遗址的分布，可以发现矿场的分布位置与地理环境、矿脉特征、交通状况、社会需求等有着密切联系。

---

1 李仲均、李庆元、李卫：《春秋、战国、秦汉冶铁遗址综述》，《李仲均文集——中国古代地质科学史研究》，西安地图出版社，1999年。

2 河南省文物工作队：《巩县铁生沟》，文物出版社，1962年12月第7页。

3 郑州市博物馆：《郑州古荥镇汉代冶铁遗址发掘简报》，《文物》1978年第2期。

4 重庆市文化遗产研究院调查资料。

5 河南省文物研究所、中国冶金史研究室：《河南省五县古代铁矿冶遗址调查》，《华夏考古》1992年第1期。

三、铁工业管理

铁的冶炼涉及铁矿的采掘、矿石筛选与加工、冶炼、锻铸造、产品流通与使用等众多环节，因此，科学合理的管理体系与制度是铁工业持续发展的重要保障。

1. 初创与发展时期的铁工业管理

战国后期，随着社会经济制度的改变，社会对铁器的需求显著增加，矿采、冶炼、锻铸等组成的产业链已发展成为最为重要的手工业门类之一。为了适应这一趋势，战国时代各国的官营手工业大多设置由中央或郡县所属的仓库掌管，秦国自商鞅变法后，还出现专门掌管官营铁工业的铁官一职。

汉代建立了一套相当成熟的铁工业管理体系，并一直被后世所袭用。即使是在经济高度发达的唐宋两代，除管理机构与名称有所改变以外，大体上仍然沿袭汉代建立起来的铁工业管理制度与体系。

汉代铁工业管理的特点是从中央到郡、侯国、县，再到铁工场作坊都设有相应的管理职位，承担各自的职责。在中央的大农令（大司农）下设两长丞，下设铁市长丞，其下再辖大铁官和小铁官两大系统。每一铁官管辖一个到几个铁工场作坊。每个作坊设置督员，谓之“吏”；吏下有工头，谓之“卒”；卒下是工人，谓之“徒”。此外，中央大农令下还设有均输长丞，专门负责铁器产品的分配与调运。

西汉初年，国家实施任由郡国、私营业主采铁煮盐，只设置盐官、铁官进行管理和征税的政策。铁器生产与管理体制仍然延续战国以来的官、私营并存的方式。官营作坊由于拥有各种有利条件，生产规模宏大，技术也更加先进和完善。据《汉书·贡禹传》记载：部分官营冶铸作坊已经发展到“一岁功十万人以上”的规模。除官营以外，地方富商豪强在汉初的铁器生产和销售中也获得巨大的利益。《盐铁论·复古篇》：“往者豪强大家，得管山海之利，采铁石鼓铸，煮海为盐。一家聚众或至千余人，大抵尽收放流人民也，远去乡里，弃坟墓，依倚大家。聚深山穷泽之中，成奸伪之业，遂朋党之权，其轻为非亦大矣”。《史记·货殖列传》记蜀地卓氏“即铁山鼓铸，运筹策，倾滇蜀之民，富至僮千人，田池射猎之乐，拟于人君”[1]。临邛郑程氏“亦冶铸，贾椎髻之民”[2]。以卓氏、郑氏为代表的私营冶铁作坊的迅速发展，一定程度上促进了汉代铁工业的日趋成熟。

汉武帝时，冶铁政策有了重大调整，将原来的任由“公私采冶”改为盐铁之事收归政府统一经营管理，并在全国重要产铁区设置大铁官，“郡不出铁者置小铁官，使属在所县”[3]。西汉后期已在全国 40 个郡县设立了 49 处铁官，并根据冶铁规模的大小分设特大铁官、大铁官、准铁官等若干级，专管铁器的生产与销售。根据迄今的考古发现，至少河南郡、河东郡、河内郡、南阳郡、汝南郡、汉中郡应为特级大铁官[4]。西汉时所置铁官已有二十余郡国的铁官已经被考古发现所

1 《史记·货殖列传》。

2 《史记·货殖列传》。

3 《汉书》卷二十四《食货志》。

4 李京华：《汉代经济支柱产业——宏伟的铁工业》，《李京华考古文集》，科学出版社，2012 年。

证实。

各地铁官的产品一般都有标识，而辖多处铁工场的铁官往往会有不同的铭记，如河南郡铁官就有“河一”“河二”的铭文，河东郡铁官的产品铸有“东一”“东二”“东三”的标识，南阳郡铁官则用“阳一”“阳二”的铭文，蜀郡铁官的标识比较特别，目前发现有“蜀郡”“蜀郡成都”“蜀郡千万”三种铭文标识。中国西南地区拥有丰富的矿产资源，早在秦灭蜀后第四年（公元前 311 年）就在蜀郡设立了铁官。西汉时又在蜀郡的临邛（今邛崃）、武阳（今彭山）、南安（今乐山）等地设立铁官，其中临邛铁官屡见于文献记载。《汉书·地理志》记载“临邛，有铁官、盐官。莽曰监邛”。《华阳国志》卷三《蜀志》记：“（临邛县）有古石山，有石矿，大如蒜子，火烧合之，成流支铁，甚刚，因置铁官，有铁祖庙祠”。

汉末的政治大动荡给铁工业造成了很大的破坏。曹操统一北方后形成的相对安定的政治局面，给铁工业的复苏创造了条件。曹魏政权始在河北设“司金都尉”“监冶谒者”等职，专门管理冶铁事业；曹魏立国后，又在白超垒（今河南新安县铁门镇东）、京兆（今陕西西安市西北）、天水（今甘肃谷县东南）、南安（今甘肃陇西渭水东岸）等地发展铁冶。刘备据有益州，以张裔为司金中郎将，负责“典作农战之器”[1]，其职责中自然包括铁器的冶炼与制作。越嶲郡的定笮（今四川盐源县南）、台登（今四川冕宁县东）、卑水（今四川会理县东北）三县产铁，蜀汉政权沿袭秦汉以来设官管理的制度[2]，确保了三地的铁器冶炼与生产。

西晋统一全国之后，设“卫尉”专管江北“冶令三十九、户五千三百五十”[3]，而江南只有梅根冶（今安徽贵池市东北）和冶塘（今湖北武汉市武昌东南），不属卫尉管辖。不过，迨至东晋末年，江南诸铁冶因“收入甚微”而只保留了铜官大冶（即梅根冶）和都邑小冶各一处，“余者罢之”[4]。

2. 稳定与繁荣时期的铁工业管理

隋唐两朝的铁工业采取官府经营与民间经营并举的管理制度。隋唐两朝中央政府设立的手工业最高管理机构为少府监，其下设有中尚、左尚、右尚、染织、掌冶等五署，其中掌冶署直接与铁器的制作和供给有关，其产品主要供应皇室和官府。中央政府还在地方设立专门的管理机构，直接负责铁矿的开采、钢铁的冶炼以及铁器的铸造，如兖州莱芜县“有铁冶十三”。

唐代的铁工业管理是任由私人采矿冶炼、官府收税，即“铜铁人得采，而官收以税”。民间冶铁业较为发达，经营方式也多样化，主要有家庭副业、个体工匠、私营作坊和冶铸工场等多种不同的类型，其产品已经成为各级市场上常见的一种商品类型。隋唐时期，民间的铁器产品占有相当高的比例。正是这一产业结构的变化，促进了铁器产品渗透到唐代社会的各个领域、各个层面，如唐代就涌现了个人出资为庙宇捐铸铁器的行为，并且这种行为在当时的社会上还相当盛行。如前述的当阳县治下李慧达捐铸大铁镬永充玉泉道场供养[5]。由于庙宇中的铁像数

1 《三国志·蜀志·张裔传》。

2 《三国志·蜀志·张凝传》。

3 《宋书·王弘传》。

4 《晋书·石季龙载记》。

5 周天裕：《湖北当阳玉泉寺隋代大铁镬》，《文物》1981 年第 6 期。

量不少，唐武宗时，政府规定“诸道废毁寺铁像，望令所在销为农器”[1]。《道教灵验记》卷六《尊像灵验》记：“（剑南道）冶铁工父子二人夜入昌明县灵集观中”毁铁像，“碎于炉中鼓鞴”，用以铸造铁器。

宋代的铁工业经历了民营和官营两个时期，而元代以官营为主。北宋时期在全国的重要矿区及冶铸加工场，设置“监”“务”等矿冶管理机构，掌管各地矿产资源的开发。大部分矿山采取由政府收税，民间采掘的方式运营。矿冶成为宋代财政收入的一个重要部门。

四、冶铸生产技术

从矿石投入炼炉到冶炼出铁金属，再到利用锻造或铸造工艺生产出人类所需的生产、生活产品，在这一过程中，中国的古代工匠经过不断的摸索，创造和发明了改变铁金属形态与金属特性的技术，以生产出满足不同时代、不同地区、不同人群所需要的各类铁器产品。

1. 铁工业初创与发展期的冶炼技术

汉代铁工业发展的重要标志是以大型竖炉、范铸、生铁柔化处理为代表的冶炼与加工技术。

冶炼技术　生产规模上出现了许多大的冶铸作坊，如巩义铁生沟、郑州古荥镇、南阳瓦房庄、温县西招贤村等冶铸遗址，不仅面积大，而且炼铁炉的种类多，技术先进。铁生沟冶铁遗址面积约 2.1 万平方米，古荥镇和瓦房庄遗址的面积达 12 平方米，南阳瓦房庄遗址生产作业区的面积达 12 平方米，共有大炼炉 17 座。温县招贤村遗址也有 1 万平方米。

上述遗址发现有多种类型和不同用途的炼炉，铁生沟遗址有长方形炼炉、圆形炼炉、排炉、低温炒钢炉、反射炉等 6 种炉型[2]。除炼炉外，还发现有熔炉、锻炉、铸造坑等。古荥镇遗址还发现了目前所知道的我国古代容积最大的炼铁炉，从残存部分推算出，炉缸面积为 8.84 平方米，炼炉有效高度为 6 米，有效容积大约 50 立方米左右，日产铁可达一吨左右[3]。炼炉周围发现重达 2 吨至 20 吨不等的 9 块积铁块。重达数吨的积铁块充分地反映出汉代杰出的冶炼技术和惊人的冶炼规模。

汉代铁工业发展的另一个突出表现是许多新技术的发明和应用，这既反映在炼炉的修建上，也反映在冶炼技术上。首先，汉代发明了新型的椭圆形高炉。椭圆形高炉有效地扩大了炼炉容积，大幅提高了产铁量。椭圆形高炉的短径比圆形的直径短，易于风力鼓达高炉的中心部位。郑州古荥镇的 1、2 号高炉就是采用的椭圆形高炉，其容积达到惊人的 50 立方米，推测其日产铁量达到了 1 吨的规模。巩义铁生沟遗址发现的反射炉结构复杂，由溶池、炉膛、炉门和烟囱等部分构成，冶炼时炉膛内装燃料，溶池装生铁等原料，使炉膛内产生的大量热能反射到溶池

---

1 《唐会要》卷七十九《诸使下》。

2 河南省文化局文物工作队：《巩县铁生沟》，文物出版社，1962 年 12 月。

3 《中国冶金史》编写组：《从古荥遗址看汉代生铁的冶炼技术》，《文物》1978 年第 2 期。

内进行冶炼。由于燃料和原料不在一起，减少了碳素，因此可冶炼出较高质量的熟铁。

生铁炒炼成钢是汉代铁工业的一项重要发明。以前炼钢的原料是块炼铁，由于块炼铁生产工艺复杂，大大限制了炼钢生产的发展。生铁炒炼成钢技术开辟了以生铁为原料炼钢的新时期。生铁容易生产，产量很大成本低廉，使钢制工具和兵器的广泛使用成为可能，对整个社会生产力提高也有显著作用。生铁炒钢技术不仅是冶金史上的一次重大发明，而且对整个社会经济发展都有着重要意义，马克思曾对炒钢在资本主义近代工业中的作用做过充分肯定。我国炒钢的出现要比欧洲早 1600 年，它同样对当时的社会经济的发展起到过推进作用。

范铸技术 铁器范铸技术是铁器生产最伟大的发明之一。早在春秋中后期，青铜器铸造领域就已经出现了统一设计、分块制模、分块翻范、批量造型的新工艺。经过春秋到战国中早期由陶质到青铜实体铸范再到铜质叠铸模盒的技术进步，终于在战国中、晚期，我国古代工匠发明了堪称奇迹的铁范铸造工艺技术。从目前出土情况看，铁范最早发现在当时的燕国[1]和赵国[2]地区。

到了汉代及魏晋南北朝时期，铁范铸造工艺技术广为传播。使用铁范铸造的地域大大超过战国，计有今河南境内的南阳、郑州、鲁山、镇平、渑池、浚县、登封，江苏彭城，山东莱芜、泰安、薛县、金乡县。就已出土的铁范分布情况看，虽然很不全面，但已在苏北、山东、河南、河北和山西的广大中原地区内，较普遍地推广应用，说明汉魏时期铁范铸造的普遍性。

铁范铸造产品自战国以来不断地增加，战国时期有铲、锄、镰、斧、凿、辖等，汉魏时期的品种大大增多，计有铲、锄、镰（两种）、斧（三种）、凿、铧（三种）、犁、耧铧、凹字形锸（三种）和一字形锸、双柄犁、镢、锤（多种）、六角形釭（以直径大小和宽窄不同计 50 多种规格）、镞（五种）、板材（多种）、碗形器等等。各类各式铁器产品的出现，说明铁范铸造品种的广泛性。铁范铸造成为战国到南北朝千年间铁制农具、工具和兵器的主要生产方式。

兴隆战国时期铁范的出土，表明中国是最早发明金属型范的国家；而南阳瓦房庄汉代铸铁遗址出土的实物则清楚地反映了我国铁范铸造的工艺；古荥镇、莱芜、渑池等遗址出土的大批铁范，说明了铁范铸造工艺在汉魏南北朝时期铁器生产中的广泛应用，也说明铁范铸造是封建社会前半期农具、工具生产的主要方式，其中也包括退火热处理技术。铁范的广泛应用满足了社会对低成本、高质量铁质工具的需求。

汉代至南北朝的铁范铸造工艺比战国时期有很大的创新。一些器形简单的铸件，如铲、铧、锸、斧、镢、镰等产品，已经形成规范化的铁范铸造工艺与工序。对于形制较复杂的器形，如铁锤，则采用若干块范组合而成的套范来浇铸，镇平的锤范为五件套[3]，南阳则使用三件套泥范铸造工艺。渑池出土的锤范吸收了南阳锤范型的优点，改进为三件套的铁范[4]。六角釭的铸造，南阳铁范为四件套，但温

1 郑绍宗：《热河兴隆发现的战国生产工具铸范》，《考古通讯》1956 年第 1 期。
2 河北省文物管理委员会：《磁县下潘王遗址发掘报告》，《考古学报》1975 年第 1 期。
3 河南省文物研究所：《河南镇平安团城汉代窖藏铁器》，《考古》1982 年第 3 期。
4 河南省博物馆、渑池县文化馆：《渑池县发现的古代窖藏铁器》，《文物》1976 年第 8 期。

县招贤村东汉时期遗址则改进为比南阳效率更高的泥范叠铸[1]。

叠铸工艺极大地提高了铁器的铸造效率，降低了铁器的生产成本。温县西招贤村遗址出土五百多套叠铸泥范。这些泥范大部分是用于铸造车马器的车轴头、轴承、车軎、马衔、皮带扣、车销、圆环等 16 类、36 种部件。叠铸范是用两种金属范盒翻制而成，一种用于制作对开水平分型面的范片，一种用于制造全部型腔在一个范围内的范块。汉代叠铸技术的设计非常高超，不仅能够按照铸件的形状和工作要求选择不同的分型面，对收缩量、拔模斜度的考虑也非常合理，而且使范壁和范腔以及各铸件范腔之间的泥层厚度减小到最小限度。叠铸范自带榫卯结构，扣合紧密。轴套范等采用心轴组装，环范等采用定位线组装。复杂的浇注系统包括浇口杯、直浇道、横浇道和内浇道，并根据器件的种类分别采用封闭式、半开放式和开放式。

汉代在运用铁范铸造时，往往根据器类的不同来选择铸造工艺，大体上可以分 3 类：一是铧、铲、凹字形锸、一字形锸、耧铧、斧、镬等器形比较简单的器类；二是六角形釭等异形器，需要多件套铁范铸造或泥范叠铸的器类；三是铁锤一类实体圆形器。

先进的铁范铸造工艺自战国时期出现以来，迅速地得到应用和推广，不仅促进了铁工业的发展，也极大地推动了中国古代农业经济的发展，显示出铁范铸造这一先进技术带来的深刻影响。铁范铸造自战国发明后，一直延续使用到近现代，由此可以见铁范铸造工艺的优越性和持久的生命力。

2. 铁工业繁荣期的冶铸技术

隋唐宋元是我国铁工业持续发展与繁荣的时期。隋唐两代的钢铁冶炼技术主要是秦汉技术传统的延续。炼铁的燃料仍然主要是木炭。炼铁炉主要是以横截面呈圆形的竖炉为主，小型炼炉内径约 1 米，大型的可达 2.7 米左右，炉高一般在 6 米以下，炉内容量 2~10 立方米不等。鼓风设备除沿袭秦汉以来的皮囊、水力推动鼓风器的水排以外，新出现了一种木制的立式风箱，具体形制和结构大体与敦煌榆林窟西夏锻铁图壁画中的鼓风箱相同。

隋唐时期的制钢技术，主要是铸铁脱碳成钢、百炼钢、炒钢、灌钢等技术的进一步发展和普及应用。铁器成型和加工技术的变化是隋唐铁工业的显著特点。

从战国、秦汉至魏晋的一千多年间，铁器成型技术一直是范铸为主、锻制辅之。隋唐时期，除农具的铲和犁铧、手工工具的镇和锤、车马机具的承和齿轮、日用器具的镜、炊具的釜和三足鍑、大型工程铸件、佛像和经幢等宗教用品、丧葬用品的俑类等铸造成器以外，其他类型的铁器多采用锻制，特别是农耕具、手工工具和刀、剑、镞等兵器更是广泛采用锻制。锻制技术的广泛应用，有赖于炒铁术和制钢术的普及，促进了铁器形态的多样化和结构的复杂化，提高了铁器的实用性，增强了铁器的应用。这种以锻制为主、铸造辅助的铁器成型加工技术体系，为此后历代所继承。

大件铁器的铸造是唐代铁工业的代表成就之一。永济蒲津渡唐代铁牛等铸件的出现，表明隋唐时期大型铸件的铸造工艺技术达到了空前的水平。蒲津渡铁牛

1 河南省博物馆、中国冶金史编写组：《汉代叠铸》，文物出版社，1978 年 12 月。

等铁铸件群、临汾大云寺铁佛头、太原开化寺铁佛像、常德乾明寺高达 5 米的铁幢等大件铸铁都采用传统的泥范铸造法铸造，采用地坑泥范法浑铸而成。

有唐一代，铁工业在铁器实用性与艺术性的统一方面达到从未有过的高度。铁器由于金属特性和社会应用等特点，大多少有器表装饰，使得其缺乏艺术性。隋唐时期的铁器制作，既强调其实用性，又注重其艺术性，有些铁器成了真正的艺术品。如大云寺的铁佛头，其造型和表情与同时期的佛教石造像别无二致；杏园唐墓出土的铁十二生肖俑，兽面人身，躯体做成文官形象，头部则做成十二生肖形象[1]。12 件铁质生肖像通高约 26 厘米，各种动物特点突出，风格简约，实现了现实主义与浪漫主义的统一[2]。永济蒲津渡铁牛和铁人的实用功能原本是固定浮桥索链的地锚，但却铸造成具有镇水功能铁牛形象，并在铁牛旁铸立驭牛人像。铁牛“取形于秦川牛的雄健体形、南阳牛的高大粗壮和有角、晋南牛的后躯部之优点塑造而成”[3]。铁驭牛人更是活灵活现，栩栩如生。“蒲津渡铁牛和驭牛人不仅是坚固实用的地锚，也是充满现实主义和浪漫主义色彩的艺术珍品，自古至今令观者叹为观止”[4]。隋唐时期，铁器的实用性与艺术性统一的形成，一方面与当时钢铁技术尤其是成型加工技术的发达有关，另一方面则与铁器的应用扩展到宗教活动等领域、设计铸造者更注重铁器的艺术表现力有关。

隋唐时期的铁器和铁器工业，在秦汉魏晋南北朝的基础上获得了新的发展，钢铁技术有所进步，尤其是锻制加工技术的应用更为广泛、大型铸件的铸造和使用、铁器造型和结构上实用性和艺术性的高度统一等，构成隋唐时期钢铁技术和铁器工业的突出特点；铁器在社会生产和社会生活中的应用进一步普及和扩展，尤其是佛像、经幢等宗教艺术品的出现以及生肖俑、动物俑等丧葬用品的出现和使用等，表明铁器应用进入到一个新的阶段，成为隋唐时期铁器及其应用的另一个时代特点。

宋代铁工业的高度发展，首先反映在矿采和冶炼遗址分布空间的扩大上。矿冶点主要分布于河北、山西、山东、陕西、甘肃、四川、江苏、江西、河南、湖北、湖南、广东一带，特别是岭南的梧州、雷州等偏远之地也都开始产铁。

宋代铁工业冶铸的规模扩大，不论从铁产量，还是铁冶的生产区域都有了扩大和发展；冶铸技术有了很大的进步，突出表现为炒钢技术的成熟和灌钢技术出现。

宋代铁工业发展的另一个重要标志是煤的使用。宋代开始逐渐取代了延续上千年的以木材为燃料的冶炼传统与技术，代之以煤为燃料的冶铸。生产上分工进一步细化，形成冶、铸分开的生产格局，专业化的铁器生产形成，出现了制作精致的各式铁工艺品。此外，犁、铧等农具适宜使用铸铁，但也有相当一部分农具、工具、兵器对材料的韧性有较高的要求，如镰、铲、锄、斧、刀、剑等。对此，这一时期有针对性地选用中、低碳钢或熟铁锻造，或利用破旧铁器回炉再造。汉魏以前，生铁中硫的含量均在 0.1% 以下，而元大都遗址三件铸铁件硫含量均在

1 中国社会科学院考古研究所：《偃师杏园唐墓》，科学出版社，2001 年 10 月。

2 白云翔：《隋唐时期铁器与铁器工业的考古学论述》，《考古与文物》2017 年第 4 期。

3 山西省考古研究所：《黄河蒲津渡遗址（下）》，科学出版社，2013 年 3 月第 318—322 页。

4 白云翔：《隋唐时期铁器与铁器工业的考古学论述》，《考古与文物》2017 年第 4 期。

0.66% 以上，4068 号车轴的硫含量高达 1.06%，表明元大都的铁器大多是用煤炼生铁制成的。铸铁件的硅含量有明显增长，以煤为燃料，炉温较汉魏时期有较大提高[1]。

第二节 铁器的社会作用

铁器的生产和使用全面地推动了人类社会的进步与发展，其巨大的社会作用是毋庸置疑的。由于铁器渗透到人类社会生产、生活的方方面面，其社会作用的阐述反而容易变得抽象和零碎，特别是铁器生产与使用所引发的政治、经济、文化变革又是一场持续的、规模宏大的社会进程及文化现象。因此，在阐述铁器这一先进生产力要素的社会作用时，如果只有宏观视野而缺乏微观的具体事例，就会变得抽象；反之，如果仅仅局限于微观事例的分析而缺乏宏观的视野，则对铁器推动社会进步现象的解释又变得零碎。

铁器的社会作用，人类社会早有认识。19 世纪初，丹麦学者汤姆森（C.J.Thomsen）就把博物馆的藏品按石器、青铜、铁器进行分门别类的陈列。1836 年，汤姆森又在所著的《北方文物陈列指南》中提出著名的“三期论”。这是西方学者第一次从工具质地的角度观察人类社会的发展史。我国早在东汉时期就已经认识到不同质地的工具对社会发展的重大意义。东汉袁康所著《越绝书》就将人类社会的历史划分为玉、石、铜、铁四个时代。

袁康以玉、石、铜、铁为标志划分四个时代，是二千多年前的中国人从工具质地的视角认识人类社会发展进程的重要代表，而 19 世纪的汤姆森提出的 “三期论”则代表了近代西方对人类历史发展阶段的认识。由于近代以来形成的西方话语权，汤姆森的“三期论”在世界范围内产生了深远的影响，而袁康的“四个时代”的划分往往只有中国学者知晓。不论是西方汤姆森的“三期论”，还是东方袁康的“四个时代”划分，都将“铁器时代”视为一个独立的人类历史阶段，当代中国也将铁器视为社会分期的最主要依据之一。

铁器作为古代社会最重要的先进生产力要素，涉及铁器的生产、使用与管理等诸多方面，单就生产过程而言，就需要集成至少寻矿、采掘、选矿、筑炉、冶炼、锻铸与加工制作等复杂的技术环节，这一整合自然资源、人力资源、技术资源的过程本身就是社会组织与社会体系的再构筑。可以说，从铁的冶炼开始就已经作用于社会了，而铁器产品的使用则直接转化成改造社会的生产力工具。

铁器的应用领域随着冶炼与锻铸技术的进步而变得更加广泛。自战国秦汉时期以来，铁器在农业、道路工程、城市建设以及日常生活等领域的应用经历了由量到质的转变，对我国古代社会发展产生了广泛而深远的影响。铁器的实际应用直接促进了生产力水平的提高，并最终引发了社会历史的变革。铁器的使用与社会变革的关系分三个阶段或层面。第一，人工铁器的出现从本质上说是一种新的金属材料的发现和利用，是一项科学的发明和技术的进步。第二，铁器的应用极

1 王可、韩汝玢、杜茀运：《元大都遗址出土铁器分析》，《考古》1990 年第 7 期。

大地提高了社会生产力，并且最终推动了社会历史的变革和前进。因此，铁器充分体现出“科学技术是第一生产力”的规律。铁器的出现具有划时代的意义。第三，铁器从一项科学技术的发明发展成为一种新的生产力，经历了一个从最初产生到实际应用的发展变化过程。这一过程就是科学技术转化为生产力的具体形式。第四，铁器的使用引发了生产关系的变革，而新的生产关系又促进了铁器的发展，两者之间是一种“互动”关系。

春秋时期作为我国古代冶铁初期发展阶段，表现在冶炼技术的重大革新和进步，铁器产品的结构和种类有所改进，铁器的应用领域也在不断扩展。但铁器的使用在这一时期还非常有限，铁器工具并未真正应用于土地的开垦与农业耕作；春秋时期的铁器冶铸和生产依然附属于青铜冶铸手工业之中，尚未形成独立的铁工业；铁器在社会生活中发挥的实际作用仍然有限，对社会变革的推动作用尚未显现出来。春秋早期尚处于“铜铁并用时期”，换言之，这一时期仍然是以铜、石质地的生产、生活用具为主，铁器工具仅具有象征意义。

战国时期，以钢铁技术的长足进步和铁器工业的迅速发展为基础，战国时期的铁器化进程得以迅速地推进，铁器的应用领域不断扩展，应用程度不断提高，应用领域不断扩大。到了战国晚期，中原地区在土木建筑、农业和各类手工业生产领域中，铁器工具已基本取代了青铜和各种非金属工具，军事活动中铁兵器和武备已经在战争中显示出卓越的效能，铁制日用器具和车马机具也有所发展。随着中原地区冶铁技术的逐渐成熟，特别是生铁冶炼技术和范铸工艺的发明，铁器产品的生产效率得到极大的提高，生产成本也随之大幅降低，使得铁器在中原地区得以在较短的时间内推广普及。随着中原地区铁器产品的输出和冶铁技术的传播，铁器的使用地域逐步扩展到广大的周边地区。铁器的推广与使用极大地提高了全社会的生产效率，促进了战国时期政治、经济的变革，成为中原地区由奴隶制社会向封建社会转变的主要推动力。

铁器自商周时期出现以来至战国中晚期在中原地区得到广泛应用的千百年间，中国社会经历了奴隶制社会向封建制社会的转变，其中最重要的变革就是土地制度由“井田制”向“私有制”的转变。这一转变恰好率先发生在铁器生产与使用最为发达的中原地区，而这一转变发生的时间也与中国古代社会制度的转变接点相契合。

一、铁器在农业领域的应用

铁器在中国农业领域发挥作用是一个渐进的过程，从铁农具数量、种类的增加到农业生产设施的改进、农业生产水平的提高等都呈现阶段性、渐进性的特点。换言之，从铁农具在农业领域的应用程度就可以看出铁器对农业经济的巨大作用。

中国自新石器时代的仰韶文化起，就已经初步形成了以农耕为主的农业经济体系。农业是中国古代文明形成与发展的基础，而农业发展的重要保障是作为先进生产力要素的铁质农具的推广普及。郭沫若《中国古代社会》说：“铁作为耕器而使用，出现在周室东迁前后。这一重大因素提高了农业的生产力，逐渐促进了井田制的崩溃，因而也就招致了奴隶制的崩溃”[1]。冶金史学家华觉明先生也认为，“铁器作为新的生产力在春秋后期出现，具有划时代的意义。它加速了奴隶制的崩溃，而新的生产关系的建立，又反过来促使铁工业的进一步发展”[2]。

从早期人工铁出现到春秋中晚期跨入生铁冶炼的数百年间，由于铁器的产量低、获取不易，其价值等同于贵金属，故这一时期多发现铁与美玉、黄金等合制的器物，使用上多用于礼仪或装身具等，对社会的作用，特别是作为先进生产力要素的作用十分有限。战国中晚期以后，随着生铁冶炼技术、范铸技术、生铁柔化处理技术的日渐成熟，铁器产品的器形更加丰富，产品数量也有了极大的提高，在社会生产、生活中的应用发生了根本性的改变。

关于铁器在战国时期的应用与普及程度，《管子》记载：“今铁官之数曰：一女必有一鍼、一刀，若其事立；耕者必有一耒、一耜、一铫，若其事立；行服连轺辇者，必有一斤、一锯、一锥、一凿，若其事立；不尔而成事者，天下无有”[3]。根据这一记载，可以看出铁器在战国时期已经相当广泛地应用于农业、手工业等领域。

考古发现也表明铁农具在战国时期已经得到广泛应用。迄今，全国共发现战国铁器的出土地点达 200 多处，共出土铁农具近千件，出土铁器的空间范围也扩大到黑龙江、吉林、辽宁、内蒙古、河北、河南、山西、山东、陕西、甘肃、宁夏、新疆、湖北、湖南、安徽、江西、江苏、浙江、广东、广西、四川、云南、贵州等 23 个省、自治区[4]。

战国时期铁农具的种类与丰富的形制，适应了这一时期的农业发展需求。战国铁农具的种类有铧、锄、铲、耙、镬等，如河南洛阳战国粮仓遗址就出土铁农具 72 件，其中大镈 2 件、小镈 2 件、大镰 13 件、小镰 16 件、镬 15 件、铲 13 件、齿耙 1 件[5]。辽宁抚顺莲花堡燕国遗址出土铁农具近 70 件，其中镬 60 余件，还有锄、镰、掐刀等[6]。广西平乐银山岭战国墓出土的 181 件铁器，其中 177 件为生产工具，仅锄就多达 89 件[7]。

从战国铁工场址出土的农具铸范也可以看出这一时期的铁农具生产状况。战国时期发明的铁范铸造工艺使农具的大规模、低成本生产成为可能，是铁器生产工艺变革的一项重要标志。1953 年河北兴隆寿王坟遗址出土铁范共 42 副 87 件，重量超过 95 公斤，其中锄范 3 件、双镰范 2 件、镢范 47 件，分内范、外范、单合范和双合范等[8]。

铁农具的标准化生产在战国时期有了新的进展，对铁农具的推广具有重要意义。有人统计了关中地区秦国墓葬出土的 16 件直口铁锸，其宽度的生产标准为 14

1 郭沫若：《奴隶制时代》，人民出版社，1973 年 4 月第 33 页。
2 华觉明：《中国钢铁技术的特色及其形成》，《中国冶铸史论集》，文物出版社，1986 年。
3 黎翔凤撰，梁运华整理：《管子校注》，中华书局，2004 年第 1255 页。
4 李健民：《战国时期铁农具的考古发现与研究》，《农业考古》2005 年第 1 期；包明明、章梅芳、李晓岑：《秦汉时期铁制农具的统计与初步分析》，《广西民族大学学报（自然科学版）》第 17 卷第 3 期，2011 年 8 月。
5 洛阳博物馆：《洛阳战国粮仓试掘纪略》，《文物》1981 年第 11 期。
6 王增新：《辽宁抚顺市莲花堡遗址发掘简报》，《考古》1964 年第 6 期。
7 广西壮族自治区文物工作队：《平乐银山岭战国墓》，《考古学报》1978 年第 2 期。
8 郑绍宗：《热河兴隆发现的战国生产工具铸范》，《考古通讯》1956 年第 1 期。

厘米，实际上下浮动幅度不到1厘米[1]。在锻冶技术尚不发达、纯手工操作的时代，1厘米的误差幅度实属不易。产品的较低误差应是市场或官府推进铁农具标准化生产的结果。

铁农具的广泛应用，特别是铁犁铧及其牛耕技术的逐渐推广，极大地提高农业生产效率和粮食产量，促进了封建经济的形成和发展，对封建制度的确立有着不可低估的意义。正是在铁工业空前发展和铁工业体系逐渐完善的时代，我国历史上出现了第一个统一的、空前强大的汉帝国，奠定了我国封建社会长久繁荣的基础。汉代的铁工业为农业生产提供了较为完善的农具，比之战国时代，铁农具的品种和质量都有较大的提高。常见的农具有犁、犁铧、铲、锄、锸、䦆、鹤嘴锄、鐴土、耙、镢、耧足、双柄犁等。上述铁农具也见于汉代冶铁遗址，如郑州古荥镇遗址出土铁器共318件，其中农具200件，占总数的65%，有犁、犁铧、铲、锄、锸、䦆、双齿䦆等。巩县铁生沟发现铁器约200件，其中生产工具105件，有铁攫、双齿镬、铁铲、锄、犁等农具92件。汉代冶铁作坊的产品中，农具也占有相当大的比例，如南阳瓦房庄遗址就发现有铸造䦆、犁铧、镂铧、锸等农具用的泥范。

有学者统计了迄今出土的先秦两汉的铁农具数量。秦汉时期铁农具的出土数量明显增多，已由战国时期的近1000件增至1500多件。从出土地域来看，黄河流域出土的铁农具最多，其中仅河南一省就出土铁农具近1000件。铁器类型、数量进一步增多，使用范围进一步扩大，铁农具的出土地域扩大至河南、湖南、陕西、四川、甘肃、山东、江苏、河北、湖北、福建、安徽、广西、江西、广东、重庆、贵州、山西、黑龙江、云南、北京、辽宁、吉林、内蒙古、天津24个省市，与春秋战国时期相比扩大了8个省市，分别是福建、安徽、江西、重庆、贵州、黑龙江、云南和北京。秦汉时期的铁农具大多出自黄河流域，其中出土最集中的河南省就达960件，远超过排第2位的陕西省的111件。南方地区的四川、湖南等地出土农具的数量也比较多，分别有54件和49件[2]。

汉代铁工业经过不断的摸索和改进，能够生产包括垦耕、整地、播种、中耕、收获在内的一系列高效成套的农业工具。垦耕工具有犁（包括犁铧和鐴土）、䦆、铲、锸等。仅犁、犁铧、鐴土就有多种形制，各有不同的用途。

犁铧是最关键的犁耕农具，在我国延续使用了上千年。从考古资料看，两汉时期我国出土铁质犁铧的省份，自北而南，有辽宁、河北、山西、陕西、甘肃、山东、河南、安徽、江苏、福建、四川、云南、贵州等十余个省区，共出土犁铧数百件[3]。铧分大小两类，河北平泉下店村发现汉代大型犁铧，长46厘米、宽47厘米，估计重达15公斤左右，只能用牛力牵引。也有长宽在15厘米左右的小铧，可以用人力。人力牵引的小型铧犁对于缺少耕畜的农民来说更加适用，使得这种高效率的犁耕方式能够在汉代快速地推广普及。鐴土的形制也有多种，既可翻土，

1 陈洪：《从出土实物看秦国铁农具的生产制造及管理》，《农业考古》2017年第4期。

2 包明明、章梅芳、李晓岑：《秦汉时期铁制农具的统计与初步分析》，《广西民族大学学报（自然科学版）》第17卷第3期，2011年8月。

3 包明明、章梅芳、李晓岑：《秦汉时期铁制农具的统计与初步分析》，《广西民族大学学报（自然科学版）》第17卷第3期，2011年8月。

又能松土，农耕时既可以杀虫又可以翻晒耕土，是农业生产上一个很大的进步[1]。我国犁的出现比欧洲早一千多年。汉代以前的铁口犁基本上已被全铁犁所代替，特别是大型全铁犁的出现既提高了耕地效率，又起到深耕的作用，有利于农作物的生长。

整地工具的耙是汉代出现的新农具，其功能是在犁过的田地上平土除草。西汉的铁耙一般为五齿、四齿或九齿。这种工具的出现是与耧车的发明相适应的。耧车出现以前的耕种方法为缦田，播种时撒播或点播种子，不分行列，土地是否平整，杂物是否除净，对播种无关紧要。耧车出现后对整地提出了新的要求，因为只有在较为平整和无杂物的土地上才能均匀、顺利地播种，所以当耧车出现后也相应地出现了耙。

作为播种工具的耧车是汉代农具生产领域的重要发明，同时也是农业生产技术的一大进步。耧车的发明使人们摒弃了粗耕方式而跨入精耕细作的阶段，对农业生产的发展具有不可忽视的作用。耧车播种可以做到出苗均匀，行列整齐，便于除草、培土等田间管理，作物产量自然也会有所提高。

中耕工具有锄、耨、镈等。多种中耕农具的出现标志着汉代的田间管理水平有较大的提高。汉代铁锄有六角形、平刃长方薄板形、鹤头铁颈形（鹤嘴锄的一种）等。耨、镈的作用也类似锄，都是除草松土、培土助苗的常见农具。

收获工具除考古资料中常见的各种镰外，文献所载的铚等也属于镰一类的收割工具。形制不一、大小不等的镰可用于收割不同的农作物，如有的收割粟麦，有的收割稻子。

汉代铁质农具的逐渐推广，一方面是得益于国家实行的有利农业发展的政策；另一方面是能够发明和利用各种新技术，大规模、低成本地生产出充分满足农业生产的各类农具。脱碳铸铁、炒钢、铸铁脱碳钢、球墨展性铸铁等新材质，广泛地用于锻铸各类农具。同时，还根据使用性能的不同而采用不同的材料和铸造方法。在铸造铁镢时以坚硬的高碳钢为主，铲、锄、锸等以韧性较好的低碳钢为主；犁铧则以弧度较高的中碳钢为主；对于像镰这类既要锋利，又要有韧性的农具则实行锻制。

“农，天下之大业也，铁器，民之大用也。器用便利，则用力少而得作多，农夫乐事劝功。用不具，则田畴荒，谷不殖，用力鲜，功自半。器便与不便，其功相什而倍也”[2]。从《盐铁论》的论述，可以看出汉代已充分认识到铁农具的“便”与“不便”对农业生产有重要影响。辽宁辽阳三道壕遗址虽然远离汉代的政治、经济中心，但遗址发掘出的八座西汉时期居址中出土生产工具265件，其中农具占半数以上，达148件，每一户都有成套的铁制农具，包括犁铧、镬、锄、锸、三齿耙、镰、掏刀等，从耕播到收获的全套工具几乎都已齐备[3]。四川阿坝藏族自治州的九寨沟的阿梢垴遗址一座汉代居址中清理出凹口锸2件、钹镰1件等[4]。从一南一北的远离中原农业区域的聚落遗址出土的铁农具可以看出，至迟在西汉早

1 陕西省博物馆、陕西省文管会：《陕西省发现的汉代铁铧和鐴土》，《文物》1966年第1期。

2 《盐铁论·水旱》。

3 东北博物馆：《辽阳三道壕西汉村落遗址》，《考古学报》1957年第1期。

4 吕红亮，李永宪等：《汉代川西北高原的氐人聚落：九寨沟阿梢垴遗址考古调查试掘的初步分析》，《藏学学刊（第6辑）》，四川大学出版社，2010年。

中期，即使是在南北边疆地区，铁农具在农业领域的推广普及率已经达到了相当高的程度。

秦汉以来铁器的应用极大地促进了社会的变化，汉初以来的农田开垦数、粮食产量、人口等具体的数据最直接地反映出这一巨大的变化。

西汉平帝元始二年，全国垦田总数为 827 053 600 亩，比战国时期有较大增长。垦田数量的增加同铁工业关系密切；受益于铁农具的广泛应用，汉代农业生产水平获得空前的发展，相应地人口数也大大增加。《汉书·食货志》："汉兴，接秦之敝，诸侯并起，民失作业，而大饥馑……死者过半"。汉代初年的人口大约为秦代的一半，而秦代又与战国相去不远，所以战国人口和秦相近。战国时期七国人口总数约 2000 万左右。秦统一六国后，疆域扩大，人口也会随之增加，但人口总数不会超过 2500 万。据此推算，汉初人口约 1500 万左右。经过西汉二百年的发展，到汉平帝时全国人口增加为近 6000 万人，人口总数增长了 3 倍[1]。

成都平原作为相对独立的地理单元，是观察秦汉时期铁器促进农业发展的典型案例。秦武王元年（公元前 310 年），秦在蜀郡设立"铁官"，负责铁器的冶炼、制作及生产销售管理[2]。考古发现也表明成都平原早在战国中晚期，斧、锸、镰、凿等铁质农具就已经应用在农业生产领域[3]。西汉时又在成都平原的武阳（今彭山）、临邛（今邛崃蒲江）和周边地区的南安（今乐山）设铁官。伴随秦、汉初年迁北方移民入蜀，成都平原的铁工业得到极大的发展，临邛卓氏和山东迁虏程郑氏在蜀地的"铁山鼓铸"，产品"倾滇、蜀之民"[4]。铁器的规模化生产和推广普及极大地提高了生产效率，成都平原蜀郡、广汉郡的社会发展水平日益接近发达的关中地区。《汉书·地理志》载西汉中期成都县有人口 76 256 户，仅次于首都长安的 80 800 户，成为全国的第二大城邑。到西汉平帝时（公元 2 年），蜀郡、广汉郡的人口总数达到 435 778 户、1 908 178 口，其中广汉郡人口数为 662 249 人、167 499 户[5]。

汉代农业供养人口由 1500 万人增加到 6000 万人，仅此一项数据就说明了汉代农业所取得的巨大成就。汉代的粮食亩产量也有增加，汉初由于长期战乱使农业遭到破坏，粮食亩产约一石左右，随着农业生产的恢复和铁农具的应用与改良，粮食亩产逐步提高，"一岁之收常过缦田亩一斛以上，善者倍之"[6]。

西汉中期农业发达的主要原因是汉武帝大兴水利和推广较进步的农具与技术[7]。武帝年间，社会经济出现了巨大的改善，已由汉初的"齐民无藏盖"发展到"非遇水旱，则民人给家足，都鄙廪庾尽满，而府库余财。京师之钱累百巨万，贯

1 梁方仲：《中国历代户口、田地、田赋统计》，上海人民出版社，1980 年 8 月。

2 ［晋］常璩著、任乃强校注：《华阳国志校补图注》卷三《蜀志》，上海古籍出版社，1987 年。

3 罗开玉、谢辉：《成都通史·秦汉三国（蜀汉）时期》，四川人民出版社，2011 年 11 月。

4 《史记》卷一百二十九《货殖列传》："蜀卓氏之先，赵人也，用铁冶富。秦破赵，迁卓氏。卓氏见虏略，独夫妻推辇，行诣迁处，诸迁虏少有余财，争与吏，求近处，处葭萌。唯卓氏曰：'此地狭薄，吾闻汶山之下，沃野，下有蹲鸱，至死不饥。民工于市，易贾'。乃求远迁。至之临邛，大喜，即铁山鼓铸，运筹策，倾滇蜀之民。富至僮千人。田池射猎之乐，拟于人君"。《史记》卷一百二十九《货殖列传》："程郑，山东迁虏也，亦冶铸，贾椎髻之民，富埒卓氏，俱居临邛"。

5 ［汉］班固撰、［唐］颜师古注：《汉书·地理志》卷二十八，中华书局，1962 年 6 月。

6 《汉书》卷二十四《食货志》上。

7 范文澜：《中国通史》第二册，人民出版社，1978 年 6 月第 64 页。

朽而不可校。太仓之粟陈陈相因，充溢露积于外，腐败不可食”[1]。昭帝时，由于粮食产量的大幅增加，粮价由汉初的“米至石万钱”[2]，降到“谷至石五钱”[3]。

汉代铁工业的发展为农具的改良提供了坚实的技术支撑，直接为农业领域提供了大量高质量低成本的农具，因而扩大了垦耕面积，提高了粮食产量，农业由原始的耕作方法向精耕细作阶段发展。汉代铁工业的发展，从各个方面直接或间接地促进了农业生产水平的提高，促进了整个社会的进步与繁荣。

二、铁器在工程领域的应用

工程，特别是大型的道路与桥梁工程是人类发展到一定阶段，改造自然、利用自然的必然选择。春秋之前，由于缺乏铁制工具，工程的数量与规模都非常有限。到秦汉时期，一方面，秦、汉王朝需要通过快速的道路将东西南北的广阔疆域整合在大统一的国家机器中；另一方面，秦汉时期建立起来的完善的铁工业体系不仅能够生产出开凿道路所需的各式工具，也能够生产出铁桥墩一类的高性能桥梁建材[4]。这一时期的铁器工具满足了道路工程建设的需求，逐渐完善的遍布全国的道路体系反过来又极大地加快了秦汉大一统国家的历史发展进程。

1. 道路工程

战国中晚期以后日渐成熟的生铁冶炼技术和矿冶区域的不断扩大，促进了秦汉以来的道路建设。特别秦统一六国后，政治上、经济上也需要修建通达全国主要地区的交通干道系统。正是因为这一时期中国拥有了高效的铁器工具和资源调配的大一统政权，秦朝在短短的数十年内就修建、完善了以直道、驰道为干线的交通工程。汉朝在秦的基础上更进一步修建和完善了中国的交通体系，奠定了中国几千年以来的从中原到周边“四夷”地区输入政治、经济、文化体系的交通框架基础，是中华文化多元一体格局形成与发展的重要大动脉。

道路是人类扩展活动空间的必要设施，其建设与完善取决于人类发展对空间拓展的需求和道路建设的技术能力。可以说，道路是人类发展的伴生物，不同的技术条件下会形成相应的交通网络。随着铁器在战国中晚期至秦汉时期的广泛应用，从中原到西北、西南以及广大的南方地区，逐渐构建起复杂的交通系统，既有连接东南北的主要干道，也有区域性的交通道路，其中秦汉时期凿通的几条具有代表意义的道路工程最能体现出铁器这一先进技术所带来的工程创造力，特别是汉代开通的西南夷道多穿越崇山峻岭，需凿通坚硬的岩石山体。

秦驰道工程 早在秦始皇统一六国之初，为了形成以咸阳为中心的陆路交通网，兴建了从咸阳通向全国各地的陆路交通干线，这便是驰道与直道。秦始皇二十六年（公元前221年）统一六国，次年，便下令在全国范围内“治驰道”。故《汉书·贾山传》载其在《至言》中说：始皇“为驰道于天下，东穷燕、齐，

---

1 《汉书》卷二十四《食货志》上。

2 《史记》卷三十《平准书》。

3 《汉书》卷二十四《食货志》上。

4 李映福、杨盛、马春燕、余捷:《四川广汉石亭江汉代铁桥墩相关问题研究》,《考古》2015年第9期。

南极吴、楚，江湖之上，濒海之观，毕至”。

《史记·秦始皇本纪》记始皇二十七、二十八、二十九、三十二年的四次巡行，西至陇西，东达海滨，东南至江、浙、福建，南面至衡山，北至上党、碣石。其所到之处，必有驰道的修建。可见这时已形成从咸阳向西、向北、向东、向东南和正南的驰道网。

高效的铁器工具保证了驰道的规模与工程质量，“道广五十岁，三丈而树。厚筑其外，隐以金椎，树以青松，为驰道之丽至于此”。由于驰道修筑雄伟牢固，以致汉代还完好无损，甚至在有些地方直到明末清初都还在沿用。

秦直道工程 除驰道之外，秦始皇还修建了直达咸阳的“直道”。直道始建于始皇三十五年（公元前 212 年）。史称这年始皇“除道，道九原抵云阳，堑山堙谷，直通之”。《史记》中六国年表及《蒙恬列传》，均谓：“道九原，通甘泉”或“直抵甘泉”，因甘泉宫在云阳之故。据《蒙恬列传》，修直道之争，系蒙恬主持，道长“千八百里，道未就”，似乎没有修成。但始皇三十七年（公元前 210 年）死于沙丘后，即“从井陉抵九原。行从直道至咸阳，发丧”，表明此道虽未完全竣工，却已经能行驶车辆。根据上述记载，表明“直道”不同于“驰道”的地方，在于其路线直、距离近和行驶快，所以修建时必须“堑山堙谷”。始皇死后，其尸体之所以从平原至井陉，入今之山西，目的在于取道九原至甘泉宫的直道以加快速度。始皇之所以修快车道单从甘泉直达九原，大约与“北备胡”的战略构思有关。

汉代西南夷道 汉代的陆路交通线，除继承和维修了秦的驰道、直道外，还新修一些交通线，其中工程难度最大的是通往西南及岭南等地区的道路。入蜀的道路早在秦时就开筑有栈道，故《史记·货殖列传》有“栈道千里，无所不通”的说法。武帝时，“发数万人作褒斜道五百余里”。从此“常车迎布，岁数千两”，《蜀都赋》作者司马相如出使西南夷时就“乘四乘之传”至蜀，由此可以看出汉代利用铁器这一有力武器，克服了在错综复杂的地形中开凿宽阔道路的各种困难。西汉末褒斜道失修，汉中郡太守鄐君于东汉明帝永平六年（63 年）征广汉、蜀郡及巴郡之刑徒“二千六百九十人”开通褒斜道，共造“大桥五，为道二百五十八里”，因此，从“益州东至京师安稳”。现存陕西褒城（今勉县）北石门溪谷道中的《鄐君开通褒斜道刻石》（又称《大开通》《开道碑》）记载了开凿中原入蜀的褒斜道的经纬（图 8-2-1）。刻石年代为东汉永平九年（66 年），刻有 16 行文字，每行字数 5~11 字不等。

桓帝建和二年（148 年），司隶校尉杨孟文又在此“凿通石门”，修建桥梁。现存陕西省褒城县北褒斜谷石门崖壁的《故司隶校尉犍为杨君颂》铭文记载和赞颂了司隶校尉凿通石门的这一历史功绩（图 8-2-2）。三国时期，诸葛亮北伐，多从褒斜道，并于斜谷口造邸阁以储军粮。刻石为竖立长方形，通高 261 厘米，宽 205 厘米，22 行，行 30 或 31 字，总共 655 字。

巴蜀及广大的西南夷地区是秦汉两朝着力经营的少数民族地区。秦朝虽然在西南地区设置郡县，但由于秦朝只存在了短短的 30 余年，从经济与文化的角度来看，广大的西南夷地区尚未纳入中原文化体系中。西汉时期，用唐蒙、司马相如等人建议，汉武帝致力于开发西南夷地区。建元六年（公元前 135 年），武帝用唐蒙将兵，“从巴蜀筰关入”夜郎国，服之，“乃以为犍为郡”；与此同时，又“发巴蜀卒治道，自僰道指牂柯江”；司马相如也认为“西夷邛、筰可置郡”，武帝纳其言，于元光元年（公元前130年）“发巴蜀卒治西南夷道”。自此以后，“巴蜀四郡通西南夷道，戍转相饷”。西南夷道工程浩大且异常艰巨，“作者数万人，千里负担馈粮，率十余钟致一石，散币于邛筰以集之”。西南夷道开通具有重要战略意义，从此以后，广大的西南地区在政治、经济、文化上开始全面地纳入中原王朝，为中华文化多元一体格局的形成奠定了坚实的基础。

图 8-2-1　鄐君开通褒斜道刻石拓本

秦汉大一统交通干道的形成正是铁工业发展与成熟的重要阶段，无疑两者之间是互为因果的联动关系。秦始皇修建的驰道与直道，为汉代的国内陆路交通奠定了基础。西汉又打通了以长安为中心，向西经天水、陇西、金城、河西走廊，渡玉门关与阳关而通西域，远至地中海滨。自长安向西北经云阳、安定而至北地；向北则自栎阳、上郡、西河，以达五原。由长安向东北，则自华阳渡河，至河东，经太原，再北至于燕、代。自长安向南，自郿以南为斜谷道，自陈仓以南为陈仓道，由杜陵而南为子午道，再经剑阁而入巴蜀。自长安向东，经函谷关而达洛阳，再东达于海滨。从洛阳折而东南行，可抵江淮；折而南行，经登封、方城、南阳，可达江汉；北行渡河抵幽、冀；向南经大斗拔谷入青藏。这些贯穿东西南北的主干道，基本构筑起了中国秦汉以来各朝代的主要交通体系，也可以说是为中国统一的多民族国家的形成与发展打通了主动脉。秦汉时期在交通方面的杰出成就是空前的，有着巨大的历史意义。

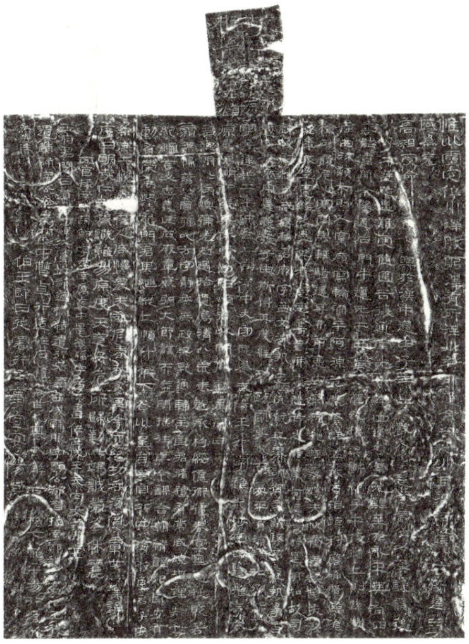
图 8-2-2　“故司隶校尉楗为杨君颂”碑文拓本

2. 崖墓开凿

铁器的普及甚至于影响和改变了古代人们的埋葬方式。崖墓是四川及周边地区汉代以来分布广泛的一种墓葬形制，最早出现于西汉晚期，以东汉时期的数量最多。这一时期正好是铁器在该区域得到广泛普及的时代。这类数量庞大，不分阶层的埋葬方式因凿空山体岩石为墓穴而得名。崖墓的出现不但反映出铁质工具在汉代社会的应用不仅仅局限于农业生产、水利与道路工程领域，还十分成熟地应用于死后墓穴的营建，从崖墓石壁留下的开凿痕迹来看，或许四川地区还专门发明了一套营建崖墓，开凿坚硬岩石壁的铁制工具系统。

崖墓数量众多，如乐山附近有崖墓万座以上[1]，彭山仅沿岷江两岸就有崖墓近3000座[2]，三台县郪江乡一地迄今已发现的崖墓就多达近万座[3]。

崖墓的营造需要凿开坚硬的岩石，大中型崖墓的石方工程量，一般都有几十上百立方米，多则可达六七百立方米，工程浩大。墓穴洞口一般集中于岩壁之上，上下重叠，左右毗连，密如蜂房。最大的墓穴高达3米、宽达24米，深达31米。如乐山麻浩崖墓群绵延300余米，分布最密集的虎头湾东侧的崖墓分9层排列，高低错落，左右毗连。崖墓有单室、双室、多室墓3种类型。均凿有墓道。单室墓由一个主室、雨道、棺室、耳室构成，全长一般在10米以下；双室墓由两个主室、甬道、耳室、棺室构成，全长一般在10米至20米之间；多室墓由一个前主室，两个以上的后主室、甬道、耳室、棺室构成，全长一般在20米以上。双室墓和多室墓的平面布局均为前后室制，即所谓“前堂后穴”制[4]。

根据崖墓遗留的凿痕观察，开凿时不但使用铁工具，而且种类很多，尤以平凿和尖凿两种遗痕最常见。在崖墓墓室内部，一般都是用较粗的尖凿一次性开凿。墓门外壁和前堂周壁雕饰的木结构建筑构件和画像系用平凿加工的，有部分刻石细致的花纹，系用细的尖凿加工琢出的。

岩石壁上开凿如此规模和数量的墓室，首要条件是铁质工具的使用。从四川及其周边地区崖墓大规模流行的时代来看，正是铁质工具在四川及其周边区域推广普及的时代。四川地区是全国著名的冶铁中心之一。两汉时期，先后在今四川境内设有临邛、南安、武阳、宕渠等五处铁官。除了铁官以外，四川汉代的民间冶铁规模也相当惊人，著名的卓氏在临邛铁山鼓铸，产品“倾滇蜀之民”，“富至僮千人。田池射猎之乐，拟于人君”。正是铁器在这地区的普遍应用，使得崖墓这一埋葬方式，成为四川地区自汉代以来相当长时期内各阶层的一种墓葬形式。

除四川地区以外，重庆三峡沿江两岸还分布崖墓、岩洞墓。通过对崖墓壁上保存的微痕及凿痕线条的观察，确认重庆插旗山汉代崖墓（M1）从墓室开凿（营造）、墓室内部装饰性加工均为使用一种刃宽11毫米的平口直刃铁凿[5]（图8-2-3）。重庆汉代墓葬中，铁凿是一类较为常见的随葬铁器，如忠县老鸽冲M25、万州古坟包M6等。

除四川地区的崖墓开凿以外，以满城汉墓、窦绾墓为代表的开凿于山体中的墓葬反映出铁工具的应用已经影响到封建帝王的陵寝制度。刘胜墓位于河北保定市满城西南的陵山上，墓洞全长51.7米，最宽处37.5米，最高处6.8米，容积约计2700立方米[6]。窦绾墓位于刘胜墓北侧，墓室规模巨大、开凿工整，墓室总长49.7米，最宽处65米，最高处7.9米，容积达3000立方米[7]。在坚硬的岩石山体

1 孟汀：《文物地名三则——东汉崖墓群、乐山文庙、叮咕井》，《乐山市志资料》（乐山市编史修志委员会编）1983年。

2 彭山县文管所：《四川省文物保护单位——彭山县江口、江渎崖墓简介》。

3 四川省文物考古研究院、绵阳市博物馆：《三台郪江崖墓》，文物出版社，2007年9月。

4 唐长寿：《乐山麻浩崖墓研究》，《四川文物》1987年第2期。

5 邹后曦、武仙竹、李大地、刘芳：《重庆插旗山崖墓（M1）人工开凿与装饰痕迹观察》，《江汉考古》2013年3期。

6 中国社科院考古研究所、河北省文物管理处：《满城汉墓发掘报告》，文物出版社，1980年10月。

7 中国社科院考古研究所、河北省文物管理处：《满城汉墓发掘报告》，文物出版社，1980年10月。

上开凿如此大规模的墓穴，没有铁工具是难以完成的。

铁器的普及也极大地拓展汉代的建筑材料，特别是石质建筑材料的使用更加普及，徐州等地都发现了大型的汉代采石场。石材的开采与加工需要坚硬的铁工具，常见的采石工具主要是铁黎、铁凿、短钎、铁楔和大铁锤等[1]。

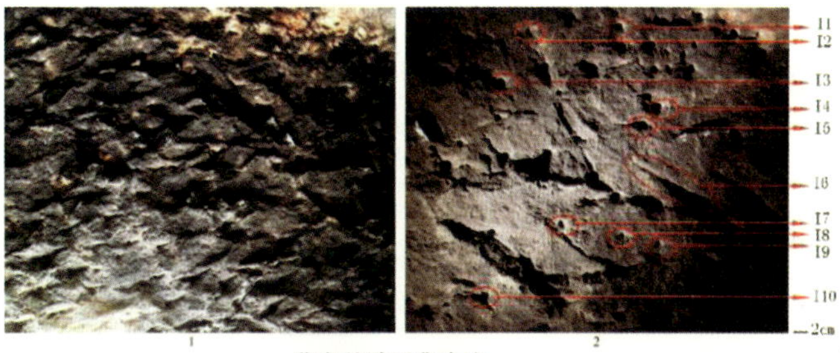

墓室前壁开凿痕迹

（1.墓室前壁开凿性痕迹整体观察　2.墓室前壁开凿性痕迹放大观察　注1："痕迹"英文词imprint的缩写）

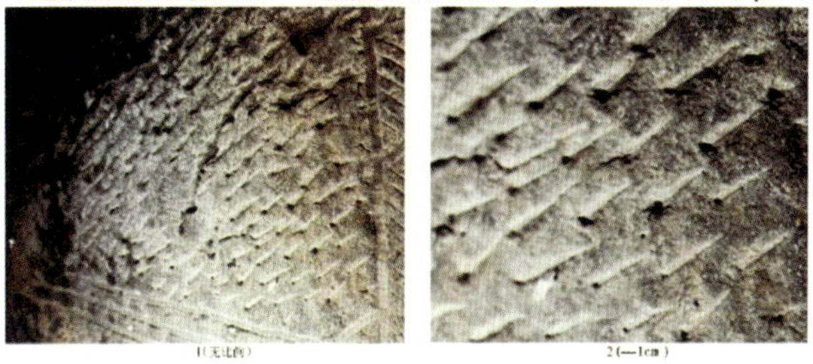

墓室开凿痕迹

（1.墓室前壁开凿性痕迹整体观察　2.墓室前壁开凿性痕迹放大观察）

图 8-2-3　插旗山崖墓壁铁器工具凿痕

3. 水利工程

水利是发展农业的重要基础，因而受到历代的重视。早在良渚文化时期就已经出现了稻作农业的水利工程。上古时期的大禹，率民治水，"九川既疏，九泽既陂，诸夏乂安，功施乎三代"[2]。这虽然是对大禹的溢美之词，但表达了上古时期人类治理洪水的宏伟意愿。

洪水治理需要修建各种类型的水利工程，在石器与青铜时代，受制于石、铜质地工具的性能，水利工程的规模与数量都极其有限。自战国中晚期以后，这一状况发生了重大改变。铁器的使用促进了农业进步，农业发展需要更多更大规模的水利工程，铁器、农业、水利三者之间形成了相互依赖、相互促进的联动关系。战国秦汉时期铁器的生产使用和推广普及的阶段性与这一时期水利工程的数量增加、规模扩大的趋势是完全一致的。

战国（公元前 475 至公元前 221 年）250 多年间，有记载并实际可考的大、中型水利工程及灌区共有 8 项，其中农业灌溉 6 项、航运 2 项。其中著名的大型水利工程有郑国渠、都江堰、芍陂、邺渠。以国别论，分属于楚、秦、齐、魏等，其中以秦、楚二国的工程多而大。秦、楚之所以能够修建数量最多的水利工程，是因为秦、楚等国都重视铁器的制造、使用与推广，其中尤以楚国用铁是早而最多。

成都平原的铁工业体系至少在司马错灭蜀的第四年就已经初步建立起来了，为规模巨大的都江堰水利工程提供了"壅江作堋"和凿开玉垒山体所必需的铁工具。工程建成后，成都平原由此沃野千里，"百姓养其利"，时至今天，都江堰水利工程仍然发挥着巨大作用，造福子孙万代。

入汉后，铁工具的全面普及，使得大规模的水利建设成为可能。中国古代史上第一次出现了持续百年的水利建设高潮。比之战国，汉代水利工程数量更多、规模更大、受惠民众更多。除大规模的治黄工程外，两汉时期建成的灌溉、航运

1 耿建军：《徐州西汉楚王墓塞石的开凿与封填》，《考古》2013 年第 3 期；徐州博物馆：《江苏徐州市汉代采石遗址发掘简报》，《考古》2010 年第 11 期。

2 《汉书》卷二十九《沟洫志》，中华书局，1961 年第 1675 页。

工程多达26项[1]，其中仅西汉修建的灌溉工程就有18项。灌溉面积在100万亩以上的就有白渠灌区（西汉称郑白渠，因为郑国渠、白渠成为一个灌区）、南阳灌区、鸿隙陂灌区、汝南九江引淮灌区、鉴湖灌区、扬州陂湖灌区、巨定泽和汶水灌区8处。至武帝时，受惠于兴修的大、中、小型的水利工程，全国水地总面积达到1700~1800万今亩，超过战国时水地面积4倍之多。从西汉初至武帝末年共119年，平均每年递增水田约为14.0~14.5万亩，递增率为战国的9倍多，几近10倍[2]。《史记·河渠书》言穿渠引水溉田“以万亿计，然莫足数也”。

汉代兴建的大中型工程出现了由北而南移，由西而渐东，由黄河向江淮的趋势。两汉时期的灌区，仅南阳、鸿隙陂、汝南、鉴湖、扬州、都江堰的灌溉田数至少超过了1000万亩，即约占全国水田总数的60%，这几处灌区，皆居于长江、淮水流域。北方最著名的郑白灌区的规模已屈居上述灌区之下。

水利建设工程的分布区域与铁工业作坊的分布和铁器推广普及率的程度相吻合。战国时期的铁器生产中心主要在中原地区，恰恰主要的水利工程也多分布于中原地区。汉以后，兴建的水利工程则从原有的以中原、关中为中心扩展到全国范围，东起山东，西至新疆；北自燕山，南抵昆明的广大地区都开始兴建规模不等的水利工程。水利工程扩展的面积、速度，与两汉时期铁工场和铁器的扩散范围、速度完全合拍[3]。特别是西汉之后，江淮地区涌现的农业地带促进了整个南方的农业发展。两千多年前出现如此规模巨大、时间持久、效益宏著的水利建设，究其原因，无疑是铁器应用的结果。从春秋经战国至秦汉，恰逢铁器从开始使用历普遍推广而完全淘汰一切非铁质工具的时代。楚国是最早建立成熟的铁工业体系的地区之一，而我国历史上第一个大型水利灌区的期思－雩娄灌区恰恰出现于楚国的铁冶之地。这绝非偶然，应是铁器应用结出的果实。至于战国的几处大型工程，如郑国、引漳、芍陂等，无一不是伴随着该地区铁器的使用和推广，从而迅速推动农业发展的结果。

西汉初至中期的100多年间，特别是武帝一代，更是兴修水利工程数量众多且工程规模宏大的时期。其中建成受益和着手兴建的工程在10处以上，占两汉400年工程总量的约50%，而武帝一代也正好是我国工具史上各种非铁工具被完全淘汰的集中时期，而且也正是这一时期政府大力推行盐铁专营政策。“笼盐铁”政策与“争言水利”热潮孪生于“内兴功利，役费并兴”的武帝在位之时，十分生动地呈现出铁器、农业、水利三者之间的联动而形成的对整个社会发展的强大合力。在中国历史上，还找不到任何一处没有铁器的普遍使用而出现了以灌溉为主的大型水利工程的例子。水利工程总是踵铁器的使用而后生是我国水利发展史上的定律。

铁器的使用是人类工具史上一次影响深远的技术革命，而工具史上的重大革命，又会引起其他方面的技术进步和多种技术成果之间的横向结合。这种结合的必然后果就是促成整个社会生产力的跃进。

1 彭曦：《初论战国、秦汉两次水利建设高潮——兼说都江堰工程史》，《农业考古》1986年第1期。

2 张钢杰：《试论汉代冶铁业的发展及其对农业生产的影响》，《郑州大学学报（哲学社会科学版）》1987年第1期。

3 彭曦：《秦汉铁业初探》，《平准》1984年第2期。

后记

生产工具的发明与使用是人类社会发展的重要标志和动力。铁器出现前，人类社会经历了石器时代和铜器时代，至迟在公元前2000年左右，人类社会开始跨入铁器时代。作为考古遗物，石器、铜器一直是人们关注或研究的焦点。特别是铜器，从古到今，著录和研究铜器的书籍可谓汗牛充栋。但对铁器的研究，长期以来都没有引起足够的重视，至少在中国是如此。铁器容易锈蚀，往往形态保存不完整，加之又缺少铜器那样华美的纹饰和壮丽的造型，所以宋代《考古图》《博古图》《金石录》等经石文献都几乎不见对铁器的著录，这一传统也或多或少地影响了现代考古人对铁器的兴趣与关注。

铁器作为推动人类社会发展的先进工具，深入研究的意义不言而喻。开明出版社将《中国古代物质文化史·铁器》作为规划出版的著作，就是寄托着提高学界对铁器的关注度和拓展铁器研究内容的期待。出版社最早是约请白云翔先生撰写，但白先生建议由我来承担此项工作。近年来，我和马春燕虽然在西南地区开展了一系列的冶铁遗址调查与发掘工作，在研究方面也有点思考和积累，但要全面把握和阐述中国悠久灿烂的铁文化史，对我和马春燕而言都是难以遂行的任务。也正因如此，对本书大纲和体例的研讨就耗去了不少时间。特别是在考虑作为“物质”的铁器和“文化”的铁器的篇幅设计和关联性问题时，我们认为整体而言，学界对铁器的研究不充分，甚至于系统的分类研究都还比较薄弱，因此有必要首先对商周至宋元明以来的出土与传世铁器做系统的分类研究，以厘清中国两千多年来作为“物质”的铁器的类型谱系。而本书的第八章，力图通过铁器在农业、道路交通、水利工程等领域的广泛应用，来阐述“物质”的铁器对促进中国古代社会发展的意义。以上设计中“物质”的铁器部分相对容易，但对“文化”的铁器的分析讨论，由于涉及生产力促进生产关系变化的宏大历史进程，需要有理论和视角的创新才能深入解读铁器与中国古代社会发展之间的关系。由于我们对这一问题的深入思考不足，因此，本书在阐述这一问题时还如蜻蜓点水，但希望能起到抛砖引玉的作用。

值此本书付梓之际，我们要特别感谢开明出版社的魏红岩、王拓两位编辑，正是他们对本书做了细致的编辑工作，才使得本书能够顺利出版。

李映福　马春燕

2019年7月10日

图书在版编目（CIP）数据

中国古代物质文化史．铁器 / 李映福，马春燕著
．-- 北京：开明出版社，2019.7
ISBN 978-7-5131-3015-8
Ⅰ．①中… Ⅱ．①李… ②马… Ⅲ．①物质文化-文化史-中国-古代②铁器（考古）-中国-古代 Ⅳ．① K220.3 ② K876.42

中国版本图书馆 CIP 数据核字（2018）第 255397 号

出 版 人：陈滨滨

责任编辑：王　拓
美术编辑：郑雯月
装帧设计：羽人·高伟

中国古代物质文化史·铁器

出　版：开明出版社（北京市海淀区西三环北路 25 号青政大厦 6 层）
印　制：保定市中画美凯印刷有限公司
开　本：889mm×1194mm　1/16
印　张：21
字　数：582 千字
版　次：2019 年 7 月 北京第 1 版
印　次：2019 年 7 月 北京第 1 次印刷
书　号：ISBN 978-7-5131-3015-8
定　价：150.00 元

印刷、装订质量问题，出版社负责调换货。联系电话：（010）88817647

ISBN 978-7-5131-3015-8